김광림 시세계

해학·풍자·위트
유머·아이러니

푸른사상

서울에서 파주 월롱면의 빈집을 얻어 농촌 생활을 시작했을 무렵의 모습

1953년 휴전 직후 백마고지 전투를 치른 백마부대를 방문한 종군작가단 부단장(구상 시인)과 함께

千介의 憂愁

金光林

아무도
이 무게를
들어올릴 수는 없다
하지만
내 얼굴은
능히 이를 감내한다
이룩넓게나
움켜잡아
내 던지는
크레인일 수는 없지만
나일강의 흙탕물을
들이켜도
맛없는 스핑크스처럼

김광림 시인의 친필 시

1994년 세계시인대회 서울대회에 참가한 미국의 알랜 킹즈버그(좌)
일본의 시라이시 가즈코(중앙)와 함께

유고의 시인 알랙산더 페르로프와 도쿄의 술집
'로바다'(爐端)에서

대한민국문학상을 수상했을 때의 모습(1985)

1970년 서울의 국제펜대회 때 만난 기다가와 후유히코(北川冬彦) 시인을 도쿄 근교의 자택으로 방문

1979년 세계시인회의 서울대회 때 참가한 영국시인 존.실킹과 더불어

1993년 시라이시 가즈코의 안내로 가마쿠라(鎌倉)의 다무라 류이찌(田村隆一) 시인 댁을 방문

일본 다카하시 댁에서 환담

동아시아의 3인 형제 시인으로 알려진 대만의 천치앤우(陳千武 1922년생) 일본의 다카하시 기꾸하루(高橋喜久晴 1926년생) 그리고 필자(1929년생)

1981년 정부지원으로 연수차 인도 요르단, 그리스, 프랑스 등을 시철, 그리스 방문 중 발테논신전을 배경으로 찍다.

2005년 《한국의 율리시즈
림 에의 시인론·작품론》의
필자들의 출판기념회 석상
필자에게 꽃다발을 헌정하는
카와 가즈에(新川和江) 시인

2005년 대만의 세계 시가전에 초
청되어 시 '반도의 아픔'을 낭독한
후 미국여류시인 Ruth Schuler
와 인터뷰. 귀국 후 그녀로부터 헌
시 'Kim Kwang rim'을 받음

일본 방문길에 저자

김광림 시세계

김 광 림

머리말

　지난해(2005년) 일본에서 『한국의 율리시즈 김광림에의 시인론(詩人論)·작품론(作品論)』이 書肆青樹社에서 발행된 바 있다.
　진작 이 출판사에서는 필자가 일역(日譯)한 졸시(拙詩)를 세계시인총서 두 권(5번과 10번)으로 출간한 바 있다. 이 시집에 대한 비평문 32편을 한 권으로 묶은 것인데 집필자만의 이색적인 출판기념회가 최근 東京 都內에서 베풀어진 바 있다.
　여기에 자극을 받아 나는 지난 50년대 후반부터의 졸시(拙詩)에 대한 비평문을 한데 묶어 한국 전후시의 양상을 일부나마 재검증하고 싶은 욕구에서 이 책자를 꾸미기에 이르렀다.
　반세기를 거치는 사이에 여러 지면에서 다뤄진 글들을 일일이 접할 수도 없었고 눈에 띈 것만을 스크랩으로 보관한다고 했지만 누락된 것이 적지 아니 있을 줄 안다.
　일본 평자들의 것까지 모두 다룰 생각이었으나 분량이 넘쳐나 단편만을 다루었다.
　대체로 나의 시작(詩作) 경향을 해학(諧謔)과 풍자(諷刺), 위트와 유머, 그리고 아이러니 등으로 다루고 있는데 내 나름대로는 모더니즘 수법을 용해 극복하는 과정에서 표방하고 나선 주지적 서정시의 산물이라 할 수 있다.

문제는 이러한 해학·풍자·위트·유머·아이러니와 같은 진담보다 농담조의 말투가 섞인 나의 말 뒤에는 진실이 큰소리로 명인(鳴咽)하고 있다는 사실을 青樹社의 마루지 마모루(丸地守) 시인이 꿰뚫어 보고 있었다는 사실이다. "그는 대화 중에 조크를 기관총처럼 내갈긴다. 그의 조크의 원천은 무엇일까 하고 생각한 일이 있다. 평일의 신쥬쿠(新宿) 공원에서 두 사람만의 산책을 즐기고 있을 때였다. 나는 마음껏 그것에 대해 그에게 물었다. 그는 잠시 고개를 떨구고 있다가 머리를 쳐들고 '뭐 자신 속에 있는 고통을 얼버무리기 위해 조크를 사용하고 있지요' 하며 절실한 본심을 말해주었다. 그의 조크가 유머 넘치는 말 뒤에는 인생의 진심이 큰 소리를 지르며 울고 있었던 것이다."

「김광림의 유머와 인간의 진실」에 대해 이 땅의 평자들은 이산의 아픔을 간직한 겨레가 너무 많은 탓인지 이런 면에 착안하지 않고 있는 듯하다. 농담을 즐기는 조크맨이거나 익살꾼 정도로 여기는 듯하다.

심지어 여성과의 대화 중에 이런 조크가 나오면 조크로 응대할 생각은 않고 표정을 찡그리거나 픽 돌아서 버리기 일쑤이다. 하지만 일본에서는 나의 익살을 듣기 위해 몰려 들기도 하였다. 처음엔 재미나는 사람 정도로 안 모양이지만 나의 실체 즉 18세 때 홀로 북에서 남으로 와 6·25 전쟁 때 격전지 백마고지에서 소대장까지 지낸 사실을 근래 일본 시인이 역재(譯載)한 「脫出에서 死境 넘어까지」를 대하자 익살꾼에 대한 인식이 확 달라진 모양이다. 진실의 울음소리를 익살로 얼버무리고 있는 것을 안 듯하다.

나에게 이런 하찮은 기교마저 없었더라면 지금의 나는 존재하지 않았을는지 모른다.

丙戌年初

金光林

차 례

머리말•3

서 론

한국 전후시(戰後詩)의 양상 .... 정한모• 13
화제를 찾아서 .... 김춘수• 23
50년대 후반의 시 .... 이형기• 37

Ⅰ. 시인론

김광림론-그의 주지적 방법을 중심으로 .... 문덕수• 41
새로운 서정의 시도-김광림론 .... 이 탄• 49
주지적 서정시-김광림의 시 .... 장백일• 64
김광림론-그림자를 극복한 조명 배치 .... 이필규• 82
초기시에서의 지적 태도 .... 박상천• 96
상실과 충만의 역설적 대위법(중기시) .... 최순열• 106
회귀의식 또는 인간성 회복에의 염원(후기시) .... 이상호• 117
이미지와 사실인식 .... 하현식• 126
현실의 음영과 심상의 밝음 .... 성찬경• 144

Ⅱ. 작품론

일상세계와의 응전, 그리고 아이러니-김광림의 시세계 .... 이건청 • 171
창(窓), 그 모순의 정원에서 펼쳐지는 현실과 심상의 변주곡 ...... 장경기 • 189
아이러니, 풍자, 해학 통한 모더니즘의 완성 .... 윤석산 • 211
김광림의 시 .... 조남익 • 215
김광림의 은둔생활 .... 이유경 • 224
주지적 서정이 보여준 한국시의 새로운 위상 .... 권택명 • 246
주지적 서정의 새지평 .... 권택명 • 254
한국 현대시의 현장 .... 정한모 • 275
김광림 시인 연구 .... 김형필 • 281
김광림의 시론 .... 이승훈 • 301
시를 찾아서-연애와 언어 .... 전봉건 • 308
김광림의 이미지 시론 연구 .... 문혜원 • 317

Ⅲ. 해외 시인평

김광림 소개 .... 기다가와 후유히코 • 339
한글로 시의 리본(ribbon)을 풀어보면 .... 시라이시 가즈코 • 341
김광림에게서 보는 '恨'의 서정 .... 사이토 마모루 • 351
김광림 소론-풍자와 유머 .... 사가와 아키 • 367

일본시인이 한국어로 쓴 ·· 가미야 아유미 • 372
김광림 시집을 읽고 ··· 스즈키 슝 • 384
내면으로 열린 창 ··· 야마구치 소오지 • 389
김광림의 유머와 인간의 진실 ··· 마루지 마모루 • 392
김광림 시집(108편) ··· 고다키 고나미 • 395
다 보고 난 다음의 황량함 ··· 다카하시 기꾸하루 • 398
냉철한 니힐에서 ··· 천치엔우 • 402

Ⅳ. 시인을 찾아서

시와 시인을 찾아서-김광림 ··· 윤석산 • 411
김광림 시인을 찾아서 ··· 고명수 • 432
또·김광림 시인을 찾아서 ·· 고명수 • 445
혼(魂)을 팔아온 언어의 신(神) ··· 송명호 • 457
김광림-풍자시의 가능성 ··· 박철희 • 466
역전(逆轉)과 풍자-김광림 시의 경우 ·································· 박철희 • 473

V. 시집평

『심상의 밝은 그림자』 서문	박남수 •	483
<접목>의 끝머리에	전봉건 •	485
말의 묘미·은유에의 집착	전봉건 •	487
현대시의 언어와 공간	김시태 •	489
이미지와 체험의 전체성	김흥규 •	495
커다란 변모	구 상 •	502
현실의 이정(里程), 그 각인	이 활 •	505
시의식의 확대와 시어의 개방	정진규 •	516
시인정신의 지적도(地籍圖)	조남현 •	522
장치와 수사 또는 거부와 초월	오탁번 •	531
시대적 격랑의 실증	박동규 •	537
포용의 미학과 이순(耳順)에의 기대	박상천 •	542
김광림의 『대낮의 등불』	윤재웅 •	548
인생에 대한 따뜻한 성찰	오세영 •	558
김광림의 최근 시집들	박상천 •	569
경이(驚異)와 사랑의 시학	권택명 •	576
한 마디 말의 깊은 의미	권택명 •	586
반어의 순도와 심도	성찬경 •	589

Ⅵ. 시론집평

방법론의 탐구의 한 예 ·· 오규원 • 599
김광림 시론 ·· 김영태 • 604
시, 그것은 애정이다 ·· 김규동 • 608
시의 조명, 명석과 여운 ·· 성찬경 • 611
시의 등불을 켜들고 ··· 이 활 • 616
근원적 물음으로서의 의식개안 ··· 서 벌 • 631
존재론적 현상학 ·· 김동수 • 636

Ⅶ. 개별적 작품평

한국시에 나타난 한국동란 ··· 구 상 • 641
비시(非詩) 속에서의 시 ··· 정한모 • 644
김광림「창」·· 정한모 • 647
휴머니즘과 잠언 ·· 김재홍 • 650
삶의 처절한 몸짓 ··· 박동규 • 653
아이러니 ·· 윤강원 • 656
소외된 삶의 미학 ··· 이건청 • 659
산, 그 침묵의 혓바닥 ·· 박청융 • 663
고통의 객관화 ·· 김준오 • 665
시인의 물음과 독자의 반응 ··· 김현자 • 668

9

공시적 현장의 시	윤강노 • 671
인식·표현의 지적 승화	이승훈 • 674
순수 상상	문덕수 • 676
모순적 인식방법	문덕수 • 678
그리스도의 사랑 고백	오세영 • 680
김광림의「소문」	오세영 • 684
김광림 시인의 시「0」	심상운 • 687
삶의 자세	신동욱 • 690
실험으로 찾는 시적 쾌락	장백일 • 692
김광림의「안개」	김종해 • 697
시적 긴장에 대하여	김시태 • 701
시와 그림의 만남	정효구 • 705
시와 평화의 상관성	조병무 • 707
꽃의 문화사	이승훈 • 711
꽃의 문화사	송희목 • 716
김광림의 창·기타	오규원 • 719
시적 체험의 즐거움	권두환 • 726
시에 나타난 시간성	김종철 • 729
익은 시·쉬운 시에 대하여	김종해 • 732
우리의 가슴을 뜨겁게 하는 한 편의 사부곡	이승하 • 734
혼돈의 시대와 표류하는 존재의식	이상호 • 739
'노래하는 시'의 문체 – 에서	이우영 • 746

◇ 김광림 연보 • 757

서론

한국 전후시(戰後詩)의 양상

정 한 모

 전후의 시라고 할 때 세계적으로 2차대전 이후의 시를 가리키지만 한국의 경우 그것은 6·25 이후의 시에 해당된다.
 현대의 전쟁이 얼마나 무서운 파괴력을 가졌는가를 목도하고 과학 무기에 의한 철저한 파괴 전쟁과 아울러 이데올로기의 첨단적인 상잔(相殘)의 전쟁이 얼마나 처참한가를 체험케 한 것이 바로 6·25 전란이었다.
 혈육과 이웃의 처참한 죽음을 목격하였고 그러한 죽음의 공포가 특별한 것이 아닌 일상의 일로 겪어야만 했던 극한의 상황에서 살아남아 포연의 냄새가 가시지 않는 전장에서 파괴된 집과 생활의 폐허 위에서 전쟁의 공포와 죽음, 그 비정을 뼈저린 체험으로 노래한 것이 1950년대 전기의 시라 할 수 있다.
 휴전이 성립되어 서울 환도가 이루어지고 그래도 아직 전쟁의 여진이 가시지 않은 속에서 모든 것이 전후의 부조리한 어둠만을 더해가고 있던 시기에 시인들은 그 좌절의 고비를 어떻게 극복하려 했던가? 1950년대 후기의 시에서는 이러한 좌절의 고비에서의 노래들을 또한 찾을 수 있다.
 따라서 1950년대의 한국시에서 전쟁과 죽음과 좌절의 이미지를 추려보는 일은 바로 1950년대 한국시의 특징적인 면모를 들여다 보는 결과가 될 것으로 믿는다. 또한 이러한 특징적인 면모는 1950년대의 주역들, 즉 50년대의 시인들의 작품군(作品群)에서 찾아보아야 할 것이다.

> 장미의 눈시울이
> 가시를 배앝은 가장
> 잔혹했던 달
> 유월은
> 포탄의 자세(姿勢)들로 터져간
> 나 또래의 젊음들은
> 바리케이트로 넘어져 갔다
>
> ― 김광림·「다리목」에서

> 다시 푸른 서슬에
> 살이 묻어나는
> 이파리, 이파리다웁게
> 떨어지는 산화(散華)
> 드디어 전쟁은
> 목숨의 부싯돌처럼
> 닳는가
>
> ― 김광림·「노을이 깔릴 때」에서

> 아직은 어쩔 수 없는 자연의 섭리 위에서 꽃은 꽃대로 피라하고 나는 임의의 나대로 죽어 가게 저 어기 미구(未久)에 나릴 시사(示唆)처럼 천계(天啓)의 노을이 슬프지도 않게 찬란히 타오르는데…
>
> ― 김광림·「노을」에서

직접 피비린내 나는 전장에서 탄우 아래 죽음과 직면했던 시인은 이렇게 전장과 죽음을 노래하고 있다. '장미', '이파리', '꽃' 등이 '전쟁'과 '죽음'에 대립되면서 '죽음'의 참혹성이 강조되고 있다. 여기에서 "포탄의 자세(姿勢)들로 터져간/나 또래의 젊음들"의 '죽음'의 이미지나 "부싯돌처럼 닳는" '목숨'의 이미지가 선연하다. "찬란히 타오르는", '노을'을 "미구(未久)에 나릴 시사(示唆)처럼" 바라보는 사생관(死生觀)과 그 이미지도 '전쟁'의 소산이다.

저 묘지에서 우는 사람은 누구입니까
저 파괴된 건물에서 나오는 사람은 누구입니까
검은 바다에서 연기처럼 꺼진 것은 무엇입니까
일년이 끝나고 그 다음에 시작되는 것은 무엇입니까
전쟁이 뺏어간 나의 친우(親友)는 어데서 만날 수 있습니까
슬픔 대신에 나에게 죽음을 주시오
인간을 대신하야 세상을 풍설(風雪)로 뒤덮여 주시오
건물과 묘지였던 자리에 꽃이 피지 않도록
하로의 일년의 전쟁의 잔혹한 추억은
검은 신이여
그것은 당신의 주제일 것입니다

— 박인환·「검은 신(神)이여」 전문

'검은 신(神)'으로 상징된 '전쟁'의 제상(諸相)이 음험한 무드를 이끌며 잘 나타나 있는 작품이다. '슬픔' 대신에 '죽음'을, '인간' 대신에 '풍설(風雪)'을, '꽃'이 피지 않는 불모의 땅을 소망하는 비정적 절규도 전쟁-검은 신-에 대한 강렬한 증오와 부정에서 터져나온 것이다.

    무명전사의 비(碑) 위에서 날지 못하는 새가 텅빈 하늘로 목을 뽑고 운다. 십자가는 자아를 잃은 수인(囚人)의 행렬을 지나게 한다. 異國 사람의 손들로 맺어진 횡서조문(橫書條文)은 넘어갈 적마다 적(赤), 청(靑), 황(黃)빛 신호의 일제사격을 시작하였다. 사면팔방으로 서로 달리고 서로 비키고 서로 쫓기는 발들과 철수(鐵獸)들을 렌즈에 폭파시키며 거리계(距離計)는 어지러이 피비린내 나는 꽃밭을 중영(重映)한다.

분초(分秒)마다 꺾이는 방향에서 일어나는 生의 아우성 소리와 함께 층벽(層壁)은 입을 벌리며 우리의 앞을 짓밟고 들어온다. 결코 하지 않으리라 생각하였던 말! "하나님 어이하사 이다지도 사랑하시나이까?" 무명전사의 비(碑) 위 청동 새는 어둠에 눈뜨던 과거의 포성을 머금고 자아를 잃은 수인(囚人)들이 지나가는 십자가의 응혈을 굽어보며 소리없는 울음으로 날지 못하는 그 중량의 날개를 펴기 시작하였다.

— 김구용·「무명전사의 비(碑) 위에」 전문

'피비린내 나는 꽃밭', '입을 벌리며 우리의 앞을 짓밟고 들어오는 층벽(層壁)' 등으로 전쟁을 형상화하고 있으며 '날지 못하는 새', '수인의 행렬' 등은 전쟁 피해자들의 이미지다. '하나님 어이하사 이다지도 사랑하시나이까'하는 말 속에 들어 있는 역설적 의미는 극한에 다달은 인간들의 마지막 토로가 아닐 수 없다.

나는
아무래도 이냥은 살 수
없겠다 떨어지게 하여
다오

— 김광림·「너를 생각하는 뉘우침」에서

'검은 신'은 수많은 외마디 소리를 삼킨 채 물러갔지만 그 손이 할퀴고 간 처참한 상흔은 오랫동안 아물지 않았다. 그것은 외형적인 것뿐만 아니라 더욱 치유하기 어려운 아픔을 인간들의 내면 깊숙이 남기고 갔다.

허나 토기는 허리가 묶이었다
총알을 맞고, 불붙는 나무 밑에서,
총알을 맞고, 불붙는 샘터에서
총알을 맞고, 불붙는 강나루에서

　　　　총알을 맞고, 불붙는 산맥

　　　　　　　　　— 전봉건·「사랑을 위한 되풀이」에서

'총알을 맞고' 뚫린 무수한 상흔(傷痕)으로 만신창이가 된 조국의 땅, 한반도의 전쟁의 상처를 이렇게 리얼한 이미지로 노래한 시인도 있다. 이와 같은 외부적 상처 이상으로 아프게 남겨준 상처는 허무와 절망, 그에 따르는 좌절의 늪이었다.

　　　　내가 던지는 돌멩이는 날지 않는다
　　　　여기서 돌멩이는 중량이 없다
　　　　여기서는 어디고 가는 길이 없다
　　　　다리는 무위(無爲)와 허망(虛妄)의 사이에만 걸렸다
　　　　바람이여, 너와 만나기 위해서 옷을 벗는 사람이 있어도
　　　　그의 맨 살결에 감기는 네가 없다

　　　　　　　　　— 전봉건·「완충지대」에서

'던져도 날지 않는 돌멩이', '끊어진 길', '무위와 허망 사이에 걸려있는 다리', '맨 살결에도 감기지 않는 바람' 등의 이미지로 전쟁의 내면적 상흔을 잘 나타내 주고 있다. 1950년대 후반기의에서는 이와 같은 전쟁의 상흔의 내면적 아픔을, 흔히 좌절의 의식으로 노래하고 있는 작품들을 찾아볼 수 있다.

　　　　당신이 그들 속에 끼어있다고 믿지만 실은 우리들은 호응의 감성을 잃어버린 것이다. 부르다가 부르다가 지쳐 쓰러진 포도(鋪道)에는 낙엽만이 우수수 내려 싸이고, 그리하여 앞을 가린 철조망에 표기된 너무나 선명한 자의(字意) <OFF LIMIT>, <패스포트>가 있다 해도 대기소에 머물러 있어야 하는 나는 기다리기엔 너무나 피로했다. 당신의 눈동자! 당신의 눈동자! 아아 그러나 쉽게 단념하기로 했다.

　　　　　　　　　— 신동문·「풍선기(風船期)」에서

자랑많은 나라에 태어났어도
우리가 이룩한 자랑은 무엇이냐
가슴은 열대(熱帶)인데 결론이 없고
아아 화제가 다해 버린 날의 슬픈 청년들.
조국은 개평거리냐
우리는 속죄양이냐

— 민재식·「속죄양(贖罪羊)·Ⅰ」에서

손은 이제 한낱
낙엽에 不外했다
이젠 마음놓고 애무를 해도 좋은 알뜰한 사랑에도 흔히
주저를 한다

-수다스런 전쟁과 건설보다는
손은 이젠 차라리 그냥
패배와 폐허 속에 살고 싶어 한다

— 박성룡·「손」에서

일없이 부러진 가지를 보면
그 다음의 가장자리가 안 됐다

요행히도
전쟁에서 살아남았을 땐
우리는 어쩌다 애꾸눈이 아니면 절름발이였고
다음엔
찢기운 가슴의
어느 모퉁이가 허물어졌을 것이다

— 김광림·「상심(傷心)하는 접목」에서

'패스포트' 없는 부자유 속에서의 '피로와 단념'을 노래한 신동문을 비롯하여 슬픈 조국에서 태어난 슬픔을 '속죄양' 의식으로 노래한 민재식. '낙엽에 불외(不外)한' '손'을 가지고 '패배와 폐허' 속에 살고 싶어하는 박성룡, '접목하는 세월' 속에서 '애꾸눈', '절름발이', '찢기운 가슴'으로 살아가는 '부러진 가지'같은 생존의 실상을 노래한 김광림 등의 시에서 전후의 좌절 의식은 각기 독자적인 이미지로 살아있다.

이러한 좌절 의식은 공통된 이미지로서 나타나고 있는 경우도 있다.

    아프게 찢어지는
    한 팔쯤 꺾이어도
    말이 없는 나무다

    나무 밑에 그늘 잊은 잎새
    한 잎 가리고 서서 천둥을
    기다리는 쭉지 잃은 새다

                 — 김광림 · 「너를 생각하는 뉘우침이」에서

    길 잃은 구름처럼 가벼운
    지구의 일각에서 우리는 나래
    찢긴 비둘기처럼 울었다

                 — 전봉건 · 「강하(江河)」에서

'나래 찢긴 비둘기', '쭉지 잃은 새'같은 이미지가 바로 전후의 좌절 의식을 대표하고 있다. 이러한 좌절의 이미지는 테마에 직접 관여하지 않은 비유를 위한 아날로지도 동원되고 있다.

    나는 총에 맞는 새같이 가련하게도
    당신의 집을 나와 버렸다

                 — 김수영 · 「살」에서

1950년대 후반기에 김수영의 좌절의식은 전쟁과 직결되는 것보다는 생활과의 관계에서 더욱 리얼하게 나타난다.

> 여편네와 아들놈을 데리고
> 낙오자처럼 걸어가면서
> 나는 자꾸 허허…… 웃는다
> 생활은 고절(孤絶)이며
> 비애였다
> 그처럼 나는 조용히 미쳐갔다
> 조용히 조용히……
>
> — 김수영·「생활」에서

> 이제 꿈을 다시 꿀 필요가 없게 되었나 보다
> 나는 커단 서른아홉의 중턱에 서서
> 서슴지 않고 꿈을 버린다
> 피로를 알게 되는 것은 과연 슬픈 일이다
> 밤이여 밤이여 피로한 밤이여
>
> — 김수영·「달밤」에서

생활과 직결된 속에서 우러나고 있는 김수영의 좌절의식은 그의 신음하는 육성과 같이 더욱 역동하는 이미지로 나타난다. 이러한 김수영의 좌절 의식은 4·19 이후 그가 눈을 크게 뜨고 사회현실을 직시하고 그 속에서 시인의 새로운 목소리를 찾을 때까지 그의 시의 저류(底流)를 이루고 있었다. 그러한 가운데서도 60년대의 그의 시의 발화액(發火液) 같은 것이 50년대 막바지에 서서히 준비되고 있었던 것이다. 50년대의 그의 좌절 의식의 축적이 하나의 폭발의 계기를 찾고 있었던 것이라고 말할 수도 있다.

—활자(活字)는 반짝거리면서 하늘 아래에서
간간히
자유를 말하는데
나의 영(靈)은 죽어 있는 것이 아니냐
…(중략)…
그대의 정의도 우리들의 섬세(纖細)도
행동이 죽음에서 나오는
이 욕된 교외에서는
어제도 오늘도 내일도 마음에 들지 않아라

— 김수영·「사령(死靈)」에서

    전후의 좌절 의식이 좌절과 허무와 절망으로만 나타난 것은 아니다. 물론 김수영의 경우처럼 좌절의 중압 아래 눌리다 못해 폭발의 계기를 찾고자 하는 징후를 보인 시들도 50년대 막바지에는 나타나기 시작했지만 전쟁 직후에도 전쟁의 공포와 비참을 슬픔과 좌절로만 노래하지 않고 이를 아름다움과 희망으로서 초극하려한 시들도 있었던 것이다.
    전후의 현실을 외면하고 시 자체의 순수성만을 탐색한 시들은 논외(論外)하기로 하지만 전쟁의 참상을 직시하면서도 그 속에서 이를 초극하려고 한 시인으로 전봉건, 박양균 등을 들 수 있다.

사람이 사람과 더불어 망한 이 황량한 전장에서 이름도 모를 꽃 한
송이 뉘의 위촉(委囑)으로 피어났기에 상냥함을 발돋움하여 하늘과 맞
섬이뇨. 그 무지한 포성과 폭음과 고함과 마지막 살육의 피에 젖어 그
렇게 육중한 지축이 흔들렸거늘 오히려 정밀(靜謐) 속 끝없는 부드러움
으로 자랐기에 가늘은 모가지를 하고 푸르른 천심(天心)에의 길 위에서
한 점 웃음으로 지우려하는가

— 박양균·「꽃」 전문

이 「꽃」의 이미지는 바로 전쟁의 비참과 절망, 그 좌절의 쑥밭을 디디고 일어서는 가녀리면서도 강인한 인간의 의지와 그 아름다움을 표상해 주는 것이라고 볼 수 있다. 전봉건의 시집 『사랑을 위한 되풀이』 속의 대부분의 시편에도 전쟁의 참화 속에 살아남은 인간이 따뜻하고 부드러운 사랑의 힘을 의지하여 이를 초극하려는 지향이 뚜렷이 나타나 있다.

아무튼 1950년대 한국시의 가장 큰 특징적 흐름은 전쟁과 죽음과 좌절의 이미지로 추상할 수 있다.

한국에서의 전쟁의 양상은 현대의 과학무기에 의한 철서한 파괴 선생이었고 또한, 2차대전 후의 특징적 정치현상인 양대 이데올로기의 대립으로 말미암은 국토 분단과 그 결과로 나타난 동족상잔이란 비극적인 전쟁이었다는 점에서 2차대전과 같은 일방적인 파괴 전쟁이 아니었다. 세계적인 고민이 한국이란 좁은 판도에서 폭발한 새 양상의 현대 전쟁이었던 만큼 전후의 양상도 그만큼 더욱 비극적인 것이었다.

이러한 상황 속에서 소산된 한국의 1950년대의 시가 가장 첨단적인 현대적 고민과 그 비극성을 반영한 것은 당연한 것이었다고 보아야 할 것이다. 바꾸어 말하면 1950년대 한국의 전쟁시는 그만큼 세계성을 띠고 있었다고 할 수 있다.

화제를 찾아서
— 1964년 상반기의 작품(시)

김 춘 수

　시인이 시평(詩評)을 쓰는 일이 더러 있다. 이 때 그 시인은 대개 남의 시를 평함으로써 오히려 자기의 입장을 내세우고 있는 것 같다. 의식적이건 무의식이건 결과는 그렇게 되고 있는 것 같다. 가령 박남수 씨가 ≪현대문학≫의 시조 특집을 재미있게 읽었다고 하고 있는 것이라든지, 박목월 씨가 한자의 시적 효용을 말하기도 하고 김광림 씨의 「석쇠」라는 시의 "날마다 태양은/투망을 한다/은어떼가 걸리면/쾌청(快晴)이고/어쩌면 비린내는/담천(曇天)과 같다" —이러한 연(聯)에 구미를 돋구고 있는 것이라든지 김수영 씨가 시인의 성실을 말하면서 "박성룡이 '내 언어'를 '학대'하는 자기를 객관시(客觀視)할 수 있는 여유를 갖고 있는데 반하여 구자운은 스스로를 학대하는 바로 '내 언어' 그 자체가 되고 있다. 구자운을 성실하다고 한 것은 이런 의미이다."라고 하고 있는 것들은 그 몇 개의 예일 것이다. 이 분들이 이렇게들 말할 때 나는 어쩐지 이 분들의 시가 연상되곤 하는 것이다. 시인은 의식, 무의식으로 남의 시에서 자기의 얼굴을 보려고 하고 그것이 발견될 때 비로소 쾌재를 느끼게 되는 것일까? 그렇다면 시인이 남의 시를 평한다는 것은 결국 자화자찬 밖에는 더 되지 않을지도 모른다. 그러나 이런 일은 피하기 어려운 일이라 하더라도 정당한 일이라고는 생각되지 않는다. 비평은 아(我)를 내세우는 것이 전부는 아닐 것이다. 아(我)를 내세우는 일이 설령 피하기 어려운 일이라 하더라도 되도록 배타적인 폐쇄주의에서 떠나 있어야 할 것이다.(시평류(詩評類)의 단문(短文)이라고 해서 예외로 접어 둘 수는 없다.) 비평에서 아(我)를 내세우려는 의식, 무의식의 작용을 볼 때 그 시인은 스스로 자기의 시까지를 협량(狹量)으로 만들어가고 있다는 것을 나는 느끼곤 한다. 남의 시를 대한다는 것은 아무리 졸렬한 시의 경우일지라도 그것은 언제나 우리에게 반성의 재료를 제공해 주고 있다. 이런 것(반성의 재료)도 우리는 성실하게 다루어야 할 것이다. 자기 얼굴만을 내세우는 것은 쑥스러운 일이다. 자기만이 또한 나르시스와 같은 미모를 가졌다고 단정하고 말을 하고 있는 듯한 인상을 받을 때 더욱 그렇다. 가령 서정주 씨가 1963년도의 시단개평을 말하면서 시어의 변천을 전연 인정하지 않으려는 듯이 발언하고 있는 것은 그리고 그것이 한국 현대시의 무잡성(無雜性)을 구제하는 유일한 길인 것처럼 발언하고 있는 것은 그 예일 것이다. 씨와 같이 존경을 받고 있는 시인에게서 그런 말을 들을 때 씨와 같은 시인에게 있어서도 그처럼 융통성이 없는 신념(?)이 깃들 수 있다는 사실에 새삼 당황해지는 것이다.

상반기의 시에서 몇 개의 화제를 찾아볼 수가 있었다. 그것은 주로 언어와 이미지의 사용에 관한 것인 동시에 그 언어와 이미지의 사용 밑바닥에 도사리고 있는 시인의 세계관에 관한 것이다. 가령 다음과 같은 경우들이 있다.

> 도마 위에서
> 번득이는 비늘을 털고
> 몇 토막의 단죄가 있은 다음
> 숯불에 누워
> 향을 사르는 물고기.
>
> 병원으로 가는 긴 우회로

달빛이 깔렸다.
　　밤은 에델로 풀리고.
　　확대되어 가는 아내의 눈이
　　달빛에 깔린 긴 우회로.
　　그 속을 내가 걷는다.
　　흔들리는 남편의 모습.
　　수술은 무사히 끝났다.
　　메스를 카아제로 닦고……
　　응결하는 피.

　전자는 김광림 씨의 「석쇠」(《사상계》 4월호)의 제1연이고 후자는 박목월 씨의 「우회로」(《사상계》 5월호)의 전반부다. '단죄'와 '향을 사르는'이란 말들은 상징으로, 즉 비유로 쓰이고 있지 않다. 이것들이 만약 비유라고 한다면 '물고기'는 우스운 것이 된다. '물고기'를 두고 종교적인 결단('단죄')과 그 의식('향을 사르는')을 생각한다는 것은 이치(외연으로서의 의미)에 닿지 않기 때문이다. 여기 동원된 이미지들은 서술적(descriptive)이라 할 수 있다. 시를 낳게 하는 관념 체계가 없고 단지 언어와 이미지에의 미감이 있을 뿐이다. 그것으로 된 시다. 일종의 순수시다. 그런데 작자가 의식했건 의식 못했던 간에 독자로서는 '단죄'와 '향을 사르는'의 이 두 말의 연결에서 묘한 뉘앙스를 느낀다.(일단 비유로서 받아들였다가 나중에사 그것의 잘못을 깨닫는다.) 결국은 그 뉘앙스는 작자의 제스처에 지나지 않았다는 것을 깨닫게 되지만……. 이리하여 '단죄'란 말은 새로운 차원의 시적 리얼리티를 획득하게 된다.(비유를 가장하면서 서술적 이미지를 보인 일은 과거에 별로 보지 못했다.) '향을 사르는'도 그렇다.
　김광림 씨는 언어와 이미지에 몹시 민감하다. 이 시의 경우처럼 그 민감함이 기회를 잘 포착했을 때는 참신한 미감을 자아내고 시적 리얼리티를 드러내지만 그 민감이 기회를 잘못 포착했을 때는 아슬아슬한 줄타기를 보는 것 같기도 하고 시적 난센스를 드러내기도 한다.

> 날마다 태양은
> 투망을 한다
> 은어떼가 걸리면
> 쾌청이고
> 어쩌면 비린내는
> 담천(曇天)과 같다

이러한 연(聯)에서 아슬아슬한 곡예를 느끼고 다음과 같은 연(聯)에서는 시 직 난센스를 느낀다. 따라서 모두 실패한 부분이라 하겠다.

> 나란히 선
> 계집아이들의 종횡(縱橫)
> 질서의 꽃밭
> 머리를 갸우뚱

'계집아이들의 종횡(縱橫)', '질서의 꽃밭'들은 이미지로서 난센스다. 박목월 씨의 경우 반대의 것을 볼 수 있다. 이미지가 서술적인 듯하면서 그러나 배후에 어떤 관념을 거느리고 있다. 단적으로 말하여 생활의 체취가 짙게 시에 스며들고 있다고나 할까. 실은 이 '생활의 체취'가 '어떤 관념'을 풍겨주고 있는 듯하다. '병원으로 가는 긴 우회로', '응결하는 피' 등은 아무래도 의미가 그것만으로 그치고 있지 않은 듯이 보인다. 작자의 감회가 자꾸 고개를 내밀듯이 하고 있다.

박목월 씨도 언어와 이미지에 민감한 편이지만 김광림 씨만큼 결백하지는 않다. 그리고 실패한 경우거나 성공한 경우나 박목월 씨의 언어와 이미지에는 어딘가 상식적이고 리얼리티의 강도가 약한 데 비하여 김광림 씨의 그것들은 실패와 성공을 고사하고 실험적이고 자극적인 데가 있다. 김광림 씨는 우수한 시인이 가지고 있는 자질을 가지고 있다고 생각되나 위대한 시는 단 한 편인들 써낼까 지금으로서는 의심이 간다. 지나치게 유미적으로 기울어지고 있고 또 품격도 볼 수 없기 때문이다. 그러나 김광림 씨의 시는 박목월 씨보다는 훨씬 조형적이다.

> 나는 모래에 관한 기억을 가진다
> 모래의 기억, 밟고 선 여자의 젖은 발
> 모래의 기억, 여자는 전신을 흔들어서 물방울을 떨쳤다
> 모래의 기억, 그래도 태양은 여자의 등허리에 젖고
> 모래의 기억, 벌렁 두 다리 사이에서 이글거리고 뒤차기고…바다는

전봉건 씨의 「속의 바다(10)」(《사상계》 1월호)의 전반부다. 연작시의 1부다. 「세대」에 다섯 편을 한 번에 싣고 있기도 하나 여기 인용한 것이 가장 이 연작시의 장단점을 전형적으로 보여주고 있는 듯하다. 의식의 흐름을 자동적으로 그려간 것으로 보아지지만 여기에는 다년간의 수사(修辭)의 수련과 시적 센스가 개재하여 있다. 전봉건 씨의 이전의 시들은 초현실주의 방법을 원용(援用)하되 소재는 전연 비초현실주의적인 것을 다루어왔다. 그런데 이 연작시부터 현저히 초현실주의적인 소재를 다루게 되었다. 보통의 경우와는 반대의 과정을 밟고 있는 것 같다. 여기에는 세계관의 회전(廻轉)이 있었지 않았나 생각된다.

이 시가 초현실주의 시인만큼 이미지는 순수하다. 그런데 왕왕 초현실주의의 시에서 보는 당돌한 이미지나 이미지와 이미지의 충돌 내지 단절을 이 시에서는 볼 수 없다. 적당히 합리화되고 있다. 「여자」, 「태양」, 「바다」 등이 시의 메인·이미지를 이루는 부분들이 어느 정도만큼 논리적으로 연결되어 있다. 그만큼 두드러진 리얼리티를 느낄 수는 없으나 이해하기에는 쉽도록 되어 있다. 전봉건 씨의 특기의 하나일는지도 모른다. 적당히 물을 타서 초현실주의의 알코올분을 덜어 주어 마시기 좋도록 해 주는 재능―이 재능

은 초현실주의의 주독을 주독인 줄 모르고 들이키고 있는 딱한 사정들에 비하면 얼마나 구원이 되고 있는지 모른다.

전봉건 씨는 이미지로서 말을 하고 있다. 말을 하고 싶은 것은 의식의 흐름의 빛깔이고 그 농도다. 이 점에 있어 김광림 씨는 다르다. 이미 보아온 대로 김광림 씨는 이미지가 이미지로서 말을 하고 있다. 전봉건 씨보다는 다소 인생비평적인 면으로, 따라서 이미지가 불순해지고 있지만, 초현실주의 영향 하에 있는 시인에 김종삼 씨가 있다.

>   나의 본적은 늦가을 햇볕 쪼이는 마른 잎이다
>   밟으면 깨어지는 소리가 난다
>   나의 본적은 거대한 계곡이다 나무 잎새이다
>   나의 본적은 푸른 눈을 가진 한 여인의 영원히 맑은 거울이다
>   나의 본적은 차원을 넘어 다니지 못하는 독수리다
>   나의 본적은
>   몇 사람밖에 아니 되는 고장
>   겨울이 온 교회당 한 모퉁이다
>   나의 본적은 인류의 짚신이고 맨발이다

「나의 본적」(《현대문학》 1월호)의 전문이다. 이미지가 비유적이다. 그러나 각행의 이미지가 행마다 단독으로 다른 행과 단절되어 있다. 콜라주인 것이다. 이 시는 각행의 이미지가 서로 단절되어 있으면서도 이상하게도 밸런스가 잡히고 작품으로서는 안정되어 있다. 그 비밀이 어디에 있을까?

제1행, 마른 잎
제2행, (깨어지는) 소리
제3행, 계곡과 나무 잎새
제4행, (여인의 맑은) 거울

제5행, 독수리
제6행, (브랭크)
제7행, 고장
제8행, 교회당 한 모퉁이
제9행, (인류의) 짚신의 맨발

각 행에 이와 같이 하나 내지 두 개씩의 구상명사(具象名詞)가 정좌(正坐)하고 있는 데에 있는 것이 아닐까? 그리고 그 부분이 각 행의 중심이 되고 있는 데에 있는 것이 아닐까?

이 시의 '나'의 존재의 태(態)를 비판하고 있는 것 같다. 이런 경향이 좀 더 현실감각을 가지게 될 때 그리고 그(현실감각) 밑바닥에 휴머니스틱한 것이 도사리고 있을 때 시는 훨씬 리얼리스틱해지고 다이내믹해질 것이다. 김수영 씨의 시가 그런 경우라고 하겠다.

> 나는 아이들을 가르치면서
> 우리 나라가 종교국(宗敎國)이라는 것에 대한 자신을 갖는다
> 절망은 나의 목뼈를 못 자른다 겨우 손마디 뼈를
> 새벽이면 하아프처럼 분질러 놓고 간다
> 나의 아들이 머리가 나빠서가 아니다 머리가 나쁜 것은 선생, 어머니, I.Q다.
> 그저께 나는 빠스깔이 "머리가 나쁜 것은 나"라고 하는 말을 들었다

「우리들의 웃음」(《문학춘추》 4월호)의 제1연이다. 여기서는 이미지보다는 의미가 문제가 된다. 그러나 여기서도 나는 초현실주의의 흔적을 본다. 그것은 이미지로서가 아니라 의미의 전개에 있어서 그렇다. 논리의 단절이 있다. 당돌한 의미의 행들이 간간이 개입하여 논리에 변이를 일으키게 한다. 그것

은 패러독스와 아이러니로 나타나고 있다. 이리하여 시가 퍽 시니컬해지고 있는 것 같다. 여기 인용한 연의 뒷머리 3행에서 그것을 볼 수 있지 않을까?

　김수영 씨는 현실에 대한 자각의 밀도가 곧 시의 모더니티의 밀도라고 하고 있는 그러한 시인이다.(≪사상계≫ 4월호, 「모더니티의 문제」 참조) 그러한 의미로서는 김수영 씨의 시 또한 모더니티를 간직한 것 중의 하나다.

　　　　전통은 아무리 더러운 전통이라도 좋다 나는 광화문
　　　　네거리에서 시구문의 진창을 연상하고 인환네
　　　　처갓집 옆의 지금은 매립한 개울에서 아낙네들이
　　　　양잿물 솥에 불을 지피면 빨래하던 시절을 생각하고
　　　　이 우울한 시대를 패러다이스처럼 생각한다
　　　　버드·비숍 여사를 안 뒤부터는 썩어빠진 대한민국이
　　　　괴롭지 않다 오히려 황송하다 역사는 아무리
　　　　더러운 역사라도 좋다
　　　　진창은 아무리 더러운 진창이라도 좋다
　　　　나에게 놋주발보다도 더 쨍쨍 울리는 추억이
　　　　있는 한 인간은 영원하고 사랑도 그렇다

　「거대한 뿌리」(≪사상계≫ 5월호)의 제3연이다. 거의 진술(statement)에 그쳐버린 이러한 부분에서 그 현실에 대한 관심의 열의를 뺀다면 시로서는 별로 남을 것이 있을 것 같지도 않다. 시를 비유라고 생각하는 소심한 기교가들에게는 공포의 대상이 될 만도 하다. 그리고 몹시도 거칠고 터치가 굵은 이러한 부분에서 어떤 드라이한 미감이 어느 독자들에게는 솟아날는지도 모른다. 한편 또 김수영 씨는 한국의 현대시에서 웅변을 도입하고 있다. 인용한 이 부분만 하더라도 도도한 웅변이다. 김종길 씨가 김수영 씨의 시를 두고 '난센스의 추구'라고 한 일이 있지만 아까 말한 논리의 단절, 당돌한 의미의 행(行)들의 개입 등을 두고 하는 말이라면 나도 여기에 찬송한다. 그러나 이런 식의 '난센스의 추구'는 때로 시에서 뜻하지 아니한 긴장을 자아내는 수가 있다. 김수영 씨도 역시 그런 식의 기교를 감추고 있는 기교가이기도 하다.

송욱 씨는 현저히 형이상학으로 선 자리를 옮기고 있다는 느낌이다.「포옹무한」(≪문학춘추≫ 5월호)에서 다음과 같이 적고 있다.

> 그대를 부를 이름이
> 모두 낙엽진 지금
> 그대로 들어오라
> 내 가슴 안으로─
> (중략)
> 우러르는 산봉우릴
> 달무리 꿈결처럼
> 발밑으로 아아 저승까지
> (후략)

「何如之鄕」 연작시에서 보인 그 한국의 현실과 사회에 대한 시니컬한 비판과 아울러 독특한 스타일의 시험은 여기서는 흔적도 보이지 않는다. 모가 없어지고 둥그러진 대신에 송욱 씨에게서 너무 과분한 기대를 하지 않았나 하는 가벼운 실망을 갖게 한다. 패기가 쉽사리 무너진 듯한 아쉬움이다. 훨씬 조촐해지기는 했지만 그 아이디어와 작시(作詩) 태도 아울러 묵은 것이다.

> 그 나무의 크기는
> 내가 평생을 두고
> 날으고 또 날아도
> 가장귀 밖으로 나가 본 일이 없으니
> 얼마나 큰가를 아직 나는 모른다
> 빛?
> 아, 그 겨울말인가?
> 잎들이 다 떨어진 뒤 훤히 밝는
> 그 찬바람 말인가?

김윤성 씨의 「그 나무의 크기는」(≪현대문학≫ 1월호)의 제1연이다. 장자(莊子)의 「소요유(逍遙遊)」를 읽고 있는 느낌이다. 이렇게 점잖아지면 어떻게 될까? 물론 "잎들이 다 떨어진 뒤 훤히 밝는/그 찬 바람말인가?"와 같은 슬기로운 구절이 있기는 하다. 지나치게 무감동적인 설화투의 스타일이 그러나 시적인 감동을 거세하고 있다. 이런 식의 담백한 스타일을 두고 품격이란 말을 혹 쓰기도 할는지 모르나 시가 발랄한 감각을 상실할 때도 이런 식의 스타일이 나타날 수가 있다.

> 별?
> 아, 그 먼지 말인가?
> 어쩌다 눈 속에 들면 나를 괴롭히는
> 그 티끌 말인가?

같은 시 제3연의 첫머리다. 김윤성 씨는 시에 지쳐 뭔가 놓쳐서는 안 될 것을 포기하고 있지나 않을까? 엉뚱한 추측인지는 모르나 시를 추구하기에 귀찮아질 때 이런 식으로 내던질 수도 있지 않을까 한다. 좌우간 안심이 안 되는대로 한국인의 생리가 빠져 들어갈 가능성의 한 극한을 보여주고 있는 것 같기도 하다. 그런 의미로는 하나의 숙제를 남기고 있다.

> 꽃포기에 비기면 그 입술 가에
> 물방울을 튀기는 튜립이거나 앉은뱅이
> 천체(天體)에 비기면 문득 어느 아침
> 세숫대야 같은 것에나 와 뜨는 하얀 낮달

박성룡 씨의 「동양화집(1)」(≪문학춘추≫ 4월호)의 제2연이다. 이 시중에서 제일 빼어난 부분이라고 생각된다. 잘 손질을 한 양질의 모포를 만지는 느낌이다. 그 이상도 아니고 그 이하도 아니다. 시인에게 모험에의 충동이 없고 자기 한계를 잘 알고 거기 도사리고 앉아 움직이지 않을 때 그리고 그 시인이 비교적 유능한 시인일 때 읽힐 수 있는 시를 곧잘 생산해낼 수가 있을 거지만 그 시에서 괄목할 만한 리얼리티의 단면이나 어떤 시적 긴장을 보는 일은 드물 것이다.

> 보석들 모양
> 작고 큰 융흥(隆興)을 계속하다보면
> 거기엔 어느덧
> 놋대접만큼씩한 황국(黃菊)만이 남아 피는
> 동양의 가을, 그 대낮의 꽃밭은 온통
> 순금(純金)의 폐허였다

「꽃밭」(《현대문학》 1월호)의 제5연이다. 이 시중에서 제일 따분한 부분이다. 그런데도 먼저 인용한 부분과 비교하여 크게 차이를 느끼지 못한다. 그만큼 한 편의 시에서도 요철(凹凸)을 못 느끼는 동시에 어떤 한 시와 다른 한 시 사이에도 그것을 별로 크게는 느끼지 못한다. 어느 수준을 늘 지니고 있다.

　박성룡 씨에 대하여 김수영 씨도 《사상계》 4월호의 시평(詩評)에서 "자기의 한계를 의식하고 있는 것 이상으로 거기에 애착(내지는 자랑)을 느끼고 있기 때문이다."―이렇게 말하면서 "그가 앞을 향한 과감한 전진을 못하는" 까닭을 밝히고 있는 데 동감이다. 박성룡 씨의 이러한 제자리걸음은 세계관적 회전이 없고는 타개되기 어려운 일일는지 모른다. 지금은 조용한 휴전선―완충지대에 살고 있다. 되도록 격한 충돌을 피하려고 하고 있다. 현명하다고 하기에는 박성룡 씨의 시는 차츰 생기를 잃고 있는 것 같다. '보석들 모양 작고 큰 융흥(隆興)', '놋대접만큼씩한 황국(黃菊)', '순금(純金)의 폐허' 등 일단 손질을 한 수사라고는 생각되나 그 수사 이상의 시적 차원은 좀처럼 열리지 않고 있다. '물방울을 튀기는 튤립', '세수대야 같은 것에나 와 뜨는 하얀 낮달'(『동양화집』에서) 등은 훨씬 생동하고는 있으나 김광림 씨의 경우와 비교하여 그것은 지나치게 상식적이다. 박성룡 씨는 치기나 실패에 대하여 공포하고 있는지 모른다. 실패할 수도 없는 시인-그것은 달가운 일이 아닐 것이다.

> 괴로운 이의 어둠 극약의 구름
> 물결을 밀어 보내는 침묵의 배
> 슬픔을 생각키 위해 닫힌 눈 하늘 속에
> 여럿으로부터 떨어져 섬은 멈춰 선다.

구자운 씨의 「벌거숭이 바다」(《현대문학》 5월호)의 제2연이다. 묘한 비유들을 쓰고 있다. '극약의 구름', '침묵의 배', '슬픔을 생각키 위해 닫힌 눈 하늘' 등 모두 그렇다. 이 중 '극약의 구름'은 의미가 잘 파악이 안 된다. 그러나 이 비유들의 어떤 인식에 이르려고 하고 있는 듯한 표정은 짐작이 간다.

구자운 씨의 이전의 시에서는 오종종하고 섬세하기만 했던 토착어에의 집착을 볼 수 있었다. 소재도 그러한 언어에 알맞은 것들이었다. 포도라든가 자기(瓷器) 같은 것을 많이 다루고 있었던 듯하다. 이번의 이 시에서도 바다와 같은 자연을 대상으로 하고는 있으나 여기에는 훨씬 스케치풍의 취미성을 떠나 철근이 통해 있다. 그것은 대상을 인식의 수단으로 하려는 의지다. 스타일도 훨씬 활달해지고 유창해졌다. 그건 그렇다 하고 이 시에는 간간이 비유에 독단이 있어 전달을 막고 있는 것 같다. 제4연의 "말없는 입을 숱한 눈들이 에워싼다/술에 흐리멍텅한 안개와 같은 물방울 사이"와 같은 행들이 그 예가 아닐까 한다. 좌우간에 구자운 씨는 소재를 다루는 태도나 방법에 있어 많이 달라지고 있다. 어떤 시에서는 두드러지게는 눈에 안 뜨이나 아이러니와 패러독스를 슬그머니 깔아놓기도 한다. 뭔가 하나의 표정을 지어 보려는 것인지도 모른다.

이상으로 나는 상반기의 시들 중 화제가 될 만한 것들을 뽑아 내 나름대로의 해석을 붙여본 것이다. 결국 내가 이들 시 중에서도 가장 흥미를 느끼게 된 것은 김광림, 전봉건, 김수영 삼인의 시라고 하겠다. 이 삼인의 시에 대해 대략 다음과 같이 생각해본다.
　김광림 씨의 경우 순수시의 한국적 차원에 하나의 변동을 줄 가능성이 보인다. 시로서는 아직도 실험적인 단계를 벗어나지 못하고 있으나 지금은 그러한 몸놀림만으로도 어떤 흔적을 한국의 현대시에 남길 것 같다. 시가 외곬으로 들어가 있기 때문에 아류(亞流)를 만들어내기가 어려울 것이다. 그러나 그만큼 유리한 지점에 놓였다. 자기 시의 빛깔을 유니크하게 그리고 선명하게 언제나 내세울 수가 있기 때문이다.
　전봉건 씨의 경우 초현실주의를 그 실험 단계를 마스터하고(혹은 소화하고) 내부에서 분출하는 생생한 이미지의 물줄기를 알맞게 억제하여 보여준다는 것―여기에는 한국의 이 계열의 현대시에 대한 교훈이 깃들어 있다. 그것은 초현실주의에 있어서도 무책임한 자동기술(自動記述)은 부분적으로 혹 참신한 리얼리티를 드러내는 수가 있겠지만 예술품으로서의 시로서는 지나치게 낭만주의적 방종에 떨어질 우려가 있기 때문이다.
　김수영 씨의 경우 문제는 보다 미묘해진다. 소심한 테크니션들이 보면 간담이 서늘해질 정도로 상(想)을 거침없이 유로(流露)시키고 있다. 그러나 자세히 들여다보면 다다, 슈르 또는 영미계통(英美系統)의 현대시의 기교를 몸에 지니고 있다는 것을 알 수 있다. 김수영 씨에 있어서는 그러한 기교들을 기교로서 몸에 지니고 있을 뿐 아니라 그러한 기교들이 생겨난 심리적인 바탕을 잘 소화하고 있는 것 같다. 기교만이 표면에 떠 있지 않고(오히려 기교를 내던지고 있는 듯한 인상이다) 있는 것은 이 때문이 아닌가 한다. 구미(歐美) 현대시를 가장 잘 소화하고 있는 시인이 아닌가 싶다. 그 위에 역사의식(시를 두고 하는 말이 아니다)과 민감한 현실감각이 있다. 이리하여 가장 문명비평적이고 리얼리스틱한 시의 한 산맥을 이루고 있다. 같은 문화 비평요소를 가진 송욱 씨의 이전의 시보다도 요즘의 김수영 씨의 것이 시로서는 보다 폭이 크고 호소하는 힘도 있다. 남이 한 실험적인 요소들을 한 입에 다 삼키고 있으면서 그것들이 잘 다스려지고 있는 점, 실험을 넘어선 장관(壯觀)이다. 김수영 씨의 시에는 그런 오만불손한 데가 있다. 말하자면 지나치게 자기 시에 자신을 갖고 있는 듯하다. 그렇다면 김수영 씨의 시는 머지않아 타성이 노출되어 형편없이 안이해질는지도 모른다. 요즘 그러한 징조가 보이기도 한다.

이 글의 허두(虛頭)에서 말한 자화자찬의 글이 되지 않기를 최대한 용심(用心)하였지만 결과는 어떻게 되었는지 머리를 식히고 활자화된 후에 다시 보고 생각해야 하겠다.

신석초 씨의 장시 「처용은 말한다」는 ≪세대≫ 6월호 시평자(詩評者)의 의견과 같고 신동집 씨의 「서른의 바다」(≪문학춘추≫ 5월호)도 그렇다. 지면관계로 여기서는 할애(割愛)하기로 했다. 시론에 대하여도 언급하고 싶었으나 이것 역시 다른 기회로 미룰 수밖에 없었다.

(≪문학춘추≫ 상반기의 작품 「시」에서, 1964년 7월호)

50년대 후반의 시

이 형 기

……(전략)

　예술성을 존중하는 점에서는 전통적 서정파와 견해를 같이 하면서도 그 시적 이념이나 방법에 있어서도 분명히 그들과 구분되는 또 다른 일군의 시인들이 있다. 김광림, 김종삼, 성찬경 등이 그들이다. 각기 뉘앙스의 차이는 있지만 우리는 그들을 주지적 심상파라는 이름으로 묶어볼 수 있다. 그들에게 공통되는 중요한 특성은 감정의 자연발생적 유로를 거부하고 언어의 지적 조작을 통해 시를 구성해 나간다는 일종의 제작의식이다. 이 때의 제작의도는 어떤 관념이나 사상의 노출은 그들이 오히려 경계하는 대상이다. 그러므로 전통적 서정파처럼 예술성을 존중하게 되는 이들은 그러나 포에지를 느끼는 감수성과 그것을 표현하는 작시법에 있어서 전통적 서정파와 날카롭게 대립한다. 전통적 서정파는 '심정'으로 시를 쓰고 주지적 심상파는 '머리'로 시를 쓴다는 김광림의 말은 양자의 차이를 적절하게 요약한 발언이다.

　　처음, 인간에게 들킨 아름다움처럼
　　경악하는 눈. 눈은 그만

꽃이외다

— 김광림, 「꽃의 문화사초(文化史抄)」에서

　김광림의 이 시는 한 송이의 꽃을 보고 느낀 감동이 그 모티브를 이루고 있다. 꽃은 하나의 모티브이기 때문에 이 시의 발단 자체는 전통적 서정파와 통하는 것이라 할 수 있다. 그러나 이 시가 보여주고 있는 것은 전통적 서정파의 경우와 같은 감정 이입이나 심정 의탁이 아니라 어떤 지적 조작을 통해 재구성된 대상의 모습이다. 그리고 그때의 재구성 작업은 주로 심상의 조형을 통해 수행되고 있다. 그 심상은 의미를 배제한다. 설령 그것이 철저하지 못한 경우라 할지라도 최소한 의미가 시의 전면에 노출되는 것을 꺼리고 있다. 그러한 심상은 무엇인가를 설명하는 수단적 대상이 아니라 그 자체가 목적이 되는 대상이다. 그리고 그러한 심상은 또 기존의 의미의 굴레나 관념의 체계로부터 해방되어 있기 때문에 도리어 새로운 의미의 지평을 열어줄 수도 있는 것이다.

(≪현대시학≫, 1988년 4월호)

1부
시인론

김광림론
— 그의 주지적 방법을 중심으로

문 덕 수

1

1990년 제12차 세계시인대회(서울) 때 일본의 저명한 국제적 여류시인 시라이시 가즈코(白石 かずこ)가 「오늘의 율리시즈」라는 시를 낭독했다. 그 작품 내용을 미리 알고 있었는지의 여부는 잘 모르겠으나 낭독 직전에 김광림은 "나는 북에서 온 한국의 율리시즈입니다."라고 말해 그 때의 무거운 장내 분위기를 부드럽게 풀고 모두들 호감의 미소를 짓게 한 계기가 되었다. '북에서 온 율리시즈, 그러나 돌아갈 수 없는 율리시즈 김광림'—시라이시 가즈코는 이 때의 일을 잊어버릴 수 없다고 말한다.

이런 김광림도 어느새 호호백발, 74세의 원로가 되었다. 『상심하는 접목』(1959), 『심상의 밝은 그림자』(1962) 등 10여 권의 시집, 『오늘의 시학』(1978) 등 시론서 3권, 번역서 그리고 동아시아 3국(한국, 일본, 대만)의 문학교류를 위해 동분서주한 것까지 김광림은 워낙 방대한 것이어서 그를 한두 마디로 요약한다는 것은 어려울 듯하다. 그러나 시라이시 가즈코의 다음 지적은 김광림을 거의 다 뭉뚱그린 것이 아닌가 생각된다.

또 그러한 상황, 체험에도 불구하고 김광림의 작품은 생경한 리얼리즘도 아니고 비극을 비극으로서 표현하지 않고 거의 대부분의 작품이 부담감 없는 유머, 위트, 아이러니에 의하여 제작되었으며 그러므로 모더니즘 또는 이미지즘의 시인으로 불리고 있음에 깊은 감개를 갖는다.

김광림의 일역시집 『속(續)キム・クワンリム(김광림) 시집』(동경 靑樹社, 2002)에 수록된 「시의 풍경・시인의 초상」 중에 있는 말이다. 여기에다 신카와 카즈에(新川和江) 시인의 "미소의 얼굴 뒤에 감추어진 쓰라린 눈물, 조국이 분난되고 육친이 갈라진 슬픔과 분노가 보일 때 나도 눈물을 참을 수가 없다."는 대목을 덧붙이면 시인 김광림의 전모가 윤곽을 드러내는 것 같다.

먼저 모더니즘 또는 이미지즘 시인으로 불리고 있다는 지적에 주목하고 싶다. 일본에서 설령 이러한 지적이 없었다고 하더라도 한국에서는 그가 모더니스트 또는 이미지스트임은 이미 상식화되어 있으므로 하등 새로울 것은 없다. 그의 시 「어느 날」에서 그는 방 한복판에 엎드려 하나의 이미지에 집착하여 언어와 언어를 쌓아 올리고서는 무너뜨리는 일을 되풀이하고 있음을 표현하고 있는데 이는 시작에 있어서 그의 이미지 중시의 태도, 즉 그의 이미지즘을 말해준다.

    건반 위를 달리는 손가락

    울리는 상아해안의 해소(海嘯)

    때로는 꽃밭에 든 향내나는 말굽이다가

    알프스 산정(山頂)의 눈사태

                                  —「음악」에서

시 「음악」의 현실적, 역사적 맥락을 찾아내기는 쉽지 않다. 피아노의 '건반'이나 그 위를 달리는 손가락의 열광적인 연주, 상아해안을 울리는 해소(海嘯), 꽃밭에 든 향내나는 말발굽 등의 본의가 갖는 역사적 현장의 개념을 지적할 수가 없다. 이것은 무엇을 말하느냐 하면 결국 이미지의 순수성을 강조한 결과인 것이다.

여기서 김광림은 이미지의 순수성, 중립성, 객관성을 중시했다는 사실을 알게 된다. 가급적이면 언어나 이미지에서 이데올로기, 인생론, 종교성, 현실주의 등을 제거하고 이미지 그 자체의 예술적 자율성이나 자기 목적성을 강조한 것으로 볼 수 있다. 여기서 김광림은 일단 정지용을 효시로 하여 박남수를 거쳐서 내려온 이미지즘 계열의 시인임을 알 수 있다.

2

그런데 김광림의 거의 모든 작품, 특히 후기의 작품의 이미지에서도 순수 이미지 이외의 모든 외적인 것을 다 배제했을까 하는 의문도 제기된다. 다시 말하면 김광림은 순수 이미지스트 시인으로 남아 있는가 하는 의문이다. 작품부터 보기로 하자.

>도마 위에서
>번득이는 비늘을 털고
>몇 토막의 단죄가 있은 다음
>숯불에 누워
>향을 사르는 물고기
>고기는 젓가락 끝에선
>만나는 분신이지만
>지도 위에서는

자욱한 초연 속
총칼에 찝히는 영토가 된다

— 「석쇠」 전문

　시집 『본적지』(김종삼, 문덕수 3인 연대시집, 성문각, 1968)에 수록된 초기 작품이다. '숯불'이나 몇 토막으로 단죄된 물고기 등은 무엇인가의 역사적 현장을 암시하는 듯도 하지만 그것이 무엇인가를 규정하기는 어렵다. 여기서도 김광림은 민중주의 시인들처럼 사회적 메시지를 전면에 내세우는 장치적, 사회적 관념시를 의도하지 않고 사물의 이미지를 중시하는 일종의 사물주의를 지향하고 있음을 알 수 있다. 그런데 제2연에서 몇 토막으로 단죄되는 물고기의 이미지를 역사적 현장성에 연결시키려는 의도도 엿볼 수 있다. 즉 "지도 위에 서는/자욱한 초연 속/총칼에 찝히는 영토가 된다"라는 대목에서 「석쇠」라는 작품이 단지 물고기를 숯불에 굽는 석쇠의 이미지를 넘어서서 역사적 현장에의 연결을 암시하고 있음을 깨닫게 된다. 그렇다고 해서 김광림은 민중파 시인들처럼 정치적, 사회적 격문이나 슬로건 같은 그런 메시지를 쓰려고 한 것이 아니라 어디까지나 역사적 현장과의 관련성을 '암시'하고 있을 따름이다. 이런 점에서 그는 여전히 순수 이미지의 시인, 즉 이미지스트이다.

　김광림은 광복 후 남북분단이라는 민족사의 아픈 상황 체험을 안고 있다. 앞에서 인용한 시라이시 가즈코(白石 かずこ)의 말에 "그러한 상황, 체험에도 불구하고"라는 대목이 있는데 그러한 상황과 체험이란 다름 아니라 공산주의 치하를 벗어나 양친과 누이동생 등 7명의 가족을 두고 월남한 사실, 즉 남북분단과 가족의 이산의 체험을 의미한다. "북의 양친과 누이동생은 살아 있는가, 죽었는가?"(김광림, 「남북수뇌회담에의 기대」, ≪동경신문≫, 2000.6.7)라고 70 평생의 응답 없는 독백을 계속하고 있다. 일본 시인 사이토 마모루는 이것을 김광림의 '한'이라고 말하고 있다.(「김광림에게서 보는 '한'의 서정」) 월남한 김광림은 6·25 한국전쟁 때에는 참전하였다. 분단, 이산, 참전 등 이중 삼중의 아픈 체험을 앓고 있다.

그러나 김광림은 이러한 상황의 체험을 발신할 수 있었던 모든 격렬한 감정이나 메시지를 안으로 내면화하여 억누르면서 시의 예술적 이미지를 살릴 수 있었던 것이다. 그 에너지는 무엇이었을까.

   칭얼대는 손자를 아랑곳없이
   조간 사회면에 눈길이 쏠렸다가
   돌연 반도에 통증이 일었다
   이중섭의 게발이 접은 듯

   일찍이 어머니의 젖꼭지를 깨물던
   조상대대로의 관습 그대로
   돋아나는 이빨이 근지러워
   손자는 나의 철(凸)부를 문 것이다

   순간 나는
   자지러질 수도
   뉘에게 호소할 수도
   더더욱 며느리 앞에선
   아프다 할 수 없는 아픔을
   잔뜩 움켜 잡아야만 했다

          — 「반도의 아픔」에서

아무리 귀여운 손자라고 하더라도 남근(男根)을 물렸으면 얼마나 아팠을까마는 함부로 '아프다 할 수 없는 아픔'이다. 가족 특히 며느리 앞에서는 더욱 그렇다. 잔뜩 그것을 움켜잡고 속으로 끙끙 앓으면서 참지 않으면 안 된다. 아프다 할 수 없는 아픔을 잔뜩 움켜잡고 억제하는 힘 그것은 감정이 아니라 지성(intelligence)인 것이다. 김광림은 감정, 정서, 정열도 중시했지만 그것을 누를 수 있는 지성을 중시했다.

한때 김광림은 '주지적 서정'이라는 슬로건을 내세운 적이 있다. 그의 시의 방법의 일관성을 단적으로 요약한 말이다. 여기서 그는 인간의 질풍노도와 같은 감정이나 혼란·테러·전쟁·무질서·불합리·극악무도·비인간적인 역사 현실이라는 상황에 몰려서 자연적으로 발생하는 시에 자신을 내맡기는 일에 결코 만족하지 않았던 것이다. 그의 지성은 그러한 소용돌이나 태풍을 조용히 휘어잡아서 안으로 수렴하여 내면화했던 것이고 여기를 원점으로 하여 그의 포에지는 여물었던 것이다.

3

그러면 김광림의 방법으로서의 '지성'의 구체적인 모습을 조금 더 보기로 하자. 시라이시 카즈코는 "생경한 리얼리즘도 아니고 비극을 비극으로서 표현하지 않고 거의 대부분의 작품이 부담감 없는 유머, 위트, 아이러니로 제작되었음"을 말하고 있다. 유머나 위트나 아이러니도 모두 그의 주지주의 징표라는 사실을 알아야 한다.

앞에서 「반도의 아픔」이라는 시의 일부를 인용했다. 우리는 그 작품에서 감정에 대한 지성의 통제력을 살펴보았다.

> 돋아나는 이빨이 근지러워
> 손자는 나의 철(凸)부를 문 것이다

이 대목에서 '철부(凸部)'는 남근(男根)인 동시에 아시아 대륙의 동북부에 돌출하고 있는 한반도의 형국이다. 이것은 기지(위트)요 해학(유머)이라 할 수 있다. 그러한 돌출부인 남근을 귀엽다 귀엽다 하고 쓰다듬고 귀여워해 준 손자놈에게 물려 아파도 "아프다"고 말할 수 없는 그런 '아픔'은 바로 이웃나라의 외침으로 고통 받아온 한반도의 역사적 상황이라고 할 수 있다. 그런 점에서 이 위트나 유머는 단순한 것이 아니라 역사주의적 리얼리티를 갖고 있다.

> 예금을 모두 꺼내고 나서
> 사람들은 말한다
> 빈 통장이라고
> 무심코 저버린다
> 그래도 남아 있는
> 0이라는 수치
>
> ―「0」에서

　예금을 다 꺼내어 써버렸다면 그 통장은 예금이 없는 빈 통장이지만 작자는 그래도 '0'이라는 수치가 남아 있다는 것이다. '제로'라는 무(無)의 존재가치란 무엇일까? 이 시의 끝에선 분명히 모두 꺼내 썼는데도 남아 있는 수치(0)가 있고 '버려도 버려지지 않는 세계'가 있는 것이다. '0'이면서 끝내 버릴 수 없는 세계, 거기에 구속되고 지배되고 있는 인간 존재 아마도 신의 세계일는지도 모를 그런 제로의 존재, 뭔가의 철학적 사유를 유발하는 아이러니를 구사하고 있다. 결국 부정을 긍정으로 존재와 부재를 바꾸어 놓는 그러한 전도된 사유를 가능케 하는 아이러니라고도 할 수 있다.

> 아픈 것도
> 아픈 곳 나름이지만
> 아픈 데가 없는데
> 아픈 것이
> 기막힌 아픔이라
>
> ―「환상통」에서

이 작품도 아이러니다. 다만 흠이 있다면 '아이러니'만을 지나치게 강조하다 보면 사물성이나 이미지의 구체성이 희박해질 우려가 있다는 점일 것이다. 말하자면 일찍이 김기림도 범했던 시의 추상성이라고나 할까, 건조성(乾燥性)이라고나 할까. 그런데 그의 아이러니도 현실이라는 맥락을 가지려고 하는 점은 인정해야 할 것 같다. 그런 예의 전형적인 작품이 「파리의 개들」이라는 시다. '아이를 낳기보다는 오히려 개들과 살기를 바라는 파리의 여자'라는 아이러니로 시작하는 이 시는 사이토 마모루가 지적한 바와 같이 "물질문명이 극한에 달한 현실사회에 대한 김광림의 통렬한 문명비평이다." 그냥 문명비평이 아니라 아이러니에 의한 비평이다.

이상 간략하게 김광림의 방법과 시세계를 살펴 보았다. 여기서 결론은 서둘러야 하겠다. 첫째, 김광림은 자연발생적 방법으로 시를 쓴 시인이 아니라 '의식적 방법'에 의해 시를 쓴다. 그런 점에서 그는 모더니스트다. 둘째, 그는 초기에 이미지의 조형에 주력했으나 뒤로 갈수록 그의 의식적 방법은 지성(intelligence)을 중시하게 된다. 초기의 정지용 류의 이미지즘 또는 1910년대 영국의 이미지즘에서부터 김기림의 주지주의(또는 영국의 주지주의) 쪽으로 무게를 옮기는 경향을 보인다. 그는 주지주의 계열의 시인이다. 셋째, 그의 주지주의는 유머, 위트, 아이러니 등의 다양한 방법의 모색으로 확산하고 있다. 주지주의 방법의 이러한 여러 가지 자질을 잘 소화하여 자기 것으로 만들고 있다.

이런 점에서 김광림은 정지용, 김기림에서부터 김광섭, 박남수, 송욱(이정기도 포함시킬 수 있음)을 거치면서 형성된 한국시의 주지주의 산맥에 시사적(詩史的) 자리를 잡는 것 같다.

새로운 서정(抒情)의 시도(試圖)
— 김광림론

이 탄

1

　김광림은 그동안 두 권의 합동시집과 8권의 개인시집을 내놓고 있다. 시집『학의 추락』에 수록된 그의 연보를 보면 1947년부터 작품을 발표하고 있음을 알 수 있는데 인용한 단시(短詩)「음악」은 세 번째 시집인『오전의 투망』(1965.5.30 모음사)에 수록돼 있다. 이 세 번째 시집을 내기까지 김광림의 관심 속에 '주지적 서정'이 큰 비중을 차지하고 있음을 보게 된다.
　그의 첫 번째 시집『상심하는 접목』(1959)에는 시인의 후기나 서문이 없고 전봉건의「접목의 끝머리에」라는 발문이 있는데 이 글에서 전봉건은 "정밀하게 선택된 언어들은 선명한 의미와 음향을 불러 일으키면서 새로운 감정의 흐름을 형성하고 있다."고 지적하고 있다. 이 지적이 두 번째 시집『심상의 밝은 그림자』(1962)에서는 서(序)와 후기를 통하여 보완되고 있다. 서문을 쓴 박남수는 "그는 다시 음악에서 오는 직감적인 전달성과 회화에서 오는 이미지의 볼륨 같은 걸 맞아떨어지게 해 보려는 것이라고 하면서 그런 서정시를 자기는 주지적 서정의 시라고 이름 짓고 싶노라는 말도 하고 있다."고적은 뒤 "언어의 기능들을 살리려는 노력의 흔적들이 눈에 보일 정도"라고 했다. 김광림은 후기에서 "시는 감정의 유로(流露)나 사상의 표상(表象)은 아니라고 생각한다. 그러한 인간의 비등(沸騰)된 감정이나 사상을 일단 냉각억제하고 다시 여과해서 언어로 순화시킨 것"이라고 피력하고 있다.

위와 같은 발언들은 시작(詩作) 태도 중 언어와 관련된 것이기도 하다. 낭만주의 시인들도 비록 영감적(靈感的)이기는 했지만 언어에 관해서 신중했다. 따라서 김광림의 시가 이미 있었던 우리의 시들과 어떻게 구별되는가 하는 구체성의 예시가 있었으면 하는 아쉬움을 남긴다. 이런 아쉬움을 예시한 것으로 볼 수 있는 것이 세 번째 시집이다. 이 시집에는 모두 23편의 시가 실려 있으며 김광림이 쓴 「각서」라는 제목이 붙은 후기가 11면에 걸쳐 실려있다. 「각서」에서 주목을 끄는 것은 다음과 같은 것들이다.

①시의 역사는 서정적 이미지의 변천 과정이다. ②서정의 질도 시대에 따라 달라져야 한다. ③이미 있어온 서정은 감상적 서정이다. 관조적(觀照的) 서정, 회고 취미의 전통적 서정도 감상적 서정의 범주에 든다. ④지성으로 다져진 서정은 주지적 서정이며 나는 새로운 서정 다시 말하면 변혁(變革)된 서정을 모색해 왔다. ⑤표현에 공헌하지 않은 단어는 결코 사용하지 않는 흄의 서정은 일고(一考)의 가치가 있다.

이상의 항목에서 볼 수 있듯 김광림이 시도하는 '주지적 서정'은 감상적 서정의 부인에서 출발한다. 오늘날 '시'하면 서정시를 가리킨다. 여기에 굳이 주지적이란 형용사를 붙인 것은 감상을 배제한다는 의지로 받아들여야 할 것이다.

「각서」가 수록된 세 번째의 시집에는 이와 같은 의지를 나타내는 시들이 수록되었다고 보아야 할 것이며 ('의도적 오류'를 생각하지 않을 수는 없지만) 「음악」은 그러한 작품 중의 하나라고 할 것이다.

「음악」은 10행으로 된 짧은 시이지만 시행(詩行)의 배열, 종지부 등으로 해서 리듬의 효과를 치밀하게 고려한 흔적이 보이는 작품이기도 하다.
 *표를 전후해서 시행(詩行)의 배열이 다르다. *표의 앞은 독립된 1행이 모두 4행, *표의 뒤는 3행, 2행, 1행의 3연으로 구성돼 있다. 행과 행 사이의 간격은 휴식을 뜻하고 또 종지부까지 있어 *표 앞은 호흡이 느린 상태이다가 *표 뒤에 가서는 호흡이 빨라진다. 그러다가 '그 화음을'에서는 다시 1행으로 첫 행의 호흡을 되살린다. 10행 중 5행이나 명사형, 거기다가 종지부를 사용한 것은 호흡 조절을 강조하는 것이라 하겠다. 제목의, 음악의 분위기를 호흡의 변화에서 먼저 잡을 수 있다. 또 시어 가운데 상아해안(象牙海岸) 알프스 발코니와 같은 것들은 음악의 내용을 제시하는 데 기여하고 있다. 호흡의 변화와 함께 이들 시어(詩語)들은 이국 정서를 불러 일으킨다. 흔히 낭만주의 시인들의 작품세계를 설명할 때 특징의 하나로 이국 정서를 들기도 한다. 그러나 이것만으로「음악」을 낭만주의에 속하는 작품이라고 할 수는 없을 것이다. 이 시는 오히려 1910년대에 이미지 운동을 전개한 이미지스트 시인들의 작품과 비교될 만하다. 이미지스트 시인들이 추구한 것 가운데 두드러진 것은 ①정확한 말의 사용, ②새로운 정조(情調)의 표현으로 낡은 리듬을 흉내내지 말 것, ③심상(image)을 제시할 것 등이다.
 「음악」을 이미지스트 시인들의 이와 같은 강령에 비추어 볼 때 손색이 없다. 손가락 해소(海嘯) 눈사태 포말(泡沫) 휘나레 등은 모두 구체적이고 명백히 보이는 시를 만드는 데 일익을 담당하고 있다. 뿐만 아니라 인습적인 형식을 벗어나기 위해 노력한 흔적을 시행(詩行)의 배열에서 볼 수 있는 것이다. 이미지스트 시인의 한 사람인 에즈라 파운드는 "시는 가장 압축된 형식의 언어 표현"이라고 하였으며 "수많은 작품을 쓰는 것보다 일생 동안에 단 하나의 심상을 표현하는 것이 더 좋다."고 할 정도였다. 「음악」은 이미지를 표현하고자 한 작품이며 무리 없는 이미지의 조직, 즉 이미저리를 통하여 잘 부각되고 있음을 보게 된다. 「음악」은 청각·시각·운동 감각의 이미지들이 보

인다. 청각적인 것은 눈사태, 해소(海嘯), 컵 부딪는 포말(泡沫) 등이다. 눈사태나 해소는 명사형이고 시각적이지만 '부딪는' 같은 시어와 함께 그 물체가 지닌 청각성을 동시에 환기(喚起)시켜 주고 있다. '달리는 손가락', '소용돌이를 빠져 나오는 휘나레'와 같은 구절에서 '달리는', '빠져 나오는' 등은 운동 감각과 관련된 이미지로 볼 수 있을 것이다. 또 '향내 나는 말굽'에서는 후각적 이미지를 보게 된다. 10행의 시 안에 청각・시각・운동 감각・후각 등 다양한 이미지가 조화를 이루고 있다.

이미 있어 온 서정시에서 쉽게 볼 수 있는 것이 기승전결(起承轉結)식 시행의 배열이다. 소월의「진달래꽃」은 이런 류의 작품 중 두드러진 것이라 할 수 있을 것이다. 시행들이 서로 맞물려 있으므로 비유하고자 하는 것이 상호 관계를 형성한다.「음악」의 시행들은 병치은유(竝置隱喩)에 속한다고 할 수 있다. 완전한 병치(竝置) 상태라고까지 할 수는 없으나 병렬(竝列)한 모습이다. 3번째 행의 "때로는……"은 '눈사태'에 연결되고 *표 뒤의 '포말(泡沫)이다가'의 3행이 다음 연 2행에 연결되지만 엄격하게 보면 손가락, 해소(海嘯), 말굽, 눈사태, 포말(泡沫), 휘나레 등은 각기 음성을 달리한다. 손가락이 있는 시행과 해소(海嘯)가 있는 시행과는 어떤 연관이 있는가? 그것들은 각각 다른 의미재(意味材)로 병치(竝置)돼 있을 뿐이다.「음악」이라는 제목이 본의(本意)를 뒷받침해주고 있기 때문에 이들 시행이 단순해 보이지만 만일 그렇지 않았다면 시행들은 매우 낯설게 병치된 것으로 보였을 것이다. 표제에 맞추어서 각 시행들이 재료로 사용되고 있음을 쉽게 간과할 수 있으므로 낯설지 않고 단일해 보이지만 은유 기법은 병치적(竝置的)이라 해야 할 것이다. 시행이 지니고 있는 병치된 음성을 끝행에서 '그 화음을'이라는 화음으로 조절하고 있다.

「음악」의 시어 배열은 명사와 명사의 연결이라고 할만큼 많은 명사가 의식적으로 동원돼 있다. 확연한 시어를 선택하기 위해 지(知)와 논리를 활용한 것이다. 수식적인 언어들 '안개낀', '나긋한' 등도 단순한 사용은 아니다. 불필요한 어휘를 억제하고 있다. '때로는'도 부사적 용법으로 음악이 진행되고 있음을 시사한다. 다만 '꽃밭에 든 향내 나는 말굽'이 추상적이고 유미적(唯美的)인 냄새를 풍겨 준다. 이질적이다. 하지만 전편에 흐르는 것은 언어의 순화에 대한 작자의 세심한 배려이다.

김광림은 「각서」에서 보여준 의지를 「음악」이라는 작품으로 구체적인 예시를 한 셈이다.

2

「음악」은 김광림이 지적한 이미 있어온 서정시의 감상적 요소를 말끔히 제거하고 있다. 그리고 「이미지에 관한 각서」라는 글에서 밝힌 "이미지는 언어의 새로운 존재이다. 이미지는 그 이미지가 표현하는 것에 우리들을 바꾸고 바꾼 것에 의하여 우리들은 표현한다. 이를테면 이미지는 표현의 생성이자 우리들의 존재의 생성인 것에 대한 해답을 제시하는 실마리이기도 하다. 비유로서 그치는 이미지가 아니라 '존재의 생성'이 될 수 있는 이미지 구현을 강조하는 김광림의 발언은 흄 같은 이미지스트 시인들의 주장에서 장점을 취하고 있으면서 독자가 시에서 쾌미감(快味感)을 얻을 수 있도록 하고 있다."

세 번째 시집 후기에서 김광림은 이런 쾌미감을 내세우지만 음악성만을 강조하지도 않고 또한 의미를 강조하지도 않는다. 다만 시는 "언어의 기능을 예술로서 잘 살려나갈 때 비로소 온전한 구실을 하게 되는 것"이라고 밝히고 있다. 쾌미감에 대한 언급은 그를 유미주의자(唯美主義者)로 그리고 언어의 기능과 예술과의 관계에 대한 언급은 그를 예술지상주의자로 보게 할 수도 있다.

그러나 「음악」이라는 시와 시집을 볼 때 김광림은 유미주의자이기보다는 예술지상주의자 쪽이다. 주지하다시피 이미지즘 운동은 낭만주의에 반(反)한 것이다. 감성적이기보다는 이성적이고 수식적이기보다는 정확성을 요하는 것이고 그 배경은 고전적이다. 여기서 두 측면을 만나게 되는데 하나는 이성 속에 포함된 쾌미적 요소이고 하나는 포우처럼 효용성을 배제한 시를 위한 시의 견해이다. 따라서 쾌미적인 것을 유미주의로 단정하는 것은 잘못된 일이지만 후자의 경우는 타당성을 지닌다고 할 수 있다.

「음악」은 바로 쾌미감을 보용한 이성적인 그리고 시의 효용성을 배제한 작품이다. 그리고 선택되어 제시된 이미지들은 작자가 말한 존재의 생성에 접근하고 있다. 많은 이미지 가운데 '선택'될 때 그것은 지(知)를 뜻하고 지(知)는 단순한 앎을 넘어선 생활의 양상을 포함하는 것이니 삶의 한 형태를 제시하는 일이 되는 것이다.

「음악」은 아프리카의 해안(상아해안), 내륙 지방(알프스), 가정생활(발코니) 등을 연상시켜 준다. 그리고 해소(海嘯), 눈사태, 포말(泡沫) 같은 물 이미지 군(群)은 최동호의 다음과 같은 글귀와 연관해서 생각해 볼 수도 있을 것이다.

"물은 시적 정서를 함축하며 시적 탐구의 대상으로서 시인의 존재론적 인식을 드러낸다. 물은 기능상으로 보아 파괴와 생성, 죽음과 재생의 순환적이며 이중적 의미를 서정적 의식 속에 나타낸다." "물은 본질적으로 모성적인 것이며 대지의 풍요로움이라 삶의 빛나는 순간 그리고 영원의 거처로서 나타난다." 이 글은 김영랑, 유치환, 윤동주의 시를 분석하면서 거론한 내용이지만 물과 존재에 관한 인식은 고대부터 있어온 것이기도 하므로 이 부분에 국한해서는 「음악」에서 보이는 물과 이미지와 연관시켜 보아도 무방할 것이다.

「음악」은 언어의 기능, 이미지 등을 역설하던 김광림의 초기 시작의 끝부분에 해당하는 것으로 보는 것이 바람직할 것 같다. 그러므로 그의 그러한 의지를 보여주는 것으로는 좋은 보기가 되겠으나 그의 시 전체를 대표하는 으뜸으로 보기에는 미흡하다 하겠다. 분명 「음악」은 감상적 요소를 배제하고 이미지와 새로운 리듬을 구성, 제시하는 데 탁월한 솜씨를 보여주고 있지만 보편성에 치우친 감도 없지 않다.

이러한 시와 시작(詩作) 태도는 60년대 초에 있어서 우리 시의 진로, 즉 시를 어떻게 쓸 것인가에 대한 명확한 해답의 하나였다고 볼 때 이 시의 위치도 그런 점에서 고찰되어야 할 것이라고 생각한다.

3

이른바 50년대 시인들이 보여준 작업 중 시어에 관해서 살펴볼 때 그들이 남긴 업적은 뚜렷하다. 50년대 초 6·25로 말미암아 채 정착되지 않은 상황에서 그들은 모국어에 대한 인식을 새롭게 하였는데 그것이 한국 현대시의 진로에 크게 영향을 미치게 되었다. 이것을 크게 의미 배제의 시를 추구하는 계열, 내용 형식을 구애받지 않고 진실한 시인의 음성을 전달하는 것을 우선적으로 하는 계열 등으로 나눠 볼 수 있을 것이다. 첫째 계열은 초현실주의적 경향을 담고 있으며 둘째 계열은 이미지와 이데아를 함께 포용하는 형이상의 시를 지향한다. 그리고 세 번째 계열은 현실에 대한 예리한 관심, 참여도를 척도로 삼는다. 이처럼 확연히 선을 긋는 것은 힘든 일이기는 하지만 시인보다도 작품들의 경향을 놓고 볼 때는 구분이 분명해질 수 있다.

김광림은 두 번째 계열에 속하는 시인이다. 그는 첫 시집 간행 이후 줄곧 이미지의 천착과 미의식의 추구에 집념해 왔다. 정한모(『현대시론』, 1977)가 지적한대로 그는 '시의 초점을 사상이나 관념에 두지 않고 언어 표현 자체에 집중함으로써 언어는 섬세한 생명으로 살아나고 이 밑을 순수한 서정의 흐름이 흐를 수 있는 여유'를 마련하기 위해 심혈을 기울였다고 할 것이다.

김시태는 김광림의 이러한 노력의 성과를 「현대시의 언어와 공간」(『현대시와 전통』, 1982)이라는 글에서 다음과 같이 밝혔다.

> 김광림은 오늘의 한국시에 새로운 시의 문학공간을 구축하는 데 가담한 한 사람의 기수로서의 일익을 담당하고 있다고 보아도 결코 지나친 말은 아닐 것이다. 「서시」에서 보여준 이상과 같은 작시(作詩) 태도는 그의 시집 『학(鶴)의 추락』에 실려 있는 그밖의 다른 모든 작품의 저류(底流)를 일관함으로써 그 자신의 한 독특한 작시방법으로 굳혀 가기에 이르렀다.

이와 같은 그의 태도는 기존의 미적 범주에서 벗어나기 위해 곱다, 예쁘다 보다는 경이감, 역동적인 면을 추구해 왔다는 것을 입증해 주는 것이라 하겠다.

1979년에 간행된 『언어로 만든 새』, 1982년에 간행된 『바로 설 때 팽이는 운다』는 그가 종래의 서정시에서 벗어나려고 했던 초기의 시도를 심화시키고 있는 시집들이다. 감상적인 면에서 벗어나기 위한 그의 시도는 그 후 여러 권의 개인 시집에서 구체화되었다. 그리고 그러한 노력의 결과 김시태가 지적하듯 작시방법이 뚜렷해졌다. 그것은 의미와 형식의 균형을 뜻하는 것이기도 하다.

무의미를 배경으로 한 시들도 독자에 의해 의미를 획득하게 되는데 그 까닭은 작품이라는 구성체가 언어를 중심으로 또는 언어가 지닌 리듬으로 해서 의미가 생성되기 때문일 것이다. 다만 시인의 입장에서 의미를 어떻게 취급하느냐 하는 것이 관점으로 남을 뿐인 것이다. 김광림의 경우는 의미를 배제한다거나 사상성을 고취시킨다는 의도를 지닌 일은 없었다. 다만 그는 '자연의 미보다 사실의 미'에 집중하고 있을 뿐이다. 이러한 점이 『언어로 만든 새』와 『바로……』에 부각되고 있다. 요약하면 체험적 시간에 대한 관심은 그의 연작시 「내성적(內省的)」에 나타나고 있다. 「내성적」은 그의 유년시절의 경험을 시화(詩化)한 것인데 『언어……』에 1~10, 『바로……』에 11~29까지 수록돼 있다. 「내성적」에 관해서 이건청은 다음과 같이 평한 일이 있다.(≪심상≫, 1983.2)

> 김광림의 최근의 작품들, 가령 「내성적(內省的)」 연작들은 씨 자신의 체험들 특히 유년시절의 체험들이 중심 모티브가 되어 있다. 그리고 그 체험들이 특별히 의미있는 사건이나 충격적 전환을 내면 의식 속에 던질 만큼 커다란 파장을 준 것들도 아닌 듯싶다. 이를테면 사소한 기억들이다. 어머니 옆에서 칭얼대다 혼이 난 기억이거나 가랑이에서 튕겨져 나온 뻥땅친 거스름돈 때문에 싸리나무 회초리로 맞았던 기억, 소학교 시절 생물 표본실에서 본 박제된 짐승들 때문에 무서워 울던 기억, 이런 사소한 일상 체험들이 소개된다.

이건청의 지적대로 「내성적」은 유년시절의 일상체험들이 표출된 것이다. 표출되는 과정이 답답할 정도이고 흔히 말하는 시적 긴장감도 희박하다. 산문적 서술로 끝나버린 감을 준다. 그의 「내성적」과 같은 연작시의 시도가 성공적이 될 것이냐 아니냐는 지금 단정할 수는 없는 일이다. 그것은 이 작품이 지금도 연작 중이기 때문이다. 물론 지금까지 발표된 것만으로 기준을 삼을 수밖에 없는 일이지만 단정은 보류해 두는 것이 좋을 것 같다. 이건청의 지적대로 연작시가 끝까지 '사소한'면으로 끝나버린다면 종합 평가는 상상해 볼 수 있는 일이기도 하다. 그렇지만 필자는 이건청의 지적과 다른 측면에서 「내성적」에 대한 지적을 하고 싶다. 첫째, 「내성적」 연작시의 한편 한편은 체험적 시간의 승화라는 점이다. 시칭(時稱) 면에서 볼 때 「내성적」은 과거이고 한 순간에 고정시키고 있다.

> 짱구머리의 소녀는 난쟁이에다 사설 바가지 재미나게 못생긴 애였다. 학교는 다니지 않고 늘 애기만 보았다. 그래서 동네 개구쟁이들이

놀려댔지만 아무도 그 애의 말수를 당해내지 못했다. 시궁창 냄새가 나는 개천가 토막에 소녀는 살고 있었다. 마당 밖으로 얼씬도 안했다. 꼭 출타한 삼신할멈의 시녀 같았다. 나는 정말 심심하면 조심조심 그 애 집으로 다가갔다. 스산하게 흔들리는 갈대밭 속에서 우주인처럼 그 애를 훔쳐보는 것이 즐거웠다.
한참만에 그 애와 사귀게 되었다.

―「내성적」· 14

이 시에서 보듯 소재가 유년 시절의 관심에 국한돼 있다. 그의 「내성적」의 소재들은 이처럼 소녀, 학교, 선생님, 어머니, 구슬치기와 같은 놀이, 잔치, 민간신앙 등 그 나이에 가장 관심이 많던 생활의 마디들이다. 이러한 시편들은 비록 산문 형태를 보여주고 있으나 어조나 기법은 서정성을 벗어나지 않고 있다. 한 순간의 체험은 작자가 살아온 귀중한 시간이며 이 자연적 시간의 연속 곧 생명이요, 생명력이다. 그런데 작자는 이 체험적 시간을 한 순간의 관심에 집중시킴으로써 그리고 그 관심에 대한 내용을 현재라는 시간대 위에 올려놓고 재조명함으로써 상징성을 획득하고 있다.

유년시절의 체험적 시간의 열거는 유년시절이라는 생명의 전모를 밝히는 일이기도 하다. 성인에게는 누구나 유년시절이 있는 법이고 누구나 그 시절 이야기를 끄집어 낼 수 있다. 그 이야기를 자랑삼아서 추억삼아서 늘어놓을 수 있다. 작자는 어떤 토막 하나만을 제시하는 것이 아니라 "어째서 그랬는가"하는 의문을 포함시키고 유년시절의 체험적 시간의 마디를 고전 답사처럼 다시 찾아보고 확인해 보는 것이다. 그것은 작자의 오늘과 어제라는 시간을 대칭 상태에 놓고 내면세계의 갈등 변화 등을 점검하는 작자의 성숙한 작업이라고 할 수 있을 것이다. 이 「내성적」은 따라서 단순한 회상적 요소를 지닌 서정시로 끝나지 않고 있다. '한참 마에 그 애와 사귀게 되었다'라는 구절에서 '사귀게 되었다'가 이 시의 중심이다. 아무도 안 사귀던 못생기고 학교도 안 다니는, 놀 수도 없는, 아이를 보아주는 소녀와 어떻게 사귀게 된 것일까? 맹목적이라 하더라도 누구나 경험하지만 소년 때는 예쁜 소녀와 사귀기를 희망한다. 성인이 되어서는 이해관계로도 사람과 친하고 또 친하다 보면 이해관계가 생기기도 마련이다. 시행(詩行)들에서 보듯 그 소녀는 우주인처럼 낯선, 호기심가는 소녀이다. 그래서 사귄 것일까? 그러나 시행(詩行)에서는 잠깐 사귄 것이 아닌 '어렵게', '마침내' 등 수식어가 생략된 '되었다'이다. 바라던 일이 이루어진 것이다. 유년시절의 친교에 대한 관심, 표현은 작자의 내면 세계에서 늘 질문상태를 유지해 왔음을 추측케 한다.

이러한 시편에서 발견하는 것은 작자와 사실에 대한 교접이다. 교접에 대한 확인은 사실에 대한 새로운 자각이기도 하다. 작자는 이 자각의 즐거움, 그 속에 포함된 모순, 의식을 자기 정화의 입장에서 나타내고 있으며 이런 행위를 다시 즐거움으로 연장시켜 나가고 있는 것이다.

이와 함께 대상의 풍자화, 이 점 또한 김광림의 초기 시와 대비할 때 변모한 특징 중의 하나라고 지적할 수 있을 것이다.

    빚 탄로가 난 아내를 데불고
    고속버스
    온천으로 간다
    십팔 년만에 새삼 돌아보는 아내
                — 「갈등」에서

    예금을 모두 꺼내고 나서
    사람들은 말한다
    빈 통장이라고
    무심코 저버린다
    그래도 남아있는
    0이라는 수치
                — 「0」에서

인용한 시구(詩句)들은 김광림이 '한국시협상'을 수상(1973)한 작품들에서 뽑은 것이다. 이 무렵의 시들에서도 인용한 시구(詩句)처럼 '해학적이며 우화적'인 면이 보이기도 한다. 이러한 면은 『언어……』, 『바로……』의 두 권 시집에서 더욱 선명해지고 있다.

>돌멩이를 나르던
>행주치마는 찢기고
>청바지만 서성거린다
>
>— 「행주산성」에서

>새삼 계집이라든가 정의라든가 인권같은 거 닥치는 대로 먹어치우는 세상에서 하필이면 소화를 못 시켜 똥으로나 감싸서 내깔기는 고약한 이것을 못 먹어서 이렇게 속을 태우며 앓고들 있으니
>—지지 지지야
>
>— 「지지 지지야」에서

>하나님
>어쩌자고 이런 것도
>만드셨지요
>야음(夜陰)을 타고
>살살 파괴하고
>잽싸게 약탈하고
>병폐(病弊)를 마구 살포하고 다니다가
>이제는 기막힌 번식으로
>백주에까지 설치고 다니는
>웬 쥐가
>이리 많습니까
>사방에서
>갉아대는 소리가 들립니다
>연신 헐뜯고
>야단치는 소란이 만발해 있습니다

> 남을 괴롭히는 것이
> 즐거운 세상을
> 살고 싶도록 죽고 싶어
> 죽고 싶도록 살고 싶어
> 이러다간
> 나도 모르는
> 어느 사이에
> 교활한 이빨과
> 얄미운 눈깔을 한
> 쥐가 되어 가겠지요
> 하나님
> 정말입니다
>
> ―「쥐」전문

풍자적 요소가 짙어지는 순서대로 배열해 보았다.

첫 번째 시구(詩句)에서는 행주치마와 청바지의 대비를 통한 익살을 보게 된다. 청바지는 젊은이를 나타내고 젊음이라는 시간성은 행주치마라는 역사적 산물과 마주치게 된다. 작자는 이 시의 끝행에서 다만 이렇게 결론을 내린다. '오늘 문명의 개수(改修)돌이/조약돌만 같다' 문명과 조약돌, 청바지와 행주치마의 제시에서 생활의 변화와 불변의 가치관을 대비시키고 있는 것으로 볼 수도 있을 것이다.

두 번째의 시구에서 '이것'은 동전을 가리킨다. 유년시절, 동전 삼킨 일을 주모티브가 들어 있는 이 연까지 이어지도록 배려하고 있다. 동전을 입에 넣으면 어른들은 '지지'라고 한다. 이런 지지를 어른들은 못 먹어 야단이다. 돈에 얽힌 추한 면 그런 세태를 유년 시절의 눈으로 꼬집고 있다. 이와 같은 면을 '쥐'라는 속성으로 보여 줌으로써 보다 심화시키고 있다.

풍자의 목적은 도덕성을 바탕으로 윤리적 측면, 인간 정신의 존엄성을 밝히는 데 있다. 풍자를 목적으로 할 때 자칫 서술에 그치고 말 위험성이 있다.

시의 격이 떨어질 소지가 있다. 또한 의도의 중후함에 압도당할 수도 있다. 김광림의 풍자적 요소에는 그러한 면이 해소 되고 있을 뿐만 아니라 오히려 그러한 요소가 시의 재미를 더하고 있다.

그는 이미지, 정제된 언어의 배열을 중시해 왔다. 그런데 『언어······』, 『바로······』에서 보듯 산문적 형태, 객관적 서술 등 그 모습이 변모하고 있다. 그러나 이 말이 그가 이미지의 중요성을 배제하고 있다는 뜻은 아니다. 그가 초기에 내세웠던 주지적인 면의 폭을 넓힌 것이라 하겠다.

4

한 시인의 변모하는 과정은 그의 시집들 속에 가장 잘 나타나게 마련이다. 시에 대한 모든 것은 시인이 낸 시집 안에 모두 담겨져 있을 뿐이다. 그러므로 1982년까지 간행된 8권의 시집들은 김광림의 시세계를 말해주는 사전이기도 하다.

조남현은 김광림의 시세계를 해설하는 글 『언어로 만든 새』에 실린 해설에서 네 가지 항목으로 지적했다.

> 김광림은 ①산문적 진술구조의 채택, ②과거 시 형태론의 수정 ③시어의 개방, ④일상 의식의 확대 등을 통해서 일단 전통으로부터의 **변격(變格)**을 시도하게 된다. 이 중에서도 ③번과 ④번은 최근의 그의 시풍을 한마디로 설명해 주는 항목이 되고 있다. 그의 시에 나타난 시어들은 시를 쓴다는 의식 아래서 특별히 선택된 것들이 아니다. 그의 시어는 어디서든지 들을 수 있고 볼 수 있는 그런 일상어(日常語)의 질량을 그대로 유지하고 있다.

①은 연작시 「내성적(內省的)」을 두고 한 말인 것 같다. ②, ③에 대한 지적

은 특히 김광림의 이미지와 정제된 언어의 배열, 감상적 어조의 탈피를 뜻하는 것 같다. ④는 풍자적, 우화적 요소를 지적하는 것 같다. 그리고 그의 일상어 사용에 대해서도 지적하고 있는데 이것은 무의미한 지적이라 할 것이다. 오늘날 특별히 '시어(詩語)'를 쓰는 시인은 없기 때문이다. 다만 시를 쓴다는 의식 아래 특별히 선택된 것들이 아니라는 지적 중 '특별히'에 대해서 주목할 필요가 있을 것이다. 이것은 시작 태도, 방법과 연관이 있고 양식과도 연관이 있기 때문이다. 기준과 관점에 따라 한 시인의 시세계는 그 모습을 달리 할 수 있을 것이다.

관점의 차이가 있다 해도 김광림의 이미지를 추구하는 시인이라는 점에는 동일하리라고 본다. 그의 시에는 추상어가 별로 없다. 모호한 어휘의 배제, 보통명사의 정확한 사용, 분명한 어순 등은 그의 시를 단단하고 건조하게 보이게 하는 데 이런 점을 풍자적 요소, 사실의 대비 등을 통해 보완하고 있다 하겠다. 그는 지적 즐거움, 인간의 숭고한 정신의 승화를 실현하기 위해 삶의 여러 모습을 건강한 서정을 바탕으로 표현하고 있다. 아직도 활발한 시작 활동을 하는 시인에게 고정적인 평가를 한다는 일은 용이한 일이 아니지만 그에게 주어진 이미지스트 시인이라는 말은 그의 실험적 요소, 변모에도 불구하고 여전히 유효한 것 같다.

그것은 그가 지금까지 감상성을 배제하고 한국 현대 서정시의 전통을 계승 확산시키는데 기여한 업적 때문일 것이다. 하지만 같은 이미지스트 시인이라 하더라도 우리는 그가 김광균이나 박남수와 물론 다르고 그의 선배 시인들의 한계에 머물러 있지 않다는 점이다. 작품의 우월성을 평가하는 측면에서 말하는 것이 아니라 김광림이 그들보다 이미지의 폭을 넓히고 있으며 부족한 점을 보완하고 있다는 점이다. 이러한 점 또한 김광림이 지닌 장점이며 특징으로 한국 현대시를 풍성하게 하는 데 큰 몫을 담당하고 있다고 평가되어야 할 것이다.

주지적 서정시 - 김광림의 시

장 백 일

1. 하나의 전제

유난히 머리카락이 많고 검던 시인 김광림도 어언 백발이 됐다. 일본 시인 相馬 大도 김광림을 일러 "머리에 흰구름을 이고 있는 백발의 시인"이요 "그 백발은 단순한 백발이 아니라 매일 밤마다 자라는 큰 나무, 그 큰 나무는 민족 통일을 기원하는 시인"(시화집 『한국의 유리시즈 김광림에게』)이라고 말한다. 그 백발을 보면서 새삼 세월의 무상을 씹는다. 그래도 아직은 노익장이다. 그 백발로 시를 빚고 있어서이다.

이제 시인의 시력(詩歷)은 반세기가 넘었다. 그간 『상심(傷心)하는 접목(接木)』(1959), 『심상(心象)의 밝은 그림자』(1962), 『오전의 투망』(1965), 『학(鶴)의 추락』(1970), 『갈등』 등을 비롯해 15권의 시집을 펴냈다. 그리고 세 권의 합동시집(전봉건·김종삼과의 3인 공동시집 『전쟁과 음악과 희망』(1957), 김종삼·문덕수와의 3인 연대시집 『본적지』(1967), 구상·김남조와의 『한국3인시집』(1998, 토요미술사출판판매))과 시선집 『한국대표시인 100인신 44집』을 펴냈다.

또한 그의 시의 명성은 일본에도 알려져 두 권의 역시집을 출간했다. 일역시집은 일본(도쿄) 서사(書肆) 靑樹社의 세계시인총서(5)로 간행된 白石 가즈코 편『김광림 시집』(1995)과 세계시인총서(10)로 간행된 『속・김광림 시집』(108선, 저자역, 해설 白石 가즈코, 齋藤 마모루, 2002) 등이다.

이에 相馬 大 시인은 "외국 시인에서 김광림만큼 일본 시인들에게 존경받고 사랑받는 시인은 없지 않은가 생각된다."고 말하는가 하면 또한 고다기 고나미는 『속・김광림 시집』(108선) 서평에서 "일본에서도 잘 알려진 한국의 시인인데 본인에 의한 일본어의 시라고 듣고 놀랬다."고까지 칭찬한다. 여하튼 이들 시편들을 통해 전개한 그의 주지적 서정시는 우리 시문학사에 남을 또 하나의 시운동으로 증언될 것이다.

김광림은 최근 『김광림 시 99선』(도서출판 善, 2001)을 상재했다. 그 '머리말'에 "이번 시선집은 지금까지 발표된 약 8백 편의 작품 속에서 99편만 골라 묶었다."고 전제한다. 99편만을 고르고 골라 묶은 7부 나뉨의 이 시선집은 김광림 스스로 금과옥조의 시만을 고른 증언에의 거울임이 분명하다. 그 사과나무에서 가장 좋은 사과만을 선별해 낸 셈이다.

이제 필자도 할 수만 있다면 이 글에서 김광림의 시심을 꿰뚫어내는 심리학자이고 싶다.

2. 반감정 유로(反感情流露)와 모더니즘

김광림의 시안(詩眼)은 감상적 또는 관조적 서정의 감정유로를 일삼는 소녀 취미나 자연발생적 음풍영월(吟風詠月)이 주는 안이성의 반기로부터 열린다. 현대시는 단순한 감정 토로나 맑은 바람, 밝은 달을 시로 짓는 한가한 놀이가 아니기 때문이다. 현대인의 삶은 그런 생존놀이가 아니다. 그 삶은 험난한 생의 준령을 기어오름이요 생의 심연(深淵)을 뚫고 내려감이니 거세된 회색의 이론이 아니라 작열(灼熱)하는 생의 약동이다. 그래서 감정유로나 자연발생적 음풍영월에 젖을 처지도 그런 여유도 몰수당해 버렸다. 이렇듯 현대인은 생존의 극한상황 그 자체다. 그로부터 살아갈 수밖에 없는 엄연한 실존이다.

시어나 표현 또한 감정유로나 자연발생적 음풍영월의 놀이에는 공명할 수 없다. 유현(幽玄)하다거나 오묘하게 빚었다거나 율동적 음률적인 데서 직감적으로 전달하는 정서는 공감하지만 토속적 관념이나 구태의연한 모럴로 빚어낸 이미지엔 입맛을 잃은 지도 오래다. 운율의 구애를 박차고 자유 발상에의 참신한 감각의 아름다움이 아니라 인간론적 사상론적 의미 강조를 위해 감상적으로 예술이니 철학이니 상상이니 사상이니 하는 설익은 상징에의 시작은 서슴없이 거부한다. 시는 감상만의 관념만의 유희가 아니기 때문이다.

유희도 유희 나름이다. 유희는 자연스런 활역발산으로서 동물에서는 본능적 운동으로 볼 수 있고 인간에선 문화적 자기표현욕의 소박한 발현(發現) 형식으로 볼 수도 있다. 사회적 생활 희구의 집단 심리의 원초적 형태로 여길 수도 있다. 넓은 범위에서 인간 행동에는 직접적인 생활 목적이나 이해관계에 따른 자유로운 유희 현상을 볼 수 있다. 자유로운 몰이해적인 표현욕을 만족시킨 활동으로서의 유희는 고도화된 문화적 형식으로 여길 수도 있다. 예컨대 문학의 창작도 일종의 '놀이'로 해석되는 경우가 있다. 널리 예술의 창조 과정 그 자체를 허심탄회하게 즐기는 경우가 있을 수 있고 또 창조 자체가 정신적인 유희의 모습을 나타내는 경우도 있다. 그래서 예술 창조의 기쁨은 유희를 무시할 수 없다. 천재의 작업이 천의무봉의 유희성을 갖는다 함도 그 때문이다. 시가 유희의 고도화로부터의 창작이 아니라면 그것은 한낱 언어의 나열에 불과하다. 그래서 김광림의 시는 이의 반기로부터 시작한다.

이에 현대시는 감정유로나 자연발생적 음풍영월의 거역에서 싹튼다. 그것들을 과감하게 걷어 찬 새로운 현대시의 창작 기법은 모더니즘에 접함이 필수적이다. 현대시 창작에의 묘는 바로 모더니즘의 작시법에 스며 있어서이다. 그래서 현대시는 그 작시법의 이해가 첩경이다. 모더니즘은 현대주의 또는 근대주의다. 기성 도덕과 전통적 권위에 반대한 자유와 평등, 도시 생활과 기계문명 구가의 사상적 예술적 사조를 뜻한다. 이런 의미의 모더니즘은 계급투쟁이 격화된 1870년대의 소시민적 지식인 사이에 발생한 사상 경향으로서 20세기에 크게 유행했다. 상징주의, 인상주의, 야수주의, 입체파, 미래주의, 초현실주의, 실존주의 등이 그것이다. 이런 예술적, 철학적 사상의 근저에는 개인주의의 버팀이 공통의 역사다. 그리고 이를 반(反)리얼리즘으로 일관할 때 그 대극에 리얼리즘, 특히 사회적 리얼리즘이 설정된다.

우리나라에서는 프롤레타리아 문학의 퇴조와 일제 군국주의가 총칼로 노골적인 탄압을 일삼는 무렵, 즉 1930년대의 영미 주지주의와의 동의어이다. 문학에서 영미의 주지주의는 반낭만주의적 태도, 지성 중시, 시각적 이미지 중시 등이지만 그 세계관은 생명적인 것을 토대로 한 휴머니즘에 반대하는 불연속적 기하학적인 실제관에 근거한 신고전주의다. 또한 지성은 추론이 아니라 지각 총량을 뜻한다. 이를테면 T.S.엘리엇의 경우는 아놀드의 상상적 이성(imaginative reason)을 뜻한다. 또한 지성의 착용이란 시의 내용이 지적이기보다는 시적 대상에 대한 시인의 감정 억제의 태도를 말한다. 그리고 이미지는 에즈라 파운드의 말처럼 한 순간의 지적 정적인 것의 복합체다. 흄의 표현을 빌리면 드라이(dry)한 것이다.

우리 문단에서 주지주의 이론을 도입한 이는 김기림, 이양하, 최재서이고 이 영향으로 시를 쓴 시인은 김기림, 정지용, 김광균이다. 김광림 또한 그들의 이미지즘 경향과 접촉한다. 그로부터 김광림은 과거 한국시의 센티멘털리즘을 일축하고 문명비판, 새타이어, 사인(Sein)의시가 아니라 솔렌(Sollen)의 시, 시각적 회화성 등을 중요시하기에 이른다. 특히 그는 1949년 전후부터 다시 일기 시작한 김수영, 김경린, 박인환, 김규동, 조향, 이봉래로 구성된 후반기 동인의 모더니즘 전개에 남달리 관심을 표명한다. 그들이 청록파, 서정주, 유치환 등의 생명파의 주정적 주류에 반기를 든 점, 현실상황과 현대의 도시문명을 즐겨 다룬 점, 이미지 중시 등은 김광림 나름대로 주장해 온 작시법과 일맥상통했기 때문이다. 이들 개개 시인의 시성과 특성은 현저한 차이를 보인다. 1930년대의 김기림, 김광균 계열을 잇는 시인은 김경린, 박인환, 김규동 등으로 도시 감각과 현실 및 현대 문명의식이 강했다. 조향과 이봉래 등은 초현실주의적 내면의식 추구에 주력했고 김수영은 지성과 현실참여에 기울였다.

1950년대 후반에 와서 1920년대의 영미주지주의는 이론적 재평가와 더불어 모더니즘의 새로운 진전을 보였다. 송욱은 그의 시집 『何如之鄕』(1961)에서 비순수와 문명의 표정, 박남수의 심층 이미지, 김춘수의 현실의식과 존재론적 이미지, 전봉건의 초현실적 발상과 전쟁 이미지, 문덕수의 선(線) 이미지의 현실 상징의 환상, 김종삼의 음악적 이미지, 김광림의 주지적 서정 등에서 다양하고 심도 있는 모더니즘 전개를 보게 된다. 그 점에서 특히 김광림은 일본 계간시지 ≪시와 시론≫에서의 초현실주의의 작시적 시시(試詩)의 영향도 없지 않다. 특히 김광림에게 있어 西脇順三郎의 '포에지의 정신'은 자극받은 보탬이 된 것으로 여겨진다.

3. 모럴과 관념의 배제

김광림의 초기 시는 6·25 참전 체험이 빚은 동족 상잔의 비극성과 참혹성을 폭로 고발한 반전의식이 짙다. 그리고 다분히 관념적이다. 전쟁의 아비규환 속에서 용케도 살아 남아 본격적으로 작시에 몰두하며 현대시의 이념과 기법에 대한 서구 모더니즘을 접히면서 그 기법을 터득해 간다. 즉 관념의 주지적 실험과 초현실주의적 내면 추구의 실험 등이 그것이다. 다시 말하면 새로운 자유 추구에의 초현실주의를 통해 꿈과 현실이 하나로 융합하는 초현실로서의 아이러니와 실험적 언어 미학의 경이(驚異) 창출이 그것이다. 그로부터 지적이고 드라이한 표현으로서의 주관의 사물화와 내면 추구의 신즉물주의에 접함으로써 주지적 관념시를 생각하기에 이른다. 그 점에서 시 「다릿목」과 「상심하는 접목」을 살핀다.

> 6월은/포탄의 자세들로 터져간/내 또래 젊음들은/바리케이트로 넘어져 갔다//포복처럼 느릿한 155마일/휴전선의/겨드랑 쑥밭길/지금/꽃과 과실과 새의 털 그리고/노래를 장만하며 있을 너와 나와의/사랑 찬 계절을 짓밟고/1950년/전차가 밀리던 해의 가슴팍/무너진 6월은/캐터필러의 두 줄기 자국만 남기고 갔다
>
> ―「다릿목」1)에서

생사가 오가는 전쟁 기로의 체험 시다. '가장 참혹했던' 6월은 젊은이들이 전쟁으로 죽은 상잔(相殘)의 달이다. 155마일 휴전선은 '노래를 장만하며 있을 너와 나와의/사랑 찬 계절을 짓밟고' 갔다. 전차가 휩쓸고 간 1950년의 6월은 '캐터필러의 두 줄기 자국만 남기고' 갔을 뿐 남은 것은 이승 떠난 시체와 상흔으로 얼룩진 전쟁의 상처다. 이렇듯 전쟁이 무엇이고 그 잔혹성을 강조하기 위해 두드러지게 전쟁의 의미(관념)를 내세우며 심는다.

> 요행이도/전쟁에서 살아남았을 땐/우리는 어쩌다 애꾸눈이 아니면 절름발이였고/다음엔/찢기운 가슴의 어느 모퉁이가 허물어졌을 것이다//몇 번째나/등골이 싸느랗게 휘어졌다가는/도로/접목 같은 세월을 만났다
>
> ―「상심하는 접목」2)에서

---

1) 김광림, 「다릿목」, 오늘의 시인총서 『김광림시99선』, 도서출판 善, 2001. pp.11~12.
2) 위의 책, p.18.

이 시 또한 전쟁의 의미가 짙다. 전쟁에서 요행히 살아 남은 애꾸눈이나 절름발이가 아니면 다음은 총탄으로 가슴이 찢기거나 어느 모퉁이가 허물어졌을 죽음이었다. 그것이 상심하는 접목의 세월이 됐다. 이에 결과적으로 관념 상징의 만듦의 이미지는 관념적일 뿐 의미는 모호하다. 왜냐하면 감각적 상징의 이미지보다 산만해 독자에게 충분히 감명을 줄 수 없어서이다. 관념이 실제와 맞아떨어지지 않는 시는 감상적 오류를 범할 수밖에 없다.

그 동안 모더니즘의 시는 시대감각에 민감한 나머지 사상성 의미의 전달에 치중해 왔음을 본다. 그러다 사상성의 의미 전달은 갈수록 난해해지고 난해해짐에 따라 전달 또한 어려워졌고 그 의미가 희박해지면서 말초 감각을 자극시키는 언어 연금에 사로잡혀 왔음을 본다. 즉 "시는 언어의 예술이어야 한다"는 구호 또한 난해시 만듦의 연유이기도 했다.

> 결국은 한없이 꺼져드는 울음을/속으로만 물어뜯다가/죽은 자를 모반하여 피는/꽃은 수없이 무너뜨린 가슴에게/미안한 열매를 마련하지 못하는 구실의/화병인데/사람도 그만 향기로운 데만 있으면/담아질 꺾이어도 좋을 꽃이 아닌가
>
> — 「꽃의 반항」3)에서

이 또한 전쟁의 참혹성이 빚는 반전의 메타포를 짙게 풍긴다. 그것을 꽃의 목숨과 사람의 목숨과의 비유로부터 그 잔학의 의미를 모럴 의식으로 제시함으로써 반전사상을 관념화한다. '꽃은 꺾인 대로 화병에 담아 채우면/금시 향기로워 오는/목숨인데/사람은 한번 꺾어지면' 그로써 그만이다. 전쟁 때문이요, 그 점에서 전쟁은 죽음의 관념적 상징일 수밖에 없었다.

---

3) 위의 책, p.16.

4. 주지적 서정시의 시시(試詩)

여기서 김광림은 모럴과 관념을 박차고 주지적인 것(모더니즘)과 이모션(정서) 곧 서정적인 것과의 '합일'(혼합, 융합, 융해)을 펴기에 이른다. 즉 주지적 표현 형태(형식)에다 정서(서정)을 내용으로 담는 시시(試詩) 작업이다. 그로부터 주지의 정서의 융합(융해)이 '주지적 서정시'('서정적 주지시', '네오리리시즘')이다. 즉 리리시즘의 요소인 정서와 모더니즘이 지닌 언어 조형을 통해 새로운 주지적 서정이 부조(浮彫)되는 선명한 이미지로 조화시키고자 함이다. 바꿔 말하면 모럴과 관념을 배제하고 언어가 서로 어울려 감각적 이미지의 아름다움을 색출하기 위한 언어 구사의 의식적인 노력이다. 다시 말하면 음악성으로서의 직감적인 전달성과 회화에서 오는 이미지의 볼륨과의 맞아떨어짐이다. 여기서 주지는 다분히 지성적이지만 정서는 감성적이다. 이것이 하나로 융합하기 위해 지성은 사고에 의해 지탱되고 채색된 서정이어야 한다. 이로부터 김광림의 주지적 서정시는 빚어지기에 이른다.

그 점에서 표현 형태와 내용이 맞아떨어지는 아름다움을 창출한다. 상이한 두 개의 사물에서 아날로지를 꺼내 흥분과 주의를 환기시킴으로써 해학과 익살과 유머와 위트와 아이러니와 패러독스 등을 통해 어떤 경이감을 자아내는 흥미를 노리고자 함에서였다. 그래서 주지적 서정시는 의도적으로 관념을 애써 끌어들이지 않는다. 사상과 모럴 상징의 이미지보다는 언어 기능과 감각 상징의 이미지에서 아름다움과 재미를 얻으면 그로써 만족이다. 아름다움은 무엇인가를 뜻하는 아름답지 않은 것보다 낫다는 말과도 상통한다. 그 점에서 순수시로서의 미의 추구요 추적이다.

이에 전술한 바 김광림의 첫 시집 『상심하는 접목』에선 전쟁 의미 강조의 관념을 짙게 느낀다. 그러나 휴전 이후부터는 전쟁 의식과 현실의식보다는 사물의 회화적 이미지에 더 주력한다. 그러기에 1930년대의 김기림, 김광균,

정지용 등의 이미지즘 경향과 손잡게 됐음도 그 때문이다. 시집 『심상의 밝은 그림자』, 『오전의 투망』, 『학의 추락』, 『갈등』을 비롯해 여타 시편들은 바로 그 시세계를 증언해준다. 그 점에서 갖가지 타입의 시편들은 어필할 수밖에 없었다. 이를 집약하면 ①순수 이미지 추구, ②시에서의 관념성 배제, ③이미지와 유추의 배후에서 의미 제거의 순수 미의식의 결정 등을 보였다. 한때 불교적 선미(禪味)를 도입하기도 했으나 이는 시의 새로운 가능성을 위한 불가피한 노력의 일단에 불과했다.

> 예금을 모두 꺼내고 나서/사람들은 말한다/빈 통장이라고/무심코 저 버린다/그래도 남아 있는/0이라는 수치/긍정하는 듯/부정하는 듯/그 어느 것도 아닌/남아있는 비어있는 세계/살아있는 것도 아니요/죽어 있는 것도 아닌/그것들마저 홀가분히 벗어버린/이 조용한 허탈//그래도 0을 꺼내려고/은행 창구를 찾아들지만/추심할 곳이 없는 현세/끝내 무결할 수 없는/이 통장/분명 모두 꺼냈는데도/아직 남아 있는 수치가 있다/버려도 버려지지 않는/세계가 있다
>
> ―「0」[4] 전문

예금을 모두 찾아낸 빈 예금통장의 '0'의 심리를 사실적으로 추적한다. 현대 생활에서 예금 없는 삶이란 '살아있는 것도/죽어 있는 것도 아닌', '조용한 허탈'의 생존이다. 또한 시 「입금 1원也」[5]와 함께 현대문명의 허를 찔러 재미있고 은행 예금시스템으로부터의 발상인데 현대의 상징이라 하리만큼 지적으로 예민한 작품이다.[6] 이들 시편들이 보여준 해학은 아이러니와 통하면서 복잡한 가치관으로 살아갈 수밖에 없는 현대의 모순을 흥미롭게 지적해준다. 그러면서 감각적으로 충실한 내용으로서의 흥취를 불러일으킨다. 그

---

4) 위의 책, pp.64~65.
5) 위의 책, pp.66~67.
6) 고다기 고다미, 서평 『續·김광림시집』(108선).

로써 예금통장의 '무심한 허탈'이 무일푼의 생존과 맞아떨어지면서 더욱 관심과 재미를 자아낸다.

> 애를 낳기보다/차라리 개와 함께 산다는/파리의 여인들/파리의 개는/낯선 사람을 짖지 않는다/동족끼리 싸울 줄도 모른다//(중략)//파리의 개는/이미 개가 아니다/둔갑한 천사의 모습이던가/불신시대를 사는 유일한 동반자가 되어간다/문명의 한복판에다/질끔 오줌을 갈긴다 /이권 앞에서/구리게 똥을 싼다//(중략)//지금 파리에는/코제트나 말세리노만한 귀엽게 생긴 애들이/떼지어 다니며 들개처럼 길손을 습격하고/다가오면/밀어붙이거나 발길로 걷어차도 무방한/누가 버린지도 모르는 악의 종자들이 있다
>
> ―「파리의 개」7)에서

한마디로 물질문명이 이 지경에까지 이르렀음을 통탄한다. 개가 사람인지 사람이 개인지 애매해진 이권의 혼돈 속에서 '불신시대를 사는 유일한 동반자'가 돼간다. 그 점에서 막돼가는 사회 풍조에 침을 뱉는 김광림의 시심(詩心)이 부르짖는 '한탄'이 아닐 수 없다. 이는 진정 부조리의 현실 사회에 대한 통렬한 문명 비평이다. 진정한 평화, 참다운 자유는 '애를 낳기보다/차라리 개와 함께 산다는/파리의 여인들'의 생존 방식에 있음인가. 삶과 개가 더불어 하나로 사는 인류 혼돈의 퇴폐가 동물화해가는 수라장의 실상을 이로부터 확인하게도 된다. 그러나 그런 동물화의 퇴폐 속에서도 인류 갈망에의 소중한 시심(평화)은 약동한다.

> 갈구(渴求)의 제비 새끼들/노오란 코오러스/소년 성가대는/발돋움하는/감람(橄欖)나무 잎사귀//목이 마려운/파이프 올겐/빛이 부신 음악을 밟아 내리면/그늘진 사원//목둘레가 바알간 소년 복사(服事)들이/세 차

---

7) 위의 책, pp.76~77.

례나 드나들었다/긴 촛대(燭臺)를 들고/천상(天上)에 불을 켜는 그들이다

— 「주일(主日)」[8] 전문

시의 모티브는 주일의 소년 성가대다. 그는 이 성가대를 먼저 '갈구하는 제비 새끼들'로 유추한다. 제비들이 '제제'거림이 마치 소년 성가대의 합창처럼 아름답게 하모니되어 들려온 듯하다. 그로써 하나된 음악적 효과를 노린다. 앞서 말한 언어 기능과 감각 상징의 이미지와의 합일, 즉 '갈구의 제비 새끼들'과 '소년 성가대'라는 서로 다른 대상들이 아날로지되면서 하나의 코러스로 융합(융해), '소년 복사들이 긴 촛대를 들고/천상에 불을 켜는' 전체 상징으로서 독자에게 흥분과 주의를 환기시켜 '주일'이라는 엄숙한 경이감을 자아내 체득시킨다. 그로써 성가에 젖은 평화를 안겨준다. 즉 주지적 서정시의 아름다운 기능과 효용(효과)를 발산시킨다. 그리하여 해학적인 맛을 음미시키되 서구풍의 분위기에 젖는다.

빚 탄로가 난 아내를 데불고/고속버스/온천으로 간다/십팔 년 만에 새삼 돌아보는 아내/수척한 강산이여//그 동안/내 자식들을/등꽃처럼 매달아 놓고/배배 꼬인 줄기/까칠한 아내여//헤어지자고/나선 마음 위에/덩굴처럼 얽혀드는/아내의 손발/싸늘한 인연이여/허탕을 치면/바라보라고/하늘이/저기 걸려 있다//그대 이 세상에 왜 왔지/-빚 갚으러

— 「갈등」[9] 전문

시의 모티브는 '갈등', 즉 '빚'과 '아내'와의 갈등이다. 그 생활부터의 진솔한 인생 꿰뚫기요 깨닫기다. 시인은 아내를 빚에 쫄린 '수척한 강산이여'하고 은유하되 거기에 남편의 한숨도 섞여 들린다. 빚은 '그동안/내 자식들을/

---

8) 위의 책, p.97.
9) 위의 책, pp.168~169.

등꽃처럼 매달아 놓고' 양육한 데서 빚어진 빚이다. 아내는 그 빚 속에서 '배배 꼬인' 빚줄기의 갈등으로 '까칠한 아내'가 돼 버렸다. 볼수록 가슴이 무너진다. '헤어지자고/나선 마음 위에/덩굴처럼 얽혀드는/아내의 손발'은 가엾기만 하다. 진정 어디다가도 말 못할 부부 인연이다. 저 하늘은 아내가 빚 때문에 '허탕을 치면' 바라보라는 하늘인가. 아내는 이 세상에 '빚 갚으러' 온 아내다. 또한 그 속에 남편의 원한도 스며든다. 그 점에서 이 시는 빚과 아내 갈등이 하나로 맞아떨어지면서 생활의 비애를 안겨준다. 그러나 인생은 시「갈등 이후」에서 말하듯 '또 겪어야 하는/갈등 이후의 후유증'10)이 남는다. 백발이 허연 이 나이에 와서도 새삼 어찌할 수 없는 인생 후유증이다.

> 손주가 말을 배우기 시작하면서/나는 자꾸 난처해진다/아는 것의 한계와 밑창이 드러나/5선지 위엔 소리를 못 내는 ?만 즐비하다/-하나보지 이거 뭐야//채 혀가 구르지 않아/손주는 '할아버지'를 '하야보지'로 부르지만/내겐 '하나보지'로 들린다/연방 들이대는 의문 앞에/나는 연타를 당하는 투수꼴이 된다/-하나보지 이거 뭐야/실상 나는 이날 이때까지/제대로 본 것이 하나도 없구나/제대로 해 본 것은 더더구나 없고/그래 뭘 하는지 두고 보자는 말투로다/그림책 속에 나오는/그 흔한 동식물의 이름조차도 어이없이 몰라/대답에 궁색해지면/하는 수 없다/엉거주춤 두 손을 들어/이게 항복의 뜻인 줄 아직 모르는 너를/슬며시 안아들어/아예 말문을 봉쇄한 채/?를 얼버무리는 것을
>
> ―「?-말없는 말 14」11) 전문

시의 모티브는 '?'이다. 손주 물음과 할아버지의 궁색한 답변을 하나로 빚어 '?'의 실상에 맞아떨어지는 재미를 자아낸다. 손주의 '연방 들이대는 의문 앞에' 할아버지 답변은 언제나 '연타를 당하는 투수꼴'로 난처해진다. 그로

---

10) 위의 책, p.170.
11) 위의 책, pp.185~186.

써 '이날 이때까지/제대로 본 것이 하나도 없고/제대로 해 본 것은 더더구나 없는' 무지 실상의 나를 새삼 꿰뚫는다. 그러나 끝내는 어쩔 수 없이 '항복을 모르는' 손녀를 '슬며시 안아들어/아예 말문을 봉쇄한' 할아버지의 얼버무림 짓과 하나가 되면서 '?'의 관심과 재미를 끌어들인다. 주지적 서정시의 재미는 바로 여기에 있음인가. 그 재미는 시의 함축과 응축의 맞아떨어짐에서도 저절로 우러남도 보게 된다. 그로부터 관념과 모럴에 구애받지 않는 시어가 '?'와 어울려 감각적 이미지의 아름다움과 재미 색출에의 언어 구사의 의식적 노력을 보여주기도 한다. 재미는 그로부터의 재미다.

> 요 며칠 사이/나는 눈시울 마를 겨를이 없다//(중략)//저 바보상자 같은 TV 화면에/끼니를 거르며/잠도 안자고/피켓을 든 채 서성거리는/이제나저제나 하고/초조히 안타깝게 기다리는/이산가족의 모습이/나를 울리는데//(중략)//기절초풍하게 맞아떨어진 이 찰나를/와락 쓰러 안고 뒹굴고/몸서리치며 흐느끼다/차마 말도 못 잇고/꺼이 꺼이 통곡만 하는/쌓이고 쌓인 회포가/맺히고 맺힌 한이/이제사 한꺼번에 풀려/기쁨이 차라리 설움으로 터지고/웃음이 염치없이 눈물로 쏟아져서/자꾸 나를 울리는데//(중략)//올해 갓 스물 난 막내딸보다/세 살이나 더 어린 나이에/혈혈단신 38선을 넘어와서/이제 이순(耳順)이 내일 모레인데/나는 아직 가족의 소식을 모른다/생사조차 까마득하다/세월은 모든 것을 앗아간다지만/두고 온 산하(山河)만은 잊을 수가 없어//(중략)//이제 내 입은/아버지 어머니를 잃어버린 반벙어리/강이 있어도 건널 수 없고/길이 있어도 갈 수 없는/휴전선과 꼬옥 같아서/날마다 녹이 슬어가고 있다/하늘이여/죽는 그 날까지/단 한 번이라도 좋으니/목청을 틔워다오/아버지/어머니/부르게 해다오/이 바보 상자야
>
> ―「이산가족―바보상자가 나를 울렸다」[12]에서

시의 모티브는 '바보상자'(TV)다. 거기에 방영된 생살찢는 이산의 아픔이

---

12) 위의 책, pp.187~190.

다. 그 아픔은 바보상자의 이산가족이 빚는다. 내 이산의 아픔은 재회하는 실향민의 가족 상봉을 보고 또 보다가 통곡으로 돌변한다. 지상엔 없는 우리만의 통곡이다. 김광림은 바보상자의 만남을 통해 고향(북녘)에 두고 온 혈육과의 만남에의 염원에 몸부림친다.

이젠 그 소원도 반세기가 지났다. 그는 그 애절함을 '하늘이여/죽는 그 날까지/단 한 번이라도 좋으니/아버지/어머니'를 만나게 해달라고 하늘을 우러러 땅을 치며 애원한다. 그 애원이 바보상자의 이산가족 상봉과 하나로 맞아떨어지면서 애절함을 더해준다. 그 비통은 민족 상잔으로 피흘린 분단의 역사요, 이산의 가족사요, 잃어버린 고향사이다. 그가 월남했을 때 곧 남북 조선전쟁이 있었고 그것은 아픈 동족상잔의 피의 싸움이었다.[13] 역설적으로 잊자 하면서도 못 잊는 현실의 아픔을 이 바보상자에다 심으면서 그 애절을 마셔댄다.

그 점에서 相馬 大는 이산의 문제가 '김광림 시의 원점이다.'고 주장하는가 하면 사이토 마모루 또한 김광림 시의 뿌리는 '恨'의 서정[14]이라고 한다. 이에 필자도 동감이다. 생살 찢는 이산만큼 더 큰 아픔은 없다. 그의 시 「이산가족」을 비롯해 「반도의 아픔」, 「속 이산가족」등은 역사적으로 의의가 깊은 시편들이다. 그러면서 익살로 웃음지게 하는 이들 시편들은 그 나름의 천성의 유머에 절여져서 빚어진다. 그리고 그의 이산의 아픔과 일련의 생활시는 너무나도 인간적인 진솔하고도 진지한 목소리로서 우리의 심층에 잔잔한 감동으로 스며든다. 그 감동은 삶의 진실에서 우러난 감동이다.

궁극적으로 시는 언어로 채색한 인생 표현이다. 그 점에서 시는 시인이 구하고 호소한 바의 진솔한 마음의 언어다. 그 언어는 앞에서 지적한 바 감동

---

13) 白石 가스코, 「시의 풍경-시인의 초상」, 『續·김광림시집』(108選), 서사 靑樹社 2002. p.145.
14) 齊藤 마모루, 「김광림에게서 본 '恨'의 서정」, 『續·김광림시집』(108選), 서사 靑樹社, 2002. p.150.

으로 전달돼야 한다. 결과적으로 문학은 감동의 문학이기 때문이다. 그래서 시는 오래오래 마음을 사로잡는 감동의 시로서 족하다. 이미지 조형이 자아낸 아름다움과 경이감에서 어필해 오는 재미를 주면 그로서 족하다. 진정한 시는 그 이상도 그 이하도 아닌 시일 따름이다. 철학적 관념이나 모럴 제시는 결국 그 시대가 지나면 역사와 더불어 달라지고 만다. 시대가 변했기 때문이다. 그런 시에선 시의 연속성을 기대할 수는 없다. 그러나 주지적 서정시는 미적 감동면에서나 재미의 지속면에서 관념시나 모럴 제시보다는 공간직 보장을 기할 수 있다. 김광림이 주지적 서정시에 마음을 심었음도 그 의도가 바로 여기에 있었음이다.

5. 시에서의 아날로지

여기서 문제는 아날로지다. 포멀리스트들은 시는 시의 시 이외의 무엇도 귀착시킬 수 없음을 분명히 한다. 시는 시 자체로서의 해석이요 이해임을 중요시한다. 여기서 출발한 포멀리스트들은 시를 변별적(differrential) 또는 대조적(oppositional)으로 정의한다. 그리고 시 만들기에의 변별방식의 주개념은 시의 생소화(生疎化, defamiliarization) 하기 또는 낯설게 만들기(ostranenie) 또는 전경화(前景化, maximally foregrounding)하기다. 예술은 인생과 경험에 대한 우리의 감각을 새롭게 한다는 견해다. 이를 좀 더 구체화하면 예술은 이미 습관화됐거나 자동화된 사물의 낯설게 하기다. 예를 들면 춤(무용)은 느껴진 걸음걸이되 그것은 감각하도록 구성되어진 생소화(낯설게 만들기)된 자동화의 걸음걸이다.

이에 시의 예술화를 위해 낯설게 하기의 지동화된 요소는 언어다. 시에선 일상어가 귀에 낯설게 만들어진다. 특히 낱말의 물리적 음성이 비일상적으로 두드러지게 나타난다. 이에 우리가 일상생활에서 흔히 의식화하지 못했던 낱말들의 생소화된 지각은 시의 형식적 기반의 결과다. 그래서 시는 두 사물(이미지)을 하나로 융합시켜 낯설게 하기의 질서다.

또한 여기서 유의할 바는 문학성과 형식이 서로 비슷한 뜻을 갖는다는 점이다. 이는 형식주의의 첫째 자질이다. 이에 '기법으로서의 시'와 '유일한 주인공으로서의 수법'은 자동화, 생소화 사이의 대립 관계가 발전하면서 점차 변경, 세련됨이 원칙이다. 이에 여기서 형식은 내용을 규제한다는 전제가 가능해진다. 형식은 내용에 의해서가 아니라 다른 형식들에 의해 결정된다는 점이다. 그 점에서 포멀리스트들은 형식은 내용에 선행한다는 전제를 갖게 된다. 그 점에서 편내용주의 시의 형상의 도덕적 타락 경시는 찬동하지만 형식을 위한 형식에 사로잡혀 내용상의 상호 관계에서 변혁없는 극히 주관적이면서 감각적인 자위에는 찬동하지 않는다. 왜냐하면 시의 전달을 외면하면서까지 형식에 구애받을 필요는 없기 때문이다.

그 점에서 김광림의 시는 이미지즘에도 공감한다. 상징주의의 모호성을 탈피하고 보다 명석한 이미지의 색출을 위해서이다. 특히 T.E.흄이나 에즈라 파운드가 주장한 이미지즘에 대해선 그 나름의 공명도 높다. 이에 주·객관에 구애받지 않고 사물을 직접 다루거나 표현에 기여하지 않는 언어는 결코 사용하지 않는다는 주장이다. 또한 지적인 것과 정적인 것과의 마찰의 스파크가 순간적으로 일어남이 이미지라는 견해에도 동감이다. 주지적 서정시는 그로 지펴진 불꽃이다. 그 불꽃을 지핀 중요 요소는 아날로지[類推]이다.

아날로지는 유사한 점에 의해 다른 사물을 미루어 추측함에서 간접 추리의 하나다. 두 개의 특수한 사물에서 다수의 본질이 일치한 데서 다른 속성도 유사하다고 하는 추론이다. 곧 비슷한 점을 기초로 한 비교 추리이다. 즉 두 개의 상반된 것 사이에 아날로지가 발견돼 상반된 것들이 조화되면 메타포가 되지만 대립된 것 사이에 아날로지가 발견되지 않거나 조화되지 않으면 즉 부조화의 상태가 되면 아이러니가 발견된다. 이에 아날로지의 의미는

'유추', '추론'으로서의 '유사'의 의미로 사용되기도 한다. 그 점에서 김광림은 두 개의 상반된 것 사이에 '유사'가 발견돼 상반된 것들끼리 조화가 되면 메타포가 생겨나지만 대립된 것 사이에 '유추'가 발견되지 않거나 조화되지 않으면, 즉 부조화의 상태이면 아이러니가 발견된다고 함을 일련의 작시로서 입증해준다. 김광림의 시의 재미가 주는 맞아떨어짐은 바로 그 아날로지에서 우러난다. 그래서 그의 시는 아날로지가 빚은 아이러니로서의 낯설게 하기요 생소화하기요, 전경화하기다.

6

이상에서 김광림의 주지적 서정시를 살폈다. 시를 통해 무엇을 구하려 하고 호소하려 하는가도 들었다. 그는 먼저 과거 시풍의 감정유로적 자연발생적 음풍영월에서부터 반기를 들었다. 그로부터 현대시의 시도(詩道)를 모더니즘 시법의 접촉에서 구했다. 현대시의 객관적 의미구조체로서의 작시의 묘미가 바로 모더니즘의 시법이라고 여겨졌기 때문이다. 그로부터 이 시법의 정립과 시시(試詩)를 실험해 왔다. 그러나 그로부터서도 나름의 시적 만족을 체득해내지 못했다. 즉 모더니즘 시법이 빚는 이미지 조상(彫像)으로부터 의미 강조의 관념이나 모럴 제시의 시에 남달리 식상해 왔고 그것들이 시인 나름의 새로운 개척의 시도(詩道)가 바로 주지적 서정시다.

주지적 서정시는 감정유로, 음풍영월, 의미, 사상, 감상, 관념에는 반기다. 이를 박차고 '주지적인 것+정서(서정) 합일=주지적 서정시'라는 등식으로 집약된다. 그로부터 초현실로서의 아이러니와 실험적 언어 미학으로부터의 경이(驚異) 색출이다. 즉 상빈된 두 사물에서 아날로지를 꺼내 흥분과 주의 환기로부터 경이감 자아내기의 흥미 놀이다. 그로부터의 진지한 순수시 찾기의 아름다움의 추구요 추적이다.

이제 그로부터 빚어진 김광림의 일련의 시가 주는 감동은 인간적인 진지와 진실성에서 우러나고 그 낯설게 하기로부터 맞아떨어진 재미는 오래오래 주지적 서정시의 진국을 맛보여줄 것이다. 그 점에서 그의 주지적 서정시의 시 작업 또한 이 땅에서 현대시의 발전적 열림에의 길잡이가 되어 주리라 믿어 의심치 않는다.

김광림론

― 그림자를 극복한 조명 배치

이 필 규

　김광림 시인은 1929년 함경남도 원산에서 출생, 19세에 혈혈단신 월남하여 격전지 전투에 참전하였고 고려대학을 졸업한 후 문공부, KBS 라디오 방송국, 은행, 여러 잡지사 등에서 근무하다가 장안대학 교수로 정년퇴임 하였다. 1948년도에 데뷔한 이후 53년간의 시업(詩業)을 정리한 『김광림 시선 99선』(2001)을 간행한 일은 그 자신에게나 한국 시사(詩史)에서나 큰 의의가 아닐 수 없다.

　김광림 시인에 대한 연구사는 크게 두 가지 방향으로 진행되어 왔는데 첫째 이미지를 중시한 주지적 서정시를 씀으로써 '노래'와 '생각'이 합쳐진 시세계를 이룩하였다는 것이고 둘째는 시적 변모에 관한 것으로 그의 시가 언급한 대로 세 시기로 나누어진다는 것이다. 그 세 시기는 초기에는 동족상잔의 비극에 대한 절규, 중기에는 이미지와 언어에 대한 자각과 실험, 중기 이후부터는 생활 속에서 우러난 생의 깊이를 감춰 둔 소박성으로 특징된다.

1. 전쟁과 사랑

전쟁은 왜 비극적인가? 그것은 죽음보다 강하다는 사랑을 간단하게 짓밟기 때문이라고 김광림의 시는 답한다.『김광림 시선 99선』에 첫 번째로 수록된「다릿목」은 전쟁의 비극성을 노래한 그의 초기 시기의 대표작이라 할 수 있다. 예컨대 그 나이가 한 살 차이이고 혈혈단신 남하했다는 점에서 비슷한 경우인 함동선 시인에 있어서 전쟁의 비극성이 이산가족의 문제로 나타나는 것과는 다르다.

>기다려 달라던 어긋난 위치와
>시간은 틀림없이
>1950년의 변두리에서
>하마 눈먼 계절
>나비의 화분을 묻힌
>손목은 꺾이어 갔다
>장미의 눈시울이
>가시를 배앝은
>가장 잔혹했던 달
>6월은
>포탄의 자세들로 터져간
>내 또래 젊음들은
>바리케이트로 넘어져 갔다
>
>포복처럼 느릿한 155마일
>휴전선의
>겨드랑 쑥밭길
>지금
>꽃과 과실과 새의 털 그리고
>노래를 장만하여 있을 너와 나와의

> 사랑찬 계절을 짓밟고
> 1950년
> 전차가 밀리던 해의 가슴팍
> 무너진 6월은
> 캐터필라의 두 줄기 자국만 남기고 갔다
>
> ―「다릿목」

 시인 자신은 머리말에서 "대체로 초기작은 (중략) 다분히 관념적인 데 머문 감이 없지 않다."라고 겸손하게 말하고 있지만 시인의 체험으로 보나 시의 내용으로 보나 꼭 관념적인 데 머물렀다고만 말할 수 없다.
 6·25 전쟁 중 피난지인 부산과 대구에서 국내 처음 개봉되어 많은 관객들이 눈물을 흘린 「애수」라는 영화가 있다. 그 영화의 원제는 워털루 다리(Waterloo Bridge)인데 김광림의 시 제목인 '다릿목'과 유사하다. 영화는 제2차 세계대전이 발발한 1939년 9월, 중년의 영국군 대령 로이(로버트 테일러)가 안개 낀 워털루 다리 위에서 조그만 마스코트를 꺼내들고 과거를 회상하는 장면으로 시작된다. 25세의 청년 장교 로이는 제1차 세계대전 중 무용수와 사랑을 나누지만 전쟁통에 맺어지지 못한다. 그녀(마이라, 배우는 비비안 리)는 둘이서 처음 만났던 워털루 다리에서 자살하고 2차대전 중 로이가 그 곳을 다시 찾아 온 것이다. 이렇게 간단하게 줄거리를 요약 제시할 경우 별 것 아닌 것 같지만 실제로 그 영화를 보면 예컨대 결혼식이 예정된 날 로이가 긴급히 부대 이동을 하게 되는 등 시간의 엇갈림과 마이라가 착오인지 동명이인인지의 이유로 전사자 명단에서 로이의 이름을 발견하는 등의 오해가 어쩌면 그렇게도 연속적으로 무수하게 일어날 수 있는지 가슴이 말도 못하게 답답하고 눈물이 시도 때도 없이 흐를 지경이다. 고전적 멜로 드라마의 불멸의 전형이다.
 김광림의 시 「다릿목」에서도 전쟁의 비극적 영향이 만남의 차질(어긋남)로 나타난다. 기다려달라는 간절한 원망은 전쟁통에 어긋나 버렸다. 워털루 다리에서 싹트던 로이와 마이라의 사랑을 전쟁이 짓밟고 간 일과 마찬가지이다. 격전지든 도시든 변두리든 1950년 이 산하를 제 정신이 아닌 눈먼 계절이 휩쓸었다.

'나비의 화분'은 꽃들의 사랑이니까 '나비의 화분을 묻힌 손목'은 사랑을 나누던 혹은 준비하던 손이다. 그러나 그 손목은 모질게 꺾여갔다. 훼방꾼들을 가시로 찔러야 할 장미는 그만 사랑을 잃고 도리어 눈에서 피눈물 같은 가시를 쏟아내며 울게 되는 참혹한 일이 벌어졌다. 적들을 저지하기 위해 투입되어 바리케이트 역할을 하던 젊은이들은 포탄의 자세로 웅크리고 있다가 폭격과 총탄을 맞고 죽어갔다.

긴박감이 없이('느릿한') 엎드려만 있다고('포복') 생각했던 155마일의 휴전선은 그 겨드랑이부터 무너지며 쑥대밭이 되었다. '쑥밭'에는 이중의 의미가 있다. 전술했듯이 전쟁으로 인해 완전히 망가진 땅이 되었다는 뜻으로 해석할 수도 있지만 전쟁 전의 휴전선에는 인간의 발길이 닿지 않아 쑥만 무성하게 웃자라고 있었다고 반대로 해석할 수도 있다.

전쟁으로 사람끼리, 사랑끼리의 엇갈림이 생겼다. 전쟁만 아니라면 사랑하는 한 쌍의 남녀는 꽃과 과실에 둘러싸여 새의 깃털처럼 가볍고 포근하게 살아갔을 것이다. 그러나 전쟁은 아름다운 노래로 구가될 사랑의 계절을 캐터필라 소리를 내며 잔혹하게 짓밟아 버렸다.

2. 사랑을 향하여

현실 속의 다리는 결국 이별의 상징이 되었지만 김광림 시의 어휘는 약간은 침울한 채로 사랑을 향하여 뻗어가는 다리가 되었다.

한 알의 풋과실을 위하여
뻗은 가지는
엄청나게 잎새를 피웠다간
도로 피나게 뜯는 까닭을 상기도 나는 모른다

이 조용한 저립(佇立)의 인사(人事) 앞에서
배꼽을 핥는 여유의
버릇 같은 어느 날
덩어리로 목을 감던 서름이며 기쁨을 겪고
난 다음의
남은 일처럼이나

어슷이 째리는 인정의 눈짓을
지그시 가누고 서서
표정을 깨무는
그런 황혼에
한 알의 풋과일을 위하여
알맞게 꽃피운 보람을
기가 차서 떨구는
실성한 이유처럼
외따로 비켜 서서

한 때는 꽃나비를 안고 타래지다 말고
여느 때보다 조용히 내미는
팔

가장이여
나무는
의문의 위치에서
무료히 저무는 하루의 근지러움을 타는
일과 속에서
가장 가까운 데 닿을 하늘에

언제쯤 손을 얹게 될
아무튼 그렇게 다정한 어깻죽지가 있으리라고
생각하는 것이다

— 「의문의 가지」

 단 한 알의 풋과일을 열려고 뻗어나간 가지가 무엇 때문에 엄청나게 많은 잎새들을 피웠다간 그것들이 도로 다 피나게 뜯겨져 나가는지 그 이유를 화자는 모른다고 한다.
 잎사귀는 영양 기관이고 열매는 생식 기관이다. 열매를 맺기 위해서는 왕성하게 성장해야 하고 열매를 맺은 뒤에는 더 많은 영양분을 필요로 하기 때문에 될 수 있는 한 잎사귀를 많이 피워 광합성을 해야 한다. 생식의 과정을 마치고 나면 겨울이 닥치고 얼어죽지 않으려면 체액의 농도를 높이고 에너지 소모를 극대화하기 위해서 잎사귀를 모두 떨어낸다. 나목(裸木)들은 다시 봄을 기다린다.
 이 시는 나뭇가지에 대한 묘사로 열렸다가(제1연) 닫힌다(제5연). 그 사이에 2·3·4연은 시인 자신의 삶을 묘사한다.
 화자는 사회 조직 속에 조용하게 우두커니 서[佇立] 있다. 빛나는 감각을 지닌 시인이 사회 조직의 인사(人事) 가운데 섞여 있는 자세가 '저립(佇立)'이다. 사람들과 일을 해 오는 동안 여유도 좀 생겼다. 배꼽 부분을 핥는 느낌이 드는 것은 그나마 그래도 구태여 여유라고 할 수 있겠다. 목을 감던 설움과 기쁨의 큰 덩어리를 겪어낸 뒤에 남아 있는 가벼운 일들('남은 일')을 생각하는 그런 순간처럼 큰 일과 작은 일 또는 파도와 파도가 교차하는 듯한 그런 사이에 시인은 상념에 잠긴다. 이 상념의 내용은 이하의 연(제3, 4, 5연)을 하나로 관통한다. 즉 제2연의 마지막 행인 '남은 일처럼이나'의 비유가 나머지 연들을 붙들고 있다.
 제3연 제1행의 '어슷이 째리는 인정의 눈짓을 지그시 가누고 서서'는 자기가 겪었던 일들이 언뜻 남의 일처럼 느껴지기도 하고 남들이 겪은 일이 짐짓 자기 일처럼 느껴지기도 하는 마음의 상태이다. 타인들의 삶이 느껴질 수도 있고 그에 따라 의미심장한 눈길을 서로 주고받을 수 있겠지만 운명을 같이 하지 않으면 그만이라는 생각이 어쩌다가 깊이 마음을 찔러오는 순간이 있다. 서로의 마음의 기미를 알 수는 있지만 운명을 함께 할 수 있는 타인은 결국 없거나 있더라도 숫자가 극히 제한되어 있기 때문에 타인을 바라보는 눈짓이 똑바르지 않고 약간 기울어져 비뚜름하다.

이때 가볍고 평안한 표정일 수는 없다. 사람들과 운명을 같이 하지는 않되 그들의 생활을 저절로 음미하기는 하는 이 상태가 '표정을 깨무는'이라고 표현되었다. 즉 '표정을 깨무는'은 생에 대한 가볍지 않은 음미라는 의미이다.

표정을 깨무는 그런 황혼에 꽃을 떨구듯이 모든 보람을 떨구고 만다. 그 이유는 기가 차서이다. 그렇다면 기가 찬 이유는? 글쎄. 한 알의 풋과일을 맺기 위하여 달려온 인생에 익사하는 느낌을 받으면서 순간 약간 실성한 것 같은 상태가 온 모양이다. 생의 과일을 따기 위해 나무를 가꾸고 알맞게 꽃피운 보람을 맺기도 전에 실성해서 떨궈 버린 화자는 외따로 비켜 서 있는 혼자만의 자리에 서 있다.

혼자 서서 화자는 팔을 가만히 뻗어 본다. 이 팔은 한때 꽃나비를 안기도 하였다. 말하자면 그만큼 사랑을 나누던 팔이다.

마지막 연에 이르러 이 팔은 나무의 가지와 상동 구조의 비유를 형성한다. 그래서 나무 가장이는 나의 팔이 된다. 우리의 생은 불가사의하고 나무 또한 알 수 없는 의문의 위치에 서서 그 가장이를 뻗는다. 무료한 일상의 날이 오늘도 아무 열없이 저물고 있는 가운데 화자의 팔과 동일시된 가지가 하늘 쪽으로 뻗어간다. 그 곳에 팔을 얹을만한 다정한 어깻죽지가 있으리라고 시인은 생각한다.

전쟁의 피비린내 속에서 살아남은 김광림 시인이 자신의 '팔'을 얹을만한 어깻죽지를 향하여 뻗어가는 의문의 나뭇가지라는 동화보다 더 아름다운 사랑의 시를 남긴 것이다. 「의문의 가지」는 ≪신태양≫지 1958년 9월호에 발표되었으니까 시인의 나이 29세 때의 작품이다. 이 작품 속에는 29세의 청년이 몸담고 있는 인정의 세계, 거기에서 느끼는 약간의 허무의식, 삐딱하게 서 있는 시인으로서의 기질 그리고 그리움이 다 들어있다. 나는 이 「의문의 가지」를 김광림의 수작으로 뽑는 데 주저가 없다.

3. 갈등의 사랑, 아내

김광림의 시에 있어서 인간은 갈등의 근원이라는 점에서 그의 시세계는 매우 사실적이다. 갈등의 양상 속에서도 인간을 어두컴컴한 무대의 조명처럼 약간은 밝게 보는 그의 시적 태도가 그나 우리의 생활을 다시 되비추면서 우리에게 용기를 준다.

빚 탄로가 난 아내를 데불고
고속버스
온천으로 간다
십팔 년 만에 새삼 돌아보는 아내
수척한 강산이여

그 동안
내 자식들을
등꽃처럼 매달아 놓고
배배 꼬인 줄기
까칠한 아내여

헤어지자고

나선 마음 위에
덩굴처럼 얽혀드는
아내의 손발
싸늘한 인연이여
허탕을 치면
바라보라고
하늘이
저기 걸려 있다

그대 이 세상에 왜 왔지
-빚 갚으러

― 「갈등」

  단어 하나 하나가 돌이 되어 들이박히는 느낌을 주는 작품이다. 사람들이 제일 좋게 여기는 대상은 멀리 있는 것에 관하여서이다. 이를테면 유년 시절의 어느 골목길에 대한 실낱같은 회상 따위가 그것이다. 가장 가까이 있는 아내에 대해서 아무리 마음이 절절해도 남이 듣거나 읽는 경우 특히 좋게만 말할 수가 없다.
  시인은 아내가 빚을 주었다가 돈을 떼게 된 사실을 알게 된 모양이다. 돈을 회수 못할 지경이 되니까 탄로가 나지 그렇지 않으면 탄로 날 리가 없다. 이 기회(?)에 아내와 헤어지리라고 결심을 단단히 굳힌 뒤 지난 18년 동안 방치(?)했던 아내를 새삼스럽게 데리고 온천행 고속버스를 탔다. 차창 밖으로 보이는 강산이 마치 아내가 그런 것처럼 수척하다. 아내는 그동안 칡이나 등나무가 몸뚱이에 보라색 꽃을 달고 있듯이 시인의 자식들을 달고 키우느라고 그 몸뚱이마저도 마치 칡이나 등나무 줄기처럼 가느다랗고 배배 꼬여 볼품없이 되었다.
  여기서 시인은 '내 자식들'이라고 표현했는데 그렇다면 자식들은 남자의 자식이기만 하고 아내의 자식은 아니란 말인가. 즉 가부장적 진술인가 그런 것은 전혀 아니다. 이를테면 아내가 죽고 없더라도 그 자식들은 내가 키웠어야 할 자식들인데 그래, 아내가 키웠구나 하는 뜻의 깊은 탄식이다. 아내의 까칠한 피부와 영양분이 빠져나간 마른 몸뚱이를 칡과 등나무 가지에 비유함으로써 그것을 아내와 이별하기 위해 떠나온 여행길의 심리적 갈등(葛藤, 즉 칡과 등나무)과 오버랩 시키는 탁월한 중층구조로 시가 진행된다.

참고로 밝혀두면 이 시는 ≪현대문학≫지 1972년 5월호에 발표되었다. 즉 중기 시의 대표작으로 이미지가 얼마나 정교하게 구축되어 있는지 경탄할 뿐이다.

칡과 등나무 같은 아내의 손발의 싸늘함이 아내와의 인연의 싸늘함과 또한 겹쳐진다. 칡처럼 그 인연이 질겼으되 이제 와서 아내와 마지막 여행이 되리라는 각오로 동행하고 있기 때문에 이 인연의 온도는 '싸늘한' 저온으로 사뭇 떨어진다. 결국 시인은 아내와 헤어지겠다는 마음의 결정이 허탕으로 돌아갔음을 알게 되고 그럴 때 바라보라고 하늘이 저기 저렇게 걸려 있다고 한다. 결국 이 시는 시인이 공간적으로 가장 가까이 있는 아내와 가장 멀리 있는 하늘을 만나는 방식에 관련된 작품이다. 그렇다. 이것은 하나의 방식일 뿐이다. 아내와 하늘을 동시에 만난 뒤 시인이 할 수 있는 일은 내 생각으로는 가만히 눈감기이다. 아주 짧은 동안 눈감았다가 뜨면 자신이 오늘도 인생의 성숙과 접하고 있다는 걸 알 수밖에 없겠다. 자 그러면 인생의 성숙에 직접적으로 관련된 결구를 읽을 차례이다.

그대 이 세상에 왜 왔지
―빚 갚으러

여기서 '그대'를 아내라고 해도 좋고 시인 자신이라고 해도 좋다. 아무려면 어떠랴. 빚에 시달리는 사람들은 머리카락이 다 빠져나가는 원형탈모증에 걸리는 수도 있다. 아내는 돈을 빌려주었다가 떼이게 되고 빚만 지게 되었다. 따라서 이 '빚'은 실제 돈에 관련되어 있고 또한 동시에 인생의 근원적 고통에도 관련된 중층구조로 인식된다. 빚 받으러 돌아다녀도 시원찮은데 빚 갚으러 돌아다니는 게 인생을 살게 된 이유라는 이 진술은 인간 생에 대한 총체적 결산이다. 이 부분이 생은 문학을 변화시키고 문학은 다시 생을 변화시킨 결론인가 한다.

결구는 아내와 헤어지겠다던 비장한 결심이 무언가 일종의 종교적 상황으로까지 전환된 대목이다. 아내의 말라비틀어진 사지도, 아내가 진 빚도, 그런 아내와 헤어지기 위해 떠나온 여행도 비침하다. 그러나 결국 우리가 이 세상에 태어난 이유는 죽어라 빚 갚기 위해서일 뿐이라는 결론에는 비참함 이상의 것이 있다. 이 결론은 스스로에 대한 위안이 아니라 생애의 인격이 영글어 내려진 성숙의 자세이다. 여기에서도 우리는 어두컴컴한 인생의 무대를 비추는 약간의 조명을 본다.

4. 사랑을 기다리며

사람들은 살아 있는 동안 살아야겠지만 개중에는 살려고 태어난 것이 아니라 사랑하려고 태어났거나 또는 자신을 표현하려고 태어난 사람도 있다. 맨 마지막의 경우는 자신을 표현할 수 있는 능력이나 재능을 갖기를 어려서부터 소망하게 되고 자신을 표현해 내는 것에 관계되지 않는 일들은 무가치하거나 거짓된 일이 된다. 아래의 「己巳」는 시인이 자신을 직접적으로 표현한 작품이다.

나는
비단구렁이의 사치도
꽃뱀의 징그러운 아름다움도
지니지 못한다

나는
능구렁이의 느슨함을
살모사의 독을
차지하지 못 한다
점박이의 특징도 없다

나는
또아리를 틀지만
쉬 풀린다
낼름거리는 혓바닥인데도
말을 더듬는다

미처 지혜의 열매를 따먹지 못한
꼬리 잘린 도마뱀처럼
늘 서성거리다 만다

나는
전신으로 꼬인
마른 새끼 오라기
아무렇게나 내갈겨 두면 된다

— 「己巳─뱀띠의 변(辯)」

  김광림 시인이 회갑이 들던 새해 벽두에 ≪문학사상≫에 발표한 작품이니 중기 이후의 대표작이다. 초기나 중기 시에 비해 시어가 사뭇 쉬워졌다는 사실을 알 수 있다.
  나는 김광림 시인과 이야기를 나눈 적이 단 한 번도 없다. 더러 문학 행사에 참여해서 뒷자리에 앉을라치면 머리카락이 참으로 멋지게 세고 피부 빛이 좋은 김광림 시인이 앞쪽 원로석에 앉아 있는 모습을 멀리 뵙긴 했다. 그러나 이 시 「己巳」를 읽으면 시인이 어떤 사람인지를 꽤 잘 알 수가 있다. 기사생 뱀띠면 현재 74세이다. 시인은 자기에게는 사치도 아름다움도 없다

이필규·김광림론

고 말한다. 하지만 김광림 시인은 역설의 명수이고 또한 역설만 좇아서 살다가 다치기도 한 사람이라는 느낌을 강하게 주기 때문에 이 진술을 액면 그대로 받아들이는 데에 약간의 망설임이 전혀 없지도 않다. 어쨌든 김광림 시인의 펜은 마이너스 사치와 마이너스 아름다움 쪽으로 기울어져 시인 자신의 실체를 계량한다. 계속해서 시인은 자신을 느슨한 성격도, 독종인 성격도, 무슨 스페셜한 특징이 있는 성격도 아니라고 한다.

"또아리를 틀지만 쉬 풀린다"라는 구절에서는 외유내강이 외강내유의 성격을 엿보게 되며 죄송하게도 웃음이 피식 나온다. 거죽으로는 굳세어도 사실은 뒤가 무르다함이겠다. '낼름거리는 혓바닥인데도/말을 더듬는다'에서는 시인으로서의 겸허함과 군자적 풍모(訥言)를 느낄 수 있다. 때로는 달변을 구사하더라도 인간을 근원적으로 변화시키는 말을 한다거나 깊은 감동을 불러일으키는 시적 진술을 하기는 무한정 어려운 일이다. 지혜의 세계에 아직 도달하지 못했고 미완성인 채('꼬리 잘린 도마뱀') 그 어딘가에서 늘 서성거리기만 할 뿐이다. 실은 독자의 입장에서는 시인이 지혜에 도달하지 못한 일이 썩 다행(?)으로 느껴진다. 그가 지혜에 도달했다면 인간의 미완성이 빚어내는 슬픔을 듬뿍 담고 있는 「갈등」같은 좋은 작품을 감상할 기회를 우리가 가질 수 없기 때문이다.

'나는/전신으로 꼬인/마른 새끼 오라기/아무렇게나 내갈겨 두면 된다'라는 마지막 연은 언어의 사전적 의미대로 받아들여지지 않는다. 똥 따위를 아무렇게나 싸 놓듯이 자신을 '내갈겨'두면 된다는 진술은 아무래도 다소 연극적으로 들린다. 고향을 떠나 전쟁터를 헤매고 여러 직업을 전전한 끝에 환갑에 도달한 한 사람이 결국 현대사가 낳은 일종의 오물 덩어리라도 된다는 말인가. 연극적일 것, 그렇게 하는 수밖에는 없다. 연기적 기질은 고도의 지성으로 계산된 시를 써 온 ㄱ의 주지적 자세에 일정한 형태를 부여해 왔기 때문이다. 그리고 이 연기의 정체는 바로 사랑을 기다리는 자세 그것이다. 아무렇게나 팽개쳐진 노인에게 가장 필요한 것은 사랑이라는 게 언제든지 정답일 테니까.

　시인은 사물의 순결한 지속을 최대한 유지하라는 강한 압력을 받게 된다. 이 시의 경우는 새끼줄의 비유까지 포함하여 뱀의 모습과 특성이 시적 지속성의 영역으로 상승되어 있다. 이 상승력은 자연보다는 언제나 사실에 경도되어 온 김광림 시인의 경향에 기인한다.

5. 결론

　김광림 시인의 53년간에 걸친 시적 위업이 일단 정리된 선집을 대하고 있자니까 아직 53세가 되기에도 먼 내가 느끼는 일종의 경건함은 당연한 일이겠다. 본고에서는 99편의 시 중 4편을 골라서 다시 읽어 보았는데 그 해석 내용 이전에 그의 시를 다시 읽는다는 자체만으로도 큰 의의가 있다. 본고는 김광림에 대한 기존의 연구사를 간단히 언급해 두었을 뿐 그쪽으로 논의를 이끌고 가지는 않았다. 이미 시인 자신과 다른 평자들이 다 정리해 놓은 부분이기 때문이다.

　김광림 시에 있어서 전쟁이 비극적인 이유는 무엇보다도 그것이 사랑을 망가뜨린다는 점에 있다. 전후의 시들 역시 사랑을 향한 끝없는 환유법(換喩法)이다. 그가 지적으로 계산된 시를 쓸 때에도 그 안에는 인생이라는 어두운 연극의 무대를 비추는 조명 같은 사랑이 있다. 김광림 시의 기막힌 이미지의 지적 조립에 대해서라면 이미 많은 평자들이 이야기한 바가 있다. 본고는 그 이미지 속에 늘 숨겨져 있는 사랑에 대해 잠시 생각해 본 소고(小考)이다.

　김광림의 시세계는 한마디로 그 세대에게 깊은 상처를 남긴 전쟁이라는 그림자(shadow)를 몰아내는 조명으로서의 사랑의 배치로 요약될 수 있다.

(≪시문학≫, 2003. 3)

초기시에서의 지적 태도

박 상 천

　김광림 시인은 연보에 의하면 1948년 ≪연합신문≫에 시를 발표함으로서 시단에 첫발을 내딛었으니 실로 40년이 넘는 시작(詩作) 생활을 해 온 셈이다. 이 기나긴 자신의 시작(詩作) 생활에 대하여 김광림 시인은 다음과 같이 그 과정을 나누어 설명한 적이 있다.

　　나는 진작 나의 시작(詩作) 과정을 크게 3기로 나눠서 생각한 바 있다. 즉 20대의 초기에는 주로 동족상잔의 비극적인 소용돌이 속에서 절망과 체념을 절규하다시피 하였고 30대와 40대 전반기에는 이미지에 대한 자각에서 언어의 새로운 존재를 만나려는 시도를 보였다. 40대 후반에는 무릇 현실의식과 국제감각을 표방하고 나섰지만 50대에 접어들면서 과거를 현재에 되살리는 일에 손을 대고 있다.

　위의 고백에서 보는 바와 같이 김광림 시인의 40여 년에 가까운 시작(詩作) 생활은 몇 가지 특징 있는 시기로 구분될 수 있다. 그러므로 본고에서는 그의 초기 시 즉 1950년대와 1960대의 시들 즉 전쟁의 소용돌이를 헤쳐나와 언어에 대한 자각을 이루게 되는 시기의 시들을 개괄하여 봄으로써 김광림 시인의 문학적 출발기의 정신적 바탕과 시의 특성을 살펴보고자 한다.

김광림 시인의 오랜 시작(詩作) 생활에서 가장 크게 두드러지는 사실은 그의 주지적 태도가 아닌가 한다. 한국 시사에서 이러한 주지적 태도가 나타나기 시작한 것은 대개 1930년대라고 할 수 있다. 그러나 1930년대의 주지적 경향은 대체적으로 서구편향적이거나 맹목적인 서구추종주의에 머무름으로써 비판의 여지를 남기게 되었다. 물론 주지적 태도의 이러한 출발기와는 달리 해방 이후 우리의 시사(詩史)는 바람직한 방향에서 논의될 수 있는 시에서의 지적 태도가 있어 왔고 지금에 이르러서는 많은 시인들이 이러한 자세를 견지하고 있으며 그것은 현대시의 필수요건으로까지 인식되기에 이르렀다. 그러므로 지금에 이르러서는 지적인 경향이나 태도를 어떤 시인의 특성으로 굳이 고집할 수는 없다. 그러나 김광림 시인의 경우에는 그의 문학적 출발기로부터 이러한 자세를 견지하여 왔고 또한 당시의 상황에서 볼 때 이러한 지적인 경향은 김광림 시인의 시를 구분 짓는 한 특성이 되어왔던 것이 사실이다. 더구나 1930년대 또는 그 이후에도 지적인 경향의 많은 시들이 '감각적'인 데에만 빠져버림으로써 비판의 대상이 되거나 오랜 생명력을 갖지 못했던 반면에 김광림 시인의 경우에는 그러한 유혹에서 물러나 있음으로써 더욱 그 가치를 갖게 된다고 할 수 있다.

김광림 시인의 첫 번째 시집-개인 시집이 아닌 합동시집이지만-은 『전쟁과 음악과 희망과』라고 하는 것이다. 이 작품집은 1957년 전봉건 시인, 김종삼 시인과 함께 만든 시집이다. 이 시집의 제목에 들어있는 '전쟁' '음악' '희망'은 사실 세 사람의 작품의 특성을 드러내고 있는 명사들이다.

이 시집의 후기에는 '전쟁'을 김종삼 시인과, '음악'을 김광림 시인과, '희망'을 전봉건 시인과 각각 연결시키고 있으나 사실 이러한 연결은 후기를 썼던 시인의 착각인 것으로 생각된다. 즉 '음악'은 김종삼 시인 그리고 '전쟁'은 김광림 시인과 연결하는 것이 더욱 타당하리라 생각한다. 이 시집을 보면 함께 역사의 소용돌이를 겪은 세 시인의 시적 대응이 드러나고 있는 것을 볼 수 있는데 그 중에서도 '전쟁'의 비극을 가장 크게 드러내고 있는 시인은 김광림 시인이다. 이러한 전쟁의 비극은 그의 첫 개인시집 『상심하는 접목』에까지 주요한 테마가 되어 있다.

> 기다려 달라던 어긋난 위치와
> 시간은 틀림없이
> 1950년의 변두리에서
>
> 하마 눈먼
> 계절, 나비의 화분(花粉)을 묻힌
> 손목을 꺾이어 갔다
>
> (중략)
>
> 포복(匍匐)처럼 느릿한
> 휴전선의
> 겨드랑, 쑥밭길……
> 지금
>
> 꽃과 과실과 새의 털 그리고
> 노래를 장만하여 있을 너와 나와의
> 사랑찬 계절을 짓밟고
>
> 1950년.
>
> 전차가 밀리던 해의
> 가슴팍
> 무너진 유월은
> '캐터필라'의 두 줄기 자욱만 남기고 갔다
>
> ― 「다릿목」 일부

위의 시는 『전쟁과 음악과 희망과』라는 시집에 실린 김광림 시인의 「다릿목」이다. '전쟁'이 남긴 현실의 절망을 그려내고 있는 시이지만 그 절망을 감상이나 비탄으로 그려내고 있지 않음을 주목하게 된다. 이러한 그의 시의 방법론은 앞서 지적한 바와 같이 그가 지금까지 견지하고 있는 지적인 경향에서 비롯된 것임을 두말할 필요가 없다. '사랑찬 계절을 짓밟고', '가슴팍/무너진 유월'의 전쟁의 비극을 '캐터필라의 두 줄기 자욱만 남기고 갔다'고 함으로써 비탄의 감정을 지적으로 절제한 시의 모습을 보여주고 있는 것이다. 물론 지적인 태도는 감정의 절제만으로 나타나는 것은 아니다. 그것은 또한 시에서 이미지 조형 등의 방법론 추구로 드러나게 되기도 한다. 위의 인용시에서도 그러한 방법론의 모색과 그를 통한 선명한 이미지의 조형이 잘 드러나고 있는 것을 볼 수 있다. 따라서 김광림의 출발기 시에서 보여지는 지적인 태도는 감정의 절제와 방법론의 추구로 드러난다고 할 수 있을 것이다.

이후 1959년에 간행된 첫 개인 시집 『상심하는 접목』에서는 그러한 태도가 더욱 심화 계승되어 드러난다. 이 시집은 앞서 말한 『전쟁과 음악과 희망과』에 수록되었던 시들을 함께 수록하고 있는데 그러한 공동시집에서 보여주었던 세계를 지적인 면에서 더욱 심화시켜 보여준다.

그 심화된 모습은 먼저 인간 존재에 대한 비판의식으로 드러나고 있음을 알 수 있다. 전쟁이라는 엄청난 역사의 소용돌이를 거치고 난 시인이 인간존재에 대하여 근본적으로 회의하고 그 본질을 비판하는 자세를 보여주는 것이다. 이러한 비판의식은 김광림 시인의 지적인 태도의 심화 양상이라고 할 수 있다.

   아름다움은 버얼써 우리의 것이
   아니다

   착한 것과

─그 앞에
굴복을 모르는 사람들은

오늘……

희망과 절망에 얽히며
피어나는 것이다

그것은 진작 아름다워야 하는
내일과
또 없는 내일에

꽃을 가꾸는 사실 앞에서
눈이 먼
인간들에 의하여

꽃과
잃어버린 신(神)과
꽃이 팔리는 경우랄까

─「꽃과 잃어버린 神」 전문

위의 시는 인간 존재에 대한 비판의식을 보여주는 한 전형이 되는 시이다. 물론 이 시는 공동시집에도 실려 있는 시이지만 『상심하는 접목』에 수록된 시들의 주조적 경향을 보여주는 작품이라 할 수 있다. 인간의 현실은 신과 꽃을 잃어버린 상황이라는 시인의 인식을 보여준다. 따라서 아름다움의 세계와는 가장 상반되는 세계라고 할 수 있는 전쟁을 일으키는 인간에게는 '아름다움'이 결코 그들의 것이 될 수는 없는 것이다. 인간은 스스로 아름다움과 신을 팔아버린 상황에 도달해 있다는 시인의 인식을 통해 우리는 인간 존재에 대한 근본적인 회의를 하게 되는 것이다. 『상심하는 접목』에서 '꽃',

'산' 등의 자연이 많이 등장하는 근본적인 이유는 바로 인간에 대한 비판의
식에서 비롯된 것이라 할 수 있다. 그것은 인간의 현실 상황과 가장 대척점
에 서 있는 것이 바로 꽃과 같은 미적 존재이기 때문이다. '아름다움은 버얼
써 우리의 것이/아니다'는 시인의 인식이 그러한 대척점을 표출해내고 있는
것이다. 물론 이러한 인간존재에 대한 근본적인 회의와 비판은 현실적인 고
뇌와 결합하여 더욱 절망적이고 비극적인 세계를 보여주고 있음이 사실이다.

  김광림 시인의 시에서 전쟁의 상흔이 가시기 시작하는 것은 1962년에 발
간된 『심상의 밝은 그림자』부터라고 할 수 있다. 이 시집은 제목이 보여주듯
이 '이미지의 조형'이라는 그의 방법론의 모색의 극점을 보여준다고 해도 과
언이 아니다. 김광림 시인의 지적인 태도가 감정의 절제나 비판의식에서 방
법론의 모색이라는 커다란 방향 전환을 하게 되면서—물론 앞서의 세계에서
도 그러한 방법론의 모색이 없었던 것은 아니지만 전쟁의 상흔을 씻어버릴
수 없었던 시인에게 시에서의 근본적인 방법론에의 모색과 경도는 어려운
일이었음에 틀림없다—그의 시는 새로운 세계를 맞이하게 된다.

      계절이 잠시 나뭇가지에 걸려
      만세하는 동안
      파열하는 꽃들은
      채음(彩音)으로 있다가
      햇살이 무너져 내린 화강(花江)에
      잔물결을 부신다

                                —「개발(開發)」 전문

      빨래방망이에
      부서지는 햇볕

      떨어지는 햇씨가 피어 올리는
      먼지를 쓸어 모아

문지르면
자꾸만
가슴이 환해 온다

아낙네 치마폭에
아름이 걷어 쥔 빛살

꾸겨진 수면에
날라와 부딪는
물새
주둥이를 잠구는
재빠른 마음은
바래질까

깃쭉지에 망울져서
튀어 오르는
화알짝 눈부신
오후

한바탕
헹구고 나면

못물 속에 떨어진
파아란 하늘에
유유히
구름이
거품을 피어 올리고 있었다

— 「양지·2 빨래터」

    위의 두 편 시에서 보듯이 『심상의 밝은 그림자』는 제목이 보여주는 바와 같이 선명하고 밝은 이미지의 시들이 주조를 이루고 있다. 이러한 '이미지의 조형'이라는 방법론에의 정도는 바로 후기에서 밝히고 있는 바와 같은 자신의 시관(詩觀)에서 비롯된 것이라 할 수 있다.

> 시는 감정의 유로(流露)나 사상의 표상(表象)은 아니라고 생각한다. 그러한 인간의 비등(沸騰)된 감정이나 사상을 일단 냉각억제하고 다시 여과해서 언어로 순화시킨 것이라 할 수 있다. 증류수 그 자체는 순수하긴 하지만 무색, 무미, 무취하다. 그러나 시인은 잘 닦여지고 선택된 언어를 가지고 순수한 정념이나 사상에다 '빛깔'이나 '향기', '소리'같은 것을 부여한다. 맛과 멋을 가미한다. 우리들은 이러한 시를 대할 때 놀라움이나 아름다움을 느낀다. 절로 기쁘거나 즐겁기까지 하다.

위의 진술에서 보여주는 김광림 시인의 시관(詩觀)이나 시어관은 앞서 인용한 것과 같은 선명한 이미지의 시를 만들어 내는 근본적인 원인이 된 것이다. 따라서 『심상의 밝은 그림자』에서는 앞서의 시집들이 보여주었던 인간 현실에 대한 비극성의 인식과 같은 세계는 좀처럼 드러나지 않는다. 위의 두 시에서도 공통적으로 '햇살'이 등장하지만 『심상의 밝은 그림자』에는 '햇살'이 소재로 많이 사용되거나 그러한 밝은 이미지가 선명하게 드러나는 시들이 주조를 이루고 있음에서도 새로운 세계의 전개를 감지하게 된다. 이러한 새로운 세계의 전개는 결국 방법론의 모색이 가져온 결과일터인데 방법론의 모색이 의식세계의 변화와 밀접한 연관성을 가지고 나타나고 있음을 주목할 수 있다. 1960년대 초반 시단의 전반적인 시의 경향을 볼 때 김광림 시인의 이러한 '선명한 이미지의 조형'은 또한 김광림 시인의 시를 다른 시인의 시와 구분짓는 한 특성이 되었음도 주목할 일이라 하겠다.

이러한 방법론의 모색은 1965년의 『오전의 투망』에 이르러서는 더욱 깊은 언어에의 관심으로 드러난다. 『오전의 투망』에서의 김광림 시인의 언어에의 관심은 절제의 모습으로 나타난다. 물론 시에서의 언어의 절제라는 단어의 생략의 차원만은 아님이 분명하지만 그러한 생략도 절제의 한 방법임에는 분명하다.

건반 위를 달리는 손가락

울리는 상아 해안의 해소(海嘯)

때로는 꽃밭에 든 향내나는 말굽이다가

알프스 정상의 눈시테
    *
안개낀 발코니에서
유리컵을 부딪는
포말이다가

진폭(振幅)의 소용돌이를 빠져나오는
나긋한 휘나레

그 화음을

―「음악」 전문

위의 시는 거의 모든 행이 명사로 종결하고 있으며 행과 행을 잇는 접속부사나 설명적인 언어를 모두 생략하고 있는 시이다. 『오전의 투망』의 많은 작품들이 이러한 형태를 보여주고 있다. 이러한 형태는 또 다른 하나의 변화라고 할 수 있다. 『상심하는 접목』으로부터 보여 온 '이미지', '언어'에 대한 관심이 몇 년간의 작업에서 이러한 형태로 나타나게 된 것이다. 행의 말미를 명사나 명사형으로 끝맺음은 가능한 한 설명적인 요소를 제거함으로써 '선명한 이미지'로 시를 끌어가려는 노력의 일환이었을 것이다. 또한 그 노력은 노력만큼의 성과를 얻고 있음도 분명하다. 그러므로 여기에서 1960년대 김광림 시인의 주지적인 경향이 도달하게 된 시의 세계를 보게 된다. 이 시집이

나온 1960년대 중반은 우리의 시단에서 '참여와 순수'의 논쟁이 일던 때였다. 이러한 시기에 있어서의 김광림 시인의 시는 '순수'의 세계를 보여주는 한 전형이었고 그러한 '순수'에의 열정이 다름 아닌 시어에 대한 정당한 인식으로부터 비롯되었다는 점에서 그 중요성을 지적할 수 있을 것이다.

그리하여 김광림 시인은 1960년대에 '주지적인 서정'이라는 자신의 시관(詩觀)을 피력하게 된다. '주지적인 서정'에서 주지와 서정은 일견 서로 상충되는 개념으로 보일 수도 있다. 그러나 김광림 시인에게 있어서 주지와 서정은 상충하는 개념이 아니었고 서로 보완하는 개념이었음을 주목해야 한다. 김광림 시인에게 있어서 주지란 감정의 무절제한 '유로(流露)'를 제어하는 기능이며 시의 새로운 방법론을 모색하게 하는 원동력으로 생각되었고 한편 서정은 사상과는 대(對)가 되는 개념으로서 시가 산문이 되지 않도록 하는 최소한의 요건이었다고 할 수 있다. 이 두 가지의 개념을 결합함으로써 김광림 시인은 현대시가 지녀야할 특성과 방향을 자신의 시에 갖추게 되었던 셈이다.

이상에서 살펴본 바와 같은 김광림 시인의 주지적인 태도는 그의 출발기로부터 자신의 시를 지탱하는 원동력이 되었고 이후 새로운 시세계를 전개하는 데 있어서는 한 단서가 되었음은 물론이며 해방 이후 한국의 시의 방향의 결정에도 일익을 담당하였음은 더 많은 설명을 필요로 하지 않는다. 40여 년을 끊임없이 시작(詩作) 생활에 몰두하고 이제 회갑을 맞이하신 김광림 선생님께 축하와 존경의 마음을 함께 드린다.

상실과 충만의 역설적 대위법

최 순 열

70년대에 들어 김광림 시인은 『학의 추락』(1971), 『갈등』(1973), 『한겨울 산책』(1976) 등의 시집을 통해 나름대로의 변모되는 시세계를 전개한다. 여전히 개인사적 서정을 바탕으로 하면서도 행간마다 사회적 인식의 침윤이 뚜렷하다. 이는 이 시인이 축적하고 있는 정신적 자양이 결코 순탄한 자기조응에만 안주하게끔 방치하지 않는 힘을 가지고 있기 때문이다. 이 힘이란 그 세대들이 거의 그렇듯이 고향상실감은 물론이거니와 현주소 부재라는 동시대적 체험의 내면적 궁핍에 연유하는 것이다. 그렇게 내압으로 다져진 시적 에너지는 극도로 절제된 언어를 통해 종래의 주지적 서정의 추구라는 시적 태도를 크게 벗어나진 않는다.

  삶을 인식하는 안목의 원숙성으로 하여 내용적으로 그의 시는 철저한 자기부정과 화해적인 타자수용(他者受容)이 교묘히 병치되고 있다. 결과적으로 이러한 상실과 충만의 역설적 대위법은 역동적 이미지 구축과 효과적인 시어의 구사로 객관성 있는 모더니티를 확보하게 된다. 이 때 펴낸 세 권의 시집은 이 시인이 그 동안 파탄 없이 지속해온 신선한 이미지와 신중한 시어의 취사, 재치 있는 구조 더욱 고압적으로 세련된 관조적 삶의 응시로 한결

같이 응축되고 조탁되어 있다.
 시집 『학의 추락』에서 보이는 시들은 일상적 생활의 소재를 통해 시인 자신이 자유자재로 시적 의미를 건져내기도 불어넣기도 하며 여러 경험적 기억 내용을 자아탐색의 효과적인 방편으로 변용시키고 있다.

> 말뚝이 잘 뽑히지 않았다
> 반쯤 부러진 채
> 끊긴 가시줄에 엉기어 있었다
> 출품되지 않는 조각처럼
> 뒷발을 든 강아지가
> 오줌을 갈기고 달아나자
> 에펠탑을 보고 화를 버럭 내었던
> 말라르메의 기침소리가 들렸다
> 양철 지붕에선
> 쉴새없이 빗물이 떨어지고
> 녹슬어 가는 가시줄 사이로
> 새 잎사귀가 돋아났다
> 이웃간의 지경(地境)처럼 망측한 것은
> 또 없었다
>
> ―「말뚝」 전문

 우리의 삶에 있어서 저마다 '잘 뽑히지 않도록' 단단히 박힌 말뚝과 그것들 사이에 둘러쳐진 '녹슬어 가는 가시줄'의 '망측한 지경(地境)'을 극복하고자 하는 '새 잎사귀가 돋아나는' 생명력은 바로 고갈한 현실과 그것에 대응하는 휴머니즘이다. 이미 누군가 부단히 제거하고자 안간힘을 쓴 흔적이 역력하여 '반쯤 부러진 채' 있고 '끊긴 가시줄에 엉기어' 있지만 기어이 나의 가슴, 인간의 삶에 도사린 악이거나 모순이거나 불신 불화의 응어리를 해소하겠다는 의지는 어떻게 실천될 것인가. 여기서 이 시인의 시니컬한 시각과 아울러 낙관적인 가슴의 조화를 보게 된다. '강아지가 오줌을 갈기고' 또 '쉴 새없이 빗물이 떨어지는' 모멸적 행위는 자조와 좌절이 아니라 연민과 기원의 체온으로 마침내 극복되고 해소되는 새 잎사귀의 생명력을 통한 사랑의 당위성을 대비적으로 표현하고 있다.

이러한 그의 온기 어린 시선은 자기 성찰적인 대상 접근으로 '사랑은 조여서/오무라들지 않았다/햇살은 매양 내려와 얹혀서/무섭지 않았다/내가 그리고 있는 것은 이런 지경(地境)이다'(「산(山)·Ⅰ」)에서 보여주듯 투명한 이미지를 읽어내기도 하지만 '사랑으로 부너진 가슴은/아무것도 생각할 수 없다/얼마나 오랜 망각이었을까/자신을 바라보는 짐승스런 눈을/의식하지 못하는/저 꽃은'(「망각」)에서처럼 잠재된 공격성의 일단을 일깨우기도 한다.

하지만 어디까지나 그의 시법은 신비로운 침묵화법 내지 선심(禪心)에 이르고 있다. 추상적인 표현이 가지는 다의적인 시어의 배치로 소위 무언지언(無言之言)의 비법을 접맥시키는 고도화된 기교로 인해 전통적 시법의 묘를 터득한 것이다.

      눈 오는 날엔
      순수를 잃어가는 종소리
      갱구(坑口)가 무너진 지역에선
      생몰(生沒)된 궁리를 파내려 가는 스콥 소리
      청산(靑山)으로 가는 나비는
      감정을 잡으러 떠나고
      간신히 기어 오른 어느 빙벽엔
      그만 눈사태
      자일이 끊어진다
      실족한다
      천심(千尋)의 낭떠러지에 나를 놓아버린다

                              — 「산(山)·Ⅹ」 전문

여기에 이완과 긴장의 교차가 빚어내는 언어 형식의 구도와 감정과 이성의 대립적 현실 인식의 의미적 구도가 서로 맞물려 완미한 시적 호흡을 일치시키고 있다. '나비'와 숨어 있는 '나'는 '실족'의 순간에 또 다른 '나'-낭떠러지에 놓아버리는 '나'-로 지양되어 합일되고 있다.

김광림 시인은 항용 상황 밖에서 들여다 보고 있다가 문득 절정의 순간에 대상이나 상황 속으로 몰입되는 찰나적인 전환을 보여준다. 그러나 그 수법이 생경하거나 요란스럽지 않다. 그 틈입과 접합이 천의무봉의 결구(結句)로 매듭지워지기 마련이다. 시집 『학의 추락』에서 연작으로 보이는 「산」 시편에서의 결구를 보면 시종 압축과 여운의 효과를 극대화하고 있다.

'반쯤 가부좌를 틀고 앉았는 나를/우두커니 지켜보면서'
'눈도 비도 오지 않아/산은 공허를 포개놓은 항아리를 닮아간다'
'잠이 드는/짐승이 있다'
'덜미를 잡힌/산이 울고 있다'
'끝내 아무도 부르지 않고/산이 앓고 있다'
'첩첩 쌓이는 침묵/목석이 화답할 무렵이다'

이렇듯 그의 시적 발상과 전개는 '오늘은 그만/예절의 넥타이를 매고/인간 사나 졸라볼까'(「낙도(落島)」에서)를 짐짓 내색하지만 궁극적으로 '나에게서/나에게로 가는 내면'(「교외선」에서)에서 비롯되고 또한 귀착된다. 그래서 그의 시는 대부분 잔잔한 내출혈의 비극감이 스며 있음에도 불구하고 상한 정서를 쏟아놓지 않는다. 이는 개인적 경험에 바탕한 삶이 객관성을 획득하여 총체적 삶의 의미로 수용되고 있기 때문이다.

이 때만해도 김광림 시인은 상황의 외곽에 머물고 있다. 그러나 시집 『갈등』에 이르러 시의 제재도 그렇거니와 접근 방법도 더욱 미시적인 태도를 보인다. 시인 자신과 근접한 생활사로 시선을 돌리되 결코 상투적인 넋두리에 머물지 않는다. 오히려 생활을 즉물적인 피사체로 거리를 두면서 가혹할 정도로 절제된 감정은 통제된 언어구사의 기교와 맞아떨어진다. 시인으로 하여금 진부한 언어감각에 빠지지 않고 부단히 새로운 언어의 질서를 좇게 하는 것은 그만큼 자신의 삶이 절실하고 또한 그 삶을 진실하게 감수하기 때문이다. 시집 첫머리에 놓인 「포에지」는 그런 뜻에서 십분 음미해 볼 만하다.

> 실험대 위에서 떨어진
> 배가 불룩한 프라스코관의 일순(一瞬)
> 정결한 산화(散華)를 본다
> 콘크리트 바닥에 흩어진 것은
> 소리인가
> 형태인가
> 아무리 동댕이쳐도
> 깨어지지 않는 책
> 간신히 뜯어낸 것은
> 어느 장(章)
> 몇 구절인가
> 나와는
> 생판 무관한 말씀을
> 캐묻고 싶다
> 사람은 서서도 구겨진다
> 앉아서도 금이 가고
> 때로는 박살이 난다
> 진공에는 소리가 없다
> 외양만은 멀쩡하다
>
> ―「포에지」 전문

'프라스코'관과 '콘크리트 바닥'의 사물성의 냉정함에서 빚어지는 '정결한 산화'의 언어 작업에 대비해서 '깨어지지 않는 책'을 내심으로 기대하지만 종내 '나와는 생판 무관한 말씀'의 복음서에 대한 한없는 회의와 그럴수록 어떤 절대적 구원의 지향은 시인을 더욱 혼돈스럽게 한다. 모든 가치와 진실의 '진공(眞空)' 속에 갇힌 형벌로 받아들이는 '포에지'를 통해 범속한 일상의 고뇌에서 일탈할 수 있게 된다. 마침내 '사람은 서서도 구겨지고' '앉아서도 금이 가는' 엄연한 일상의 고통을 더 의미있게 천착하고자 하는 노력은 바로 엄숙한 자기애(自己愛)이면서 삶의 경건한 기도일 수밖에 없다.

'그래도 남아 있는/0이라는 수치/……/그것들마저 홀가분히 벗어버린/이 조용한 허탈'(「0」)을 통해 상실과 충만의 역설적 교차는 시적 형상화로 성공한다. '버려도 버려지지 않는 세계'는 숙명으로 수행해야 하는 일상적 삶의 의미가 되며 그것은 체념과 달관의 가식적 극복이 아니라 투철한 자기 응시의 뼈아픈 기도이기도 하다.

충분히 생활을 괴로워하면서도 '나는 괴로워하며/살아갈 만하다'(「임자(壬子)」)거나 '허탕을 치면/바라보라고/하늘이/저기 걸려 있다'(「갈등」)는 그의 시선이 그가 얼마나 끈질긴 인내와 궁극적인 용서를 자기 삶의 근간으로 삼고 있는지를 말해준다. 앞서 시집 『학의 추락』에서 '빈 들은 서리맞은 허수아비에게 돌리고/충만은 후미진 가슴마다 고이게 하라/나는 한자락 펄럭이는 바람이고 싶다'(「가을」)는 담담한 소망은 실상 시인의 내면에 들끓는 처절한 갈등이었으리라. 이 갈등은 이제 분노나 패배감을 극복하고 투명한 용기로 더 내밀한 시적 형상에 몰입한다. 「풍경」 시리즈는 그러한 변신을 구체화하는 결과이다.

    기중기는
    망가진 캐시어스 클레이의 철권 수만 개를
    들어 올린다
    흔들린다
    헛기침도 않고
    건달 같은 자세로
    시장한 벽에

> 부딪친다
> 압도해 오는 타이거 중전차에
> 거뜬히 육탄한다
> 나를 매달아 놓았던 내장의 사슬이 끊어진다
> 기중기를 벗어난 철추는
> 현실 밖으로 뛰쳐 나간다
> 한 마리의 새가
> 포물(抛物)로 날아간다
>
> 「풍경 A」 전문

　한 시인에게 있어서 현실에 사로잡히는 별보다도 더 큰 괴로움은 없다. 막강한 '기중기'는 인간의 여하한 노력도 무력화하고 '내장의 사슬'마저 끊어 버린다. 오장육부를 뒤집어놓고 애간장도 다 태운 뒤 덧없이 '현실 밖으로 뛰쳐'나가게끔 폭력을 행사한다. 이 엄청난 위력 앞에서도 시인은 결코 겁먹은 패배주의자나 알량한 냉소주의자가 되지 않고 '한 마리 새가/포물(抛物)로 날아가는' 기대와 희망의 휴머니즘에로 귀환하려는 의지를 보여준다.

　진술의 일상성을 철저히 배제하고 짐짓 드라이하고 위악적인 이미지를 동원하면서도 그 저변에는 연연히 맥락지어 완강한 자존심으로 버티고 있다. 썩은 치아를 해결하기 위해 야단스런 공격을 당하면서도 그는 '앓는 죄를/핀셀으로 집어내기 위한 작업이다/한창이다/간호원의 손에/쇠망치도 가벼이 들리어 있다'(「풍경 B」)처럼 능청스레 버틴다. 엄청난 고통 앞에서 오히려 역설적으로 그는 안도하는 여유가 있다.

　시인은 삶과 싸워 이기고자 하는 것이 아니라 그것을 어떻게 즐길 줄 아는가 하는 것이 문제가 된다. 즐긴다는 말이 어폐가 있는지 모르겠으나 이 시인에게 있어서는 적어도 자기 것으로 받아들이려는 의연함이 있다. 이것은 이 시인의 가장 큰 장점인 정직성에 다름이 아니다. 그는 삶에의 기적을 희구하지도 않고 위장된 신통력으로 호도하지도 않는다. 다만 삶에 대한 인간적인 고뇌와 신뢰만이 시의 근거로 삼고 있다. 그리하여 그는 '바위는 바위를 짓누르고/바위와 바위 틈에 찡겨/바위를 빠개고 섰는/나무 한 그루(「풍경 C」)를 찾아내는 것이다.

> 집과 집 사이
> 짐승과 사람 사이
> 이승과 저승 사이를
> 한 걸인(乞人)이 서성이고 있었다.
>
> 노크를 잊은 천사처럼
> 남루의 관을 쓰고서
>
> 그가 자는 곳은 아무도 모른다
> 그가 먹는 것은 아무도 모른다
> 다만 확실한 것은
> 밤마다 불빛이 새어 나오는
> 가난한 창가에 기대서서
> 눈 비비며
> 잠시 성경 한 구절을
> 소리 나지 않게 읽고 가는 일뿐이다
>
> ―「걸인(乞人)」 일부

'집과 집' 또는 '짐승과 사람' 그리고 '이승과 저승'의 간극을 '남루의 관을 쓰고' 다가오는 '노크를 잊은 천사'는 어떻게 메울 것인가. 인간은 탐욕의 꿈을 버리고―'그가 자는 곳은 아무도 모른다'―육체의 충만을 구하지 않을 때―'그가 먹는 것은 아무도 모른다'―비로소 진정한 참모습의 삶을 찾아 누리게 된다는 복음을 전해주고 있다. '소리 나지 않게 읽고 가는 일'을 알아내고 귀 기울이는 모색의 자세로 이 시인은 점차 자기의 시적 위상을 조준한다. 그리고 그가 이즈음에 부쩍 시로 쓰는 시인 탐구에 몰두하는 경향은 바로 확신하는 자기 정립과 아울러 타인의 삶에 결집된 의미를 찾아내는 구도자적 통찰을 시도함이다.

'모혼의 낟가리에서/검불을 깡그리 추려낸 짚 한 단'의 박용래라든지 '그대 예지(叡智)는 심연 위에 뜬 가랑잎'의 박목월 또는 '소리 안 나는 소리의 극한에서/가라앉힌 분화(噴火)'의 박두진 그리고 '한껏 도약한/낭떠러지의 말'의 김수영 등을 정확한 요체로 골라잡아 표현한 김광림 시인의 통찰력은 한 시인으로서, 한 인간으로서의 완성도를 유감없이 입증해 주고 있다.

이러한 인간탐색의 관심사는 시집 『한겨울 산책』에서도 이어진다. 더구나 시적 생애를 마감했거나 어떤 의미에서든 시작업을 휴지화한 대상을 두고 아마 이 시인은 고백적 자화상을 넌지시 그려보고자 했는지 모른다. '상한 나래를 파닥거리며/갈매기는/공허해서 운다'(「남포의 갈매기」)는 심경을 더구나 실향민으로서의 우정이 남다른 바의—미국으로 이민간 시인 박남수와의—감회가 바탕이긴 해도 그 역시 생활의 여러 음영에 지친 자기술회의 분위기이다. 물론 시에 대한 애착과 시를 통한 극복의 의지가 분명하다. 그러나 후기에서 잠깐 비치고 있듯이 '외톨박이의 지방생활은 한겨울의 산책 같았기'에 그의 시적 톤은 상당히 긴장이 이완되기도 혹은 그의 시야는 산만해지기도 한다.

    이 부드러운 차단 앞에서는 아무도 맥을 못 춘다. 열두 번 바보가 된다 칠흑을 밝히는 불빛이 바랜 물감으로 풀린다. 얼룩진 주황빛이 다 쌍심지를 돋구어 본들 소용이 없는 소방차 아스팔트 문명 위를 가재가 긴다 비로소 눈을 뜨는 고양이의 극한 나는 너에게 우선 적응한다 하지만 완전한 이해 속을 걷지 못한다 등골엔 숨을 죽인 강물이 흐르고 어디선가 항로를 놓친 여객선 한 척이 승냥이마냥 울부짖고 앉았다

                                                   — 「안개」 전문

'차단'과 '극한'을 통해 완강한 삶의 배반을 절감하지만 '항로를 놓친 여객선'이 되어 어쩔 수 없이 '적응'하고자 한다. 종래없이 산문적 호흡을 시도한 것은 실로 절박한 심정의 다급한 동계감(動悸感)을 역설적으로 표상해주는 바가 있다. '부르지 않아도 된다/신(神)은'(「적(寂)」에서) 이미 그에게 어떠한 해답도 건네주지 못하고 있는 듯하다. 하지만 '열두 번 바보가 되는' 노력은 엄숙한 기도일 수밖에 없다. '거짓과 허영이 죄다 뭉크러지고 말라비틀어진 다음/비로소 꽃심지만한 믿음이 진실로 돋아날 때까지/잠든다'(「수면(睡眠)」에서)는 기다림이 오히려 비장하기도 하다. 그리하여 이 시인은 여러 지점으로 자신을 운반해나간다. '옥산서원 앞은/이가 시린 계곡'(「한겨울 산책」에서)에서 망연자실해 보기도 하고 '한번 들어서면/살아서는 다시 돌아오지 못한다는/칼멜수녀원'(「금기(禁忌)」에서)을 넘보기도 하고 '동화사와 파계사가 남북으로 갈라지는 길목'(「길목」에서)으로 따라 나서기도 한다.

이 과정에서 새로운 각성을 하게 된다. 방향감각을 상실한 시인의 미로여행에서 '일순(一瞬)/짐승같이 신음하던 나는/그만 차창 밖으로 내동댕이쳐졌다'(「관광 대사(臺詞)」에서)의 충격과 '일순(一瞬) 아이의 자지러지는 규환(叫喚) 소리가 들렸다'(「노을의 삽화」에서)의 경종을 통해 깨어난다. 그래서 그는 단연 '쿠션이 안 듣는 건/직선적인 성격 탓이지요/네에 천상/정면으로/박치기하는/김일의 머리통/오늘/날씨/쾌청'(「당구」에서)의 수습과 긴장으로 되돌아온다. 반성과 깨달음은 참담한 자신의 준엄한 직시에 있는 것이다. 외곽으로 맴돌던 그의 시 정신은 다시 제 구도로 안착하고 있다.

김광림 시인의 시적 궤적은 그렇게 납득되지 못하도록 난삽하게 혼란스럽지가 않다. 그러나 표현의 이면에는 항시 자기 배신과 또한 자기 반란의 신랄한 파편들이 충일해 있음을 알 수 있다. 항시 텅 비어있음과 아울러 채우고자 하는 욕망을 원망과 탄식으로 처리하지 않는다. 그저 자기 삶에 대한 끝없는 연민과 용서에 의해 그 모든 일상적 삶은 오히려 충족된 여유로 환원된다. 정녕 '소리없이 떨어지는 홍시(紅柿)/나는 남몰래 떠날 수밖에 없는 것이'(「새벽」에서)는 자기로부터 이탈이 아니라 시인 자신에게로 귀환하고자 하는 도정임이 분명하지 않은가.

자, 여기 원융(圓融)의 인간과 시가 잘 조회된 시편들이 역시 언어와 이미지의 옹호 속에 있기는 더욱 좋은 일이다.

회귀의식 또는 인간성 회복에의 염원
— 후기시의 세계

이 상 호

　존재하는 세계는 변하고 변화하는 세계는 또 인간을 변화하도록 종용한다. 시간이라는 질긴 끈에 매달아 인간을 매일 다른 언덕으로 이리저리 끌고 다니는 어떤 분, 그 분이 누구인지 우리는 단 한 번도 본 적이 없지만 이승에서 우리는 또 그 분의 손아귀에서 한 순간도 자유롭지 못하다. 인간에게 있어서 이러한 속박은 어느 정도 불가피한 것이기는 하지만 예술가, 시인에게 있어서 그것은 자발적으로 선택하는 변신의지와도 관계를 맺는다. 누구보다 이 세계의 본질과 현상에 민감하게 반응하는 사람이 시인이라면 그들의 관찰과 인식의 대상인 세계가 변화한다는 것은 자연스럽게 자신들의 가치관과 세계관을 변하게 한다. 뿐만 아니라 인식 주체인 시인 자신의 성장과 연조에 따라 시 의식이 달라지고 관심의 대상도 바뀔 수밖에 없다. 특히 시인들은 그것을 오히려 능동적으로 인식하고 자기 위주로 선택하기 때문에 그들의 시세계는 언제나 하나의 경향, 하나의 줄기로 국한되지 않는 것이 상례이다.
　한 시인의 시적 세계가 대체로 다양하게 변주되어 드러나는 까닭이 거기에 있다. 그것은 마치 살아있는 나무의 뿌리와 줄기처럼 그 나름대로의 지향점을 가지고 생생하게 전개·진전되어 간다. 때로는 어두운 땅을 향하여 또는 푸른 창공을 향하여 그 존재를 드러내며 뻗어가게 된다. 그러므로 생존해 있는 시인의 시적 지향점의 미래는 그 누구도 쉽게 단정할 수 없고 단정해서도 안 된다. 다만 실재해 있는 작품의 세계를 통해 그 전개양상을 더듬어 볼 수밖에 없다.

김광림 시인이 추구해온 시의 세계도 예외없이 끊임없이 변모해 왔다. 길게 살필 것도 없이 자신의 말을 빌면 그는 '대체로 3년 내지 5년 이내의 기간'을 두고 한 시기의 '시삭(詩作)의 매듭'을 지어왔다. 그리고 그것을 다시 대별하면 3기로 구분할 수 있는 바 나는 그 가운데 후기, 즉 50대에 쓰여진 작품들에 관심을 가지려 한다.(내게 주어진 과제가 이 시기의 시집들인『언어로 만든 새』(1979),『바로 설 때 팽이는 운다』(1982),『천상(天上)의 꽃』(1985) 등이기 때문이다.) 이 시기의 그의 시적 관심은 또 한 번 그의 말을 참고하면 한 마디로 '과거를 현재에 되살리는 일'에 집중되어 있다. 구체적으로 말해서 '유년과 소년 시절의 하찮은 일'이나 '아득한 옛일을 되살려' 보는 일 그리고 '그리스도의 사랑을 주제'로 하여 작품화한 것들이 주류를 이룬다. 특히 그 중에서도 '유년과 소년시절'의 체험을 다룬 시들은 세 시집에 공통적으로 실려 그의 지속적인 관심과 작업의 대상임을 알 수 있는데 나는 편의상(한정된 지면으로) 여기에 초점을 맞추어 이 글을 전개하려 한다.

'유년과 소년시절'의 체험을 시화한 작품은 특히「내성적」연작 11편에 집약되어 있다.(제7, 8시집에 실려 있는 것을 통합해서『천상의 꽃』에 일괄적으로 재수록했다. 그리고 연작번호를 조정하고 구두점을 일절 삭제했다. 이 글에서의 인용은 이 시집에 의거한다.) 이 연작은 그 제재가 암시하는대로 어느 정도 제재적 한계를 띠고 있지만 그는 이를 서정성을 통해 능숙하게 극복하고 있다. 어떻든 '유년과 소년시절'의 해묵은 체험들을 담담히 일으켜 세워 시적으로 정제해내는 그의 저력은 20대의 비극적 전쟁체험에 대한 절규, 30~40대의 이미지와 언어에 대한 새로운 자각과 실험을 거쳐 축적된 그의 시력(詩歷)에서 나온 것이라 생각된다. 그런 만큼 이 시기의 시들은 초기의 육감적, 중기의 감각적 색채가 현저히 가시고 그 대신에 다분히 향수적이고 생활적이며 소박한 시적 사유와 표현이 근간을 이룬다. 부언하자면 20대의 절박하고 축축한 현실인식에서 여유있고 훈훈한 삶의 인식으로 반짝이고 실험적인 시적 인식에서 절박하고 친근한 언어구사로 변화하고 있다.

이러한 그의 시적 변모의 줄기를 요약하자면 '회귀의지'로 특징지을 수 있을 듯하다. 이는 곧 50대로 접어든 시인의 지긋한 연륜과도 관련된 '귀소본능' 같은 것일 수도 있다. 그래서인지 이 시기의 시들을 보면 그는 육감적인 혼으로 부딪히지도, 차가운 머리로 냉정히 지어내지도 않는다. 반면에 그는 그저 자신을 통과해 스산히 지나가 버린 유년체험들을 의식의 밑바닥에서 길어 올려 먼지를 털고 약간의 윤기를 내서 다시 살아나도록 새로운 의미를 부여하고 있을 따름이다. 그럼에도 불구하고 그것들이 결코 단순하거나 산문으로 떨어지지 않고 여전히 시적 울림을 더해 주고 있음이 주목된다.

이 시기에 와서 그는 시의 폭을 확대시키는 데 몰두한 것으로 포에지의 유무가 시를 결정하는 것이지 그 밖의 문제는 오히려 거기에 집착할수록 포에지를 놓치는 결과를 가져온다고 보는 그의 시 의식이 그것을 뒷받침해 준다. 이와 같은 그의 변모는 20~40대에 쓰인 시에서 보면 거의 기대할 수 없는 것일 정도로 가히 획기적인 것이다. 그만큼 그의 시관은 여유있게 개방되었다고 할 수 있다.

물론 그것이 시적 긴장 자체를 무시하는 것이 아니다. 시와 비시의 갈림길에서 시적 긴장이 중요한 이정표가 되는 것은 말할 필요도 없거니와 그는 시적 긴장을 놓치지 않는 범위 안에서 가능한 한 그 범주를 개방하고 넓히려 한다. 그러므로 그는 이제 시가 될 수 있는 특이한 그 무엇을 찾으려고 애쓰거나 거기에 편협하게 매달릴 필요도 없다. 무엇이든 그의 시적 의식을 거치면 소롯이 한 편의 시가 될 경지에 이르게 되었기 때문이다. 그야말로 '유년과 소년시절의 하찮은 일'까지도 노래(시)로 되살릴 수 있는 경지, 이것이 지천명의 연륜에서 도달한 그의 새로운 시적 위상인 것이다.

이것은 또 넓게 말해서 '자연주의'에 맥을 대고 있다. 특히 유년시절을 시화한 작품에서 그것이 역력히 드러나는데 여기서 '자연주의'라고 함은 크게 두 가지 의미에서 규정되는 개념이다. 하나는 회귀의지와 관련한 것으로 유년시절이란 그것이 인식적 차원에서의 삶이기보다는 거의 무의식적 삶에 가깝다는 점에서 그런 체험을 재구해낸다는 것은 곧 그것에 대한 그리움이 내재해 있다. 따라서 그 시절로의 회귀의식은 무의식적이고 자유분방한 삶에의 동경의식이 깔려 있기 때문에 확대하면 자연주의에 포섭될 수 있는 것이다. 또 하나는 유년시절을 재구해내되 그것을 별다른 분석이나 비판없이 드러낸다는 점이다. 시적 분석이나 비판을 의식적으로 피하고 있다는 사실은 형식적 차원에서 보면 일종의 자연주의에 포괄될 수 있을 것으로 생각된다.

그러나 우리가 여기서 주의하지 않으면 안 될 것은 단지 판단을 내리지 않을 뿐이지 판단 자체를 사상(捨傷)하는 것이 아니라는 사실이다. 다시 말하면 다만 판단을 유보하고 있을 따름이다. 그는 자신의 판단을 유보함으로써 오히려 독자에게 판단을 내리게 하여 자기 판단이나 비판으로부터 따를 수 있는 작위적 편견을 배제한다. 여기서 그의 시적 상징과 역설이 도출된다. "예술은 단지 판단을 멀리함으로써 판단을 한다. 이러한 점이 위대한 자연주의를 변호해준다."는 아도르노의 역설적 주장을 상기할 때 '하찮은' 유년체험을 별다른 가식(假飾)없이 드러내는 특히 「내성적」 연작들은 김광림 시인의 자연주의적 시적 사유를 인식케 한다.

이런 점에서 우리는 어떻게 보면 지극히 단순해 보이기까지 한 그의 '유년과 소년시절'의 일을 다룬 일련의 작품들에 대해 오히려 세심한 주의를 기울이지 않으면 안 된다. 그 속에는 구조적인 상징과 역설이 깔려 있기 때문이다.

> 시큼한 냄새가 코를 찌르자
> 나는 부엌문을 열고
> 칭얼대기 시작했다
> 난생 처음으로 맡아보는
> 그것이 뭔지도 모르고
> 먹고 싶어서
> -엄마 나 좀
> 어머니는 들은 체도 않았다
> 내가 칭얼대다 못해
> 울음보를 터뜨리자
> 어머니를 생선회를 무치다 말고
> 얼른 숟가락을 내 주둥이에 들이밀었다
> 일순 울음끈이 끊겼다
> 그도 그럴 것이
> 입안이 뒤집혔기 때문이다
> (불이 붙었거나 할퀴는 아픔이었다)
> 내가 자지러들자
> 어머니는 엉겁결에
> 나를 들쳐 업고
> 허겁지겁 병원으로 달음박질쳤다
> 스물네 살 난 젊은 엄마가
> 초친 첫 아들의 나이는
> 다섯 살이었다

― 「내성적(內省的)・1」 전문

피상적으로 보면 그저 평범한 어린 시절의 한 기억을 재생시킨 것처럼 보인다. 시대가 변한 이즈음 아이들이라면 몰라도 조금 나이가 든 어른이라면 이와 똑같지는 않더라도 유사한 기억 하나쯤은 가지고 있을 법한 낯익은 체험이다. 이렇듯 이 시의 제재는 시인의 개인적 체험이면서 동시에 우리의 공동 체험이기도 하다.

그러나 이 같은 피상적 독해로서는 이 시의 묘미를 느끼지 못한다. 이 시는 인간 삶의 심층을 꿰뚫으려는 형이상적 의식이 깔려 있기 때문이다. 물론 그것이 앞에서 논의한 대로 분석적이거나 비판적이며 또는 설명적으로 꼬집어 드러나 있지는 않다. 그저 담백하게 체험 자체만을 약간의 서사적 구조에 의지해서 엮어 놓았을 뿐이다.

이런 단순한 진술처럼 보이는 이 시에는 그러나 단순하지 않은 크나큰 상징이 숨어 있다. 이 점이 이 시를 시이게 하는 시적 긴장 구조라 생각되는데 그것은 곧 은연중에 드러나는 인간 삶의 대비적 관계에서 이룩된다. 즉 '다섯 살 난 나'와 '스물네 살 난 젊은 어머니'의 의식적 차이가 그것이다. 좀 더 구체적으로 말해서 즉자적·즉물적 반응을 일으킬 수밖에 없는 '나'의 순수성 또는 인간의 원초적 감정과 대원적·의식적 태도를 취할 수밖에 없는 어른의 현실성 또는 인간의 사회적 인식의 대비를 통해 삶의 모순적 두 유형을 제시하고 있다는 데 그 속뜻이 있다. 그러면서 이 시는 어머니의 행위를 은근히 꼬집음으로써 세속적·의식적 태도에 대한 냉소가 문맥 뒤에 감추어져 있다. 어머니가 생선회에 초를 쳐서 숨을 죽이듯 먹고 싶어 울음을 터뜨린 '내 주둥이'에 숟가락을 들이밀어 초를 쳐서 울음끈(먹고 싶은 충동)을 끊어버렸다는 진술에서 우리는 그것을 읽어낼 수 있다.

이렇게 이 시는 결코 평범하지도 단순하지도 않으며 오히려 읽는 재미를 충분히 줄 뿐만 아니라 그러면서도 매우 냉철한 비판의식이 깔려 있다. 그럼에도 시인은 끝내 시의 문면 밖에서는 그런 낌새를 쉽사리 느낄 수 없을 정도로 깊숙이 갈무리해 놓고 있는 것이다.

구슬치기를 하는 날은 저녁밥이 늦었다. 어머니의 성난 호출이 있기 전에는 집에 돌아가지 않았다. 잠자리에 들 때도 구슬은 호주머니 속에 그냥 간직되었다 누워서 구슬 속을 들여다 보는 것이 마냥 즐거웠다 전등불에 비춰진 구슬에는 미지와 신비의 세계가 펼쳐져 경이로웠다 어느새 나는 어머니의 꾸중도 잊고 신바람이 나서 흥얼거리고 있었다.

— 「내성적·4」 전문

이 시도 어머니의 의식적 태도와 나의 무의식적 삶을 대비적 관계로 놓아 어른의 세계와 동심의 불화적 관계를 제시한다. 어른들의 세계가 대체로 이성적이고 계획적이라면 동심의 세계는 반대로 충동적이고 무계획적이다. 그래서 언제나 후자는 전자의 통제 안에 놓일 수밖에 없지만 또 항상 그 구속력으로부터 자유로워지고 싶은 것이 후자의 속성이다. 후자는 인간의 원초적인 감정이기 때문이다.

물론 인간의 가장 바람직스러운 삶은 원초적인 감정이 흘러가는 대로 사는 것이겠으나 집단 속의 일원으로 살아가자면 그것은 어느 정도 통제될 수밖에 없다. 그것이 이른바 사람을 사회적 동물로 규범화시키는 결코 벗어 던질 수 없는 무거운 질곡이 되기도 한다. 그러니까 그 무거운 질곡은 또 항시 끊어버리고 싶은 충동을 불러들이게 마련인 것이다. 이것이 이 시의 문맥 이면에 도사린 역설적 의미가 아닐까 생각된다.

저녁밥도 아랑곳하지 않고 구슬치기에 열중하는 나, 집에 돌아와서도 구슬에 비치는 미지와 신비의 세계를 호기심어린 눈으로 들여다보며 마냥 즐거이 경이로움에 빠져 들어가는 나, 더욱이 '어느새 어머니의 꾸중도 잊고 신바람이 나서 흥얼거리고' 있는 '나'를 동심에서 멀어진 어른들로서 이해할 수 없는 세계인지도 모른다. 욕심도 없고 시간 가는 줄도 모르는, 그리하여 이해타산으로부터 완전히 자유로울 수 있기가 순진무구한 동심이 아니고 가능할 수 있을까. 여기에는 산업사회의 기계문명과 물신주의로부터 촉발되는 인간들의 타락상이 끼여들 여지가 없다. 이런 세계에서야말로 어떤 도덕과 윤리도 한갓 허울이 될 수밖에 없다. 따라서 동심의 세계는 어른들이 회복해야 할 낙원이요(끝내 불가능하겠지만), 영원히 회귀하고 싶은 고향임이 틀림없다.

설명이 장황해져서 오히려 시의 맛을 무겁게 만든 감이 없지 않으나 어쨌든 밝고 선명한 동심의 세계만을 들어낸 듯한 이 시의 이면에는 이런 엄청난 비판 정신이 게재되어 있는 것이다. 이것이 곧 시인이 노리는 구조적 상징이며 역설이 아니겠는가.

나는 여기서 지면 관계상 논지를 좁히기 위해 유년 체험을 다룬 작품 두 편을 통해 김광림 시인이 추구하는 시적 세계를 약술했지만 지금까지 간행된 시집들을 중심으로 3기로 나눌 때 이른바 후기에 해당하는 시들을 일별하면 그 진폭은 다소 다르다 해도 대체로 이의 연장선상에 놓여 있는 것으로 보인다. 이를테면 기계주의적·물신주의적·세속적 속박으로부터 벗어나고 싶은 인식이 그 심층에 깔려 있다고 하겠다. 그것이 곧 회귀의식으로 표출된 것으로 보았는데 그 회귀의식 속에는 인간성 회복이라는 근원적 갈망이 담겨 있는 것이다.

이와 같은 그의 인식은 시적 사유에도 작용하여 시상을 기교보다는 담담하고 질박하게 드러내도록 한 것으로 보인다. 정한모 시인이 적절히 지적한 것처럼 가히 '일가(一家)를 이룬' 경지에서 그는 대상을 담백하면서도 시적 맛을 잃지 않게 일구어낸다. 그런 만큼 이 시기의 시들은 초기나 중기에 비해 눈에 뜨이게 쉬워졌지만 오히려 훈훈한 삶의 향기는 더 짙게 배어 나온다.

'무엇을 먹을까'라는 문제에 집착하는 물신주의에 빠진 족속들이 판을 치며 거드름을 피우고 있을 때 '새삼 어떻게 살아갈까'라는 문제에 '무시로 고통을/식은 죽 먹듯 하고' 있는 김광림 시인의 삶의 자세에 어찌 우리가 긴장하지 않을 수 있겠는가. '어떻게 살아갈까=어떻게 쓸까'가 마음의 천칭에서

평형을 이루고 있는 그의 꼿꼿한 자세를 옷깃을 여미고 다시 되뇌이면서「식사」의 전문을 인용하는 것으로 이 글을 맺는다.

> 사람의 고민 가운데는
> 무엇을 먹을까가 문제인 족속도 있다
> 먹이에는 흔히 파리 떼가 끼어 든다
> 쥐 떼가 부산하게 어둠을 경영한다
> 비대한 인간의 식성은
> 행진곡처럼 왕성하지만
> 신경질적으로 꺾어지는 젓가락엔
> 잡히는 것이 없다
> 염색으로 안면을 지탱해야 하는
> 쉰 살이 되어
> 새삼 어떻게 살아갈까가 문제인 나는
> 무시로 고통을 식은 죽 먹듯 하고 있다
>
> ―『언어로 만든 새』에서

이미지와 사실인식

하 현 식

김광림 시의 염원

김광림은 자신의 제7시집 『언어로 만든 새』의 「왜 나는 시를 쓰는가」라는 표제의 산문에서 다음과 같이 시작의 연유에 대한 허두를 장식하고 있다.

> 나는 시를 쓸 때 무슨 거창한 효용 같은 것을 염두에 두지 않는다. 이를테면 '사회를 위해', '인류를 위해' 쓴다고 생각해 본 일은 없다. 다만 쓰는 일이 즐거워서 쓰고 있을 뿐이다. 슬픈 일이 있거나 괴롭고 울적할 때 곧장 시가 쓰여진다. 그러다 보면 시는 나에게 있어 자기 구원이나 카타르시스를 위해 쓰여지고 있는지도 모른다.

인용한 예문을 통해 시인은 두 가지 의도를 드러내고 있다. 하나는 시에서 목적의식을 배제한다는 점이고 다른 하나는 시작의 계기를 항시 개인적인 차원에서 수용한다는 점이다. 이러한 시인의 시에 있어서의 두 가지 염원은 곧 순수지향적 시관으로 평가되어진다.

실제적으로 김광림 시의 여정은 이미지에 대한 탐구를 필두로 하여 삶에 대한 존재론적인 투시를 거쳐가면서 마침내는 사실에 대한 인식의 단계로 넘어오는 세 부분의 과정을 통하여 고찰될 수 있다. 이를테면 전봉건, 김종삼 등과 연대시집으로 묶어낸『전쟁과 음악과 희망과』에서 비롯되었던 이미지의 추구는『상심하는 접목』,『심상의 밝은 그림자』와『오전의 투망』을 거치면서 그 잔광을 발생시켰고 제4시집『학의 추락』, 제5시집『갈등』에 이르러서는 시를 향한 존재론적 관점을 통하여 일상사를 투영시켰으며 제6시집『한겨울 산책』또는 제7시집『언어로 만든 새』, 그리고 제8시집『바로 설 때 팽이는 운다』를 통하여 삶이 빚어내는 해학성과 풍자성을 형상화함으로써 3단계에 걸친 시적 변신을 도모하고 있는 것을 보게 된다.

김광림 시는 50년대의 복잡다난한 현실 가운데서도 현실 인식에 경도되지 않고 주지적 서정시의 기치를 들면서 다른 일부 주지적 계열들이 내면세계의 미학에 집착하는 것과는 달리 보다 철저하게 이미지의 탐구에 치중함으로써 김광림적(的) 위상을 확보하는 데 성공하고 있다. 이 시인의 이미지에서 추출되는 특성은 풍경에 대한 정확한 형상화를 모토로 삼고 있으며 그러한 이미지를 위한 언어적 특성도 일체의 군더더기를 배제하는 명료성을 생명으로 삼고 있는 것을 볼 수 있다.

한편 사상에 대한 존재론적 탐구에 있어서는 주로 개인적 삶에서 야기되는 부정적 속성과 자연적 상황에서 환기되는 인생적 유형을 접목시킴으로써 삶의 부정적 관계를 초월하고자 하는 경계를 보여주고 있다. 또한 사실인식을 통한 시적 성취의 단계에 있어서는 비단 그 대상을 개인적 삶의 양상에 국한시키지 않고 사회적, 역사적 공간에까지 확대시켜 나아감으로써 종전의 닫혀있던 시 의식을 깨뜨리는 자유의지에 닿고 있다. 그리고 대상에 대한 엄숙하고 진지한 자세를 변환시켜 보다 변화무쌍한 의식적 조명을 기함으로써 김광림 시의 변경을 확산하는 결과를 노정한다. 그러나 이 시인의 확산된 시적 변경은 궁극적으로 '거창한 효용'에 집착되는 목적성을 여전히 배제함으로써 다만 '자기 구원'과 '카타르시스'의 역할에 집념하는 일관된 자세를 견지하는 것을 보게 된다.

이미지의 조형술

"한 평생에 여러 권의 작품을 만들어내느니보다 차라리 하나의 이미지를 제시하는 편이 낫다."고 말한 파운드의 이 경구는 김광림의 시적 효용성을 설명하는 데 상당한 뒷받침이 되고 있다. 이는 김광림 시에 있어서의 성과가 많은 시편들이 풍기는 평가기준보다는 단 몇 개의 반짝이는 이미지로서 성취되고 있음을 보기 때문이다.

> 도마 위에서
> 번득이는 비늘을 털고
> 몇 토막의 단죄가 있은 다음
> 숯불에 누워
> 향을 사르는 물고기
> 고기는 젓가락 끝에선
> 맛나는 분신이지만
> 지도 위에선
> 자욱한 초연(硝煙) 속
> 총칼에 찝히는 영토가 된다
> *
> 날마다 태양은
> 투망을 한다
> 은어떼는
> 쾌청이고
> 비린내는
> 담천(曇天)과 같아
>
> ―「석쇠」전문

이 시는 김광림 시에서 드러나는 이미지 조형술의 한 전형을 보여주고 있다. 이를테면 이미지로서 표현될 수 있는 전체성을 파악할 수 있기 때문이다. 이 시가 야기하는 이미지의 성질은 구조적으로 정신적인 이미저리의 단계로 나아가고 있으며 궁극적으로 상징적인 이미저리로 출발되어 비유적인 유형을 통하여 사물에 대한 인식을 보다 넓게 확산시키고 있다.

일차적으로 '단죄'가 환기하는 이미지의 명료성을 간과하지 못한다. '물고기'를 자르는 행위로서 인간적 상황의 한 단면을 추출해냄으로서 무구한 연민에의 적확한 해석을 도모하게 된다. 그러나 정서적인 연민의 요소는 배제되고 다만 냉담한 비유적 이미저리만 남게 된다. 그리고 '향을 사르는' 시각적 이미지를 통하여 취각적 이미저리를 발굴하고 있는 기발한 구조에 매료되지 않을 수 없다. 여기에는 대상의 전신적 희생을 통하여 환기되는 비극적 정황이 개입되고 있으나 시의 분위기로서는 오히려 담담한 지적 이미지만 남아 있게 된다.

한편 상기한 「석쇠」의 일상적인 용도에 대비하여 '고기의 분신'은 '총칼에 접히는 영토'로 확대되고 있는 것을 볼 수 있다. 이제 '석쇠'는 단조한 취사도구로서의 관념에서 존재의 무한한 상상력에 의한 창조력을 힘입어 인간의 전쟁놀이에서 야기되는 비극적 정황으로 확대되어진다. 이른바 자욱한 '석쇠' 위의 연기는 '총칼'이 난무하는 '초연(硝煙)'으로 비화됨으로써 상징적 이미저리로서의 섬광을 번뜩이는 것이다. 그러나 인간의 근원적 비극성이 결코 정서로서가 아니라 차디찬 감성의 산물로서 형상화될 뿐이다. 이는 곧 김광림 시만이 갖는 이미지로서의 특전일 뿐이다.

1연에서 드러나는 이미지의 속성은 지극히 격렬한 동기로서 채색되고 적어도 표면상으로는 지극히 냉혹한 분위기로 구축되고 있다. 그러나 2연에서의 분위기는 대범하고도 광활한 인식을 매개체로 하여 평화롭고 은밀한 풍경을 제시한다.

즉 '석쇠'의 폐칩된 이미지가 한량없이 열린 공간에서 그 기능을 발휘한다. 이는 '투망'과 '쾌청'이 거느리는 환상적 이미지로 인하여 결과되는 인식이 아닐 수 없다. 그러나 '비린내'와 '담천(曇天)'의 제휴를 통하여 빚어지는 비유적 이미저리는 마침내 다시 '석쇠'가 영위하는 협의적인 인식으로 귀환되는 것을 볼 수 있으며 나아가서 그 혼탁한 '석쇠' 주변의 정경을 절묘하게 형상화하고 있다.

이 시는 마치 연안(沿岸)의 잔잔한 물굽이가 험악한 노도로 휩쓸려갔다가 다시 안정된 은파로 변신되는 일정한 호흡의 경계 위에 놓여 있다.

    기중기는
    망가진 캐시어스 클레이의 철권 수 만개를
    들어 올린다
    흔들린다
    헛기침도 않고
    건달 같은 자세로
    시장한 벽에
    부딪친다
    압도해 오는 타이거 중전차(重戰車)에
    거뜬히 육탄한다
    나를 매달아 놓았던 내장의 사슬이 끊어진다
    기중기를 벗어난 철추는
    현실 밖으로 뛰쳐 나간다
    한 마리의 새가
    포물(抛物)로 날아간다

                    —「풍경」 전문

이 시는 광물성의 기계적인 오브제를 대상으로 하여 인간적 사상(事象)을 유추하고 있다. 일단의 하역작업장의 건조하고 물질문명적인 정경이 생동감 넘치는 인간화의 풍경으로 전이되는 국면을 연출한다.

특히 화물 운반기에 비유된 '망가진 케시어스 클레이의 철권'은 매우 절묘한 감각을 던져준다. 이 때의 비유적 이미저리는 대상의 견고함과 완강함으로서의 적확한 시각성을 구체화하게 된다. 이미 과학문명의 산물로서의 기계적 속성은 배제되고 살아 움직이면서 힘의 제전을 발양하는 강인한 이미저리에 봉착한다.

그러나 '망가진' 대상의 인식은 일련의 아이러니 혹은 역설의 경계에까지 닿고 있다. '흔들린다'로 묘사된 사태의 긴박감을 통하여 생동감은 한층 더 격앙되고 있으며 '헛기침'에 연결된 실체감의 부양은 육중한 제재의 비유적 인식을 고양한다.

또한 '내장의 사슬'에 유추되어진 '기중기를 벗어난 철추'의 이미지는 지극히 섬세한 시각적 효용성을 발휘한다. 그리고 공간으로서 '현실 밖'의 설정은 일단의 미학을 감지하게 한다. 걸미 부분에서의 '철추'와 '새'의 유추는 김광림 시에서 드러내는 이미저리의 백미를 이루고 있다. 이른바 '현실 밖으로 뛰쳐나가는 철추'와 '포물로 날아가는 새'의 동일적 회귀성은 이미지 구축에 있어서의 이 시인의 마술사적 경계를 드러낸다고 볼 수 있다. 이는 '철추'의 보조관념으로서의 '새'의 기능이 인식됨과 동시에 '새'의 비복합적인 상상의 세계를 수렴할 수 있기 때문이다.

존재론적 시각과 근엄성

이미지 조형의 적확한 통일성으로서 김광림 시의 개별성은 확고한 시인적 위치를 다지면서 다시 사상을 대면하는 방법을 존재론적 시각에 의탁함으로써 제2기를 맞이하고 있다. 이것은 이미지 구축의 단계에서 보아왔듯이 이미지 자체가 단순한 분위기 조성의 기능을 발휘하는 것이 아니라 일정한 관념에 의존한 비유적 요소가 강했던 것에 비추어 볼 때 대상의 존재적 특성을 규명하고자 하는 의식은 나름의 당위성을 가진다고 볼 수 있다. 그것이 비록 목적성을 가진 관념이나 철학은 아니었다 하더라도 일단 내면세계의 미학이라든가 의미의 배제를 굳이 의도하지 않았던 것에서 김광림 시의 체질은 드러나 있다고 볼 수 있다. 그러한 연유에서 대상의 존재의미라든가 또는 존재가치에 집착하는 단계는 당연히 거쳐가야 할 시적 여로인 것으로 짐작될 뿐이다.

    예금을 모두 꺼내고 나서
    사람들은 말한다
    빈 통장이라고
    무심코 저버린다
    그래도 남아 있는
    0이라는 수치(數値)
    긍정하는 듯
    부정하는 듯
    그 어느 것도 아닌
    남아 있는 비어 있는 세계
    살아 있는 것도 아니요
    죽어 있는 것도 아닌
    그것들마저 홀가분히 벗어버린
    이 조용한 허탈
    그래도 0을 꺼내려고
    은행창구를 찾아들지만
    추심(推尋)할 곳이 없는 현세(現世)
    끝내 무결(無缺)할 수 없는
    이 통장
    분명 모두 꺼냈는데도
    아직 남아 있는 수치가 있다
    버려도 버려지지 않는
    세계가 있다

이 시는 '0'이라는 '수치(數値)'의 이율배반적 존재 의미를 규명해 보여준다. 그것은 바로 '0'자체가 '남아 있음'과 '비어 있음'의 표상이요 '살아 있음'과 '죽어 있음'의 표상으로서 전개하는 일련의 갈등으로부터 출발하고 있기 때문이다. 사실 김광림 시의 이러한 존재와 무의 갈등의식은 수사적으로 종래의 언어의 절약을 포기하고 사변(思辨)으로 기울어지게 유도한다. 그리고 진술방법도 묘사에서 서술로 전환되고 있다. 아울러 지적 서정성이 형이상학적 관념에 집착하는 계기를 만들어주고 있다. 표현상의 탄력성과 긴장감의 해소를 촉구하면서 존재의 가치에 대한 잠언적 유형을 취한다. 여기에서 일차적으로 김광림 시의 변신은 확고하게 영위되고 있다.

그러나 이 시인의 서술적 자세는 역시 다만 보여줄 뿐 존재 의미가 지향하는 바의 정당성을 해석하고 규명하여 그 귀결점을 제시하지는 않는다. 이를테면 문제성을 제기함으로써 독자로 하여금 문제에 대한 경이감을 촉구할 뿐이다. 그리하여 존재론자들이 귀납하고 있는 가능성을 통하여 '0'의 존재 가치를 이유있는 것으로 유도한다. 이른바 데카르트의 '방법서설'이 명시하고 있는 "불완전한 존재는 완전한 존재를 향해서 자기를 초월한다"는 규례(規例)라든가 또는 하이데거의 '형이상학이란 무엇인가'에서 얻어지는 "우리는 존재를 문제 삼아야 하나 존재는 無를 계기로 나타나기 마련이다"라고 풀이된 명언을 통하여 '0'의 존재의의에 접근할 뿐이다. 하이데거의 상기한 문자의 전개방향을 좀 더 인내하여 지켜봄으로써 '0'의 존재론적 시각을 이해할 수 있는 단서를 얻게 된다. 가령 "無는 無이므로 우리들의 연구대상은 못된다. 그렇다면 이러한 無를 어떻게 느끼게 되는가 여기에 우리들의 마음 깊이에 피어오르는 것이 불안이다. 불안이라는 기분은 그대로 無를 전제로 주어지는 느낌인 때문이다."라는 명제에서 '분명 모두 꺼냈는데도/아직 남아 있는 수치가 있다/버려도 버려지지 않는/세계가 있다'라고 환기하는 '0'의 존재적 관계성을 수렴할 근거를 음미하게 된다. 하이데거의 '불안'의 관념은 일단의 가정으로부터 출발하여 다양성 있는 존재 의미를 포착하게 하는 계기로 제시되고 있다. 그러나 '버림'과 '버려지지 않음'의 모순적 차원에서 생성되는 '0'에 대한 시인의 갈등 의식은 '불안'으로 야기되는 형이상적 명제의 역할을 요구하기보다는 모순 그 자체에서 무한한 배설의 욕구를 충족시키고자 하는 경계 위에 놓여 있다.

나는
비단 구렁이의 사치도
꽃뱀의 징그러운 아름다움도
지니지 못한다
나는 능구렁이의 느슨함을
살모사의 독을
차지하지 못한다
점박이의 특징도 없다

나는
또아리를 틀지만
쉬 풀린다
낼름거리는 혓바닥인데도
말을 더듬는다

미쳐 지혜의 열매를 따먹지 못한
꼬리 잘린 도마뱀처럼
늘 서성거리다 만다

나는
전신으로 꼬인
마른 새끼 오라기
아무렇게나 내갈겨두면 된다

— 「己巳」 전문

이 시는 「0」의 대상으로서의 추상적 성향을 관심한데 비하여 보다 구체적이고 인생적인 대상으로서의 존재가치를 규명하고 있다. 전자의 다분히 상징성을 반영하는 논증의 방법론과는 달리 사유에 의탁한 비유적인 존재 의의를 부양하고 있다. 그리하여 사실인식에 입각한 삶의 풍자와 해학으로의 과도적인 양상을 띠고 있다. 이는 특히 총체적으로 자기비하의 원리를 반복적인 수사의 틀에 적용시킴으로써 끊임없는 자학의 사색을 개진한다. 일단의 지속적인 자기부정정신을 토대로 하여 진실된 존재로서의 본질을 탐구한다. 결국 '못한다', '없다' 등의 서술적 특질은 '할 수 있다', '있다' 등을 염두에 둔 위장이라거나 위선의 개념이라든가 또는 겸허의 미덕에 결연되어 있는 것이 아니라 적나라한 존재자로서의 모습을 피력함으로써 허심탄회하면서도 순정한 의식을 통하여 관심을 환기하거나 집중시키고자 한다. 그리하여 "자기부정은 자기자신을 부정해 버리는 것은 아니다. 그저 자기의 자아를 동물적인 영역에서 정신적인 영역으로 옮겨 놓은 것뿐이다."라고 설파한 에이브리의 가치지향론에 접근하는 역할을 암시한다. 이를테면 이 시의 결미로 장식되고 있는 '나는/전신으로 꼬인/마른 새끼 오라기/아무렇게나 내갈겨 두면 된다'라는 읊조림의 절제와 구속의 타기와 해체를 보게 된다. 이 시인에게 있어서의 '비단구렁이의 사치'와 '꽃뱀의 아름다움'은 오히려 거부되어야 할 속성으로서 '못한다'가 아니라 '아니한다'라는 평가의식을 규정받지 않을 수 없다. 이러한 평가의식은 '능구렁이의 느슨함'과 '살모사의 독'을 타기하는 데서 그 저의를 더욱 명료하게 수렴할 수 있다. 궁극적으로 자기비하의 기준은 항시 세속적이고 물리적인 근거를 기반으로 설정되고 있으며 마침내 '아무렇게나 내갈겨 두면 되는' 정신적 자유와 가치를 염원함으로서 자기구원의 경계를 강화하게 된다. 이른바 '0'의 모순적 존재의의와 '뱀'으로서의 부정적 의식은 한결같이 역설적 존재의의를 구축하는 근엄한 궤변적 성찰을 노정하게 된다.

해학적 테마와 패러디

50년대의 이미지 추구, 60년대의 존재론적인 탐구에 이어 70년대에 있어서의 김광림 시의 중심테마는 해학성과 패러디에 천착되었음을 간과하지 못한다. 대개 이 시인의 해학성은 일단의 비평적인 정의의 스타일을 드러내고 있으며 회화화를 통한 대상에의 관점을 부양하기도 한다. 그리고 조소가 빚어내는 지극히 나이브한 풍자의식도 함께 표명되고 있다. 가령 되돌아보는 작업의 일단인 「내성적」 연작의 대부분이 이러한 의식의 산물로서 지적된다. 주로 개구쟁이로서의 자화상을 사변적 산문율에 의탁하여 형상화함으로써 세속적인 풍속도 속에서의 천진난만한 자유의지와 순정한 꿈의 정감을 되살리고 있다.

> 외할머니네 사랑채에 눈이 큰 모녀가 세들었다. 나는 자주 드나들며 계집애와 어울렸다. 소꿉놀이를 하다간 곧잘 다투곤 했다. 조금만 건드려도 계집애는 앙칼지게 울었다. 나는 슬쩍 물러나 앉아 땅뺏기나 못치기를 혼자서 했다. 어쩌다 외출한 계집애 어머니가 돌아오면 나는 슬며시 겁이 났다. 그도 그럴 것이 나를 역성들어줄 아무도 집에는 없었기에. 이럴 때 그녀는 성큼 나를 쓰러 안으며 얼굴이랑 뺨이랑 마구 비벼댔다. <우리 사윗감! 우리 사윗감!>하며 과자를 안겨 주었다. 나는 영문도 모른 채 부끄러웠으나 왠지 싫지 않았다.
>
> ―「내성적(內省的) 4」 전문

「내성적(內省的)」 연작은 주로 유년시대의 작은 쓰라림과 슬픔을 발판으로 하여 유머 감각을 드러내고 있다. '사랑채의 모녀'와의 관계를 통하여 '겁이 났던' 사건이 오히려 '부끄러웠으나 싫지 않은' 의외의 사태로 진전되는 콤플렉스를 표면화함으로써 부질없는 일상의 순수한 정감을 드러낸다. 가령 연작 6에서 채택되고 있는 '이웃 동네 조그만 계집애를 두고 색시감이라 놀려댔던' '누나들'의 애꿎은 횡포가 자아내는 '십리길 울음'의 사연으로 장식된 점이라든가 9에서의 '털보선생'과의 '하찮은 망발'이 '숙제 안 해온 학생'에게 '특사(特赦)'를 베풀게 한 에피소드는 전자의 '울음'을 바탕으로 '웃음'을 선사하고 있으며 후자의 '웃음'을 바탕으로 '울음'에 가까운 감격을 체휼케 하고 있다. 이렇듯 김광림적 해학이 만들어내는 인식의 세계는 내면적인 아픔이 외면적인 즐거움의 과거를 재창조하면서 외면적인 아픔의 구도가 내면적인 즐거움의 조명으로 교차되는 감동의 효용성을 드러내고 있다.

　　　　하나님
　　　　어쩌자고 이런 것도
　　　　만드셨지요
　　　　야음(夜陰)을 타고
　　　　살살 파괴하고
　　　　잽싸게 약탈하고
　　　　병폐(病弊)를 마구 살포하고 다니다가
　　　　이제는 기막힌 번식으로
　　　　백주에까지 설치고 다니는
　　　　웬 쥐가
　　　　이리 많습니까
　　　　사방에서
　　　　갉아대는 소리가 들립니다
　　　　연신 헐뜯고
　　　　야단치는 소란이 만발해 있습니다
　　　　남을 괴롭히는 것이
　　　　즐거운 세상을
　　　　살고 싶도록 죽고 싶어
　　　　죽고 싶도록 살고 싶어
　　　　이러다간
　　　　나도 모르는
　　　　어느 사이에

　　　　교활한 이빨과
　　　　얄미운 눈깔을 한
　　　　쥐가 되어 가겠지요
　　　　하나님
　　　　정말입니다

　　　　　　　　　　　　　　　　　　　―「쥐」전문

　이 시는 대상을 의인화하여 인간상에 대한 풍자적 의식을 표출하고 있다. 이른바 '쥐와 같은 인간'의 교활하고 아비하고 음험하고 심지어 절면끠한 관행에의 개탄을 통하여 인간상실의 단면을 노정하고 있다. '파괴'와 '약탈'과 '병폐의 살포'와 '번식'과 '백주의 만행'에 이르기까지 시적 화자의 개탄의 표적은 보다 구체적이고 극단적인 양상을 띠고 있다. 이는 결국 물질문명의 발달이 야기하는 부작용의 산물로서의 인간적 타락을 드러내고 있으며 그로 인한 인간성의 추락을 반영하게 된다. 또는 '갉아대는 소리'와 '헐뜯음'과 '소란의 반발'과 비인간적인 행패에서 유추된 도덕적 가치의 인멸을 '살고 싶도록 죽고 싶어/죽고 싶도록 살고 싶어'라고 풍자함으로써 세속적인 상황에서 몸부림치는 존재의 역설적인 내면의식을 풍자하고 있다. 그리고 이러한 풍속도 속에서 자신도 알지 못하게 세속화되어갈 인간적 취약점을 토로하고 탄식한다.

　　　　애초부터 나의 애욕을 차단하는
　　　　검은 색
　　　　펭귄 같은 여자와
　　　　합승하여
　　　　다음 정거장
　　　　나의 욕정같이 치밀어 오른
　　　　칼라풀하게 차린 여자
　　　　남의 성감(性感)을 물리치는 것을

순결이라 우긴다면
남의 성대(性帶)를 낚아채는 것을
부정(不貞)으로 여긴다면
일단 여자의 남성(男性) 부정(否定)을 긍정하고
일단 여자의 남성(男性) 긍정(肯定)을 부정하다가
나는 어지러웠다
부정(否定)이 순결이요
긍정이 부정(不貞)이라
어이없는 갈림길에서
나는 비실거린다
행(行)이 뒤바뀐 시구(詩句)처럼
무엇이 도착되었는가
다급하게 밟는
브레이크
순간 나는 와르르 무너지면서
땀나게 두 여자를 덮쳐버렸지만
긍정도 범하고
부정(否定)도 범하고 나서
그만 기진하였다
여자는 본능적으로 머리와
옷매무새가 소중하다
한 여자는 저만치 물러서고
한 여자는 홱 돌아서 버린다

— 「합승」 전문

 이 시는 일련의 서사적인 구조를 바탕으로 현실의 부조리하고 역설적인 측면을 풍자하고 희화화(戱畵化)하고 있다. 시적 화자는 '펭귄 같은 여자'와 '칼라풀하게 차린 여자'와의 '합승'을 통한 인간관계를 설정함으로써 자신이 처하고 있는 현실의 단면을 상징의 경계로 끌어올린다. 특히 대치하고 있는 두 여자에 대한 감정을 '애욕을 차단하는' 경우와 '욕정같이 치밀어오른' 경우로 대비시켜 대인 관계에 있어서의 부조리하고 감각적인 심리의 원인적 연관을 통해 새타이어의 근거를 만들고 있다. 이러한 관계성은 '합승'이라는 사회적 요인을 환기시키는데서 충분한 사유의 단서를 마련하고 있으며 나아가서 사회적 구성원으로서의 불가피한 인간요소를 탐구해 보여준다. 여기에는 현실이 야기하는 다양한 현상의 상징성을 표출하고자 하는 저의를 내면화하고 있다. 이는 사르트르의 '현상학적 존재론'과 프로이트의 '경험적 정신분석'의 방법을 다 같이 적용시킴으로써 이른바 '심적 생활의 표출'과 '인격의 근본적 구조'와의 관계성을 상상하려 하는 것으로 인간의 삶이 자아내는 '근본적인 우연성'을 표출한다. 이를테면 현대인이 영위하는 삶의 장(場)으로서의 표상으로 '합승'의 개념은 성립되어진다. 그리고 두 여자 역시 이러한 보편적인 삶의 장에서 얼마든지 대면하게 되는 인간적 표상으로 환기되어지고 있다.

또한 시적 화자는 '순결'과 '부정'에 관련된 인간적 연민과 갈등을 시도하게 된다. 이는 '남성 부정의 긍정(肯定)'과 '남성 긍정의 부정'이라는 대명제 앞에서 가치관의 혼란 내지 전도를 체험하게 되고 마침내 '부정(否定)이 순결' 또는 '긍정이 부정(不貞)'이란 완전한 가치전도의 현실적 상황 속에서 돌연한 사태로 인하여 '긍정도 범하고/부정(否定)도 범하는' 세속적 원리에 추락하는 조건반사적인 상태에 직면하는 존재의 무력함을 노정한다.

「종교와 반역자」에서 "내가 우리의 문명에서 본 것은 범용성(凡庸性)과 무익성과 모든 지적 개념의 전략뿐이었다."는 T.W.윌슨의 견해가 피력한 바의 문명비판적인 의식을 토대로 생각할 때 '합승'이란 사회적 양식이 반영하는 그지없는 인간관계의 전략을 구체화하고 있는 것으로 볼 수 있다.

이 또한 전술한 「쥐」에서 풍자된 바와 같이 '교활'하고 '파괴'하고 '약탈'하는 인간적 경계와 더불어 가치관을 상실한 문명적 부적절성에 대한 곤혹감을 부양시키는 것을 볼 수 있다.

오랜만에 지방에서 올라온 시인 R이 친구들이 권하는 소주를 연거
퍼 받아 마시고 한다는 소리가
　　－못난 놈이 있어야 잘난 놈도 있지
　　못난 놈을 괄시해서는 안 되지
　　하긴 그래 가난한 자가 있어야 잘 사는 자가 있게 마련이니까
　　업신여기고 깔보고 짓밟는 세상이 잘못돼 있는 기라
　　잘 사는 자는 못 사는 자에게
　　살아 있는 자는 죽은 자에게
　　감사해야 하는 기라
　　영광된 합격의 자선냄비가 된 낙방한 자여
　　축복을 받을지라
　　범죄는 구원이지
　　심장에 징을 박든가
　　쌍나팔을 불든가
　　캄풀 주사를 놓든가
　　권태를 소스라치게 하는 범죄는
　　예수가 아니면 그리스도야
　　사기가 없으면 진실도 없지
　　나의 여수(女囚)여
　　너의 잘못을 사랑하고 싶어지는
　　이 마음을 어쩐다지
　　－못난 놈이 있어야 잘난 놈도 있지 못난 놈을 괄시해서는 안돼
　　시인 R의 주정은 고장난 레코드처럼 매양 되풀이되다가 마침내 한
옥타브를 높이고 나서 제자리에 푹 꺼꾸러졌다
　　　　　　　　　　　　　　　　－「소주를 마시며」전문

　이 시에 있어서의 풍자적 농도는 한층 원색적 언어에 뒷받침되어 노골화
된 양상을 취하고 있다. 단순한 일상사의 한순간을 끊어 제시함으로써 시적
화자의 내면의식을 객관화시켜 토로한다고 볼 수 있다.
　과거적 시간대에 앵글을 조정시켰던「내성적」연작의 지극한 은밀성을 지

닌 해학적 요소에 비하여 이 시는 지나치게 예리한 현실의식으로 구축되고 있으며 인간적 속성의 타락을 개탄한 '쥐'의 비교적 도덕성에 입각한 개탄의 표명이 이 시에 와서 극명한 현실고발의 호소력을 띠게 되었으며 일상성의 부조리한 갈등의식이 팽배했던 '합승'의 관념적 한계성이 이 시를 통하여 매우 적나라한 비판적 의향과 저항성까지도 불사하는 구조적 특성을 지니고 있다.

눌변으로 일관되고 있는 언어 구사의 가히 방종에 가까운 '지방시인 R'의 자조적 토로는 궁극적으로 시인 자신의 일상적 현실관의 피력으로 반영되어지며 모순으로 가득차 있는 세계에의 열등의식의 극한적 의태를 표출하고 있다. 이른바 '가난한 자'와 '잘 사는 자'의 또한 '살아 있는 자'와 '죽은 자'의 함수 관계의 진실을 규명하려 하는 데서 이 시인 특유의 비꼼의 진의를 추출하는 경계를 보여준다. 즉 '범죄는 구원'이고 '사기가 없으면 진실도 없는' 역설적 규범에서 그지없는 콤플렉스에 몸부림치는 존재의 구원을 호소하고 있다고 보겠다. 종내는 '잘못'이 '사랑하고 싶어지는' 자기학대를 규정함으로써 모순투성이인 현재를 간신히 지탱해 가려는 약자의 구원 의지가 강조되어진다.

결국 '고장난 레코드처럼 되풀이되다가' '제자리에 푹 꺼꾸러지는' 자폭의 행위는 구원받지 못하는 현실의 추락상을 암시한다. 그리고 퇴락한 현실성을 타기할 수 있는 방법론적 근거는 정신적 차원의 연마와 탐구이기보다는 '소주를 마시는' 지극히 형이하학적인 양식을 제시함으로써 실존에 대한 부정적 인식을 강화하고 있다.

총체적으로 김광림 시의 풍자적 양식은 시인이 직면한 개인적이며 수평적인 차원을 대상으로 삼고 있으며 결코 역사의식에 입각한 역설과 상황윤리를 배제하고 있음을 볼 수 있다. 항시 첨예하고도 합리적인 기준을 중심으로 상황적 단면을 혐오하되 척결하려 하거나 매도하려는 저의를 드러내지 않는다. 단지 제시하거나 은밀하게 암시하는데서 시인의 꿈과 허망의 양면성을 구체화한다. 이는 곧 '사회'와 '인류'에의 효용성을 기피하려는 시적 의도를 일관성 있게 견지해 나아갈 시인적 자세를 반영하는 예로 수용되어진다.

그러나 순수 의지를 향한 결의가 극명하게 고수되어진 것으로는 판단되지 않는다. 이는 특히 사실인식에 전념하게 된 단계로부터 드러나는 현저한 현상이 아닐 수 없다.

그럼에도 불구하고 삶의 인식에 수반된 이 시인의 풍자적 의도에서 시 정신의 참다운 면모가 많이 훼손되고 있음을 간과하지 못한다. 자칫 예술적 관념상의 시적 본령에서 많이 소원해짐으로써 변신의 의의에 도달되어지는 시적 성과를 현시(顯示)한다고 보게 될는지 모르나 다분히 목적의식에 귀착되는 부작용을 배제할 수는 없는 노릇이다. 그런 의미에서 일단의 시적 한계를 명백하게 제시함으로써 예술적 의미의 진실에 귀의할 수 있는 자각을 기대하게 될 뿐이다.

《≪현대시학≫, 1985. 11월호)

현실의 음영과 심상의 밝음

성 찬 경

1

시인 김광림은 대체로 1948년부터 시를 발표하기 시작하여 현재에 이르기까지 40여 년 동안 그야말로 쉼 없이 정진으로써 시의 길을 일관해 오고 있다. 그 동안 김광림이 내놓은 시집은 두 차례의 합동 시집을 제외하고도 1959년의 첫 시집 『상심하는 접목』에서부터 1982년의 『바로 설 때 팽이는 운다』에 이르기까지 여덟 권을 헤아리며 시의 편수로는 약 350편쯤 될 것이다.

시인 김광림의 시적 정진의 궤적을 보면 거기에는 매우 극적인 변모가 있는데 그러한 변모는 기실 초기의 시가 이미 그 안에 내포하고 있었던 모순적 요소들의 발전적 갈등이 동기가 되고 있으므로 어느 의미에서는 필연적인 것이라고 말할 수가 있을 것이다. 아마 시를 위해서 이를테면 고난에 찬 수련을 겪는 시인치고 이러한 변모가 없는 시인은 찾아보기 어려울 것이지만 그 중에서도 특히 김광림은 실험적인 시적 탐구를 계속해 온 전형적인 경우라 할 것이다.

이미 말한 바와 같이 그의 시의 발전은(그것은 문자 그대로 정진이기 때문에 시의 심화 과정이기도 하지만) 시기에 따라서 뚜렷한 특징을 지니는 매우 극적인 양상으로서 이어지고 있다.

이번에 나온 그의 선시집(選詩集) 『소용돌이』는 지금까지 발표된 시 중에서 저자 자신이 직접 뽑은 130편의 작품을 대체로 연대적 순서를 지켜 배열해 놓은 것이기 때문에 지금까지의 김광림 시의 전개를 한 눈에 조감할 수 있으며 따라서 김광림의 시를 이해하고 연구하는 데 있어서 귀중한 자료의 구실을 하게 될 것이다. 그러나 무엇보다도 이 시집이 갖는 참된 구실은 이 시집이 갖는 참된 구실은 이 시집이 드물게 보는 시의 기쁨과 시를 통한 심미적(審美的)체험을 독자 여러분께 가질 수 있게 해준다는 데에 있다.

무릇 김광림 시의 변모적 전개를 시기적으로 구분해 본다면 필자는 그것을 크게 네 시기로 나눌 수 있을 것으로 생각한다. 즉 처음부터 제3시집인 『오전의 투망』까지를 제1기로서 '심상 확립의 시기'로, 제4시집 『학의 추락』에서 제6시집 『한겨울 산책』까지를 제2기에 해당하는 '갈등의 시기'로, 제7시집인 『언어로 만든 새』와 제8시집인 『바로 설 때 팽이는 운다』를 제3기에 해당하는 '심상 심화의 시기'로 그리고 1982년경부터 발표하기 시작한 연작시 「사랑」이라든가 「지귀담(志鬼譚)」 이후의 시기를 아직 단정적인 이름을 붙이기에는 이르나 대개 제4기를 여는 김광림의 '시적 자유의 시기'로 볼 수 있을 것으로 생각한다. 물론 크게 나눈 이 네 시기 중 그 각각의 시기에 있어서는 그 다음의 단계를 예고하는 미묘한 시적 변화가 이미 일고 있어 그렇게 보면 이러한 시기적인 분류는 더욱 세분해야 할 필요가 생기겠지만 우선은 이렇게 네 시기로 나눠서 생각할 수 있을 것으로 여겨진다. 그러나 시인 김광림에겐 출발부터 현재에 이르기까지 일관되어 불변하는 시의 방법론적 특색이 있으니 그것은 그의 시가 더러 주지적 서정시라고 불리는 경우처럼 시를 고도로 세련된 지성의 작용에 의해서 맑고 단단한 심상, 즉 이미지로 또는 그러한 이미지의 무리로(그것은 또 집합적으로 전체적으로 하나의 이미지가 된다.) 응결시키려고 하고 있다는 점이다.

참으로 이러한 시의 '이미지'가 김광림의 경우만큼 시의 알파요, 오메가인 경우도 달리 지적하기 어려울 것이다. 실상 20세기에 들어와서 전개되는 이른바 '현대시'는 국내의 시, 외국의 시를 막론하고 이 이미지가 시의 핵심적인 문제가 되어 왔다는 것은 주지하는 바와 같다. 그러므로 엄정한 의미에 있어서 '현대적'이라는 말을 붙일만한 시인이면 누구나 다 이 '이미지'를 시의 중심적인 문제로 삼고 있다. 그러나 그러한 시인이라 하더라도 시가 갖는 '이미지' 이외의 다른 기능적인 요소, 이를테면 교훈적인 단정이라든가 산문적인 부언(敷衍)이라든가 별로 의미 없는 후림의 반복이라든가 하는 것을 경우에 따라서는 사양치 않는 경우가 보통인데 김광림은 거의 청교도적인 결벽으로서 시의 '이미지'를 신봉해 오고 있다. 그러니만큼 김광림의 시를 논할 때에는 이 '이미지'의 문제를 면밀히 고찰해 볼 필요가 있는 것이다.

필자는 김광림의 시를 생각할 때에 방금 말한 바와 같이 우선 이미지의 문제를 그리하여 맑고 영롱한 '물방울의 영상'을 생각하게 된다. 이 때 우리는 실제로 풀섶에서 구르는 맑은 이슬방울을 생각해 보아도 좋고 또는 물방울을 실제 물방울과 다를 바 없이 그려내는 어느 화가의 화면을 생각해 보아도 좋을 것이지만 '물방울'의 존립양식의 비밀을 알아내기 위해서는 물방울의 화면을 분석적으로 관찰해 보는 것이 좋을 것이다.

우선 '물방울'은 관념과 물질의 중간에 놓여 이 두 가지를 하나의 존재로 환원시키는 그러한 것이다. '물방울'의 구성물질인 물은 물론 비물질 아닌 물질이다. 무게가 있다. 그러나 물은 물질치고는 가장 비물질적인 특색을 가지고 있다. 적어도 어떤 물체 또는 개체의 관점에서 볼 때엔 특히 그러하다. 왜냐하면 물엔 일정한 형태가 없기 때문이다. 주변의 사정에 따라서, 그릇 모양에 따라서 어떠한 형태라도 될 수가 있다. 물에는 또 빛깔이 없다. 이 말은 곧 물은 모든 빛깔을 다 비쳐서 드러낼 수 있다는 말이 된다. 그러니 물 스스로는 모든 물질적 특색에서 한 걸음 물러나서 타물질의 물질적 특색을 다 수용하는 태세를 갖추고 있다고 볼 수 있다. 그리고 '물방울'을 보면 그것은 모든 형태의 궁극적인 응결의 형태라고 볼 수 있는 구형(球形)이다.

그러나 물방울은 분명히 물질이다. 이미 말한 바와 같이 물에는 물의 질량이 있다. 이것은 이를테면 '정신'이라든가 '마음'이라든가 추상적 관념이라든가 하는 비물질적 존재와는 엄청난 차이가 있다. 따라서 '물방울'은 물질적인 것의 입장에서는 비물질적인 것의 방향을 가리키고 있으며 비물질적인 것의 입장에서는 물질적인 것의 방향을 가리키고 있는 그러므로 물질도 비물질도 아닌 '중간적 존재'라고 할 수가 있을 것이다.

이 말은 '물방울'을 구성하고 있는 가장 중요한 요소 중의 하나가 바로 '빛'과 '그림자'라는 점을 생각해 볼 때에 더욱 수긍이 간다. '빛'을 떠나선 '물방울'의 형상 자체가 존립할 수도 없겠지만 그러나 그림자 곧 '음영'이 없이는 '물방울'의 빛이 드러나지도 않는다. 다시 말하면 어둠이 빛을 떠받치고 있는 것이다.('물방울'의 그림에는 반드시 하얗게 칠해진 부분과 까맣게 칠해진 부분이 있다.) 그런데 빛이라든가 어둠이라든가 하는 것은 물질적인 것이라기보다는 차라리 정신현상 쪽과 일맥상통하는 비물질적인 것이라 할 수가 있다.

어둠이 짙을수록 빛이 더욱 영롱해진다. 이것은 '물방울'이 암시하는 '존재'의 역설적인 양식이다. 이러한 역설적 또는 모순적 존재양식은 이 글의 진전에 따라 앞으로 더 상세히 고찰해 보겠지만 현실의 비극성과 고통이 크면 클수록 시의 심상이 더욱 맑아지는 김광림의 역설적인 시의 방법과 같은 것이라 할 수가 있다.

이러한 점을 생각해볼 때에 '물방울'은 그야말로 교묘하게 연결과 결합의 구실을 한다는 것을 알 수가 있다. 그것은 물질과 비물질을(이것은 다시 말해서 정신과 비정신을), 구체와 관념을, 희극과 비극을 연결하는 구실을 하고 있는 것이다. 따라서 '물방울'은 그 자체가 하나의 '역설'의 존재이거나 아니면 '역설'의 정도를 조금 낮춰서 적어도 '아이러니'의 존재이거나 하다.

'물방울'에 대해서 너무 길게 해설을 한 것인지도 모르겠다. 그러나 여기에는 필자 나름대로의 의도가 있다. 주지하는 바와 같이 20세기의 현대시,

그 중에서도 영미(英美) 계통의 한때의 주류적 비평 이론이라고 할 수 있는 '뉴크리티시즘'에서는 시를 본질적으로 '패러독스'의 언어로 보고 있으며 이 '패러독스'와 관련시켜서 '아이러니'를 시적 표현의 주무기로 삼고 있는 것이다. 그런데 가령 엘리엇 같은 시인에 의하면 어떤 특수한 정서 또는 느낌(feeling)은 반드시 어떤 심상, 곧 이미지를 통해서만 드러난다는 것이다. 깊은 생각의 표현은 '역설'이나 '아이러니'에 의존할 수밖엔 없고 또 '아이러니'는 '이미지'에 의존할 수밖엔 없다는 것이다.

이렇게 볼 때에 시가 이미지의 무리 또는 이미지의 단원으로 환원되면 될수록 그것은 현대적인 의미에 있어서 가장 시적인 시라고 할 수 있다. 또한 그러한 시일수록 그것은 더욱 예술적인 시 더욱 순수한 시라고 할 수가 있을 것이다. 역시 엘리엇의 말을 빌면 '이미지'란 사상을 마치 장미의 향기를 맡듯이 맡을 수 있게 해 주는 것이 된다. 왜냐하면 '이미지'는 관념과 감각의 복합체이거나 또는 이 양자의 통합된 총체이기 때문이다.

지금까지 생각해 본 '물방울'의 '역설'과 '아이러니'를 김광림의 시의 방법과 병치(並置)해 놓고 볼 때에 우리는 그의 시를 이해할 수 있는 매우 적절한 하나의 유추적 비유를 얻게 되는 것이라고 필자는 생각한다.

2

김광림의 시의 본령(本領)이 이미지의 추구에 있다고 할 때 그의 시가 인간의 현실과 유리된 따라서 사회적 현실과의 역사적인 맥락이 닿지 않은 아름다움을 추구하는 것으로 오해하는 분이 혹 있을는지 모르겠으나 이러한 상아탑적인 아름다움은 김광림의 시와는 처음부터 아무런 인연이 없는 것이다. 이미 말한 대로 '이미지'의 존재양식 자체가 역설적 또는 절대 모순적 요인을 내포하고 있다는 점을 생각한다면 이러한 오해가 있을 수가 없다. 김광림이 추구하는 미의 본질은 도리어 현실적 존재의 극적인 양상에 그 뿌리를 박고 있다는 것을 우리는 직접 그의 말을 통해서 알 수 있다. 그의 제7시집 『언어로 만든 새』의 서문에서 김광림은 다음과 같이 말하고 있는 것이다.

> 분명 나는 아름다움이나 진실을 말하기 위해 시를 쓴다. 하지만 기존의 미적 개념을 답습하거나 잠언(箴言)을 일삼을 생각은 추호도 없다. 충격적이거나 경이감을 자아내는 것에서 나는 미를 발견하고 있는 것이다. 그러니까 나의 미의식에는 '곱다'든가 '예쁘다'는 개념보다 '다이내믹하다'든가 '놀랍다'는 개념이 더 강하게 작용하고 있다. 내 딴에는 자연의 미보다는 사실의 미에 눈을 돌리는 까닭이 여기에 있다.

이와 같이 김광림이 추구하는 미의 내용은 엄연히 존재하는 것, 엄정하게 있는 현실적 사실 또는 사건에 그 근거를 두고 있음을 알 수가 있다. 그러나 이러한 현실적 사실이나 사건 자체만 가지고서는 시가 될 수가 없으며 언어를 통해서 그러한 것들이 시적 이미지로 재구성되어야만 한다. 따라서 이 때의 이미지는 그것 안에 현실적 존재를 용해시키고 융합해서 갖는 새로운 존재라 할 수밖에 없으며 그것은 일종의 미적 존재이다. 따라서 김광림의 시의 구성요건에는 두 가지가 있음을 우리는 알 수 있다. 첫째는 우리의 삶의 구성내용으로서의 현실적 극성(희극, 비극, 기쁨, 고통을 두루 포함하는)이며, 둘째는 그것을 가지고서 하는 시적 재구성이다. 이 두 가지의 대립적이며 동시에 조화적인 상호교섭 관계는 처음부터 지금까지 일관되어 오는 그의 시의 원리라 할 수가 있다.

그의 첫 시집 『상심하는 접목』에는 이 두 요인이 완전히 통합에 의한 해결의 모습을 보이지 않은 상태에서 우리에게 나타나고 있다. 다시 말해서 시를 현실의 '메시지'쪽으로 돌리느냐 아니면 예술적인 '이미지'쪽으로 심화시켜 나가느냐를 놓고 미묘하게 망설이고 있다.

죽음들
　　　뒤안길에 피어서
　　　신의 뜻대로
　　　있는 듯

　　　꽃 시공을 넘어서는
　　　우렁찬 음악

　　　관념의 울 안에서
　　　밖을
　　　밝히는
　　　훤히 꺼진 눈시울

　　　　　　　　　　　　　　　―「꽃의 서시」

　전쟁터에서 보는 꽃을 노래한 이 시에서는 전쟁의 잔혹함과 무익함을 고발하는 쪽보다는 오히려 미의 추구 쪽에 머물고 있음을 알 수가 있다. 하기야 '죽음들/뒤안길에 피어서/신의 뜻대로/있는 듯'이라고 하는 명제에서는 존재의 아이러니가 짙게 응결되어 있다. 왜냐하면 '신의 뜻'이 '죽음의 뒤안길'에 있다면 신이 그 본질로 하는 사랑 및 영원한 생명의 개념과 모순되기 때문이다. 그러나 그럼에도 불구하고 '신'을 부르는 심정과 소리에는 아직도 현실의 냉혹에 명상의 안개를 덮는 분위기가 있다.

　아름다운 시적 심상을 맡고 있는 구절들을 우리는 이 첫 시집 여기저기에서 많이 보게 된다.

　　　어느 해 봄이던가 가을이던가
　　　혹은 장미 잎의 가시와 포도덩굴의 어려운 비교학에서
　　　사흘째
　　　또는
　　　일주일

    알맞게 째이는 날
    상심의 갈빗대
    찍힌 꽃심지

                          ―「부활의 장」

이런 시구(詩句)라든가 또는,

    꽃은 스스로의 눈길을 돌리는 아픔
    꽃은 십자가에 걸리는 죽음
    ―인가

                          ―「꽃의 반항」

 이러한 시구에는 짙은 비극성이 아름다운 시적 이미지로 응결돼 있다.
 그러나 김광림의 이 무렵의 시에는 현실의 부조리와 냉혹을 고발하는 '메시지'가 이미지의 틈서리에서 어느 정도 이원론적(二元論的)으로 기웃거리고 있는 것이 사실이다. 이 무렵의 김광림 시의 주제는 크게 나누어 '전쟁'과 '꽃'이라 할 수가 있다. 이 때 '전쟁'은 현실의 한 단면을, '꽃'은 미의 모습을 각각 떠맡고 있다. '전쟁'과 '꽃'의 통합 자체가 매우 이질적이며 대립적인 것을 한데 묶음으로써 이미지의 극적 효과를 높이는 방법이기도 하다.
 우리가 겪은 '6·25'라고 하는 전쟁에 대한 김광림의 사상은 한마디로 말해서 철저한 반전사상이다. 전쟁의 무익성과 딱함과 비참함을 증언하는 고발정신이다. 어느 시대를 막론하고 참된 의미에 있어서의 '전쟁시'는 전쟁의 무익함을 생생히 드러내는 데에 그 뜻이 있을 것이다.

    까닭 모를 죽음을
    지켜서 증언할
    천만 되풀이되는 부활의

> 꺼지지 않는 형상 앞에서
> 군화를 밟는 자욱
> 자욱은
> 꽃이었다
>
> —「꽃의 문화사」

이것은 처절한 아이러니가 아닐 수 없다. '부활의/꺼지지 않는 형상'이란 오늘도 내일도 이어지는 전쟁을 말하는 것이리라. 그런데 거기에서 되풀이되어 씩히는 군화 자국이 바로 '꽃'을 담고 있었다 하니 참혹과 아름다움의 표상의 대조에서 울려오는 복합적인 심리는 아름다우며 동시에 비극적이다. 이런 구절의 이러한 이미지는 '미'와 '현실'의 통합이 이루어지지 않은 것은 아니지만 그러나 아직은 '미'의 표상은 표상대로, 고발하는 '메시지'는 '메시지'대로 아직도 이원론적으로 작용하고 있음을 느낄 수 있다. 이러한 점은 다음 구절에 있어서도 마찬가지이다.

> 일없이 부러진 가지를 보면
> 그 다음 가장이가 안 됐다
>
> —「상심하는 접목」

또는,

> 목을 꺾으며 지는
> 꽃이든가
> 아니면
> 자폭의 의지로 남을까나
>
> —「아드바룬이 떠 있는 풍경」

김광림의 이 첫 시집에 실린 시편들은 그의 다른 어떤 시집보다도 더 짙은 '시적 에너지'와 열정에 넘쳐 있다. 이 말은 이 시집의 예술적 성과의 정도를 두고 하는 말이 아니다. 한 자연적인 상태를 지적하는 것일 뿐이다. 물론 반면에 시의 심상의 투명성과 간명성(簡明性)은 다음에 이어질 시집에 못 미친다. 이것 역시 자연스러운 결과이다. 거의 모든 시인의 첫 시집에 공통되는 특색이 바로 이런 점이기도 하다.
　이 시집에서 시인 김광림은 아직도 앞으로의 시적 논로(論路)에 대해 확고한 결정을 못 내리고 있는 듯한 인상을 받는다. 미와 현실의 통합이라는 대전제가 확립된 것은 사실이지만 이 중에서 그 주도적인 비중을 어느 편에 둘 것인가에 대해서는 아직도 망설임을 보이고 있다. 혹 운명의 손길이 달리 작용했더라면 시인 김광림은 후일에 이른바 '참여파'라고 불리는 진영으로 기울 수도 있는 여지가 아직도 다분히 남아 있는 것이다. 이 시인이 나아갈 길은 과연 '참여'인가 '미'인가?

3

　제2시집에서 김광림은 시집의 제목인 『심상의 밝은 그림자』가 말해 주듯이 앞으로 전개해 나아갈 그의 시의 방향을 분명히 선택했다.
　「금붕어」, 「순연(純然)」, 「소용돌이」 등의 시편이 포함되는 이 시집에서 김광림은 시의 '심상'을 그의 시의 제일 원리로 삼을 것을 다시 말해서 시에 있어서의 시가 갖는 문학성 쪽보다는 차라리 시가 갖는 예술성 쪽에 충실할 것을 굳혔다. 그러나 이 말은 김광림이 시의 첫 출발에서 모색하기 시작했던 '심상'의 구성원리에 대해 선회적 수정을 하게 됐다는 것을 의미하는 것은 아니다. 김광림은 미와 현실의 팽팽한 대립 관계에서 생기는 '심상'의 긴장감을 유지하되 '미'를 지배적인 제일원리로 삼고 '현실'을 어디까지나 '미'쪽으로 수렴함으로써 궁극적인 통합을 이룩하려는 방법을 택한 것이다. 따라서 이러한 방법에는 언제까지나 이 두 요인의 긴장과 대립에서 오는 극적인 갈등이 없을 수 없고 이것이 김광림의 시의 전개에 이를테면 어떤 숙명적인 왕복적 진폭을 주게 된 것이다. 따라서 어느 시기에 가서는 '현실'의 반란이 더 격화되어 시에 '현실'의 복잡성이 더 노출될 일도 예상할 수 있는 일이다. 그러나 그러한 경우라도 이미 확정된 방법적인 궤도에서 시가 이탈하는 일은 없을 것이다. 어쨌거나 그가 그의 시학의 중심적인 표지로서 세워놓은 '심상'의 모습을 보도록 하자.

> 가난한 마음이 닦는 등피에
> 심지를 혀는
> 금붕어
>
> ―「금붕어」

> 청과(靑果)는 비로소
> 묻은
> 햇살의 푸른
> 먼지
> 과일 속에 스며들면
> 단맛으로 빚어지는
> 종교가 되다
>
> ―「청과」

이런 시구들이 자아내는 심상은 거기에 어떤 음영이 없는 것이 아니지만 그러한 음영조차도 다소곳이 앉아서 협화음적(協和音的) 효과에 이바지하고 있는 것이다. 심상이 맑고 영롱하며 반짝이는 빛의 줄기가 있다. 시인의 사념은 마치 과육(果肉)의 영양가처럼 섭취돼야 한다는 폴 발레리의 말을 연상시킴직한 것들이다.

영아(嬰兒)의 모습을 빌어 '무심(無心)'을 노래한 「순연」에 와서는 아름다운 맑음이 그대로 정서적인 감동으로 이어진다.

> 아가는
> 조그많게 움켜쥐었던
> '원죄'를 놓았다
>
> 영혼을
> 햇살에 담아가지고
> 날아오르는
> 비둘기

이러한 평화스럽고 맑은 심상의 풍경은 따라서 잠시 시름을 떠나 미소짓는 '뮤즈'의 표정은 역시 행복한 이름을 갖는 그의 제3시집 『오전의 투망』에서도 그대로 이어져 나간다.

「음악」, 「주일(主日)」, 「석쇠」, 「종」, 「어제와 오늘」 등의 시를 포함하는 이 시집의 끝에는 김광림이 「각서」라는 이름으로 자기의 생각을 정리해서 싣고 있는데, 이 무렵에 주로 관심을 끈 것은 발레리의 이른바 '순수시'이거나 엘리엇이 말하는 개인적 정서의 무절제한 노출을 지양하는 지적 작업에 의한 시였다는 것을 알 수가 있다.

> 건반 위를 달리는 손가락
> 울리는 상아해안의 해소(海嘯)
> 때로는 꽃밭에 든 향내 나는 말굽이다가
> 알프스 산정의 눈사태
>
> ―「음악」

이런 시구가 빚는 심상은 시의 제목이 가리키듯 그것이 음악의 상념을 불러일으키기는 하지만 시의 시어들이 메아리처럼 반향(反響)하는 음향의 효과를 불러 일으킨다기보다는 그 간결하고 견고한 언어적 특성으로 인해 차라리 회화적 내지는 조소적(彫塑的)인 심상이라는 느낌을 받는다. 따라서 김광림의 시는 유현한 울림을 유발시키는 보들레르 계열의 상징주의적 수법에 의한 시라기보다는 차라리 T.E.흄 계열이거나 에즈라 파운드가 주창한 '이미지즘'쪽과 더 가까운 혈연관계를 갖는다고 볼 수가 있다.

이 무렵의 김광림의 시에는 한동안 평화와 고요가 유지되어 왔다. 찌푸린 표정을 하는 현실적인 문제의 굴곡도 그런대로 맑은 심상의 생산에 협력했다. 그러나 김광림 시의 존재원리에 따라 시 심상에 내재하게 되는 갈등적 요소들로 해서 머지 않아 이러한 평화에 파란이 일 것은 짐작할 수 있는 일이다. 김광림의 시를 기다리고 있는 것은 맑고 밝은 심상에 투입된(자체적인 요인에 의해서) 짙은 갈등의 그림자이다.

4

김광림 시의 제2기를 꾸미는 이 시기의 시집들은 『학의 추락』, 『갈등』, 『한겨울 산책』이다.

김광림은 거의 작품 하나 하나를 쓸 때마다 무엇인가 거기에 언어의 실험을 하고 있다. 그리고 이러한 실험을 담은 시들이 한 권의 시집으로 엮어질 때에는 그 실험의 전체적인 특색이 드러나곤 한다. 그런데 이러한 특색의 내용을 아마 김광림만큼 시집의 제목 하나로써 적확하고도 확연하게 암시하는 시인은 드물 것이다.

'학의 추락', 낭만주의의 시인이라면 천사의 추락이라고도 할 법한 생각이다. 보들레르에 사로잡힌 '신천옹(信天翁)'. 그러나 학은 천사와는 달리 실재하는 새이며 새 중에서도 빼어난 청풍도골(淸風道骨)이다.

'새'는 김광림에게는 그의 시를 잘 살펴서 읽어보면 알 수 있듯이 '심상'의 상징으로서의 기능을 갖는다. '심상'은 사물의 모든 영역을 비상하는 것이기 때문에 이 상징은 적절한 것이라 하겠다. '학의 추락', 상징적이며 동시에 비극적인 뜻을 내포하고 있다. 「갈등」이란 제목에 이르러서는 상징적이고 뭐고 없이 다만 비극적이며 '리얼'할(현실적일) 따름이다. 「한겨울 산책」에서는 다소의 화해의 낌새가 보이기는 하지만 아직도 '봄'이 오지를 않고 있다. 이 무렵의 김광림의 시는 이른바 변증법의 틀로서의 공식인 '정(正), 반(反), 합(合)'을 생각한다면 '반(反)'의 시기의 한복판에 해당할 것이다. 그리고 이 시기가 김광림의 시의 전개에 있어 가장 심각한 시기가 될 것이다.

지금까지의 수련에 의해서 김광림은 언어로써 영롱하고 단단한 심상을 깎아내는 방법과 솜씨를 확고한 것으로 자리잡게 했다. 시의 심상 안에 때로는 격렬한 충격이 들어와도 심상 자체가 붕괴되는 일은 결코 없을 정도에까지 이르렀다.

현실과 실생활의 내용이 비극적이고 어두우면 그럴수록 그것이 시의 심상에 음영을 더해 준다. 음영이 짙을수록 역으로 심상의 밝은 부분이 더욱 부각된다. 삶의 비극이 시를 더욱 단단한 것으로 만드는 것이다. 이것은 이론상으로는 충분히 가능한 일이지만 실제로 그렇게 실천하기 위해서는 시인의 솜씨가 그만한 수준에까지 가 있지 않으면 안 된다. 김광림은 이 일을 여유 있게 해내고 있다.

일단 그만한 수준에까지 간 시인에게는 삶의 가난과 고통이 생각만큼 두려운 것은 아닐 것이다. 고통과 어려움이 바람직한 것은 아니라 하더라도 적어도 그것으로써 시인의 삶 자체가 붕괴되는 일은 없게 된다. 그러한 시인은 고통과 괴로움을 센티멘털한 희망이나 늘어놓고 한숨이나 내쉼으로써 외면하려 하지 않는다. 있는 그대로 리얼하게 그것을 받아들인다. 그것을 시의 심상에 투입한다. 심상이 오히려 정채(精彩)를 발한다. 역설적으로 말한다면 고통을 흡수해서 더욱 밀도 있는 시를 쓸 수 있게 된다면 그 일 자체가 재미가 나게 된다. 그러나 물론 이러한 말이 한 인간으로서의 김광림의 고통을 결코 묵살하려는 것은 아니다. 고통 자체의 문제는 시를 논하는 이 글에서 범주적으로 제외해 놓고 있을 따름이다.

이 때 시인은 시와 현실의 중간에서 중립적인 관계에 서게 된다. 치열한 불꽃을 요소로 하는 시 심상의 생산이 잘되면 될수록 시인은 더욱 냉철해진다. 냉철해질수록 시가 더욱 맑아진다. 이것이 김광림의 시학(詩學)에 있어서 일종의 '고통의 미학'에 대한 핵심적인 풀이가 될 것이다.

이렇게 되면 시를 쓴다는 것이 오히려 현실의 추악함과 고통스러움을 흡수하는 완충장치 비슷한 것을 갖는다는 뜻이 된다. 시가 현실적인 상처와 고통을 흡수한다는 의미에서 시는 일종의 '표현'이기도 하다. 시로써 고통을 처리하면 그것은 고통을 치유하는 효과까지도 갖게 된다. 이렇게 되면 그러한 시인에게는 시가 종교가 떠맡고 있는 구실의 일부까지도 떠맡는 셈이 된다. (그러나 물론 이 경우의 치유의 효과는 시의 입장에서는 목적외적인 부차적인 구실에 불과하다.)

김광림이 시를 대하는 이러한 자세는 김광림의 시가 더 예술지상주의적인 시라는 말을 듣게 되는 것과 무관하지 않다. 다시 말해서 김광림은 목숨을 걸고 시를 쓰는 것은 아니겠지만 적어도 시를 현실의 어려움과 괴로움보다는 높은 차원에 놓고 있는 것이다. 따라서 현실의 삶이 고통스러우면 그럴수록 시에 깊이가 고인다. 또 그러한 시인에게는 그렇게 하는 것 이외에 현실에 대응하는 방법이 없다. 시인과 상황의 관계 자체가 참으로 역설적이다.

「첫 소망」, 「등불」, 「사막」, 「사중주」, 「산」, 「좌객」 등의 시가 들어 있는 시집 『학의 추락』에서 우선 「사막」을 보도록 하자.

(전략)
사막이 없는 나라에서는 막연한 갈증에 사로잡힌다
일요일 때문에 목이 칼한 종소리
신앙을 휴대하고 다니면 종교가 익사 직전에 있다

(중략)

화가 이중섭은 사막으로 갔다
실오라기 하나 걸치지 않고
아랫도리를 게의 예리한 발톱에 집힌 것이다
물린 순수의 피나는 이적(異蹟)을 담배 은종이에 나타내었다

―「사막」

　순수한 갈증의 본고장이라 할 수 있는 사막, 그것이 존재하지 않는 도시에 오히려 퍼져있는 '막연한' '사막성'을 냉철하면서도 풍자적으로 그리고 있는 이 시는 상황을 신기루 같은 환상으로 윤색하지 않고 팍팍하게 제시하고 있기 때문에 사물의 객관적인 제시를 그 취지로 했던 한때의 '신즉물주의'적인 경향을 보이고 있으며 그런 의미에서 또 '신현실주의'라는 이름이 붙음직도 한 것이다. 그러나 이 시에도 시인의 상상과 통찰이 스며 있음은 물론이다.
　시「교외선」에는 가도 가도 실마리가 안 풀리는 삶과 끝도 없는 사고의 순환론법이 우의적으로 그려져 있다. 여기서 독자 여러분은 시「갈등」을 한 번 읽어 봐 주시기 바란다.
　만약에 전기적(傳記的)인 흥미에서 김광림의 개인적인 생활이나 내면적인 고뇌를 캐내고 그것을 시에 적용해서 시를 해석하려고 한다면 그것은 이른바 시의 감상에 있어서의 '의도적인 오류'를 범하는 것이 될 것이다. 시를 감상하는 일의 모든 근거는 시 자체 안에 있는 것으로 봐야 할 것이다. 그러나 시의 시어와 문맥과 심상이 역으로 김광림의 개인적인 고통과 고뇌를 암시할 수는 있는 일이다. 이러한 암시는 어디까지나 시의 독자를 위해서 시를

통한 미적 체험과 경우에 따라서는 비극적 체험에 보탬이 되도록 해야 할 일이며 그것이 한 개인의 생활의 천착으로 연장될 때 그것은 문학외적인 오류를 범하는 일이 될 것이다.

어쨌거나 시 「갈등」이 표출하고 있는 심상의 비극성은 처절할 정도로 심각한 것이다. 그런데 이 비극성은 이 시의 무정하다 싶을 정도의 냉철한 심상 제시에 의존하고 있다. 여기에 앞서 말한 김광림 시학의 '고통과 비극의 미학'의 한 표본이 있다. 인생을 근원적으로 '빛'으로 보는 생각에는 어떤 원초적인 전망이 있다. 「식사」, 「천근의 우수」, 「어느 날 아침」, 「쥐」 등의 시도 이러한 관점에서 읽으면 좋을 것이다.

김광림 시의 방법론적인 특색을 전형적으로 잘 드러내 보이고 있는 시는 아마도 시집 『한겨울 산책』에 들어 있는 「안데스령(嶺)의 푸름」일 것이다. 이 시는 길지 않으므로 전문을 여기에 인용해 보겠다.

> 눈사태가 난
> 대(大)안데스령(嶺)에
> 무더기로 추락해서
> 살아남은 사람
> 그 속에서
> 단 한 사람의 눈시울에
> 처음으로 비쳐든
> 푸름이듯
> 석 달 열흘
> 눈보라를 헤치고 나온
> 옹긋싹이다
> 해발을 알 수 없는
> 생활의 협곡에 갇혀서
> 지금의 나는
> 너를 그렇게 바라보고 있다

남미 최고의 준령인 '안데스 산맥'이라고 하는 대자연의 위력과 '생활의 협곡(峽谷)', 조난을 당했다가 구사일생한 사람(인육을 먹고 살아 남았다는 얘기가 아마 이 때의 일이었던 것으로 기억한다.)과 그렇게 기적적으로 피어 오른 새 봄의 국화과에 속하는 '옹굿싹'. 이 두 단층적 사물의 병치(竝置)에서 오는 신선한 대조와 경악. 평범한 일에 숨어 있는 경이. 생명의 신비. 더욱 많은 상념과 연상을 압축시킨 시어들. 정확하면서도 유연한 상상력. 그런데 이 시의 「안데스령(嶺)의 푸름」이라는 제목은 마치 시원한 풍선처럼 시치미를 떼듯 저만치에 떠 있다. ……이러한 특색들로 해서 이 시는 이른바 영국의 형이상학파 시인들의 '기상(奇想)'을 생각게 하는 '심상'의 표출에 성공하고 있으며 보기 드물게 빛나는 수작인 것이다. 마치 김광림 시학의 전형을 이 시에서 보는 듯한 느낌이다.

많은 평가(評家)들이 평을 한 바 있는 시 「소문」도(이 시 또한 여러분들께서 상기해 주시기 바람) 이 시와 같은 유형에 속하는(압축과 극적 효과라는 점에서) 시로 보면 될 것이다. 전문 13행의 이 시가 자아내는 긴장감은 놀라울 정도이다. 김광림 자신은 '사실의 미의 추구'와 '놀라운 사실의 발견'이 이 시를 쓰게 한 동기라고 말하고 있다. 낡은 버스를 타고 지루한 여행을 하는 '울적을 무산시켜 놓은 것은/한 마디/<땅꾼이 독사를 놓쳐 버렸다>는 소문이었다/부르르 차체가 떨고 있었다'. 이 시는 표면상 짤막한 사건의 보고 형식으로 돼 있지만 기실 이 사건이 사회적 상황을 넌지시 가리키는 연상(聯想)도 배제할 수 없다는 점에서 이 시에서 확산되고 있는 표현력의 진폭은 굉장히 넓다. 이 말은 시에 많은 '에너지'를 가해서 간결하게 압축하면 할수록 배경을 크게 거느리게 되고 그러한 시의 표현력은 배경을 그만큼 더 강력하게 흔들어 놓는다는 얘기가 된다.

여기에서 김광림의 시가 '존재'냐 '표현'이냐 하는 문제를 제기할 수 있을는지 모르겠다. 그러나 이러한 의문은 실상 크게 의미가 있는 것이 못 된다.

시에 있어서는 무엇이건 간에 하나의 시적 '존재'(이미지)치고 그 자체로서 '표현' 아닌 것이 없고 '존재성'을 획득함이 없이 살아있는 '표현력'은 있을 수 없을 것이기 때문이다. 성공한 시(이미지)는 언제나 '존재성'과 '표현력'이라고 하는 두 날개를 갖게 마련이다.

시집 『언어로 만든 새』와 『바로 설 때 팽이는 운다』에 접어들면서 김광림의 시는 다시 새로운 국면을 보이고 있다. 이 시기가 바로 제3기에 해당한다. 그러나 그 이전의 시기와 전연 이질적인 면모를 보이고 있다는 얘기는 물론 아니다. '심상'을 제일 원리로 하는 지금까지의 시학의 기본 골격의 테두리 안에서 시의 '작품성'과 '현실성'의 모순적 갈등의 심각한 국면을 거쳤으며 또한 필요한 만큼의 시적 실험을 일단은 거침으로써 이제는 '정(正)'과 '반(反)' 다음에 오는 1기의 '합(合)'의 단계에 접어든 것으로 볼 수가 있겠다. 말하자면 현실을 보는 눈에 가열한 모서리가 어느 정도 깎이고 '현실', '시상', '시인' 삼자간에 대립과 갈등보다는 차라리 화해의 기분이 감도는 시기인 것이다. 따라서 지금까지의 '리얼리즘'의 정신과 압축의 솜씨는 여전하면서도 거기에는 여유와 원숙의 분위기가 있다. 정신의 이러한, 어떻게 보면 필연적인 방향과 때를 맞추어서 이맛살을 찌푸리기만 하던 현실과 생활의 심술도 어느 정도 누그러졌을는지 모른다. 이 무렵의 이러한 분위기를 잘 말해 주고 있는 것이 시 「해토(解土) 무렵」이다.

> 병상에서
> 갓 일어난 햇살이
> 바람과 장난치고 있다
> 해토(解土)는
> 잡기장(雜記帳)처럼
> 부산하다
> 얼었다
> 녹는

> 질퍽한 생각에
> 자꾸만 엉기어붙는 춘니(春泥)

김광림의 이러한 원숙의(변모라기보다는 차라리) 진행을 잘 말해 주고 있는 것이 시집 『언어로 만든 새』와 『바로 설 때 팽이는 운다』에 걸쳐 쓰여지고 있는 연작시 「내성적(內省的)」이다.

김광림 자신은 「내성적」을 "과거의 상황을 그리면서 현실을 암시하고자" 해서 쓴 것이라고 말하고 있지만 이렇게 말할 수가 있게 된 한 시인의 입장을 측면에서 본다면 이제 시인 김광림은 늘 시선을 현실에 맞출 수밖에 없는 심리적인 각박함에서 벗어나서 시간의 과거와 어느 의미에선 또 미래를 자유로이 드나들 수 있는 여유를 갖게 되었다고 말할 수가 있을 것이다. 「내성적」은 그 문체도 지금까지처럼 간결한 운문의 형식을 택하지 않고 보다 자유스러운 산문의 형식을 취하고 있다. '리얼리스틱'한 시선으로 그러나 무심히 회고해보는 유년시대의 기억에서 시인은 재미나면서도 짙게 시적인 장면을 정치(精緻)한 글로 부각시킴으로써 매혹적인 시의 광맥을 찾아내고 있다. 이러한 시를 통해서 우리는 '유년기'도 우리의 '실재'의 엄연한 한 영토임을 알 수 있게 된다. 시집 『언어로 만든 새』에서 또 우리에게 흥미진진한 시적 시도를 보여 주고 있는 것이 「시로 쓴 시인론」과 「시로 쓴 시인 메모」일 것이다. 우리의 시사(詩史)에서 핵심적인 일을 해왔다고 볼 수 있는 시인들, 가령 서정주에서 김종삼에 이르기까지의 시인들을 주제로 한 이 시도는 말하자면 '이미지'로 표출한 시인상이다. 한 시인의 존재는 구체적인 면과 추상적인 면을 두루 포함하는 하나의 총체적인 온전함이라고 말할 수 있다. 그러므로 그것을 산문으로 설명해 나가자면 아무리 길어도 미진할 수밖에 없다. 하물며 제각기 남달리 오묘한 내면의 세계를 지니는 시인에 있어서랴. 그런데 '이미지'로 한 시인을 포착할 때 그것은 단박에 한 시인의 존재의 또 하나의 등가적(等價的) 존재가 되고 만다.

시인에 대한 김광림의 데생 솜씨는 정확하다. 이 시들은 모두 하나의 시인상인 동시에 그것 자체가 또한 독립된 시적 이미지이기도 하다.

> 피아노 건반을 두들기는
> 소리가 난다
> 어김없는 박자
> 맞아 떨구는 하모니
> 영롱하게 맺히는
> 아침 이슬이다
>
> —「박남수」

주제가 되는 시인들의 선정과 그 시인들의 이미지를 통한 성격과 세계의 진행은 시로 압축해서 쓴 우리의 시사(詩史)를 조감하는 성격을 지니기도 한다. 우리의 시사에 대한 김광림의 이해의 폭을 짐작케하는 시작(詩作)이다.

시「지지 지지야」는 어린이와 어른을 대비시킴으로써 어른의 물욕을 예리하게 풍자한 매우 재미나는 풍자시이다. 무엇이고 입에서 나오는 것이 문제가 있지(어린이처럼) 입에 넣는 것엔 문제가 없다고 한 성경 구절을 생각나게 하는 시이기도 하다.

원래는 시집 『바로 설 때 팽이는 운다』에 실렸던 「낙화암」,「촉석루」,「행주산성」의 시편은 마치 예리한 촌철(寸鐵)을 생각게 한다. 간결할대로 간결한 수사(修辭) 역시 시인의 원숙함을 말해준다. 그러면서도 '아이러니'를 통해서 시인의 삶에 대한 자세랄까, 그런 것이 선명하게 부각되어 있다.

5

지금까지 필자는 시인 김광림의 시의 전개를 대략 3기로 나눠서 살펴보았다. 그러나 그 어느 시기에 있어서도 김광림 시의 원리의 핵심은 항상 응결된 시의 '심상'에 있음을 강조해 왔다.

최근에 와서 김광림이 발표하기 시작한 일련의 또 다른 연작시들은 김광림이 이제 새로운 국면에 다시 접어들고 있음을 말해주고 있다. 즉 연작시「사랑」과「지귀담(志鬼譚)」이 그것이다.

시의 제목이나 주제 자체가 김광림으로서는 새로운 분야라 할 수 있다. 시각의 초점을 있는 바 그대로의 현실적인 것에 밀착시키고 일상적으로 흔히 있는 사건들을 시로 응축시키는 것이 김광림의 지금까지의 주요한 영역이었다고 본다면 '사랑'을 다루고 있는 이 두 연작시는 인간의 본성과 관련을 가지며 따라서 어느 정도의 윤리성의 문제까지도 포함하고 있다는 점에서 지금까지와는 다른 면을 보여주고 있다. 시의 수련과 삶의 시련을 겪을 대로 겪어 온 김광림이 이제 그러한 경험을 모두 종합해서 엮어 나가려는 시도이니 이것은 김광림의 시세계의 확대이며 심화이며 또한 보다 넓혀진 시의 자유라고 볼 수 있겠다. 따라서 네 번째에 해당하는 이 시기는 시인 김광림이 이제 시의 '고원'에 다다른 것이라고 볼 수 있겠다. 그러나 지금도 왕성한 창작활동을 보여주는 김광림이 어떻게 정진해 나아갈 것인지를 구체적으로 예측하기는 어려운 일이다. 어쨌든 그의 앞에 커다란 새로운 가능성이 또 틔어 있음을 지적할 수가 있겠다.

김광림은 '사랑' 자체에 대해서 노래할 때에도 지금까지 다져온 수법이라 할 수 있는 '즉물적'인 데생은 부동(不動)의 것이 되고 있다.

먼 곳
새소리
호면(湖面) 그득한 햇살
고달프고
지친

> 마음을
> 어루만지듯
> 바람이
> 아아 예서 그는 사랑을 배웠구나
>
> ―「사랑 4」

　지금까지의 김광림의 시와는 또 다른 윤기와 부드러움과 따뜻함이 있다. 선덕여왕에 대한 집념의 사나이 지귀의 사랑의 애화를 다룬 연작시 「지귀담」은 소재의 상면이 유년 시대가 아닌 시대를 멀리 거슬러 올라가는 아득한 역사적인 과거에 속한다. 그러나 이러한 소재를 오늘날의 경상도 지방의 사투리라든가 민담을 연상케 하는 단순한 리듬 등을 잘 섞어서 바로 우리의 주변에서 일어나고 있는 사건과 다름없는 현장감을 자아내게 하고 있다. 그리고 이 지귀의 사랑이 결코 '육체감(肉體感)'을 여의지는 않은 것으로 돼 있다. 그러면서도 또 이 사랑이 지귀의 한낱 얼빠진 짝사랑이 아니라 우리의 오관(五官)을 넘어서는 마음의 차원에서의 여왕의 사랑(물론 연민 섞인 그러나 단순히 그렇다고만 말할 수도 없는)도 교감하고 있음을 보게 된다. 이러한 점들로 해서 이 시는 복합적인 감동과 실감을 주는 시이다. 아마 이 연작시는 앞으로도 이어질 것이다. 김광림은 다음과 같이 말하고 있다.

> 　나는 시를 쓸 때 무슨 거창한 효용 같은 것을 염두에 두지 않습니다. 이를테면 '사회'를 위해 '인류'를 위해 쓴다고 생각해 본 일은 없습니다. 다만 쓰는 일이 즐거워서 쓰고 있을 뿐입니다. 슬픈 일이 있거나 괴롭고 울적할 때 곧잘 시가 쓰여집니다. 그리고 보면 시는 나에게 있어 자기 구원이나 카타르시스를 위해 쓰여지고 있는지 모르겠습니다.……

　지금까지 여러 번 지적해 왔듯이 김광림은 시의 본질과 원리를 결국 '심상'의 기능에 귀착시키고 있기 때문에 일단 시를 쓰기 시작했을 때 그 시 전체의 결정도를 이미지의 단계로까지 끌어올리지 않는다면 그것은 그에게는 미완의 의미를 갖게 될 것이다. 다시 말해서 완성을 향할수록 그의 시는 압축이 되는 것이다. 그의 시가 대체로 긴 시가 아닌 짧은 시가 되려는 경향을 갖는 것은(한 행의 길이도 마찬가지이다.) 이러한 이유에서일 것이다.

김광림은 지금까지 시에서 무슨 '형이상학적'인 문제라든가, '존재'라든가, '영혼'이라든가, '영원'이라든가 하는 거창하고 추상적인 관념을 시의 주제로 삼은 일은 없었다. 이 말은 그가 기존하는 어떠한 이념이나 관념에 사로잡히는 일이 없는 동시에 또 기존하는 모든 상념을 자유로이 취사선택할 수 있는 자유를 갖는다는 것을 의미한다. 김광림의 시에는 더러 그리스도교적인 이미지도 기웃거린다. 그러나 '고통'을 끝까지 밀고 가서 객관화시킨 다음 그것을 가만히 응시함으로써 '고통'을 처리하려는(다시 말해서 '고통'을 '고통'으로 처리하려는) 자세는 어딘지 불교의 선(禪)을 연상시키기도 하는 것이다(물론 그리스도교의 '침묵'의 방법을 연상시키기도 하지만). 그러나 김광림은 이제 시의 기교면에서나 정신면에서 지금까지의 수련에서 오는 자유를 얻었다고 볼 수 있으므로 앞으로는 김광림의 시에 삶에 관한 보다 근원적인 문제가 그 주제로 등장하리라는 예측도 가능할 것이다.

김광림은 쉴새없이 시의 실험을 거듭해 온 시인이다. 따라서 그의 시의 '심상'은 틀에 꽉 짜여서 고정돼 있는 류(類)의 것이 아니라 어디까지나 마치 살아서 성장하는 세포처럼 변모하며 따라서 유동적이며 또 그만큼 닫혀 있는 상태에 있는 것이 아니라 열려 있는 상태에 있는 것이라 할 수가 있다.

김광림의 시는 '현대적' 또는 '주지적'이라는 수식어가 붙을 수 있는 서정시이다. 주관적인 정서를 무절제하게, 마치 한숨처럼, 때로는 곱게 토로하는 시, 이런 류(類)의 시가 아마 그가 제일 경계하는 시일 것이다.

김광림은 지금까지 시를 역설과 아이러니의 언어의 예술로, 그러한 언어의 결정으로서의 '심상'으로 만드는 데 있어서 독특한 영역을 개척해 왔다. '주지적'이라는 점에서 김광림의 시는 정지용 이후 박남수나 김춘수로 내려오는 시의 산맥에 이어질 것이며 지적인 요소와 구성으로써 우리의 현대시의 수준을 높여 온 그의 시의 발자취는 우리 시에 두고두고 큰 영향력과 중요한 의미를 갖는다고 할 것이다.

(「소용돌이」, 시문학 총서 ⑪ 『김광림 시선』, 고려원, 1985.)

2부 작품론

일상세계와의 응전, 그리고 아이러니
- 김광림의 시세계

이 건 청

1

　김광림은 1929년 함경남도 원산에서 아버지 김창응(金昌應)과 어머니 김윤복(金允福)의 장남으로 태어났다. '光林'은 필명이고 본명은 '忠男'이다. 본인은 초등학교 시절 옆집에 사는 동창생 '김광림'의 이름을 무척 부러워했다. 후일 평론가 임긍재의 누이동생(은교)과 맺어지면서 김 씨와 임 씨가 합쳐 빛을 발하게 될 것이라는 생각을 굳히면서 감히 김광균의 '光'과 김기림의 '林' 자를 따서 필명을 지었다고. 술회한 바 있었다. 시의 길에 입문하면서 그가 지녔던 시에 대한 견해의 일단을 짐작해 볼 수 있는 단서일 수 있을 것이다. 아버지 김창응은 대서업을 했지만 문학을 좋아해서 많은 문학서를 구입해 읽었으며 김광림은 부친의 책을 읽으며 문학에 관심을 키워가게 되었다. 송도중학 3학년 때 해방을 맞아 고향의 원산중학으로 옮겨 중학을 마친 후 평양종합대학(현 김일성대학) 역사문학부 외국문학과에 입학했지만 사회주의적 획일성을 강요하는 교육체제에 환멸을 느껴 입학 한 학기만에 자퇴하고 말았다. 월남 후 국학대학에서 졸업장을 받았다.

김광림은 시력 50년을 넘는 현재까지 왕성한 작품활동을 하고 있는 현역 시인이다. 많은 시인들이 조로해 버리거나 일찌감치 대가풍에 젖어 작품에 등한해 버리는 한국시의 풍토 속에서 김광림은 시의 길에 전념함으로써 시인적 삶의 전범을 보여주고 있다. 그는 삶의 일상이 지니는 평이함의 세계를 시적 긴장의 차원으로 발견해 보여주는 시편들을 써왔다. 그렇기 때문에 그의 언어들은 특별히 연마되어 있기보다 질박하게 보인다. 그의 시가 지니는 호소력도 일상어어들이 이뤄내는 교감성에 기인한 것일 것이다.

김광림이 문학에 대해 보다 적극적인 관심을 지니게 된 것은 구상, 이중섭 등이 관여하던 동인지 ≪응향(凝香)≫을 통해서였다. 구상, 이중섭 등을 통해 시에 대한 관심을 지니게 되었고 습작도 하게 되었다. 1947년 북조선 예술가동맹에 의해 소위 '응향사건'이 터지고 시적 자유가 이데올로기에 종속되는 현실을 목도하게 되면서 북한 사회에 대한 환멸은 더욱 깊어졌다. 1948년 단신 월남하게 된 것은 그 때문이다.

그가 시단의 공인을 받게 된 것은 1954년부터인데[1] 이후 그 동안 써온 작품들을 집중적으로 발표하면서 전봉건, 김종삼과의 합동시집 『전쟁과 음악과 희망과』(1957)에도 참여하는 등 활발한 활동을 보여주었다. 그 동안 개인시집으로 『상심하는 접목』(백자사, 1959), 『심상의 밝은 그림자』(중앙문화사, 1962), 『오전의 투망』(모음사, 1965), 『학의 추락』(문원사, 1971), 『갈등』(문원각, 1973), 『한겨울 산책』(천문출판사, 1976), 『언어로 만든 새』(문학예술사, 1979), 『바로 설 때 팽이는 운다』(서문당, 1982), 『천상의 꽃』(영언문화사, 1985), 『말의 사막에서』(문학아카데미, 1989), 『곧이곧대로』(문학세계사, 1993), 『대낮의 등불』(고려원, 1996), 『앓는 사내』(한누리 미디어, 1998), 『놓친 굴렁쇠』(풀잎문학, 2001) 등 14권이

---

[1] 김광림은 이 문제에 대해 '나는 데뷔 연도가 애매한 편이지요. 1954년에 ≪군사다이제스트≫에 실렸던 「장마」라는 작품이 ≪전시한국문학선≫에 「내력」이란 작품과 함께 수록·발표되었는데, 이때부터 기성대우를 받은 셈이지요'(김광림·김종해 대담, 「나의 문학, 나의 시작법」, ≪현대시≫, 1985.)라고 밝히고 있다.

있다. 합동시집『전쟁과 음악과 희망과』(전봉건, 김종삼, 김광림, 자유세계사, 1957),
『본적지』(김종삼, 김광림, 문덕수, 성문각, 1968)을 냈고 시선집으로『소용돌이』(고
려원, 1985),『멍청한 사내』(문학사상사, 1988),『들창코에 꽃향기를』(미래서, 1991)
등이 있다. 또한 시론집으로『존재에의 향수』(조광출판사, 1974),『오늘의 시학』
(새문사, 1979),『아이러니의 시학』(문학예술사, 1991),『현대시의 이해와 작법』(을파
소, 1999) 등을 냈다. 수필집으로『뿌리깊은 나무의 잎새마다』(문예원, 1980),『빛
은 아직 어디에』(도서출판 인의, 1989),『사람을 그린다』(문학예술사, 1994),『어서
열어다오 고향 가는 길』(모아드림, 2000) 등을 냈다.

2

김광림은 이제까지 14권의 개인 창작 시집을 간행하였다. 시세계의 변모
양상에 따라 그의 시를 4단계로 나누어 살펴볼 수 있다. 첫째 단계는 그가
직접 전투원으로 참전했던 전쟁 체험과 반전의식을 다룬『전쟁과 음악과 희
망과』(전봉건, 김종삼과의 합동시집, 1957)와『상심하는 접목』(1959)의 세계, 둘째
단계는 서구 모더니즘에 경도되면서 이미지를 통한 명징한 세계를 탐구해
보여준『심상의 밝은 그림자』(1962),『오전의 투망』(1965),『학의 추락』(1971)
의 세계, 셋째 단계는 일상 현실 속에서의 좌절과 갈등의 문제를 다룬『갈
등』(1973),『한겨울 산책』(1976),『언어로 만든 새』(1979)의 세계, 넷째 단계는
아이러니를 통해 현실의 본질을 탐구해 보여준『바로 설 때 팽이는 운다』
(1982),『천상의 꽃』(1985),『말의 사막에서』(1998),『놓친 굴렁쇠』(2001)의 세
계가 그것이다. 순서에 따라 그의 시세계를 살펴보기로 한다.

2-1

김광림은 1948년 단신 월남 후 몇 편의 습작을 발표한다. '응향사건' 이후 역시 월남해온 구상의 소개로 ≪연합신문≫에 「문풍지」, 「벽」, 「석등」 등의 작품을 싣게 된다. 이후 1952년 육군 소위로 임관되어 삶과 죽음이 교차하는 비극의 현장에 보병 소대장으로 참전한다.[2] 특히 피아간 엄청난 사상자를 낸 백마고지 전투 경험은 그의 초기시에 짙게 배어 나타난다.

김광림의 초기시에는 거대한 전쟁 이데올로기에 의해 짓밟히는 시적 자아의 비극이 노래되고 있다. 시적 자아가 전쟁 수행을 위한 도구로 전락해버린 현실 앞에서 자신이 처한 비극을 직시해 보여주고 있는 것이다.

> 이미 한점 찢어진 기폭처럼 표백한/나의 목숨 한자락을 걸어놓은 하늘/바탕에 또하나의 살육처럼 번저 나/가는 피빛 저녁 노을-.//심장을 떼어 맡기던 그 때와도 같이/넋을 잃고 앉아서 지금은 장미빛/입술에 아득히 맴도는 이름을 외우지 말자.
>
> —「노을」에서

위의 시에서 시적 자아가 느끼는 절망과 좌절이 '노을'로 치환된다. '노을'은 선연한 빛으로 하늘을 물들이지만 어둠이 다가오고 있음의 전조이기도 하다. 이 시가 절망에 닿고 있는 이유도 거기에 있다. 지금 번저나가고 있는 '핏빛 저녁 노을'은 절망과 좌절의 정서로 구체화되고 있는 것이다. 그런데 이 시의 화자는 지금 곧 어둠이 닥쳐 올 그 하늘에 '찢어진 기폭처럼 표백'된 '목숨의 한자락'을 걸어놓고 있다. 지금은 비록 절대절명의 절망과 응전하고 있지만 심장까지를 떼어 맡기던 장밋빛 입술이 있었고, 아득히 맴도는 이름도 있었다고 한다. 시적 화자는 그 이름을 '외우지 말자'고 한다.

---

[2] 최근 그는 정부로부터 은성무공훈장을 받았으며, 국가유공자로 인증되기도 하였다.

그런데 이 시의 화자는 그런 자신의 처지를 섭리로 받아들이고 있다. 꽃은 꽃으로 피어나고 또 그렇게 진다. 마찬가지로 그렇게 죽어갈 수도 있음을 시사하고 있다. 그리고 그런 운명을 섭리로 받아들이면서 '슬프지도 않게 찬란히 타오르'고 있는 노을을 직시하고 있는 것이다.

김광림의 초기시에는 전쟁의 참상을 직시하면서 그런 전쟁이 인간을 파괴하고 있음을 나타낸 반전시들도 여러 편 들어 있다. 전쟁의 참화 속에 던져진 현실 속에서 승전 의지를 고취하기 위한 격시들이 다수 쓰인 것을 알고 있다. 그러나 반전시는 찾아보기 어려운 것이 사실이다.

> 기다려 달라던 어긋난 위치와/시간은 틀림없이/1950년의 변두리에서//하마 눈 먼/계절. 나비의 화분을 묻힌/손목은 꺾이어 갔다.//장미의 눈시울이/가시를 배앓은/가장 참혹했던 달.//유월은//포탄의 자세들로 터져 간/나 또래이. 젊음들은/바리케이트로 넘어서 갔다.
> 포복처럼 느릿한 155마일/휴전선의 겨드랑. 쑥밭 길……//지금//꽃과 과실과 새의 털, 그리고/노래를 장만하며 있을 너와 나와의/사랑 찬 계절을 짓밟고//1950년//전차가 밀리던 해의/가슴팍/무너진 유월은 캐터필라의 두 줄기 자욱만 남기고 갔다.
> ―「다릿목」

위의 시는 전쟁의 비극성을 증언한다. 1950년경의 시간과 공간을 '눈 먼 계절'로 인식하고 있는 것이다. 기다리거나 머뭇거리지도 않고 살아 있는 것, 아름다워야 할 것들을 유린해버린 것이다. 나비의 꽃가루를 묻힌 아름다운 손처럼 꿈 많고 포부도 많았던 젊음의 손목이 꺾여버린 것이다. 장미처럼 순정한 정서가 가시에 찔리는 아픔을 겪을 수밖에 없었던 비극의 전쟁이었던 것이다.

시인은 전쟁의 아픔을 '포탄의 자세로 터져 간 젊음'이라고 증언하고 있다. 미래에 대한 부푼 희망을 향해 달려야 할 젊음이 인간의 살육 무기인 포탄으로 달려가 터질 수밖에 없는 그런 전쟁의 참상을 증언하고 있는 것이다. 그러니까 김광림은 '포탄의 자세로 터지는 젊음'과 '바리케이트로 넘어지는 젊음'을 동시에 보여주고 있는 셈이다.

전쟁은 피아의 대치를 전제로 하는 것이고, 적의 생명을 향해 방아쇠를 당긴다. 적을 죽일 수 있는 개연성 속에서 참전하는 것이고 마찬가지로 그렇게 죽을 수도 있다는 개연성 속에 놓일 수밖에 없는 것이 전쟁이다. 그래서 젊음은 '포탄의 자세로 디지'기도 하고 '바리케이드처럼 무너지기'도 하는 것이다.

포연이 멎고 155마일 휴전선은 원초적 자연의 모습으로 되살아나 있다. 쑥밭길이며 꽃과 과실과 새의 털 같은 사소한 자연 표상들이 전쟁의 흔적 위에 무심히 흩어져 있다. 그리고 이런 자연 표상들이 전쟁의 참상과 비극을 보여준 1연과 대비되면서 1연에서 노래된 전쟁의 비극을 전경화 시킨다. 원초적인 인간의 삶이 미세하고 사소한 자연과의 공존 속에 있어야 하는 것이다. 그런 공존이 파괴된 전쟁의 현장을 김광림은 '다릿목'으로 인식하고 있다. 그리고 전쟁의 비극으로부터 벗어나야한다는 반전의식에 이르는 '다릿목'으로 인식하고 있는 것이기도 하다. 김광림은 또한, 전쟁의 참상으로 인해 파멸된 아픔을 치유하려는 강한 의지를 천착해 보여준다.

> 일없이 부러진 가지를 보면/그 다음의 가장이가 안 됐다//요행히도/전쟁에서 살아 남았을 땐/우리는 어쩌다 애꾸눈이 아니면 절름발이었고/다음엔 찢기운 가슴의/어느 모퉁이가 허물어졌을 것이다.
> — 「상심하는 접목」에서

'접목'은 같거나 비슷한 가지를 원목에 붙여 증식하거나 품종 개량을 하는 것을 말한다. 김광림은 위의 시에서 전쟁으로 인해 파멸된 상처를 복원하려는 의지를 드러낸다. 위의 시에서 시적 화자는 '요행히도/전쟁에서 살아 남

앉을 땐/우리는 어쩌다 애꾸눈이 아니면 절름발이었고/다음엔 찢기운 가슴의/어느 모퉁이가 허물어'지고 있었다고 술회하고 있다.

전쟁이 휩쓸고 간 상처는 도처에 방치되어 있고, 절망과 좌절은 끝 모를 나락으로 무너져 내렸다. 죽은 자와 일순에 영구불구자가 된 사람들, 그리고 마음을 다친 사람들로 혼돈상태에 빠진 현실을 바라보면서 시인은 새로운 희망을 '접목'하려는 노력을 기울이고 있는 것이다.

'일없이 부러진 가지를 보면/그 다음의 가장이가 안 됐다'는 진술 속에 아픔을 자아화하려는 의지가 담겨져 있다. 부러진 가지를 타자의 아픔으로만 보는 것이 아니라 공존의 범주 속에서 이해하고 감싸려는 마음의 발로이다. 전봉건의 말대로 '나무를 나무가 아니게 하는 욕된 일 속에 서서 나무를 나무이게 해줄 뿐만 아니라 나무가 최초에 신이나 자연의 뜻으로 해서 지녔던 그 비할 데 없이 균형 잡힌 아름다운 모습과 정신 그대로 살아줄 것을 바라는 마음'을 담고 있다.3) 김광림의 '접목'이 '상심'하고 있는 것도 그런 마음의 토대 위에 서 있기 때문이다.

김광림의 초기시에는 전쟁 체험을 토대로 한 많은 작품들이 들어 있다. 전쟁 이데올로기의 중압 속에서 시적 자아가 전쟁 수행을 위한 도구로 전락해 버린 현실과 거기서 파생되는 비극을 직시해 보여주고 있는 것이다. 김광림은 또한, 전쟁의 참상을 증언하면서 반전 의지를 노래해 보여주었다. 그리고 전쟁으로 인해 파멸된 상처를 복원하려는 의지를 드러낸다.

2-2

김광림은 시집 『심상의 밝은 그림자』(1962), 『오전의 투망』(1965), 『학의 추락』(1971)에서 이미지를 통한 명징한 세계를 보여준다. 이전의 시세계와는

---

3) 김광림 시집 『상심하는 접목』에 실린 전봉건의 발문.

확연히 다른 면모이다. 박남수는 김광림 시집 『심상의 밝은 그림자』 서문에서 그 변모의 내용을 다음과 같이 지적한 바 있다. '광림은 이번 시집에서 적잖이 변모를 꾀하고 있다. ……그는 다시 음악에서 오는 직감적인 전달성과 회화에서 오는 이미지의 볼륨 같은 걸 맞아떨어지게 해보려는 것이라 하면서 그런 서정시를 주지적 서정시라고 이름짓고 싶노라는 말도 하고 있다.' 즉, 음악과 회화성의 추구를 통해 지적인 서정시를 쓰고자 하고 있다는 지적이다.

이 시기에 와서 김광림은 이제까지 그가 추구해온 의미 지향의 시편들을 지양하려는 노력을 기울이기 시작한 것이다. 한국 동란에 참전하게 되고, 삶과 죽음이 교차하는 위기 속에서 자신을 표출하고, 나아가 전쟁의 잔인성을 극복하고자 했던 태도의 상당 부분을 버리고 있는 것이다. 그의 이런 변모는 박남수를 만나게 되면서 시작된 것이다.4) 박남수는 잘 알려진 바와 같이 이미지를 통해 명징한 시세계를 추구해온 모더니스트 시인이다. 김광림은 그의 주지적 서정시에 대해 이렇게 밝힌 바 있다. "주지는 다분히 지성적이지만 서정은 감상적입니다. 그러므로 내용과 표현이 일치하지 않는 셈입니다. ……내용으로써의 대상이 과학이 아니더라도 표현형태는 과학적일 수 있습니다. 이처럼 내용과 표현형태가 일치하지 않는 데서 아름다운 시의 세계를 전개해보려는 것입니다. 되도록 틀리는 두 개의 것 속에서 하나의 아날로지를 발견하여 독자의 흥분과 주의를 환기시킴으로써 경이감을 자아내는 흥미를 노리는 것입니다."5) 낯선 언어와 언어가 부딪쳐서 만들어내는 언어간의 긴장이나 역동적 관계를 통해 충격이나 경이의 관계를 조성함으로써, 독자들에게 언어의 새로운 창조성과 그를 통한 시 미학의 즐거움을 제시해 주고

---

4) 장경기, '박남수 씨를 만나면서부터 이미지에 대한 중요성을 인식하게 되고, 그때 『심상의 밝은 그림자』를 쓰게 되었지요. 그 때부터 난 예술지상주의적으로 가는 것처럼 보였어요.' (커버스토리, ≪현대시≫, 1996. 6.)
5) 장경기, 앞의 글.

자 했던 것이다.

> 빨래방망이에/ 부서지는 햇볕.
>
> 떨어진 햇씨가 피어 올리는/먼지를 쓸어모아/문지르면/자꾸만/가슴이 환해온다.
>
> 아낙의 치마폭에/아름이 걷어 쥔 빛살
>
> 꾸겨진 수면에/날라와 부딪는/물새 주둥이를 잠구는/재빠른 마음은/ 바래질까
>
> ―「양지·2 빨래터」

 의미가 탈색된 채 순수 서정을 이미지화하고 있다. 그의 초기시에 보이던 현실에 대한 응전의 말들이 사라진 것을 발견할 수 있다. 선명하고 밝으며 명징한 이미지들이 한 폭의 회화처럼 제시되고 있을 뿐이다. 김광림은 시집 『심상의 밝은 그림자』의 후기에서 이미지의 시를 통해 놀라움과 아름다움을 얻으려 한다고 밝히고 있다.6)

> 건반 위를 달리는 손가락/울리는 상아해안의 해소/때로는 꽃밭에 든 향내 나는 말굽이다가. 알프스 정상의 눈사태.
>   *
> 안개 낀 발코니에서/유리 컵을 부딪는/포말이다가

---

6) 증류수 그 자체는 순수하긴 하지만 무색 무미 무취하다. 그러나 시인은 잘 닦여지고 선택된 언어를 가지고 순수한 정념이나 사상에다 '빛깔'이나 '향기', '소리' 같은 것을 부여한다. 맛과 멋을 가미한다. 우리들은 그러한 시를 대할 때 놀라움이나 아름다움을 느낀다. 절로 기쁘고 즐겁기까지 하다. (김광림 시집 『심상의 밝은 그림자』 후기.)

진폭의 소용돌이를 빠져 나오는

나긋한 휘나레/ 그 화음을

— 「음악」

　이 시기 김광림이 추구한 '놀라움과 아름다움의 시'를 보여주는 시이다. '음악'의 언어들은 명징한 이미지들로 이루어져 있다. 그런데 이런 명징한 이미지들이 그냥 정태적인 회화로 머무는 것이 아니다. 우선 그가 제시하는 이미지들의 층위가 현격한 편차를 지닌다. 건반 위의 손가락으로부터 별인 간 까마득한 거리 밖의 상아해안으로 옮겨진다. 또한 건반 위에서 움직이던 손가락의 움직임이 해안으로 몰아치는 높은 파도인 해소(海嘯)로 옮겨진다. 상아해안에 몰아치는 파도의 격랑이 '꽃밭에 든 향내나는 말굽'의 잔잔한 이동을 지나고, '알프스 산정의 눈사태'로 이어진다. 1, 2, 3행의 청각 이미지들이 4행의 시각 이미지와 결합하면서 혼용의 아름다움을 이룬다. 일상적 감수성에 충격을 주면서 발견적 지평을 열어준다.
　김광림은 시집 『심상의 밝은 그림자』(1962), 『오전의 투망』(1965), 『학의 추락』(1971)에서 이미지를 통한 명징한 세계를 추구해 보여주었다. 서로 이질적인 이미지들이 조응하고 충돌하면서 만들어내는 이미지들간의 긴장이나 역동적 관계를 통해 충격이나 경이의 관계를 조성함으로써, 새로운 시 미학의 즐거움을 제시해 주고자 했던 것이다.

2-3

　김광림은 시집 『갈등』(1973), 『한겨울 산책』(1976), 『언어로 만든 새』(1979)에서 일상현실에서 오는 좌절과 갈등을 노래해 보여준다. 김광림은 시의 제재를 비근한 일상생활에서 취재한다. 그가 아름답거나 고운 시를 쓸 생각은 추호도 없다7)고 토로하고 있는 이유도 그런데서 연유된 것일 것이다.
　김광림은 단신 월남해서 생활기반을 구축하고 가장으로서의 책무를 짊어져야 하는 힘든 삶을 살아온 시인이다. 공무원, 은행원, 편집 책임자, 교수 등 여러 직업을 거쳤지만 그의 생활은 넉넉할 수가 없었다. 70년대 초 그의 나이 40대에 접어들면서 삶의 노고가 잦아들기 시작하였으며, 부인이 시작했던 사업도 빚만 남기고 문을 닫게 되면서 그는 심한 정신적 고통을 겪게 되었고 삶의 곤궁함을 벗어날 수 없었다. 이 시기의 시에는 그런데서 오는 심적 노고와 갈등이 표출되어 있다.

　　　예금을 모두 꺼내고 나서/사람들은 말한다/빈 통장이라고/무심코 버린다/그래도 남아있는/0이라는 수치

　　　긍정하는 듯/부정하는 듯/그 어느 것도 아닌/남아 있는 비어 있는 세계/살아 있는 것도 아니요/죽어 있는 것도 아닌/그것들마저 홀가분히 벗어버린/이 조용한 허탈

　　　그래도 0을 꺼내려고/은행창구를 찾아들지만/추심할 곳이 없는 현세/끝내 무결할 수 없는/이 통장

　　　분명 모두 꺼냈는데도/아직 남아 있는 수치가 있다/버려도 버려지지 않는/세계가 있다
　　　　　　　　　　　　　　　　　　　　　　　　　　　　－「0」

　'0'이라는 숫자로 시적 자아의 심적 정황과 존재의 실체를 치환해 보여주고 있다. 예금통장에 남아 있는 '0'이라는 숫자는 예금된 금액 모두를 꺼내고 남은 숫자이다. 그러니까 '0'만 남은 통장은 '빈 통장'이고 쓸모 없어 버려지는 하잘 것 없는 물건이다. 그러나 시인은 '0'이라는 수치로 남아 있는

---
7) 장경기, 앞의 글.

통장을 실체로 인정하고 그것의 가치를 확인해 내고 있다. 김광림이 '0'이라는 수치만 기록된 통장으로서 자신을 인식해내고 있기 때문에 비록 자신이 겪는 간난의 현실도 가치 위에 정좌 할 수 있게 되는 것이다.

  살아 있는 것도, 죽어 있는 것도 아닌 '조용한 허탈' 속에서 시인은 '현세'의 높은 단절을 실감한다. '추심'이 불가능한 이 세계는 일상 규범과 규약이 지배하는 곳이다. 시인은 비록 그런 세계에 던져져 있지만 자신을 '0'이라는 숫자로 확인하고, 아직도 '통장에 남아 있는' 존재로 읽어내고 있는 것이다. '0'으로 인식된 자아가 빈 통장으로 버려지지 않는 세계, 버리려고 해도 버려지지 않는 세계, 그것이 김광림이 간난의 현실 속에서 인식해낸 자신의 모습인 것이다. 이 무렵, 김광림은 세계적인 선(禪)학자인 스즈키 다이세츠(鈴木大拙의 선(禪)에 관한 책을 섭렵하고 있은 듯하다.

    빚 탄로가 난 아내를 데불고/고속버스/온천으로 간다/십팔 년만에 새삼 돌아보는 아내/수척한 강산이여

    그동안/내 자식들을/등꽃처럼 매달아 놓고/배배 꼬인 줄기/까칠한 아내여

    헤어지자고/나선 마음 위에/덩굴처럼 얽혀드는/아내의 손발/싸늘한 인연이여

    허탕을 치면/바라보라고/하늘이/저기 걸려 있다

    그대 이 세상에 왜 왔지/-빚 갚으러

-「갈등」

  번민의 현실에 던져진 부부의 모습이 절실하다. 지금 시적 화자는 아내와 함께 온천으로 가기 위해 고속버스를 타고 있다. 아내는 남편 모르는 빚을

지게 되었고 그 일이 드러나게 되면서 아내와 '헤어지'기 위해 이별 여행을 떠난 길이다. 그런데 시적 화자는 이 이별 여행길에서 새롭게 아내의 모습을 인식해 낸다. 아내는 '내 자식들을/등꽃처럼 매달아 놓고/배배꼬인 줄기'로 인식된다. 자신과 가정을 꾸려 온 18년간 아내는 '수척한 강산'이 되어 '까칠한' 모습으로 남아 있다. 아내가 빚을 졌고 그래서 헤어지자고 나선 길 위에서 아내의 모습을 연민의 눈으로 발견하고 있는 것이다.

 그런데 이 시에는 시인이 당면한 번민과 갈등을 극대화해 보여주는 표현 의도가 내재되어 있다. 이 시의 시적 화자인 남편은 시인이고, 아내는 그런 시인 남편을 위해 현실에 발 딛고 서 있다. 무잡한 현실 속의 아내와 시인인 남편 화자가 의미의 양극단에 서 있고, 번민과 갈등 속에서 아내의 참 모습을 발견해내고 있는 것이다. 그러므로 '그대 이 세상에 왜 왔지/-빚 갚으러'의 진술이 단순한 탄식이나 허무감의 토로가 아니라 존재에 대한 근원적 성찰이 될 수도 있게 되는 것이다.

    하나님/어쩌자고 이런 것도/만드셨지요/야음을 타고/살살 파괴하고/
    잽싸게 약탈하고/병폐를 마구 살포하고 다니다가/이제는 기막힌 번식
    으로/백주에까지 설치고 다니는/웬 쥐가/이리 많습니까
     사방에서 갉아대는 소리가 들립니다/연신 힐뜯고/야단치는 소란이
    만발해 있습니다/남을 괴롭히는 것이/즐거운 세상을 살고 싶도록 죽고
    싶어/죽고 싶도록 살고 싶어/이러다간/나도 모르는/어느 사이에/교활한
    이빨과/얄미운 눈깔을 한/쥐가 되어 가겠지요/하나님/정말입니다
                    -「쥐」

 시적화자가 던져진 삶의 현실은 무잡하기 이를 데 없는 곳이다. 이해에 따라 온갖 허언과 비방이 난무하고 약탈과 모략이 횡행하는 곳이다. 김광림은 이런 현실의 무잡함을 '쥐'의 상징을 통해 통찰해 내고 있다. '쥐'는 사람의 생활에 기생해 사는 동물이다. 사람의 생활에 기생해 살기 때문에 사람에게

온갖 폐해를 끼친다. 사람 눈을 피해 다니면서 파괴하고 약탈하며 병균까지 살포한다. 게다가 눈에 닥치는 대로 갉아 물건을 못쓰게 만들면서 엄청난 번식력으로 개체 수를 늘려간다.

시인은 그가 살아가는 번민의 현실을 '쥐'가 창궐한 현장으로 인식해 낸다. 그런데 시인은 온통 '쥐'로 가득찬 현실 속에 던져진 시적 자아도 쥐가 되어 갈 것이라 한다. '나도 모르는/어느 사이에/교활한 이빨과 얄미운 눈깔을 한/쥐가 되어 가겠지요'라는 진술이 각성적인 울림이 된다. 더구나 '하나님/정말입니다'는 진술이 그린 비극적 각성에 여실함을 더해주고 있는 것이다.

김광림은 시집 『갈등』(1973), 『한겨울 산책』(1976), 『언어로 만든 새』(1979)에서 일상현실에서 오는 좌절과 갈등을 노래해 보여준다. 이 시기 시인은 40대 생활인으로 번민의 현실에 던져져 있게 된다. 그러나 시인은 번민의 현실을 객관화함으로써 그 근원을 인식해 내는 성과를 거두게 된다. 그리고, 단순한 탄식이나 허무감의 토로가 아니라 존재에 대한 근원적 성찰이 될 수도 있게 되는 것이다.

2-4

김광림은 시집 『바로 설 때 팽이는 운다』(1982), 『천상의 꽃』(1985), 『말의 사막에서』(1989), 『곧이곧대로』(1993), 『대낮의 등불』(1996), 『앓는 사내』(1998), 『놓친 굴렁쇠』(2001)에서 아이러니를 통해 현실의 깊이를 통찰해 보여준다. 김광림이 아이러니에 대한 지속적인 관심을 표명하기 시작한 것은 이 시기에 국토 분단과 이산의 문제에 대한 관심을 지니게 된데서 비롯된 것으로 보인다. "나는 한 때 순수파니 이미지스트라는 딱지가 붙은 적이 있지만 어느덧 해학, 풍자, 유머, 위트 등을 지닌 넓은 의미의 아이러니스트가 돼 버린 것을 실감하게 되었다. 이것은 그리스의 율리시즈보다도 더 지독한 반세기 이상이나 돌아갈 수 없는 실향과 이산가족의 아픔에서 생겨난 것으로 이것을 극복한다기보다는 얼버무리는 방책으로서 몸에 지니게 되었는지도 모른다."8)

김준오는 자아와 세계 사이의 차이성을 발견하는 아이러니의 정신을 분석적 정신이며, 분석적 정신은 지적 사고의 본질9)이라고 지적한 바 있다. 김광림이 이 시기에 이르러 아이러니에 관심을 지니게 된 것은 그가 당면한 현실의 본질을 꿰뚫어 보려는 지적 사고의 소산이다. 80년대에 접어들면서 통일 논의가 표면화되기 시작하였고 이산의 아픔이 표출되어 나타나기 시작하였다. 단신 월남, 사고무친인 채 노년기로 접어들기 시작한 김광림이 이산의 문제를 포함한 현실문제를 근원적으로 투시하기 시작한 것이다.

칭얼대는 손자를 아랑곳없이/조간 사회면에 눈길이 쏠렸다가/돌연 반도에 통증이 일었다/이중섭의 게발이 접은 듯

일찍이 어머니의 젖꼭지를 깨물던/조상대대의 관습 그대로/돋아나는 이빨이 근지러워/손자는 나의 凸부를 문 것이다

순간 나는/자지러질 수도/뉘에게 호소할 수도/더더욱 며느리 앞에선/아프다 할 수 없는 아픔을/잔뜩 움켜잡아야만 했다
― 「반도의 아픔―말없는 말·12」

위의 시는 김광림의 아이러니 미학의 일단을 보여준다. 시의 제목으로 미루어 이 시가 한반도의 아픔을 노래한 것으로 보이지만 그런 아픔이 아이러니에 의해 각성적 인식이 되고 있음을 확인할 수 있다.

---

8) 김광림, 「통한을 얼버무리는 아이러니의 미소」(≪문학사상≫, 2001, 5.)
9) 김준오, 『시론』(삼지원, 1999. p.306)

이 시의 표층을 이루는 것은 칭얼대는 손자 곁에서 조간신문을 읽고 있었는데 손자가 '나'의 급소를 물었고, '나'는 누구에게 호소할 수도 없이 아픔을 견뎌야 했다는 삽화이다. 하나의 우스개일 수 있는 이야기이다. 그런데 이런 삽화가 시적 아이러니로 비상한 통찰이 되는 것은 면밀하게 구조화된 아이러니 장치 때문이다. 이 시는 분단 조국으로서의 반도와 '어머니'로부터 '나'를 거쳐 '아들 딸'과 '손자'로 이어지는 혈통 공동체와의 identity가 중첩되어 있다. 특히 '凸부'는 혈연 공동체를 이어가는 중요한 상징물이다. 손자가 '凸부'를 깨물었을 때의 아픔은 그러므로 육체적 아픔을 훨씬 뛰어넘는 근원적인 것으로 인식되게 되는 것이다. 아이러니의 방법은 그가 세상을 바라보고 그 깊이를 인식해내는 '눈'이 되고 있는 것이다.

'오늘의 시는 심정을 사상으로 비유되거나 암시할 뿐 드러내 보이지 않는다. 그 대신 표현 속에 숨겨져 있는 배경을 흔들고 울리게 한다. 이 때 배경을 얼마나 크게 흔들어 놓느냐에 따라 울림의 진폭이 결정되고 어필의 차이도 생긴다고 볼 수 있다.'[10] 김광림이 말하는 '배경'은 한 편의 시를 이루는 구조적 장치를 이르는 말일 것이다. 그는 울림의 진폭이 클수록 어필의 차이도 커진다고 말하고 있다.

> 혈압 때문에 술을 끊어야겠다고 결심한 중학 동창은/마지막 대작을 위해 일부러 나를 찾았단다/반세기가 넘어가도 '야', '자'로 통하는 사이가 마냥 즐겁기만 하다/한 때는 혀가 굳어져 제대로 말을 못했다며/다시 굳어지기 전에 꼭 해야겠다고/느닷없이 들고 나온 한 마디/—야, 너 집 떠날 때 아버지한테 얘기 했니?
> ―「괜한 소리―속・이산가족」

일견 평이한 진술처럼 보이는 이 시에는 표현의도를 극대화하기 위한 김

---

10) 김광림,『바로 설 때 팽이는 운다』시작 노우트 (서문당, 1982.)

광림의 '배경을 흔들고 울리게 하기'의 전략이 내재되어 있다. 지금 '나'를 찾아온 중학교 동창생은 혈압으로 인해 혀가 굳어졌으며, 언제 다시 혀가 굳어져 '말'을 할 수 없게 될지도 모르는 위중한 상태에 있는 친구이다. 그러니까 그의 '말'은 각별한 긴장이 서려있는 셈이다. 그런 그가 다시 혀가 굳어지기 전에 '꼭 해야겠다고' 던진 한 마디 말이 '─야, 너 집 떠날 때 아버지한테 얘기 했니'라는 말이다.

'집 떠날 때'는 이미 50여 년을 훌쩍 넘긴 과거의 일이고 '아버지'는 이미 이 세상 사람이 아닐 것이란 생각이 이 시의 '울림의 진폭'을 확산시킨다.

김광림은 시집 『바로 설 때 팽이는 운다』(1982), 『천상의 꽃』(1985), 『말의 사막에서』(1989), 『곧이곧대로』(1993), 『대낮의 등불』(1996), 『앓는 사내』(1998), 『놓친 굴렁쇠』(2001)에서 아이러니를 통해 현실의 깊이를 통찰해 보여준다. 김광림이 아이러니에 대한 지속적인 관심을 표명하기 시작한 것은 이 시기에 국토 분단과 이산의 문제에 대한 관심을 지니게 된데서 비롯된 것으로 보인다. 그는 일상적 현실 속에서 이질의 애널러지를 발견해 내고 있으며 거기서 오는 충격의 미학을 창출해 보여주고 있다.

3

김광림은 시력 50년을 넘는 현재까지 왕성한 작품활동을 하고 있는 현역 시인이다. 많은 시인들이 조로해 버리거나 일찌감치 대가풍에 젖어 작품에 등한해 버리는 한국시의 풍토 속에서 김광림은 시의 길에 전념함으로써 시인적 삶의 전범을 보여주고 있다. 그는 삶의 일상이 지니는 평이함의 세계를 시적 긴장의 차원으로 발견해 보여주는 시편들을 써왔다. 그렇기 때문에 그의 언어들은 특별히 연마되어 있기보다 질박(質朴)하게 보인다. 그의 시가 지니는 호소력도 일상언어들이 이뤄내는 교감성에 기인한 것일 것이다.

김광림의 초기시에는 전쟁 체험을 토대로 한 많은 작품들이 들어 있다. 전쟁 이데올로기의 중압 속에서 시적 자아가 전쟁 수행을 위한 도구로 전락해 버린 현실과 거기서 파생되는 비극을 직시해 보여주고 있는 것이다. 김광림은 또한 전쟁의 참상을 증언하면서 반전의지를 노래해 보여주었다. 그리고 전쟁으로 인해 파멸된 상처를 복원하려는 의지를 드러낸다.

김광림은 시집 『심상의 밝은 그림자』(1962), 『오전의 투망』(1965), 『학의 추락』(1971)에서 이미지를 통한 명징한 세계를 추구해 보여주었다. 서로 이질적인 이미지들이 조응하고 충동하면서 만들어내는 이미지들간의 긴장이나 역동적 관계를 통해 충격이나 경이의 관계를 조성함으로써, 새로운 시 미학의 즐거움을 제시해주고자 했던 것이다.

김광림은 시집 『갈등』(1973), 『한겨울 산책』(1976), 『언어로 만든 새』(1979)에서 일상현실에서 오는 좌절과 갈등을 노래해 보여준다. 이 시기 시인은 40대 생활인으로 번민의 현실에 던져져 있게 된다. 그러나 시인은 번민의 현실을 객관화함으로써 그 근원을 인식해 내는 성과를 거두게 된다. 그리고 단순한 탄식이나 허무감의 토로가 아니라 존재에 대한 근원적 성찰이 될 수도 있게 되는 것이다.

김광림은 시집 『바로 설 때 팽이는 운다』(1982), 『천상의 꽃』(1985), 『말의 사막에서』(1989), 『곧이곧대로』(1993), 『대낮의 등불』(1996), 『앓는 사내』(1998), 『놓친 굴렁쇠』(2001)에서 아이러니를 통해 현실의 깊이를 통찰해 보여준다. 김광림이 아이러니에 대한 지속적인 관심을 표명하기 시작한 것은 이 시기에 국토 분단과 이산의 문제에 대한 관심을 지니게 된데서 비롯된 것으로 보인다. 그는 일상적 현실 속에서 이질의 애널리지를 발견해 내고 있으며 거기서 오는 충격의 미학을 창출해 보여주고 있다.

창(窓), 그 모순의 정원에서 펼쳐지는
　　　　현실과 심상의 변주곡

장 경 기

낡은 문풍지에서 서낭당 기와 냄새를 음미하던 美의 사제

　무심코 창 밖에 시선을 주었다. 창유리는 자신의 희디흰 머리조차 비춰주지 않았다. 유난히 투명한 허공이었다.
　'다시는 밖으로 나갈 수 없으리라. 다시는……'
　그는 마치 형장에 서 있는 사형수처럼 마음속으로 되뇌이고 있었다. 창 밖은 이미 건너와버린, 돌아갈 수 없는 신기루처럼 여겨졌다.
　'창(窓)이란, 사형수가 교수(絞首)의 순간에 짚어보는 공허를 틀에 끼워 놓은 것과 같은 것이 아닌가!'[1)]

---

1) 詩「窓」전문
　　絞首의 순간에 짚어보는 공허를 틀에 끼워놓은 것이 창이다 그래서 창은 피차의 갈증을 넘보는 버릇이 있다 유리를 닦으면 노골적으로 묻어나는 생각 정직하게 먼지가 쌓여 세월이 눈에 보인다

　　좀처럼 창을 벗어나지 못하는 구름이 있다 제자리에 머물러 각혈하거나 끝내는 자신의 존재를 찢어발긴다 이 조용한 붕괴를 무관하게 지켜볼 때 비로소 창이 내부로 열린다

끌리듯 창문 쪽으로 다가간 것은 그런 생각이 스치는 순간이었다. 마지막으로 세상을 만져보듯 유리창에 손끝을 미끄러뜨려 보았다. 먼지들이 손끝에 묻어났다. 그것들은 지나온 세월의 흔적 같은 것이었다.

그 미미한 먼지 중 어느 알갱이 속에는 이 자신의 유년이 비밀의 정원처럼 간직되어 있을 것만 같았다. 굳이 현미경으로 들여다보지 않아도, 그는 이미 그 알갱이 속을 선명하게 들여다볼 수 있었다.

> 외할먼네 기와집은 채소밭 너머 가시울타리 개구멍을 빠지면 거기 있었다 심심하여 들르면 외삼촌 주려고 남몰래 간직했던 엿이며 떡이며 누룽지랑 조금씩 떼어주며 외할머니는 내 머리를 쓰다듬었다.
> 나는 동태철이면 새벽마다 우유 한 병 나르는 심부름을 했다 어업조합에서 숙식하는 외삼촌은 내 언 손바닥에 따뜻한 동전 한 닢 얹어주었다.
> 한 번은 외할먼네 들렀다가 엿 먹고 바지 벗기우고 어리둥절했다 외할머니는 지린내 나는 내 고추를 꺼내 들고 주문 외듯 <나라는 데는 안 나고 왜 여기 났노>하며 눈다래끼에다 부벼대었다. 이 바람에 고추는 빳빳이 서고 괜스레 마려운 오줌기만 자아냈다.[2]

고향인 함남 원산 언저리에서 피어나는 기억이었다. 이어 개성 송도중학교 시절, 그리고 평양종합대학 역사문학부 외국문학과 시절이 떠오르기도 했다. 그러나 이렇듯 유소년 시절에 대한 기억들이 뭉게구름처럼 피어오를수록 자신에게는 그런 추억을 더듬어갈 수 있는 고향 땅이 허락되지 않았음을 더욱 절감해야 할 뿐이었다. 이곳 임진강변인 적성 땅에서 그리 멀지 않은 곳에 자신의 추억들은 오랜 이끼에 덮인 채 묻혀 있는 것이었다.

'그 때문이었을까? 창 밖이 다시는 돌아갈 수 없는 신기루처럼 여겨진 것

창을 가로질러 한 쌍의 새가 엇갈려 날고 있다 어린 시절의 그물을 맞들었다—막 동해에서 생선 같은 아침해를 건져낸다 금시 비늘투성이의 창이 된다
[2] 시 「내성적(內省的) 17」에서

은?'

　창에는 어느덧 구름들이 가득히 고여 있었다. 어즈러이 섞이며 온갖 형상을 지어내는 구름들이 새삼 자신의 지나온 생을 재현해 보이는 것만 같았다. 넉넉한 모습의 구상(具常)이 유난히 인상 깊게 떠오르는 이유는, 종교로 삼아온 시만큼이나 오랜 지기(知己)이기 때문일 것이다.
　시가 맨처음 세상에 내비쳐진 것도 그와의 인연으로부터였다.

　　　　낡은 문풍지에서
　　　　서낭당 기와 냄새가 풍기다

　　　　보고
　　　　또 보고

　　　　이윽히 들여다 보면
　　　　아슬 아슬 옛 이야기가 생각나다

　　　　해 묵은 풍지 위에
　　　　빗자욱이 서려

　　　　천년(千年) 묵은
　　　　벽화 맛이 돋아오르다3)

　1948년 구상과 박두진이 ≪연합신문≫에 실어준 그의 첫 작품인 셈이었다.
　낡은 문풍지를 보고 또 보고 이윽히 들여다보며, 대상(존재)과 그에 대한 구극적(究極的) 인식을 객관적 언어로 나타내고자 집착한 시절이었다.
　그러나 이런 진진함과 사색이 채 봉우리를 맺기도 전에 전쟁은 그를 엄습

---

3) 시 「문풍지」에서

했고, 그의 스무 살은 포화 속을 서성여야 했다. 전우들의 비명이, 피가, 고향 사람들에게 총을 겨눠야 하는 모순의 현실이, 그의 '문풍지'를 얼룩지게 했다.

> 장미의 눈시울이 가시를 배앝은 가장 참혹했던 달 유월은, 포탄의 자세들로 터져간 내 또래 젊음들은 바리케이트로 넘어져 갔다. 포복처럼 느릿한 155마일 휴전선의 겨드랑 쑥밭길, 지금 꽃과 과실과 새의 털 그리고 노래를 장만하며 있을 너와 나와의 사랑 찬 계절을 짓밟고, 1950년 전차가 밀리던 해의 가슴팍 무너진 6월은 캐터필라의 두 줄기 자욱만 남기고 갔다4)

꽃도 무너지면 두려운 것. 이제 참여인가 미인가

예민한 스무 살 시절, 젊은이들이 몸으로 바리케이트처럼 바쳐질 수밖에 없었던 잔인한 6월 전쟁, 그 한가운데를 지나온 그에게 전쟁은 거부할 수 없는 커다란 화두로 엄습해 왔다.

> 일없이 부러진 가지를 보면
> 그 다음의 가장이가 안됐다
>
> 요행히도
> 전쟁에서 살아남았을 땐
> 우리는 어쩌다 애꾸눈이 아니면 절름발이였고
> 다음엔
> 찢기운 가슴의
> 어느 모퉁이가 허물어졌을 것이다

---

4) 시 「다릿목」에서

몇 번째나
등골이 싸느랗게 휘어졌다가는
도로
접목 같은 세월을 만났다

새털의 악보를 타고
하야라니 내리는 것은
눈보란가
꽃보란가

꽃도
무너지면 두려운 것
요즈막엔
사랑도 목을 졸라대는
미안한 기별의
나날이다[5]

꽃의 꺾임!

처음 인간에게 들킨 아름다움처럼
경악하는
눈 눈은 그만
꽃이었다

애초에는 빛깔
보다도 내음보다도
안 속으로부터 참아 나오는 울음
소릴 지른 것이
분명했다

---

5) 시 「상심의 접목」에서

> 지구를 꽃으로 변용시킬
> 신의 의도가
> 좌절되기에
> 앞서
>
> 수액을 보듬어 잉태하는 생성의
> 아픈 아픈
> 개념이 꽃이었다6)

전쟁과 꽃과 음악 사이에서 하나의 상심하는 접목으로 서성이고 있던 20대,

'참여인가. 미(美)인가.'

시를 현실의 메시지 쪽으로 돌리느냐. 아니면 예술적인 '이미지' 쪽으로 심화시켜 나가느냐를 놓고 한동안 갈등해야 했다. 그만큼 전쟁은 그의 20대를 송두리째 뒤흔들었던 것이다.

생의 깊은 시름에서 오히려 더 밝고 청량하게 틔워낸 이미지들의 잔치

그러나 그는 역시 낡은 문풍지에서 '서낭당 기와 냄새'를 음미해내는 미의 사제였다. 그런 그의 천성에 확연히 불을 당긴 이는 박남수 시인이었다.

"박남수 씨를 만나면서부터 이미지에 대한 중요성을 인식하게 되고 그때 『심상의 밝은 그림자』를 쓰게 되었지요. 그 때부터 난 예술지상주의적으로 가는 것처럼 보였어요"

---

6) 시 「꽃의 문화사」에서

아가는 손바닥을 턴다.
순수에 부디친
꽃씨가 떨어진다.

앞자락에는
한아람 풀내음이
안긴 채,

어느새
뜰에 고인 햇살이
그득히
시력 앞에
꽃망울을 터뜨리고 있었다.7)

두번째 시집인 『심상의 밝은 그림자』에 나오는 「양지(陽地)」라는 시다. 밝은 것을 생각했던 것은 그만큼 현실이 어두웠기 때문이었다. 혈혈단신 월남한 그에게 생활은 각박했다. 자살에 대한 생각도 많이 했다. 그런 절박감 속에서 자신을 구원해준 것이 바로 시였다. 시는 그에게 이미 종교였던 것이다.

아가는
죄그맣게 움켜쥐었던
'원죄'를 놓았다
영혼을 햇살에 담아 가지고
날아오르는
비둘기8)

---

7) 시 「양지」에서
8) 시 「무심(無心)」에서

생의 시름 속에서 오히려 새순처럼 틔워냈던 시들은 이 순간 저 창 밖의 구름들만큼이나 평화스럽고 맑은 심상의 풍경들이었다. 현실의 비극성과 고통이 크면 클수록 시의 심상이 더욱 맑아지는 그의 역설적 방법이 빚어낸 시는 얼마나 밝고 청량한 이미지들의 잔치였던가!

건반 위를 달리는 손가락

울리는 상아해안의 해소

때로는 꽃밭에 든 향내나는 말굽이다가

알프스 산정의 눈사태

*

안개 낀 발코니에서
유리컵을 부딪는
포말이다가

진폭의 소용돌이를 빠져나오는

나긋한 휘나레
그 화음을[9]

  1
도마 위에서
번득이는 비늘을 털고
몇 토막의 단죄가 있은 다음
숯불에 누워

---

[9] 시 「음악」에서

향을 사르는 물고기
　　고기는 젓가락 끝에선
　　맛나는 분신이지만
　　지도 위에선
　　자욱한 초연 속
　　총칼에 집히는 영토가 된다

　　　2
　　날마다 태양은
　　투망을 한다
　　은어떼는
　　쾌청이고
　　비린내는
　　담천(曇天)과 같아[10]

　군더더기 없는 투명한 언어세계.
　고도로 세련된 지성의 작용에 의해서 맑고 단단한 심상, 곧 이미지로, 또는 그러한 이미지의 무리로 응결시키려한 산물들이었다.
　1957년 전봉건, 김종삼과 함께 했던 『전쟁과 음악과 희망과』에서부터 이미 그의 영역으로 자리잡아갔던 이미지즘! 1960년 중반에 이르면서는 이를 기반으로 한 주지적 서정을 확고하게 자신의 앞길로 놓게 된다.
　"주지는 다분히 지성적이지만 서정은 감상적입니다. 그러므로 내용과 표현이 일치하지 않는 셈입니다. 그러나 사고(지성)에 의해서 지탱된 서정이어야 한다는 것이 조건부입니다. 내용으로써의 대상이 과학이 아니더라도 표현 형태는 과학적일 수 있습니다. 표현 형태가 과학적이고 형이하학적이더라도 내용은 반드시 그렇지 않을 수도 있습니다. 이처럼 내용과 표현형태가 일치하지 않는 데서 아름다운 시의 세계를 전개해보려는 것입니다. 되도록

---

10) 시 「석쇠」에서

틀리는 두 개의 것 속에서 하나의 아날로지를 발견하여 독자의 흥분과 주의를 환기시킴으로써 경이감을 자아내는 흥미를 노리는 것입니다." 낯선 언어와 언어가 부딪쳐서 만들어내는 언어간의 긴장이나 역동적 관계를 통해 충격이나 경이의 관계를 조성함으로써, 독자들에게 언어의 새로운 창조성과 그를 통한 시 미학의 즐거움을 제시해주고자 했던 것이다.

"모더니즘은 어느 의미에서 오히려 동양에서 그 출발을 한 것이라고 할 수 있습니다. 이미지즘은 당시(唐詩)에서 본받은 것이며, 쉬르는 동양의 선적(禪的)인 발상에서 이뤄신 것이 아닌가도 싶어요. 다만 우리가 그것을 가지고만 왔을 뿐, 우리의 것으로 만들지를 못했어요. 그러니까 우리가 모더니즘에 관심을 가진다는 것은 본래의 우리 것을 되돌려받는 것이라고도 할 수 있겠지요."

청량한 이미지에 침투해오는 현실의 무거운 그림자

주지적 방법론의 확대와 사물에 대한 근원적 탐구의 심화!
그것이 그가 열어 보이고자 했던 세계였다.

> 사막이 없는 나라의 메마름
> 잡음으로 그득 찬 도시에서는
> 햇빛을 받아들일 겨를도 없다
> 모래불을 일굴 기력도 없다
> 줄기찬 대상(隊商)을 거느리지도 못한다
> 하이웨이를 달리는 올페의 잔등은 서늘하다
> 모두가 즉흥적이다
> 파장난 곡마단이다
> 회오리치는

사막이 없는 나라에서는
막연한 갈증에 사로잡힌다
일요일 때문에 목이 갈한 종소리
신앙을 휴대하고 다니던 종교가
익사 직전에 있다
가장 높은 곳에서 뛰어내린 영혼만이
이를 구할 수 있다
육체를 떼어버린 사람을 찾아야 한다
한밤중 정신병원에서는
미처 격리되지 않은 웃음이 터지고 있다
태엽이 끊긴 벽시계가 공간을 알리고 있다
화가 이중섭은 사막으로 갔다
실오라기 하나 걸치지 않고
아랫도리를 게의 예리한 발톱에 접힌 것이다
물린 순수의 피나는 이적을 담배 은종이에 나타내었다11)

한여름에 들린
가야산
독경 소리
오늘은
철늦은 서설(瑞雪)이 내려
비로소 벙그는
매화 봉오리

눈 맞는
해인사
열두 암자를
오늘은
두루 한겨울
면벽한 노승 눈매에
미소가 돌아12)

---

11) 시 「사막」에서

단순한 사물(대상)에 대한 천착으로부터 인간의 무게가 담긴 쪽으로 시세계를 확산시켜갔던 것이다. 그만큼 삶을, 현실을 깊숙이 응시해야 했다. 현실은 더 이상 맑고 밝은 심상을 잉태해내는 자궁으로만 머무르기를 거부했다. 시 속으로 침투하며 짙은 갈등의 그림자를 드리우기 시작했다.

> 소한에서 대한으로 치닫는 사이 신정과 구정 사이 지난 해 크리스마스와 오는 부활절 사이, 집과 집 사이, 짐승과 사람 사이, 이승과 저승 사이를 한 걸인(乞人)이 서성이고 있었다. 노크를 잊은 천사처럼 남루의 관을 쓰고서, 그가 자는 곳은 아무도 모른다. 그가 먹는 것은 아무도 모른다. 다만 확실한 것은 밤바다 불빛이 새어나오는 가난한 창가에 기대서서 눈 비비며 잠시 성경 한 구절을 소리나지 않게 읽고 가는 일 뿐이다.13)

현실과 심상 사이의 가파른 갈등과 팽팽한 긴장

자신의 시세계 속을 더듬어보던 회상에서 문득 풀려나 다시 창을 의식했을 때는, 이제까지의 가볍고 발랄하던 구름 속으로 어두운 먹구름들이 밀려와 탁하게 섞여들고 있었다. 구름 속에는 행정고시의 문턱을 넘어, 방송국을 넘나들던 자신의 모습이 희끗희끗 보이기도 했다.

흰머리를 검게 염색하고 은행 한 편에 앉아 하루하루를 결재하듯 도장을 찍어대던 손들도 보였다. 생의 한가운데로 깊숙이 들어와 있었던 40대 시절, 그에게 70년대는 난무하는 구름들만큼이나 난세(亂世)였다.

"나의 시는 나의 생활사와 매우 깊은 연관을 맺고 있지요. 곧 생활의 고통을 시로 승화시킨다고 말할 수 있어요. 나는 지금까지 삶을 살아오면서 공무

---

12) 시 「산9」에서
13) 시 「걸인」에서

원, 은행원, 편집인, 교수 등 다양한 직업을 가져보았어요. 삶의 한 방편으로 택했던, 또는 택함을 당했던 직업들이지요. 그러니 어느 의미에서의 평탄한 삶은 아닐 것입니다.

사고무친으로 월남하여 생활을 하자니, 이러지 않을 수가 없더군요. 생활이 어려워 죽을 자리까지 봐두기도 하였으니 말입니다. 나의「갈등」은 우리 부부의 어려웠던 생활의 단면이 투영된 작품입니다."

빚 탄로가 난 아내를 데불고
고속버스
온천으로 간다
십팔 년만에 새삼 돌아보는 아내
수척한 강산이여

그동안
내 자식들을
등꽃처럼 매달아 놓고
배배 꼬인 줄기
까칠한 아내여

헤어지자고
나선 마음 위에
덩굴처럼 얽혀드는
아내의 손발
싸늘한 인연이여

허탕을 치면
바라보라고
하늘이
저기 걸려 있다

>   그대 이 세상에 왜 왔지
>   －빚 갚으러14)

고통의 미학!
"정말 종교가 필요한 사람은 고통받는 자이지요. 행복한 사람과는 관계없어요. 가난하고 불쌍한 사람에게 종교가 필요하듯이 예술도 고통 있는 자가 하는 것이지요."

>   울적을 분산시켜 놓은 것은
>   한마디
>   '땅꾼이 독사를 놓쳐 버렸다'는
>   소문이었다
>   부르르 차체가 떨고 있었다.15)

부르르 통체로 떨고 있는 그의 생!
이런 현실적 존재의 극적인 양상을 들여다보고 또 들여다보면서 현실의 어려움과 괴로움을 그는 예술의 원천으로 삼았다. 삶이 고통스러우면 그럴수록 시는 그만큼 깊어 갔고, 그렇게 하는 것만이 그가 현실에 대응할 수 있는 전부였다.
엄연한 현실 속에서, 이미지를 통한 사물의 새로운 시적 리얼리티를 표출해 내려는 견고한 의지를 시 속에 관철시켜 나갔던 것이다.
예술지상주의에 다름 아니었다.

>   눈사태가 난
>   大안데스嶺에

---

14) 시 「갈등」에서
15) 시 「소문」에서

무더기로 추락해서
　　살아 남은 사람
　　그 속에서
　　단 한 사람의 눈시울에
　　처음으로 비쳐 든
　　푸름이듯
　　석달 열흘
　　눈보라를 헤치고 나온
　　옹긋싹이다

　　해발을 알 수 없는
　　생활의 협곡에 갇혀서
　　지금의 나는
　　너를 그렇게 바라보고 있다16)

　"분명 나는 아름다움이나 진실을 말하기 위해 시를 쓴다. 하지만 기존의 미적 개념을 답습하거나 잠언을 일삼을 생각은 추호도 없다. 충격적이거나 경이감을 자아내는 것에서 나는 美를 발견하고 있는 것이다. 그러니까 나의 미의식에는 '곱다'든가 '예쁘다'는 개념보다 '다이내믹하다'든가 '놀랍다'는 개념이 더 강하게 작용하고 있다. 내 딴에는 자연의 미보다 사실의 미에 눈을 돌리는 까닭이 여기에 있다."
　사실의 미 추구!
　그로 인한 현실과 심상 사이의 가파른 갈등과 팽팽한 긴장!

---

16) 시 「안데스嶺의 푸름」에서

창, 그 모순의 지대에서 방황하는 경계인

자신의 시적 여정을 여기까지 짚어왔을 때, 창에 갇혀 있는 구름들은 그 무렵의 갈등을 반영하듯 스스로를 찢어발기거나 제 자리에서 머무른 채 각혈하고 있었다.

그러나 구름들을 끝내 풀어주지 않는 창!

그것은 현실과 심상 사이의, 주지와 서정 사이의 끝내 화해될 수 없는 불협화음 같은 것이기도 했고, 남북한 휴전선과도 같은 존재였으며, 이승과 저승 사이의 불투명한 막 같은 것이기도 했다.

창은 한마디로 먼 유년시절부터 자신의 혈관 속을 흐르고 있는 모순이었던 것이다. 자신은 창에서 이쪽으로 혹은 저쪽으로 가보기도 하고, 또 저쪽에서 이쪽을, 혹은 이쪽에서 저쪽을 동경해보기도 했지만 결국 그는 다시 창이 되어 그 경계에서 서성이고 있었다.

아무 것도 아닌 존재로 그런데도 분명히 존재하는 기이한 모순 같은 것이었다.

> 예금을 모두 꺼내고 나서 사람들은 말한다. 빈 통장이라고 무심코 저버린다. 그래도 남아 있는 0이라는 수치(數値), 긍정하는 듯 부정하는 듯, 그 어느 것도 아닌 남아 있는 비어 있는 세계, 살아 있는 것도 아니요 죽어 있는 것도 아닌 그것들마저 홀가분히 벗어버린 이 조용한 허탈, 그래도 0을 꺼내려고 은행창구를 찾아들지만 추심할 곳 없는 현세, 끝내 무결할 수 없는 이 통장, 분명 모두 꺼냈는데도 아직 남아 있는 수치가 있다. 버려도 버려지지 않는 세계가 있다.[17]

창을 가로질러 희디흰 빛살이 엇갈리듯 날아가는 것을 본 것은 이런 생각

---

17) 시 「0」에서

에 휩싸여 있을 때였다. 창은 이윽고 자신의 내부를, 그 모순의 세계를 열어 보이는 것인가? 비늘 투성이의 희디흰 빛살들이 창에 가득히 퍼득이고 있었다.

그 순간 그는 「해토무렵」이란 시를 떠올렸다.

> 병상에서
> 갓 일어난 햇살이
> 바람과 장난치고 있다
> 해토는
> 잡기장(雜記帳)처럼
> 부산하다
> 얼었다
> 녹는
> 질퍽한 생각에
> 자꾸만 엉기어붙는 춘니(春泥)[18]

팽팽하게 대립하고 갈등해오던 현실과 심상과 시인인 자신이 화해의 장을 마련할 수 있게 되었던 무렵의 시였다.

문득 더이상 염색할 필요가 없어진 희디흰 머리가 창유리에 희미하게 비쳐왔다. 갈등의 시적 여정 속에서, 생을 앞질러 먼저 쇠해버린 것만 같던 머리가 어느덧 생의 연륜과 조화를 이루고 있는 셈이었다.

현실과 심상이 화해하는 고원의 지대에서 열리는 신세계
―사랑

갈등의 세계에서 풀려나면서 그에게 열려온 세계는 사랑이었다.

---

[18] 시 「해토무렵」에서

엠마오로 가는 길은
먼지가 일었다.
누군가 뒤따르며
자꾸 말을 건네온다
―무슨 일이 있었나요
유카리나무 잎새 하나
힘없이 떨어지고
해질 녘
예루살렘을 등진
나귀의 눈망울이 섲어 있나.19)

먼 곳
새소리
호면(湖面) 그득한 햇살
고달프고
지친
마음을
어루만지듯
바람이
아아 예서 그는 사랑을 배웠구나20)

    단단하게 여문 시적 방법론으로 오랫동안 감싸고 있던 시의 속살을 내비칠 만큼 그는 넉넉해진 것인가. 그의 시세계는 이로써 더 넓은 세계로 확대되면서 더욱 깊어져 갔다.

갈릴리 호숫가
다문다문 피어 있는 황국(黃菊)
코르넬리아 꽃잎이

---

19) 시 「황혼」에서
20) 시 「사랑4」에서

가볍게 흔들린다
먼 곳
새소리
호면 그득한 햇살
고달프고
지친
마음을
어루만지듯
바람이
아아 예서 그는 사랑을 배웠구나21)

"요즘 광림의 시에는 관조(觀照)가 보여."
 오랫동안 서로를 지켜봐왔던 시인 구상의 말이었다. 그렇듯 무르익은 그의 투명한 시혼(詩魂)은 이제 어디를 그윽히 응시하고 있는가.

모순의 지대에 머물 수밖에 없는 총체적 아이러니의 화신

칭얼대는 손자를 아랑곳없이
조간 사회면에 눈길이 쏠렸다가
돌연 반도에 통증이 일었다
이중섭의 게발이 찝은 듯

일찍이 어머니의 젖꼭지를 깨물던
조상대대의 관습 그대로
돋아나는 이빨이 근지러워
손자는 나의 凸부를 문 것이다

순간 나는

---
21) 시 「사랑4」에서

> 자지러질 수도
> 뉘에게 호소할 수도
> 더더욱 며느리 앞에선
> 아프다 할 수 없는 아픔을
> 잔뜩 움켜잡아야만 했다
>
> 새삼 어린 것을 두고
> '강아지 같은 것'이라 한
> 어느 시인의 말이 생각났다
> (귀여움에 겨우면
>   물릴 수도 있다는)
>
> 어수룩 멍청하다간
> 떼일 수도 있다는
> 이 어처구니 없는 수난을
> 지금 반도가 치뤄야 하다니
> 남모르게
> 나는 목매일 수밖에[22)]

한마디로 총체적으로 아이러니하다.

시를 역설과 아이러니의 언어 예술로, 그러한 언어의 결정으로써의 '심상'으로 만드는 데 있어서 독특한 영역을 개척해 왔던 그의 판토마임!

일찍이 '현실참여냐, 미냐'의 갈림길에서 미를 택하였고, 미를 발견하려 존재들을 들여다보고 또 들여다보았던 한 모더니스트가 결국 발견한 자화상이 분단 한국이라니. 세상을 진지하게 응시할 수밖에 없었던 한 투명한 시혼(詩魂)이 도달한, 커다란 아픔의 울림이자, 한국현대사의 희극적인 자화상이 아닐 수 없다.

끝내 어디에도 정착할 수 없는 경계인,

---

22) 시 「반도의 아픔」에서

어디에도 속할 수 없는 창으로서의 그의 존재!

그런 그에게, 서정이되, 서정에만 몰입할 수 없는 주지적 서정이라는 모순의 지대, 버리고 싶어도 끝내 버릴 수 없는 0과 같은 기인한 모순의 지대는 가장 절실한 현실이요, 어떻든 견뎌내야 했던 사색과 방황의 무대였던 것이리라.

      따분해서 그렸고 배고파서 그렸고 그리워서 그렸다. 한지에도 그렸고 시험지에도 그렸고 널판지에도 그렸다. 은박지엔 철촉 자국 책뚜껑엔 G펜 자국 장판지엔 연필 자국 자국자국 그리고 그리고 또 그렸다

      부리에 꽃물이 들도록
      연방 지상에
      꽃잎을 쪼아 떨어뜨리다가

      홀연
      날아가버린
      이상한 새.[23]

김선생 근황은?

임진강이 멀지 않은 경기도 적성땅에 새 집을 지었다. 지난해의 일이다. "이곳에서 살면서 지금까지의 시를 보다 심화시키는 작업을 하려고 해요 보다 깊은 관조의 세계로 들어가고자 합니다." 그러나 그의 은거는 허락되지 않는다. 우선 그가 결성의 시원(始原)이 되었던 '아시아시인회의'가 그를 자꾸 불러내는 것이다.

"20세기말이라는 시대적 현실 속에서 소외되는 시의 문제, 나아가 왜소화

---

[23] 시「이중섭 생각1」에서

되는 인간의 문제를 시라는 문학을 통해 어떻게 대처할 것인가, 하는 문제를 공동으로 심도 있게 논의해야 할 줄로 믿습니다. 그리고 외약적으로도 아시아 각국을 참가시켜 중국, 인도, 싱가폴, 태국 등 그 범위를 넓혀나갈 예정입니다."

(≪현대시≫, 1996년 6월호)

아이러니, 풍자, 해학 통한 모더니즘의 완성

윤 석 산

　김광림 시인의 시에서 가장 쉽게 만나는 것은 아이러니이다. 특히 이 시인의 중·후기의 시로 넘어오면서 이러한 시적 방법은 확연히 눈에 띄고 있다. 우리가 잘 알고 있는 바와 같이, 아이러니나 해학, 풍자 등은 매우 고도화된 모더니즘적인 시의 한 방법이 된다. 따라서 김광림 시인은 그가 초기시에서부터 일관성 있게 추구해 오던 주지적 서정을 통한 '새로운 서정'의 시도는 이와 같은 아이러니나 풍자의 방법을 만남으로써 더욱 심화, 확대되고 있는 것으로 생각된다. 즉 이는 다시 말해서, 이러한 방법을 통하여 모더니즘적인 시의 세계를 더욱 공고히 하는 모습이며, 동시에 모더니즘에 대한 토착화의 한 모습이기도 한 것이다.

　작품 「풍경 A」는 이 시인의 중기에 해당되는 시기에 쓰인 작품이다. '기중기', '타이거 중전차', '철추' 등의 광물적이고 메마른 이미지를 지닌 언어들은 콘크리트로 포장된 현대문명의 한 단면을 잘 드러내주는 시어들이다. 이와 같은 언어들은 다시 당시 철권으로서 무적의 힘을 상징하는 케시이스 크레이(전 헤비급 세계 챔피언인 무하마드 알리의 첫 이름)의 무지한 주먹들과 결합되면서, 우리를 압도해 오는 무서운 힘, 현대문명의 위기와 이를 견디는 중압

감으로 우리에게 다가오고 있다.

그러나 이러한 외재적인 요소들은 시의 중반부에 이르러 '나를 매달아 놓은 내장의 사슬'로 이어지며, 이내 시적 화자의 내면으로 날카롭게 파고들고 있음을 볼 수 있다. 그러므로 기중기에 매달려 무섭게 압도해 오던 철추는 화자를 내면으로부터 얽매어 놓고 있는, 그러므로 무거운 힘으로 눌러오는 현실적인 중압감으로 환치되고 있는 것이다. 즉 시인은 문명비판적인 언어를 시에 과감히 씀으로 해서, 현대라는 시대에 중압감을 받으며 살고 있는 현대인의 무겁고 답답한, 위기의식까지 느끼는 현대인의 심리적 풍경을 작품 속에 그려놓고 있는 것이다. 그러나 후반부에 이르러 기중기의 철추를 날아가는 한 마리의 새로 환치시킴으로써 '중압과 순간적인 해체'라는 극적인 상황을 도출시키고 있음을 볼 수 있다. 이러함이 곧 김광림 시인의 시에서 만나게 되는 아이러니의 실체라고 할 수 있다.

문명비평적 언어로 그린 현대인의 심리

작품 「갈등」은 위의 시보다는 다소 후기에 쓰인 작품이다. 화자는 빚 탄로가 난 아내와 고속버스를 타고 온천으로 가게 된다. 온천으로 가는 것은 이제 헤어지기 위해서이다. 가는 버스 안에서 화자는 아내를 다시 바라보게 된다. 결혼한 지 십팔 년만에 새삼 다시 바라보는 아내의 모습은 '수척한 강산'과 같은 나이가 들었고, 생활에 지친 모습이다. 그리고 이내 그 아내는 십팔 년 동안 '내 자식들을 등꽃처럼 매달아 놓고' '배배 꼬인 줄기'처럼 살아온 아내이다. 이러한 아내를 새삼 발견하게 되는 화자는 그 아내와 화자 자신에서부터 '넝쿨처럼 얽혀드는 싸늘한 인연'을 보게 된다.

이러한 화자는 차창 밖으로 하늘을 바라보게 되고, 그 하늘의 넉넉한 품을 발견하게 되고, 그 하늘을 '허탕치면/바라보라고' 누군가에 의하여 '거기 걸려 있음'을 깨닫게 된다. 하늘은 이 작품 속에서, 헤어지기 위하여 온천으로 가는 두 부부를 다시 화해시키는, 넝쿨처럼 얽혀드는 싸늘한 부부로서의 인연을 소중히 여기게 하는 중요한 매개가 되고 있는 것이다. 그러므로 화자는 마지막 연에서 '그대 이 세상에 왜 왔지/－빚 갚으러'라고 자문자답하듯이 진술함으로써 지금까지 자신을 얽어매놓고 있었던 작은 자아를 열고, 보다 대승적인 자아로 돌아가게 됨을 우리는 발견하게 된다.

　작품「덤」은 김광림 시인의 후기 작품에 해당된다. 사람이 생애를 살아가며, 나이가 예순이 된다는 것은 어떤 의미가 나름대로 있는 모양이다. 나이가 한 예순쯤 되면, 육체적으로나 정신적으로나 모두 그 전과는 다른 변화를 가지고 오는 모양이다. 대체로 예순을 기점으로 노년과 장년을 나누는 것이 바로 이런 육체적, 정신적인 현상 때문이 아닌가 생각된다.

　김광림 시인은 이 예순을 기점으로 매우 재미있는 발상을 하고 있다. 예순보다 덜 살면 '요절'이고, 이보다 더 살면 '덤'이라고 말하고 있다. 그러므로 이 시인에 있어 나이 예순은 '요절'과 '덤'의 기점이 되기도 하는 것이다. '요절과 덤', 그러므로 여느 때보다 삶의 감회와 아쉬움, 또는 서글픔과 같은 것이 더욱 많이 도사리고 있는 것이 예순이라는 환갑의 나이라고 생각된다. 비록 이가 지극히 인위적인 나이 가르기에 해당되고 있는 것이지만 말이다.

　이러한 나이 예순에 이르러 시인은 삶을 되돌려 보고, 동시대를 살았던 시인이나 예술가들을 회상하게 된다. 누구는 예순을 조금 넘게 살았고, 누구는 예순이 되지 못하여 죽었고, 한번쯤 생각 키워질 만한 '나이와 삶과 자신의 나이'를 시인은 생각하고 있는 것이다. 나아가 이러한 생각들은 그들 예순을 살지 못하고 일찍 죽은, 그래서 그들 소위 '요절한 천재'들이 다 이룩하지 못한 예술의 잔해를, 혹은 그들이 남긴 예술의 정신을 시인은 생각하게 되는 것이다. 이러한 것들을 시인은 '⋯⋯밥상에는/빵 부스러기 생선 찌꺼기 초친 것 등/지친 것이 많다'고 비유적으로 표현하고 있다. 이러한 표현은 대단한 풍자적 성격을 지닌 비유이다. 그러므로 이 풍자는 더욱 강하게 이어져, '소월(素月)의 죽사발이나/이상(李箱)의 심줄 구이 앞에는/늘 아류들이 득실거렸다'라고 노래됨으로 해서, 오늘 우리의 시가 지니고 있는 어떠한 한계와 정신의 궁핍함을 풍자적으로 비판하고 있는 것이라고 하겠다.

차원 높은 기법 동원한 '새로운 서정의 혁명'

그러나 이러한 문제는 동시대를 사는 시인에게 있어서도 마찬가지라는 이야기이다. 결국 이제부터 사는 것 모두가 덤이며, 그 삶 속에서 이루려고 하는 많은 일들, 예를 들어 예술적인 작업 등도 결국은 앞사람이 마시다 만 맹물이나 들이켜는 일에 불과하다는 이야기이다. 이러한 시인의 독백과 같은 고백은 다름아니라, 지극히 자조적인 성격을 띠고 있는 풍자의 하나일 수 있다. 이 자조적 풍자를 통하여 김광림 시인은 가장 안온하게 자신의 내면, 자신의 시인으로서의 진실을 독자들에게 드러내 보이고 있는 것이다.

김광림 시인은 이와 같이 아이러니와 풍자, 해학 등의 차원 높은 현대시적인 기법을 시작품에 동원하여, 보다 진솔한 삶의 진지한 부분에 이르고 있으며, 이러함을 독자들에게 넓은 공감의 폭으로 다가오게 하는 시인이라고 말할 수 있다. 따라서 이러한 시의 방법은 그가 초기시에서부터 일관성 있게 추구해 왔던 주지적 서정을 통해 이룩하고자 한 '새로운 서정의 변혁', 그의 실체이기도 한 것이다.

(『한국대표시인선 50』, 중앙일보사, 1995.)

김광림의 시

조 남 익

김광림의 시세계

한국의 주지적 서정시는 시가 갖는 문학성보다는 예술성 쪽으로 정예(精銳)의 시인들에 의해 꾸준히 이어져 온다. '예술성'은 미(美)요, 미는 이미지의 언어적 조형(造型)에 두고 있다. 주지적 서정시인 김광림에 의하면, "나는 시를 쓸 때 무슨 거창한 효용 같은 것을 염두에 두지 않는다. 이를테면 '사회를 위해', '인류를 위해' 쓴다고 생각해 본 일은 없다. 다만 쓰는 일이 즐거워서 쓰고 있을 뿐이다."(김광림, 「왜 나는 시를 쓰는가」)고 했으며, 시를 넥타이핀이나 카오스 보턴 정도의 효용물로 생각한 일이 있다고 한다. 그의 견해를 더 들어보기로 하자.

분명 나는 아름다움이나 진실을 말하기 위해 시를 쓴다. 하지만 기존의 미적(美的) 개념을 답습하거나 잠언(箴言)을 일삼을 생각은 추호도 없다. 충격적이거나 경이감(驚異感)을 자아내는 것에 나는 미를 발견하고 있는 것이다. 그러니까 나의 미의식에는 '곱다'든가 '예쁘다'는 개념보다, '다이내믹하다'든가 '놀랍다'는 개념이 더 강하게 작용하고 있

다. 내 딴에는 자연의 미보다 사실의 미에 눈을 돌리는 까닭이 여기에
있다.

―「왜 나는 시를 쓰는가」에서

서정시의 원형은 노래였다. 노래가 노래일 수 있는 요건은 심오한 문학성이 담길 수도 있는 일이지만 감흥이나 표현술로 일컬어지는 언어적 유희가 더 중요한 기능이라고 할 수 있다. 주지적 서정시는 그것을 이미지의 투명성이나 간명성(簡明性)에서 구해 오기도 하고, 회화적(繪畵的) 내지는 조소적(彫塑的) 이미지의 조립에서도 나타나지만, 요는 음악성이나 리듬을 포함한 언어의 센스가 세련된 특징을 갖고 있다. 그러나 자세히 살펴보면, 주지시든 전통시든 이러한 논의가 있는 이면에는 시의 창조적 정신 배경과 표현의 방법론에 관한 것이요, 시라는 큰 원칙에서는 별다른 차이가 있는 것이 아니다. 김광림은 시와 시론에 모두 재능을 갖고 있는 시인이다. 18세 때 향리인 원산에서 단신 월남하기 전, 화가 이중섭을 사귀었고, 시인 구상을 만나기도 한다. 이중섭과의 교우는 이후 그의 시에 적잖은 영향을 끼친 듯하다. 그는 이미지에 대한 자각이 높아지면서 온건한 주지적 시인으로 각광을 받는다.

앞에서 인용한 「왜 나는 시를 쓰는가」에 나타나듯이 그는 '곱다·예쁘다'는 재래의 심미의식 각도가 아니라 충격적 경이감을 시에 도입함으로써 그의 시적 개성을 현대화하고, 시의 언어적 구조미를 통해서 재래의 전통으로부터의 변용을 성취하게 되는 것이다. 그 구체적 예를 들면 다음과 같다.

A.
아가는
죄끄많게 움켜쥐었던
'원죄(原罪)'를 놓았다.
영혼을 햇살에 담아 가지고
날아 오르는

비둘기.

— 「순연(純然) 3」에서

B.
진원이다 잠들지 못하는 대륙은
늘어났다 포개졌다
포개졌다 늘어났다
무시로 배리(背理)가 뒤집히기도
(반도는 태풍권내)
자벌레가 한 마리 접근해 오고 있다.

— 「여체(女體)」 전문

 A는 생후 2개월만에 잃게 된 아이의 죽음을 소재로 한 시이고, B는 제목에서 볼 수 있는 것처럼 여체가 그 소재다. A는 아이의 죽음을 '원죄를 놓았다'고 하였으며, 또는 '날아 오르는 비둘기'로 표현하고 있는데, 부정(父情)이 전혀 비치지 않은 채로 모두 시각적 이미지만이 맑고 평화스럽게 빛난다. 감정의 때가 묻지 않고, 이미지의 황홀한 한 폭 그림이 되는 경지다. 특히 '원죄를 놓았다'는 구절은 의표(意表)를 찌른 뛰어난 예지가 아닐 수 없다.
 B는 유혹적인 여체—탐욕적 대상이면서도 모든 사단(事端)의 진원지인 여체에 대한 충격적 표현인데 의미심장한 내포가 눈에 잡힐 듯이 시각화되어 있다. 어떠한 설명으로도 따를 수 없는 육감적 경악이 불과 6행의 시에 함축되어 있는 것이다. 이러한 시세계는 충분히 새롭고도 매력 있는 세계가 아닐 수 없다. 그리고 이러한 시들은 열광과 감동의 심장으로 쓰는 시라기보다는 냉정한 머리로 쓰는 예지의 시세계임을 알 수 있을 것이다. 김광림의 주지적 서정시는 김춘수, 박남수를 거쳐 1930년대로 연결되며, 그 지적인 요소와 구성으로써 한국의 현대시에 새로운 활력소를 더하게 된다.

풍경 A

기중기는
망가진 캐시어스 클레이의 철권 수만 개를
들어 올린다
흔들린다
헛기침도 않고
건달 같은 자세로
시장한 벽에
부딪친다
압도해 오는 타이거 중전차에
거뜬히 육탄(肉彈)한다
나를 매달아 놓았던 내장(內臟)의 사슬이 끊어진다
기중기를 벗어난 철추는
현실 밖으로 뛰쳐 나간다
한 마리의 새가
포물(抛物)로 날아간다

— 제5시집 『갈등』(1973)

「풍경 A」는 「갈등」, 「0」, 「임자(壬子)」, 「걸인(乞人)」 등과 함께 제5회 한국 시협상 수상작품의 하나다. 이 시는 무거운 물건을 들어올리기도 하고 내리기도 하며, 또는 수평으로 이동시키기도 하는 기중기를 강자로 하여, 강력한 거인의 힘을 종횡으로 설파하고 있다. 세계적인 권투 선수 캐시어스 클레이의 펀치—그는 프레이저에게 굴복했지만— 수만 개의 힘을 들어올리기도 하고, 건달 같은 자세로 벽에 부딪치기도 하며, 또 장갑(裝甲)이 두껍고 전증량 25톤 이상이나 되는 대형 전차인 중전차에게 대들기도 한다는 것이다. 현대 문명의 소산인 기중기—그 위력이 맹위를 떨치고 있는 것이다. 그러나 이 시는 후반부에 가서 그 시적 진실성을 획득한다. 지금까지의 기중기에 대한 풍경이, 인간의 내면의식에 연결되어 뜻밖에도 '나를 매달아 놓았던 내장(內

臟의 사슬이 끊어진다'로 전이되는 것이다. 이것은 지금까지의 기중기와는 상반되는 것처럼 보이기도 한다. 그러나 건달 같은 기중기의 속성은 인간의 본성일 수도 있고, 나를 지탱해 주는 에너지일 수도 있다. 그 강력한 힘과 파괴적인 속성, 그것으로부터 벗어나는 것인데, 그것이 또 한번 '현실 밖으로 뛰쳐 나간다'의 표현에서 경이감을 준다. 이 시는 ①실제적 문명비판적인 요소와 ②인간의 내면의식 세계라는 이중구조를 포괄하면서 다이내믹한 시적 확산을 이루고 있다.

　　　한 마리의 새가
　　　포물(抛物)로 날아간다.

　이 시의 결구. 여기의 '새'는 '기중기'로부터 떨어져 나온 존재이기도 하고, '현실 밖으로 뛰쳐나온' 나의 모습이기도 하다. 다시 말하면, 강자로부터 벗어난 외로운 분신의 비상인 것이다. 아무튼 이 시는 문명비판적인 요소와 인간의 내면의식 세계라는 중의적 표현을 통하여 막강한 강자의 생태적 풍경, 기중기로부터 새에 이르는 생명의식의 대비적 효과가 높으며, 현대인의 정신적 풍토를 엿보게 한다. 특히 현대적 소재와 감각, 그 표현에 있어 독특한 새로움을 주고 있다.
　한편 김광림은 그의「나는 시를 이렇게 쓴다」에서 이 시를, 강력은 강력에게 무너지고, 파괴하는 자는 언젠가는 파괴를 당하게 된다면서 '강력이 지닌 허무나 무책임'을 들고 있음을 밝혀 둔다. 이 시는 전반부와 후반부의 균형적인 이해가 가장 중요하리라고 생각된다.

　　　산 IX

　　　한여름에 들린

가야산
　　　독경소리
　　　오늘은
　　　철 늦은 서설(瑞雪)이 내려
　　　비로소 벙그는 매화 봉오리

　　　눈 맞는 해인사
　　　열두 암자를
　　　오늘은
　　　두루 한 겨울
　　　면벽(面壁)한 노승 눈매에
　　　미소(微笑)가 돌아
　　　　　　　　　　　　　　　— 제4시집『학의 추락』(1971)

　서설(瑞雪)이 내린 산사의 정밀하고 청정한 분위기를 불교의 선적(禪的)인 감성으로 독특하게 이미지화 한 서정시다. 김광림의 초기시에는 전란의 상처가 짙게 깔려 있었으나, 제2시집『심상의 밝은 그림자』(1962)부터는 전쟁의식, 현실의식보다는 사물의 회화적 이미지와 공간적 조형에 주력한다. 정서가 지적으로 다듬어져 감정의 노출이 억제되며, 관념성이 배제되는 순수 이미지의 시경(詩境)을 열었다. 이 시는 한여름에 다녀갔던 해인사를 이른봄에 다시 찾아온 것으로부터 시의 도입이 시작된다. 지난해 여름에 들었던 독경 소리가 우주로 번져 나가 오늘의 서설을 내리게 하고 있으며, 또 그로 인하여 이제 막 첫 송이가 피어나는 매화가 제시되고 있다.

　2연에서는 '면벽한 노승 눈매에/미소가 돌아'의 '노승의 미소'가 '벙그는/매화 봉오리'와 짝을 이루어 중심이 된다. 부처님이 내리는 축복처럼 골짜기에 흩어져 있는 여러 암자에는 눈이 내리고 있는데, 한겨울 내내 벽을 바라보고 수도하던 노승은 '비로소 벙그는/매화 봉오리'와 조응되어 문득 법열(法悅)의 깨달음을 얻는 것이다. 전자가 현상세계라 한다면 후자는 관념세계가 되고 있다.

  이상의 내용에서 보듯이, 이 시는 회화성을 중시한 이미지 중심의 서정시다. 구성에서는 시상의 흐름을 좇아 과거에서 현재로, 또 '매화'에서 '노승'으로 결합시켜 선명한 인상과 경이적 효과를 보인다. 이미지와 유추의 배후에서 산문적, 관념적 감정 노출이 배제되는 순수 미의식의 결정을 보이고 있는 것이다.

  이 시에서 '면벽'은 참선하기 위하여 벽을 마주 대하고 앉는 일인데, 달마대사(達磨大師)가 인도에서 중국에 가, 숭산(嵩山)의 소림사에서 9년 동안 벽을 마주 대하고 좌선하여 오도(悟道)하였다는 고사 '면벽구년(面壁九年)'에서 유래된 말이다.

    천근의 우수

    아무도
    이 무게를
    들어올릴 수는 없다
    하지만
    내 얼굴은
    능히
    이를 감내한다
    아무렇게나
    움켜 잡아
    내꼰지는
    크레인일 수는 없지만
    나일강의 흙탕물을
    들이키고도
    말 없는
    스핑크스처럼

                                ― 제7시집 『언어로 만든 새』(1979)

김광림의 시에서 과거 시형태의 수정은 산문적 진술구조의 채택과 시어의 개방 등 측면에서 두드러지는 듯하다. 특히 시어는 이 시대의 일상어를 그대로 시에 도입하여 그 질량을 유지해 보이고 있다. 시「천근의 우수(憂愁)」는 산문적 진술구조로 볼 수 있는 작품이다. 짤막한 단형의 형태이지만 그 구조는 산문적 자연스런 리듬을 밟고 있기 때문이다. 그것도 불과 3개의 문장으로 이루어져 있다. 이 시는 세월과 더불어 인생고의 그림자가 사람의 얼굴에 패이는, 우수 어린 모습을 표현하고 있다. 그것이 '슬프다·고통스럽다' 등의 일체의 감상석 언급을 생략한 채 이미지로써만이 한 편의 시로 제시되고 있다. 사람이 일생동안 산 우수의 무게―그것을 무게로 환산한다면 아무도 들어올릴 수 없는 무게일 것이다. 그러나 우수가 가득 배인 나의 얼굴은 이상하게도 그 무게를 감내하고 있으니 얼마나 놀라운 일인가. 마치 크레인처럼 우수를 내끈지지도 못하고 나일강의 흙탕물을 흠뻑 들이키며 수천 년 우수 어린 스핑크스의 얼굴처럼 말이다.

　대충 이런 뜻의 내용이다. 그러니까 이 시의 주제는 '내 얼굴은/능히/이를 감내한다'에 있으며, 스핑크스와의 상응에서 천근 무게의 우수가 돋보이고 있다. 결구인 '스핑크스처럼'에는 '이를 감내한다'가 생략되어 있으며, 이 시에는 적절한 여운을 살리고 있다.

　험난한 인생의 과정이나 내용을 표현한 시는 이루 헤아릴 수 없이 많을 것이다. 그러나 이 시는 인생고를 천근의 무게로 집약, 간결한 표현을 획득하고 있다는 점에서 그 개성과 우수성을 엿볼 수 있을 것이다. 아무나 흉내내기 어려운 생에 대한 직관, 지성을 바탕으로 한 참신하고 매력 있는 현대적 순수시의 전형을 볼 수 있다.

　김광림(1929~) : 본명 충남(忠男). 함남 원산생. 원산중학, 국학대학 문학부 졸업. 북한의 공산 치하에서 18세 때 단신 월남하여 한 때 국민학교 교사, 육군 대위, 공보부 출판계장 등을 역임했으며 외환은행에 근무. 월남 후 연합신문에 시「문풍지」를 처음 발표했고, 1957년 전봉건, 김종삼 등과 연대시집 『전쟁과 음악과 희망과』를 출판함으로써 작품활동이 본격화되었다. 이후 시집으로『상심하는 접목』(1959),『심상의 밝은 그림자』(1962),『오전의 투망』(1965),『학의 추락』(1971),『갈등』(1973),『한겨울의 산책』(1976),『언어로 만든 새』(1979),『바로 설 때 팽이는 운다』(1982),『천상의 꽃』(1985), 시선집으로는『소용돌이』(1985)가 있다. 제5회 한국시협상 수상(1973), 주지적 서정시를 주창하여 이 방면의 시론집으로『존재의 향수』(1975),『오늘의 시학』(1978) 등이 있음. 일본·자유중국과의 교류에 힘써『아시아 현대시집』간행에 관여하고 있으며, 일역시집『천근의 우수』(1980)가 있음.

(≪현대시학≫, 1986년 11월호.)

김광림의 은둔생활

이 유 경

"우리는 여기 실린 그의 시를 통하여 한반도가 지니고 있는 무게와 운명과 의지를 알 수 있을 것이다. 그것은 분노와 슬픔의 직구가 아니라, 해학이라는 고급한 표현으로 포장된 것이다. 이 해학은 일본의 유명 시인 니시와키 준사브로(西脇順三郎)가 일생동안 사랑했던 것이기도 하다. 무거운 운명과 문명비평으로 채워진 이 시집을 일본의 독자에게 소개하게 되어 참으로 기쁘다."

이것은 일본 세이주사(靑樹社)의 세계시인총서 가운데 ⑤로 나온 『김광림 시집(キム・クヮンリム 金光林 詩集)』 1995년 판에 대한 소개 말이다. 총서⑥은 프랑스의 대중시인 자크 프레베르의 시집이고, ⑦은 현존하는 프랑스 최고의 시인이며 비평가인 이브 본느프와의 최신 시집.

북한 원산에 태어나 대학을 한 학기까지 다니고 남으로 탈출해 온 김광림 시인(72)은 지난 53년 동안 14권의 시집, 8권의 시론-에세이집 등 많은 저서를 남기고 있다. 오래 전부터 한국에서보다 일본과 대만 시단에서 더 많이 알려져 온 그는 특히 1996년에는 일본 최대의 동인 단체인 '지큐(地球)'로부터 외국인으로선 처음으로 '지큐상(地球賞)'이란 문학상을 받은 바 있고, 이

듬해에는 타이완에서 중흥문예특별공헌상을, 1999년 판 'P.E.N International'에는 그의 대표적인 시 「0」가 영역되어 실리기도 했다. 전(前)해에는 박목월 시인의 「한복(韓服)」이 실린 바 있으나 생존해 있는 한국인으로선 처음이다.

P.E.N뿐 아니라 일본의 대표적 시지(詩誌) ≪시와 사상≫, 타이완의 ≪笠≫ 등에 게재된 그의 대표작 「0」의 원문은 다음과 같다.

예금을 모두 꺼내고 나서/사람들은 말한다/빈 통장이라고/무심코 저버린다/그래도 남아 있는/0이라는 수치//긍정하는 듯/부정하는 듯/그 어느 것도 아닌/남아 있는 비어 있는 세계/살아 있는 것도 아니요/죽어 있는 것도 아닌/그것들마저 홀가분히 벗어버린/이 조용한 허탈//그래도 0을 꺼내려고/은행창구를 찾아들지만/추심할 곳이 없는 현세/끝내 무결할 수 없는/이 통장//분명 모두 꺼냈는데도/아직 남아 있는 수치가 있다/버려도 버려지지 않는/세계가 있다

그는 지난 10여 년 동안 한국에는 그와 친한 사람이 대부분 세상을 떴거나 교류가 힘들어, 외국에 가서 그곳의 원로들과 교유하게 된다고 애써 강조하고 있다. 대부분의 나날을 시골 그의 은둔처에서 칩거하듯 보내고 있다. 또 일본과 타이완의 원로시인들이 서울에 오기라도 하면 파주의 김 시인 집에 머물다 가는 일이 예사.

요즈음 그는 360쪽 분량의 대작 『현대일본시인론』을 간행했다.

시골에서 혼자 자취하며 살아

경기도 파주시 법원읍 웅담3리. 법원읍에서 적성으로 가는 317번 도로를 따라 쇠꼴[金谷]부락을 지나고, 이내 다가오는 고개를 넘으면 눈 아래 언덕에 조각작품 열댓 점을 거느린 특이한 단층 벽돌집 한 채와 만날 수 있다. 지붕

까지도 벽돌 색인데다 벽 일부를 달아내기도 해 옛집 같이 보이지만 실제론 들어선지 5년이 안 된 새 집이다.

이곳에서 김광림 시인이 자취하고 농사 지으며 은둔생활을 영위하고 있다. 얼마 전까지만 해도 장녀인 상미 씨 부부가 함께 살아 편했지만 외손녀의 학교문제, 사위의 직장 출퇴근 때문에 그들 일가는 서울 집으로 돌아갔다. 시인은 완벽하게 혼자가 된 셈이다. 그러나 그는 태평이었다.

"전번에 일본에 10개월 동안 가 있을 때도 혼자 밥해 먹고 했었어. 요즈음에 보니까는 보온밥통에 쌀 씻어 담고 코드만 연결시키면 절로 밥이 돼 보온까지 되던걸. 게다가 딸애가 주말이면 와서 밑반찬이랑은 다 해놓고 가고, 나도 일주일에 이틀 정도는 서울 아이들 집에서 유하다 오면 여기 혼자 있는 건 일주일에 겨우 사나흘밖에 안 되잖아."

첩첩한 산봉우리들 사이로 옛날 임꺽정이 아지트로 삼았다는 감악산이 아득히 바라보이는 그의 집은 시골 어디에나 가면 맡을 수 있는 농약냄새에 젖어 있었다. 잡초가 듬성듬성한 자갈 깔린 마당은 그러나 깨끗했다. 8월 중순의 잦은 호우 때문일 것이다. 마당에서 내려다보면 동네 전체가 목장촌 같기만 하다. 가축 사육장 같은 건물이 즐비해 있고 분뇨 냄새가 바람을 타고 언덕을 올라왔기 때문이다.

무더운 날임에도 사진 찍힌다고 그러는지 김광림 시인은 소매 긴 개량한복을 입고 있었다. 순백의 곱슬머리는 '봉두난발(蓬頭亂髮)' 그대로였다. 살이 조금 오른 탓인가, 햇볕에 탄 얼굴이 팽팽하게 반짝거렸다. 크게 쌍꺼풀진 눈자위 말고는 주름살도 거의 없어진 채였다. 그러나 손등이 검푸르게 부풀어올라 있어 어찌된 거냐고 했더니 풀 뽑고 농사 짓다 '풀독'이 올라 근지러워 긁다가 이 지경이 됐다고 했다. 자꾸 덧나니까 술은 마시지 말래서 일체 입에 대지 않는다고 했다. 술까지 금하게 되자 요즈음 담배를 다시 피우기 시작했다고, 그렇지만 사흘에 한 갑 정도만 태운다며 소탈하게 웃었다.

실내는 시인을 위해 꾸며진 것 같았다. 조각가인 그의 둘째 아들 상일 씨가 설계하고 시공까지 한 예술적인 공간. 김 시인의 고종사촌 누님 땅 500평을 월부 형식으로 구입, 집을 짓고 증축까지 해 건평 40여 평의 이 집은 사실상 '김광림 기념관'이 되어 있다.

일본·대만 시인들 예찬시 보내와

제법 넓은 거실 한가운데에 평상이 하나 있고, 벽에는 각종 그림이나 시화, 기념사진, 여러 사람의 휘호가 걸려 있다. 서재는 책이 있는 공간과 집필실 독서실로 나눠져 연결이 돼 있었는데 최근에 간행된 일본 서적이 많이 보였다. 그가 한국 시단에서 일본의 시인들과 가장 많은 교류를 갖고 왕래하고 있기 때문일 것이다.

거실 벽에서 유난히 시선을 끄는 것이 몇 개 있었는데, 그 하나는 빽빽하게 쓴 일본어 붓글씨 표구였다. 시라이시 가즈코(白石かずこ)란 일본 여류시인이 1998년 3월 1일자 아사히(朝日)신문에 발표한 「北에서 南으로 온 사나이」란 시로, 그녀 자신의 유려한 필치로 '김광림 시인에게 바칩니다.'란 부제를 달아 직접 써서 보내 온 것. 김 시인이 번역해 보인 시의 내용은 다음과 같다.

> 고향은 이북이라고 사나이는 말한다/열여덟 살 때 이남으로 왔더니 경계가 생겨/그로부터 반세기/사나이는 부모와 매제 누구 하나의 소식조차 모른다/한 통의 편지 한 마디의 소식조차 끊기고/사나이는 남쪽에 와서 시인이 되었다/네 자식과 손자도 생겨/사이좋게 부부싸움도 하며 농도 하는데 어느덧/고향인 북쪽 하늘에 날아가는 새조차/사나이 양친의 소식을 알려주지 않는다/머리칼은 흰 구름이 되어 슬픔의 머리 위에 떠돌고/망향의 심정은/너무도 속 깊은 동굴 밑에 있어 아무에게

도 안 보인다/사나이는 말한다/나이가 더 들면 北의 고향/산이나 하늘이 보이는 곳에 살겠노라고/산이여 소리내어 뭔가 말해 주지 않으려나/하늘이여 푸르게 갠 눈에 눈물이 어리는 걸 안다면/뭔가 소식의 꽃잎 같은 거/무궁화 꽃에 실어 하늘하늘 이리로/보내 주지 않으려나

시라이시 시인은 김 시인보다 두 살이 아래여서 그를 '오빠'로 여기고 있다고 한다. 그녀는 1986년 서울 아시아시인대회에 참석하는 등 한국에도 몇 차례 다녀간 일본 시단의 정상급이다.

다른 하나는 타이완 시인 3명과 일본 시인 한 명이 지난 5월 11일, 이 집을 방문해 하룻밤을 머물다 갔는데 그때 전지 한 장에 '김광림 詩大家惠存'이란 제목 아래 남긴 휘호였다. 타이완 팬클럽 회장을 역임한 陳千武(첸치우), 시지(詩誌) 《笠》의 주간 岩上(옌샹)과 龔顯榮(콩시엔 롱), 그리고 일본 현대시인클럽의 야마구치 소오지(山口惣司) 등이 그들. 휘호의 내용은 김 시인에 대한 각자의 예찬 한시(漢詩)였다. 일본과 타이완 시인들과 함께 찍은 사진 몇 장을 휘호의 빈 곳에 붙여놓아 편집 효과를 내고 있었다.

"금강산에 가봤더니 새가 없더군"

지난 7월 말 금강산을 다녀왔다고, 금강산 너머 원산항이 고향인 시인이 먼저 화두를 뗐다. "관광으로요?" 했더니 고개를 젓고 "해변시인학교를 거기서 열었잖아. 2박3일, 그 뭐 배에서 시인학교 모임 갖고 잠자고 새벽같이 나가 구경하는 그런 것이었어." 하더니 그는 갑자기 큰 눈을 부릅뜨고 주위를 둘러보다가 목소리를 죽여 속삭이듯 말하는 것이었다.

"금강산에서 말이야 아주 중대한 걸 알았어. 새소리를 들을 수 없었던 거야. 물론 볼 수도 없었고. 그 깊은 산중에 새가 없다는 건 무엇 때문이겠어?

먹을 게 없으니까 새들이 살 수 없다는 거야. 그러니깐 먹이사슬 하나가 끊어졌거나 환경이 바뀐 게 분명해. 정말로 적막하데. 한데 다람쥐는 있어. 우리네 다람쥐는 사람이 가면 도망치잖아? 그렇지만 이놈의 금강산 다람쥐들은 사람이 가면 오히려 쫓아오는 거예요. 먹을 것을 달라는 것이지. 아닌 게 아니라 먹을 것을 주니까 손바닥 위에까지 마구 올라와 먹이를 물고 가는 것이었어!"

시인다운 예리함이 말속에 있었다. 그럼에도 그는 '새소리를 들을 수 없었다'는 말을 하기 위해 목청을 꽉 낮추고 중요한 비밀을 이야기하듯 주위를 살피는 것이었다. 오랫동안 몸에 밴 저쪽 지역이나 사람들에 대한 공포감 같은 것 때문인가 하고 나는 속으로 우울해 했다. '오죽했으면!' 하는 막연한 공감도 있었다. 그러나 그가 금강산에서의 체험을 「북어를 씹으며」란 제목으로 시를 썼다 해서 달래서 읽어왔다. '천하의 명산에/새 한 마리 안 보이다니/(내 눈이 멀었는가 싶도록)/속이 비어들기 시작하여/北魚를 샀지'라는 구절이 유독 눈에 들어왔다.

그가 오래 전 대외적으로 알린 최종학력은 '국학대학 졸업'이지만, 최근 나에게 전해 준 자신의 연보에는 학교관계가 다음과 같이만 적혀 있고 '국학대학'은 그 대학이 없어졌기 때문인지 나와 있지 않았다. 연보 앞부분은 다음과 같다.

    1929.9.21 함경남도 원산시 중리에서 부 김창응(본관 전주), 모 김윤복(본관 경주) 2남 4녀 중 장남으로 출생(본명 충남)/1936.4 원산용동공립보통학교 입학: 소달구지에 치여 왼다리 골절상을 입고 한 달 동안 입원 가료함/1943.4 개성송도 중학교 입학: 오지호 화백이 미술교사로 있었음. 3학년 때 학도 근로 동원을 피해 향리로 돌아옴. 부친의 감화로 세계문학전집(新潮社版)을 독파함./1945.9 광복 후 원산 공립중학교(한길중학으로 개명됨)에 편입: 아래 학년에 이호철, 최인호 등이 있었음./1947.9 평양종합대학 역사 문학부 외국문학과에 입학: 김규동, 이활

등을 알게 됨. 한 학기만 다니다 그만 두고 잠시 원산인민일보 기자 생활을 함./1948.12.4 연천을 거쳐 한탄강을 건너 단신 월남함.

화가 이중섭에게서 예술 눈 뜨다

"개성송도중학을 그만두고 원산에 와 있을 때 광복이 되었어요. 광복 다음 다음날로 기억되는데 원산상업학교 운동장에서 광복을 경축하는 군중집회가 있다기에 구경을 갔었어요. 주석단에 몇 사람이 서 있었는데 키가 헌칠하고 미남인 청년이 유독 눈에 띄더군. 그가 나중 월남해서 만나게 되는 구상 시인이었어. 이 자리에는 인텔리 공산주의자 송별림, 서창훈도 있었는데 이들이 하도 계급정권을 외쳐대는 통에 연사로 뽑힌 구 시인은 배가 아프다는 핑계로 그 자리를 빠져 나왔다고 하더군요.

이 사건이 난 건 아마 1947년일 거요. 원산문학가동맹에서 구상 등이 주축이 되어 광복기념시집 『응향』이란 걸 펴냈는데 표지 그림이 이중섭이 그린 '장난치는 아이들'이었지. 책이 나오자 크게 소동이 났어요. 책 타이틀부터가 반동적이고 퇴폐적이며 반인민적이라며 규탄의 대상이 된 데다 수록된 시들도 사회주의적 리얼리즘과는 거리가 멀다는 거야. 언젠가 남북한 예술단 교류 때 그쪽 예술단을 이끌고 왔던 백인준이라고 알지? 그 자가 제일 혹독하게 나왔는데, 로동신문에다 '문학과 예술은 당과 인민에게 복무해야 한다'는 논조의 글을 두 번인가 실으면서 이 시집에 대해선 회의적·공상적·퇴폐적·도피적·절망적·반동적이라는 여섯 가지 죄목을 달아 격렬하게 단죄를 한 거야. 그때야 분간이 잘 안 갔지만 제약을 받으면서 쓰는 시(詩)가 무슨 가치를 갖겠는가 싶어지더군.

'응향사건'으로 평양의 '중앙 북조선 문예총'에서 최명익, 송영, 김사량, 김리석 등 굵직굵직한 문인들이 대거 원산으로 내려왔어요. 원산관이란 극장에서 보고회를 겸한 성토대회가 열렸지. 나도 방청석에 앉아 있었는데 군중들 앞에서 향토시인들이 자아비판을 당하는 걸 볼 수 있었어.

모멸을 당하던 구상 시인은 휴식시간에 잠깐 빠져 나와 곧바로 줄행랑을 놓았는데 그때 이후 원산에서 그를 구경할 수 없었던 거요.

표지그림을 그린 이중섭도 예외 없이 규탄대상이었어. 구 시인이 사라져 버리자 그는 집에만 틀어박혀 있었는데, 어느 날 시를 쓰는 황인호라는 선배가 이중섭의 집으로 나를 데리고 갔어요. 그때 이 화백의 나이는 30세였고 일본인 부인인 남덕 여사와의 사이에 아들 형제를 두고 있었어. 두 칸이 될까말까 한 그의 비좁은 화실에는 그리다 만 그림 몇 점이 있었고, 골동품 몇 개, 책꽂이에는 화집과 시집들이 꽂혀 있었는데 그 방안에서 이중섭은 의기소침해 앉아 있더군. 말머리만 꺼내놓고는 계속 들으며 고개만 끄덕이고 자기 의사를 잘 표현하지 않는 것이 인상적이었어. 희고 갸름한 얼굴에 콧수염을 기르고 있었는데, 빛나는 큰 눈이 꼭 꿈을 꾸고 있는 것 같았어요.

황인호와 나는 자주 그의 집에 찾아가 주로 시집을 뒤적거리고 시 이야기도 많이 했지요. 이 화백의 권유로 고서점에서 미당의 『화사집』을 구할 수 있었고 그에게서 샤를 보들레르의 『악의 꽃』도 빌려 읽었어요. 이 화백도 우리 집에 가끔 놀러오기도 했는데 난 10대 청년이고 그는 30대 아냐? 내 선친 역시 30대 후반이고… 그래서 그가 우리 집에 와선 혼란이 안 가도록 '작은 긴상(일본식 김 씨) 찾아왔다'고 하면 모두 웃고 그랬어요. 이 화백은 프랑스 시에 대해서도 해박했는데 그와 교류하면서 비로소 나는 예술세계에 대해 눈을 뜨게 된 거야."

대학을 중단하고 남하를 결심

김광림이 북에서 넘어오기로 작정한 건 '응향 시집 사건'의 충격 때문이었지만 대학에 들어가 한 학기 동안 공부를 하면서 그런 결심을 굳히고 있었다.

연보에는 평양종합대학이라고 적었지만 사실은 김일성대학으로 그는 제2회 입학생이었다. 원산부청에서 대서업을 하던 부친은 의과나 법과를 원했지만 시를 쓰려던 그는 영문학을 전공하기 위해 외국문학부를 택한다. 그러나 영어는 한 주일에 두세 시간, 그나마 알파벳부터 가르치는 것이었다. 외국문학부라는 것은 사실상 러시아어과로, 하루 3시간씩 러시아어 강의를 하는데,『니나 쁘타보아』란 두터운 러시아어 교과서를 한 학기에 다 떼게 했다.

여기에 염증을 느낀 데다 권총을 찬 교수가 볼셰비키 당사(黨史)를 강의하고 오후만 되면 어김없이 학교 신축 공사장에 가서 노동을 시키는 등 면학 분위기가 아니어서 '때려치우기'로 했다. 서울에 가서 대학 다니며 영문학을 공부하겠다고 속으로 다짐하고 있었기 때문이기도 했다. 원산중학서 시를 공부하던 문예반 친구 하나가 이미 서울에 가있는 데다 외삼촌이 해산물 장사를 하러 남으로 간다기에, 일단 서울에 가기만 하면 방법이 생길 것도 같았던 것이다.

학교생활에 대해 비슷하게 생각한 학생이 많았던지 새 학기가 시작되었어도 많은 학생들이 학교에 나오지 않았던 모양으로, 교수들이 흩어져 학생들을 설득하러 다닌다는 소문이 나돌았다. 원산 그의 집에도 교수 한 명이 찾아왔다. 그 교수가 "동무는 복교하면 문학간부로 양성될 것이야."라고 설득하자 김광림은 엉겁결에 "아니 문학을 하는데도 간부가 있습네까?" 해버렸다. 이 말은 들은 교수는 두 말 않고 돌아가고 말았다는 것이다. '저놈들한테 찍히게 되는구나.' 싶었던 그는 원산인민일보 교정부 기자로 석 달쯤 견디다가 거기서도 나와 1948년 12월 초 남행 열차를 탄다.

장남인 그는 대를 이을 남자 동생이 태어나서 100일이 되자 어머니에게만 월남 결심을 밝히고 집을 떠났다. 어머니가 돈으로 바꾸어 쓰라며 챙겨준 오징어 두 짝을 짊어지고서였다. 아버지에게는 온다간다 알리지도 않았는데, 이는 서울에 한 번 가본다는 모험심과 다시 올 수 있을 것이라는 막연한 기대감 때문이었다. 이것이 긴 이별이 될 줄 그때는 물론 몰랐었다. 인사 한 마디 않고 떠나온 사실에 대해 '불효 막심한 짓'이었다고 평생을 두고 후회해야 했다.

경원선은 철원까지만 열차가 다녔으므로 거기서 내려 걸어서 몰래 한탄강을 건넜다. 북의 보안대원에게 걸려 필사적으로 도망 다녔으며, 사격을 받고 혼비백산도 몇 차례 겪은 다음 꿈에 그리던 서울로 오게 되었던 것이다.

위도가 훨씬 북쪽에 있는 원산보다 남쪽의 서울이 더 추웠다.

서울에 와서 쓴 첫 시 「문풍지」

낡은 문풍지에서/서낭당 기화냄새가 풍기다//보고/또 보고//이윽히 들여다보면/아슬아슬 옛 이야기가 생각났다//해묵은 풍지 위에/빗자국이 서려//천년 묵은/벽화 맛이 돋아 오르다

이 시는 김광림이 월남해 사흘만에 쓴「문풍지」라는 제목의 시 전문이다. 쓴 경위는 이랬다. 서울에 먼저 내려온 송 모라는 동창의 집 주소를 들고 그를 찾아간 김광림은 오징어를 팔아 며칠 버틸 수 있는 돈을 장만했다. 그 돈으로 한 달을 어떻게든 버틸 수 있을 것 같았다. 시를 공부하는 이 친구의 집에서 이틀을 머물고 사흘째 되는 날 아침, 친구는 안양에 '청포도'라는 동인회가 있다면서 가보자고 했다.

안양에서는 동인 중 한 사람의 집에서 잠을 자게 되었는데 새벽에 잠은 안 오고 얼룩이 진 문풍지를 하염없이 보고 있다 쓴 시가「문풍지」다. 그가

문풍지라는 것을 제대로 본 것도 그때가 처음이었다.

 그는 동인들에게 이 시를 보여 주었고, 동인들은 안양제지공장에 근무하고 있던 청록파의 박두진 시인에게 가서 평을 받아보자고 했다. 남쪽에 와서 처음으로 만난 시인이었다, 시를 읽어본 박 시인은 "앞으로 10년 후면 한국 시가 많이 달라지겠는걸!" 하면서 연합신문에 구상 시인이 문화부장으로 있으니 작품을 가져가 보이라고 했다. 구 시인은 원산에서 응향 사건 때 먼 발치에서 보았는데 꼭 만나보고 싶은 시인이었다.

 "신문사에 가서 인사하고 내가 원산서 며칠 전 넘어왔노 하자 선생은 대뜸 지하 식당으로 나를 데리고 가더니 우동을 두 그릇이나 시켜 주더구먼. 오랜만에 정말 배부르게 먹었어요. 작품 「문풍지」를 보였더니, 구 선생은 '좀 관념적이긴 하지만……' 하면서 두고 가라고 하데. 후에 이 시가 연합신문의 '민중문화란'에 실렸어요. 추천난도 독자난도 아닌 어중간한 신인작품 소개난이라 할까 그런 것이었는데…… 그렇지! 그때 나의 시와 함께 최계락의 「고가촌상(古家寸想)」이란 시도 그 난에 실렸더군. 최계락은 진주농고학생으로 소개돼 있고 나는 그냥 '월남학생'으로 했더군. 越을 城자로 잘못 읽은 어떤 이는 나더러 '성남중학에 다니느냐?'고 묻기도 해서 당황한 적도 있었지.

 그후 민중문화 투고자들 모임이 있다해서 가보니 여남은 명이 와 있더군. 그 중 내가 제일 어린 것 같았어. 연합신문 문화부의 임권재와 그의 형인 문학평론가 임긍재가 참석하고 있었는데, 이때가 외톨박이 내가 임 씨 집안과 인연을 맺는 시발점이 되었다고나 할까. 나중 그들의 막내 누이동생과 결혼을 하게 됐으니 말이야."

 친척집에서 남자 식모 노릇도 하며 기식을 하다가 여주의 시골 초등학교에서 준교사로 1년 6개월 정도 근무하며, 시 습작에 몰두하던 그는 전쟁이 터지자 군에 입대한다. 충남 온양의 방위학교에 갔다가 1·4 후퇴를 맞아 동래 범어사까지 걸어서 후퇴하기도 한다. 경남 통영의 예비사단에서 방위장교로 배속돼 있던 그는 김상옥 시인을 만나게 되는데 시인으로부터 동기와 같은 우의를 받으며 문학에의 열정을 가다듬을 수 있었다.

시 쓰는 연대장과 정훈장교

다시 보병학교로 차출되어 장교로 임관된 그는 백마고지 전투에 참가하게 된다. 그때 전투에서 그의 연락병이 전사하는데 김광림 소위는 이 죽음을 애도하며 「진달래」라는 시를 쓴다. 휴전이 되고 그는 이 시를 ≪국방≫이라는 군 잡지에 투고하게 되고, 게재가 되자 연대장이 그를 불러 정훈장교로 수하에 두며 후의를 베푼다. 연대장 문중섭 대령 역시 시인 지망생이었던 모양으로 그때와 몇 년 후 시를 쓰는 김광림에게 은인이 된다.

군의 정훈관계 일로 자주 서울에 나가도록 해 문학하는 친구들을 사귀게 했을 뿐 아니라, 5·16 후엔 혁명 주체 세력이 되어 우연히 만난 김광림에게 안정된 공무원생활을 하도록 주선해 주었기 때문이다.

군 정훈장교로 있을 무렵 그는 서울에만 오면 지금의 광화문우체국 근처에 있던 '서린다방'을 출입하게 된다. 이 다방에는 전봉건, 김종삼 등 시 쓰는 친구들과 소설가 박연희가 늘 진을 치고 있었고, 평론가 임긍재가 이들에게 술을 사는 등 '봉' 노릇을 하고 있었다. 임(林)은 거물 야당정치인 조병옥 박사의 스피치라이터이기도 했는데 이 때문인지 그는 돈을 잘 썼다.

1955년 10월에 임(林)의 막내 누이동생인 임은교와 결혼을 할 때도 주례가 조박사였다. 김광림이 26세였고 신부는 그보다 세 살이 아래인 황해도 갑부집 9남매의 철부지 막내딸이었는데 오빠인 임긍재가 적극 나서서 김광림에게 안겼다.

서린다방에서 김광림은 전방에서 온 촌뜨기였다. 김종삼이나 전봉건 등의 시와 시론에 대한, 혹은 영화나 음악 화제에 김광림은 늘 꿀 먹은 벙어리일 수밖에 없었기 때문이다. 결혼 이듬해 김광림은 제대를 신청해 군복을 벗게 되고 임긍재의 주선으로 종합지 ≪자유세계≫ 편집장이 되어 어느 정도 생활의 안정을 얻는다.

1957년 5월 김광림은 전봉건, 김종삼과 함께 연대시집 『전쟁과 음악과 희망과』를 간행한다. 발행은 '자유세계사'였다. 순서는 맨 앞에 김종삼의 「음악과」를, 김광림의 「전쟁과」가 가운데에, 맨 끝에 전봉건의 「희망과」를 배정했다. 이 연대시집은 선날의 『청록집』을 의식하고 만든 것 같다.

"청록파는 나이의 역순으로 세상을 떴고, 우리 '연대파'는 순서대로 가고 있어."라고 김광림 시인은 종종 말하고 있다. 이른바 '38따라지'인 이들 셋 중 연장자인 김종삼이 맨 먼저 가고 전봉건이 그 다음에, 그리고 한 살 아래인 자신이 나중에 세상을 뜰 것이란 이야기이다. 청록파가 '역순'이란 것은 제일 나이 어린 지훈이 제일 먼저, 최연장자인 박두진이 맨 나중에 갔기 때문이다. 이북 출신의 연대파와 다른 점은 청록파 시인들이 모두 남한 출신이란 것이다.

이 연대시집 『전쟁과……』는 참여한 세 사람의 시인으로 하여금 한국적 모더니티를 표방한 지적인 서정시를 쓰는 시인군(群)으로 평가받게 만든다. 특히 문예지 추천이나 신춘문예 당선이니 하는 문단 데뷔과정을 거치지 않았던 김광림에게 시인 타이틀을 갖게 한 중요한 무대가 되었다. 당시 문학지로, ≪현대문학≫과 어깨를 겨루고 있던 ≪문학예술≫에서 그의 신작 시를 기성시인으로 대우하며 게재했기 때문이다. 문학예술을 주제하고 있던 박남수 시인이 이 연대시집을 읽고, 전봉건을 시켜 김광림의 시를 가져오라고 했던 것이다. 김 시인은 그때 「상심하는 접목」이라는 시를 발표한다. 사실상의 데뷔작품이고 첫 시집의 제목이 되는 작품이다.

일없이 부러진 가지를 보면/그 다음의 가장이가 안 됐다//요행히도/ 전쟁에서 살아남았을 땐/우리는 어쩌다 애꾸눈이 아니면 절름발이였고 /다음엔/찢기운 가슴의/어느 모퉁이가 허물어졌을 것이다//몇 번째나/등 골이 싸느랗게 휘어졌다가는/도로/접목 같은 세월을 만났다//새털의 악 보를 타고/하야라니 내리는 것은/눈보라냐/꽃보라냐/꽃도/무너지면 두 려운 것/요즈막엔/사랑도 목을 졸라대는/미안한 기별의/나날이다//그것 은 헝가리언의/꺼진 가슴들이 뿜어 올린 웅군싹이 아니면/아름다움을 넘어선 인간들의 녹색 눈망울이 먹물져 가던/내일의/황혼이다//꽃이 열 매의 협주를 잃어버린/다음의/나의 나무들에게 인사하는 계절이/문안 처럼/물었을 뿐이다//지금도/일없이 부러진 가지를 보면/그 다음의 가장 이가 안 됐다

박남수 시인과 김광림 시인의 오랜 우정은 여기서부터 시작이 된다. 이를 계기로 김광림 시인은 3년 단위로 시집 한 권씩 발표하며 본격적인 문단생 활을 전개해 나가는 것이다.

박남수·김종삼·전봉건 등 시 친구들

종삼이나 봉건은 그런대로 '연애선수'였다고 할까. 봉건은 총각 때 비오는 날이면 만나는 연인이 있었다. 그녀는 끝내 미국으로 날아가 버렸지만. 종삼은 두 번째 부인을 맞고서도 또 기막힌 연애에 빠져들 었다. 어느 여류시인과의 사이에 여식까지 둘 정도로···. '김종삼문학 상' 시상식 때 나더러 한 마디 하라기에 "종삼은 여자 복이 많은 사 람"이라고 익살을 부렸다가 그의 두 번째 부인의 눈총을 맞은 일도 있다. 돈도 지위도 명예도 없는 그에게 사랑만은 늘 붙어 다닌 듯하다.

봉건은 헌칠하게 키가 컸다. 내 머리는 그의 목둘레쯤에나 가 닿았 을까. 비쩍 말라 있어서 걸을 때 보면 휘청거리는 듯했다. 그에게 어 느 날 천상병이 도전해 왔다. 무슨 시비가 붙었는지 지금은 기억에 없

지만 '동방문화싸롱'에서 만나 명동성당 앞으로 백주의 대결을 하러 갔다. 눈발이 날리는 날이었다. 영화의 한 장면처럼 노기를 띠고 마주 선 것까지는 그럴 듯했으나 액션이 터지지 않는다. "야, 먼저 덤벼!" "네 놈이 먼저 덤벼!" 서로가 먼저 주먹질 해오기를 간청(?)하고 있는 것이 아닌가. …결국 싸움판은 개판이 되고 말았다. 싱겁기 짝이 없는 대결이었다.

김광림 시인이 쓴 「38따라지의 한(恨)」이란 글에서 인용해본 것인데, 1950년대 말에서 1960년대 초까지의 30대 후반 시인들의 어느 희화적인 풍경을 엿볼 수 있다.

1988년 전봉건 시인이 당뇨에 합병증이 겹쳐 작고하고 서울대 영안실에서 한국시인협회장(葬)이 열렸을 때 김광림 시인이 눈물의 추도사를 읽었다.

"…이제 평생을 두고 실랑이를 벌이던 원고지일랑 접어두십시오. 저린 오금을 쭉 펴고 못이 박인 손에서 영영 펜을 놓으십시오. 20년을 하루같이 매달려 왔던 '현대시학'에 더 이상 미련일랑 두지 마십시오. 다만 시 정신의 귀감으로 이 땅에 오래 남아 있어 주십시오. 혈혈단신 우주공간이나 자유로이 산책하며 살아생전 못 이룬 귀향길에 어서 드십시오. 형! 봉건 형!"

김광림 시인이 시단에 나오고 가장 가까이 했던 사람은 박남수 시인이 아닌가 한다. 그러니까 1958년 문학예술의 박 시인을 통해 시단에 본격적으로 등단한 이후 그가 미국으로 이민을 떠나는 1975년까지의 18년 동안 두 사람은 수어지교(水魚之交)의 관계였다.

둘 다 월남한 사람들이라는 동병상련의 심정에서 더욱 자주 만났던 것 같다. 박 시인이 백자사란 출판사를 갖고 있으면서 김 시인의 처녀시집 『상심하는 접목』을 내주고, 그 10년 후 김 시인이 모음사란 출판사를 경영하면서 박 시인의 제3시집 『신(神)의 쓰레기』를 만들어준 것도 이런 남다른 우정에 바탕을 둔 것이었다.

　김 시인은「갈매기 소묘」,「신의 쓰레기」,「새의 암장」으로 이어지는 박남수 시의 흐름에서 시적인 공감대를 찾아낸 것 같다. '신서정의 실질적인 주창자인 박남수는 언어의 조형과 존재성을 추구해온 이미지의 시인이다.'고 그의 『한국 현대시의 발자취』라는 시론에서 적고 있다. 자신의 시세계를 주지적 서정에 바탕을 두고 있다거나 '눈부신 높이에서 인지될 수 있는' 아이러니 시론 주장의 근저에는 존재와 언어미학에 천착했던 박남수 시의 그림자를 읽을 수 있지 않을까 싶다. 그의 시에 관한 비평문 곳곳에 박남수란 이름이 등장하는 것은 우연이 아니다.

　박 시인은 미국에 있으면서도 김 시인과는 늘 '편지'라는 채널을 열어놓고 수많은 글을 주고받았는데, 이는 박 시인이 1994년 9월 이역에서 작고하기까지 계속되었다. 박 시인이 미국서 보내온 편지가 90여 통, 그가 미국으로 날려보낸 것도 그만한 분량일 것이다. 그러나 그가 미국으로 보낸 편지는 박 시인의 자녀들이 챙겨놓지 않았고 최근에는 연락조차 두절돼 찾을 길이 없다고 한다. 스승처럼 친구처럼 모시던 박남수 시인이 미국에서 여생을 보내고 있을 때 쓴 시들을 모아 세 권의 시집을 내도록 주선했던 것도 김 시인이었다. 박 시인이 작고하자 한국의 김 시인은「곡 박남수(哭朴南秀)」란 다음과 같은 시를 쓰고서야 견딜 수 있었다.

　　살아서는 못 누리는 귀향을/저승길에서라도/잠시 들러볼 요량으로 홀연 이승을 하직하셨습니까//김포에서 손 흔든 지/꼭 열아홉 해/1994년 9월 17일/새벽 두 시//불과 추석을 사흘 앞두고/송편을 빚어 줄/아내를 찾아/기어이 떠나야만 했습니까//고국이 서쪽인지 동쪽인지 어림짐작도 잘 안 가는/이국 땅 뉴저지에서/어이 눈을 감으셨습니까//선생님!

4대 시 잡지 중 3개를 창간하다

한국의 현존하는 시 월간지 《현대시학》, 《시문학》, 《심상》, 《현대시》 등 4개 중 《시문학》 이외에는 모두 김광림 시인이 직접 창간했거나 산파역을 맡았던 것을 아는 사람은 많지 않다.

《현대시학》은 1966년 자신이 창간을 해서 10권 정도를 발행하다 자금난으로 중단하고 전봉건 시인에게 제호를 넘겨줘 1969년 1월 새로 등록케 한 것이고, 《심상》은 1973년 가을 박목월 시인과 함께 창간을 발상하고 그가 지면을 꾸렸던 시 잡지다. 월간 《현대시》의 경우는 1990년 초 한국문연이란 출판사를 하고 있던 원구식 시인이 시 잡지를 하겠다며 김 시인을 주간으로 영입, 자신은 편집장 역할을 하다 훗날 주간을 겸하게 된 잡지다.

시지(詩誌) 《심상》 창간을 모의한 것은 박목월 시인이 한국시인협회 회장, 김광림 시인이 사무국장을 맡은 1973년 봄이었다. 당시 《현대시학》과 《시문학》이 나오고 있었다.

김 시인은 1967년부터 외환은행에 근무하고 있었는데 은행 사가(社歌)를 만들어야 했다. 조사부에 근무하고 있던 김 시인이 목월에게 가사를 청탁, 거액의 원고료를 받아 전달하는 날, 목월이 대뜸 원고료가 든 봉투를 흔들며 "김형! 이걸 밑천으로 우리 근사한 시 잡지 하나 만듭시다. 모자라면 내 집사람한테 협조 구하고……."라고 했다.

그해 초가을에 창간호가 나왔는데 김 시인이 편집을 도맡다시피 했다. 1여 년 동안 잡지는 탄탄하게 운영돼 갔다. 그러던 중 김종삼의 시를 싣기로 했는데 엉뚱한 사람의 시가 수록돼 있는 것이었다. 김 시인이 따졌더니, 목월은 "1년치 광고를 얻어 주겠다기에……."하며 김종삼의 시는 다음 호에 하면 되지 않느냐고 얼버무리는 것이었다. 이 일이 있은 후 김 시인은 은행의 지방전출을 자원하고, 대구지점으로 발령이 나자 이를 핑계로 잡지 편집에서 손을 떼고 대구로 내려가 버렸다.

1970년대 중반의 김광림 시인은 늘 어두운 얼굴이었다. 돈 문제로 시끄러워 피신하듯 이사를 자주해야 한다는 소문도 나돌았다. 돈 문제는 부인이 진 빚 때문이라는 것이었다. 그 무렵을 회상하며 그는 이렇게 말했다.

자살과 이혼 충동

"집사람은 황해도의 갑부집 9남매의 막내딸이었어요. 어려서부터 귀여움만 받고 자라 그런지 세상 물정을 모르고 뭔가 하면 될 줄 알고 손을 댔다가 실패를 거듭했어요. 내가 은행에 있으니까 사채꾼들이야 얼마든지 돈 융통해 주고 나중에 나에게로 와서 빚 독촉하면 되는 것이니 얼마나 좋아. 빚쟁이들이 은행을 들락거리고 안 되겠구나 싶더군. 결국 은행을 그만둔 것도 퇴직금 받아 빚잔치하려는 결심 때문이었어요."

이 무렵 그는 자살과 이혼 충동에 많이 사로잡혔다고 한다. 하지만 이혼은 「갈등」이란 시를 쓰면서 자연 해소됐고, 자살은 알바레스의 『자살의 연구』를 번역하면서 단념하고 말았다고 한다. 담백함과 절절함, 그리고 해학성 때문에 그의 대표작이 된 「갈등」이란 시의 전문은 다음과 같다.

> 빚 탄로가 난 아내를 데불고/고속버스/온천으로 간다/십팔 년만에/새삼 돌아보는 아내/수척한 강산이여//그동안/내 자식들을/등꽃처럼 매달아 놓고/배배 꼬인 줄기/까칠한 아내여//헤어지자 나선 마음 위에/덩굴처럼 얽혀드는/아내의 손발/싸늘한 인연이여/허탕을 치면/바라보라고/하늘이/저기 걸려 있다//그대 이 세상에 왜 왔지/―빚 갚으러

은행퇴직금으로 아내가 진 빚을 청산하고 빈털터리가 된 그는 파주시 월롱면 시골에 집을 얻어 이사를 했다. 사는 것이 막막했다. 할 수 있는 것이

글쓰는 일이라고 생각하고 밤낮 거기에 매달렸다. 시론집『오늘의 시학』(1979)과 일곱 번째 시집『언어로 만든 새』(1979)에 이어 제8시집『바로 설 때 팽이는 운다』(1982)가 이 무렵의 역작들이다.

김광림 시인에게 생애 두 번째로 '은인'이 된 사람은 경기도 화성군에 새로 생긴 장안전문대학의 박용주 학장이었다. 영문학자이며 수필가인 박 학장은 이 대학 일어학과에 김광림 시인을 초빙하고 학위가 없어 무(無)자격자인 그를 조교수로까지 발탁한 것이다. 1983년이었다. 일본어로야 김 시인에겐 학위와 상관없는 실력이 있었다. 시간강사 타이틀임에도 내부석으로는 전임대우를 해주었고, 몇 차례의 신청 끝에 조교수를 따 주는 데 박 학장이 애를 썼기에 김 시인은 지금도 고마워하고 있는 것이다.

파주에서 서울을 거쳐 수원 근처에 있는 대학까지 출퇴근하는 것은 매우 힘든 일이었다. 후진들을 가르친다는 행복감과 무엇보다 3남1녀의 아이들을 안심하고 학업에 전념할 수 있게 된 것이 그를 기쁘게 했던 것이다.

일어과 조교수가 된 그는 일서(日書) 번역에도 몰두했다. 엔도 슈사쿠(遠藤周作)의『예수의 생애』와『그리스도의 탄생』, 가라쥬로(唐十郎)의『무도회의 수첩』등이 그것으로 출판이 되자 반응도 좋았다.

1982년 타이완에서 열린 '아시아 현대시인회의'에 이어 1984년 도쿄회의에 한국대표단장으로 참여하면서 아시아 지역 시인사회에 김광림이란 이름이 거론되기 시작하고, 1993년의 아시아시인회의 서울대회서는 김 시인이 집행위원장을 맡아 성대하게 치르기도 한다. 이럭저럭 김 시인은 타이완의 陳千武(첸치엔우), 일본의 다카하시 기쿠하루(高橋喜久晴) 등과 함께『동방의 하늘에 무지개를』이란 3인 시집을 2년에 걸쳐 한·중·일 3개 국어 판으로 출간, 이들로 하여금 '아시아의 3형제 시인'으로 통칭케 했다.

김광림 문학과 그의 관점

　김광림 시의 초기 바탕은 전쟁에 대한 혐오감에 두고 있었다. 3인 시집 『전쟁과 음악과 희망과』중 김 시인이 쓴 것은 전쟁의 비극성과 그 속에 드러난 아름다움에 대한 노래였다. 그러나 두 번째 시집인 『심상의 밝은 그림자』 이후로는 이미지 중심의 이른바 '주지적 서정'의 시를 주창하며 그런 유의 시를 쓴다.
　그의 주지적 서정시는 한국적이라 할만한 전통적 리듬이나 언어를 자신의 시에서 배제하는 데서 출발한다고 밝히고 있다. 이미지는 투명해야 하고 언어는 현대적인 감각을 지닐 수 있게 간명하게 관계시켜야 한다는 주장이다. 지적인 표현형태에다 서정을 내용으로 담는 시인 셈인데 쉽게 말해서 지적으로 통제된 서정시라고 보면 된다.
　이런 주지적 서정시는 '아이러니의 시'로 발전된다. 자기가 체험했거나 둘러싸고 있는 현실을 풍자와 해학으로 그려나가는 시를 쓴 것이다. 일본의 비평가 모라다 스즈무(森田進)가 "김광림의 시에는 아이러니와 풍자가 있지만, 그 저변에는 깊은 비애감이 있다."고 지적한 것은 적절하다. 그 비애감은 38선을 혈혈단신으로 넘어와 처연하게 살아온 실향민의 감당하기 어려운 고독에 바탕을 두고 있다. 따라서 그의 지적으로 통제된 아이러니와 해학의 바탕에는 허무와 비애감으로 충만한 것이다.
　1996년에 쓴 「괜한 소리」는 그의 '아이러니 시론', 아버지에게 한 마디 말도 없이 38선을 넘어온 불효 막심한 아들의 마음이 어떤 것인지를 해학적으로 노래한 비탄의 시이다. 전반부를 인용해보자.

　　　혈압 때문에 술을 끊어버렸다고 결심한 중학동창은/마지막 대작을
　　　위해 일부러 나를 찾았단다/반세기가 넘어도 상기 '야', '자'로 통하는

사이가/마냥 즐겁기만 하다/한때는 혀가 굳어져 제대로 말을 못했다며/다시 굳어지기 전에 꼭 해야겠다고/느닷없이 들고 나온 한 마디/-야, 너 집 떠날 때 아버지한테 얘기했니?/국회청문회인들 이보다 더 가슴에 맺힐까/간신히 기어드는 목소리로/-아니라고 대꾸하긴 했지만/금방 가슴속의 응어리가 터질 것만 같다/-이 자숙아! 너 아버지가 누이동생을 앞세워 우리 집에 찾아오셨단 말야/너 어디 갔느냐고 물으시길래 나도 놀랐지 무슨 말씀이냐고 되물었지만… "제 어미도 동생들도 다 모른다니 이놈이 대체 어디로 사라졌단 말야" 걱정이 태산 같으시더라/하긴 그래/어머니는 자식이 잘 되는 일이라면/무슨 짓인들 말렸을까?/남행열차를 탄 내게 마냥 손을 흔들어쌌던 누이의 모습이 지금도 삼삼한데/아버지의 노여움에/모두가 모른다고 잡아 뗀 모양이다/…

쓸쓸한 얼굴로 배웅

김광림 시인에 대해 쓰기 위해 파주 시골 그의 집을 세 번 찾았고, 한 번은 서울 은평구의 연신내에서 만나 점심과 차를 나누며 환담을 했다. 그의 집으로 가려면 불광동이나 구파발에서 적성 가는 시외버스를 타고 2400원을 내고 웅담리에서 내려야 하는데 한 시간하고 30분은 좋이 걸린다.

한 번은 친구인 박의상 시인과 함께 갔다. 박 시인은 일본에도 자주 가고 거기 시단에 대해 아는 것도 많아 도움이 될까 해서였다. 우리는 오전에 가서 점심을 얻어먹고 오후 내내 거실에 앉아, '진로'에 있는 그의 장남인 상수씨가 가져온 것 같은 그 회사 술 '天菊' 다섯 병을 깨끗이 비웠다. 우리가 주로 이야기하고 동의한 것은 일본 시인들의 소탈하면서도 고상한 삶에 관한 것과 그들이 김 시인에게 보내 준 두터운 우정의 흔적들에 관한 것이었다.

외로운 그는 내가 갔을 때마다 이야기하며 친구 대하듯 깔깔 웃기도 했고, 종종걸음치며 필요한 거라면서 이런저런 자료를 찾아 내놓곤 했다. 그리고 내가 언덕을 내려올 땐 마당에 서서 쓸쓸한 얼굴로 배웅했고, 박 시인과 함께 갔을 땐 버스 정류장까지 따라 나와 손을 흔들어 주었다.
 일흔두 살을 맞은 자그마한 이 은둔의 시인은 오늘도 종일 입을 닫고 시를 쓰거나 책을 읽고, 가끔은 북녘 하늘이 보이는 언덕 위에 서서 원산권 부근에서 불어오는지도 모를 바람을 맞고 있을 것이다. 늘 그렇듯 애견 두 마리와 함께.

주지적 서정이 보여준
한국시의 새로운 위상

권 택 명

1

　김광림은 나이를 먹지 않는 시인이다. 그의 시에서 시간과 세월의 축적이 가져다주는 시적 완숙성 또는 연륜의 무게를 느끼지 못한다는 이야기가 아니라, 일반적으로 나이와 더불어 나타나기 쉬운 안주의식과 그에 따르는 시적 긴장의 감소나 탄력성의 해이 같은 것이 보이지 않는다는 의미이다. 육신으로는 환력(還曆)의 나이를 넘긴 오늘 이 시점에서도 김광림의 시는 단호히 이런 종류의 정신적 긴장감을 놓아버리기를 거부하며, 청년과 같은 단단하고 실한 근육질의 모습으로 우리에게 다가오고 있는 것이다. 그만큼 그의 시는 견고하고 여문 이미지들로 중무장하고 있으며, 작품 하나 하나에서 진지한 포에지의 승부를 거는 그의 시정신이 살아 있음을 느끼게 한다.
　김광림 시의 이런 역동성은 아마도 여러 가지 복합적인 배경과 역사를 거느리고 있는 것이겠지만, 우선 쉽게 지적할 수 있는 것은 50년이 넘는 시작 생활을 통하여 그가 끊임없이 현대시의 본령을 모색해온 시인이라는 점일 것이다. 시인은 누구나 나름대로 시와 삶의 길을 꾸준히 모색하며 찾아가고 있을 터이지만 김광림처럼 초지일관, 그것도 의도적으로 역동적인 모색의 길을 추구해온 경우도 흔치 않을 것으로 생각된다.

그의 모색은 좁게는 시 그 자체와 그것을 표현하는 언어예술로서의 방법론을 비롯하여 넓게는 그와 같은 시를 잉태하고 낳게 하는 시인 자신, 즉 존재로서의 인간 그 자체와 인간의 삶(생활), 또 더 나아가서는 전우주론적 개념까지를 포함한 근원적인 탐구로 이어지고 있다. 그리고 끝내 그의 시는 이런 존재론적 삶의 양식을 담아내는 가장 소중하고 보배로운 그릇으로, 그리고 만상을 비춰주는 거울로서의 역할을 담당하기에까지 이른 것으로 보인다.

방법론적으로든 존재론적으로든 김광림의 시는 궁극적 완성을 향한 끊임없는 모색과 정진의 도정에 놓여 있음으로 하여 어설픈 안주를 거부하며 마치 흙을 밀어 올리고 솟아나는 새싹과도 같이 부단히 신선한 생명력과 동적인 에너지를 가지고 우리 앞에 다가오고 있는데, 이것은 시에 관한 한 철두철미 현대성과 포에지에 충실하려는 그의 프로의식에 기인한 것이라고 할 수 있다.

이제 김광림이 다듬어온 시적 창조력은 최근 그가 관심을 두고 있는 '말 없는 말'의 세계, 언어로 표현되지만 결국은 언어의 한계를 넘어서는, 말하자면 불립문자(不立文字)라고 말하는 선(禪)의 경지까지(김광림 자신이 '시적 발상의 단순화'라는 명제에 대한 추구를 계속해온 점과 그것이 어느 정도 선적인 세계와 닮아 있음을 시인한 바 있지만) 전개되어가고 있음을 감지케 하고 있다. 시인 김광림의 50여 년의 시업(詩業)을 통해 얻어낸 진정한 자유의 세계라고 해도 좋으리라.

2

일반적으로 김광림은 시에 있어서의 이미지의 기능을 중시하는 시적 방법론과 대상물에 대한 존재론적 인식의 세계를 깊이 천착하는 소위 '주지적 서정시'를 써온 시인으로 널리 알려져 있다. 주지적이라는 말은 1930년대의 이상이나 김기림 등을 거쳐 한국 현대시의 한 흐름을 이루는 것으로서, 정서유로를 주로 하던 주정적인 전통 서정시에서 유로보다는 오히려 정서가 지적(또는 지성적) 통제하에서 이미지를 통해 제시되도록 하는 것이 그 특징이라고 할 수 있다. 말하자면 언어의 지시(진술)적 기능보다는 창조적 기능을 더욱 중시하는 작시 태도라고 하겠다.

이와 같은 언어의 창조적 기능이 김광림의 경우에는 낯선 언어와 언어가 부딪쳐서 만들어내는 언어간의 긴장 또는 역동적 관계를 통해 놀라움이나 경이의 관계를 조성하고, 그런 감정을 독자들에게 주어 언어의 새로운 창조성과 그를 통한 시미학의 즐거움을 제시해주고자 하는 것으로 드러난다.

이미지로 사물을 제시한다는 것은 그만큼 언어의 절제(통제 또는 경제)를 전제하는 것이라고 볼 때, 김광림의 시는 과거의 전통적 서정시와 비교한다면 오히려 잘 짜여진 현대 건축물에 가깝다고 할 수 있다. 시를 노래(유로)로부터 구분해내기 위해서는 마치 건축가가 건축물의 설계를 하듯이 주도면밀한 계획과 통제하에서 가장 견고하고 아름다우며 완벽한 조화를 갖춘 구조물로 만들어가야 하는 것이다. 김광림의 시가 신서정이라는 말로 표현되는 것은 바로 이와 같은 그의 작시 태도에서 도출되는 것으로 생각된다.

그는 철저히 시에서의 감상을 배제하는 시인이다. 따라서 아무리 주체하기 어려운 사상(事象)이라도 그에게 가면 그저 흘러나오는 정서로 자리잡는 것이 아니라 견고하고 명징한 이미지의 구조물로 환치된다. 감수성이 남보다 강할 수밖에 없는 시인으로서 이와 같은 감정을 직설적으로 드러내지 아니하고 희노애락, 생로병사 그리고 고통과 갈등까지 안으로 끌어안고 곰삭인 다음 생각을 행간에 숨기면서 승화된 시정의 세계를 표출해낸다는 것은 결코 범상하게 해낼 수 있는 일이 아닌 것이다. 김광림의 시가 독자들에게 촌철살인적(寸鐵殺人的) 견고함과 엄청난 내재적 폭발력을 지니고 다가오는 까닭을 이쯤에서 찾아볼 수 있을 듯하다.

우리말에는 적절한 비교가 없지만 일본말에는 '눈물'이라는 뜻을 지닌 단어가 두 가지로 표현되고 있다. 涙와 泪가 그것이다. 발음은 모두 '나미다'지만 쓰임새는 다르다고 한다. 涙는 눈물이 흐르는[流] 상태이고, 泪는 눈물이 눈에 그득 괴어 있는[留] 상태라고 한다. 김광림의 시는 대체로 이 泪의 상태를 지향하고 있다. 같은 슬픔이라도 눈물을 줄줄 흘리는 것과 울고 싶어 못 견디겠는데도 그것을 애써 감추려고 눈에 눈물을 그득 담고 있는 것은, 그런 상황에 처해진 당사자는 물론 보는 사람에게도 다른 감정을 불러일으킨다. 때로 우리는 줄줄 흘리는 눈물보다 필사적으로 흐르는 눈물을 억제(통제)하려고 참고 또 참는 모습에서 훨씬 더 깊은 연민과 애틋함을 느끼게 되지 않는가. 오랫동안 그리고 그리던 사람을 만나 얼싸안고 회포를 푸는 정경보다 어쩌면 정든 님이 오시는데 인사를 못해 행주치마 입에 물고 입만 빵긋하는 '밀양아리랑'적 감정 표현에서 더욱 찡한 정감의 전달이 가능한 것과 같은 이치이다. 이와 같은 절제가 주는 미학이 곧 산문에 대비되는 시 고유의 미학이며, 이 미학에 끈질기게 매달려온 김광림 시에서 우리가 건질 수 있는 감동의 깊이와 폭이라고 해도 좋을 것이다.

그는 18세 때 고향 원산에서 단신 월남한 외톨이이자 이산가족이다. 일반적인 생각으로 볼 때 김광림은 누구보다도 더 감상적일 수 있는 요소를 많이 지닌 사람임에도 불구하고 그는 시에서 결코 산문적 감상성을 보여주지 않고 있다. 이것은 후기시들 가운데 하나로서 시인의 과거사를 회상하는 「내성적」 연작에서조차 그의 시는 정서 그 자체가 아니라 정서적 상관물로 제시되고 있음을 보더라도 충분히 수긍이 가는 것이라 하겠다.

3

김광림은 지금까지 50여 년의 시작 생활을 통해 10권의 개인 시집을 내놓고 있는데, 이 기간 중의 자신의 시작 활동에 대하여 다음과 같이 술회하고 있다.

> 나는 진작 나의 시작 과정을 크게 3기로 나눠서 생각한 바가 있다. 즉 20대의 초기에는 주로 동족상잔의 비극적인 소용돌이 속에서 절망과 체념을 절규하다시피 하였고, 30대와 40대 전반기에는 이미지에 대한 자각에서 언어의 새로운 존재를 만나려는 시도를 보였다. 40대 후반에는 무릇 현실의식과 국제감각을 표방하고 나섰지만 50대에 접어들면서 과거를 현재에 되살리는 일에 손을 대고 있다.

이와 같은 그의 생각들은 앞서 발간된 그의 개인 시집들을 통해 구체적으로 우리에게 전달되고 있는데, 아래에서 개괄적이기는 하지만 각 시기별로 김광림 시의 특성을 잘 보여주는 몇 작품을 실제로 함께 살펴보고자 한다. 20대 초기에 혈혈단신의 월남인으로서 그가 6·25라는 전쟁을 맞이했다는 배경은 초창기 그의 시작들이 전쟁 또는 그 자신이 온몸으로 부딪혀본 전장(戰場)을 통해 인간의 근원적이고 실존적인 삶의 문제에 경도 될 수밖에 없었던 충분한 원인과 근인을 제공한 것으로 보여진다.

이 시기의 그의 내면의식을 잘 드러내주고 있는 작품으로는 '지금/꽃과 과실과 새의 털 그리고/노래를 장만하며 있을 너와 나와의/사랑 찬 계절을 짓밟고/1950년/전차가 밀리던 해의/가슴팍/무너진6월은/캐터필라의 두 줄기 자욱만 남기고 갔다'고 진술한 「다릿목」 같은 시를 들 수 있을 것이다.

앞서 인용한 김광림의 술회에서 그의 시적 추구의 대상이 전쟁에 대한 절망과 체념→이미지에 대한 자각과 언어의 새로운 존재 추구→현실감각과 국제감각→과거를 현재에 되살리는 일로 나아갔다는 것을 보았지만, 그의 이와 같은 내용상의 중점 추구 대상 여부에 관계없이 김광림의 시작을 통해 일관되게 드러나는 특성은 명징한 이미지 조형력과 사물과 언어에 대한 새로운 감수성의 계발, 그리고 휴머니즘에 근거한 그의 긍정적이고 따뜻한 인간성이다.

이런 흐름을 따라가 볼 때, '청과는 비로소/묻은/햇살의 푸른/먼지//과일 속에 스며들면/단맛으로 빚어지는/종교가 된다'는 초기시 「청과」에서는 청량한 이미지의 상큼한 냄새를, '남에게 마냥 베풀 수는 있어도/자신에겐 끝내 베풀지 못한/사랑은/바보스런 힘/그토록 무량한 것은/이 세상에/따로/또/없었다'라는 중기시 「사랑 2」에서는 사랑에 기대하는 그의 따뜻한 시선을 감지할 수 있다.

그리고 '하루에도 몇 차례/땅바닥에다 동댕이친다/붕어 낚시에 걸린 장어 모양/담배 꽁초를 구둣발로 짓이기고/테 하고 돌아선다/하지만 손은 어느새/얽힌 줄을 다시 고르고 있다/하늘 한 번 쳐다보고/또 시작한다'는 「직업」에서는 현대 직업인의 애환이 견고한 시적 구조 속에 생생하게 환기되고 있음을, '눈사태가 난/大안데스 령에/무더기로 추락해서/살아남은 사람/그 속에서/단 한 사람의 눈시울에/처음으로 비쳐든/푸름이듯/석달 열흘/눈보라를 헤치고 나온/옹긋싹이다/해발을 알 수 없는/생활의 협곡에 갇혀서/지금의 나는/너를 그렇게 바라보고 있다'라는 「안데스 嶺의 푸름」에서는 안데스 산맥 너머의 푸른 하늘로 상징되는 영원한 세계↔눈 속에 추락해 살아남은 한 사람(생존 또는 원초적 생명의 표상)↔눈보라를 헤치고 나온 옹긋싹↔생활의 협곡에 갇혀 바라보고만 있는 나(시적 화자)의 관계가 역동적 긴장관계를 지니면서 무한한 생(生) 그 자체의 문제를 다시 한 번 상기시켜주고 있음을 본다.

또한 '교수(絞首)의 순간에 짚어보는 공허를 틀에 끼워놓은 것이 창이다 그래서 창은 피차의 갈증을 넘보는 버릇이 있다 유리를 닦으면 노골적으로 묻어나는 생각 정직하게 먼지가 쌓여 세월이 눈에 보인다//……//창을 가로질러 한 쌍의 새가 엇갈려 날고 있다 어린 시절의 그물을 맞들었다—막 동해에서 생선 같은 아침해를 건져낸다 금시 비늘투성이의 창이 된다'라고 한 「창」에서는 '마그리뜨'의 그림과도 같이 놀라운 상상력 속에서 제시되는 '창'의 이미지 변용이 시를 읽는 즐거움과 통쾌함을 배가시켜주고 있음을 느낄 수 있다.

다음으로 최근 그가 조탁해내고 있는 일상 속에서의 시적 에스프리와 언어감각을 신선하게 드러내주는 것으로서는 나이와 더불어 눈이 나빠져서 숫자가 높아지는 안경도수와 병옥에서 옥상으로, 옥상에서 지하로, 슬래브 건물에서 기와집으로, 기와에서 바라크로 낮아지는(떨어지는) 시인의 상황을 재치 있게 대비시킨 「돋보기」 같은 작품이다. '눈 덮인/빙판길을 걷다가/미끄러지는/순간/나는 보았다//<예수발신>을//길가에 아무렇게나 나붙어 있는/<신발수예>/간판 앞에서/새삼 휘둥그래진/나의 눈//이제 우리 모두/인류의 최후 통첩을 받고도/놀라지 않는/자들뿐'이라는 「예수발신」 같은 작품에서 찾아볼 수가 있을 터이다.

> 사이공 시가를 느슨하게 달리던 수레끼리 부딪친다/이그러진 채 나동그라진다/사람은 서서히 고개를 쳐들고 물끄러미 바라본다/어쩌다 이뤄진 뜻의 상충을 확인한다/빙긋이 웃고 있다/책임의 전가도 자중도 없이/(이 나라에는 울음이 없다 땀도 흘리지 않는다)/담배를 피워 물고/시비 없는 대화가 오가기도/현장의 판정이 내려지기까지는/마냥 제자리인 채 기다린다/간혹 행인이 기웃거릴 뿐/발 묶인 성한 차량들마저 또한 기다린다/클랙슨 소리 하나 내지 않는다//— 전쟁도 이와 같이
> —「현장」

대만의 시인 천치엔우(陳千武)는 「21세기의 시」라는 제하의 글에서 21세기 시가 지향해나갈 방향성을 암시하는 작품으로 위에 인용한 김광림의 「현장」을 들고 있다. 21세기는 고도의 정보사회가 되기 때문에 컴퓨터로

시를 쓰게 될지도 모르는데, 그때가 되면 더욱 절실히 요구되는 것이 사람과 사람 사이의 정감이나 여유라는 것이고, 그런 것이 드러나는 시가 또한 가장 바람직한 것이라는 견해를 피력하고 있는 것이다.

김광림의 휴머니스트적인 면모는 '말뚝이 잘 뽑히지 않았다/반쯤 부러진 채/끊긴 가시줄에 엉기어 있었다/출품되지 않은 조각처럼/뒷발을 든 강아지가/오줌을 갈기고 달아나자/에펠탑을 보고 화를 버럭 내었던/말라르메의 기침 소리가 들렸다/양철 지붕에선/쉴 새 없이 빗물이 떨어지고/녹슬어가는 가시줄 사이로/새 잎사귀가 돋아났다/이웃간의 지경처럼 망측한 것은/또 없었다'라고 한 「말뚝」에서 이미 잘 드러나고 있지만 물신주의, 찰나주의로 치닫는 현대 문명사회에서 W.H.오든이 '우리 모두 사랑하지 않으면 안 된다. 아니면 죽음이다.'라고 말한 것처럼, 김광림이 전쟁의 '현장'에서 제시하는 이와 같은 포용과 용납과 여유가 우리 모두에게 필요하다는 점을 지적하고 있는 듯하다.

김광림이 지니고 있는 시에 대한 엄정하고 철저한 주지적 통제성과 일상적인 것(단순하고 하잘 것 없는 것이라 해도 좋으리라)에서부터 존재의 근원에 이르기까지의 사상적 폭, 진부한 것을 새롭게 환생시키는 시적 상상력과 예리한 관찰력, 참으로 어천정심(語淺情深)이라고나 할까. 평범한 진술 속에 숨겨져 있는 팽팽한 긴장(tension)의 극대화, 그리고 이런 것들이 아이러니, 새타이어, 알레고리, 패러독스 등 현대시의 특징적 테크닉으로 무장된 김광림적 언어 세계와 만날 때, 한국 현대시의 새로운 가능성은 언제나 우리 앞에 그 모습을 드러내줄 것으로 생각된다. 그리고 이와 같은 김광림의 시는 또한 궁극적으로 한국 현대시를 인간 보편적 정서를 고양시키는 세계시의 한 당당한 파트너로 올려 세울 것이며, 마르지 않는 샘처럼 부단히, 이 땅에 사는 우리들의 따분하고 고달픈 삶에 야릇한 쾌감과 더불어 새로운 의미와 이상을 부여해 줄 것임을 감히 부언해 두어도 좋을 것이다.

주지적 서정의 새지평

권 택 명

1. 글머리에

1) 김광림 시의 역정

연보에 의하면 김광림(본명 金忠男)은 그의나이 18세 되던 해인 1948년 당시의 '연합신문' 민중문화란에 시「문풍지」,「벽」등을 발표하면서 시단에 데뷔한 것으로 되어 있다.

그 동안 그는 전봉건, 김종삼 등과 함께 펴낸 연대시집『전쟁과 음악과 희망과』(1957)를 비롯하여, 개인시집『상심하는 접목』(1959),『심상의 밝은 그림자』(1962),『오전의 투망』(1965), 김종삼, 문덕수와의 합동시집『본적지』(1968), 개인시집『학의 추락』(1971),『갈등』(1973),『한겨울 산책』(1976),『언어로 만든 새』(1979),『바로 설 때 팽이는 운다』(1982),『천상의 꽃』(1985),『말의 사막에서』(1989) 등 10권의 개인시집과 2권의 합동시집을 상재하고 있으며, 선시집으로『소용돌이』(1986)와『멍청한 사내』(1988)를 출간하였고,『존재에의 향수』(1974),『오늘의 시학』(1979) 등의 시집론,『빛은 아직 어디에』(1989)라는 산문집을 출간하고 있다.

서두에 이처럼 김광림의 저서들을 열거한 까닭은 일차적으로 김광림이 시에 대해 지니고 있는 지칠 줄 모르는 열정 같은 것을 지적해 두고자 하는 것과 이차적으로는 이 시집의 제목들이 대체로 김광림의 시작 또는 시세계의 역정을 요약해서 드러내주고 있는 측면이 있음을 언급하기 위해서이다.

즉, 『전쟁과 음악과 희망과』에서는 6·25 전쟁과 관련된 시인의 관념과 내면적 회구의 세계가 축약되어 있으며, 『상심하는 접목』에서는 시인의 내면에 담긴 전쟁의 후유증이, 『심상의 밝은 그림자』에서는 밝고 선명한 이미지의 세계가, 그리고 『오전의 투망』에서는 '오전'과 '투망'이 환기하는 긍정적이고 역동적인 상징성처럼 주지적 방법론의 확대와 사물에 대한 근원적 탐구의 자세가 심화되어가는 도정이 제목과 더불어 적절히 투영되어 있는 것이다.

이어서 『학의 추락』, 『갈등』에서는 '추락'과 '갈등'으로 대변되는 존재의 비극성과 시인 자신의 생활에서 오는 갈등과 투쟁이, 『한겨울 산책』에서는 여전히 상황이 '한겨울' 속에 있으면서도(바로 앞의 갈등구조 속에 그대로 있음을 상징) '산책'이라는 말이 환기하는 화해나 해소의 가능성을 암시해 주고 있다.

그리고 『언어로 만든 새』에서는 이미지를 통한 사물의 새로운 시적 리얼리티를 표출해 내려는 시인의 견고한 의지표현이 드러나며, 『바로 설 때 팽이는 운다』에 오면 자신의 삶에 대한 자세와 연관하여 시적 대상에 대한 엄정함('바로 섬'을 말하고 그때 비로소 주어진 본연의 존재가치를 획득한다는 주장이 숨어 있다.)이 나타나고 있다고 하겠다.

또한 후기의 『천상의 꽃』에 이르면 '천상'이라는 말이 함축하는 사랑과 달관 그리고 영원성의 개념이, 『말의 사막에서』는 '사막'이라는 단어가 표상하는 인간정신의 황폐화와 이에 대한 고발과 극복을 희구하는 시인의 휴머니즘이 집약되고 있음을 알 수 있다. 따라서 이와 같은 내용상의 변모가 기타 '언어', '말' 따위가 사용된 제목에서 보듯이 언어에 대한 자각과 더불어 이 모든 것들을 철저히 언어예술로서의 시로 승화시키기 위한 치열한 주지적 추구와 역동적 실험의 세계가 바로 김광림 시의 역정이자 성취라고 요약할 수 있을 것이다.

2) 김광림의 진지성의 근원

개인시집의 경우 대략 3년 주기로 책이 묶여지고 있는 바, 지금까지 김광림 시가 보여준 질적인 성취도를 생각할 때 우선 이만한 작업량은 그저 간단히 보아 넘기기 어려운 노작(勞作)으로 생각된다.

김광림 자신 시작(詩作) 행위를 이를테면 '종교적 차원의 구원'이라는 말에 비유한 바가 있지만 김광림에게 있어 시는 자신의 삶 그 자체를 담아내서 총체적 틀로서의 역할을 담당해온 것이라 하겠으며, 더 나아가서는 시=삶이라는 등식으로까지 확대시킬 수 있는 시정신의 소유주임을 넉넉히 미루어 짐작케 하고 있다.

시와 삶에 대해 진지하고 진실된 시인들이라면 누구나 그러하리라 믿어지지만 김광림 또한 시라는 통로를 통해 궁극적 자유를 쟁취하려는 치열함을 보여주고 있는 것이다. 이와 같은 김광림의 시와 삶에 대한 태도는 다음과 같은 그의 작품에서 선명하게 감지할 수 있다.

> 사람의 고민 가운데는/무엇을 먹을까가 문제인 족속도 있다/먹이에는 흔히 파리떼가 끼어든다/쥐떼가 부산하게 어둠을 경영한다/비대한 인간의 식성은/행진곡처럼 왕성하지만/신경질적으로 꺾어지는 젓가락엔/잡히는 것이 없다/염색으로 안면을 지탱해야 하는/쉰 살이 되어/새삼 어떻게 살아갈까가 문제인 나는/무시로 고통을/식은 죽 먹듯 하고 있다
>
> — 「식사」 전문

이 물질지상주의의 시대에 무엇을 먹을까(먹는 것으로 대표되는 모든 물질적인 것 또는 외형적인 소유의 형태)를 걱정하지 않고 어떻게 살 것인가를 고민하는 모습은 고고한 시적 정신주의를 지향하는 김광림의 인생관이 잘 드러나 있다고 하겠다.

마치 다른 갈매기들이 땅바닥에 떨어진 먹이를 주워먹는 데만 정신이 팔려있을 때 갈매기로서의 한계에 도전하여 고공비행이나 고속낙하 같은 연습을 끊임없이 되풀이함으로써 드디어는 자신도 모르는 사이에 은빛 찬란한 날개가 돋보이는 갈매기로 변화된 리처드 바크의 소설 『죠나단 리빙스턴 갈매기』의 주인공 갈매기처럼 '가장 높이 날아올라 가장 멀리 보려는' 시인의 자세, 다시 말해 시로써 삶의 전과정을 관통하려는 의지가 깊은 감동의 울림을 주고 있음을 알 수 있다.

서두가 길어졌지만 이와 같이 시와 삶이 하나로 어우러진 40여 년 김광림 시의 광맥을 제한된 지면 안에서 전부 캐내기란 그리 쉬운 과제가 아닐 것이다.

그러나 일부분이나마 지금까지 김광림이 이룩해온 시적 성취를 더듬어 봄으로써 앞으로의 우리시와 또 그 바람직한 전개 방향에 대한 하나의 가능성을 모색한다는 의의를 부여하며, 이하 연대순을 좇아 시인 김광림의 시와 시세계에 대해 일별해 보고자 한다.

2. 초기시의 세계

1) 전쟁과 음악과 꽃과

한 시인의 시세계를 초기, 중기 등의 용어로 시기를 구분하는 것이 다소 애매한 점은 있으나, 간행시집을 중심으로 이야기할 때 김광림의 시들은 비교적 그때그때 특징적인 변모를 보여주고 있으므로, 어느 정도의 연대순을 좇아 시기구분을 해도 그리 무리한 시도는 아닐 것으로 생각된다.

앞에서 김광림의 경우 시집의 제목들이 이미 상당 부분 자신의 시의 핵심 부분을 암시해 주고 있으며, 또 그 변모의 과정을 요약해주고 있다는 말을 하였지만, 이것은 다음과 같은 시인 자신의 술회와도 상통하는 것이다.

> 나는 진작 나의 시작 과정을 크게 3기로 나눠서 생각한 바가 있다. 즉 20대의 초기에는 주로 동족상잔의 비극적인 소용돌이 속에서 절망과 체념을 절규하다시피 하였고, 30대와 40대 전반기에는 이미지에 대한 자각에서 언어의 새로운 존재를 만나려는 시도를 보였다. 40대 후반에는 무릇 현실의식과 국제감각을 표방하고 나섰지만 50대에 접어들면서 과거를 현재에 되살리는 일에 손을 대고 있다.

혈혈단신의 월남인으로서 그가 6·25라는 전쟁을 맞이했다는 배경은 20대 초반의 청년으로 특히 감수성이 예민한 시인에게는 실존적 삶의 문제와 직접적으로 부딪치는 좋은 계기가 되었을 터이다. 김광림 자신 일선 소대장으로서 유명한 백마고지 전투에 직접 참여한 바 있지만, 인간의 존엄성이 뿌리째 흔들리고 모든 정상적인 사고의 체계를 헝클어 놓는 전쟁의 한가운데를 지나온 시인이 온몸으로 겪은 전장의 경험을 통해 삶과 죽음으로 대변되는 존재의 근원에 진솔하게 육박해 들어갈 수밖에 없었던 것은 지극히 당연한 귀결이라고 하겠다.

따라서 '전쟁'과 '음악'과 '꽃'으로 대변되는 초기시의 특징은 첫 시집 『상심하는 접목』에 비교적 선명하게 인각 되어 있는데, 다음과 같은 작품이 그 한 본보기가 될 수 있을 것이다.

> 기다려 달라던 어긋난 위치와/시간은 틀림없이/1950년의 변두리에서/하마 눈먼 계절/ 나비의 화분을 묻힌/손목은 꺾이어 갔다/장미의 눈시

울이/가시를 배앝은/가장 참혹했던 달/6월은/포탄의 자세들로 터져 간/내 또래 젊음들은/바리케이트로 넘어져 갔다//포복처럼 느릿한 155마일/휴전선의/겨드랑 쑥밭 길/지금/꽃과 과실과 새의 털 그리고/노래를 장만하며 있을 너와 나와의/사랑 찬 계절을 짓밟고/1950년/전차가 밀리던 해의/가슴팍/무너진 유월은 캐터필라의 두 줄기 자욱만 남기고 갔다

— 「다릿목」 전문

 시인 또래 젊은이들이 몸으로 바리케이트처럼 바쳐질 수밖에 없었던 잔인한 6월 전쟁이 김광림 특유의 외유내강, 어천정심적(語淺情深的) 작품으로 형상화되어 있다. '참혹했던'이라는 수식어가 보이기는 하지만 필설로 형용키 어려웠을 전쟁의 한 단면이 홍분하기보다 오히려 담담히 제시하는 상징적 언어체계 속에서 그야말로 '가슴팍에 남긴 두 줄기 캐터필라 자국'처럼 선명한 이미지를 독자들에게 전달해주고 있다.
 김광림의 초기시에 등장하는 전쟁-음악-꽃이 한꺼번에 등장하는 작품은 「꽃의 서시」라는 시이다.

하나의 지론 같은 고집의 덩어리/꽃망울은/달라져 가는 미의식의/이파리들 앞에선/웅향이고저/하는 듯//인간의 손목이면 꺾이는/꽃가진데도/간을 씹는 전쟁의/하루 아침/죽음들 뒤안길에 피어서/신의 뜻대로/있는 듯//꽃/시공을 넘어서는/우렁찬 음악//관념의 울 안에서/밖을/밝히는/훤히 꺼진 눈시울

— 「꽃의 서시」 전문

 '간을 씹는 전쟁'과 '죽음들 뒤안길에 피어서 신의 뜻대로 있는 듯한 꽃' 그리고 '시공을 넘어서는 우렁찬 음악'들이 짧고 함축적인 행간 속에서 진폭이 큰 어울림을 연출하고 있다. '꽃'은 일반적으로 아름다움의 대명사이자 한 존재의 절정에 비유할 수가 있고 '음악'은 인간의 정신세계에 가장 원초적으로 와 닿는 예술의식 또는 정서적 감각이자 위안의 세계라고 한다면, 이

모든 것을 일시에 무화시켜 버리거나 무감각한 대상물로 전락시키는 '전쟁'은 이들과는 상극의 관계에 있는 것이다.

따라서 이 단어들은 이항대립적(二項對立的)으로서, 이상과 현실의 충돌 또는 불협화음과도 같은 사람의 부조리를 강하게 드러내고 있다 하겠으며 또 한편으로 전쟁 또는 전쟁터와 관계없이 무심히 피어있는 꽃의 모습(정적이고 피동적인)과 인간의 자의적 파괴행위인 전쟁을 대비시킴으로써, 전쟁이나 전투행위에 대한 고발을 비수처럼 제시해주고 있기도 한 것이다.

6·25로부터 출발한 김광림의 조기 시세계는 이와 같은 전쟁과 꽃과 음악 사이에서 하나의 '상심하는 접목'으로 서 있는 시인의 모습이 절제된 시행 속에 살아있음을 본다.

2) 주지적 서정의 시작

> 낡은 문풍지에서/서낭당 기와 냄새가 풍기다/보고/또 보고/이윽히 들여다 보면/아슬 아슬 옛 이야기가 생각나다/해 묵은 풍지 위에/빗자욱이 서려/천년 묵은/벽화 맛이 돋아오르다
> 　　　　　　　　　　　　　　　　　　　　　　　－「문풍지」 전문

위에 인용한 「문풍지」는 김광림의 데뷔작이라고 할 수 있는 작품인데, 첫 작품에서부터 흔히 일컬어지는 바대로 주지적 서정시인으로서 김광림 시작의 출발과 지향점을 잘 보여주고 있다 하겠다. 감성보다는 오히려 오브제 자체에 밀착하고 비중을 두려는 시인의 자세가 감지되기 때문이다. 낡은 문풍지를 '보고 또 보고 이윽히 들여다 보는' 시인의 태도로부터 대상(존재)과 그에 대한 구극적 인식을 객관적 언어로 나타내고자 하는 시관이 드러나고 있다.

이와 같은 시의 방법론적 특징은 50여 년 김광림 시작의 개성적인 바탕을 이루고 있는 것이지만, 이미지를 중시하는 명징한 시들과 그로부터 경이와

충격의 미학을 독자들에게 환기시켜주는 것 또한 초기 김광림 시의 개성적 면을 이루고 있는 것이다.
예컨대 다음과 같은 작품들이다.

　　타오르던 저녁 해가/흩어놓은 씨앗이/어항 속에 움트이듯/가난한 마음이 닦는 등피에/심지를 혀는/금붕어
　　　　　　　　　　　　　　　　　　　　　　－「금붕어」에서

　　청과는 비로소/묻은/햇살의 푸른/먼지//과일 속에 스며들면/단맛으로 빚어지는/종교가 된다
　　　　　　　　　　　　　　　　　　　　　　－「청과」에서

　　갈구의 제비 새끼들/노오란 코오러스/소년 성가대는/발돋움하는/감람나무 잎사귀
　　　　　　　　　　　　　　　　　　　　　　－「주일」에서

초기시 가운데서 쉽게 뽑아 본 몇 부분들인데, 시각과 청각적 이미지를 적절히 구사하여 밝고 청량한 이미지의 잔치를 벌여놓고 있다. 상쾌한 비유 속에서 견고한 이미지의 세계를 구축함으로써 군더더기 없는 투명한 언어세계가 비늘처럼 번득이며 살아 움직이게 하고 있는 것이다. 언어감각만으로도 의미의 세계를 초월케 하는 새로운 시적 감수성과 독시(讀詩)의 즐거움을 제공해준다고 하겠다.

3. 중기시의 세계

1) 주지적 서정의 심화

일반적으로 김광림은 시에 있어서의 이미지의 기능을 중시하는 시적 방법

론과 대상물에 대한 존재론적 인식의 세계를 깊이 천착하는 소위 '주의적 서정시'를 써온 시인으로 널리 인정되어 왔다. 주지적이라는 말은 1930년대의 이상이나 김기림 등을 거쳐 김춘수, 박남수로 이어지는 한국 현대시의 한 흐름을 이루는 것으로서, 정서유로를 주로 하던 주정적인 전통 서정시에서 유로보다는 오히려 정서가 지적 통제하에서 이미지를 통해 제시되도록 하는 것이 그 특징이라고 할 수 있다. 말하자면 언어의 지시(진술)적 기능보다는 창조적 기능을 더욱 중시하는 작시 태도라고 하겠다.

이와 같은 언어의 창조적 기능이 김광림의 경우에는 낯선 언어와 언어가 부딪쳐서 만들어내는 언어간의 긴장 또는 역동적 관계를 통해 충격이나 경이의 관계를 조성하고, 그런 감정을 독자들에게 주로 언어의 새로운 창조성과 그를 통한 시 미학의 즐거움을 제시해주고자 하는 것으로 드러난다.

초기시에서 시작된 이와 같은 김광림 시의 미학은 『오전의 투망』이나 『학의 추락』 등 중기(1960년대 후반~1970년대 후반)로 들어오면서 존재론적 철학성을 시의 내적 의미체계 속에 가미하면서 더욱 심화 확대되어가는 것을 볼 수 있다. 이와 같이 내·외적으로 심화 확대된 시세계는 초기시의 전쟁이나 꽃의 역설적인 이미지로부터 더욱 깊숙이 사물의 핵심이나 인간존재의 근원적 본질에 접근해 들어가고 있다고 할 것인 바, 가령 다음과 같은 작품들을 한번 살펴보면 좋을 듯하다.

> 소한에서 대한으로 치닫는 사이/신정과 구정 사이/지난해 크리스머스와 오는 부활절 사이/집과 집 사이/짐승과 사람 사이/이승과 저승 사이를/한 걸인이 서성이고 있었다//노크를 잊은 천사처럼/남루의 관을 쓰고서//그가 자는 것은 아무도 모른다/그가 먹는 것은 아무도 모른다/다만 확실한 것은/밤바다 불빛이 새어 나오는/가난한 창가에 기대 서서/눈 비비며/잠시 성경 한 구절을/소리나지 않게 읽고 가는 일 뿐이다
> ―「등불」전문

시간과 시간, 공간과 공간, 더 나아가서는 이승과 저승으로까지 확대되는 시적 공간을 통하여 우리 삶의 근원적인 문제를 담담히 드러내 보여주고 있다. 지적으로 적절히 통제하고 언어의 경제를 실천하는 동일한 방법론을 구사하면서도 시에 담기는 내적 깊이는 한층 더 심화되어 있는 것은 물론, 단순한 사물(대상)에 대한 천착으로부터 인간의 무게가 담긴 쪽으로 그의 시세계가 확산되고 있음을 감지 할 수 있다.

이와 같은 선상에서 더욱 발전해간 것이 이 시기에 쓴 일련의 '시로 쓴 시인론'이라고 하겠다.

> 초토가 된 수도원의 넓은 마당이다/부서진 파이프 올갠의 음계를/밟아내리는/겨울 까마귀/약초를 캐러/흩어진 사도들로부터는/한치의 복음도 전해오지 않는다/이중섭이 잠시 이 곳을 다녀간 후/무너진 종루에서 내려오는 길이라 했다./폐 한 쪽으로 산다는/다시 황야에 나서겠다는/맨발의 그는……
> ―「구상」전문

포에지로 재현된 시인의 초상은 김광림의 절제된 언어와 명료한 이미지를 빌려 깊은 울림 속에 되살아나고 있다. 그리고 한발 더 나아가서 이러한 사상과 기교를 통합하여 하나의 탁월한 전형을 보여주고 있는 작품으로는 예컨대 다음과 같은 작품을 들 수가 있을 것이다.

> 눈사태가 난/大안데스嶺에/무더기로 추락해서/살아 남은 사람/그 속에서 /단 한 사람의 눈시울에/처음으로 비쳐 든/푸름이듯/석달 열흘/눈보라를 헤치고 나온/옹긋싹이다/해발을 알 수 없는/생활의 협곡에 갇혀서/지금의 나는/너를 그렇게 바라보고 있다
> ―「안데스嶺의 푸름」전문

태산 준령과도 같은 안데스 산맥 너머의 푸른 하늘로 상징되는 영원한 세

계↔눈보라를 헤치고 나온 옹긋싹↔생활(사고하고 보잘 것 없는 것의 대명사)의 협곡에 갇혀서 바라보고만 있는 나(시적 화자)의 관계가 역동적 긴장관계를 지니면서 무한한 생(生) 그 자체의 문제를 다시 한번 상기시켜주고 있음을 볼 수 있다.

다음으로 주지적 서정의 심화와 관련하여 김광림 시의 방법론상의 특징을 극명하게 보여주는 작품 중의 하나를 들어보기로 하자.

> 교수(絞首)의 순간에 짚어보는 공허를 틀에 끼워놓은 셋이 창이다 그래서 창은 피차의 갈증을 넘보는 버릇이 있다 유리를 닦으면 노골적으로 묻어나는 생각 정직하게 먼지가 쌓여 세월이 눈에 보인다//좀처럼 창을 벗어나지 못하는 구름이 있다 제자리에 머물러 각혈하거나 끝내는 자신의 존재를 찢어발긴다 이 조용한 붕괴를 무관하게 지켜볼 때 비로소 창이 내부로 열린다//창을 가로질러 한 쌍의 새가 엇갈려 날고 있다 어린 시절의 그물을 맞들었다-막 동해에서 생선 같은 아침해를 건져낸다 금시 비늘투성이의 창이 된다
>
> ―「창」 전문

창을 '교수의 순간에 짚어보는 공허를 틀에 끼워놓은 것'이라고 하는 당돌한 진술은 김광림 시학의 한 즐거움인 '경이(驚異)'에 관한 웅변적 증명이 아닐 수 없다. 소위 낯설게 하기로서의 엉뚱한 비유가 충격적 놀라움으로 다가오는 것이다. 화가 '마그리뜨'의 그림처럼 상식의 틀을 뒤집어 엎어버리는 생각의 신선함이 극도로 고조되어 있음을 본다.

2) 문명비평의 시각

김광림의 중기시에서 언급할 수 있는 또 다른 하나의 측면은 그의 시가 지니는 문명비평적 시각이다. 달리 말하자면 시인이 지니는 예언자적 기능

을 담당하고자 하는 인식이라고 하겠다. 이것은 시작 초기부터 그가 겪은 전쟁을 통해 이미 예견되어온 바이기는 하지만 산업사회의 발전과 더불어, 특히 시에 있어서의 현대성(modernity)을 무엇보다 중시하고 이를 시종일관 관철코자 하는 그에게 있어 현대문명사회의 위기의식이 남달리 감지되는 것은 당연한 일이라고 할 것이다.

 물질우선주의와 인간성의 상실, 또 그 스스로 한계를 지닐 수밖에 없는 현대문명의 드라이한 일면을 그는 다음과 같이 제시해주고 있다.

   기중기는/망가진 캐시어스 클레이의 철권 수만 개를/들어 올린다/혼들린다/헛기침도 않고/건달 같은 자세로/시장한 벽에/부딪친다/압도해 오는 타이거 중전차에/거뜬히 육탄한다/나를 매달아 놓았던 내장의 사슬이 끊어진다/기중기를 벗어난 철추는/현실 밖으로 뛰쳐 나간다/한 마리의 새가/포물로 날아간다.

―「풍경 A」 전문

 '기중기', '캐시어스 클레이', '철권', '타이거 중전차', '철추' 등의 광물적이고 메마른 언어들을 통해 현대문명의 콘크리트성을 드러내면서, 결국 떨어질 수밖에 없는 포물로 나는 새처럼 궁극적인 파멸로 가는 현대 기계문명의 비극성이 부각되고 있다. 내장의 사슬이 끊어지는 개인적 비극과 확대된 문명비평적 세계가 만나고 있는 현장이라고 할 만하다. 그리고 이러한 그의 생각은 언어의 조합으로 보아도 재미있게 느껴지는 다음과 같은 작품에서도 찾아볼 수 있을 것이다.

   눈 덮인/빙판길을 걷다가/미끄러지는/순간/나는 보았다//<예수발신>을//길가에 아무렇게나 나붙어 있는/<신발수예>/간판 앞에서/새삼 휘둥그래진/나의 눈//이제 우리 모두/인류의 최후통첩을 받고도/놀라지 않는/자들뿐

―「예수발신」 전문

3) 남성의 시학

이 시기의 김광림 시에서 눈에 뜨이는 또 다른 특징의 하나로서 '사내적' 감각을 들 수 있다. 이것은 시를 철저히 노래로부터 분리시키려는 그의 시관과도 연결되는 것이기 때문에 특정 시기에 국한되는 것이 아니지만 이 시기에 집중적으로 '사내' 또는 '사내적' 이미지를 띠는 용어나 구문이 발견된다. 예컨대 다음과 같은 작품들이다.

> 내 소시적/두남리 축구팀 주장은/장대 같은 키에/부리부리한 눈/골격이 실한 사내였다
> ―「전근대적 사내」에서

> 두번째 사내가/어깨 너머로 발돋움하며/첫번째 사내와 내 얼굴을 번갈아 쳐다보며/뭔가를 찾아내려 안달이 난다/이쯤 되면/세번째 사내가 곧 다그치게 마련/― 무슨 일이요
> ―「멍청한 사내」에서

> 나는 보고 있다/집념에서 추락해 버린 한 사내가/눈구덩이에 물구나무 서서/맞닿아 있는 영원을
> ―「행방 B」에서

> 하늘만 바라보고 있는 사내
> ―「적(寂)」에서

그리고 '남성적' 이미지를 주로 낱말로서 '전차', '크레인', '캐시어스 클레이', '안소니 퀸', '톱니바퀴', '쇠망치', '포대', '군화', '총칼' 같은 것들이 등장하고 있다. 물론 초기시에서 만날 수 있는 '꽃'이나 '햇살', '과일' 등의 상쾌하고 투명한 언어들도 실상은 그 배경에 전쟁을 깔고 있기 때문에 결코 그 자체만으로써 가벼운 것이라고 보기는 어렵다. 그러나 중기로

넘어오면서는 그 동안 배경으로 있었던 것들이 전면으로 부상되었다고나 할까, 식물적 이미지군이 광물적인 남성의 이미지로 바뀌어 가는 것을 볼 수 있다.

이와 같이 드라이하고 딱딱한 경질(硬質)의 이미지는 소월 이래의 전통적 서정시에 익숙한 독자들에게는 다소 어려운 일면도 있을 수 있다. 그러나 여성적이고 소프트한 시가 주류를 이루는 우리 현대시가 보다 지적인 명징성과 깊이를 더하려면 이처럼 골격이 실하고 든든한 남성적 이미지군의 시 또한 더욱 확산되어야 하리라 생각된다.

4. 후기시의 세계

1) 사랑의 변증법

> 갈릴리에서 인 바람은/나무 잎새 하나 떨구지 않았지만/지금도 이승의 벽은/무너지고 있다/비 한 방울 거느리지 않고/이천년의 마른 가슴을/적셔주고 있다//골고다에서 진 바람은/아무런 기적도 나타내지 않았지만/진실은/찢기고 바래인 누더기임을/피 흘려 쓰려지며/무력해서 강한 것임을/일러 주었다//남에게 마냥 베풀 수는 있어도/자신에겐 끝내 베풀지 못한/사랑은/바보스런 힘/그토록 무량한 것은/이 세상에/따로/또/없었다
>
> ─「사랑 2」전문

후기시로 분류한 『천상의 꽃』시대 이후 최근에 이르기까지 김광림의 새로운 한 갈래를 보여주는 작품 중 하나이다. 중기시에서 보여주었던 치열한 내·외적 '갈등'을 해소한 뒷자리에 따스하게 들어앉은 '사랑'의 의식이 잔잔하게 그려져 있다.

광물성적이고 드라이한 이미지 대신 '사랑'이 나타나고 약간은 습기가 배

어나는 조사(措辭)가 들어있으며, 같은 계열로 생각되는 「황혼」이라는 작품 속에서는 김광림이 좀처럼 쓰지 않던 '젖어있다'는 술어도 보인다. 독자에 따라서는 이처럼 약간은 물기가 내비치는 편이 좋아 보일지도 모르겠다. 그러나 예수 그리스도를 부각시키고 있는, 이 다소는 진술적일 수 있는 소재에서도 견고한 이미지로 구성을 떠받치는 김광림 시의 특질은 어김없이 유지되고 있다.

이 시에서만 하더라도 나무 잎새 하나 떨구지 않은 갈릴리에서 인 바람이 이승의 벽을 부너지게 한다는 대조적 상황제시로부터 시작하여 진실은 피흘려 쓰러지며 무력해서 오히려 강한 것이고 사랑은 바보스런 힘이라는 진술에 이르기까지 역설적 사랑의 변증을 치밀한 시적 구조 안에서 감동적으로 제시해 주고 있다 할 것이다.

이 외에도 이 시기에 발표된 작품 중 지고(至高)한 사랑을 주제로 하는 「황혼」과 「사랑」 연작 같은 작품들은 그 내적인 따뜻함과 외적인 견고성을 볼 때 바람직한 종교시의 한 모범을 보여주고 있다고 해도 좋을 듯하다.

그리고 조금 더 깊이 들여다보면 이 '사랑'이라는 것은 바로 김광림 시학의 가장 깊은 저류를 형성하고 있는 것임을 알 수 있다. 이것은 문명비평적이면서도 그 저변에 한없는 애정을 깔고 있는 시인의 휴머니스트적인 진면목이라 할 것이다. 이러한 그의 모습은 '지금 우리에게/가장 절실한 것은 무엇인가/시인 위스턴 휴 오든이 말했다/우리 모두 사랑하지 않으면 안 된다/아니면 죽음이다'라는 구절 같은 데서 보다 직접적으로 드러나고 있기도 하고, 단단하고 여문 시적 방법론으로 감싸고 있는 김광림 시의 속살은 바로 이 우주와 세계와 인간에 대한 무한한 사랑임을 말해주고 있다 하겠다.

2) 어제와 오늘−과거의 재생과 새로운 시적 자유의 공간

외할먼네 기와집은 채소밭 너머 가시울타리 개구멍을 빠지면 거기 있었다 심심하여 들르면 외삼촌 주려고 남몰래 간직했던 엿이며 떡이며 누룽지랑 조금씩 떼어주며 외할머니는 내 머리를 쓰다듬었다/나는 동태철이면 새벽마다 우유 한 병 나르는 심부름을 했다 어업조합에서 숙식하는 외삼촌은 내 언 손바닥에 따뜻한 동전 한 닢 얹어주었다/한 번은 외할먼네 들렀다가 엿 먹고 바지 벗기우고 어리둥절했다 외할머니는 지린내 나는 내 고추를 꺼내 들고 주문 외듯 <나라는 데는 안 나고 왜 여기 났노>하며 눈다래끼에다 부벼대었다. 이 바람에 고추는 빳빳이 서고 괜스레 마려운 오줌기만 자아냈다.

— 「내성적 17」 전문

　김광림은 시에서 별로 회상적이거나 과거 이야기를 하지 않는다. 그에게서 현재적 인식의 문제가 늘 전면 부상해 있었거나 아니면 과거를 시로 되살리는 일은 주지적 서정이라는 당초부터의 작시 태도로 보아 어느 정도 거북스런 대상이었기 때문이었는지도 모르겠다. 그런 입장에서 보면 위 인용시와 같은 시인 자신의 유년기를 회상하는 「내성적」 연작의 발표는 김광림 시에 있어서 또 하나의 전환점을 이루는 것으로 생각된다.

　그만큼 시적 포용의 대상이 넓어졌다는 점에서 이후 그의 시가 전개되어 갈 향방과 관련하여 어떤 대상이든 이제는 자신의 시 미학을 흐트러트리지 않고 시적 리얼리티를 견고하게 창조해낼 수 있는 자신감의 표현이라고 해도 좋을 듯하다. 대단히 감상적일 수 있는 내용, 즉 18세에 단신 월남한 시인 자신과 50여 년을 이산가족으로 남아있는 고향과 친지들을 잇는 유년을 회상하는 것임에도 극도로 절제된 사실만을 간결하게 전달하려는 시인의 모습이 숙연하게 다가온다. 이런 느낌은 역시 과거 회상적인 다음과 같은 작품에서도 감지될 터이다.

　　따분해서/그렸고/배고파서 그렸고/그리워서 그렸다//한지에도 그렸고/시험지에도 그렸고/널판지에도 그렸다//은박지엔 철촉 자국/책뚜껑엔 G펜 자국/장판지엔 연필 자국/자국 자국/그리고 그리고/또 그렸다//부리

에 꽃물이 들도록//연방 지상에/꽃잎을 쪼아 떨어뜨리다가/홀연/날아가
버린/이상한 새

—「이중섭 생각 1」전문

불행한 시대를 치열하게 살다간 화가 이중섭의 생애가 점층적인 언어구조 속에서 산뜻하게 승화되어 있다. 끝 행 '홀연/날아가버린/이상한 새'에 오면 한꺼번에 몰아오던 호흡이 뚝 끊어지는 듯한 긴장감이 일시에 위로 솟구치는 묘미를 주고 있다 하겠다. 이처럼 과거를 오늘의 시간과 공간(現場) 속에 담담히 김광림답게 재현시켜 놓음으로써 그의 시는 더욱 폭 넓은 시적 자유의 단계를 획득하였다고 할 수 있다.

3) 21세기의 시를 향하여—주지적 서정의 향방

사이공 시가를 느슨하게 달리던 수레끼리 부딪친다/이그러진 채 나 동그라진다/사람은 서서히 고개를 쳐들고 물끄러미 바라본다/어쩌다 이뤄진 뜻의 상충을 확인한다/빙긋이 웃고 있다/책임의 전가도 자중도 없이//(이 나라에는 울음이 없다 땀도 흘리지 않는다)/담배를 피워 물고/시비 없는 대화가 오가기도/현장의 판정이 내려지기까지는/마냥 제자리인 채 기다린다/간혹 행인이 기웃거릴 뿐/발 묶인 성한 차량들마저 또한 기다린다/클랙슨 소리 하나 내지 않는다//—전쟁도 이와 같이

—「현장」전문

대만의 시인 천치엔우(陳千武)는 「21세기의 시」라는 제하의 글에서 21세기 시가 지향해나갈 방향성을 암시하는 작품으로 위에 인용한 김광림의 작품을 들고 있다. 21세기는 고도의 정보사회가 되기 때문에 컴퓨터로 시를 쓰게 될 지도 모르는데, 그때가 되면 더욱 절실히 요구되는 것이 사람과 사람 사이의 정감이나 여유라는 것이고, 그런 것이 드러나는 시가 또한 가장 바람직한 것이라는 견해를 피력하고 있는 것이다.

물신주의, 찰나주의로 치닫는 현대문명사회의 위기를 극복하는 데는 김광림의 전쟁의 '현장'에서 제시하는 이와 같은 포용과 용납과 여유가 우리 모두에게 필요하다는 점을 지적하고 있는 듯하다.

이제 최근의 김광림 시의 전개를 일별함으로써 한층 확대되고 성숙된 그의 시세계가 나아갈 향방을 한번 더듬어 보기로 하자. 물론 지금까지 살펴본 바와 같이 김광림은 그 동안 끊임없이 역동적인 실험을 통해 다양한 시세계를 펼쳐왔음을 감안할 때, 앞으로도 그의 시는 더욱 다채로운 시적 성취를 우리 앞에 보여줄 것으로 기대되는데, 최근에 그가 발표하고 있는 작품들을 그와 같은 연장선상에서 파악하면 좋을 것으로 생각된다.

> 이 세상에서 처음 보는 네가/왜 낯설지 않지/넌 누구지/채 눈도 못 뜨고/아직 귀도 열리지 않았는데/제대로 입을 벌리지도 못하는데/왜 낯설지 않지/자고 깨며 보채다/언어 이전의 신호만 마구 터뜨리는/넌 누구지/이름은 없지만/분명 너는 전주 김 씨의 후예/내 자식의 그 자식이라는데/그 징표가 어디 있지/이 세상에 온 네가/마냥 신기하고 안스러워/차마 네 곁을 떠날 수 없게 만드는/이게 뭐지/눈에 뵈지도/손에 잡히지도 않는/그러면서도/눈물나게 우릴 얽어놓은/이게 뭐지
> ―「넌 누구지」전문

> 칭얼대는 손자를 아랑곳없이/조간 사회면에 눈길이 쏠렸다가/돌연 반도에 통증이 일었다/이중섭의 게발이 집은 듯/일찍이 어머니의 젖꼭지를 깨물던/조상대대의 관습 그대로/돋아나는 이빨이 근지러워/손자는 나의 凸부를 문 것이다//순간 나는/자지러질 수도/뉘에게 호소할 수도/더더욱 며느리 앞에선/아프다 할 수 없는 아픔을/잔뜩 움켜잡아야만 했다//새삼 어린 것을 두고/'강아지 같은 것'이라 한 /어느 시인의 말이 생각났다/(귀여움에 겨우면/물릴 수도 있다는)//어수룩 멍청하다간/떼일 수도 있다는/이 어처구니 없는 수난을/지금 반도가 치뤄야 하다니//남 모르게/나는 목매일 수밖에
> ―「반도의 아픔」전문

비교적 최근에 쓴 두 편의 작품을 인용해 보았다.「넌 누구지」에서는 시인과 새롭게 태어난 손자와의 인연이나 교감의식이,「반도의 아픔」에서는 역시 손자와의 한 때가 등장하면서도 그것이 역사의식으로까지 연결되고 있음을 알 수 있다. 부제로 붙은 '말없는 말'이라는 원초적 세계에 대한 암시적 부분과 함께, 앞으로 김광림 시의 향방을 짐작케 해주는 것이라 하겠다.

소위 선(禪)에서 말하는 불립문자의 세계 또는 문자이전의 세계나 소리(표현) 이전의 '침묵'의 세계에 대한 천착이라고도 할 수 있는 그의 지향점이 보인다. 존재에 대한 탐구는 초기부터의 김광림이 부단히 추구해온 과제이지만, 이제 언어로 표현되는 일체의 외형적 수식을 벗어버린 근원적 관계성 또는 존재에의 구극적 탐구로까지 그의 시세계가 진입하려는 것이 감지되고 있다. 그리고 이와 같은 개인적 교감의 공간은 점차 더불어 사는 공동체로, 그리고 그들이 뿌리박고 사는 역사로까지 가지가 뻗어갈 것임을 예고해 주고 있는 것이다.

이 역사는 시인 자신과 그 후대들이 태어나서 살고 있는 또 앞으로도 살아갈 이 땅은 물론, 더욱 확장된 휴머니즘의 시각에 선 코스모폴리탄으로서 세계적 또는 우주적 개념으로까지 확대되어갈 것으로 보인다.

5. 맺는 글

이상으로 김광림 시의 역정을 몇 가지로 나누어 살펴보았다. 결론적으로 말한다면 김광림은 나이를 먹지 않는 시인이라고 할 수 있을 듯하다. 그의 시에서 시간과 세월의 축적이 가져다주는 시적 완숙성 또는 연륜의 무게를 느끼지 못한다는 이야기가 아니라, 일반적으로 나이와 더불어 나타나기 쉬운 안주의식과 그에 따르는 시적 긴장의 감소나 탄력성의 해이(解弛) 같은 것이 보이지 않는다는 의미이다. 육신으로는 환력의 나이를 넘긴 오늘 이 시점에서도 김광림의 시는 단호히 이런 종류의 정신적 긴장감을 놓아버리기를 거부하며, 청년과 같은 단단하고 실한 근육질의 모습으로 우리에게 다가오고 있는 것이다. 그만큼 그의 시는 견고하고 여문 이미지들로 중무장하고 있으며, 작품 하나 하나에서 진지한 포에지의 승부를 거는 그의 시정신이 살아 있음을 느끼게 한다.

김광림 시의 이런 역동성은 아마도 여러 가지 복합적인 배경과 역사를 거느리고 있는 것이겠지만, 우선 쉽게 지적할 수 있는 것은 50년이 넘는 시작 생활을 통하여 그가 끊임없이 현대시의 본령을 모색해온 시인이라는 점일 것이다. 시인은 누구나 나름대로 시와 삶의 길을 꾸준히 모색하며 찾아가고 있을 터이지만 김광림처럼 초지일관, 그것도 의도적으로 역동적인 모색의 길을 추구해온 경우도 흔치 않을 것으로 생각된다.

그의 모색은 좁게는 시 그 자체와 그것을 표현하는 언어예술로서의 방법론을 비롯하여 넓게는 그와 같은 시를 잉태하고 낳게 하는 시인 자신, 즉 존재로서의 인간 그 자체와 인간의 삶, 또 더 나아가서는 전우주론적 개념까지를 포함한 근원적인 탐구로 이어지고 있다. 그리고 끝내 그의 시는 이런 존재론적 삶의 양식을 담아내는 가장 소중하고 보배로운 그릇으로, 그리고 만상을 비춰주는 거울로서의 역할을 담당하기에까지 이른 것으로 보인다.

방법론적으로든 존재론적으로든 김광림의 시는 궁극적 완성을 향한 끊임없는 모색과 정진의 도정에 놓여 있음으로 하여 어설픈 안주를 거부하며 마치 흙을 밀어 올리고 솟아나는 새싹과도 같이 부단히 신선한 생명력과 동적인 에너지를 가지고 우리 앞에 다가오고 있는데, 이것은 시에 관한 한 철두철미 현대성과 포에지에 충실하려는 그의 프로의식에 기인한 것이라고 할 수 있다.

이제 김광림이 다듬어온 시적 창조력은 최근 그가 관심을 두고 있는 '말 없는 말'의 세계―언어로 표현되지만 결국은 언어의 한계를 넘어서는 경지까지 전개되어가고 있음을 감지케 하고 있으며, 이는 끊임없이 모색하는 시인이 오랜 기간의 시업을 통해 얻어낸 진정한 자유의 세계라고 해도 좋으리라.

앞으로도 김광림이 지니고 있는 시에 대한 엄정하고 철저한 주지적 통제성과 일상적인 것에서부터 존재의 근원에 이르기까지의 사상적 폭, 진부한 것을 새롭게 환생시키는 시적 상상력과 예리한 관찰력, 평범한 진술 속에 숨겨져 있는 팽팽한 긴장의 극대화, 그리고 이런 것들이 아이러니, 새타이어, 알레고리, 패러독스 등 현대시의 특징적 테크닉으로 부장된 그의 언어세계와 만날 때, 한국 현대시의 새로운 가능성은 언제나 우리 앞에 그 모습을 드러내줄 것으로 생각된다.

또한 이와 같은 김광림의 시는 또한 궁극적으로 한국 현대시를 인간 보편적 정서를 고양시키는 세계시의 한 당당한 파트너로 올려 세울 것이며, 마르지 않는 샘처럼 부단히, 이 땅에 사는 우리들의 따분하고 고달픈 삶에 야릇한 쾌감과 더불어 새로운 의미와 이상을 부여해 줄 것임을 감히 부언해 두어도 좋을 것이다.

한국 현대시의 현장
- 김광림의 시

정 한 모

  3인 연작시집 『전쟁과 음악과 희망과』에서 김광림 편은 「전쟁과」에 해당한다. 여기에서는 아직 전쟁이라는 피비린내 나던 회오리바람이 가져다 준 흥분과 열도 때문인지 관념의 덩어리가 채 소화되지 않은 채로 좀 참신한 듯한 형태 속에서 오히려 불투명한 이미지로 나타나 있는 느낌이 짙다.

    내가 전쟁에서 돌아온
    이유는
    사월.

    사월은
    아지랑이
    잠결을 헤치고

    이제는 흙을 봐도 좋은 눈먼 땅벌레가, 가느른 새의 발목을 짚고
    일어서는, 합창들을 터뜨리며

    꽃이 배앝은 씨앗의

이유를 알린다.

욱어진 야자수와 빠나나, 껍질과 알맹이와
껍질과 알맹이에 돋아나는 몸살을 안고

지금
허기진 나라 나라의
모래불의 무덤을 늘군다.

그것은
고장난 하늘에
총구멍이 뚫리는 유월.

유월이 밟은 자욱이 당신과 나의 꽃밭에 널려서
사월은, 학살된 달밤과 젖가슴을 잃은 아기들을 위하여

사월에
나를 전쟁에서 돌아오게 한
그런 이유의 달, 유월이었다.

　　　　　　　　—「유월이 있게 된 이유의 달 사월은」

아름다움은 버얼써 우리의 것이
아니다.

착한 것과
— 그 앞에
굴복을 모르는 사람들은

오늘…….

희망과 절망에 얽히며

피어 나는 것이다.

그것은 진작 아름다워야 하는
내일과
또 없는 내일에

꽃을 가꾸는 사실 앞에서
눈이 먼
인간들에 의하여

꽃과
잃어버린 神과
꽃이 팔리는 경우랄까

— 「꽃과 잃어버린 神」

 시집 『상심하는 접목』에서도 아직 관념으로서의 의미가 앞을 서고 있는 인상이지만 무엇인가 변모하려고 하는 안타까움과 안정된 자세를 유지하려는 갈등이 엿보이는 것이다.
 「꽃의 문화사초」, 「산의 IMAGE」 등 하나의 주제로 된 연작형태의 시는 형식면에서는 「양지」와 같은 계열을 이룬다. 시적 의미가 아직 관념으로서의 의미를 완전히 벗어나지 못한 느낌이 있기는 하나 전쟁과 그 상처의 의미가 이만큼 진하게 토로된 시도 실상은 드물다. 「꽃의 문화사초」를 비롯한, 꽃을 주제로 한 시나 「산의 IMAGE」에서는 시인의 적극적인 주제의식이 앞선 나머지 꽃이나 산같은 대상 자체에 대한 관조를 소홀히 한 결과를 빚었다고 보여진다. 그러나 이와 같은 결함도 「양지」에 이르러서는 상당히 달라진 모습을 보여준다.
 시의 초점을 사상이나 관념에 두지 않고 언어 표현 자체에 집중함으로써 언어는 섬세한 생명으로 살아나고 이 밑을 순수한 서정의 강물이 흐를 수 있는 여유를 갖는다. 그리하여 이미지가 더욱 선명해졌다. 아마도 광림 시의 본령은 이런 데 있지 않을까 생각된다. 그렇다고 지금까지의 편력이 결코 도로(徒勞)였다는 이야기는 아니고 여기까지 이르는 한 과정이었고 또한 힘이 되고 있다고 생각한다.

>타오르던 저녁해가
>흩여 놓은 씨앗이
>어항속에 움틀이듯
>가난한 마음이 닦는 등피에
>심지를 혀는
>금붕어.
>
>금붕어는
>자신을 밝히지 않는다.
>스스로 발하는
>빛보라를
>외면할 뿐
>
>이슬로 걷어 찬 햇살을
>피어 올리는
>아지랑이 속을
>흔들리듯 타오르는
>금붕어.

―「양지 3」

>햇볕이
>벌
>려
>놓
>은

옷감
마다
묻어 있는 얼룩은
맞은 편
꽃장수의 색갈진 질시(嫉視)가
흘긴
꽃들의 눈자욱만
같다.

데룽이던
인형의 장난
같은
눈빛이
탐이 난
황달 든
아이가
시장안을
울고 섰는
바람 부는
날.

티없는 마음속에
일렁이는 먼지처럼
빛갈은
심상의 밝은
그림자.

— 「심상의 밝은 그림자」

　이상에서 볼 수 있듯이 서로 다른 두 개의 사물 사이에서 경이감을 자아내는 아날로지를 찾아냄으로써 새로운 이미지를 창조하는 메타포의 방법론을 소중히 생각하고 있는 광림은 「양지」에서 그것을 착실하게 실천하고 있는 것처럼 보인다.

김광림 시인 연구

김 형 필

1. 서론

　김광림은 한국에서는 물론 일본·대만에서도 알려진 시인이다. 함경남도 원산시 중리에서 2남 4녀 중 장남으로 출생(父: 김창웅 <본관: 전주>, 母: 김윤복 <본관: 경주>)하였다. 원산시에서 태어났다는 것은 바로 구상 시인과 이중섭을 알게 된 계기가 되었다.
　1947년 평양 종합대학 역사문학부 외국문학과에 입학한 김광림 시인은 대학생으로서 사회에 관심을 갖기 시작하자 그 해 12월, 원산문학가동맹이 발간한 『응향』이 사상검토로 발매가 금지되는 사건에 부딪쳤다. 이 시집의 중요한 회원이 구상 시인이었던 것이다. 김광림은 원신인민일보사 교정부로 근무하다가 1948년 봄에 단신으로 월남하였다. 교정부에서 교정을 보았다는 것은 비록 짧은 시간 동안이었지만 그가 시와 언어를 중요히 하는 데 발판이 되었다.
　1948년, 안양에서 '청포도' 동인과 활동하다가 만난 시인이 박두진이었다. 그때 구상 시인은 '응향' 사건이 일자 즉각 월남하여 연합신문 문화부장으로 재직하고 있었는데, 박두진의 권유로 구상을 찾아가 만났다. 구상 시인은 시 「문풍지」를 연합신문에 게재해 주었다. 여기서부터 그의 시가 빛을 보게 된 셈이다. 김광림 시인은 1948년부터 치더라도 50년이 훨씬 지났다. 1992년에는 한국 시인협회 회장(28대)도 지냈으며 일본에서 한국사람으로는 처음으로 『세계시인총서 ⑤』(靑樹社)를 갖게 되었고 지큐상(地球賞)을 받게 되었다. 평생 그는 시를 버리지 않았다. 오히려 시와 김광림은 하나였다. 일본의 월간시지 ≪詩と思想≫(특집: 한국의 현대시, 1997. 4월호)에 다음과 같은 글이 있다.

> ところで　金光林は、あまりにも有名であり、一九九六年には、地球賞も受賞した。日本にはしばしば訪れている。金の詩には皮肉と諷刺のぎいたユーモアがあるが、その底には深い悲哀感がある。わずかに酒氣を帶びた詩の桃色の顔と白髪が魅力的で、この詩人と語っているとほっとして安らぐ。

> 그런데 김광림은 너무도 유명하여 1996년에는 地球賞도 수상했다. 일본에는 자주 오고 있다. 김의 시에는 해학과 풍자에 익숙한 유머가 있지만 그 밑바닥에는 깊은 비애감이 있다. 약간의 주기(酒氣)를 띠었을 때의 복숭아 빛 얼굴과 백발이 매력적이어서 이 시인과 이야기를 나누고 있으면 마음이 놓인다.
>
> 　　　　　　　　　　　　　　　　　　　모리다 스즈므(森田 進)

해학·풍자·유머를 지적하고 그 밑바닥에는 비애감이 있다고 모리다 스즈므(森田 進)는 말하고 있다. 김광림 시인은 1995년 시집『아이러니의 시학』을 발간했다. 이『아이러니의 시학』은 이미 유럽이나 미국에서는 오래 전부터 논의되어 온 것으로 그리 새로운 것은 아니었다. 그러나 그가 오랫동안 시를 써온 과정에서 발전해 온 것으로 본다면『아이러니의 시학』은 귀중한 열매를 얻은 것이다. 외국은 그렇다쳐도 한국에서는 별로 아이러니 기법을 쓰지 않았기 때문이다.

처음에는 정서적인 시를 좀 쓰다가 이내 모더니스트의 길에 들어선다. 그리고 그는 언어의 사용에 대해서 오랫동안 탐구했고 그 결실로 이어진 것이다. 언어적 측면에서 보면 ①정서적인 시 ②모더니즘의 사용, 즉 시각적 사용이 두드러진 시 ③아이러니의 시로 볼 수 있다. 또 ㉠초기시-정서적인 시 ㉡초월주의의 시 ㉢아이러니 시로 발전된 것이다. ②이나 ㉡에 ③이나 ㉢을 넣어서 설명할 수도 있을 것이나 여기서는 ③과 ㉢을 하나로 보고 분류해 보고자 한다.

2. 정서적인 시: 「진달래」

김광림 시인은 이미 18세부터 시와 관계를 맺고 있었다. '응향'을 이미 알았고 월남에서부터 안양의 '청포도' 동인을 만났으며, 그날 밤 새벽에 깨어나 멍청히 있다가 문풍지가 보이길래 그 자리에서 「문풍지」를 지었던 것이다. 그 시를 들고 가서 안양제지공장에서 일하던 박두진에게 보였더니 놀라면서, 바로 연합신문의 구상 시인에게 가져가 보이라고 하였던 것이다.

여기서 구상 시인을 만날 수 있게 되었으며 또한 시도 실리게 되었다. 왜 시인이 되는가와 같은 자문을 할 겨를도 없었다. 하루하루가 급한 생활 속에서 경기도 여주군 북내면에 있는 북내초등학교 준교사로 취직하였던 것이다. 1950년 9월 28일이 되었을 때 군에 차출되었고 통영 101사단에 배속되었다. 여기서 김상옥 시조시인과 이영도 시조시인을 만나게 되었다. 이렇게 문인을 만나게 되는 것은 김광림 시인이 자신도 모르게 문학의 향취에 빠져드는 결과가 된 셈이다. 김광림은 최근 시 잡지 『시로 여는 세상』에서 권택명 시인과 인터뷰를 하였을 때 시작 동기를 다음과 같이 털어놓았다.

권: 시를 쓰시게 된 동기는 무엇입니까?

김: 6·25전쟁 때 소대장으로 참전했는데 내 바로 옆에 있던 연락병이 포탄 파편에 맞아서 죽었어요. 그런데 그 사람이 죽은 것이 애통해서 그 무렵에「진달래」라는 시를 썼어요. 그리고 국방부의 ≪국방≫이라는 잡지에 투고를 했는데 이북에서 온 조영암 씨가 그 작품을 보고 극찬을 했어요. '내가 당신을 만나면 붙들고서 울겠다'고 서평에 그렇게 실렸습니다. 그 후에 서울에서 조영암 씨를 만났어요. 이 양반이 날 데리고 문인들이 모여 있는 서림다방에 가서 인사를 시키고 그 곳에서 전봉건, 김종삼 씨와 같이 어울리게 되었지요.

1952년 김광림 시인은 소위로 백마고지에 참전했을 때 쓴「진달래」를 지었는데 이것이 시를 쓰게 된 동기라고 답한 것이다.

뉘의 모습일랑
비스듬히 닮았을

진달래야
진달래

밑두리 발가숭에
채색도 모른채

조국의 꽃이라서
모질게도 피는구나

그날 꽃가루 날라간
애뙨 넋을 닮아서

상채기 붉은
피도 고운데

노상 앞장만 서던

달이는 일등병

죽어서도 제모습을
꼬옥 닮아서

속잎도 퍼지기 전에
떨어져 버렸구나

진달래야
진달래

— 「진달래」 전문

  이 시는 조영암 시인의 추천사가 있는데 '나를 만나면 얼싸안고 울겠다'는 말도 섞여 있었다고 한다.(김광림의 말) 이 시는 진달래와 일등병을 비교하면서 써간 것을 알 수 있다. 그렇다면 처음 발표와 얼마나 차이가 있을까.

낡은 문풍지에서
서낭당 기와 냄새가 풍기다

보고
또 보고

이윽히 들여다 보면
아슬 아슬 옛 이야기가 생각나다

해 묵은 풍지 위에
비 자욱이 서려
천년 묵은
벽화 맛이 돋아오르다

— 「문풍지」 전문, ≪연합신문≫, 1948.12.4.

壁

곰팡난 기와로
지붕을 이고
두메꼴 붉은 흙으로
벽을 바르곤
인왕같이
침좌하리라
쇠북도
울리지 말라
경도
외지 말라
다만
해와 달과 바람에
내사 석불같이 늙어지며는
오늘의 서투른 솜씨위에
벽아
이끼낀 나이테를 두르라
　　　— 1948년「문풍지」며칠 후, 연합신문에 실은 것임.

　　3편을 보건데 감상적으로 조성됐음을 알 수 있다. 또 다분히 전통있는 가락으로 편성돼 있다.「진달래」는 감성으로 피고 지는 꽃임을 알게 하고 처음부터 '붉은' 빛이었음을 상기시킨다. 붉은 빛과 일등병의 죽음을 상대적으로 연상시키며 진달래의 속잎을 펴기도 전에 일등병이 죽었음을 애절하게 노래하고 있다.「문풍지」는 오래 전부터 내려오는 은은한 빛을 잘 말해 주고 있다.「벽」도 매한가지다. 이들 세 편의 시는 원래부터 내려오는 감정을 잘 소화시키고 있다. 이 세 편의 시도 '나이테'를 두르면서 세월과 함께 좋은 시로 남을 수 있다.

3. 이미지즘의 시:「음악」

좋은 시로 남을 수 있는 것은 막연히 시를 써내려 갈 때 오는 것이 아니라 변화된 시, 즉 전에 보다 다른 시집을 낼 때, 그것이 성공을 했을 경우에만 한한다. 김광림 시인은 그것을 알았다. 그래서 언어와 전통 속에서 특히 언어의 시를 쓰기 시작한다.

시집 『학의 추락』에 수록된 그의 연보를 보면 1948년부터 작품을 발표하고 있음을 알 수 있는데,「음악」은 세 번째 시집인 『오전의 투망』(1965.5.30 모음사)에 수록돼 있다. 이 세 번째 시집을 내기까지 김광림 시인의 관심 속에 '주지적 서정'이 큰 비중을 차지하고 있음을 보게 된다.

그의 첫 번째 시집 『상심하는 접목』(1959)에는 후기나 서문이 없고 전봉건의「<접목>의 끝머리에」라는 발문이 있는데, 이 글에서 전봉건은 '정밀하게 선택된 언어들은 선명한 의미와 음향을 불러일으키면서 새로운 감정의 흐름을 형성하고 있다.'고 지적하고 있다. 이 지적이 두 번째 시집 『심상의 밝은 그림자』(1962)에서는 서문과 후기를 통하여 보완되고 있다. 서문을 쓴 박남수는 '그는 다시, 음악에서 오는 직감적인 전달성과 회화에서 오는 이미지의 볼륨 같은 걸 맞아떨어지게 해 보려는 것이라고 하면서 그런 서정시를 자기는 주지적 서정의 시라고 이름 짓고 싶노라는 말도 하고 있다.'고 적은 뒤 '언어의 기능들을 살쿠려는 노력의 흔적들이 눈에 보일 정도'라고 했다. 김광림 시인은 후기에서 '시는 감정의 유로나 사상의 표상은 아니라고 생각한다. 이러한 인간의 비등된 감정이나 사상을 일단 냉각억제하고 다시 여과해서 언어로 순환시킨 것'이라고 피력하고 있다.

위와 같은 발언들은 시작 태도 중 언어와 관련된 것이기도 하다. 낭만주의 시인들도 비록 영감적이기는 했지만 언어에 관해서 신중했다. 따라서 김광림 시인의 시가 이미 있었던 우리의 시들과 어떻게 구별되는가 하는 구체성의 예시가 있었으면 하는 아쉬움을 남긴다. 이런 아쉬움을 예시한 것으로 볼 수 있는 것이 세 번째 시집이다. 이 시집에는 모두 23편의 시가 실려 있으며 김광림 시인이 쓴, 「각서」라는 제목이 붙은 '후기'가 11면에 걸쳐 실려 있다. 「각서」에서 주목을 끄는 것은 다음과 같은 것들이다.

①시의 역사는 서정적 이미지의 변천 과정이다. ②서정의 질도 시대에 따라 달라져야 한다. ③이미 있어온 서정은 감상적 서정이다. ④지성으로 다져진 서정은 주지적 서정이며 나는 새로운 서정, 다시 말하면 변혁된 서정을 모색해 왔다. ⑤표현에 공헌하지 않는 단어는 결코 사용하지 않는다는 흄의 서정은 일고의 가치가 있다.

이상의 항목에서 볼 수 있듯이 김광림 시인이 시도하는 '주지적 서정'은 감상적 서정의 부인에서 출발한다. 오늘날 '시'하면 서정시를 가리킨다. 여기에 굳이 주지적이란 형용사를 붙인 것은 감상을 배제한다는 의지로 받아들여야 할 것이다.

「각서」가 수록된 세 번째의 시집에는 이와 같은 의지를 나타내는 시들이 수록되었다고 보아야 할 것이며('의도적 오류'를 생각하지 않을 수는 없지만) 「음악」은 그러한 작품 중의 하나라고 할 것이다.

    건반 위를 달리는 손가락

    울리는 상아해안의 해소

    때로는 꽃밭에 든 향내 나는 말굽이다가

    알프스 정상의 눈사태
      *
    안개 낀 발코니에서

유리컵을 부딪는
　　포말이다가

　　진폭의 소용돌이를 빠져 나오는
　　나긋한 휘나레

　　그 화음을

　　　　　　　　　　　　　　－「음악」 전문

　「음악」은 10행으로 된 짧은 시이지만 시행의 배역, 종지부 등으로 해서 리듬의 효과를 치밀하게 고려한 흔적이 보이는 작품이기도 하다.
　*표를 전후해서 시행의 배열이 다르다. *표의 앞은 독립된 1행이 모두 4행, *표의 뒤는 3행 2행 1행의 3연으로 구성돼 있다.
　행과 행 사이의 간격은 휴식을 뜻하고 또 종지부까지 있어 *표의 앞은 호흡이 느린 상태이다가 *표의 뒤에 가서는 호흡이 빨라진다. 그러다가 '그 화음을'에서는 다시 1행으로 첫 행의 호흡을 되살린다. 10행 중 5행이나 명사형, 거기다가 종지부를 사용한 것은 호흡조절을 강조하는 것으로 보아야 하겠다.
　제목이 던져주는 음악의 본의를 호흡의 변화에서 먼저 잡을 수 있다. 또 시어 가운데 상아해안·알프스 발코니와 같은 것들은 음악의 내용을 제시하는 데 기여하고 있다. 호흡의 변화와 함께 이들 시어들은 이국정서를 불러일으킨다. 흔히 낭만주의 시인들의 작품 세계를 설명할 때 특징의 하나로 이국정서를 들기도 한다. 그러나 이것만으로 「음악」을 낭만주의에 속하는 작품이라고 할 수는 없을 것이다. 이 시는 1910년대부터 이미지 운동을 전개해온 이미지스트 시인들의 작품과 같은 질을 갖추고 있다. 이미지스트 시인들이 추구한 것 가운데 두드러진 것은 ①정확한 말의 사용 ②새로운 정조의 표현으로 낡은 리듬을 흉내내지 말 것 ③심상(image)을 제시 할 것 등이다.

「음악」을 이미지스트 시인들의 이와 같은 강령에 비추어 볼 때 손색이 없다. 손가락·해소·눈사태·포말·피날레 등은 모두 구체적이고 명백히 보이는 시를 만드는 데 일익을 담당하고 있다. 뿐만 아니라 인습적인 형식을 벗어나기 위해 노력한 흔적을 시행의 배열에서 볼 수 있는 것이다. 이미지스트 시인의 한 사람인 에즈라 파운드는 '시는 가장 압축된 형식의 언어 표현'이라고 하였으며 '수많은 작품을 쓰는 것보다 일생동안에 단 하나의 심상을 표현하는 것이 더 좋다.'고 할 정도였다. 「음악」은 이미지를 표현하고자 한 작품이며 무리 없는 이미지의 조직 즉, 이미저리를 통하여 잘 부각되고 있음을 보게 된다. 「음악」에는 청각·시각·운동 감각의 이미지들이 보인다. 청각적인 것은 눈사태·해소·컵 부딪는 등이다. 눈사태·해소·포말은 명사형이고 시각적이지만 '부딪는' 같은 시어와 함께 그 물체가 지닌 청각성을 동시에 환기시켜 주고 있다. '달리는 손가락', '소용돌이를 빠져 나오는 피날레'와 같은 구절에서 '달리는', '빠져 나오는' 등은 운동 감각과 관련된 이미지로 볼 수 있을 것이다. 또 '향내나는 말굽'에서는 후각적 이미지를 보게된다. 10행의 시 안에 청각·시각·운동·감각·후각 등 다양한 이미지가 조화를 이루고 있다.

이미 있어온 서정시에서 쉽게 볼 수 있는 것이 기승전결식 시행의 배열이다. 소월의 「진달래꽃」은 이런 류의 작품 중에 두드러진 것이라 할 수 있을 것이다. 시행들이 서로 엇물려 있으므로 비유하고자 하는 것이 상호관계를 형성한다. 「음악」의 시행들은 휠라이트가 말하는 병치은유에 속한다고 할 수 있다. 완전한 병치상태라고 할 수는 없으나 병렬한 모습이다. 3번째 행의 '때로는……'은 '눈사태'에 연결되고 *표 뒤의 '포말이다가'의 3행이 다음 연 2행에 연결되지만 엄격하게 보면 손가락·해소·말굽·눈사태·포말·휘나레 등은 각기 음성을 달리한다. 손가락이 있는 시행과 해소가 있는 시행과는 어떤 연관이 있는가. 그것들은 각각 다른 의미재로 병치돼 있을 뿐이다. 「음악」이라는 제목이 본의를 뒷받침해 주고 있기 때문에 이들 시행이 단순해 보이지만 만일 그렇지 않았다면 시행들은 매우 낯설게 병치된 것으로 보였을 것이다. 제목에 의해서 각 시행들이 재료로 사용되고 있음을 쉽게 간파할 수 있으므로 낯설지 않고 단일해 보이지만 은유기법은 병치적이라고 해야 할 것이다.

시행이 지니고 있는 병치된 특성의 음성을 끝 행에서 '그 화음을'이라는 화음으로 조절하고 있다.

「음악」의 시어배열은 명사와 명사의 연결이라고 할만큼 많은 명사가 의식적으로 동원돼 있다. 확연한 시어를 선택하기 위해 지와 논리를 활용한 것이다. 수식적인 언어를, 안개 '낀' '나긋한' 등도 단순한 사용은 아니다. 불필요한 어휘를 억제하고 있다. '때로는'도 부사적 용법으로 음악이 진행되고 있음을 시사한다. 다만 '꽃밭에 든 향내나는 말굽'이 추상적이고 유미적인 냄새를 풍겨준다. 이질적이다. 하지만 전편에 흐르는 것은 언어의 순화에 대한 작자의 세심한 배려이다.

김광림 시인은 「각서」에서 보여준 의지를 「음악」이라는 작품으로 구체적인 예시를 한 셈이다.

「음악」은 김광림 시인이 지적한 이미 있어온 서정시의 감상적 요소를 말끔히 제거하고 있다. 그리고 「이미지에 관한 각서」라는 글에서 밝힌, '이미지는 언어의 새로운 존재이다. 이미지는 그 이미지가 표현하는 것에 우리들을 바꾸고 바꾼 것에 의하여 우리들을 표현한다. 이를테면 이미지는 표현의 생성이자 우리들의 존재의 생성인 것'에 대한 해답을 제시하는 실마리이기도 하다. 비유로서 그치는 이미지가 아니라 '존재의 생성'이 될 수 있는 이미지 구현을 강조하는 김광림 시인의 발언은 흄과 같은 이미지스트 시인이 내세운 강령과는 차이가 있다 할 것이다. 김광림 시인은 이미지스트 시인들의 주장에서 장점을 취하고 있으면서 독자가 시에서 쾌미감을 내세우지만 음악성만을 강조하지도 않고 또한 의미를 강조하지도 않는다. 다만 시는 언어의 기능을 예술로서 잘 살려나갈 때 비로소 온존한 구실을 하게 되는 것이라고 밝히고 있다. 쾌미감에 대한 언급은 그를 유미주의자로, 그리고 언어의 기능과 예술과의 관계에 대한 언급은 그를 예술지상주의자로 보게 할 수도 있다.

그러나 「음악」이라는 시와 시집을 볼 때 김광림 시인은 다소 예술지상주의자 쪽이다. 주지하다시피 이미지즘 운동은 낭만주의에 반(反)하는 것이다. 감성적이기보다는 이성적이고 수식적이기보다는 정확성을 요하는 것이고, 그 배경은 고전적이다. 그가 늘 이미지즘(모더니즘)에 신경을 쓰면서 시작을 해 왔다는 것을 생각할 때 놀라운 변화인 것이다.

「음악」은 바로 쾌미감을 포용한 이성적인, 그리고 시의 효용성을 배제한 작품이다. 그리고 선택되어 제시된 이미지들은 작자(作者)가 말한 존재의 생성에 접근하고 있다. 많은 이미지 가운데 '선택'될 때 그것은 지를 뜻하고 지는 단순한 '앎'을 넘어선 생활의 양상을 포함하는 것이니 삶의 한 형태를 제시하는 일이 되는 것이다.

「음악」은 아프리카의 해안[象牙海岸], 내륙 지방(알프스), 가정(발코니), 생활 등을 연상시켜 준다. 그리고 해소·눈사태·포말과 같은 물 이미지군(群)은 최동호의 다음과 같은 글귀와 연관해서 생각해 볼 수도 있을 것이다.

'물은 시적 정서를 함축하며 시적 탐구의 대상으로서 시인의 존재론적 인식을 드러낸다.' '물은 기능상으로 보아 파괴와 생성, 죽음과 재생의 순환적이며 이중적 의미를 서정적 의식 속에 나타낸다.' '물은 본질적으로 모성적인 것이며 대지의 풍요로움이나 삶의 빛나는 순간 그리고 영원의 거처로서 나타난다.' 이 글은 김영랑·유치환·윤동주의 시를 분석하면서 거론한 내용이지만 물과 존재에 관한 인식은 고대부터 있어 온 것이기도 하므로 이 부분에 국한해서는 「음악」에서 보이는 물의 이미지와 연관시켜 보아도 무방할 것이다.

「음악」은 언어의 기능, 이미지 등을 역설하던 김광림 시인의 초기 시작의 끝 부분에 해당하는 것으로 보는 것이 바람직할 것 같다. 그러므로 그의 그러한 의지를 보여주는 것으로는 좋은 보기가 되겠으나 그의 시 전체를 대표하는 으뜸으로 보기에는 미흡하다 하겠다. 분명 「음악」은 감상적 요소를 배제하고 이미지와 새로운 리듬을 구성, 제시하는 탁월한 솜씨를 보여주고 있다.

이러한 시와 작시태도는 60년대 초에 있어서 우리시의 진로, 즉 시를 어떻게 쓸 것인가에 대한 명확한 해답의 하나였다고 볼 때 이 시의 위치도 그런 점에서 고찰되어야 할 것이라고 생각한다.

4. 아이러니의 시:「풍경 A」

자기의 시를 보고 평을 할 때, 그 평이 바로 맞았을 때는 모르겠으되 그렇지 않을 때 묵묵부답일 때가 있다.「풍경 A」가 그런 편이다.「풍경 A」는 분명 아이러니시를 쓴 것이다. 70년대 초에 발표된 이 시는 정한모(코스모폴리탄의 시), 北川冬彦(기타카와 후유히코, 네오리얼리즘의 시) 등 지적해 주었는데 한결같이 아이러니시라고 평하지 않고 은근슬쩍 암시하는 것 같다고 김광림 시인은 말한다. 한편 꼭 이 작품에 꼭 맞는 것은 아니지만 '김광림의 시에는 표표히 나부끼는 속에 유머가 있고 그것은 인생을 안 인간의 깊은 슬픔과 지혜가 번쩍 눈물처럼 빛나는 듯하여 따뜻하고 매력적'이라고 시라이시(白石) 가즈코는 말하고 있다.[1]

---

1) 김광림,『오늘의 시인총서』, 시99편, 214쪽.

기중기는
망가진 캐시어스·클레이의 철권 수만 개를
들어 올린다
흔들린다
헛기침도 않고
건달 같은 자세로
시장한 벽에
부딪친다
압도해 오는 타이거 중전차에
거뜬히 육탄한다
나를 매달아 놓았던 내장의 사슬이
끊어진다
기중기를 벗어난 철추는
현실 밖으로 뛰쳐나간다
한 마리의 새가
포물로 날아간다

—「풍경 A」전문

김광림 시인은 이 시에서 '내장의 사슬'이 중요하다고 말한다.

'나를 매달아 놓았던 사슬이 끊어진다'고 하면 자연스럽지만 '나를 매달아 놓았던 내장이 끊어진다'로 하면 초자연이 된다. 여기서 생각해야 할 것이 현실과 초현실이 대결하면 아이러니가 발생하게 되고 조화를 이루면 메타포가 된다는 것이다.
　나의 다른 작품에 나오는 '언어로 만든 새' 등의 표현에 대해 너무도 애매해서 그 시어가 가리키는 의미를 알 수 없다고 푸념하는 평자는 있었지만 그는 여기에서 아이러니를 안보고 메타포만 보려고 했던 것 같다.[2]

---

2) 김광림,『위트·풍자·해학·유머를 보듬은 아이러니의 試作』, 시문학, 2003.6. 385호.

'나를 매달아 놓았던 내장이 끊어진다'는 확실히 아이러니이다. 많은 줄에서 한 줄만 아이러니이다. 부분적 아이러니이다. 정한모, 北川冬彦가 아이러니를 언급하지 않은 것은 타당하다. 부분적 아이러니보다 더 설명해야 할 부분이 많았기 때문이다. 그렇지만 시를 거듭 읽다보면 우선 '기중기는/망가진 캐시어스·클레이의 철권 수만 개를/들어 올린다.'와 한 인간을 '매달아 놓았던 내장'의 힘을 생각하게 한다. 내장의 힘과 기중기의 힘은 어느 것이 더 셀까. 얼른 생각할 때 아이러니는 반대되는 충동을 뜻한다. I.A.리처즈는 "최고의 시경험"이라고 말했다.3) 그리고 이 작품이 바라고 있는 것은 무엇일까. 먼저 새를 바라보자. 새는 포물선을 그리고 날아가는데 인간과 기중기는 싸우고 있지 않는가. 자연의 새, 문명 속의 자연을 생각하는 것이다. 이 시는 아이러니를 생각했다면 쉽게 풀릴 것이다. 부분적 아이러니이지만 그것은 기중기에다 갖다 붙이니 반대되는 충동을 지니게 되는 것이다. 최고의 시 경험은 내장과 기중기를 슬쩍 붙여 놓고, 새로 하여금 답을 하도록 만든 것이다.

아이러니는 초기에는 그리 탐탁지 않았다. 키케로시대를 낭만주의 시대에 이르러 확고한 용어로 되었다. 낭만적 아이러니(17~18C)는 사용되는 방법을 신비평 때와 흡사하나 작가의 글이 이상적이라는 점이다. 그러나 리처즈 때 이르러는 매우 달랐다. 이미지즘시대가 도래했던 것이다. 그리고 휠러(Wheeler)와 뮤크(Muecke)도 '두 개의 층을 지니며 그것이 상반된다'는 점이다. 그리고 사건과 상황을 냉정히 관찰하고 그려낼 수 있는 거리를 가져야 한다는 점과 일정한 미의식의 발산물이라는 점4)을 밝히고 있다. 그러자니 시인은 스스로 자신을 바꿔나가야 하며 시대와 문학이 어떻게 확산돼 나가고 있

---

3) I.A.Richards, 김영수 역,『문예비평의 원리』, 현암사, 1977. p.14.
   신주철,『이상과 김수영 시의 아이러니』, 박이정, 2003. p.51. 재인용.
4) 신주철,『이상과 김수영 시의 아이러니』, 박이정, 2003. p.60.

는가를 잘 보아야 할 것이다. 그리하여 아이러니의 목적이 '균형잡힌 넓은 시야를 성취하는 것'⁵⁾이다.

그럼 「풍경 A」와 비슷한 「0」을 보자.

      예금을 모두 꺼내고 나서
      사람들은 말한다
      빈 통장이라고
      무심코 저버린다
      그래도 남아 있는
      0이라는 수치

      긍정하는 듯
      부정하는 듯
      그 어느 것도 아닌
      남아 있는 비어 있는 세계
      살아 있는 것도 아니요
      죽어 있는 것도 아닌
      그것들마저 홀가분히 벗어버린
      이 조용한 허탈

      그래도 0을 꺼내려고
      은행창구를 찾아들지만
      추심할 곳이 없는 현세
      끝내 무결할 수 없는
      이 통장

      분명 모두 꺼냈는데도
      아직 남아 있는 수치가 있다

---

5) D.C.Muecke, 문상득 역, 『아이러니』, 서울대 출판부, 1980. p.44
   신주철, 『이상과 김수영 시의 아이러니』, 박이정, 2003. p.61. 재인용.

버려도 버려지지 않는
세계가 있다

— 「0」 전문

문덕수는 "현대의 심리 특성이오, 사물을 일원적으로만 보지 않고 이치(二値) 또는 다치면(多値面)으로 인식하는 데서 일어나는 것이다. 그 근원은 인간 존재와 세계의 부조리에 있다."[6]고 지적했다. 이 시를 쓴 김광림 시인은 어떻게 생각하는가.

> 사람들은 '빈 통장이라고 무심코 저버린다/그래도 남아있는/0이라는 수치'가 있다는 것이다. 그처럼 우리네 인생에도 버려도 '버려지지 않는 세계'가 있음을 0이라는 수치를 통해서 암시적으로 그리고 있다.
> 따라서 이 시에서의 0은 단순한 시적 대상물이 아니라 내 자신의 존재성을 드러내 주는 객관적 상징물이 된 셈이다. 무심히 지나쳐 버린 것들에 대한 새로운 인식. 이제 모든 것을 '홀가분히 벗어버려—조용한 허탈', '분명 모두 꺼냈는데도/아직(무언가) 남아 있다는' 생에 대한 사려 깊은 성찰과 연민이 우리네 삶의 자세를 다시 한번 가다듬게 한다.[7]

버려지지 않는 세계, 내 자신의 존재성을 드러내 주는 객관적 상징물, 바로 이런 것들이 「0」의 의미를 확대시킴과 동시에 현실의 비평가와 같이 한몫 하는 것이다. 0이라는 숫자는 계산상으로 아무런 가치가 없다. 통장의 돈을 다 찾아 통장을 보고 또 보아도 0이라는 측은한 생각, 그 순진하고 무지한 생각으로 표층적 상황에 접하게 된다. 이때 0은 아이러니의 수법을 동원한 것이 되는 것이다.

---

6) 김광림은 「~아이러니의 시작」이라는 글에 「0」을 두고 평을 한 문덕수의 글을 싣고 있다.
7) 김광림, 위의 글, p.100.

돈을 다 찾아간 뒤 0만 남은 신세. 4연을 읽고 나면 끈질기게 남아있는 버려지지 않는 세계가 읽혀지는 것이다.

> 분명 모두 꺼냈는데도
> 아직 남아 있는 수치가 있다
> 버려도 버려지지 않는
> 세계가 있다

이 발견 아닌 발견 속에서 또 다른 우리의 인생이 있음을 알게 된다. 이와 같은 한줄한줄 시를 만들어 오는 동안 비평을 함께 해 온 것이 된다.

5. 결론

김광림 시인은 대체로 다음과 같이 시를 써왔다.

첫째, 초기시 또는 정서적인 시를 써왔다. 그리고 백마부대 이후 반전시를 곁들이기도 했다.

둘째, 모더니즘에 경주했다. 박남수를 만나 언어를 더욱 세심하게 사용했다. 그의 이미지의 시를 일본에서는 신즉물주의로 말하기도 했다.

셋째, 현실+아픔 같은 시가 보인다. 그의 아이러니시에도 비애감이 스며있다.

넷째, 본격적인 아이러니시에 몰두했다.

800여 편의 시를 지금껏 써온 김광림 시인은 앞으로 어떤 시를 쓸 것인가. 아이러니시와 함께 초월주의나 자연(일반적이 아님), 선적인 계열의 시에로 손을 댈 것으로 보인다.

일본에서는 많은 지면을 할애하여 김광림 시인을 높이 평가하고 있다. 그리고 이와 연관시켜 6·25와 아픔을 말하기도 한다.(「반도의 아픔」 등) 일본에서는 널리 알려진 시라이시 가즈코의 시에 직접 '김광림'을 주제로 한 시를 보자.

북에서 남으로 온 사내

고향은 북입니다 라고 사내는 말한다
열여덟 살 때 남쪽에 왔더니 국경이 생겨
그로부터 반세기
사내는 부모도 형제자매 누구하나 생존조차 모른다
한 통의 편지, 한 마디 소식조차 끊겨
사내는 남쪽에 와서 시인이 되었다
네 자식에 딸 손자도 생겨
사이좋게 부부싸움하며 농담도 하는데 어느덧
고향인 북쪽 하늘로 가는 한 마리 새조차
사내의 어버이 생사조차 일러주지 않는다
머리는 흰 구름이 되고 슬픔의 두뇌 위에 떠돌고
망향의 심정은
너무도 깊숙한 동굴 밑에 있기 때문에 아무에게도 안 보인다
"율리시즈마저 고국에 돌아갔지요 하지만
시라이시씨 한국의 율리시즈는 아직
돌아갈 수 없어요" 사내는 말한다
더 나아가 들면 나는 북쪽 고향의
산이나 하늘이 보이는 곳에 살겠어요
산이여 소리내어 무언가 말해주지 않으려나
하늘이여 푸른 개인 눈에 눈물어리는 것 안다면
뭔가 소식의 꽃잎 등
무궁화꽃에다 하늘하늘 이쪽으로 보내주지 않으려나
— ≪아사히[朝日]신문≫, '98.3.1 일요판.

김광림 시인에게 율리시즈란 별명을 지어주기도 한 시라이시 가즈코 외에도 鈴木 俊(스즈키 순), 高橋喜久晴(다카하시 기쿠하루) 등 많은 일본 시인들이 김광림 시인을 좋아하고 있다.

김광림 시인은 아직도 왕성하다. 세계를 향해 우리시를 그들 가슴에 심어주는 그리하여 시의 교환을 앞으로 계속할 것이다.

김광림의 시론

이 승 훈

1. 주지적 서정시 소고

　김광림의 본명은 忠男이다. 그는 1948년 월남, 6·25때 군에 입대하여 ≪국방≫, ≪연합신문≫, ≪전시문학 선집≫ 등에 「장마」, 「내력」 등을 발표하지만 본격적인 시단활동은 1956년 전봉건·김종삼과 함께 펴낸 3인 시집 『전쟁과 음악과 희망과』(1957)를 통해서이다. 그에게는 시집으로 『상심하는 접목』(1959), 『심상의 밝은 그림자』(1962), 『오전의 투망』(1965), 『학의 추락』(1971), 『갈등』(1973) 등 10권의 시집과, 시선집으로 『소용돌이』(1985) 등이 있다. 50년대의 대표 시인으로 그는 시론에도 많은 관심을 기울여, 시론집으로 『존재에의 향수』(1975), 『오늘의 시학』(1978) 등이 있다. 그의 시세계가 보여주는 특성에 대해서 성찬경은 다음과 같이 말한 바 있다.[1]

　　김광림의 시는 '현대적' 또는 '주지적'이라는 수식어가 붙을 수 있는 서정시이다. 주관적인 정서를 무절제하게, 마치 한숨처럼, 때로는

---

1) 성찬경, 「현실의 음영과 심상의 밝음」, 김광림 시선 『소용돌이』 해설, 고려원, 1985.

곱게 토로하는 시, 이런 류(類)의 시가 아마 그가 제일 경계하는 시일 것이다. 김광림은 지금까지 시를 역설과 아이러니의 언어 예술로, 그러한 언어의 결정으로서의 '심상'으로 만드는 데 있어서 독특한 영역을 개척해 왔다. '주지적'이라는 점에서 김광림의 시는 정지용 이후 박남수나 김춘수로 내려오는 시의 산맥에 이어질 것이며, 지적인 요소와 구성으로써 우리의 현대시의 수준을 높여 온 그의 시의 발자취는 우리시에 두고두고 큰 영향력과 중요한 의미를 갖는다고 할 것이다.

김광림의 시적 특성에 대한 이런 지적은 거의 정곡을 찌르고 있다. 김광림은 위에서 지적하듯이 이른바 주지적 서정시를 지향해 왔다. 그의 대표적인 시론 『주지적 서정시 소고』(1965)는 우리 현대시에 대한 그의 견해 및 그가 지향하는 시세계를 대담의 형식을 빌어 밝히고 있다. 이 시론은 시에 있어서의 방법론 문제를 자신의 시와 관련시켜 말함으로써 50년대 시인들이 보여주는 우리 시론의 새로운 양상으로 수용된다. 이 시론에서 그가 강조하는 것은 우리시가 보여주는 전통적인 리리시즘에 대한 비판, 우리시의 모더니즘에 대한 비판, 주지적 서정시의 개념, 이미지와 관련 관계 등 크게 네 가지이다.

전통적 서정시 비판

첫째로 그는 재래의 서정시를 비판한다. 그에 의하면 재래의 우리 서정시는 토속적인 관념이나 모럴을 리드미컬하게 표현하는 바, 이때의 리듬은 우리의 정서를 환기하기 때문에 동감하지만 관련이나 모럴은 진부하기 때문에 거부된다. 그의 말을 그대로 옮기면 그는 '운율에 구애되어 자유로운 발상을 못한다든가, 참신한 감각이 자아내는 아름다움보다도 인간론적인 의미를 강조하기 위해서 감상적으로 철학이니 사상이니 하는 것을 상징하는 작시(作詩) 태도에는 노골적으로' 불만이다.

한마디로 그가 재래의 서정시를 비판하는 것은 그것이 설익은 관념과 모럴을 주장하기 때문이다. 따라서 그런 시는 서정시 본래의 미학을 상실하게 된다. 이때의 미학은 순수한 정서의 세계를 지향하는 개념이다. 그것은 서정시의 경우 리듬이 환기한다. 따라서 그는 재래의 서정시를 비판하되, 리듬이 환기하는 감성적 효과는 수용한다. 그러나 위의 인용문에도 나오듯이, 그는 이 감성의 세계를 청각적 요소가 아니라 시각적 요소로 치환하면서 받아들인다. 말하자면 리듬보다 시각적 이미지를 강조한다. 그가 강조하는 이미지는 그런 점에서, 어떤 관념이나 모럴을 전달하기 위한 수단이 아니다. 이런 이미지의 세계를 김춘수는 묘사적 이미지라고 부른 바 있다. 곧 그에 의하면 이미지에는 관념의 수단이 되는 비유적 이미지와 어떤 관념도 전달하지 않는, 그러니까 이미지 자체로 존재하는 묘사적 이미지가 있다.[2] 이미지에 대한 이런 인식은 김광림의 경우, 그의 제1시집 『상심하는 접목』의 세계에 대한 자기비판을 계기로 한다. 그 시집에는 이미지가 나오되, 그것이 어떤 관념을 전달하는 수가 많기 때문이다.

모더니즘 비판

둘째로 그는 우리시의 모더니즘을 비판한다. 그에 의하면 우리시의 모더니즘은 30년대와 50년대의 모더니즘으로 나뉘어진다. 30년대의 모더니즘은 그에 의하면, '세기말적인 감상적 로맨티시즘과 당시의 편내용주의의 경향에 대한 반기'로 요약된다. 이에 대한 구체적인 예증은 없지만, 여기서 말하는 30년대의 우리시의 모더니즘은 '시문학파'나 '9인회'에 의해 전개된 새로운 시운동을 뜻하는 것 같다. 또한 50년대의 모더니즘을 그는 '해방 전후의 시단을 풍미하고 있던 풍월영탄조(風月詠嘆調)의 리리시즘의 전쟁이라는 절박한

---

[2] 좀더 자세한 것은 이승훈, 「김춘수의 시론」, 월간 ≪현대시≫, 1991.3. 참고.

상황 아래서 반발하고 나선 것'으로 정의한다. 우리시의 50년대 모더니즘에 대해서도 구체적인 언급이나 예증이 없지만, 문맥에 의하면 6·25를 전후하면서 나타난 '새로운 도시와 시민들의 합창' 및 '후반기' 동인들의 시운동을 의미하는 것 같다. 30년대나 50년대나 우리시의 모더니즘은 이른바 재래적 리리시즘을 부정한다. 다만 전자의 경우에는 이와 더불어 20년대 말의 카프파 시인들의 편내용주의에 대한 비판이, 후자의 경우에는 6·25 전쟁의 비인간성이 운동의 방향을 결정한다.

그렇다면 김광림이 이들의 운동을 비판하는 이유는 무엇일까. 그것은 이들의 시가 보여주는 한계 때문이다. 그 한계는 30년대 모더니즘의 경우 '전달성이 희박해지자 말초감각을 자극시키는 언어의 연금에 사로잡힌 점', 50년대 모더니즘의 경우에는 '시대감각에 민감하던 나머지 사상성에 치중한 점'으로 나타난다. 널리 알려진 것처럼 30년대 우리시의 모더니즘은 시어에의 자각, 모국어의 시어로서의 가능성, 시적 자율성, 새로운 감수성의 세계, 무의식의 탐구 등을 목표로 했다. 결국 이들이 보여주는 두드러진 특성은 언어예술로서의 시에 대한 자각이었다. 따라서 30년대 모더니즘은 비록 말초감각적 세계를 더러 보여주기는 하지만 시의 미학을 확립했다는 점에 의의가 있다고 본다.

김광림은 30년대 모더니즘을 비판하면서 그들이 부정한 리리시즘의 회복을 염두에 두고 있다. 또한 50년대 모더니즘은 사상성을 근거로 비판된다. 결국 이런 비판을 통해 그가 노리는 것은 새로운 리리시즘과 새로운 지성의 세계이다. 그것은 30년대의 모더니즘이 상실한 리리시즘에 대한 새로운 발전과 50년대 모더니즘이 상실한 지적 태도의 종합으로 나타난다. 그것을 그는 '리리시즘의 여건인 이모션과 모더니즘이 지니고 있는 언어의 조형을 통해 부조되는 선명한 이미지를 하모니 시켜보는 것'으로 정의한다.

주지적 서정시

셋째로 그는 이런 방법론에 의해 창조되는 시를 주지적 서정시라고 부른다. 이 개념은 재래의 리리시즘과 우리시의 모더니즘을 동시에 비판하면서 정립된다. 전자의 한계로는 관념성과 모럴이, 후자의 한계로는 비시적인 요소들이 지적된다. 여기서 말하는 비시적이라는 말은 30년대의 말초감각, 50년대의 사상성 등을 암시한다. 지적 서정시란 주지주의시와는 다른 개념이다. 전자가 지성을 강조함에 비해 후자는 서정, 곧 정서를 강조하기 때문이다. 그런 점에서 그는 비록 지성과 정서의 융합을 주장하되, 지성을 앞세우는 입장에 있다. 50년대 시인으로서 그가 모더니스트에 속하고, 또한 모더니즘을 옹호한 것은 이런 데에서도 찾을 수 있다.

주지적 서정시는 지성과 정서 혹은 지성과 감성의 융합을 노린다. 그리고 그에 의하면 서정이나 감성은 시의 내용에 해당되고 지성은 시의 형식에 해당된다. 언뜻 보면 그럴듯한 논리 같지만 그도 의식하듯이, 정서와 지성의 융합이나 감성과 지성의 융합이라는 말은 논리적 모순을 드러낸다. 왜냐하면 시의 경우 주지주의는 정서나 감성의 세계를 부정하고 거꾸로 서정성은 그런 지성을 부정하기 때문이다. 따라서 예컨대 서정을 내용, 지성을 형식으로 간주하는 경우 내용과 형식은 일치되지 않는다. 그러나 그가 노리는 것은 바로 이러한 불일치나 모순이다. 그는 이런 사정을 다음처럼 말한다.

> 주지는 다분히 지성적이지만 서정은 감성적입니다. 그러므로 내용과 표현이 일치하지 않는 셈입니다. 그러나 사고(지성)에 의해서 지탱된 서정이어야 한다는 것이 조건부입니다. 내용으로서의 대상이 과학이 아니더라도 표현형태는 과학적일 수 있습니다. 표현형태가 과학적이고 형이하학적이더라도 내용은 반드시 그렇지 않을 수도 있습니다. 이처럼 내용과 표현형태가 일치하지 않는 데서 아름다운 시의 세계를 전개해 보려는 것입니다. 되도록 틀리는 두 개의 것 속에서 하나의 아

날로지를 발견하여 독자의 흥분과 주의를 환기시킴으로써 경이감을 자아내는 흥미를 노린 것입니다.

결국 그가 주장하는 주지적 서정시는 내용으로서의 서정 혹은 감성과 형식으로서의 지성이 일치하지 않는다는 점에 토대를 두고 있다. 따라서 그는 이런 불일치가 시 속에서 하나의 아날로지가 되는 경지를 목표로 한다. 그런 아날로지, 그런 유추적 동일성은 그렇다면 과연 어떻게 가능할까.

이미지와 관념

끝으로 그는 이런 아날로지와 관련되는 것으로 이미지와 관념의 관계를 새롭게 해명한다. 그에 의하면 이미지와 관념의 유추적 관계는 파운드의 이미지에 대한 정의 곧 '지적인 것과 정적인 것의 콤플렉스를 순간적으로 나타내는 것'이라는 개념이 도움을 준다. 그의 주지적 서정시는 그런 점에서 파운드의 이미지론에 토대를 두고 있다고 해도 과언이 아니다. 그러나 그는 파운드의 리듬개념에는 회의적이다. 이미지는 시의 형식이지만—파운드의 말처럼—그것은 지정(知情) 복합체이기 때문에 내용도 포함한다는 게 그의 주장이다. 또한 이런 이미지는 유추에 의해 독자에게 관념과 모럴을 암시한다고 본다.

앞에서 나는 이미지에 대해 말하면서 김춘수의 분류법에 대해 언급한 바 있다. 곧 비유적 이미지와 묘사적 이미지가 그것이다. 김광림이 노리는 것은 —내가 읽은 바로는—후자이다. 그러나 그는 또한 이런 이미지, 곧 이미지로서의 이미지에는 마음이 놓이지 않는 것 같다. 그렇기 때문에 다시 관념이나 모럴에 대해서 말하는 것이 아닐까. 그렇긴 해도 동시에 그는 이미지가 1차적이고 관념은 2차적이라고 함으로써 묘사적 이미지를 강조한다. 이런 사정은 그가 예시하는 다음과 같은 자신의 시에서도 드러난다.

ⅰ) 결국은
한없이 꺼져드는 울음을
속으로만 물어 뜯다가

죽은 자를 모반하여 피는
꽃은, 수없이 무너뜨린 가슴에게
미안한, 열매를 마련하지 못하는 '구실'의 화병인데

사람도 그만 향기로운 데만 있으면
담아질 꺾이어도 좋을
꽃이 아닌가

ⅱ) 아가는 손바닥을 턴다
순수에 부디친/꽃씨가 떨어진다

앞자락엔
한아람 풀 내음이/안긴 채

어느새
뜰에 고인 햇살이
그득히/시력앞에
꽃망울을 터뜨리고 있었다

  ⅰ)은 초기시에 해당되는 「꽃의 반항」의 일부이고, ⅱ)는 이른바 주지적 서정시를 겨냥하는 「양지」의 일부이다. 그의 견해에 의하면 ⅰ)에 나오는 이미지보다 ⅱ)에 나오는 이미지가 선명하다. 그렇다는 것은 ⅰ)에 비해 ⅱ)에서는 관념적 요소가 말끔히 배제되었기 때문이다. 그러나 위에서도 말했듯이 그는 ⅱ)와 같은 감각의 세계, 이미지의 세계를 다시 관념과 관련시킨다. 이것이 이미지에 대한, 그리고 시에 대한 김광림의 견해가 김춘수의 그것과 다른 점이다.

시를 찾아서
- 연애와 언어

전 봉 건

　한 사람의 남자가 한 사람의 여자를 얻기까지에는 많은 파란과 우여곡절을 겪어야 한다. 고금동서를 막론하고 그 수많이 산출된 소설은 그 대부분이 연애하는 남녀가 한 몸이 되기 위해서 겪어야 하는 수많은 파란과 우여곡절로 메워져 있다고 해도 과언이 아니지 않겠는가. 그런데 이 파란곡절이라는 것은 얼마나 많은 것이기에 그 수많은 소설의 대부분을 차지하게 되었을까. 아니 도대체 사람이란 어떻게 돼 있는 것이기에 이처럼 많은 파란곡절을 수천 년을 두고, 글쎄 지금도 조금도 지친 기색이 없이 겪어 나아가고 있는 것이겠는가.
　한 사람의 남자가 한 사람의 여자만을 좋아하기 위해서 헤아릴 수 없이 많은 다른 여러 여자를 싫어할 수 있기 때문이며, 한 사람의 여자가 역시 한 사람의 남자를 좋아해서 헤아릴 수 없이 많은 다른 남자들을 스스로 어쩔 수 없는 힘으로 해서 싫어해버리기 때문이다. 하여간 한 사람의 남자와 한 사람의 여자가 한 몸이 되기 위해서는 그 두 사람이 서로 상대방 이외에는 어떠한 남자이건 여자이건 싫어할 수 있어야 한다. 물론 싫어할 수는 있다. 이 싫어한다는 일은 자기자신이 어쩔 수도 없는 강력한 힘으로 해서 전개되는 것이기 때문이다.

　그렇지만 과연 이것은 가능한 일일까. 가령 한 사람의 남자가 어떤 한 사람의 여자만을 완전무결하게 좋아할 수 있다는 일이 말이다. 다시 말하면 이 세상에서 단 한 사람만의 여자를 제외하고 난 나머지 이 세상의 여자 전부를 싫어할 수 있는, 그런 남자일 수 있다는 일이 말이다. 나는 아직도 그런 남자나 여자와 만나본 적이 없다. 이것은 분명히 비극이다. 그러나 할 수 없다. 그러나 할 수 없다고 사람이란 동물은 체념해버리지를 못한다. 단테와 베아트리체의 이야기는 아직도 사람에게 생생한 실감으로 남아 있는 것이다. 이러한 종류의 실감을 지니면서 남자는 A라는 여자에게서 B로, B에서 C로, C에서 D로, D에서 E라는 여자에게로 옮아간다. 여자도 마찬가지이다. 이것은 방황이다. 베아트리체는 실재하지 않는 것이기 때문이다. 이렇게 보면 연애란 것은 남자의 경우에 있어서는 베아트리체를 실재하는 이 세상의 여자에게서 찾아 헤매는 방황이라 하겠다.

　시성이라고까지 일컬어진 괴테는 무척이나 방황했다. 그의 방황은 그 중 대표적이어서 나이 팔십이 되어도 머물 줄을 몰랐다. 그 나이에 그는 십팔 세난 소녀를 상대로 방황을 계속 했던 것이다.

　이쯤 되고 보니 이 세상의 수많은 소설의 대부분이 한 쌍의 남녀가 한 몸이 되기 위한 파란곡절로 메워져 있음도 과연 무리가 아니다.

　시성도 억제하지 못했던 이 방황을 보통 범인들이 수천 년을 두고 그리고 오늘도 지친 기색이 없이 되풀이한다는 것은 너무나도 당연한 일이다. 그런데 나이 팔십 난 괴테는 열여덟 살 난 소녀와 한 몸이 되었다. 즉, 결혼이란 것을 한 것이다. 그러면 괴테는 나이 팔십이 되어서 드디어 그의 베아트리체를 획득한 것이었을까? 천만의 말씀이다. 그는 그때 그러한 말을 한 마디도 하지 않았다. 남기지 않았다. 그러면 어째서 그는 열여덟 살의 소녀와 한 몸이 되었을까.

사람이면 누구나가 다 가지는 퍽 기묘하고도 아주 편리한 물건인 '자위(自慰)'라는 것을 이 늙은 시성도 가지고 있었던 것이다. 부모가 정해주는 배우자와 말없이 결혼하는 사람은 말할 것도 없거니와, 연애결혼이란 것을 하는 사람의 그 결혼도 따지고 보면 이 '자위'가 중매한 것이다. 내가 아는 딴 여자들보다는 그래도 이 여자가 그 중에선 제일 나으니까 하는 식의 결혼이 연애결혼의 적나라한 실상이 아니겠는가. 여자 편에서도 물론 마찬가지이다.

그러니까 즉 기실은 '자위'가 중매한 것이었으니까 연애결혼이란 것을 했어도 결혼 후에 사람들, 아내와 남편을 저버리고 딴 남자나 여자와 또다른 연애-방황을 하게 되는 것이다. 괴테가 좀 더 오래 살아서 백 살, 백이십 살이란 나이를 먹었다면 그의 소행으로 미루어보아 다시 몇 번인가 다른 여자와 연애하고 방황하고 '자위'해서 결혼하고, 다시 연애하고 방황하고 하였을 것이라 함은 아마도 틀리지 아니한 추측이 될 것이다.

그러니까 이 늙은 시인이나 범인이나 할 것 없이 사람이란 일단 결혼을 하여도 결혼을 했다는 사실이 곧 한 쌍의 남녀가 이룬 영원무변한 '한 몸'을 의미하는 것이 못된다. 아이를 낳고 부모가 된다. 그래도 그 아버지라는 남자와 어머니라는 여자는 여전히 수천 년을 두고 지친 기색 없이 방황하는 인류의 후예이고 바로 현재의 그 인류인 것이다.

다만 '자위'로 인해서 그 방황이 잠정적으로 잠자고 있을 따름이다. 언제 어느 때 또 다시 이 방황이 눈을 떠서 '싫어하게' 될는지 아무도 모르는 것이다. 이 때문에(좀 이상한 이야기인 것 같지만) 이 세상에 있는 대부분의 나라가 법적으로 '이혼'이란 것을 정당하게 인정하고 있는 것이 아니겠는가. '싫어하는' 남자와 '싫어하는' 여자들을 위해서 말이다. 아니 사실이 그러할 것이다. 만일 사람 개개인이 지니는 '방황', 그리고 '자위', 또 '방황' 이렇게 연속되는 한이 없는 되풀이가 사람이 사람의 힘으로 어찌할 수 없는 사람의 본능- 합치된, 하나가 된 육체와 정신의 본능, 이를테면 '영육(靈肉)의 본능'이라고 하는 인정이 서지 않는다면 한 나라가 이혼이란 것을 법적으로 정당히 수긍할 까닭이 없겠기에 말이다.

 어느덧 이야기가 많이 빗나갔다. 원 이야기 줄거리로 들어가야 하겠다. 시인은 한 편의 시를 생산할 때마다 언어를 '싫어하고' 그리고 '자위'하는 것이다. 이것의 실제 예를 김광림 씨의 경우에서 보면 다음과 같다.

>
> 빨가장이 타오르던 저녁해가
> 흩어 놓은 씨앗이
> 어항속에 움틀이듯
> 가난한 마음이 닦는 등피에
> 심지를 혀는
> 금붕어
> *
> 금붕어는
> 뜻으로
> 자신을 밝히지 않는다.
>
> 스스로 발하는
> 빛보라를 외면할 뿐.
> *
> 햇살이 걷어 찬 이슬이
> 피어 올리는
> 아지랑이 속을
> 흔들리듯 타오르는
> 금붕어.
>
> ―「양지 3」

 그런데 이 작품 「양지 3」이 앞에서 보는 바와 같이 낙착되기까지에는 많은 파란과 우여곡절이 있었다. 맨 처음에 시는 이렇게 적었다.

빨갛게 타던
저녁해가
뿌려놓은 씨앗이
어항속에서 움틀거리듯

우리,
가난한 사람의 마음이
닦는
등불에
심지를 혀는
금붕어.
　　　＊
금붕어는
뜻으로
자신을 밝히지 않고

스스로 발하는
빛보라를 외면한다.
　　　＊
이슬을 걷어 찬 햇살이
피어 올리는
아지랑이 속을
타는 듯 타오르는
아, 금붕어

허나 두 번째 고쳐 쓴 것은 다음과 같다.

빨가장이 타던
아침해가
뿌려놓은 씨앗이
어항속을 움틀이듯

우리,
가난한 마음이 닦는
등불에
심지를 켜는
금붕어

금붕어는
뜻으로
자신을 밝히지 않는다.

스스로 발하는
빛보라를 외면한다.
        *
햇살이 이슬을 걷어 차
피어 올리는
아지랑이 속을
흔들리듯 타오르는
아, 금붕어

  두 번째에는 이렇게 적으면서 이 시인은 첫 연에서 '빨갛게'의 '갛게'를 싫어하여 '빨가장이'라고 하였고, '저녁'을 '아침'으로 고쳤으며 '움틀거리듯'을 '움틀이듯'이라 고쳐가지고 '어항속에서'의 밑에다 두어 첫 연 5행이던 것은 4행으로 고쳤다. 제2연에선 '사람의'라는 것을 아주 빼버렸다. 그리고 '닦는'이라고 독립했던 1행을 '가난한 마음이'의 밑에다 옮김으로써 6행짜리 제2연을 5행으로 고쳤다. 다음 장에 가서는 '않고'를 '않는다'고 고쳐 놓았다. 그리고 또 다음 장에는 '이슬을'과 '햇살을'의 순서를 뒤바꾸어 놓았으며, '타는듯'을 '흔들리듯'으로 바꾸어 놓았다.
  세 번째 개작하면서는 다음과 같이 적었다.

>
> 빨가장이 타던
> 아침해가
> 뿌려놓은 씨앗이
> 어항속에서 움틀이듯
>
> 우리,
> 가난한 마음이 닦는
> 등불에
> 심지를 켜는
> 금붕어.
>   *
> 금붕어는
> 뜻으로
> 자신을 밝히지 않는다.
>
> 스스로 발하는
> 빛보라를 외면한다.
>   *
> 햇살을 걷어찬 이슬이
> 피어 올리는
> 아지랑이 속을
> 흔들리듯 타오르는
> 아 금붕어.

 이렇게 세 번째 개작함으로써 이 시인은 재차 언어를 싫어하고 있다. 또 다시 싫은 언어는 아무 미련 없이 냉혹하게 내버리기도 하고 혹은 딴 언어와 바꾸어 놓기도 한다.
 제3장에서 '햇살이'의 '이'가 '을'로 대치되어 '햇살을'이 되고, 맨 끝 행 꽁무니에 ' . '가 새로이 붙었다. 그러나 형상(形象)된 언어의 예술의 완전 무결한 상태를 찾는 시인의 방황은 이만 이 정도에서 그치는 성질의 것이 아

니다. 그리고 여기 이 시인의 방황도 또 다시 조금도 지친 기색이 없이 계속되는 것이다.
  네 번째 개작은 다음과 같다.

      빨가장이 타오르던
      저녁 해가
      흩어놓은 씨앗이
      어항속에 움틀이듯
      가난한 마음이 닦는
      등피에
      심지를 혀는
      금붕어.
         *
      금붕어는
      뜻으로
      자신을 밝히지 않는다.

      스스로 발하는
      빛보라를 외면할 뿐.
         *
      햇살을 걷어찬 이슬이
      피어 올리는
      아지랑이 속을
      흔들리듯 타오르는
      금붕어.

  세 번째 개작에 있어서의 첫 장 제1연에서 '타던'은 '타오르던'으로 고쳐지고 '아침'은 '저녁'으로 바뀌면서 성가신 변덕을 보이고 있는데, 다시 '뿌려 놓은'은 '흩어 놓은'으로 바뀌고 '어항속에서'의 '서'는 내버려졌다. 제2연의 맨 첫 줄이던 '우리'도 아주 내버려졌고 '등불'은 '등피'가 되었고, '켜는'

은 '혀는'으로 바뀌어졌다. 뿐만 아니라 1, 2연으로 나뉘어졌던 것이 합쳐져서 단 1연이 되었다. 이런 경우 시에 있어서는 연과 연 사이의 비인 행간도 훌륭히 언어의 구실을 하고 있다는 것을 알 수 있다.

*표로 구분된 제2장 2연의 맨 끝인 '외면한다'는 '외면할 뿐'으로 바뀌었다. 역시 제3장에서도 맨 끝줄의 '아'가 내려버림으로써 이 시인의 언어를 상대로 하는 지긋지긋한 방황의 모습을 잘 보여주고 있다. 그러나 이 시인이 언어를 싫어해야 하기 때문에 언어를 대상으로 하는 방황은 여기에서도 끝나지 않는다. 다섯 번째의 개작을 했던 것이다. 그것이 맨 처음에 적은 「양지 3」이다. 여기서는 첫장 8행이 6행으로 줄어들고 있다. 그러니까 네 번째 개작 때의 「양지 3」에서 두 행간이 내버려진 것이다. 행간도 시에 있어서는 언어의 구실을 한다고 앞에서 이야기하였다.

그리고 이 시인은 다섯 번째의 개작에서 그만 '자위'를 했다. 분명 '그만 자위'를 한 것이다. 가령 한 여자가 그래도 이만하면 지금까지 내가 알아온 남자 중에서는 제일 낫다고 '자위'하면서 한 사람의 남자와 한 몸이 되는, 결혼이란 것을 하는 그런 경우와 마찬가지로 '그만 자위'를 한 것이다.

만일 여섯 번, 일곱 번 개작하지 아니한 원인이 '그만 자위'가 아니라, 충분한 만족이었다면 이 시인은 이 작품 이외로 또 다시 시라는 작품을 만들어 낼 수는 없었을 것이다. 왜냐하면 시인은 한 작품을 만드는 그때, 선택하는 언어가 하나씩 생길 때마다, 선택한 그 하나의 언어 이외의 모든 언어와 절연상태에 있는 것이다.

김광림의 이미지 시론 연구
― 바슐라르 시론과의 관련을 중심으로

문 혜 원

1. 김광림 시론의 출발점

김광림은 전후 모더니즘 시의 주지적인 경향을 잘 보여주는 대표적인 시인이다. 그의 초기시는 전쟁으로 인해 폐허가 된 현실을 건조하게 묘사하고 있다. 『상심하는 접목』(1959)에 나타나는 '꽃'의 이미지는 이러한 시적 특징을 단적으로 드러낸다. 꽃은 전쟁의 폭력에 희생되는 연약한 존재이면서, 동시에 죽음이 휩쓸고 지나간 자리에서도 다시금 피어나는 질긴 생명력을 상징한다. 그런가 하면 그것은 외부의 상황에 영향받지 않는 순수함, 때묻지 않은 절대 순수의 세계이기도 하다. 각각의 상징들의 공통점은 그것이 인간의 감정이나 사고를 직접적으로 드러내지 않고 간접화하고 있다는 것이다. 그의 시론은 이처럼 시에서 감정을 어떻게 객관화시킬 것인가 하는 것과 긴밀하게 연결되어 있다.

그의 시론적인 입장이 본격적으로 나타나는 것은, 1960년 ≪자유문학≫에 발표된 「주지적 서정시를 생각한다」라는 글이다. 여기서 그는 현대시가 가져야 할 가장 중요한 요소가 지성을 동반한 언어의 조형이라고 강조하고 있다.[1] 그가 말하는 '주지적 서정시'란 감정과 지성의 결합 혹은 정서와 지성의 결합이며, 현대적인 서정을 바탕으로 하고 그것을 지적인 방식으로 통제하여 표현하는 것이다. 이는 시에서 주지성을 강조했던 1930년대 모더니즘을 연상시키는 대목이다. 김기림, 최재서 등에 의해 제기되었던 1930년대의 주지주의적 경향은 센티멘털리즘에 대한 반성과 비판에서부터 비롯된 것이다. 당시 모더니즘의 이론적인 바탕을 제공했던 김기림은 현대시가 갖추어야 할 최우선의 요건이 감상성을 극복하는 것이라고 생각했다. 지성은 만연해있는 감상성을 극복하고 근대적인 서구 문명을 비판적으로 수용할 수 있게 해주는 필수적인 전제조건으로 인식되었다.

김광림은 이러한 1930년대 모더니즘의 전제를 받아들인 후, 지성의 작용이 시에서 어떻게 현실화되어 나타나는지에 초점을 맞추고 있다. 이미지는 자연발생적인 감정의 유출을 통제하고 스스로의 감정과 객관적 거리를 유지할 수 있게 하는 중요한 시적 요소로 인식된다. 이러한 입장은 첫 시론집인 『존재에의 향수』(1974)에서부터 『아이러니의 시학』(1991)까지 일관되게 반복되고 있다. 그는 『존재의 향수』에서 이미지에 대한 일반적인 정의와 개념을 설명하고, 『오늘의 시학』(1976)에서 실제 작품 분석을 통해서 이미지론을 구체화하고 있다. 『아이러니의 시학』 역시 대부분의 내용이 이미지론을 주제로 하고 있다. 가장 최근에 발간된 『현대시의 이해와 작법』(1999)이 『오늘의 시학』을 수정 보완한 것이라는 점을 감안한다면, 실제 김광림의 시론은 이미지에 집중되어 있다고 결론지을 수 있다.[2]

본 논문은 김광림의 시론을 검토하는 것을 목적으로 한다. 그의 시론에서 핵심적인 부분은 이미 살펴본 바와 같이 이미지에 관한 것이다. 그러므로 본

---

1) 김광림, 「주지적 서정시를 생각한다」, 《자유문학》, 1960.10.
2) 이와 관련하여 특기해둘 사항은, 그의 시론이 반복적이라는 점이다. 『존재에의 향수』에 실려있는 글들은 상당수가 다른 시론집에 그대로 반복되거나 시집의 시작 노우트 형태로 실려있다. 후기시에 해당하는 시집임에도 불구하고 초기의 시론을 그대로 붙이고 있는 경우도 많다. 따라서 인용된 지면의 발간 연도와 다른 시론의 변화가 반드시 일치하는 것은 아니다.

고는 이미지에 대한 김광림의 글들을 검토하고 그 특징을 밝히는데 초점을 맞출 것이다. 아울러 논의의 전개 과정상 필요한 경우, 이에 해당하는 김광림의 시에 대한 분석을 병행할 것이다.

2. '주지적 서정시'의 발생 근거

김광림의 시론적 출발점인 '주지적 서정시'의 내용은 리리시즘에 대한 반발과 모더니즘 시에 대한 비판으로 요약될 수 있다. 그는 종래의 리리시즘을 '감상적인 서정이나 관조적인 서정의 감정유로를 일삼는 소녀취미나 자연발생적인 안이성'을 가지고 있다고 비판한다. 50년대 모더니즘 시는 이러한 경향에 반기를 들면서 시작되었지만, 지나치게 시대 감각에 민감한 나머지 사상성에 치중해버렸고 종국에는 언어의 연금술로 전락하고 말았다고 비판된다.[3] 이는 당시 모더니스트들의 시가 지나치게 난해한 테크닉 위주로 흐르는 것을 염두에 둔 발언이다.

이러한 김광림의 입장은 「한국 현대시의 발자취」(1972)에서 약간의 변화를 보이며 구체화되고 있다. 여기서 1950년대의 시단은 전통파(인생파, 자연파, 생명파), 신서정파(예술파, 형이상학파, 문명파), 현실파(생활파, 참여파, 사회파)로 삼분된다. 「주지적 서정시를 생각한다」에서 막연히 '모더니즘시'로 분류되었던 시들이 '신서정파'에 포함되고 있다. 전통파는 "현대적 언어감각에 대한 배려 없이 기성의 율격과 서정성을 그대로 답습하고 있는 전통적 경향"이라고 정의된다. 이들의 시는 김소월과 김영랑의 리리시즘의 연장선상에 있는 것으로, 동양적 사색과 정서를 바탕으로 하고 한국 고유의 미를 재발견하고 생활감정을 유로하는 작시 태도를 보인다. 유구한 자연과 토속 취미, 달관이나

---

3) 김광림, 앞의 글.

관조 및 체념으로 요약되는 이 시들은 이성보다 감정에 호소하는 '심정으로 쓰는 시'에 해당한다.[4] 그러나 이 같은 시는 '인식의 공감을 바라는 현대인의 복잡한 머리와 가슴'[5]에 파고들기에는 역부족이다.

또한 그는 현실파의 시에 대해서도 비판적인 자세를 취한다. 현실파는 '현실이나 사회를 시의 대상으로 삼아 이에 비판을 가하고 저항하는 일련의 시'들로써, 4·19를 전환점으로 해서 선명하게 드러나는 시들이다. 이 시들은 시대의 증거로써 존재할 것임에 틀림없지만, "긍정적인 면보다도 부정적인 면을, 밝은 것보다 어두운 것을, 미보다 분노를, 예술성보다 주의 주장에 더 전념"하는 한계가 있다. 이처럼 사상성이 직접 표면에 노출되면 독자에게 오히려 부담을 주게 되어 거리감을 만들게 된다. 중요한 것은 어떤 사상성을 담고 있는가 하는 것이 아니라, 그 사상성을 어떻게 전화(轉化)시켜서 표현하는가 하는 문제이다.

그런 면에서 전통파와 현실파의 단점을 극복하는 것은 "전통적 서정시의 감정유로와 풍월영조에 반발하여 존재에 대한 새삼스러운 각성에서 비롯"되었다고 설명되는 신서정파의 시이다. 이들의 시는 이미지를 조형한다는 점에서 자연발생적인 전통파의 시와 구별되고, 존재론적 인식을 지향함으로써 현실파의 과도한 현실지향적 성격과도 구별된다. 여기서 특히 주목되는 것은 '이미지의 조형성'으로써, 자연발생적이지 않은 이미지의 조형을 위해서는 지성이 개입될 수밖에 없다. 주지성은 '종래의 주정적 리리시즘을 배제하고 지성에 단련된 서정'을 추구하는 것으로써, 시인으로서의 김광림의 시적인 지향점이기도 하다.

---

4) 김광림은 '심정으로 쓰는 시'와 '머리로 쓰는 시'로 나누고, 과거에는 보다 심정적이었던 것이 현대성이 고조되면서 머리 쪽에 관심을 가지게 되고, 노래하는 요소보다 생각하는 요소를 가지게 되었다고 본다.(「한국시의 새로운 기능」, 『존재에의 향수』, p.24.) '심정으로 쓰는 시'는 그의 시론에서 종종 자연발생적인 시 혹은 감정유로의 시와 동일한 의미로 사용되고 있다.
5) 김광림, 『현대시의 이해와 작법』, 을파소, 1999. p.174.

자연발생적인 시와 현실참여적인 시에 대한 김광림의 생각은, 감상적 로맨틱시즘과 편내용주의를 비판했던 1930년대 김기림의 시론과 상당한 유사성을 가지고 있다. 실제로 김광림은 「주지적 서정시를 생각한다」에서 "1930년대 모더니즘은 세기말적인 감상적 로맨티시즘과 당시의 편내용주의적인 경향에 반기"를 들었다고 말함으로써, 김기림의 시론적 입장[6]을 그대로 옮겨놓고 있다.[7] 감상성과 과도한 내용 위주의 시를 극복하는 방안으로 '지성'을 제시하고 있다는 점 역시 양자의 공통점이다. 다른 점이 있다면 '감상적 로맨티시즘'이 김광림의 시론에서는 '전통파'라는 명칭으로 바뀌어 있다는 것이다. 김기림이 눈물과 영탄으로 대표되는 1920년대의 퇴폐적인 낭만주의 시들을 '감상적 로맨티시즘'이라고 지칭하고 있음에 대해, 김광림의 비판에는 서정주와 박재삼으로 대표되는 전통적인 경향의 시들까지가 포함된다. 이러한 차별성은 두 사람이 처한 문단적 상황의 차이에서 온 것이다. 김광림의 비판은 1960년대를 전후해서 활발하게 논의되었던 전통론에 대한 경계이며 비판이다.

---

[6] "그러나 조선에서 '시에 있어서의 19세기'의 문학적 성격이 폭로되어 주로 문학적 입장에서 배격되기 시작한 것은 30년대에 들어선 뒤의 일이다. 모더니즘은 두 개의 부정을 준비했다. 하나는 로맨티시즘과 세기말 문학의 말류인 센티멘털 로맨티시즘을 위해서고, 다른 하나는 당신의 편내용주의의 경향을 위해서였다." -김기림, 「모더니즘의 역사적 위치」, 『김기림 전집 2』, 심설당, 1988. p.55.

[7] 김광림은 우리 시사에서 현대시의 자각이 나타나는 것은 서구의 모더니즘이 소개되는 시기인 1930년대 후반이라고 본다. 이시기에 정지용, 김기림, 이상, 김광균 등에 의해서 서구의 모더니즘이 받아들여졌기 때문이다. 그러나 이들이 요절 혹은 부재함으로 인해 그 맥이 끊겼고, 그로 인해 이들의 모더니즘은 현대시의 발전에 더 이상 기여하지 못한 것으로 설명된다. 그 후 한국의 현대시는 박목월, 박남수 등 신서정을 지향하는 일군의 시인들에 의해 이어져왔다고 보는 것이 김광림의 시각이다. (「현대시의 개념」) 1930년대의 모더니즘에 대한 이러한 평가는 전후 모더니즘 시인들에게서 공통적으로 발견되는 대타의식이라고 설명될 수 있다. 그들은 1930년대 모더니즘의 영향을 강하게 의식하면서, 그를 부정함으로써 자신들의 문학적 입지를 존재 근거를 찾고자 했다. -졸고, 「한국 전후시의 시간의식 연구」, 서울대 박사논문, 1996. 참고.

표면상 유사 관계에 놓여있는 두 시인의 시론은 '지성'에 대한 태도에서 확연하게 구분된다. 김기림이 '지성'에 강조점을 둔 반면, 김광림이 생각하는 '주지적 서정시'는 서정성에 주지성을 가미한 것이며, 서정에 지성을 결합한 것이다.8) 즉 서정성을 표출하는 형식의 문제이며, 방법의 문제이다. 물론 그것은 내용을 그대로 두고 형식만을 바꾸는 것을 의미하는 것은 아니다. 오히려 시의 내용인 현대의 서정성이 먼저 바뀌었기 때문에, 시의 형식이 바뀌어야 하는 것이다. 과거의 서정의 특징은 감상적, 관조적, 전통적 서정이다. 감상적 서정은 '눈물 같은 달밤이나 가을날 비오롱의 구슬픈 같은' 센티멘털한 것이고, '관조적' 서정은 '구름에 달가듯이 가는 나그네의 심정이나 왜 사냐건 웃는' 달관적이고 방관적인 서정이다. 그런가 하면 '전통적' 서정은 '민족 고유의 정서나 회고 취미'로 일컬어지는 '춘향이 마음이나 처용의 심사나 신라의 상품 같은 고루한' 과거지향적인 서정이다.9) 그러나 지성이 결여된 이같은 서정성들은 전쟁으로 인해 황폐화된 현대인들을 감동시키지 못한다. 현대인에게 필요한 감동은 '지적 경악감이 자아내는 인식의 공명'10)이다. 독

---

8) 이승훈은 '주지적 서정시'를 '서정적 주지주의시'와 구별하면서, 전자가 지성을 강조함에 반해 후자는 서정 곧 정서를 강조한다고 설명한다. (이승훈, 「우리 시론을 찾아서」, 《현대시》, 1991.4.) 그러나 이는 '주지적 서정시'라는 명칭에 대한 김광림의 말을 오해한 데서 비롯된 것이다. 이 부분에 해당하는 김광림의 글은 다음과 같다. "서정적인 것과 주지적인 것을 융합·조화시킨 것이라고 하셨으니 '서정적 주지의 시'라고 하는 것이 어떨까요?" -"글쎄요. 나는 처음에 말씀드렸지만 변모된 서정시를 쏠라고 모더니즘에까지 '윙크'를 한 것이니까 서정시인 위치만은 견지해야겠습니다. 그런 의미에서 당신의 표현을 전도시켜 '주지적 서정시'로 불렀으면 합니다. 그러나 벌써 전에 나는 네오 리리시즘을 이야기한 적도 있곤 하니 두 가지 표현을 다 용납해 주셔야겠습니다." (「주지적 서정시를 생각한다」)
여기서 그가 '서정적 주지의 시'를 전도시켜 '주지적 서정시'로 부르겠다고 하는 이유는 서정시인의 위치를 견지하겠다는 의도 때문이다. 즉 '-적 주지시'가 아니라 '-적 서정시'를 강조하는 것이다. 그러므로 김광림이 정서에 비해 지성을 옹호한다는 이승훈의 견해는 잘못된 것으로써, '주지적 서정시'의 본질을 왜곡시킬 소지가 있다.
9) 김광림, 『오전의 투망』 후기, 모음사, 1965.

자들에게 공감을 얻기 위해서는 시를 통해 새로운 인식을 보여주어야만 한다. 그러기 위해서 현대시는 새로운 표현방법을 가지지 않으면 안 되는데, 이것이 이미지가 필요한 이유이다. '지적 정적 복합체를 눈 깜박할 사이에 노정하는 것'(에즈라 파운드)으로써의 '이미지'야말로 서정과 지성을 결합시키고자 하는 김광림의 시론적 입장을 충족시키는 가장 적합한 장치였던 것이다. 이미지론은 이러한 사고 과정을 거쳐 김광림 시론의 핵심으로 자리잡게 된다.

3. 이미지와 존재론의 결합 – 바슐라르적 이미지론

1) 김광림의 이미지 시론의 특징

김광림은 이미지가 필요한 이유를 '신과 천사와 꿈을 상실한 현대에는 오직 상상력에 의존하여 이미지를 만들어 즐길 수밖에 없기' 때문이라고 말하고 있다. 이는 '현대는 상실의 시대'라는 시대 인식과 '이미지는 상상력에 의해 만들어지는 것'이라는 시론적인 입장을 함께 보여주고 있는 말이다. '이미지를 만들어 즐긴다'는 것은, 그가 시에서 추구하고자 하는 것이 사회 비판이나 고발이 아니라 '상상력'과 '즐김' 즉, 유희의 차원에 해당하는 것이라는 점을 밝히고 있는 것이다. 그러므로 그의 이미지 시론은 처음부터 사회성과는 거리가 있다.

이렇게 시작되는 그의 이미지 시론은 몇 가지 내용으로 요약된다. 그 첫 번째가 이미지의 주관성이다. 이미지는 작시의 한 기법이나 수단이 아니라 '상상력에 의해 객관적인 진리를 주관화하는 영혼의 한 표현'[11]이다. 시인은

---

10) 김광림, 『바로 설 때 팽이는 운다』 시작 노우트, 서문당, 1982.
11) 「이미지는 언어의 새로운 존재」, 『존재에의 향수』, p.26.

어떤 대상을 보았을 때 자신의 정서 상태나 분위기 혹은 시 전체의 분위기에 따라 대상을 기술하게 되므로, 이미지는 주관적일 수밖에 없다. '화가나 시인은 자연을 관찰하되 자연을 곧이곧대로 그리기에 앞서 일단 관찰한 자연을 잊어버리는 것이 선결 조건'[12])이라는 그의 말은 이를 뒷받침한다. 시인은 사상과 끊임없이 접촉을 하지만, 그것을 그대로 베끼는 것이 아니라 자신의 상상력을 통해서 그것을 재구성해내는 것이다.

두 번째, 이미지는 존재성 혹은 사상성을 소리, 향기, 빛깔로 전화시킨 것이다.[13]) 즉 이미지는 서로 다른 지각에 호소하는 시적인 테크닉이 아니라, 존재성을 바탕으로 한 것임을 강조하는 것이다. 실제 작품 분석에서 박남수의「새」와 김규동의「진공회담」은 각각 존재성과 의식을 소리로 전화한 것이고, 김광섭의「비 개인 여름 아침」, 박성룡의「풀잎」, 조지훈의「앵음설법(鶯音說法)」등은 사상성을 각각 빛깔, 향기, 무드로 전화한 것으로 해석된다.

세 번째, 이미지의 창조성이다. 이는 다른 말로 '사물의 면모를 쇄신하고 사물을 재창조해내는' 구성력을 강조한 것이다. 시인은 이미지를 창조함으로써 '그 사물을 난생 처음 대하는 것처럼 싱싱하고 선명하게 보이게끔' 한다. 그러므로 이미지는 '시인의 마음의 빛과 그림자'를 사물에 투영하는데서 출발하지만, 결국에는 그를 통해 사물의 존재성만이 아니라, 이미지를 만들어내는 시인, 그리고 그것을 받아들이는 독자의 존재성까지를 새롭게 해준다. 이를 통해 "시의 표현이 묘사적인데서 새로운 존재로서의 이미지 형성에 더 기여하게 됨으로써 시의 언어기능이 전달의 도구로서의 한계를 뛰어넘어 창조성을 띠고 무한히 확대"[14])된다.

이상에서 주목되는 것은 두 번째와 세 번째에 해당하는 이미지의 존재성과 창조성이다. 이미지가 창조성을 가지게 되는 것은, 그것이 존재론적인 전

---

12) 『현대시의 이해와 작법』, p.16.
13) 위의 책, p.44.
14) 「현대시의 난해한 것」, 『존재에의 향수』, p.92.

환을 가능하게 하기 때문이다. 그러나 이 존재성이 무엇인지에 대한 설명은 뚜렷하게 나타나 있지 않다. 예를 들어 박남수의 「새」를 설명한 부분에서 존재성은 사물의 존재성을 의미하지만, 그 외의 부분에서는 시인의 존재성을 의미하기도 하고 때로 독자의 존재성을 고려한 것이기도 하다. 이 같은 혼란 속에서 존재성은 시대성 혹은 사회성과 동일시되어 버린다.

> (……) 동적인 상황이 정적으로 묘사되어 있다. 뇌성폭우의 밤 풍경이 정한 스크린을 대하듯이 드러나 있지만 이 시가 단순한 서경에 머무르지 않고 사회적인 상황에까지 앵글을 돌리고 있는 것을 알 수 있다. 즉 '능수버들이 선 개천가를 달리는 사나이'와 '논뚝이라도 끊어져 달려가는 길'이라는 두 낱의 이미지가 가지는 진폭은 다양하며 차라리 절박하고 심오하기까지 하다. 심상치 않은 사회적인 상황을 자연현상(뇌성폭우의 밤 풍경)에 견주어 메타포하였기 때문에 이미지가 선명하여 다른 자연파 시인들처럼 쉽게 안정을 이룰 수 있었던 것 같다. 다만 그는 단순한 사물이나 자연현상을 말하되 배경을 거느리고 크게 그것을 흔들어 놓으려는 것이 자연파 시인들과 다른 점이다. '논뚝이 끊어진' 절박감은 40년대 전반의 암담했던 일제 암흑기를 표상한 것으로 받아들일 수 있다.15)

박남수의 등단작인 「밤길」을 설명하는 대목이다. 김광림은 쓰여진 시기 (1940)에 착안해서 이 시를 일제말의 사회적인 상황을 배경으로 하고 있다고 해석하고 있다. '능수버들이 선 개천가를 달리는 사나이', '논뚝이라도 끊어져 달려가는 길'의 이미지는 40년대 전반의 암담한 사회상을 암시하고 있다는 이유에서 긍정적인 평가를 받고 있다.16) 이 때 전화된 이미지가 감추고

---

15) 김광림, 「언어와 존재」, 『아이러니의 시학』, P.134.
16) 이러한 해석이 타당한지의 여부는 별개의 일이다. 박남수의 「밤길」은 개구리 울음 소리만 들리는 교교하고 캄캄한 밤, 순간 비치는 번갯불, 그것에 비친 달려가는 한 사나이 등의 결합이 묘하게 어우러져 감각적인 인상을 남기는 회화적인 시이다. 번갯불에 비친 사나이의 모습은 기묘한 느낌을 주긴 하지만, 시대적인 암흑과 연결되

있는 것은 사회적 현실이 된다. '배경을 거느리고 크게 그것을 흔들어' 놓는 것은 시의 이면에 숨어있는 이 메시지이다. 이 경우 이미지의 전화는 결국 주지와 매체 혹은 원관념과 보조관념의 관계로 설명될 것이다. 즉, 사회적이거나 인생론적인 메시지를 이면에 두고 그것을 표면적인 은유나 상징으로 나타내는 것이다. 이미지와 존재론의 결합은 결국 메타포를 통한 대상의 선명한 묘사와 사회적(시대적) 혹은 인생론적인 관념이 결합된 형태로 귀결된다. 김광림 자신이 '이미지의 조형과 존재에의 추구'[17]를 시도했다고 밝힌 『오전의 투망』에 실린 그의 시들 역시 마찬가지다.[18]

  i
 도마위에서
 번득이는 비늘을 털고
 몇토막의 단죄가 있은 다음
 숯불에 누워
 향을 사르는 물고기
 고기는 젓가락 끝에서
 맛나는 분신이지만
 지도위에선
 자욱한 포연 속
 총칼에 접히는 영토가 된다.

             — 「석쇠」 부분[19]

  었다고 보는 데는 무리가 있다. 시대상황을 고려한 그의 해석은 의도와 오류일 가능성이 높다. 본고에서 지적하고자 하는 것은 「밤길」의 해석이 옳은가 그른가의 여부가 아니라, 해석에 나타나는 김광림의 시론적 입장이다.
17) 김광림, 「나의 시적 편력」, 『존재에의 향수』, p.297.
18) 이탄은 사상성의 전화가 잘 드러난 김광림의 시로 「음악」을 꼽고 있다. 그에 따르면 「음악」은 청각, 시각, 운동감각의 이미지들이 잘 살아난 시로써, 『오전의 투망』의 '각서'에 해당하는 이론적인 입장을 가장 잘 표현한 시이다.(이탄, 「새로운 서정의 시도」, 『한국현대시해설』, 문학세계사, 1987.) 그러나 이러한 설명은 이미지를 청각 이미지, 시각 이미지 등으로 나누는 기존의 수사학적인 입장을 그대로 반복하는 것이다.

내용상 이 시는 앞부분("도마위에서~물고기")과 뒷부분("고기는 ~된다")으로 나누어진다. 앞부분의 석쇠에서 생선을 굽는 장면은 뒷부분에서는 분단의 상황과 연결된다. '자욱한 포연', '총칼에 찝히는 영토' 등은 이러한 내용을 선명하게 드러낸다. '몇토막의 단죄'나 '향을 사르는' 등은 일차적으로는 생선을 토막내고 굽는 과정을 묘사한 것처럼 보이지만, 이면으로는 국토의 분단 상황을 암시하고 있다. 즉, 김광림이 주장한 대로 메타포에 사회성이 결합된 형태인 것이다. 그러나 이러한 결합 형태는 지나치게 기계적인 것으로써, 전달하고자 하는 내용이 직접적으로 노출되는 약점을 가지고 있다. 그럼으로써 그의 이미지 시론은 결국 메타포와 사회성을 인위적으로 결합한 것에 그쳐버리고 만다. 이 같은 한계는 '존재성'의 개념을 뚜렷하게 규정짓지 못한 데서 온 것이다.

2) 바슐라르 이미지론과의 비교

김광림의 이미지론의 바탕을 이루는 '존재성'의 개념은 바슐라르의 시론에서 영향을 받은 것이다. 바슐라르의 저작에서 이미지론이 본격화되는 것은 『공간의 시학』에서부터이다. 바슐라르의 초기 저작인 『로트레아몽』과 『불의 정신분석』은 실존적인 정신분석을 토대로 한 연구서였다. 그는 『물과 꿈』에서부터 원초적인 물질에 대한 상상력을 중시하며, 이는 물의 이미지에 대한 연구로 연결된다. 실존적인 정신분석과 상상력의 결합은 『공기의 꿈』, 『대지와 휴식의 몽상』을 통해 단계적으로 이루어지고 있다. 바슐라르는 『공간의 시학』에 이르러서 심리학이나 정신분석학적인 연구 방법으로는 새로운 이미지의 성격을 설명하는 것이 불가능하다고 보고, 현상학적인 연구로 방

---

19) 원래 ≪사상계≫(1964.4)에 실려있던 이 시는 i, ii, iii의 세 부분으로 이루어져 있었지만 이후 『소용돌이』(1985), 『멍청한 사내』(1988) 등의 시선집으로 재수록될 때는 iii부분이 빠져 있다.

향을 바꾼다. 새로운 시적 이미지는 무의식 속에 뿌리깊이 자리잡고 있는 원형과 직접적인 인과관계를 맺고 있는 것이 아니며, 현상학만이 개인의식 속에 발생하는 이미지를 설명할 수 있다고 판단한 것이다.[20] '이미지는 언어의 새로운 존재'라는 바슐라르의 말은 이러한 맥락에서 나온다.

또한 바슐라르는 시적 상상력의 현상학을 고찰하는 가운데 '공명(共鳴)'과 '반향'을 중시하고 있다.

> 공명은 세계 안에서 우리 삶의 여러 평면 위에 확산되며, 반향은 우리에게 자기 심화를 불러들인다. 공명에서 우리는 시를 이해하게 되며, 반향에서 우리는 시를 말하고 시는 우리의 것이 된다. 반향은 존재의 선회를 이룩한다. 여기서 시인의 존재는 우리의 존재처럼 보인다. 그때 반향의 단일한 존재로부터 다양한 공명이 태어난다.[21]

시가 가지고 있는 충일과 깊이는 이 '공명'과 '반향'과 자매관계에 있는 것이다. 시는 충일에 의해서 우리 속에 깊이를 새롭게 눈뜨게 한다. 시적 이미지의 반향이 독자의 영혼에까지 영향을 미쳐서 시적 창조를 깨어나게 하는 것이다.

이 같은 바슐라르의 입장은 '①시는 공명과 반향을 가져야 하며 ②이 반향을 불러일으키는 것이 이미지이다 ③이미지는 독자와 시인 사이의 소통을 가능하게 한다 ④이미지는 존재의 생성이다'로 요약된다. 이 때 ④항의 존재 생성은 독자와 관련된 것이다. 이미지는 시인에 의해 만들어진 것이지만, 이것을 받아들이는 독자에 의해 다시 새롭게 태어난다. 독자는 이미지에 반응하면서 자신의 내부에 숨어있던 창조성을 발견하고, 자신의 존재를 새롭게 인식하게 된다. '이미지가 표현하는 것에 우리들을 바꾸고 이것에 의해 우리

---

20) 한계전, 『한국현대시론연구』, 일지사, 1983. pp.191~201 참고.
21) G. Bachelard, La poetique de L'espace, P.U.F., Paris, 1957. p.6. 이 글에서는 위에 인용된 한계전의 책에서 재인용.

들을 표현'한다는 것은 이러한 과정을 설명하는 것이다. 이 과정에서 독자는 시인의 창작의 과정을 추체험함으로써 시인과의 소통이 가능해진다. 그것이 시를 통해 일어나는 공명과 반향이다. 이 때 독자는 시인에 의해 만들어진 이미지를 재창조하는 존재로서, 시인과 대등한 위치에 서게 된다.

이는 독자의 존재 전환에 대한 바슐라르의 입장을 보여주는 것이다. 독자들은 시적 이미지를 받아들인 후 그것이 자신의 상상력 속에 뿌리를 박는 것을 체험하게 된다.22) 그럼으로써 독자는 시의 이미지들이 그의 상상력에 나타나면서 느끼게 되는 어떤 놀라운 정신적 체험을 하게 되는데, 그것은 자신이 새로 태어난 것 같은, 자신의 영혼이 쇄신된 것 같은 신선한 격앙감이다.23) 이러한 감정을 느낌으로써 독자는 자신의 존재가 새롭게 전환되는 계기를 맞는 것이다. 바슐라르가 말하는 존재성은 이 같은 독자의 존재론적 전환을 가리키는 말이다.

김광림은 이러한 바슐라르의 글을 인용하면서24) 이미지를 시각적인 것으

---

22) "시인은 나에게 그의 이미지의 과거를 알려주지 않으나, 그런데도 그의 이미지는 곧 나의 내부에 뿌리를 박는다." -가스통 바슐라르(곽광수 역), 『공간의 시학』, 민음사, 1990. p.84.
23) 곽광수, 『바슐라르 연구』, 민음사, 1976. p.23.
24) 김광림은 「이미지에 관한 각서」에서, 바슐라르의 시론을 다음과 같이 번역해서 옮겨놓고 있다.
"시의 충일과 깊이는 항상 공명(共鳴)-반향(反響)이라는 자매어의 현상이다. 그 충일에 의해 시는 우리들 속에 새로운 깊이를 눈뜨게 한다. 실제로 단 하나의 시적 이미지는 반향에 의해 영혼 속에서 눈뜨는 시적 창조의 참다운 각성을 불러일으키는 것도 이 반향이다. 시적 이미지는 그 새로움에 의해 일체의 언어활동을 개시시킨다. 시적 이미지는 말하는 존재의 근원으로 우리들을 옮겨놓는다. 우리들은 이 반향에 의해 곧 일체의 심리학이나 정신분석학을 뛰어넘어서 자신의 내부에 소박하게 생겨나는 시의 힘을 느낀다. 우리들이 공명이나 감정의 반사나 자신의 과거의 부름소리를 경험할 수 있는 것은 이 반향이 있은 다음의 일이다. 그러나 이미지는 표층을 뒤흔들기 전에 심부(深部)에 접촉되어 있다. 또한 이것은 독자의 단순한 경험에도 해당한다. 시를 읽고 우리들에게 주어지는 이미지는 이리하여 참다운 우리들의 이미지가 된다. 이미지는 우리들 속에 뿌리를 박는다. 틀림없이 외부에 받아들여진 것이지만 자기도 반드시 이것을 창조할 수 있었다. 자기가 이것을 창조할 일이었다

로 한정하는 기존의 시각을 비판하고, 이미지의 '반향'을 강조한다. '반향'은 독자에게 미치는 이미지의 영향을 중시한 개념이다. 그는 '새로운 서정'이 독자들에게 읽히고 그들에게 새로운 인식을 가져올 때 비로소 완성된다고 생각한다. 그는 시론 곳곳에서 감동의 중요함을 강조함으로써, 독자를 시의 중요한 요소로 생각하고 있음을 보여주고 있다.

> 시의 감동은 '시를 통해 심적인 충동을 받는 상태' 다시 말하면 마음을 울리게 하는 일이다. 이 울리게 하는 일에는 泣, 鳴, 響의 세 가지 요소를 다 가지고 있어서, 호소력이 심정적일수록 泣에 기울고 사고적일수록 響에 가까워진다.25)

이 때 '울리게 한다'는 것은 그것을 읽는 사람의 마음을 움직인다, 즉 감동시킨다 라는 뜻이다. 감동의 첫 번째 유형인 '泣'은 시인이 먼저 울어버림으로 해서 독자들에게 호소하는 것, 즉 감정의 유로를 통해 독자들에게 다가가는 것이다. '鳴'은 '泣'의 감상성을 제거한 것이긴 하지만, 직설적으로 심정적인 공감을 호소한다는 데서 '泣'과 기본적인 발상은 같다. 이에 비해 '響'은 시인이 독자에게 직설적으로 다가가는 것이 아니라, 암시나 비유를 통해 울림을 전달하는 것이다. 자연발생적인 시가 泣의 상태라면, 김광림이 지향하는 것은 響이다. 김광림은 이를 '배경을 얼마나 크게 흔들어 놓느냐에 따라 울림의 진폭이 결정되고 어필의 차도가 생긴다'고 표현하고 있다. 즉 시인이 직접 심정을 전달하는 것이 아니라 시의 이면에 깔려있는 심정을 독자가 스스로 깨닫게 될 때, 감동이 더해진다는 것이다. 이 때 감동은 시를 통

는 인상을 갖게 된다. 이미지는 우리들의 언어의 새로운 존재가 된다. 이미지는 그 이미지가 표현하는 것에 우리들을 바꾸고 이것에 의해 우리들을 표현하는 것이다. 다시 말하면 이미지는 표현의 생성이며 또한 우리들의 존재의 생성이다. 여기에서는 표현이 존재를 창조한다." -「이미지에 관한 각서」,『존재에의 향수』, p.39.
25)『바로 설 때 팽이는 운다』시작노우트.

해 자신의 내부에 감추어진 공감의 요소를 발견함으로써 발생한다.

시인과 독자는 이미지를 통해서 만나게 되며 이미지를 공유함으로써 새로운 인식에 도달하게 된다. 그가 강조하는 시의 '쾌미감'[26]은 이러한 공감에서 오는 정신적인 고양 상태를 표현한 것이다. 독자가 시를 읽을 때 얻는 즐거움과 아름다움은 시를 통해서 타성화된 감각을 일깨우는 새로운 경험을 할 때 생겨난다. 그런 면에서 쾌미감은 '이미지를 통해 얻어진 정신적 격앙감'이라는 바슐라르적인 의미의 감정이라고 할 수 있다.

한편, 바슐라르의 존재론은 일차적으로 사물의 독립성 혹은 존재성을 가리키는 사물 자체의 존재론이기도 하다. 그는 "시적 이미지란 갑작스런 정신의 융기"라고 정의하고, "이미지의 번쩍임에 의해 먼 과거가 메아리들로 울리는 것이며, 그리고 그 메아리들이 얼마만큼의 깊이에까지 반향하며 사라져가게 되는지 우리들은 거의 알지 못한다. 그리하여 그의 새로움과 그의 약동 속에서 시적 이미지는 그 자체의 존재와 그 자체의 힘을 가진다. 그것은 하나의 직접적인 존재론에 속하는 것이며, 우리가 지금 연구의 노력을 기울이려고 하는 것은 바로 그 존재론에 대해서인 것이다"[27]라고 말하고 있다. 이 때 존재론은 이미지를 기성의 관념이나 때묻은 언어로 해석하려는 태도를 거부하고 사물을 그대로 드러내는 현상학적인 태도를 말한다.

이런 면에서 존재론은 김광림이 박남수의 「새」를 설명한 부분과 거의 동일한 것이다. 김광림은 "기왓골을/쫑/쫑/쫑/옮아 앉는/실제의 새가 살고 있다"에서 "쫑/쫑/쫑"을 각각 독립된 세로의 행으로 처리한 것은 새라는 존재성을 소리로 전화해서 복잡하게 가식하지 않고, 극히 단순화해서 직접적으로 다

---

[26] "시는 본질적으로 인간에게 쾌미감을 주는 것입니다. 사상이나 모럴 같은 인생론적인 관념 형태는 시를 즐기는 가운데 자신도 모르게 터득되어 오는 것 뿐입니다. 우리가 굳이 그런 내용만을 찾으려고 할 것 같으면 구태여 시에 의존할 필요가 없습니다. 철학이나 윤리 그밖의 교양 부분을 찾아들면 될 것입니다." —『현대시의 이해와 작법』, p.42.
[27] 가스통 바슐라르, 앞의 책, p.83.

룬 것28)이라고 설명하고 있다. 즉 새가 기왓골을 옮겨 앉으면서 내는 소리를 그대로 옮겨놓음으로써, 장황한 설명이나 수식을 배제하고 새의 상태와 특징을 그대로 드러내는 방식이다. 여기서 김광림이 주목하고 있는 것은, 실제로 소리를 듣는 듯하게 표현한 테크닉이 아니라 기왓장 사이를 옮겨가는 새의 존재성 자체이다. 이미지가 사물 자체의 존재성을 드러내는 기능을 하고 있는 것이다.

그러나 이 같은 이미지론은 결국 인간의 존재 문제로 귀결되지 않을 수 없다. 설령 이미지론을 통해 사물이 존재성을 드러낸다고 하더라도, 그러한 이미지를 만들어내는 것은 인간이다. 또한 독자가 시를 읽으면서 어떤 정신적인 경험을 할 때, 그 경험은 시에 의해 촉발되는 것이기는 하지만 시의 직접적인 작용이 개입하는 것은 아니다. 즉 존재 생성의 힘은 이미지 자체가 가지고 있는 것이 아니라 본래부터 우리 내부에 있어서, 우리가 시를 읽을 때 촉발되어 우리로 하여금 '존재의 전환'을 이루게 하는 것이다.29) 중요한 것은 이미지를 통해 존재 전환을 이루는 존재 자체의 힘인 것이다. 여기서 이미지론은 다시 인간 존재의 문제로 귀결된다. 바슐라르는 여기서 한 단계 더 나아가 『몽상의 시학』에서 현상학적인 연구를 심화 발전시킨다.

김광림 역시 이미지와 존재론이라는 이질적인 결합의 어려움을 토로하고 있다. 그는 박남수의 시집 『갈매기 소묘』를 설명하면서 "그가 지금까지 간직해온 자연성이 간혹 파괴되고 있다. 서경적인 데는 거의 찾아볼 수 없고 존재성에 깊은 관심을 보이고 있다"고 지적한다. 그 이유는 "언어기능이 가지는 '소리'나 '빛깔'이나 '향기'는 자연성을 표출하는데는 적절할는지 모르지만, 존재성까지 그것으로 전화시키기는 엄청난 비약이 있어야만" 하기 때문이다.30) 김광림은 박남수가 서경성과 존재성의 균형을 이루는데 실패하고

---

28) 『현대시의 이해와 작법』, p.44.
29) 곽광수, 앞의 책, p.25.
30) 「언어와 존재」, 앞의 책, p.139.

이후 존재에 대한 관심으로 옮아간다고 설명하고 있다. 이는 박남수의 시적인 실패라기보다는, 이미지와 존재론의 결합을 시도한 김광림 자신의 시론의 한계를 고백한 것이라고 볼 수 있다.

이후 김광림은 인간 자체의 삶으로 눈을 돌려서 사회적 관심사나 인생 전반에 대한 성찰을 보여주게 된다. 바슐라르가 이미지 연구에서 시작에서 창작 과정에 대한 미학적인 연구로 영역을 확대시킨 것과 달리, 김광림은 이미지를 포기하고 대신 주제의 변모를 꾀한 셈이다. 그러나 이러한 변화는 결국 이미지를 시적인 테크닉으로 한정시켜버리는 결과를 낳는다.

4. 맺는 말

김광림의 시론은 자연발생적인 감정을 노출하거나 전통적인 공간으로 도피하는 종래의 서정주의 시와 테크닉에 치중한 나머지 난해함으로 흐르고 있는 기교위주의 모더니즘시, 그리고 현실비판을 주제로 하는 직설적인 현실비판시 등을 부정하는데서 출발한 것이었다. 그는 이러한 시들을 극복하는 새로운 시로 '주지적 서정시'라는 개념을 내세운다. 이는 서정성을 주조로 하고 거기에 주지성 즉 지성을 결합하는 방식이었다. '이미지'는 지성을 이용하여 자연발생적인 감정의 유출을 막고 그것과 거리를 유지하는 역할을 한다. 그의 시론이 이미지론에 집중되는 것은, 그것이 지성이 구체적인 시적 표현으로 나타난 것이기 때문이다.

이러한 시론은 1930년대 김기림의 시론과 맥을 같이한다. 센티멘털리즘과 문학의 정치주의를 비판하고 그를 극복하는 방안으로 주지성을 표방하는 것은 두 시인의 시론에 공통적으로 나타나는 특성이다. 그러나 김기림이 지성에 액센트를 두고 흄 등의 신고전주의에 치중하고 있는 데 비해, 김광림은 어디까지나 서정에 액센트를 두고 있다. 즉 김광림은 서정시를 시의 기본적인 형태라고 생각하며, 현대적인 서정이 무엇인가를 탐구하고자 했던 것이다. 따라서 그는 시를 볼 때에도 항상 이미지 안에 숨어있는 시인의 정서 상태나 사상성에 초점을 맞춘다.

그의 이미지 시론의 핵심은 존재성이 어떻게 다른 감각으로 전화될 수 있는가 하는 것이다. 이미지가 독자의 존재 전환을 도모한다고 보는 면에서, 그의 시론은 바슐라르의 입장과 일치한다. 그러나 존재론은 필연적으로 인간 존재 자체에 대한 질문으로 환원된다. 존재가 전환을 이루는 힘은 결국 이미지를 받아들이는 인간 주체에 있기 때문이다. 이러한 한계에 부딪친 김광림은 이미지를 포기하고 이미지를 받아들이는 주체인 인간의 삶 자체에 대한 관심으로 옮겨간다. 존재론 대신 그 자리에 사회성, 현실, 휴머니즘 같은 메시지가 자리잡게 되는 것이다. 그의 후기시가 사회비판적인 메시지를 담고 산문화되는 것은 이 같은 시론적인 변화와 무관하지 않다.

김광림의 이미지 시론은 이미지를 시각적인 영상과 동일시하거나 묘사 차원의 테크닉으로 생각했던 1930년대 이미지즘을 한 단계 발전시킨 것이다. 이미지를 존재론과 결합하려고 한 그의 시도는, 이미지를 단순한 시적인 기교가 아닌 인간의 정신 영역의 확장과 연결시킨다는 면에서 의의가 있다. 그러나 이러한 시도가 한계에 부딪치면서, 이미지는 결국 '감각의 수동적인 반영 혹은 모사'라는 수단적인 테크닉으로 회귀해버린다. 그러나 그의 이미지론은 30년대의 이미지즘, 김춘수의 시론 등 여타의 이미지 시론들과 함께, 한국 근대시론사의 중요한 한 경향으로 자리매김될 수 있을 것이다.

◈ 참고문헌

1. 기본자료

김광림, 『상심하는 접목』, 백자사, 1959.
김광림, 『심상의 밝은 그림자』, 중앙문화사, 1962.
김광림, 『오전의 투망』, 모음사, 1965.
김광림, 『존재에의 향수』, 조광출판사, 1974.
김광림, 『언어로 만든 새』, 문학예술사, 1979.
김광림, 『바로 설 때 팽이는 운다』, 서문당, 1982.
김광림, 『아이러니의 시학』, 문학예술, 1991.
김광림, 『현대시의 이해와 작법』, 을파소, 1999.

2. 논문 및 단행본

곽광수, 『바슐라르 연구』, 민음사, 1976.
김광림·홍일표 대담, 「새천년을 여는 문학」, ≪시문학≫, 2001.1.
김재근, 『이미지즘 연구』, 정음사, 1973.
김홍규, 「이미지와 체험의 전체성」, ≪심상≫, 1976.11.
박청륭, 「50년대의 시세계」, ≪현대시학≫, 1980.8.
성찬경, 「반어의 순도와 심도」, ≪현대시학≫, 1996.7.
이건청, 「일상세계와의 응전 그리고 아이러니」, ≪현대시학≫, 2002.1.
이승훈, 「우리 시론을 찾아서」, ≪현대시≫, 1991.4.
이 탄, 「새로운 서정의 시도」, 『한국현대시해설』, 문학세계사, 1987.
정진규, 「시의식의 확대와 시어의 개방」, ≪현대시학≫, 1981.1.
조남익, 「김광림의 시」, ≪현대시학≫, 1986.11.
조남현, 「시인정신의 지적도」, 『언어로 만든 새』, 문학예술사, 1979.
하현식, 「이미지와 사실 인식」, ≪현대시학≫, 1985.11.
한계전, 『한국현대시론연구』, 일지사, 1983.
가스통 바슐라르(곽광수 역), 『공간의 시학』, 민음사, 1990.
가스통 바슐라르(정영란 역), 『공기와 꿈』, 민음사, 1993.

3부
해외시인평

김광림 소개

기다가와 후유히코 (北川冬彦)

김광림하고는 1970년 서울에서 국제펜대회가 개최되었을 때 처음 만났다. 그로부터 대단히 친숙하게 서신을 교환하고 있다.

나는 한국어는 전혀 몰라 일본어로 편지를 보내지만 그는 줄거리가 통하는 일본어의 근사한 편지를 준다. 김광림은 한국외환은행 근무라는 바쁜 몸이면서 한국에 있어서 시 쇄신활동에 열중하고 있다.

김광림은 1929년 북한의 원산 태생. 그 경력에 대해서는 ≪時間≫ 1971년 5월호의「김광림의 시」(李沂東)에 자상하지만 해방직후 평양의 대학에 들어갔으나 공산주의에 환멸하여 1948년에 38도선을 혼자 넘어서 한국에 들어선 인물이다. 그로부터의 실생활 시적활동은 이기동의 글에 맡기기로 하고 나는『현대시의 앤솔로지-1973년 하권』에 문덕수의 해설을 붙여「사막」을 원시 그래도 게재한 일이 있다.

그는 첫 시집『상심하는 접목』이래 최근 제5시집『갈등』을 내고 있는데, 한국어는 횡설수설이어서 이 번호에 일본어시를 기고해 받았다. 「풍경 A」는 제5시집에 있지만 「현장」은 작년 베트남에 갔을 때의 수확인 모양이다.

김광림은 저쪽에서는 이미지스트의 유력한 시인으로 예술지상주의자로 불리고 있는 모양이지만 ≪앤솔로지≫의 「사막」이나 이 번의 두 편을 보니 나는 김광림을 네오리얼리스트 시인으로 이미지하지 않을 수 없다.

 그는 참으로 정력적이어서 ≪현대시학≫이나 ≪심상≫ 등에서 「일본현대시론」, 「일본현대시인선」 등을 기획, 그것들을 한국어로 스스로 번역해서 일본 현대시의 소개에 힘쓰고 있다. 그 공헌은 보통이 아니고 크다 할 것이다.

(≪時間≫, 1974. 4월호에서)

한글로 시의 리본(ribbon)을 풀어보면
― 김광림, 그 흰색의 나라

시라이시 가즈코(白石 かずこ)

한글로 시를 읽으려고 생각했을 때, 바로 어려움에 부닥친다. R과 L의 발음이다. 위턱에 혀로 '르ㅅ!'하면서, R은 혀가 둥글게 말린 채 붙었다가 다음 순간에는 떨어지고, 그 다음 순간에는 같은 입천장 높이인 위턱의 뒤편에 '르ㅅ'하고 혀를 붙인다.

그때 혀는 둥글게 말아 올린 R이 되어야 한다. 이것은 일본말에는 전혀 없는 발음으로서, 오히려 연음(連音)을 하는 프랑스어의 그것에 가깝다는 사실을 알고 놀라움을 금할 수가 없었다. 좁은 현해탄 하나를 사이에 둔 이웃나라 사이에 이렇게 다를 수가 있을까 싶었다.

한글로 시를 읽으려고 생각했을 때, 연습을 시작하자마자 코리아(Korea), 한국은 쭈욱 뻗어나가 실크로드를 순식간에 넘어, 헝가리까지 이른다.

헝가리의 시인 옷또의 물빛 눈동자. 아쿠아(aqua), 흘러내리는 눈물은 몽골에서 왔다고 그는 말했다. 징기스칸이 동쪽으로 가서 일본 사람이 되고 서쪽으로 와서 헝가리 사람이 되었다고 말한다.

그래서 헝가리에는 몽골리언의 얼굴을 한 사람이 뒤섞여 있다는 이야기였다. 대체로 몽골리언과는 닮지도 않은, 서양 사람의 얼굴을 한 옷또로부터 이런 이야기를 들었을 때, 어딘가 거짓말 같아서 금방 이해가 되지 않았지만, 헝가리를 방문한 날 그곳 선물가게에서 본 인형의 머리카락 장식의 귀여운 모습에 마음이 끌렸다. 그것은 머리카락 장식이라기보다도 차라리 모자라는 표현이 어울리는 것이었다. 눈이 귀엽고 동그란 흰색의 인형은 빨간, 노랑, 파랑이 어울려 곱게 빚어 낸 털실 장식물을 몇 개나 머리 위에 올려놓고 있었다.

처음으로 한국에 기서 민속무용을 구경하러 갔을 때, 헝가리의 인형들과 흡사한, 화려한 털실의 장식품을 단 소녀들이 무대에 나타났던 것이다. 나는 내 눈을 의심했다. 왜 헝가리의 인형과 꼭 닮은 머리카락 장식이 한국에도 있단 말인가?

실크로드는 어디까지나 실키(silky=명주)한 길인가. 헝가리에까지 이웃 한국이 연결되어 있는가? 실크의 리본이 같다니······. 춤을 추고 또 추고 한 끝에 헝가리의 민속인형이 한국에 이르렀을까? 아니면 그 반대로 한국의 그것이 헝가리에 갔단 말인가?

그렇다면 현해탄 하나를 사이에 둔 일본에까지는 이르지 못했던 실크로드 종점의, 수천 년에 이르는 기억의 발자취, 냄새, 모양, 색깔의 배합을, 나는 한국이라는 대륙의 끄트머리에 발을 담그고 있는 나라를 찾아와서 만나게 되었다는 생각이 들었다.

김광림(Kim Kwang Rim)이라는 시인이 어느 날 일본에 나타나 색동의상을 입은 나의 시 낭독 모습을 보고 무녀(巫女)로 생각했었다고, 그로부터 10년쯤 지난 어느 날, 한국에서 만나 이야기를 들었다.

"한국의 시골에 가면 지금도 색동옷을 입은 무녀 샤먼을 만날 수 있을 겁니다. 무지개빛 색동옷은 한국에서는 주로 굿을 주재하는 무녀의 의상으로 인식되어 있습니다."

이 말은 나에게 용기를 주고, 동시에 한국, Korea라는 나라에 대한, 한없이 넓고 깊은 세계를 향한 기대, 불가사의를 탐색하는 마음, 신비, 민족의 역사에 뿌리박은 관습과 풍속 등에 대한 외경과 관심을 크게 물결치게 하여, 이 나라에 마음이 끌리게 하였던 것이다.

김광림 시인, 머리 위에 하얀 눈발을 얹고, 너무나도 매력적인 미소, 포용력, 유머, 재기, 발상, 강인함, 그것들을 종합한 하나의 정점에 있는 시단의 중진이기도 하다. 내가 아는 김광림 씨는 18세 때 북한에서 구상 시인의 뒤를 이어 서울로 남하한 시인이다. 그는 자신을 가리켜 한국의 율리시즈란다.

1973년으로 거슬러 올라가지만, 그 무렵 나는 미국 아이오와(Iowa) 중서부에서 그곳의 국제 창작 프로그램에 초대되어 1년 가까이 머무르고 있었다. 거기서 나를 기다리고 있었던 것은 도미니크 챈이라는 중국 시인이었다. 그는 홍콩에서 태어나 대만에서 교육을 받고 지금 미국의 대학에서 가르치고 있다.

그 무렵 그는 섹스를 자유롭게 노래하며, 인간의 내재적 정신을 자유로이 시로 표현할 수 있는 일본을 몹시 부러워하면서 언어의 자유를 갖지 않는 한, 시의 마음은 죽어 있는 거나 마찬가지라고 주장했다. 그리고 겨울로 접어들기 시작한 아이오와의 설원(雪原)을 가리키며, 저 숲에 쌓인 눈 밑에서 눈이 오기 전에 파랑새가 죽어 있었다. 지금 눈이 덮여 있으므로 내년 봄 해빙 때 나타나면 살아 있을 때와 똑같은 모습으로 거기 있을 것이다. 하지만 죽어 있다는 사실에는 변동이 없을 것이다. 자기 나라의 말을 쓰지 않고, 이처럼 외국을 떠돌고 있는 것은 그리스의 그 옛날 율리시즈(그는 신화 속에서 고난의 세월 끝에 이윽고 고향에 되돌아 갈 수가 있었다)는 아니지만 마치 조국으로 돌아갈 수 없는 현대의 율리시즈와 같다고 이야기했다.

이 말은 언제든지 자기 나라에 되돌아 갈 수 있다는 것을 당연한 상식으로 생각하고 살아왔던 나의 정수리를 때렸다. 그 뒤, 도미니크의 경우는 그렇게 말하기는 했어도 언제든지 자기 나라로 돌아갈 수 있었지만, 지구상의 여러 나라를 방문할 때마다, 정말 조국으로 되돌아갈 수 없는 숱한 율리시즈들을 만나게 되었다.

김광림은 훌륭한 시인이 되었고 아들, 딸에 손자, 손녀까지 대를 잇는 행복한 가정을 이루었지만, 고향을 떠나 40여 년간 양친은 물론 형제 자매와도 한 번 만나볼 수 없고, 그 소식조차 알 수 없는 가혹한 운명 속에서 살고 있다는 사실을 만난 지 한참 뒤에야 알게 되었다.

남과 북이 땅덩어리가 붙어있으면서도 손이 닿지 않는 슬픔과 괴로움. 더군다나 실크로드를 거쳐 그 옛날 한때는 헝가리까지도 이어져 있었는데 오늘 이런 모순이 있다니…….

그 슬픔을 유머로 끌어올리는 김광림의 시를 들어본다.

> 오늘의 사자(死者)는
> 어제의 사자가 아닙니다

로 시작되는 시.

> (중략)
> 어제도 오늘도 그저 그렇고 그래서
> 나는 달라진 것을 웃지 않았는지 모릅니다
> 어찌해서 나는 달라지지 않는 것을 웃지 않을까요
> 오늘의 나는
> 분명 어제의 내가 아니라서
> 짐짓 어제와 다름없이
> 먼 날의 창가에서
> 휘파람을 부는지도 모릅니다
> ―「어제와 오늘」

> 1
> 도마 위에서

번득이는 비늘을 털고
몇 토막의 단죄가 있은 다음
숯불 위에 누워
향을 사르는 물고기
고기는 젓가락 끝에선
만나는 분신이지만
지도 위에선
자욱한 초연 속
총칼에 접히는 영토가 된다

　　2
날마다 태양은
투망을 한다
은어 떼는 쾌청이고
비린내는
담천(曇天)과 같아
　　　—「석쇠」,『동아시아의 하늘에 무지개를』에서

　　최근 10년 가까이나 친하게 사귀어 왔는데도 김광림 씨로부터 "석쇠"이야기를 한 번도 들은 일이 없다. 상대방의 마음에 던져도 좋을만한 돌맹이도, 분노도, 불쾌감도 보이지 않을뿐더러 거꾸로 따뜻하게 감싸주며 오히려 격려해 주는 것은, 참으로 거대하고도 확고한 인간으로서, 대륙을 짊어진 사랑이라고나 해야 할지.
　　일본말로 쓴 시를 한글로 옮긴 것을 읽어보시지 않겠는가 하고 제안해 온 사람이 김광림 씨이다. 몇 번인가 서울을 방문했다. 세계시인대회와 아시아 시인회의 등등의 모임이었지만, 그 같은 회의가 열릴 때마다 그 회의석상에서 쳐다보는 하늘의 푸르름과 분주히 귓전을 울리는 언어의 음색들을 나는 아름다운 일곱 색깔의 리본처럼 기억하고 있다.
　　마음을 비우고 그 음색을 더듬어 본다. 거기서 오가는 음색의 세계에는 티

끝만치도 흐린 것이 없다. 푸른 하늘의 청명함에 이어져 서로 메아리치는 빛 바로 그 자체이다.

그 하늘의 푸르름은 중간색을 즐기는 대다수 현대 일본인들에게는 지나치게 선명한 것으로 보일 터이지만 혓바닥 위를 굴러, 방울방울 떨어지는 맛 좋은 진달래술과도 같이, 마음과 감각에 그 선명한 청명함은 더 없이 상쾌한 것이다.

그것은 바다로 돌출한 산 끝에서부터 산 위를 향해 커브를 그리면서 뻗어 올라가는 부산에서도 똑같이 느끼는 감정이다. 히안 벽이 이어지는 계단집들은 그 지붕 위에 즐비하게 놓여 있는 장독만 없었더라면 그리스의 풍경을 방불케 하는 맑은 공기로 가득 찬 풍경이다.

어느 날 마을을 찾아 무지개 빛깔의 색동옷을 걸친 무당을 만나고 싶지만, 세계시인대회에 참가한 김양식 씨를 비롯하여 청명한 목소리를 지닌 여성 시인들이 낭랑하게 노래하듯 읊는 시낭송 소리는 선녀와 화목하게 노니는 새들을 연상케 했다. 거기다 심지의 강인함은 얼어붙은 땅이 실크로드를 쉬지 않고 달려온 말과 인간, 의지, 마음, 욕망, 손톱자국과 발굽을, 그 피부와 세포 속에 기억하며 듣고 자라온 사람들의 우격다짐 같은 침묵의 깊이와 두께와 인내에 연유하는, 우아하게조차 보이는 강인함일까.

하지만 나에겐 아직도 하나의 미궁(迷宮, labyrinth)이다. 실크로드의 종착지, 한국의 아름다움과 그 아름다움만큼 땅 밑으로 파고든 암유의 부분에 정착하여 똑딱똑딱 시계풀처럼 시간을 새기고 있는, 시의 마음의 그 무엇인가…….

*

아아, 한국하면 김광림. 나에게 한국의 입구를 보여주고 그 아름다운 마음과 전통과 갖가지를 가르쳐 준 사람, 나의 오빠이다.

한국의 중요한 현대 시인의 한 사람, 김광림 씨를 처음 만난 것은 1980년,

아키야 유타카(秋谷豊)가 주재하는 동인지 ≪지큐(地球)≫ 주최 세계시인대회가 도쿄에서 열렸을 때이다. 그때 나의 무지개 빛깔의 색동옷을 보고 김광림 씨는 "한국에서는 무당 옷이에요. 시골에 가면 지금도 볼 수 있지요"라고 했다. 지금까지 일곱 빛깔의 무지개 빛 색동옷을 일본에서는 이상한 사람이거나 색광(色狂) 따위로 취급해 왔는데, 정말 엄청난 차이이다. 이 한마디로 인해 나는 이 멋진 나라에 꼭 가야겠다고 마음먹고 있던 참에 1986년 서울에서 개최된 아시아시인대회에 초청을 받았다.

처음으로 흰색의 나라 한국에 닿는 감격은 일찌감치 나의 세계관을 바꿀 정도였다. 개인 하늘, 사찰들의 밝은 파랑도 빨강도 초록도 모두 투명하며 탁한 데가 없는 색깔로서, 내가 아주 좋아하는 상쾌한 색채이다.

조상을 3대나 거슬러 올라가서 춘분과 추분에는 성묘를 하는 그런 습관, 품위 있는 원로를 존경하는 기풍. 아아, 본가가 한국이고 분가가 일본이라고 생각했다.

김광림 씨가 북에서 남으로 내려오자마자 국경이 완전히 봉쇄되어 북과는 노령이 된 지금까지 소식 불통이란다. 설마 월남하던 그 날 이후 머리에 온통 서리가 내릴 때까지 반세기 이상이나 고향의 부모를 만나지 못하리라고는 상상도 못했을 것이다.

어느 날 집에서 기르던 10센티가 채 안 되는 잉꼬가 없어져, 내가 울먹이며 그 소식을 알 수 없는 아픔에 대해 별 생각 없이 그에게 호소하자, "시라이시 씨, 그 얘기만은 그만둬요. 가슴이 아픕니다."하는 바람에 멈칫했다.

18세 때 고향을 떠난 이래 오늘까지 양친의 생사 소식조차 모르고 사는 그의 괴로움에 뜨거운 인두를 갖다댄 격이었던 것이다.

　　아무도
　　이 무게를
　　들어올릴 수는 없다

하지만
내 얼굴은
능히
이를 감내한다
아무렇게나
움켜잡아
내꼰지는
크레인일 수는 없지만
나일강의 흙탕물을 들이켜고도
말없는 스핑크스처럼

                     -「천근의 우수」

 김광림의 시는 아픔, 노여움, 슬픔, 망향 따위를 시니컬한 해학, 유머, 아이러니로 바꾼다. 무심코 읽어버린 다음의 시를 보자.

이승에서 으깨진 사람은
모두 하늘로 간다지만
너는 허공에 머물러
지상보다 더 편하게
신바람 나는구나

막상 줄을 타면
잡념 하나 얼씬 않는다
공중에 매달린 빨래의
티없이 바래는 마음을
너는 아는 듯

중천에 걸상을 내놓고
가장 확실한 자세로
그 어느 누구보다도
더 깨어 있는 분명한 존재로

너는 앉아 있구나

— 「광대에게」

  한국에서는 이미지스트 시인으로 알려져 있는 그는 생생한 비극을 비극으로 쓰는 게 아니라, 그것을 고통스러운 우스꽝스러움이나 스스로의 어둠이 깊기 때문에 이를 마치 희극 같이 유머로 바꿈으로써 해학과도 통하는 세계를 생각하게 한다.

  분단 반도의 비참한 현실의 아픔을 응시하며, 잠시도 거기에서 도망치지 않고 태연히 농담을 하며 웃는 얼굴을 그치지 않고 에로스를 즐기는 김광림 시인. 그와 만나면 따뜻하게 웃는 얼굴로 지구와 전 인류를 송두리째 감싸는 듯한 대범함에 얼마나 마음이 놓이고 흐뭇해지는지 모른다.

    진원이다 잠들지 못하는 대륙은
    늘어났다 포개졌다
    포개졌다 늘어났다
    무시로 배리(背理)가 뒤집히기도
    (반도는 태풍권 내)
    자벌레가 한 마리 접근해 오고 있다

— 「여체」

  재작년 가마쿠라 춘추사(鎌倉春秋社)의 꽃놀이에 김광림 씨를 동반하여 바다가 보이는 하야마(葉山) 언덕 위의 꽃놀이 술자리에 함께 갔다. 그런데 언제나 대화를 즐기는 그가 아무하고도 말을 하지 않고 일어나 바다만 바라보고 있었다.

  북한의 고향 바다와 비슷하다고 하며 거의 울상이 된 모습이었다. "나이가 들면 하다못해 고향의 하늘이 보이는 북쪽의 산 아래에서 살고 싶다"고 한 말 그대로, 지금 그는 건축가인 차남이 지은 집에서 사랑하는 아내도 먼저 보낸 채 홀로 살고 있다.

달려가고픈 기분이지만 전화로 북쪽 반도에 사는 오빠와 남쪽 섬에 사는 누이는 이따금 안부 전화를 하며, 언제 만나느냐는 이야기를 나누곤 한다.

> 나는 아직 가족의 소식을 모른다
> 생사조차 까마득하다
> 세월은 모든 것을 앗아간다지만
> 두고 온 산하(山河)만은 잊을 수가 없어
>
> 내 사식들은
> 무시로 아버지 어머니를 불러쌌지만
> 서른 일곱해
> 아버지 어머니
> 남몰래 되뇌고
> 한번도 목청껏 찾은 적이 없다
> 이제 내 입은
> 아버지 어머니를 잊어버린 반벙어리
>
> 강이 있어도 건널 수 없고
> 길이 있어도 갈 수 없는
> 휴전선과 꼭 같아서
> 날마다 녹이 슬어가고 있다
> 하늘이여
> 죽는 그날까지
> 단 한번만이라도 좋으니
> 목청을 틔워다오
> 아버지 어머니 부르게 해다오
> (……)
>
> ― 「이산가족」

2000년 7월 나는 유럽의 어느 조그만 섬에 와 있다. 그의 시의 마지막 행에 있는 저주의 말 '이 바보 상자야'에 대해서 생각하고 있다.

김광림에게서 보는 '恨'의 서정

사이토 마모루(齋藤 忘)

'한(恨)'과 '원(怨)'

　태평시대라 할지라도 산다는 것은 순수하면 할수록 마음에 상처를 입게 된다. 남이 하는 말이 억세게 마음을 찔러댄다. 상사나 동료의 아무렇지도 않은 대화 속에 소외돼 있는 자신을 발견한다. 이런 일은 일상 다반사일 테고 일일이 구애를 받아서는 살아갈 수 없다고 내동댕이친다.
　전쟁에 진다는 것은 더욱 그러한 일상이 파괴되는 것이다. 제2차 세계대전의 패전을 나도 김광림도 북조선에서 맞았다. 물론 당시 두 사람은 알 도리가 없었다. 청진(淸津)을 공략한 소련군은 남하를 시작하여 흥남에 학도동원 되어 있었던 나는 전혀 정보가 차단된 시간과 공간 속을 마지막 무개화차에 선 채로 서성대며 이틀만에 해질녘 서울 교회의 청량리역에 당도했다. 우리들이 타고 있던 이 화차가 통과한 직후 소련군은 원산에 상륙하여 경원선의 철로는 남북으로 절단되었다는 것을 알고 우리들은 서로의 얼굴을 지켜보며 등줄기가 어는 듯한 느낌을 한 사실을 기억하고 있다. 원산은 김광림이 태어난 고향이다. 나는 20세 김광림은 15세, 1945년 엄한 여름의 일이었다.

　이날을 경계로 나의 피난민 생활이 시작되었다. 내가 태어난 이래 나와 나라 사리에 교환된 모든 약속이 엉망이 되고 어떻게 살아가야 할 것인지 어떻게 해서 보금자리를 찾아야 할지 목표가 서지 않는다. 그런 가운데 살아있는 증거로서 시를 쓰려는 소년시절부터의 마음가짐이 기댈 데를 잃어버린 마음속에서 불타고 있었다. 아마도 김광림도 같은 생각이었으리라. 반세기 이상이나 더 되는 전쟁의 이야기를 새삼스럽다고 여기는 분도 많겠지만 김광림의 시의 근원에 있는 '한'을 푸는데는 아무래도 이 원점에 서지 않을 수 없는 것이다.

　일본에서는 '恨'도 '怨'도 같은 원한이다. 주의를 위해 『상해한화대자전(詳解漢和大字典)』이나 『광사원(廣辭苑)』을 뒤져 보니 '恨'은 원한보다 강하다, 후회하다, 스스로 타박하다, 생각에 잠기다로 되어 있다. 이에 대해 '怨'은 같은 원한이어도 사람을 미워한다, 적대시하지 마라로 되어 있어서 일본에서는 거의 같은 의미로 사용되고 있어서 '한'이라 읽는 법이 없다.

　한국에서는 같은 '원한', '원망하다'도 '恨'과 '怨'과는 구별되어 있어서 '怨'은 일본도 같은 생각으로 좋지만 '恨'은 아주라고 할만큼 뜻이 다른 것이다. 일본에서 '恨'이라는 글자에 가장 많이 눈에 띠는 것은 '회한(悔恨)'이라는 말로 회한에는 누군가를 원망하는 뜻은 없고 자신의 내부에 잠복해 가는 감정을 나타내고 있다. 한국인의 원한은 원래 자기 속에 잠복하는 것으로서 쌓이고 쌓인 원한은 남을 통해 푸는 게 아니라 노래나 춤이나 문학을 통해 자신 속에 승화되어 가는 것이라고 예전에 조선의 학우(學友)한테서 배운바 있었다.

　우리들 일본인이 무사도의 거울로서 내세우고 있는 47사(士)의 원수를 갚기는 '怨'을 푸는 것으로 그런 행위는 새로운 '怨'을 낳는다. 자못 남성적인 이 행위는 일본이 외적으로부터 침공되기 어려운 섬나라이기 때문인지 조선처럼 어디에서나 침공되는 나라에서는 '怨'을 푸는 것을 생각한다면 공부따위 할 틈이 없다고 배웠다. 같은 방을 쓰던 학교 기숙사에서 제일이던 조선의 이 귀재는 지금껏 생사불명이다.

시인의 출발

시인의 교류는 늘 담담해 청류와 같은 것이어야 한다고 나는 생각하고 있기 때문에 함께 술을 마셔도 시나 문학 얘기 이외에 상대방의 경력이나 일상에 언급하지 않는다. 그래서 김광림의 내력에 대해서도 이번에 처음으로 상세히 알 수가 있었다.

벌써 반세기나 전의 일이지만 기와와 돌조각의 도쿄에서 젊은 시인들의 ≪零度≫라는 동인잡지가 있었다. 동인은 고인이 된 야마모도(山本太郞) 가나이(金井直) 외에 가와스기(川杉敏夫)와 우리들로 어김없이 마지막 호인 10호에 동인으로 참가한 것이 이기동으로 그 이기동에 「시인 김광림」이라는 에세이가 있다. 그 밖에 다른 문헌도 참고해서 김광림의 시인상을 뒤져 보았다.

김광림은 1929년 북조선 원산교외의 산촌에서 태어나 아버지는 대서인으로 그를 의사로 만들려고 생각하고 있었다 한다. 당시의 조선에서 '대서인'을 한다는 것은 그 고장의 지식계급이다. 김광림은 어릴적부터 그림 그리기를 좋아하고 향학심에 불타 원산의 중학교에 진학한다.

원산은 제주나 우라지보스톡 등 한민족의 유민지와도 가깝고 일본의 통치지역에 들어오지 않는 정보가 풍부하여 제2차 세계대전에서의 일본의 패배 정보를 조선사람들은 꽤 빨리 파악하고 있었다고 생각할 수 있다.

김광림은 일본의 패전과 더불어 평양의 대학에 진학했으나 곧 북조선은 공산당 정권이 되어 세상이 확 바뀐다. 이 때, 원산에서 발행된 앤솔로지 ≪응향≫이 당국의 탄압을 받아 몰수되고 그 쇼크로 김광림은 학교를 그만

두고 고향에 되돌아가려고 생각한다. 이 무렵 천재화가로 불리운 이중섭과 만나고 이것을 계기로 시를 쓰기 시작했으나 당과 인민에 복무하지 않으면 안 되는 문예정책에 점차 적응해 갈 수 없게 되었다고 한다.

그는 이미 보오드레르의 『악의 꽃』, 萩原朔太郎의 『달에 짖는다』, 서정주의 한국적 서정시 『화사집』 등을 읽었으며 고향에 일단 돌아와서 월남을 결심. 서울에 당도한 것은 18세 때 일이다. 서울에서는 우선 《연합신문》에 「문풍지」라는 시를 발표, 이것이 그가 처음으로 발표한 작품이라고 한다.

21세 때 한국동란이 폭발, 김광림은 징병으로 착출되어 육군보병학교에 입학 졸업과 동시에 전선에 보내졌다. 전쟁이 끝났을 때 그는 육군대위가 되어 있었다. 그후 KBS방송국에 들어가 시인 작가 여러 가지 문화인 배우들과도 교제하면서 점차 시인으로서의 지위를 확립해 가게 된다.

얼마 있다가 KBS에서 정부의 문화공보부 출판과로 옮긴다. 여기에서도 김광림은 상사와 뜻이 맞지 않아 채 일 년도 안돼 퇴직하고 외환은행의 상급행원으로서 전직한다. 이 곳은 마음에 들었던지 10여 년을 여기서 보낸다. 마침내 여기도 그만두고 글방의 자유로운 강사를 하는 한편 일본의 소설을 번역하고 원고를 써서 가족을 부양하게 된다.

그 후 한국의 장안전문대에서 일어과 교수로 오랫동안 근무하고 한국시인협회장을 역임하기도. 대한민국 문학상 등을 수상, 문화훈장도 받고 있다.

시와 아이러니

김광림의 시론에 「뛰어난 상상력·아이러니―21세기 시문학의 한 방향」이라는 것이 있다. 그는 '우리나라에서는 아이러니에 대해 이렇다 할 논의가 일지 않고 있다. 아이러니를 문화적 현상에서 고찰한 학자도 있는 것 같지 않고 문학적 현상에서 다룬 비평가도 없어 보인다. 시에서의 아이러니를 말하는 시인도 극히 드물다'고 서두에서 말하고 아이러니에 대해 상세히 해설하고 있음으로 그 핵심에 대해 언급해 보련다.

아이러니는 수사학적으로는 '야유', '우롱', '조소'라는 거리의 말로 통용되지만 논리학적으로는 '모순'의 관계가 되고 근대시학에서는 두 개의 상반되는 것의 대립관계를 뜻하는 것이 된다. 두 개의 상반되는 것 사이에 애널러지가 발견되어 대립되는 것이 조화를 이루면 메타포가 되지만 대립하는 것 사이에 애널러지가 발견되지 않아 조화를 이루지 못하면 즉 부조화의 상태로 있으면 아이러니가 발생한다.

여기에서는 아이러니와 메타포의 관계를 말하고 있지만 아날로지에 대해서의 설명이 없기 때문에 보충한다면 아날로지의 의미는 유추, 추론으로 유사라는 의미로도 사용되고 있다. 김광림은 '두 개의 상반되는 것 사이에 유추가 발생되어 상반되는 것이 조화를 이루면 메타포가 되지만 대립하는 것 사이에 유추가 발견되지 않고 조화되지 않으면 즉 부조화의 상태라면 아이러니가 발생한다'는 사실을 간절히 설명하고 있다. 그리고 그 실례로서 다음과 같은 것을 말하고 있다.

'소매치기 한 물건을 소매치기 당한 소매치기'라든가 '빈 풀장에 뛰어드는 수영코치' 또는 '건물이 다 타고나서 도착하는 소방차', '술을 거부하는 크리스천 면전에서 건배를 선창하는 사나이' 등도 문화적 현상으로서의 아이러니여서 우리들에게 유머러스한 느낌을 안겨주고 있다.

'말이 풀을 먹는다'고 할 때, 우리는 아무런 저항 없이 받아들인다. 그러나 역설적으로 '풀이 말을 먹는다'고 하면 자연과 현실의 관계가 파괴되고 새로운 관계가 성립되어 사고에 뉘앙스가 생긴다. 풀을 먹어 들어가는 말의 동체가 점차 숲 속에 사라져 가는 모습을 상상할 때 말이 풀을 먹는 것이 아니라 풀이 말을 먹는 것으로 바꿔 생각할 수도 있다. 식물과 동물의 관계가 도착되고 자연과 현실의 관계가 초자연·초현실의 새로운 관계로 나타나게 된다.

하지만 말과 풀의 관계는 너무 밀접하기 때문에 긴장감이나 쾌미감을 자아내지 못한다. 다시 말하면 포에지의 경지에 이르지 못한다. 그러나 이 두 가지의 관계가 아주 멀고 엉뚱한 상반된 것일 때 우리는 아이러니를 느끼게 될 것이다.

김광림은 니시와끼(西脇順三郞)의 '포에지의 정신은 메타포가 아니라 이로니1)이다.─포에지는 무한과 현재(유한의 세계)가 대립하는 이로니이다'라는 말을 인용. '이쯤에서 21세기 포에지의 소재가 엿보이는 것이 아닐까'로 매듭을 짓고 있다. 이상이 김광림 시론의 개요이다.

김광림의 시를 읽고 있으면 언제나 머리 속에 떠오르는 한국의 향가(鄕歌)가 있다. 곁에 세오(瀨尾文子) 著 『시조 443수(首)선』이라는 두툼한 책이 있다. 저자는 일본에서 외톨이 한국 시조학회 회원으로서 제4회 시조문예상을 수상한 1927년 한국 태생의 가인(歌人)이다. 김광림이 우리집에 놀러 왔을 때 막 출간된 이 책을 보였더니 그 정밀한 연구에 놀라고 있었다.

향가란 신라시대의 4행시, 8행시, 10행시로서 '처용가'를 인용한다. 서문에 '동경'이라 되어 있는 것은 '광주'를 두고 한 말이다.

> 새발 발기 달애
> 밤들이 노니다가
> 들어사 자리보곤
> 가로리 네히러라
> 둘은 내해였고
> 둘은 뉘해언고
> 본대 내해다마는
> 아앗 난 어찌하릿고
>
> ─「처용가」

---

1) 西脇順三郞는 아이러니를 이로니라고 했다.

달밤 미인인 마누라를 범한 역병신(疫病神)을 처용이 관대하게 용서한 노래로서 고려에 이르러 처용을 성히 칭찬한 노래가 있다고 한다. 처용가는 곧잘 인용되고 있기 때문에 읽거나 들은 일이 있는 사람도 많을 것이다. '두 가닥은 나의 아내의 것'이고 나머지 '두 가닥은 누구 것인가' 틀림없이 저기에 있는 것은 내 다리로 정해져 있는데 이상하게도 나의 다리는 두 가닥 여기에 있다고 멍청해져서 용서하고 있는 것이다.

'시에 나타난 한민족의 아픔과 평화의 의식'이라는 에세이에서 김광림은 이 「처용가」를 인용하여 복수적 행위를 한번도 한 일이 없는 한민족에 대해서 논하고 있다. 그의 시의 핵심에 닿는 것이어서 약간 길어지지만 인용하련다.

> 장안 밝은 달아래 밤늦게 노닐다가
> 집에 돌아와 자리보니 가락이 넷이어라
> 둘은 내것인데 둘은 뉘 것인고
> 본디 내것이었건만 빼앗긴걸 어이하랴

처용이라는 사내가 한밤중에 집에 돌아와 잠자리를 보니 아내는 딴 사내와 자고 있다. 이러한 입장에 놓인다면 강간하고 있는 남녀를 잠자코보아 넘길 리가 없다. 처용은 이 광경을 보고나서도 노래를 부르고 춤을 추면서 그 자리를 물러난다.

'본시는 내 것이었는데 빼앗긴 것을 어이하랴'는 이러한 발상은 체념인지 용서인지 선뜻 분간이 안 가지만 이러한 이념이 겨레의 마음속에 흐르고 있었던 게 아닌가 생각된다. 한 치의 벌레에도 다섯 푼의 넋이 있어 밟으면 꿈틀대게 마련인데 이러한 잔혹한 사건에 맞닥뜨려 원한이라든가 복수심을 품지 않고 고차원의 체념으로 달관의 경지에 이르고 있는 것이 아닌가 생각된다. 어찌 보면 바보스러운 유머로 생각될지 모르지만 옛부터 한민족에게는 상대방과의 대결이나 말살보다도 이러한 입장에서 어려운 처지를 초극(超克)하려는 평화적 기질이 있는 것이다.

이 평화애호 관념이 무너진 것은 6·25의 동족상잔이었다. 남북분단으로 인한 이데올로기의 극심한 대립은 동족이 동족을 침해하는 결과를 가져왔다. 주의가 뭔데 동족의 피를 흘리게 할 수 있느냐는 것이 민족진영의 주장이었지만, 목적을 위해서는 수단과 방법을 가리지 않는 공산주의자들의 피보다 진한 이데올로기 때문에 남북간의 살인행위는 시작되었던 것이다.

> 어느 구멍가게에서 소주를 마시는데 집행리였던 김 하사의 술회
> "해방전 저는 일본 히로시마(廣島)에서 살았는데 그때 어쩌다 행길에서 동포를 만나면 그렇게 반갑더니 바로 그 동포를 제 손으로 글세, 쏴 죽이다니요…… 그것도 무더기로 말입니다…….
> 망할 놈의 주의(主義)…… 그 허깨비 같은 주의가 도대체 무엇이길래 그놈의 주의가 원숩니다……."
> 하고 그는 "호호호……"흐느꼈다.
> 나는 전란을 치르면서, 30년이 된 오늘이나 저 김 하사의 표백.
> "망할 놈의 주의…… 그 허깨비 같은 주의가 도대체 무엇이길래……. 그놈의 주의가 원숩니다……."

구상의 연작시 「모과 옹두리에도 사연이」 중 6·25 전쟁을 다룬 부분의 한 대목이다. 그는 이 작품에서 개인의 체험을 통한 사실의 증언에서 이데올로기의 상극으로 인한 동족간의 살육행위를 통탄하고 있다. 동족상잔의 비극적인 살상은 백 마디의 이론이나 사설보다 김 하사라는 인물의 소박한 표백으로 족하다. 그야말로 '망할 놈의 주의'가 동족을 살해케 한 것이 아닐 수 없다.

동족이 서로 죽이는 골육의 전쟁은 그것을 경험한 자가 아니면 그 처참함을 알 수 없다. 집안에 전쟁통에 살해되지 않는 한국인은 드물다고까지 말하

고 있다. 우리들이 서울의 밤을 즐기고 있을 때도 서울 주변의 산들에서는 병사들이 임전태세로 수도방위에 임하고 있다 한다. 모르는 것은 평화에 길들여진 일본인뿐일까.

시에 대해서

41년만에 태어난 고향인 서울을 방문했을 때 나는 혼자서 서울역을 찾았다. 도쿄역을 축소한 듯한 옛 경성역은 전쟁의 상처도 없이 그대로 남아 있었다. 나는 중학시절부터 휴가 때마다 대련(大連)에 돌아가고 있었기 때문에 이 역은 나의 인생의 출발점이기도 했다. 생각해 보니 아직 12세 무렵부터 일본 종단에 가까운 긴 여행을 나는 혼자서 한 셈이 된다. 서울역에는 커다란 종이봉지를 지닌 여행자가 줄을 지어 출발을 기다리고 있었다.

때마침 추석날이어서 그것이 성묘가는 이산가족의 열이라는 것을 알았을 때 나는 심히 자신의 아둔함을 반성하는 곤란한 처지가 되었다. 그때까지 나는 고향을 잃어버린 것은 자기만이라고 생각하고 있었기 때문에 종이봉지를 지니고 휴전선 가까이 가는 유교민족의 행렬에 놀라 그들과 같은 아픔을 느꼈던 것이다. 이 이산가족의 마음의 아픔이 김광림의 시의 중심에 있는 것은 말할 것도 없다. 역설적이 될는지도 모르지만 잊어버리려다 잊어버릴 수 없는 이 현실의 아픔을 그는 시 속에 뭉쳐서 그것을 삼켜 버리는 것이다.

애를 낳기보다
차라리 개와 함께 산다는/파리의 여인들
파리의 개는/낯선 사람을 짖지 않는다

동족끼리 싸울줄도 모른다
유순하고 점잔키가

퇴화한 어느 인종만 같다
　　파리의 개는/이미 개가 아니다
　　둔갑한 천사의 모습이던가
　　불신시대를 사는 유일한 동반자가 되어간다
　　문명의 한복판에다/질끔 오줌을 갈긴다
　　이권 앞에서/구리게 똥을 싼다
　　파괴를 모르는/불독의 험상궂은 얼굴이
　　진짜 평화인지도 모른다
　　저주를 잊은/셰퍼드의 사나운 입술이
　　정말 자유의 징표인지도 모른다
　　말귀를 알아듣는/파리의 개야
　　지금 파리에는
　　코제트나 밀세리노 만한 귀엽게 생긴 애들이
　　떼지어 다니며 들개처럼 길손을 습격하고
　　다가오면/밀어붙이거나
　　발길로 걷어차도 무방한
　　누가 버린지도 모르는 악의 종자들이 있다
　　　　　　　　　　　　　　　　　　　—「파리(巴里)의 개」

　'문명의 한복판에다/질끔 오줌을 갈긴다/이권 앞에서/구리게 똥을 싼다' 한 번 읽고 웃음을 터뜨리고 싶어지는 이 시 속에 '동족끼리 싸울 줄도 모른다'는 극히 무거운 한 줄이 들어있다. 참다운 평화, 진실한 자유는 '애를 낳기보다/차라리 개와 함께 산다는/파리의 여인들'의 사는 법 속에는 있을 수 없다고 한국동란의 수라장을 빠져 나온 김광림의 넋이 외치고 있는 것이다.

　파리의 이야기가 아니고 일본의 현실을 살펴봐도 갓난아기는 역의 벽장에 버려지고 폭력단의 뻔뻔스런 공갈, 살인의 무리가 미성년 사이에 횡행하고 아이들끼리의 '학대', 학급 붕괴 등 어린이의 흉악범죄가 매일 신문을 떠들썩하게 하고 있다.

　시「파리의 개」는 물질문명이 여기에 이른 현실사회에 대한 김광림의 통렬한 문명비평이다. 한국의 청년들은 이 반세기 조국 건설에 임해 왔다. 동란을 살아남아 한강의 기적이라고 불린 부흥을 성취하고 88올림픽의 성공을 성취했다. TV에서 본즉 서울대학의 구내에는 학생들이 '제기'를 차며 놀고 있었다. '제기'는 한국의 어린이 놀음으로 나도 초등학교 시절에 곧잘 놀았지만 그들은 어린이를 닮은 놀음에 흥겨워하면서도 뜻은 높고 또한 유교의 가르침이 남아 있는지 지하철 속에서도 예의 바르고 몹시 친절하며 일본과는 격세의 느낌이었다.

칭얼대는 손자를 아랑곳없이
조간 사회면에 눈길이 쏠렸다가
돌연 반도에 통증이 일었다
이중섭의 게발이 접은 듯

일찍이 어머니의 젖꼭지를 깨물던
조상대대의 관습 그대로
돋아나는 이빨이 근지러워
손자는 나의 凸부를 문 것이다.

순간 나는
자지러질 수도
뉘에게 호소할 수도
더더욱 며느리 앞에선
아프다 할 수 없는 아픔을
잔뜩 움켜 잡아야만 했다

새삼 어린것을 두고
'강아지 같은 것'이라 한
어느 시인의 말이 생각났다
(귀여움에 겨우면
 물릴 수도 있다는)

>어수룩 멍청하다간
>떼일 수도 있다는
>이 어처구니 없는 수난을
>지금 반도가 치러야 하다니
>남모르게
>나는 목메일 수밖에
>
> ―「반도의 아픔」

　우리들 식민시 조선 태생은 초등학교 고학년이 되면 죄우에 일본열도와 조선 반도의 지도가 걸려있는 교실에서 반도의 자리를 상세히 공부해야만 했다. 어린이 마음대로 일본열도는 '저쪽'이고 조선 반도는 '이쪽'으로서 아이들은 인식하고 있었다. 대륙에서 돌출한 조선반도는 그야말로 아시아의 자지 그대로이고 방과후 교정에서 곱돌로 지도를 그리고 복습한 사실을 기억하고 있다. 그래서 이 시는 아픔과 미소를 거느리고 나에게 다가오는 것이다.

　이 시에서 제일 소중한 것은 '어수룩 멍청하다간/떼일 수도 있다는/이 어처구니 없는 수난을/지금 반도가 치러야 하다니'라는 건(件)이다. 이것을 일한 합병과 제2차 세계대전의 일본패배에 의한 반도의 분단을 가리키고 있는 것은 명백하다. 일제 36년간의 식민지 지배에서 해방된 기쁨도 잠시, 그로부터 55년 일제시대의 두 배나 되려하는 분단에 김광림은 어떻게도 할 수 없는 생각을 부딪치고 있는 것이다.

　'뉘에게 호소할 수도 없는 이 아픔'이란 무엇인가. 김광림은 자신의 凸부를 물린 아픔에다 비유해 말하고 있는 것은 무엇인가? 말할 것도 없이 그것은 같은 민족끼리 피를 흘린 분단의 역사이며 흩어진 가족의 일이며 잃어버린 고향의 일인 것이다.

　패전후 서울에서 홀로 일본에 돌아온 나에게도 얼마동안 「이산가족」의 시대가 있었다. 대련에 있었던 본가와의 연락이 안되고 부친이 죽은 사실도 가족의 일은 전혀 모르는 2년간이었다.

김광림의 대표작의 하나 「이산가족」이란 시가 있다. 이산가족이 재회하는 TV를 보면서 엉겁결에 장면에 끌려들어 가는 자신을 노래한 작품으로 이 시는 벌써 서투른 해설을 거부하고 있다. 마지막 행의 '이 바보상자야' 한 것은 TV를 말한다. 후반을 인용한다.

> 올해 갓 스물난 막내 딸보다
> 두 살이나 더 어린 나이에
> 혈혈단신 삼팔선을 넘어와서
> 이제 이순(耳順)이 내일 모레인데
> 나는 아직 가족의 소식을 모른다
> 생사조차 까마득하다
> 세월은 모든 것을 앗아간다지만
> 두고 온 산하(山河)만은 잊을 수가 없어
>
> 내 자식들은
> 무시로 아버지 어머니를 불러쌌지만
> 서른 일곱 해
> 아버지
> 어머니
> 남몰래 되뇌고
> 한번도 목청껏 찾은 적이 없다
> 이제 내 입은 아버지 어머니를 잊어버린 반벙어리
> 강이 있어도 건널 수 없고
> 길이 있어도 갈 수 없는
> 휴전선과 꼭 같아서
> 날마다 녹이 슬어가고 있다
> 하늘이여

죽는 그날까지
단 한번만이라도 좋으니
목청을 틔워다오
아버지
어머니
부르게 해다오
이 바보 상자야

자란다는 것은 이상한 것이어서 김광림은 나를 두고 '반한인(半韓人)'이라 비평한 일이 있지만 말 그대로 '아버지 어머니'라고 쓰여 있는 이 한 줄에서 내게는 '아빠 엄마'하는 김광림의 비통한 한국말 육성이 들려오니 시는 이상한 것이다.

끝으로

일본에서 김광림을 모르는 시인은 없을 것이다. 그처럼 많은 시인이 서울에서 개최된 아시아시인회의나 세계의 시인대회에서 그의 신세를 지고 있는 것이다. 2000년 4월 도쿄에서 개최된 '동아시아의 시를 말한다'라는 좌담회에서 김광림은 '문화교류라는 것은 술을 마시고 이야기를 하는 것만이 아니다'라는 의미의 발언을 했다. 실상 그대로여서 외국인의 시를 이해하기 위해서는 그 시의 배경이나 그 나라의 역사, 국민의 생활, 언어·문화에 대한 깊은 지식이 필요하다. 인양(引揚) 이래의 생활에 쫓기어 시와 생활의 두 마리 토끼는 쫓을 수 있었지만 세 마리 토끼를 쫓을 겨를도 없이 나는 아직 한국말이 엉망이다.

한국과 일본의 관계는 한국과 유럽제국, 한국과 미국 중 어느 나라와의 관계보다도 피의 연결이 강하다. 불교문화는 한국에서 일본에 전해지고 건축·제철, 도자기 등의 기술은 모두 한국에서 전해져 온 것이다. 불행한 식민지 시대의 청산이 이루어지지 않은 채 일한 관계는 아직 마음으로부터의 교류는 가로막혀 있으나 신세기(新世紀)를 맞아 젊은이들에 의한 새로운 교류의 고리는 넓혀지고 있다.

그 때문이라도 꼭 소개하고 싶은 것이 「감맛」이다.

    나라(奈良)의 변두리 마을 이까루까(斑鳩)에는
    초겨울 햇살에
    가지가 찢어지게 단감이 영글고 있다

    이 나라 최고의 사찰
    호우류우지(法隆寺) 경내를 거닐다가
    희안한 목조건물을 만나
    예까지 발을 뻗힌 다리가 아파
    잠시 돌층계에 앉아
    감을 음미하고 있으려니
    한 중년 신사가 다가와
    ―한국에서 오셨지요
    하며 말을 건네온다

    의아한 표정으로 대구하자
    ―금당(金堂)은 세계에서 제일 오래된 목조건물이지요 백제에서
    건너온 목수가 자유로이 세운 것이라나요

    우연찮게 우리 일행이 머무는 여기
    우리 조상이 이룩한 것인 줄도 미처 모르고서
    쉬고 있는 바로 이 자리가
    한 일본인에게 우리를 알아보게 하였음을
    이 야릇한 착각 앞에서
    새삼 나는 긍지와 수치를 더불어 맛보게 되었다

전세계가 지켜보는 가운데 남북통일의 수뇌회담이 평양에서 개최되던 날, 나는 아침 10시가 지나 일 때문에 서울에 전화를 했다. "지금 대통령이 순환공항에 막 도착했습니다. TV에서 방송하고 있어요" 하고 김광림의 벅찬 목소리가 돌아왔다. "축하해요"라는 한 마디만 하고 용건을 뒤로 돌리고 전화를 끊었다. 분단 55년의 세월을 계속 기다리던 김광림은 깊이 파고들 듯이 TV를 지켜보고 있었으리라.

우리들이 마지막 무개열차로 통과한 경원선은 그로부터 절단되어 있었으나 그 녹슨 절로를 다시금 잇는 작업이 시작되었다고 알리고 있다. 머지않아 근대화된 열차가 어느 날엔가 그 위를 달리리라. 아이들도 옛적처럼 모두 나란히 서서 열차를 배웅하면서 환성을 지를 것이다. 한반도를 도는 역사는 어김없이 돌기 시작했다. 반세기 이상에 걸친 이산가족을 위해서도 이제 뒷걸음쳐서는 안 된다. 진심으로 앞날의 행운을 비는 바이다.

김광림 소론
— 풍자와 유머

사가와 아키(佐川亞紀)

일전에 어떤 책에서 한국의 국화(國花), 무궁화는 여름부터 가을까지 꽃들이 피고 계속 벌어져 그 지속적 생명력 때문에 끈질긴 견실성과 무궁한 번영을 상징함과 동시에 불굴의 웃음까지도 나타낸다고 소개되어 있는 것을 읽은 적이 있다. 그리고 보니 연분홍색의 무궁화가 가가대소하는 사람의 입에도 보인다. 웃는 꽃. 그 웃음은 지배자, 권력자에의 조소일까. 또한 어둠 속의 삶의 홍소, 고난을 웃어 재끼는 삶의 에너지 혹은 천하고 구질구질함, 비소(卑小)함을 응시하여 인간적 공감을 자아내는 웃음……

본시 한민족은 유머를 알고 즐기며 『삼국사기』, 『삼국유사』, 『고려사』, 『이조실록』 등에는 숱한 웃음거리 이야기가 기재되어 있다고 한다.[1] 강한 음이 있고 활력에 넘치는 한국어는 '아이고'라는 슬픔의 외침과 더불어 갖가지 웃음이 적합한 느낌이 든다.

조선문학사에서 통치층의 교활함, 부정, 폭압을 비웃고 날카로운 비판을 가한 풍자의 전통은 오래된 것으로 생각된다. 오래된 것으로는 신라시대의 문호 최치원(857~ ?)의 다음의 「고의(古意)」라는 시[2]가 있다.

---

[1] 『한국 풍류소화—초기 이조염소담』 와까마츠 미노루편담(若松實編譚)

> 여우가 미녀로 둔갑하고
> 오소리는 서생(書生)이 된다
> 누가 알랴 다른 것이 된
> 사람의 모양을 한 허깨비인 것을
> 변화하는 것은 어렵지 않지만
> 마음을 좋게 갖기는 어려워
> 참과 거짓을 지켜보기를 바란다면
> 바라건대 마음의 거울을 닦아야 할 것을

현대사회는 참과 거짓이 복잡하여, 마음의 거울을 보다 더 닦아서 볼 필요가 있지만 이렇듯 벌거숭이 임금의 실체를 알아맞힌 어린이와 같은 투철한 비판정신은 풍자의 근본이라 할 수 있으리라. 습관, 편견, 상식, 권위, 권력을 의심하고 그 흔들림 속에서 넘쳐나는 웃음. 현대에서도 한국의 시가 사회적 유효성을 지니고 있는 사실은 일본인에겐 놀라운 일이지만 풍자의 전통이 밑바닥을 흐르고 있다고 생각한다.

여담이지만 애당초 서정성이 강한 절구(絶句)를 쓰던 최치원이 후년에 사회비판의 시를 많이 쓰게 된 사실에 대해 조선시대의 비평가는 절구(絶句)를 한 번 보고 "모두 경(輕)하고 박(薄)하다"는 평을 하고 있는 것이 흥미롭다. 조선문학사에서도 사회비판성과 예술성의 갈등이 전개되어 왔던 것이다. 지배층을 향한 비판으로서의 웃음이라는 전통을 가장 잘 나타낸 것은 역시 김지하일 것이다. 재벌, 국회의원, 고급공무원, 장군, 장·차관을 조롱한 『오적』, 일본에의 험구악담에 찬 『분씨(糞氏) 이야기』 등 직접적인 뜨거운 유머가 있다.

한편 모더니스트로 불리는 시인들의 경우는 냉철한 유머로 바뀌어 고통이

---

2) 『이야기 조선시가사』 김윤호 저(著).
  시의 인용은 『한국현대시집』 강정중 편역 및 ≪시와 사상≫('88년 8월호) 본인 역(譯)에서.

한층 복잡하게 된다. 웃음의 대상은 지배층만이 아니고 스스로를 비웃거나 근대문명을 풍자하기도 함으로써 생각과 표현이 굴절하게 된다. 이번에 소개하는 김광림(1929~)도 근대문명에 대해 신랄한 비평을 하는 시인이다.

> 애를 낳기보다
> 차라리 개와 함께 산다는/파리의 여인들
> 파리의 개는/낯선 사람을 짖지 않는다
> 동족끼리 싸울 줄도 모른다
> 유순하고 점잖기가
> 퇴화한 어느 인종만 같다
> 파리의 개는/이미 개가 아니다
> 둔갑한 천사의 모습이던가
> 불신시대를 사는 유일한 동반자가 되어간다
> 문명의 한복판에다 질끔 오줌을 갈긴다
> 이권 앞에서/쿠리게 똥을 싼다
> 파괴를 모르는/불독의 험상궂은 얼굴이
> 진짜 평화인지도 모른다
> 저주를 잊은/세파트의 사나운 입술이
> 정말 자유의 징표인지도 모른다
> 말귀를 알아듣는/파리의 개야
> 네가 버린 짐승티를/누가 가져갔는지
> 지금 파리에는/코제트나 밀세리노만한 귀엽게 생긴 애들이
> 떼지어 다니며 들개처럼 길손을 습격하고 있다
> ―「파리(巴里)의 개」 전문

파리는 서구문명 문화의 상징이겠지만 타이틀을 「도쿄(東京)의 개」라고 바꿔도 충분히 통하는 보편성을 지닌 작품이다. 1·2행 째의 '애를 낳기보다/차라리 개와 함께 산다는/파리의 여인들'에서 요즘의 '결혼하지 않을지도 모르는 증후군', 출생률의 저하를 연상해버렸다. 현대의 문명인은 표면상 '유순

하고 점잖아'졌지만 그것은 '퇴화한 어느 인종만' 같으며 인간끼리는 '불신 시대'여서 개정도가 유일한 동반자이다.

근본적인 개혁이나 파괴적 비판을 알지도 못한 채 시들해져서 고작 '문명의 한복판에다 질끔 오줌을 갈긴다/이권 앞에서/쿠리게 똥을 싼다'는 정도. 지금은 일본 한 나라만이 '진짜 평화'이고 '정말 자유'여서 전쟁과 억압은 남의 일, 다른 나라 일이어서 잘됐다, 잘됐다고 어느 상업지에 실려 있었는데 그 알맹이를 생각하는 데 있어 이 시는 시사하는 바가 많다. '진짜 평화'나 '정말 자유'로부터 소외당한 고아들, 이민 온 어린이들, 아시아나 중동의 소년소녀가 그 기만성을 들이대고 있다. 근대화가 진행되고 있는 한국에서도 비슷한 상황의 싹이 보일는지도 모른다.

김광림은 단지 야성이나 자연, 전근대로 돌아가 거기에서 근대서구문명을 비판하고 있는 것은 아니다. 단순히 자연찬가나 전근대예찬을 할 수 없는 데 그의 고민이 있다. 「전근대적 사내」에서는 '내 소시적/두남리 축구팀 주장은' '위기가 닥치면 인왕같이 우뚝 선 채/공을 앞으로/피아도 가리지 않고/펑펑 내질렀다/그 폼이 하도 당당하였다' '오늘 불현듯 생각키는/안소니 퀸 같은/이 사내//전근대적 방법에는 더러 이런 시원시원한 것이 있었다'로 되어 있다. 전근대에의 향수를 말하면서도 그것은 '더러' 시원시원한 것이며 시대는 역류할 수 없고 현재에 살 수밖에 없다는 인식이 있다.

그는 명석한 지성으로 눈뜨고 '나일강의 흙탕물을/들이키고도/말없는/스핑크스처럼' 천 근의 우수를 '감내한다'(「천근의 우수」)

김광림의 시는 현실에 적극적으로 참여하는 일 없이 토속, 자연에 젖어드는 일도 없이 냉정한 지성으로 높지도 않고 낮지도 않은 인간성에 머무른다.

> 애벌레만한 밧데리 하나로 한 해건 이태건 영락없이 지탱하는
> 전자시간을 마냥 물쓰듯 하다보면 이건 참으로 어처구니 없이
> 고마운 존재다

> 나는 하루에 한 번
> 꼭 태엽을 감아준다
> 살아 있는 증거를
> 팽팽히 잡아당겨보는 것이다
>
> ― 「회중시계」에서

 근대적인 전자시계에서 헤아릴 수 있는 시간이 아니고 스스로의 손으로 인간이 살아 있는 시간을 창출하려는 의지. 근대화에 의해 인간까지도 기계화되고 고속도로 진행되는 시간에 농락 당하는 가운데 '살아있는 증거', 한 사람의 인간의 존재증명을 걸고 태엽을 감는 시간을 살아간다. 드라이한 문체로 향수를 말한다는 김광림의 개성은 냉정한 현실인식과 싱싱한 생명력이 넘치는 인간성을 회복하려는 생각의 갈등에서 태어난다고 할 수 있다.
 더욱이 고속화하는 시대에 전통적인 풍자정신에 입각한 뜨거운 웃음의 에너지를 흡수하면서 모더니즘의 냉철한 웃음이 어떻게 전개되어 갈 것인가, 그것은 일본의 웃음의 문제이기도 하다.

(≪潮流詩派≫ 150호에서)

일본시인이 한국어로 쓴
― 김광림론

가미야 아유미(神谷鮎美)

1. 휴전선과 시인

한국을 대표하는 시인 김광림은 한국뿐만 아니라 일본, 대만에서도 중요한 입장에 있는 시인이다. 일본에서의 활약은 세 권의 역시집 『세계시인총서 5 시라이시 가즈코편 김광림 시집』(靑樹社, 1995), 『세계현대시문고 25 한국삼인시집 구상·김남조·김광림』(토요미술사, 1998), 『세계시인총서 10 속·김광림 시집』(靑樹社, 2002) 출판, 1996년에는 외국인으로선 처음으로 지큐상(地球賞) 수상. 대만에서는 1999년 '중흥문예특별공헌상(中興文藝特別貢獻賞)'을 수상했다. 그 밖에 1999년판 PEN International(volume49 NO.2)에는 「0」이 번역돼 실렸다. 김광림은 일본작품도 정력적으로 번역해 한국에서 소개하고 있다. 大江健三郎의 『상처를 딛고 사랑을 되찾은 나의 가족』(고려원), 遠藤周作의 『예수의 생애』, 『그리스도의 탄생』(홍성사), 田村隆一 시집 『사천(四千)의 날과 밤』(열음사) 등 숱한 작품을 번역, 출판해 왔다. 또한 2001년 12월에 출판한 『일본현대시인론』(국학자료원)에는 '소화(昭和)시인론' 부분에 西脇順三郎, 金子光晴 등 11명, '전후시인론' 부분에서 鮎川信夫, 田村隆一 등 8명을 그들의 작품들과 함께 논하고 한국시와 일본시의 다리를 놓는 중요한 역할을 하고 있다.

김광림은 1929년 함경남도 원산시 중리에서 태어났다. 고향은 북한에 있다. 1948년 연천을 거쳐 한탄강을 건너 혼자 월남했다. '월남'이라는 것은 지금의 북한에서 남한에 넘어온 사람을 가리키는 말이다. 당시는 김광림 뿐만 아니라 월남자가 많이 있었다. 시인 구상도 그 중의 한사람이라고 한다.

김광림이 월남한 까닭은 1947년에 일어난 "응향시집 사건"이 계기가 된다. 원산 문학가동맹에서 구상 등이 중심이 되어 '광복 기념' 시집『응향(凝香)』을 발행했지만 그 시집이 출판되자마자 '회의적, 공상적, 퇴폐적, 도피적, 절망적, 반동적'이라는 여섯 가지 죄목이 붙여져 그로 인해 시인들이 자아비판을 당하고 있는 것을 목격했기 때문이다.

그 밖에도 영문학을 전공하기 위해 입학한 평양종합대학 역사문학부 외국문학과는 사실성 러시아어과이고 볼셰비키 당사의 강의와 강제노동(학교 신축공사 작업)에 싫증이 난 것도 월남을 결심한 이유이기도 하다.

그것이 부모님과의 영원한 이별이 되리라고는 누가 알았을까. 살짝 집을 나올 때에 모친에게는 남으로 간다는 것을 말했지만 부친에게는 아무 말도 안 했다. 모친은 '돈으로 바꿔 쓰라'고 김광림에게 오징어를 많이 줬다. 자식이 걱정되어 차비에 보태 쓰라고. 그리고 55년간 부모 형제들과는 편지 한 장 주고받지 못한 채 지금에 이른다.

일찍이 김광림 시인과 함께 통일전망대를 찾아갔다. 차 안에서는 말이 많았는데 전망대에 오르자마자 말수가 줄고 산 저쪽을 응시한다. 바로 눈앞에 북한이 보인다. 하늘에는 까치가 날아간다. 갑자기 "아, 새가 되고 싶구나. 고향으로 날아갈 수 있는데"라고 중얼거린 김 시인 말에 나는 말을 잃었다.

'이산가족'의 아픔을 이 한 마디로 이해할 수 있었다. 통일전망대를 찾아가는 사람들은 '아버지' '어머니' 하고 몰래 중얼거리고 있을 것이다. 김 시인한테서 부모님에 대한 이야기를 들은 적이 있다. "부모님이 살아 계시면 아흔 살은 넘었지. 북한에서는 장수할 수 없는데 다시는 보지 못할 거 같애."

이 짧은 말에 담긴 무게에 나는 아무 말도 할 수 없었다. 내가 지금 '아버지' '어머니'하고 당연하게 부모님을 부르고 있지만 눈앞에 있는 김 시인은 못한다. 그 아픔이 '새가 되고 싶구나'라고 한 말에 담겨 있는 거겠지. 살아 계시지 않을지도 모르는 부모님이지만 새가 되면 다시 만날 수 있겠지 하고 김 시인은 생각하고 있는 것 같다. 그러나 나에겐 더 이상 김 시인의 마음속을 물어볼 용기가 없었다.

6·25라고 말하는 1950년의 한국전쟁 발발 후 바로 김광림은 징병된다. 격전지로 유명한 백마고시에 있었던 김 시인은 눈앞에서 많은 젊은이들이 죽어 가는 것을 봤다. 옆에 서 있던 연락병이 낙오탄의 파편에 맞아 전사했다. 어쩌면 죽은 자는 자신이며 그는 자기 대신 죽은 게 아닐까······

　　　진달래
　　　– 너희들, 수난을 앞서 겪은 정열과 소박과 욕됨이
　　　　흡사 일등병 같은 꽃이여!

　　　뉘의 모습일랑
　　　비스듬히 닮았을
　　　진달래야
　　　진달래

　　　밑두리 발가숭에
　　　채색도 모른 채
　　　조국의 꽃이라서
　　　모질게도 피는구나

　　　그 날 꽃가루 날아간
　　　앳된 넋을 닮아서
　　　상채기 붉은
　　　피도 고운데

노상 앞장만 서던
달이는 일등병

죽어서도
제 모습을 꼬옥 닮아서
속잎도 퍼지기 전에 떨어져 버렸구나
진달래야
진달래

「진달래」라고 하는 시로 표현된 연락병의 죽음. 어쩌면 죽은 사람은 자신이었을지도 모른다. 그러한 생각으로 그 때부터 살고 있다.

김광림의 초기 작품은 전쟁시가 많다.「꽃의 서시」,「꽃의 반항」,「상심하는 접목」등 젊은 시인의 감수성이 사로잡은 전쟁을 식물과 삶과 겹쳐 관념적으로 표현하고 있다. 꽃은 아마 젊음의 상징일 것이다. 그러므로 더욱 전쟁의 비참함이 담긴 시들이라 하겠다.

김 시인은 나이가 들어 휴전선에 가까운 마을로 이사갔다. 한국에서 155마일은 휴전선(일본에서는 38도선)을 가리킨다.

마을길을 따라 군부대가 몇 군데나 있고 입구에는 경비병이 서 있다. 오전 중에는 훈련 대포 소리가 울린다. 트럭은 많은 병사들을 싣고 달린다. 조용하고 한가로운 마을에 있는 군복 입은 군인들의 정경. 그 마을에서 지금도 시인은 시를 쓰고 있다. 수많은 슬픔과 아픔을 넘어 살아온 인생을 말로 승화시키며.

2. 시인의 원점

이야기는 전후하지만 김광림의 시의 원점을 찾아보기로 한다. 지금의 '조선민주주의 인민공화국'이 있는 고향, 원산에서 광복을 맞은 그는 그 다음다음 날에 원산상업학교 운동장에서 열린 광복 경축의 군중 집회를 구경하러 갔다. 거기에서 후에 만나게 되는 구상 시인의 모습을 처음 보았다. 앞서 말한 '응향 사건'의 원인이 된 시집『응향』의 중심 인물이다. 그리고 그 시집의 표지 그림을 그린 이중섭 화백과의 만남이 김광림을 예술로 이끌어갔다.

  선배한테 소개받은 인연으로 이중섭 집을 몇 번이나 찾아간 김광림은 그 집에 있는 시집들을 닥치는 대로 끌어내어 시 이야기를 하거나 그이한테서 책을 빌리는 등 교류를 깊게 하면서 박식한 이중섭헌테서 많은 영향을 받게 된다. 그리고 이중섭이 곧잘 뇌까리던 '보고 또 보고'란 말이 김광림의 기억 속에 깊이 새겨진다.

  18세란 젊은 나이로 북에서 남으로 넘어온 김 시인은 월남 후 곧「문풍지」라는 시를 쓴다. 문풍지는 문 등의 틈새로 들어오는 바람을 막기 위해 틀에 붙이는 종이를 말한다. 시 동인의 집에서 하룻밤을 머물게 됐는데 새벽녘에 깨어나 잠이 안 온다. 그 때 시인의 눈에 들어온 것이 비바람에 얼룩진 문풍지였다. 그것을 바라보면서 앞으로 어떻게 살아갈까 생각하고 있을 대 이중섭이 자주 말했던 '보고 또 보고'란 말이 생각나서 이 시를 썼다.

    낡은 문풍지에서
    서낭당1) 기와 냄새가 풍기다

    보고
    또 보고

---

1) 서낭당: 고개나 마을의 입구와 경계, 산기슭의 길가에 있는 백지나 오색의 명주 등을 걸어 놓은 나무(신령이 머무른다는 나무)하고 그 나무 밑에 돌을 싼 탑을 가리키는 말. 마을이나 동네의 수호신, 산신, 나드리의 신이다. −조선을 아는 사전(평범사 刊)

이윽히 들여다보면
아슬아슬 옛이야기가 생각나다

해 묵은 풍지 위에
비 자욱이 서려

천년 묵은
벽화 맛이 돋아오르다

— 「문풍지」

　동인들의 추천으로 이 시를 박두진 시인에게 보였더니 '연합신문사 문화부장 구상에게 보이라'고 말했다. 이것이 고향 원산에서 먼 곳에서 보았던 시인과의 만남으로 이어진다.
　신문사에서 구상을 만나 '원산에서 며칠 전에 넘어왔다'고 하자 구상은 김광림을 지하식당으로 데리고 가 우동을 두 그릇 시켜 먹으라고 했다. 같은 탈북자라는 점에서 북에서 온 사람의 마음을 잘 알았을 것이다. 작품 「문풍지」를 보였더니 '좀 관념적이긴 하지만'하면서 구상은 그 시를 놓고 가라고 했다.
　그리고 그 시는 연합신문의 '민중문화란'에 게재되고 김광림은 '월남학생'으로 소개되었다.(1948) 그것이 김광림의 실질적인 시인 데뷔가 되는 셈이다. 현재 한국에서 시인으로 데뷔하는 과정은 '시 잡지의 추천위원이 신인을 추천'하거나 '시 잡지의 신인 응모작품에 투고하여 입선'하는 과정이 있는데, 그것과 비교하면 김광림의 시인으로서의 걸음은 좀 이질적인 곳에서 출발한 것 같다. 그러나 그것을 계기로 김광림은 시 동아리를 얻어 점점 활동을 넓혀간다.
　1957년 5월에 같은 월남자인 전봉건, 김종삼과 연대시집 『전쟁과 음악과 희망과』(자유세계사)를 출판한다. 이 시집은 맨 처음에 김종삼이 '음악과', 가운데에 김광림이 '전쟁과' 그리고 마지막으로 전봉건이 '희망과'를 쓰고 있다. 이 시집으로 김광림은 시인으로서의 존재감을 크게 나타내게 된다. 또한 한국에 현존하는 월간 시 잡지 ≪현대시학≫, ≪시문학≫, ≪심상≫, ≪현대시≫ 중에서 ≪시문학≫ 이외의 잡지의 창간 혹은 편집에 김광림이 관계하고 있다. 그리고 그들 잡지에서 많은 신인시인을 한국 시단에 데뷔시켜 왔다. 김 시인의 주변에는 늘 시 동아리가 있고 그는 시 잡지의 편집을 도와주었다.

김광림 시인은 한국 시단에서만 활약하는 게 아니라 일본, 대만에서도 높은 평가를 받고 있다. 세계시인제 등에 적극적으로 참가하고 있는 배경에는 시의 재능뿐만 아니라 김광림의 인품에도 큰 이유가 있다고 나는 생각한다.

시에서 느끼는 따뜻함과 같은 따뜻함을 김 시인이 말한 유머 넘치는 말투에서 느낀다. 그러나 때로는 상대방을 즐겁게 하려고 하는 밝은 마음과 갖가지 시련을 겪어온 그늘의 마음이 동시에 느껴져 당황할 때가 있다. 그런 빛과 그늘의 부분이 교착한 데가 김광림 시의 원점이 아닌가 생각된다. 사진을 아름답게 찍기 위해서는 피사체에 그늘의 부분이 있어야 한다. 그늘이 있어야 가치가 있다. 김 시인의 시도 내포하는 빛과 그늘에 의해 많은 사람들의 마음에 와 닿는 것이리라.

3. 시인과 가족

김광림의 시에는 그의 가족이 자주 등장한다. 일본에서 가장 흔히 읽는 「반도의 아픔」에는 손자(큰아들의 아들)가 등장한다. 신문을 읽고 있는 시인의 음부를 손자가 물어 아파하는데 그 아픔을 한반도가 겪은 운명과 겹쳐서 쓴 시이다. 그때의 아이는 훗날 「또 퇴물」에서 컴퓨터에 홀딱 빠진 소년으로 등장해 그 성장과정을 독자는 알게 된다. 또한 「동심 1」, 「동심 2」에서는 세 살

난 손녀가 등장하여 배우기 시작한 말을 사용해서 주변의 어른들에게 엉뚱한 말을 하는 즐거움을 표현하고 있다.

- 엄마 엄마 나 배꼽 이쁘지
- 그래 예쁘다
- 할아버지 배꼽도 이뻐
- ?
할 수 없다
내가 나설 수밖에
- 예쁜지 안 예쁜지 만져 보렴
- 엄마 배꼽도 이뻐
자부는 고개를 떨군 채 묵묵부답이다.
- 엄만 바보야 그것도 몰라

― 「동심 2」

여기에 등장하는 손녀는 「작품」에 등장하는 손녀와 같은 인물이 아닌가 싶다. 「작품」에는 자기 아버지의 조각 작품을 "이거 우리 아빠 작품이다"하고 자랑하는 장면이 있어 조각가인 둘째아들 상일 씨 딸이라고 생각된다. 「동안(童眼)」이라는 시에도 말을 익히기 시작한 세 살짜리 손자가 등장하지만 그곳에는 '외손자'라는 표현이 있는 것으로 보아 막내딸 상미 씨 아이라 생각된다. 어느 시에도 손자에 대한 깊은 애정과 말을 익히기 시작한 시기의 귀여움이 느껴진다.

김광림에게는 사 남매의 자녀가 있다. 그러나 「양지에서」라는 한 연작 중의 「순연(純然)」에는 또 한 명의 자식이 등장한다.

… (전략) …

아가는
죄그맣게 움켜 쥐었던

원죄를 놓았다
영혼을
햇살에 담아 가지고
날아오르는
비둘기

나는
마지막을 붙들고
울 듯
새벽이면
우는
새

연꽃봉올 위에
굴러내리는
숨결을
걷어올리는
날빛처럼
아름다이 아름다이 불리울
죽음같이
神은 계셨다

— 60일 만에 죽은 아들 상진(尙珍)에게

김광림과의 회화에는 늘 사 남매의 이야기가 나온다. 죽은 자식의 이야기를 꼭 한 번 들은 적이 있다. 하지만 '다섯 명의 자식이 태어났지만 한 명은 태어나자 곧 죽었다'고 들었다. 나는 그 이상 들은 것이 없다.

아내인 임은교는 1998년 9월 7일에 심근경색으로 죽었다. 김광림의 「갈등」(≪현대문학≫, 1972년 5월호에 발표)에서는 빚진 아내와 함께 온천 여행으로 간 시인의 심경이 그려져 있다. 이 여행은 아내와 헤어지기 위한 것이고 여윈 아내의 몸을 등나무꽃에, 손발을 넝쿨에 비유하면서 자기자신의 심리적 갈등을 엮어 내고 있다. 늘 가까이 있다고 생각한 아내를 자신이 너무 모르고 있던 것에 대한 느낌이 나타나 있다.

그런 갈등을 거쳐 함께 지내온 아내가 죽은 후 김 시인은 「데드 마스크」를 썼다. 그 시는 김광림 집의 중심에 있는 거실에 장식돼 있다. 놀러온 자식들, 손자들이 언제나 지켜볼 수 있는 자리이다.

시 속에 등장하는 시인의 가족, 거기에는 늘 시인의 따스한 눈길이 담겨져 있다.

> 아내는
> 깨울 수 없는 잠을 자고 있다
> 일체로부터 초연해 있다
> 최상 최고의 해방감은
> 바로 이런 것인가
>
> 지금의 나는
> 영원을 얻은 아내 앞에서
> 고작
> 탐욕을 버리느라 애쓰는
> 한갓 졸장부에 불과하다
>
> ― 「데드 마스크」

4. 소용돌이 속에서

나에게 있어 김광림은 거인과 같은 존재이고 이 시인에 대해 연구하면 할수록 새로운 수수께끼가 생긴다. 소용돌이 속에 끌려들어 가는 듯한 느낌마저 든다. 「문풍지」부터 시작되는 850여 편의 작품 모두를 읽은 건 아니고 내가 원문으로 읽은 시는 불과 100편이다. 그런 내가 김광림에 대해 쓸 수 있는지, 두려움을 느끼면서 지금까지 써왔다.

 내가 읽은 적은 작품 중에서 '소용돌이'라는 단어가 자주 눈에 뜨인다. 시 속에 소용돌이가 나올 때마다 나는 많은 것을 연상했다. 조용한 수면에 나타나는 소용돌이, 소용돌이에 빨려드는 자신, 아무 것도 없는 데에 생긴 소용돌이에 흡수되는 사람. 어느 날 내 친구가 말했다. "이 '소용돌이'는 말 그대로가 아니라 '소동, 동란'이라고 번역하는게 좋지 않을까?"

 문덕수도 다음과 같이 쓰고 있다.

 "그는 인간의 질풍노도와 같은 감정이나 혼란, 테러, 전쟁, 무질서, 불합리, 극악무도, 비인간적인 역사 현실이라는 상황에 몰려서 자연적으로 발생하는 시에 자신을 내맡기는 일에 결코 만족하지 않았던 것이다. 그의 지성은 그러한 소용돌이나 태풍을 조용히 휘어잡아서 안으로 수렴하여 내면화했던 것이고, 여기를 원점으로 하여 그의 포에지는 영글었던 것이다. 김광림의 인생은 몇 가지 소용돌이 속에 휘말린 나날이었다. 식민지 시대에 강제로 받은 일본어 교육, 열여덟 살 때 생이별하여 생사조차 모르는 육친, 동족끼리 서로 싸운 한국전쟁 그리고 군인으로 참전한 백마고지의 격전, 전후의 혼란기를 온갖 일을 하면서 살아온 이 시인의 인생은 '소용돌이'라는 말 한 마디로 표현할 수 없는 것이다. 시에 나타나는 '소용돌이'의 배경에 그가 살아온 인생이 있을 것이다.

 일찍이 김광림의 집에서 '음악을 듣자'고 해서 들은 카세트 테이프에서 흘러나온 것은 '사과의 노래' 등의 일본의 전중 전후의 노래들이었다. 젊은 시절의 추억이 그 노래들에 담겨져 있다고 했다.

 그 때 시인의 청춘 시대의 아픔을 느꼈다. 일본어로 말하도록 강제당한 학생 시대나 일본 지배 하의 생활을 연상하면 일본 사람인 나는 가슴이 아프다. 일본이 일으킨 소용돌이에 휘말려든 사람이 여기에 있다. 그 소용돌이를 지금도 시인은 계속해서 쓰고 있다.

김광림은 시의 테마로 한때 '이산가족'과 '전쟁'에 눈을 돌린 적이 있었다. 시인 자신이 이산가족이기 때문에 자연히 가족을 생각하는 시가 된 것 같다. 또한 육친과 헤어진 슬픔이 자식들과 손자들에 대한 자애심으로 이어져 있다.

최근 발행된 ≪시로 여는 세상≫ 제7호에서 권택명은 대담 속에서 다음과 같은 말을 하고 있다.

"시집과 시론집 외에 여러 권의 번역서도 내신 것으로 알고 있습니다. 특히 그 중에서도 일본의 유명 작가인 엔도오 슈우사쿠(遠藤周作)의 『예수의 생애』와 『그리스도의 탄생』 등 종교 서적 계통도 있습니다. 혹시 종교를 가지고 계시는지요? 그리고 종교와 문학에 대해서는 어떻게 생각하시는지요?"

김광림은 이렇게 대꾸하고 있다.

"나는 아직 일정한 종교는 없습니다. 시가 나를 구원한다고 했지만 시인이 모색하고 탐구할 때 시가 나오지 않겠느냐 하는 것이 내 생각입니다."

시가 자신을 구원한다는 생각을 가지고 850편을 계속 써온 것은 소용돌이 속에서 당황하지 않고 남몰래 자신을 응시하는 모습을 연상시킨다. 그것은 엔도오 슈우사쿠의 많은 작품에 나오는 주인공의 고뇌와 고독에 찬 모습과도 겹친다. 홀로 북한에서 남한에 와서 외롭게 자신의 고뇌를 품고 살아온 인생. 정해진 종교는 없다고 대답하고 있지만 엔도오 슈우사쿠의 작품의 주인공에 자신을 투영시킨 것이 아닌가 하는 생각이 든다.

고독한 나날, 시인은 누구를 사랑하고, 무엇을 사랑했을까? 시를 쓰는 것으로 위로받는 자신의 마음. 상처를 가진 자가 알 수 있는 남들의 모습.

그러한 자신과 남들 사이를 헤매면서 시인은 지금 뭔가를 찾고 있다. 그 '뭔가'에 대해서 생각하면 나는 더욱 이 김광림을 알 수 없게 된다. 김광림 자신 소용돌이 같은 존재이고 쓰면 쓸수록 소용돌이는 깊어져 간다.

김광림 시집을 읽고

스즈키 슝(鈴木 俊)

8월 말에 대만의 일월담(日月潭)에서 개최된 아시아시인회의에서 한국의 김광림 씨로부터 막 출간된 『白石 가즈코편 김광림 시집』(일본어판 서사(書肆) 靑樹社 2300엔)을 받았다. 서명날인한 것이다. 이 시집을 받은 것만으로도 대만에 온 보람을 느꼈다.

지난 해 가을 프라하에서 개최된 국제펜에 참가하고 나서 체코나 헝가리의 몇몇 도시를 구경하고 다녔다. 오랫동안 큰 나라의 강권 하에 있었던 사람들의 고뇌가 지금껏 피부에 전해오는 느낌이 들었지만 이번의 여행에서는 국제적인 긴장관계 밑에 놓여진 대만이어서 한국에서 달려온 김광림 씨로부터 시집을 받았기 때문에 그 인상은 강렬했다.

대만 가는 얘기가 있었을 때 솔직히 말해서 꽤 망설였다. 근무처의 휴가를 얻어 4월 중순에 일본에 온 김씨는 하룻밤 우리집에 머물며 인바누아(늪이름) 호반에서 술을 대작하고 나서 귀국했다. 바로 어제의 일만 같다. 그후 6월의 독일 체재에서 연말까지에 예정된 일이 대폭 지체되어 있다. 게다가 실례된 말이어서 황송하지만 8월에 들어서서 변비가 계속되어 대장의 정밀검사를 받기로 되어 있었다. 악성이라 즉각 입원해야 할 판이다. 최소한도까지 답장을 연기받았으나 검사 결과, 별일 없다기에 뒤늦게 참가했다.

처음인 대만행은 그러나 참가하기를 잘 하였다는 생각이다. 陳千武 씨, 錦連 씨, 廖祖堯 씨 외에 많은 시인들의 정성을 다한 대접을 받았다. 이 일에 대해서는 후일 다시 쓰기로 하고 여기에서 한 마디 해두고 싶은 것은 대만 사람들도 또한 강권의 지배에 날마다 불안한 생각을 하고 있다는 사실이다. 아무리 완벽한 이데올로기라 할지라도 그것이 사람들의 생활에서 유리되어 일방적으로 표현의 자유를 구속해버리는 정치체제를 이룩할 때는 이데올로기 그 자체가 강권을 지탱하는 흉기가 되는 데는 변함이 없다. 지금도 여전히 분단된 반도에 사는 김씨가 30여 명의 한국시인과 더불어 참가하고 있는 사실을 나는 일본에서 만날 때보다도 더욱 절실하고 뜻깊은 것으로 받아들였다.

> 올해 갓 스물 난 막내딸보다
> 두 살이나 더 어린 나이에
> 혈혈단신 38선을 넘어와서
> 이제 이순(耳順)이 내일 모레인데
> 나는 아직 가족의 소식을 모른다
> 생사조차 까마득하다
> 세월은 모든 것을 앗아간다지만
> 두고 온 산하(山河)만은 잊을 수가 없어
> 헤어진 가족만은 단념할 수가 없어
>
> ―「이산가족」부분

이와 같은 절박한 감정에서 태어난 김 씨의 시는 늘 즉물적이며 공격적인 성격을 지니고 있다. 일본어에 능숙한 김 씨이긴 하지만 그의 시는 유럽의 현대시에 가깝다고 생각한다. 메타포가 안개 같이 끼어서 독자가 출구를 찾아 헤매다니는 것 같은 작품은 내가 읽은 한에서는 그에게는 없다. 모호한 감상이 꼬리를 끌어 독자를 쉽사리 도취에 끌어들이는 일도 없다. 외려 그 반대이다. 비유는 그에게 있어서는 가혹한 현실을 순간적으로 독자에게 상기시키는 무기인 것이다.

《舟》 80호에 기고한 그의 「반도의 아픔」을 인용해 보자.

> 칭얼대는 손자를 아랑곳없이
> 조간 사회면에 눈길이 쏠렸다가
> 돌연 반도에 통증이 일었다
> 이중섭의 게발이 접은 듯
>
> 일찍이 어머니의 젖꼭지를 깨물던
> 조상대대의 관습 그대로
> 돋아나는 이빨이 근지러워
> 손자는 나의 凸부를 문 것이다.
>
> 순간 나는 자지러질 수도
> 뉘에게 호소할 수도
> 더더욱 며느리 앞에선
> 아프다 할 수 없는 아픔을
> 잔뜩 움켜잡아야만 했다
>
> ─「반도의 아픔」 부분

여기에서는 '반도'가 남근(男根)을 가리키고 있는 것은 분명하다. 하지만 작품을 통해서 읽으면 남근이 한반도를 가리키고 있는 것도 또한 분명해진다. 소중한 데를 물려서 몸 안을 꿰뚫는 통증……. 그 생리적 통증이 곧장 한반도를 분단 당한 자의 통증을 불러일으킨다. 상대가 손자이기 때문에 두들길 수도 없다는 것과 마찬가지로 상대가 동포라면 복수의 불꽃에 몸을 태울 수도 없다.

뉘에게 호소할 수도 없는 아픔에 나홀로 남모르게 목메일 수밖에

  현상에의 즉물적인 접근과 냉정한 시인의 통찰력을 가령 독일의 신즉물주의의 시인들 프레히드나 케스트너, 링케르나츠의 시에서 보듯이 작품 속에 날카로운 풍자와 해학의 정신을 품게 된다.
  앞서 든「반도의 아픔」속에는 생리적인 통증을 노여움으로 발산할 수 없는 굴절이 부드러운 괴로움이 되어 작품 전체를 덮고 있다. '더욱 며느리 앞에선/아프다 할 수 없는 아픔을/잔뜩 움켜잡아야만 했다'는 우스꽝스러운 모습은 제1차대전 후의 패전국 독일에서 빈곤과 굴욕감에 허덕이는 독일시민에게 가슴 밑바닥에서부터 나오는 웃음을 제공한 링게르나츠의 무대의 모습 그것이다.

    말뚝이 잘 뽑히지 않았다
    반쯤 부러진 채
    끊긴 가시줄에 엉기어 있었다
    출품되지 않은 조각처럼
    뒷발을 든 강아지가
    오줌을 갈기고 달아나자
    에펠탑을 보고 화를 버럭 내었던
    말라르메의 기침 소리가 들렸다
    양철 지붕에선
    쉴 새 없이 빗물이 떨어지고
    녹슬어가는 가시줄 사이로
    새 잎사귀가 돋아났다
    이웃간의 지경처럼 망측한 것은
    또 없었다

                                      —「말뚝」전문

  우스꽝스러운 것은 인간만이 아니다. 김광림 씨가 마음으로부터 사랑하는

조국은 풍경까지가 극히 비참하고 우스꽝스러운 것이다. 이웃간에 다투고 총을 겨누고 말뚝을 세워 철조망까지 엮어놓은 결과가 세월과 더불어 풍화해서 녹슬어 어떻게도 할 수 없는 오브제를 드러내고 있는 것이다. 이 짧은 한 편의 시에 나는 언제나 온화한 풍모를 무너뜨리지 않는 시인 김광림의 쓸쓸한 내면을 기웃거려본 듯하다. (1995. 10. 29)

(≪舟≫ 82호, '96. 1. 15 리얼리티회 발행)

내면으로 열린 창(窓)
― 김광림 시집평

야마구치 소오지(山口惣司)

　氏는 총체적으로 비극인이다. 하지만 슬픔 따위는 티끌만치도 보이지 않는 강인한 사람이다. 그러면 기지(機智)가 풍부하며 어딘가 유머를 풍기는 사람이다. 이른바 '역설' 그 자체를 내부에 보듬은(응당 조국이 안고 있는 역사의 복잡함이나 부조리의……) 사람이다. 그런데 이 시집이 지닌 '천근의 우수'란 무엇일까. '어처구니없는 상냥함'은 무엇일까? 때로는 '농담하는 모습'이 보였다 안 보였다 하고 그것이 순간적이어서 '통렬한 풍자'를 거느리고 '노여움'이나 '심한 꾸짖음'이나 '탄식'을 유도하고 그리고 어딘가 '해학'에 충만해서 '수줍음'을 가득 나타낸다. 읽기 시작하면 벌써 독자는 '김광림'의 어처구니없이 큰 품에 끌려들어가 버린다.
　권두시 「창」의 첫머리는 이러하다.

　　　　교수(絞首)의 순간에 짚어보는 공허를 틀에 끼워놓은 것이 창이다
　　　　그래서 창은 피차의 갈증을 넘보는 버릇이 있다……

　무서운 교수의 순간을 고발적으로 제시하면서 곧 "창은 피차의 갈증을 넘

보는 버릇이 있다"고 남북으로 양단된 조국의 상황으로 객체화된다.

그러면서 2연의 첫 행에서 "좀처럼 창을 벗어나지 못하는 구름이 있다"고 미련도 품고 소슬하게 끌면서

> 제자리에 머물러 각혈하거나 끝내는
> 자신의 존재를 찢어발긴다 이 조용한
> 붕괴를 무관하게 지켜볼 때 비로소
> 창이 내부로 열린다

고, 고요히 氏 자신의 내면을 개진하고 있다. 이 창에서 전편에 '풍자'와 '해학', '위트'나 '패러독스'에 찬 氏 일류의 작품이 섬세하게 때로는 드라마틱하게 얼비치는 것이다. 참으로 멋진 구성이 아닐 수 없다.

그런데 이 시집의 주축이 되는 작품으로서 「반도의 아픔」을 들고 싶다.

> 칭얼대는 손자를 아랑곳없이
> 조간 사회면에 눈길이 쏠렸다가
> 돌연 반도에 통증이 일었다

여기서 말하는 '반도(半島)'란 그의 비장의 부위이다. 천하고 음란함을 드러내기 쉬운 비밀스러운 부위가 신성한 조국으로 흡사하게 되어 있다. 그리고 가장 사랑스러운 손자(동포)가 그것을 근지러운 이빨로 물려고(둘로 절단하려고) 한 것이다.

> 귀여움에 겨우면
> 물릴 수도 있다는
> 어수룩 멍청하다간
> 떼일 수도 있다는

이 어처구니 없는 수난을
지금 반도가 치러야 하다니
남모르게
나는 목메일 수밖에

 이제 설명도 아무 것도 다가오지 못하게 하는 가열함이 그러면서도 마음에 차지 않아 괴로울 만큼 기지(機智)에 지탱된 수작(秀作)이다.
 「말뚝」도 전반에서는 익살조지만 어째서 '이웃간의 지경'의 말뚝이 뽑히지 않는가 하는 심각한 것이다. 이 지경이란 남과 북, 혹은 바다 건너 일본을 가리키는 듯하다. 이를테면 氏의 내면에 상징적으로 박힌 듬직히 무거운 말뚝이다.
 지난 날 氏는 조시(銚子)에 놀러와 우리집에 들러 할머니를 비롯한 가족들과의 교류 속에서 거북해 하지 않는 하룻밤을 보냈다. 그리고 다음 날 아침 "말뚝이 뽑혀 버렸다"고 휘호를 갈겼다.
 시키시(色紙)에 남긴 표표한 글씨 자욱은 내성적인 氏의 역설적인 내면의 풍경이기도 하다.

(월간시지 ≪시와 사상≫, '96년 4월호)

김광림의 유머와 인간의 진실

마루지 마모루(丸地 守)

일본에 숱한 벗을 가진 김광림도 앞서 말한대로 북에서 남으로 건너온 시인이다. 그는 나에게 말한 적이 있다. "개성(고려의 수도)의 근처에 솟아있는 송악산이 보이는 곳(경계선 근처)에 자식이 땅을 샀다. 그 곳에 집을 지어 부모 그리고 동생들을 생각하며 보내고 싶다"고. 그는 지금 현재도 산 하나 넘으면 북과의 휴전라인이라는 산골에 살고 있다. 부모나 동생들이 살고 있는지 죽었는지 전혀 알지 못하는 나날, 찢어지는 듯한 그의 참다운 심정을 누가 그 깊이까지 알 수 있으랴. 그런 내면의 아픔을 견디면서 경계에 대한 생각을 그는 다음의 시에 쓰고 있다.

> 말뚝이 잘 뽑히지 않았다
> 반쯤 부러진 채
> 끊긴 가시줄에 엉기어 있었다
> 출품되지 않은 조각처럼
> 뒷발을 든 강아지가
> 오줌을 갈기고 달아나자
> 에펠탑을 보고 화를 버럭 내었던

> 말라르메의 기침 소리가 들렸다
> (중략)
> 이웃간의 지경처럼 망측한 것은
> 또 없었다
>
> ―「말뚝」

김광림은 구미(歐美) 그리고 일본의 시에 특별한 관심을 갖고 있다. 그 통찰력도 깊다. 시집 외에 시론집 『존재에의 향수』, 『오늘의 시학』, 『아이러니의 시학』을 갖고 있으며 역시집도 다무라(田村隆一) 시집, 시라이시(白石かずこ) 시집 등이 있으며 또한 더욱이 일본의 시인을 문예지에 시리즈로 특집을 꾸며 소개하고 있다. 그 밖에 엔도(遠藤周作), 오오애(大江健三郎) 등의 소설집 번역이 있다.

그는 대화 중에 조크를 기관총처럼 내갈긴다. 그의 조크의 원천은 대체 무엇일까 하고 생각한 일이 있다. 평일의 신주쿠(新宿) 공원에서 두 사람만의 산책을 즐기고 있을 때였다. 나는 마음껏 그것에 대해 그에게 물었다. 그는 잠시 고개를 떨구고 있다가 머리를 쳐들고 "뭐 자신 속에 있는 고통을 얼버무리기 위해 조크를 사용하고 있지요"하며 절실한 본심을 말해주었다. 그의 조크와 유머 넘치는 말 뒤에는 인간의 진실이 큰 소리를 지르며 울고 있었던 것이다.

> 새를 겨누어
> 호흡을 멈추었다
> 멈춘 호흡 사이로
> 한 마리
> 사나운 짐승이 눈을 부라렸다
> 켕긴 나뭇가지
> 시원(始原)의 나뭇가지를 두고
> 마지막 잎새가 떠나갔다

횅 하니 공간이 뚫렸다
죽음이 소용돌이를 빠져나오는
일순(一瞬)에도
총 끝에서 노래하는 천연의 새가 있다

— 「새」

살의의 탄도(彈道)의 소용돌이 속에서 태연히 노래를 하고 있는 새의 기품을 자신의 내적 정신과 더블시킨 멋진 시이다. 이 자연의 새와 총과의 대비는 실로 시사적이다.

김광림은 어디서 이 동기를 발굴해냈을까. 그는 남쪽에 와서 문학을 공부하던 중 동란 때문에 징병에 의해 종군하지 않을 수 없었다. 때로는 남북이 뒤엉킨 시체더미를 넘어 때로는 자신의 고향을 향해 날아드는 포탄 밑에 있기도 했다. 그것은 그야말로 자신의 부모와 자매들을 박살내려는 미군의 포화 바로 밑인 것이다. 또한 북쪽을 폭격하는 쥬라르민의 커다란 새의 그림자가 몇 차례나 몇 차례나 몸과 마음을 도려냈다. 그런 속에서 그가 순간적으로 본 것은 신(神)의 화신(化身)으로서의 한 마리 새가 아니었을까. 지옥이라고 할 수밖에 없는 상황 속에서 그는 내부의 기도의 새를 본 것이 아니었을까.

(「고찰・한국의 현대시」, ≪同時代≫, '99. 6에서)

김광림 시집(108편)
- 일역시집평 세계시인총서 · 10

고다키 고나미

　일본에서도 잘 알려져 있는 한국의 시인이지만 본인에 의한 일본어 시라니 놀랍다. 108편이라는 다수이지만 자유 활달하게 뻗은 속 깊이 갖가지 타입의 작품이어서 독자를 놓치지 않는다. 분단 조국의 희생자로서 곧잘 제시되어 있다.

　「바보상자가 나를 울렸다-이산가족」, 「허튼소리」, 「마지막 소망」, 「반도의 아픔」 등 역사적으로 의의 깊은 비통한 작품이 있다. 또한 고인이 된 벗들을 추도하는 시, 가족이나 일본의 시인들이 등장하는 시, 희롱조로 웃음을 자아내는 시 등 천성의 유머리스트인가 보다.

　전체적으로 해학이 지닌 맛이지만 어딘가 서구풍의 멋부린 분위기를 지닌다. 그것도 당연하며 본국에서는 모더니즘의 세례를 받은 이미지스트로 취급되고 있단다.

　「0」, 「입금1원也」는 현대문명의 허를 찔러 재미있다. 은행예금 시스템에서의 발상으로 현대의 상징이라고도 할 수 있는 지적인 첨예한 작품이다. 누구나가 복수의 예금통장을 지니고 있는 시대지만 이와 같은 모티브의 작품을 나는 본 적이 없다.

예금을 모두 꺼내고 나서
사람들은 말한다
빈 통장이라고
무심코 저버린다
그래도 남아 있는
0이라는 수치

긍정하는 듯
부정하는 듯
그 어느 것도 아닌
남아 있는 비어 있는 세계
살아 있는 것도 아니요
죽어 있는 것도 아닌
그것들마저 홀가분히 벗어버린
이 조용한 허탈

그래도 0을 꺼내려고
은행창구를 찾아들지만
추심할 곳 없는 현세
끝내 무결할 수 없는
이 통장
분명 모두 꺼냈는데도
아직 남아 있는 수치가 있다
버려도 버려지지 않는
세계가 있다

— 「0」 전문

이것은 만상(萬象)에 숨은 진리의 표현이리라. 가령 사람이 죽어도 제(濟)가 아니고 얼마동안은 그 인생의 여향(余香) 같은 것이 다소의 차는 있지만 세상에 남는 것이다. 끝내 잔고를 지워도 전날까지 있었던 잔고의 추이에 이자가 계산되듯이 제로란 임시로 있었던 것을 새삼 깨닫게 한다.

앞서 말한 해학은 부드러운 아이러니에 통하지만 그것은 복잡한 가치관을 지니지 않을 수 없는 현대인의 모순도 포용했기 때문이리라.

> 사람은 죽을 때가 되면
> 사랑하는 가족과 정을 떼놓아야 한다
> 이것을 못하면
> 살아남은 사람들은
> 미련 때문에 괴로워한다
> (중략)
> 그래서 노망기라는 것이 있어서
> (중략)
> 지긋지긋하게 만들어 놓으면
> 정은 절로 떠나가게 마련이다
> (중략)
> 정떼기 쇼에 실패한 사람들 때문에
> 세상은 한바탕
> 추모와 애도의 행사로 야단 법석인걸
>
> ―「정떼기」

더욱이 시라이시 가즈코, 사이토 마모루 두 분에 의한 해설이 있고 각각 작품론과 다른 각도에서 시인에게 다가간다. 전자는 감각적으로 충실한 내용으로 크게 흥취를 돋우고 있다. 후자는 그의 나라 태생이 아니고서는 안되는 풍정(風情)에 언급하고 또한 일본 번역의 아이러니론을 소개 고찰하고 있다. 이 두 분의 기고라는 편집 기획에 의해 한층 가치를 더하고 있다.

(《시와 창조》 41호, 2000.)

다 보고 난 다음의 황량함
– 김광림론

다가하시 기꾸하루(高橋喜久晴)

이미지스트, 예술파의 시인으로 알려진 김광림의 작품에 대해 한국어를 이해하지 못하는 내가 설령 감상문 같은 내용이라 할지라도 이제부터 쓰려고 하는 것은 무모(無謀)에 가깝다고 알면서도 – 중국어도 이해하지 못하면서 천치엔우(陳千武)의 작품론을 써온 것과 마찬가지로 – 감히 해보려 한 것은 두 사람이 일본어에 대해서 실로 풍부하고 확실한 지식과 예민한 감성을 지니고 있다는 것을 알고 있기 때문이다.

또한 일본의 현재의 시의 현상을 잘 이해하고 분석 감상하는 역량도 충분히 지니고 있는 그들은 일본의 시에 있어서 일본어가 어떤 다이내믹을 보이고 있는지에 대해 체험적으로도 이해하고 있다. 자작시를 일본어로 번역하는 것은 오히려 그들에게 있어서 지적인 즐거운 모험이 아닐까.

또한 이렇게도 말할 수 있지 않을까. 교우 20년의 시간을 공유한 그때 그때에 단편적으로 안 상호의 작품에의 흥미가 점차 깊어져 언젠가는 정리된 것으로 각각의 작품을 고쳐 읽어보기로 이야기가 되어 특히 일본어에의 번역에 대해서는 가끔 의견을 교환하기도 했다. 그 때문에 '무모에 가깝다'는 두려움을 넘어 두 사람의 시적 체험에 들어서는 매력과 호기심이 이 일에 나를 들어서게 했다.

 김광림에게 있어서 언어는 좌절하고 두려워하고 집착하고 때로는 농락 당하면서 애완(愛玩)하는 소재이며 무기이다.
 「서시(序詩)」라는 작품이 있다.

    책상에 엎드려
    큰 놈은
    쓰고 지우고
    지우고 쓰는게 일과인
    학습장이다

    뒷 뜰에서는
    작은 놈이
    장난감을 모조리 내놓고
    끌었다간 밀고
    밀었다간 끌며
    결국은 부수고야 마는
    놀음이 한창이다

    나는
    방 한가운데
    배를 깔고 엎드려서
    하나의 이미지를 위해
    언어와 언어를
    쌓았다간 헐고
    헐었다간 쌓고 하는 되풀이

    어느새
    망가진 언어들이 한방 그득하다

김광림의 작품을 읽기 위해 나는 두 개의 키·워드를 언제부터인가 내 안에 마련하고 있었던 것 같다. '유머의 감각'과 '다 보고 난 다음의 황량감'.

강정중은 『한국현대시집』(세계현대시문고·토요미술사)의 「시인소개」 속에서 김광림의 작품에 언급 '<괴로움의 음영>이라는 말투는 어떨까?'라고 써 있었지만 나의 키·워드와 일맥상통하는 어감 내용의 표현이다.

작품 「서시」는 서시이기에 알맞고 새삼 나의 키·워드가 유효하게 작용하고 있는 것을 확인했다.

유머는 남의 바보스러움을 비웃으면서 실은 그것이 자기자신을 포함한 인간성의 천성임을 인정하지 않을 수 없는 결과의 인간에의 사랑과 가엾음의 감각을 지닌 복잡한 웃음이다.

큰 놈도 작은 놈도 -원시에서는 형과 아우가 되어 있지만 이쯤에도 유머의 하나의 특징인 여유를 느끼게 되지 않을까- '쓰고는 지우고/지우고는 쓰는' 일을 되풀이할 뿐 장난감을 손에 들고는 '결국'은 부술 수밖에 없는 놀음을 되풀이하는 바보스런 일상을 지내고 있다.

그렇지만 나도 또한 시에 이끌려 언어의 숲을 방황하게 되었다. 큰 놈이나 작은 놈을, 즉 남을 비웃을 수 있겠는가. 인간의 숙명에의 통찰이 그의 「서시」가 된다. 인간이란 결국 이 우스꽝스러움을 지닌 존재로 확인했다. 확인하고 다 보는 것은 때로 체념에 이어질 수 있지만 김광림은 다 보고 난 다음의 쓸쓸함이 아니라 쓸쓸함을 감히 받아들이는 것이 각오하지 않으면 안 되는 황량감을 우리들 앞에 은근슬쩍 나타낸다.

「어제와 오늘」에서는 나는 달라져 있을 것인데 아무 것도 달라져 있지 않다. '오늘의 사자(死者)는/어제의 사자는' 아니다. 사자에 있어서는 분명히 어제의 사자와 오늘의 사자는 단절되어 있다. 단절의 깊은 못을 스프링으로, 우리는 존재의 엄격함을 알지만 사람들은 긴 미로를 헤매며 아무 일도 없었던 듯이 또 오늘을 뒤로한다. 강아지의 귀여움과 그 방울소리가 우리들 눈과

귀를 덮어버린다. 이 아무런 변화도 없는 것처럼 보이는 일상의 밑바닥을 소리 없이 흘러가는 것은 무엇인가. 그 무서움을 시인은 잘 알고 있다.

  황량한 풍경은 늘 인간이 존재하는 모습의 그늘에 망망히 번져서 참극이 되고 있다.

(3인시집 『동아시아의 하늘에 무지개를』(1989)에서)

냉철한 니힐에서

천치엔우(陳千武)

1

1977년 3월 나는 아내와 일본여행 도중 한국 서울을 돌아 김광림을 방문했다. 당시 한국외환은행에 근무하고 있던 김광림이 김포공항까지 마중나와 외환은행 근처의 호텔에 안내해 주었다. 그날 밤과 다음날 아침 우리들은 한동안 편지글만으로 나누던 시창작이나 한국, 대만 양국의 시활동의 현상 등에 대해서 친숙하게 말할 수 있게 되었다. 여러 가지 의견을 교환하던 중 김광림이 제출한 『아시아현대시집』 편집 출판의 아이디어에는 나도 찬성, 일본의 시즈오카(靜岡)에 갔을 때 다카하시 기꾸하루(高橋喜久晴)에게 이 안을 이야기했다. 그도 찬성한다기에 곧 구체적인 간행 방법을 검토하여 1981년 12월에는 『아시아현대시집』 제1집을 발행, 오늘날까지 이미 4집을 간행, 현재 제5집의 준비도 벌써 시작되고 있다.

1980년 11월 도쿄(東京)에서 지큐(地球) 동인 주최의 국제시인회의에 참가했을 때 김광림과 다시 만날 수 있게 되었다. 그때 김광림으로부터 막 출판된 일본어역시집 『천근의 우수』를 받았다. 이전부터 김광림의 시를 읽고는 있었으나 이 시집에 수록되어 있는 25편의 시에 의해 나는 더욱 깊이 김광림의 시세계에 들어 설 수 있게 되었다.

 김광림의 시를 읽으면 본인을 만난 것과 마찬가지로 냉철하고 지적인 유머의 감각으로 맛들인 맑고 상쾌한 느낌을 깨닫게 된다. 나에게는 그의 작품이 발산하는 그와 같은 매력의 비밀이 당시는 잘 몰랐다.

 그 후 일본에 사는 한국출신의 시인 이기동이 쓴 「김광림론」을 읽게 되었는데 거기에 의하면 김광림은 한국의 시단에서는 이미지스트 시인으로 진작부터 인정되어 분명한 지위를 획득하고 있었다한다. 그런데 김광림의 시의 출발은 로맨티시즘이다. 그것은 그의 시 「어제와 오늘」을 읽음으로써 알 수 있으나 곧 모더니즘의 세례를 받고나서 정서적인 감정을 배제하고 연마된 언어감각에 의한 순수한 이미지의 추구에 전념하여 그 나름의 시세계를 창출했다고 이기동은 꽤 적절한 견해를 서술하고 있다.

2

 김광림의 시에서 우선 직감적으로 느끼는 것은 역시 이미지이다. 그의 시는 대충 연가(連歌)적이며 경쾌하면서도 시니컬한 면이 예상외의 형태로, 읽는 사람의 마음에 충격을 준다. 가령 「석쇠」의 '날씨' 부분 '날마다 태양은/투망을 한다/은어떼는 쾌청이고/비린내는 담천(曇天)과 같아'.

 또는 「여체(女体)」의 황홀상태.

 '진원(震源)이다 잠들지 못하는 대륙은/늘어났다 포개졌다/포개졌다 늘어났다/무시로 배리(背理)가 뒤집히기도/(반도는 태풍권내)/자벌레가 한 마리 접근해 오고 있다'

 이처럼 예민한 취각과 시각, 또한 청각에 의해 구체적으로 '쾌청'이나 '담천'을 감각케 하고 유미(幽美)한 추상을 그려낸다. 또한 한편에서는 추상적인

'성감각'을 구상미화해서 감수시킨다. 이것이 소위 이미지스트 김광림의 수법의 특징이라고도 할 수 있겠다.

　김광림의 이미지는 늘 냉철한 니힐의 일면을 보이면서 게다가 반어적인 풍자의 쾌감과 더불어 나타난다.

　시 「돌의 말」은 '돌에 입이 있다면'이라고 가정하고 있지만 이 가정 그 자체가 이미 재미있다. '시끄러워'라든가 '목마르다' 혹은 '피 흘리고 싶은데' 등의 인간적인 욕망의 말을 돌이 한다는 착상. '돌/화롯불에 달구고/칭칭 옭아' 채찍질함으로써 '그만 녹아버리고 싶어요'라는 말을 남긴다. 이러한 유머스러운 야유로 인간성의 습관적인 욕구를 강변하면서 긴장도를 증가시키면서 마지막에는 '녹아버리고 싶어요'라는 온화하고 선량한 말투의 한마디로 온갖 긴장을 풀어버린다. 실로 청명상쾌한 수법이다.

　「돌의 말」과 이곡동공(異曲同工)의 작품으로 생각되는 시에 이 3인시집에 수록된 「현장」이 있다. 「현장」은 '사이공 시가를 느슨하게 달리던 수레끼리 부딪친다/이그러진 채 나동그라진다'인데 차주인 당사자끼리는 '책임의 전가도 자중도 없이' 미소까지 지으며 담배를 피우며 현장의 판정을 기다리고 있다. 이 우직(愚直)하다고도 말할 수 있는 느슨한 사람들의 평화스런 풍모, 'ㅡ전쟁도 이와 같이'로 매듭지은 익살스런 말투, 냉철하고 니히리스틱한 사고에는 독자도 그만 미소를 짓게 된다.

　시 「파리의 개」도 둔갑한 천사의 얼굴을 하고 있는 개는 이미 개가 아니라 애를 낳지 않는 파리 여성들의 유일한 아베크로서, 게다가 문명의 한가운데다 변을 본다. 김광림의 익살이 풍부한 비판의 말은 웃음을 자아낸다.

　아무렇지도 않은 듯이 일상다반사를 렌즈에 담지만 마지막에 있어서 어찌할 수 없는 돌발성의 사태를 발견 삽입한다. 거기에 시상의 핵심이 드러나 쇼크를 주게 된다. 「서시」, 「얼굴」, 「파리」 등의 시에도 그와 같은 효과를 볼 수 있다.

3

   존재의 모양을 추구한 시도 김광림의 작품 속에서 상당히 중요성을 차지하고 있다.
   작품 「어제와 오늘」의 전단을 읽어보자. 인간의 죽음이라든가 존재라는 것은 시간의 이동에 따라 그 본질도 바뀌게 되는 것이다. 그런데 바라다 본 눈에는 아무런 변화도 없다. 일상생활이 너무도 단조롭고 변화가 없기 때문에 본질적인 변화를 알게되어도 별로 놀라지 않는다. 이와 같은 인심의 우둔한 습관성이 생명이나 존재의 가치, 미묘한 실질적인 변화에 너무도 우둔하다는 것을 발견하여 시인은 놀라고 있다. 냉정히 현실을 직접 표현하고 감정이나 정서의 격앙을 보이지 않는 시의 말이긴 하지만 시의 내용 자체가 메타포이기 때문에 독자에게 공감의 물결을 보낸다. 이러한 수법이 김광림의 시의 매력의 하나라 할 수 있으리라.
   김광림의 냉철한 니힐은 객관적인 사물의 생명에 도달하기 위한 또 하나의 수단이기도 하다. 그러므로 그의 객관성은 일단 현실에서 뛰쳐나와 완전한 제3자로서 자기의 내부를 관찰하고 새삼 자기인식을 깊게 한다.

      '살아있는 증거를/팽팽이 잡아당겨 보는 것이다' (「회중시계」)
      '아무도/이 무게를/들어올릴 수는 없다/하지만 내 얼굴은/능히/이를 감내한다' (「천근의 우수」)
      '영구차를 전송하는/이 순간/이승에 분명 남아있는 내가/그 속에 누워있을/나의 어느날 아침을 생각는다' (「어느날 아침」)

   이들 시편 속에서는 독자는 시인이 자기해명하는 자백의 말의 엄숙함을 깊이깊이 양해했으리라.

4

　　김광림은 시의 예술성을 말할 경우에도 그 주제의 무게도 결코 소홀하게 생각하지 않는다. 강렬한 저항의식의 사회성을 드러낸 시도 많다. 가령 다음에 인용하는 시구는 어느 것이나 강렬한 사회비판의 의식에 뿌리박고 있는 것이라 하겠다.

　　　　'혹은 죽어 나자빠진 자들의 인기척/아니면 쇄도해 오는 고발장'
　　(「귀울음」)
　　　　'담배를 내놓으라고 매달리니 기가 차서 잔뜩 이맛살을 찌푸리며 인상을 써 보이지만/이 녀석 외려 능글맞게 히죽이 웃으며 말 엉덩이를 슬쩍 건드려/어차피 말은 소년과 한 통속이라 나를 골탕먹일 것이 뻔하다' (「담배」)
　　　　'새삼 계집이라든가 정의라든가 인권 같은거 닥치는대로 먹어치우는 세상에서 하필이면 소화를 못시켜—' (「지지 지지야」)
　　　　'죽음이 소용돌이를 빠져나오는/일순에도/충끝에서 노래하는 천연(天然)의 새가 있다' (「새」)
　　　　'다락에서는/심심한 Go Go 족들이/무슨 독본인지를/열심이 찢어발기고 있다' (「속·임자(壬子)」)

　　김광림이 한국에서 이미지스트로서 인정받고 있는 것은 잘 이해되지만 그의 현대적 지성에 뿌리박은 유머의 감각이 그의 시작에 일관된 조미료가 되어있기 때문에 그가 관심을 갖고 있는 인간사회의 모든 사상(事象)에서 파악한 시에는 새로운 리얼리즘의 경향이 있고 그는 진정 유니크하고 명석한 감각의 소유자이다. 리얼리스트이기도 하다고 말해도 잘못이라고는 생각지 않는다.

김광림은 현실사회에 깊이 뿌리를 내리고 있으면서도 모더니즘의 세례를 받아 개성적인 기법을 창출해낸 필자라고 나는 생각한다.

(3인시집 『동아시아의 하늘에 무지개를』(1989)에서)

4부
시인을 찾아서

시와 시인을 찾아서
– 김광림 시인

윤 석 산

1. 주지적 서정, 모더니즘 그리고 토착화

윤석산: 안녕하셨습니까? 선생님. 제가 선생님을 처음 뵌 것이 70년대 초반이니, 벌써 20년이 넘었습니다. 그때도 선생님께서는 머리가 희었던 것으로 기억됩니다만, 40대 후반부터 이렇듯 멋있는 흰머리를 지니고 계셨던 모양입니다.

김광림: 그렇지요. 40대 후반부터 머리가 백발이었는데, 이제는 나이도 들고, 이제야 정말 그 나이에 걸맞은 백발이 된 셈이지요.

윤: 그래서 그런지, 저는 그때나 지금이나 선생님은 늘 흰머리의 노시인으로 생각이 됩니다만, 그러면서도 흰머리 속에 감추어진 건강하고 젊은 선생님의 모습과 늘 새로움이 시도되는 시를 쓰시는 시인으로 생각됩니다.

김: 아, 이거 칭찬인지 핀잔인지 모르겠네요. 나는 다만 나이가 들어감에 따라 이완되기 쉬운 언어에 대한 감각, 또는 시적 표현에 대하여 젊은 시절이나 나이가 들어서나 마찬가지로 이완되지 않고 시적 긴장을 유지하려고 노력하고 있지요. 시인에게 있어 가장 경계되어야 할 것은 다름 아니라,

새로운 창조를 위한 사고의 경직이나 이완이라고 생각됩니다.

윤: 오늘 선생님을 이렇게 만나 뵌 것은 먼저 선생님이 40여 년간 써오신 시의 세계나 그 경향을 대담을 통해서 조망하기 위한 것입니다. 사실 한 시인의 총체적인 시적 세계를 조망한다는 것은 그리 용이한 일이 아니라고 생각됩니다. 특히 김광림 선생님과 같이 40여 년이라는 긴 세월을 시 하나에만 정진해 온 시인의 경우, 그래서 삶의 역경과 함께 다양한 시적 변모와 세계를 보여준 시인에게 있어 이러한 문제는 더욱 그러하리라고 믿습니다.

　이와 같은 선생님의 시적 세계와 그 변모를 성찬경 선생께서 네 단계로 나누어 언급한 글이 있습니다. 이는 시집 출간 시기라는 순차적 연대기에 의한 구분으로, 통상적인 방법의 하나이기도 합니다. 즉, 첫 시집 『상심하는 접목』 이후 제3시집인 『오전의 투망』까지를 제1기로서, '심상 확립의 시기'로, 제4시집인 『학의 추락』에서 제6시집인 『한겨울 산책』까지를 제2기에 해당되는 '갈등의 시기'로, 제7시집인 『언어로 만든 새』와 『바로 설 때 팽이는 운다』를 제3기에 해당하는 '심상 심화의 시기'로, 이후 『천상의 꽃』 이후의 작업을 '시적 자유의 시기'로 구분하여 바라보고 있습니다.

　이와 같은 성찬경 선생의 지적은 선생님이 40여 년간 견지해 온 이미지즘적인 시작 태도에 그 근거를 두고 한 것이라고 하겠습니다. 또한 이러한 선생님의 시적 경향을 많은 평자들은 '주지적 서정시'라고 부르는 데에 조금도 어색해하지 않고 있음도 사실입니다. 물론 선생님 자신의 이에 대한 시론적 개진도 있었지만, 평자들의 시각은 모두 이 부분에 와서 일치하고 있는 듯 합니다.

김: 내가 60년대에 발간된 『한국전후문제시집』에 이 '주지적 서정'이라는 문제를 가지고 글을 썼고, 후일 시론집 『존재에의 향수』에도 수록을 했지요. 이것이 「주지적 서정시 소고」라는 글입니다. 그때 나는 바로 이 '주지'와

'서정'이라는, 어찌보면 그 형식상 일치되지 않는 문제를 어떻게 나의 시에서 구현시키느냐를 개진했던 것으로 생각됩니다. 그 글에서 나는 "주지는 다분히 지성적이지만 서정은 감성적이다. 그러므로 내용과 표현이 일치하지 않는 셈이다. 이처럼 내용과 표현 형태가 일치하지 않는 데서 아름다운 시의 세계를 전개해 보려는 것이다."라고 이야기한 것으로 기억됩니다. 이는 곧 불일치의 모순을 말하는 것이기도 하지요.

윤: 60년대에 선생님께서 펼치신 시론과 견지해 오신 시적 태도는 결국 서구 이미지즘을 바탕으로 하신 것으로 생각되는데, 이들과의 관계, 즉 영향 등을 말씀해 주시지요.

김: 이들 이미지즘을 비롯한 쉬르적인 시작 태도는 결국 모더니즘 운동에 맥락을 잇고 있는 것인데, 과거 우리나라의 모더니즘 운동은 모방에 그친 감이 없지 않아요. 우리가 잘 아는 바와 같이, 그것도 서구의 것을 직접 받아들인 것이 아니라, 일본을 통해 들여온 것이라고 하겠지요. 즉, 30년대와 50년대에 모더니즘을 표방한 시인들 대부분에서 나타나는 모습이라고 할 수 있겠는데 이를 토착화시키지 못했기 때문에 일어난 현상이라고 하겠지요.

  나는 50년대에 전봉건, 김종삼 등과 더불어 이의 토착화에 주력했습니다. 이러한 노력의 한 결과가 우리들의 공동 시집인 『전쟁과 음악과 희망과』입니다. 일컫는 바 모더니즘의 시적 태도에는 쉬르, 신즉물주의, 이미지즘, 다다 등의 여러 가지가 있는데, 나는 이 중 특히 쉬르적인 것을 많이 받아들였어요. 칭얼대는 손자에게 무관심했다가 凸부를 깨물린 사실을 우리가 처한 현실적 아픔으로 환치시킨 「반도의 아픔」이 그 좋은 예라고 할 수 있지요. 또 「산」이라는 작품에는 사계절의 순서가 뒤바뀌어 나오는 것도 그 한 예라고 할 수 있어요. 이렇게 씀으로 해서 시공을 초월하기도 하고, 일상적 의식을 뛰어넘기도 하는 것이지요. 그리고 그 밖에 이미지즘적인 것과 신즉물주의적인 것도 나의 시에 받아들여졌다고 볼 수 있어요.

윤: 우리나라 30년대 또 50년대에 잠시 대두되었던 모더니즘과 선생님이 시로서 펼친 모더니즘을 좀 상세히 구분하여 지적해서 말씀해 주시지요.

김: 이 문제에 대해서는 시 전문지 ≪현대시≫에서 이승훈 교수가 지적을 하였기 때문에 이 교수의 견해를 요약하는 방식을 취하고, 여기에 다소 살을 붙여 부연하도록 하지요. 먼저 이 교수는 나의 시론과 이러한 방법론을 바탕으로 하는 시들이 30년대와 30년대에 나타났던 우리나라의 모더니즘을 비판한다고 전제하고 있습니다. 즉, 이들 종래의 우리나라 모더니즘의 시가 보여주는 한계를 비판하고, 이를 극복하는 모습을 보이고 있다고 본 것이지요. 그 한계는 30년대 모더니즘의 경우 '전달성이 희박해지자 말초감각을 자극하는 언어의 연금(鍊金)에 사로잡힌 점', 50년대의 모더니즘의 경우에는 '시대 감각에 민감하던 나머지 사상성에 치중한 점'이라는 나의 견해를 근거로, 30년대 모더니즘 운동에서 부정한 리리시즘의 회복을 염두에 두었으며, 또한 50년대 모더니즘 운동에서 결여되었던 지성을 비판하고 있다고 말하고 있습니다. 나아가 새로운 리리시즘과 새로운 지성의 세계를 나의 주지적 서정시가 노리는 것이라고 피력하고 있음을 볼 수 있습니다. 결론적으로 이와 같은 나의 시적 태도를 이 교수는 에즈라 파운드의 이미지즘에 토대를 두고 있는 것이라고 말하고 있습니다.

이러한 이 교수의 지적은 내가 지향하고자 하는 새로운 서정, 혹은 서정의 혁신, 바로 주지적 서정주의를 간명하게 진단한 글이라고 할 수 있지요. 그러나 나는 다만 서구적 이즘이나 방법론을 나의 시에 이식시키려고만 한 것이 아니라, 앞에서도 잠시 이야기했지만, 이를 토착화시키고자 했다고 할 수 있습니다. 어느 자리에선가 조지훈 선생이 전봉건, 김종삼 등 우리 세 사람을 이야기하면서, '토착적 모더니즘'인가, '모더니즘의 토착화'인가 하는 표현을 한 적이 있습니다. 바로 이분의 지적과 같이 나의 주지적 서정시는 서구의 모더니즘을 바탕으로 삼고 있지만, 우리 풍토와 우리의 정서에 토착화되고자 하는 모더니즘이라는 것을 말하고 싶습니다.

윤: 선생님의 모더니즘에 관한 이러한 견해, 즉 '모더니즘의 토착화'라는 문제가 전통적 서정의 문제와는 어떻게 구분되며, 또 일치하고 있습니까? 흔히들 '토착화'라고 하면, '전통적인 문제'와의 연계를 대부분 생각하고 있지 않습니까?

김: 많은 사람들이 흔히 전통을 민속적 발상과 연관지으려 하고 있습니다. 하지만 나는 그렇게 생각하지 않습니다. 한국 사람의 흔적이 담긴 것, 그것이 곧 한국적인 모더니티인 것입니다. 일본의 한 평론가는 나의 시를 읽고 무척 한국적이라는 말을 한 적이 있어요. 그것은 곧 그 시에서 한국인으로서의 나의 흔적이 담겨져 있었기 때문이라고 생각됩니다. 나에게 있어 모더니티는 하나의 방법입니다. 나는 모더니티를 방법으로 받아들였을 뿐, 그 정서는 한국적이라고 하겠지요. 즉, 한국적 정서를 모더나이즈한 것이지요. 이러한 면에서 '모더니즘의 토착화'라는 말이 나온 것이라고 생각됩니다.

그런가 하면, 모더니즘은 어느 의미에서 오히려 동양에서 그 출발을 한 것이라고 할 수 있습니다. 이미지즘은 당시(唐詩)에서 본받은 것이며, 쉬르는 동양의 선적(禪的)인 발상에서 이뤄진 것이 아닌가도 싶어요. 다만 우리가 시에서 미처 이룩하지 못한 것을 그들이 해낸 것뿐입니다. 헌데 우리는 그것을 가지고만 왔을 뿐, 우리의 것으로 만들지를 못했어요. 그러니까 우리가 모더니즘에 관심을 가진다는 것은 본래의 우리 것을 되돌려 받는 것이라고 할 수 있겠지요.

2. 아이러니에서 해학, 풍자로

윤: 모더니즘의 매우 중요한 시적 방법의 하나이겠습니다만, 선생님의 시에서는 아이러니의 방법이 눈에 띄게 보이고 있다고 생각됩니다. 그런가 하면, 선생님께서 현대시와 아이러니의 관계를 자주 말씀하시는 것 같은데, 이 아이러니를 중심으로 선생님 시작품의 경향이랄까, 그 특성을 이야기해 보도록 하지요.

김: 최근 내가 『아이러니의 시학』이라는 평론집도 출간했습니다만, 아참, 윤 교수가 《동서문학》에 써주신 그 책에 대한 서평은 잘 읽어 보았습니다. 여하튼 우리 시인들은 아이러니를 잘 알지 못하는 것 같아요. 즉, 시에 아이러니를 잘 활용하지 못하는 듯하다는 말입니다. 나는 나의 시에서 늘 사물과의 새로운 관계를 유지하려고 노력하고 있습니다. 이 새로움이란 다름 아닌, '자연과 현실의 일반적 관계를 파괴하는 데'에서 비롯되는 것이라고 생각합니다. 이렇듯 자연과 현실 관계의 파괴를 만들어 내는 힘은 다름 아닌 상상력이 될 것이고, 이 새로움을 포착하여 작품화시키는 것은 표현의 문제라고 하겠습니다. 따라서 많은 시인들이 이 시적 표현을 위하여 목청을 가다듬고 말을 다듬는 데에 많이 몰두해 왔음을 볼 수 있습니다. 이를 조탁(彫琢)이라고 말할 수 있지요. 이 조탁 역시 중요한 일이기는 하겠지만, 새로운 이미지를 지어내려면, 이보다는 좀더 대담한 시도가 있어야 한다고 봅니다. 즉, 다듬기보다는 찍어내는 작업 같은 것이지요. 사물과 현실과의 관계에서 기성의 한 맥락을 과감히 절단하고 거기에서 도약하는 눈부신 높이에서 인지될 수 있는, 이를테면 좀 어리숙하고 딱 맞아떨어지지도 또 쪼개지지도 않지만, 아이러니의 묘미가 생동하는 그런 뉘앙스를 주는 표현을 시도하자는 이야기지요. 내가 나의 시를 통하여 말하고 있는 아이러니도 바로 이런 차원에서의 이야기라고 생각하면 될 겁니다.

윤: 결국 선생님의 시에 나타나고 있는 아이러니는 불안정한 세상을, 부조화를 이루고 있는 여러 세상살이를 드러내고 꼬집고, 또는 새로운 시인의 내면으로 전환시키는 시적 표현의 중요한 장치가 되는 것이라고 생각됩니다. 작품 「쥐」, 「갈등」, 「내성적」의 연작 등이 바로 이러한 아이러니가 특히 많이 드러나는 작품이라고 봅니다. 이러한 작품을 중심으로 말씀을 나눠보도록 하지요.

김: 이들 작품들은 내가 아끼는 것들의 하나입니다. 쥐를 인간의 형태로 환치시키며 오늘의 현대인들이 지니고 있는 여러 모습, 예를 들어 새디스트적인 생활방식을 비판한다거나, 나아가 사회적 현실을 비판적으로 꼬집어보는 데에 그 뜻이 있다고 하겠습니다. 또한 현실적인 문제로 인하여 갈등이 야기된 아내와의 관계를 삶의 궁극적인 면으로 환치시켜 드러내고자 했던 「갈등」 역시 풍자 혹은 조소의 문제로까지 이어가고자 했던 것이 나의 생각이었지요. 즉, 이러한 것은 결국 직접적으로 사물, 혹은 그 대상에 다가가지 않고, 일정한 거리를 두고 이들을 바라봄으로 해서 얻게 되는 것들이라고 이야기 할 수 있어요. 사물 혹은 대상과의 일정한 거리를 유지하며, 사물을 본다는 것은 곧 우리 현대시의 중요한 특징 중의 하나인 사물의 비사물화, 혹은 대상화의 한 방법이 되기도 합니다. 그러므로 보다 지성적으로 사물을 볼 수 있고, 나아가 아이러니나 풍자 등의 방법이 가능해진다고 봅니다. 특히 유년 시절을 시적 대상으로 삼은 연작시 「내성적」의 경우에서 이와 같은 면을 드러내 보려고 나름대로는 노력했다고 하겠습니다. 우리가 일반적으로 유년이라고 한다면, 왠지 우리는 흥분하고 또 과장하기 쉽습니다. 그러므로 때로는 이러한 유년이 감상으로 넘어가기 쉬운 것이기도 합니다. 그만큼 우리의 유년은 실제 이상으로 강하게 우리의 내면에 혹은 의식에 자리하고 있기 때문이라고 생각됩니다. 그러나 나는 「내성적」 연작에서도 역시 유년시절을 과거지사로 체크하는 데 머물지 않고 이를 현실화하려고 노력했습니

다. 그러므로 그 유년을 대상화시키고 따라서 나의 개인적 체험을 개인에 머물지 않고, 우리 모두의 체험으로 확대시켜 그 공감의 폭을 넓히고자 했던 것입니다.

윤: 네! 바로 이와 같은 면이 선생님의 시의 한 특징이 되기도 하는 점입니다만, 사물과의 일정한 거리를 두고 있으므로 해서, 그 사물을 대상화시키는 시적 태도의 견지는 현대시적인 중요한 요소라고 생각됩니다. 그런가 하면 선생님의 시에서는 사물과의 일정한 거리뿐만 아니라 현실에서 한 발자국 쯤 물러나 있는 그런 시적 태도를 보이고 있음도 발견하게 됩니다. 특히 근년에 들어 발표하시는 작품에서 두드러지게 나타나는 모습이라고 하겠습니다.

김: 그래서 그런지 이러한 나의 시적 태도에 관하여 일부에서는 현실에 대하여 적극적이지 못한 것이라고 말하기도 하지요. 그러나 이러한 모습은 '현실에의 단순한 방관자'가 아니라, '현실에의 관조'라고 봄이 더욱 가까울 것입니다. 구상 선생이 어느 좌석에선가 "요즘 광림의 시에는 관조가 보여."라고 하신 말씀이 생각나는데, 바로 이런 점을 두고 하는 말씀이라고 생각됩니다.

윤: 저도 그 점에선 동감입니다. 현실에 대한 방관이기보다는 관조라는 표현이 더욱 어울리고 가까운 표현이라고 생각됩니다. 이러한 모습은 다시 말해서 선생님께서 현실을 보는 눈이 젊었던 시절보다는 여유가 있다는 이야기와 통한다고 보겠습니다. 그런가 하면 선생님의 이러한 사물 혹은 현실과의 관계, 또는 바라보는 눈은 조선조 선비들의 사물을 인식하는 태도와 매우 흡사하다고 하겠습니다. 한 발쯤 물러남으로 해서 보다 객관적으로, 즉 사물을 사물 그 자체로 바라보려고 했던 그들의 자연에의 태도, 즉 관조적 태도와 매우 유사하다고 하겠습니다.

김: 나는 조선조 선비들이 지녔던 자연에의 관조적 태도가 무엇인지 알지도

못하고, 의식적으로 터득하려고도 하지 않았어요. 그런데 윤 교수나 구상 선생 마냥 이런 면을 나의 시에서 발견하고 있으니, 결국 그 성정(性情)이 어쩔 수 없이 나는 한국인이고, 오랜 동안 그런 문화적 전통 속에 뿌리 내려 온 민족의 한 사람이라는 면을 은연중에 드러내는 것이라고 생각됩니다. 그래서 그런지 일본의 시인들이나 평론가들은 나의 시를 지극히 한국적인 시라고들 말하고 있습니다. 바로 이런 면을 그들이 발견한 것이 아닌가 생각합니다.

 이러한 문제와 연결시켜 한마디 더 한다면, 전통이니 하는 것은 그 전통을 의식하지 않아도 자연히 오랜 경험 속에서 시 속에 배어나는 것이라고 생각됩니다. 내가 주지적 서정을 이야기하면서 새로운 서정을 이야기한 것은, 결국 전래적 제재나 대상을 통해 드러내는 서정, 전통적인 서정에 대한 비판이었습니다. 그러나 이러한 배제나 비판을 하고 있는데도 나의 시에 자연스럽게 이와 같은 모습이 드러난다는 것은, 의식적으로 그 대상이나 제재를 전통적인 것에서 가져다 쓴다는 '고식적(姑息的) 전통의 수구(守舊)'는 어느 의미에서 전통이 되고 있지 못하다는 반증이기도 한 것입니다.

윤: 선생님 근래의 시에서 이러한 면들과 함께 가장 쉽게 만날 수 있는 것은 풍자 또는 해학적인 모습입니다. 이러한 점은 아이러니의 확대라고 볼 수 있는지요? 다시 말해서, 선생님이 40대쯤에 쓰신 작품으로 기억되는데, 「풍경 A」 등의 작품은 대단히 밀도 있는 이미지의 연결과 던져주는 이미지의 폭 역시 날카롭고, 또 비장하기까지 합니다. 그러나 후기에 들어 보여주시고 있는 시적 세계는 이런 날카로움과 비장함 대신에 다소 풀어진 듯한 여유와 풍자 해학 등이 넘치고 있습니다. 그러나 이러한 해학과 풍자의 뒤에는 젊은 시절의 시보다도 더 강한 아픔이나 견고한 슬픔이 자리하고 있음을 발견하게 됩니다.

김: 내 요즘 시에서 나타나고 있는 해학적인 모습이나 풍자는 내가 추구해 오

던 아이러니의 확대라고 봄이 타당합니다. 그런가 하면, 바로 지적한 바와 같이 '다소 풀어진 듯한 여유와 풍자 해학'에 관하여, 어느 시인이 "선생님 요즘 시에서는 지난날과 같은 짜임새나 날카로움이 없어진 듯합니다."라고 말하는 것을 들었습니다. 그러니 그는 나의 아이러니나 이에서 확대된 풍자나 해학을 보지 못하고 있다 하겠어요. 좀 사적인 이야기이지만, 나는 바로 요즘 이러한 문제로 아내와 다투곤 해요. 내가 좀 아이러니나 풍자로 이야기를 하려고 하면, 아내는 금방 정색을 하고 주책없는 말이나 늘어놓고 있다고 핀잔을 쉬요. 다시 말해서 평생을 같이 살아온 아내도 나의 이이러니, 풍자를 이해하지 못하는 것이지요. 그러니 다른 사람, 시를 한갓 전달적 차원에서만 받아들이게 된다면 이러한 점을 이해하지 못함은 당연한 것이 아니겠습니까? 내가 근년에 들어 쓴 「반노인」 연작이나, 「덤」 등의 작품이 이러한 범주에 해당된다고 하겠지요.

윤: 풍자나 해학은 골계미(滑稽美)의 범주에 해당되는 것으로, 매우 포괄적이고 차원 높은 비판의 방법이기도 합니다. 모더니즘의 매우 차원 높은 시적 방법의 하나이기도 하지만 우리 고전문학에 등장하는, 특히 판소리 사설이나 사설시조, 서민가사 등에 나타나는 고도화된 비판, 숨겨진 자기의 드러냄이 됩니다. 즉, 드러난 현실과 드러나지 않은 현실의 팽팽한 긴장 사이에 존재하면서, 드러나지 않는 현실을 풍자나 해학을 통하여 드러내고, 그 드러냄을 통하여 현실적 부조화를 꼬집어내고 또 비판하는 것입니다. 따라서 이에는 아픔이나 애환의 정조가 스며져 있는 것이지요. 바로 우리 고전작품에서 찾을 수 있는 이러한 모습을 그 양상은 다소 다르지만, 후기의 선생님의 작품 속에서 발견하기도 합니다.

김: 윤 교수가 지적하고 있는 이러한 점을 오래 전, 시집 서평에서 박철희 교수가 지적한 바 있어요. 「지지 지지야」와 「자유학습」 등의 작품을 들어가며, 이들 작품을 박 교수는 "우리의 심층에 잠재되어 있던 비판적인 창의력의

발로"라고 지적하고 있어요. 특히 현대로 오면서 물량화에 길들어져 있는 우리를 코믹하게 비판하거나 야유함으로써, 한국에서 풍자시의 또 하나의 가능성을 점칠 수 있다고 말하고 있습니다. 따라서 나의 시가 지니고 있는 풍자나 해학은 후기 산업 사회가 지닌 여러 문제, 혹은 이러한 현실에 대한 비판의 한 모습이 된다고 하겠지요.

결국 나는 40여 년 시를 써오며, 주지적 서정을 통하여 새로운 서정을, 서정의 혁신을 시에 구현하려고 하였으며, 이를 위하여 아이러니를 중요한 시적 방법으로 받아들였으며, 나아가 근년에 이르러 이 아이러니의 확대라고 할 수 있는 풍자와 해학이라는 방법도 동원하고 있는 것이라고 생각됩니다. 이러한 나의 시는 나의 생활사와 매우 깊은 연관을 맺고 있지요. 곧 생활의 고통을 시로 승화시킨다고 말할 수 있어요. 나는 지금까지 삶을 살아오면서 공무원, 은행원, 편집인, 교수 등 다양한 직업을 가져 보았어요. 삶의 한 방편으로 택했던 또는 택함을 당했던 직업들이지요. 그러니 어느 의미에서의 평탄한 삶은 아닐 것입니다. 사고무친(四顧無親)으로 월남하여 생활을 하자니, 이러지 않을 수가 없더군요. 생활이 어려워 죽을 자리까지 봐두기도 하였으니 말입니다. 나의 「갈등」은 우리 부부의 어려웠던 생활의 단면이 투영된 작품입니다. 지금은 모두 지나간 일이라 그런지, 지금도 아내는 그때 그렇게 어려워 「갈등」이라는 작품도 쓰게 되고, 또 그 작품으로 한국시인협회상도 받게 되지 않았느냐고 웃습니다. 앞에서 잠시 거론을 했지만 연작시 「반노인」 중 이런 작품이 있어요. 그 시를 보면 부부가 함께 이를 뽑았어요. 둘 다 이를 뽑고, 이를 뽑은 자리에 솜뭉치를 박고는 잇몸이 부어 말도 할 수 없는 상태에서 서로 바라보게 되었지요. 사실 이런 상태에서는 싸우고 싶어도 말을 할 수 없는 것이 아니겠어요. 그때 나는 '이를 뽑는 것처럼 말도 뽑아 버렸으면'하고 생각을 했습니다. 이것이 바로 아픔과 고통을 시로 승화시키는 아이러니, 해학의 묘미가 아니겠어요? 나의 현실은, 어려운 현실은 또는 아내가 나에게 고통을 줌으로해서 나로 하여금 시를 쓰게 만들었다고 생각합니다. 그래서 나는 늘 "아내가 나를 시 쓰게 만들었다."고 농담 반 진담 반으로 말하고 있습니다.

윤: 선생님의 시작품이 40여 년간 끊임없이 모더니타라는 현대성에 의하여 시적 심화를 해왔다는 것은 잘 알려진 사실입니다. 그러므로 그 심화의 작업이 거듭되는 시도와 함께 견고하고 치열한 외피를 벗어버리고 풍자와 해학이라는 보다 확대된 차원, 곧 견고하고 치열함을 안으로 접어 숨긴 차원에까지 이른 것으로 생각됩니다. 그런가 하면, 시적 대상인 사물과의 관계에서 견지되는 지적인 태도는 자연스럽게 동양적 관조의 세계로까지 선생님의 시를 이끌고 있는 듯도 합니다. 모더니타라는 현대적 방법에서 동양적 관조라는 아주 완만한 회귀의 곡선을 그리며 그 변모의 양상을 보여주고 있음을 볼 수 있었습니다. 그러므로 이러한 양상을 통하여 보여주고 있는 다양한 시의 세계는 우리의 삶과 현실을 한번쯤 여유를 두고 생각할 수 있게 하는 그런 의미를 던져주고 있으며, 잃어버렸던 또는 소홀히 했던 세계에 대하여 새삼스레 눈뜨게 하는, 개안(開眼)의 은근한 힘을 축적한 시로 우리에게 다가옴을 알 수 있었습니다.

3. 아시아시인회의와 우리시의 세계화

윤: 선생님께서는 한국의 시단에서 뿐만 아니라, 해외의 많은 시인들과도 교류하고 계시지요. 특히 아시아시인회의를 탄생시킨 분으로 알고 있습니다. 이에 관하여 듣고 싶습니다.

김: 오래 되었지요. 70년대 초로 기억되는데 대만의 시인인 천치엔우(陳千武) 씨가 한국을 방문한 적이 있었습니다. 이때 이 시인과 경복궁을 거닐며 이런저런 이야기를 하다가, 이야기 끝에 한·중(대만)·일 삼국의 시인과 작

품 교류를 제의하게 되었지요, 그가 적극 찬동하며 일본에 가서 다카하시 기쿠하루(高橋喜久晴) 씨와 연결을 지어 아시아시인회의를 결성하게 된 것입니다. 지금까지 우리나라에서 2회, 대만에서 2회, 일본에서 1회 개최되어 5회까지 진행된 상태입니다. 그간에 아시아 시인들의 앤솔로지도 7집까지 발간되고, 회원국도 동아시아 전역으로 확대되어, 서로 간의 지속적인 교류를 꾀하고 있습니다.

윤: 시는 중요한 재료가 언어이기 때문에 각국간의 언어의 장애 등으로 진행이나 교류에 어려운 점이 매우 많은 줄로 믿습니다. 더구나 시인들에게 선뜻 스폰서가 나타나 지원해 주는 곳도 없고, 각국의 시인들이 모여 회의를 하고 교류를 가지려면 재정적으로도 어려움이 많겠습니다. 이러한 아시아 시인회의를 앞으로 어떻게 이끌어 나갈 예정이십니까?

김: 가장 어려운 것이 재정이지요. 문학, 특히 시에 대한 인식의 도가 나날이 떨어지고 있어 지원을 받는다거나 스폰서를 얻는다는 것이 매우 어렵습니다. 그러나 시인들이 무리를 해가며 진행시키고 있지요.

지난 8월에도 대만의 일월담(日月潭)이라는 아름다운 곳에서 5회 아시아 시인회의를 가졌어요. 그때 윤 교수도 참가하여 잘 알고 있겠지만, 진행을 위하여 한·중·일 세 나라의 언어로 통역을 했고, 인도 등의 영어 사용권의 시인들을 위하여 영어 통역까지 4개국의 언어가 동원된 회의였어요. 그러니 논문 30분짜리 한 편을 발표하면 두 시간 이상이 소요되곤 했어요. 이렇듯 어려움은 구체적으로 피부에 와 닿고 있습니다. 이러한 현실적, 재정적 어려움이 있지만 이 시인회의는 여러 가지 이유에서 지속되어야 한다고 봅니다.

앞으로의 계획은 보다 긴밀하게 각 나라의 시를 분석하고 비교할 수 있는 기회를 갖고자 합니다. 따라서 20세기 말이라는 시대적 현실 속에서 소외되는 시의 문제, 나아가 왜소화되는 인간의 문제를 시라는 문학을 통해 어떻게 대처할 것인가 하는 문제를 공동으로 심도 있게 논의해야 할 줄로 믿습니다. 그리고 외양적으로도 아시아 각국을 참가시켜 중국, 인도, 싱가폴, 태국 등 그 범위를 넓혀 나갈 예정입니다. 2년 후에는 인도네시아에서 개최하기를 희망해 왔는데, 그곳의 실정을 잘 몰라서 가능할지 두고 봐야겠어요.

윤: 최근 신문지상을 통하여 선생님 시집이 일본의 靑樹社에서 세계시인총서의 하나로 출판됐다는 소식을 들었습니다.

김: 나는 70년대 초부터 오늘까지 일본의 월간시지인 ≪시학≫, ≪현대시수첩≫, ≪시와 사상≫ 및 계간시지인 동인지 ≪地球≫, ≪時間≫, ≪風≫, ≪舟≫, ≪潮流詩派≫, ≪시와 창조≫ 등의 기고 요청을 받아 시작품을 발표해 왔지요. 단순한 번역시의 차원을 넘어서, 우리 글로 쓴 것을 다시 일어로 고쳐 썼다고 할 수 있는 작업이지요. 다른 사람이 한 번역시도 간혹 있긴 합니다만, 이렇게 발표된 50여 편의 작품 가운데에서 이 시집의 편자인 시라이시(白石) 가즈코 씨와 靑樹社 대표이자 시인인 마루치 마모루(丸地 守) 씨가 공동으로 33편을 골라 시집으로 묶었어요. 이 밖에도 평문과 해설 등이 곁들여 있지요. 즉, 지난 93년도 지구시제(地球詩祭)에서 일본시인들에게 행한 「시에 나타난 한민족의 아픔과 평화의 의식」이라는 강연 요지를 전재하는 한편, 시라이시 씨가 쓴 「김광림, 사람과 작품」이라는 해설이 실려 있어요. 전후 50년이 되는 8·15를 기해 발간되었더군요.

윤: 이 시집에 대한 반응, 곧 우리나라나 일본에서의 반응은 어떻던가요?

김: 나온지 얼마 되지 않아서 좀더 두고 봐야겠지만 해설문을 다시 인용해 보면, "……우리들은 그의 시를 통해서 반도가 갖는 무게, 운명, 의지를 거기에서 알 수가 있으리라. 그것은 직구(直球)의 노여움도 슬픔도 아니고 니시와키(西脇順三郎)가 평생 사랑해 온 해학이라는 근사한 표현으로 쓰여져 있음을 볼 수 있다. 이렇듯 무거운 운명과 문명비판의 시집이 유머와 위트

와 풍자로 지탱되어 있을 때, 나는 이에 관하여 경의와 공감과 시를 읽는 기쁨을 받지 않을 수 없는 것이다."라고 해설을 통하여 말하고 있음을 볼 수 있어요. 그런가 하면 이마구마 야스나리(今駒泰成) 씨 역시 이 시집에 관하여, "……북에 남겨둔 양친의 소식을 모른 채, 지금도 망향의 정을 보듬고 있는 65세의 시인. 더욱이 이러한 역경에 있으면서도 그 사람됨이나 작품이 아주 따뜻하고 해학과 웃음, 유머와 풍자의 시편으로 되어 있다. 「반도의 아픔」을 예로 본다면, 전후의 일본 현대시에서 보기 드문 민족이나 국가에 대한 생각이 매우 깊이 나타나 있고 지금도 여전히 남북 분단이라는 현실을 관념적이 아니라 무거운 짐으로 여기고 있는 한국시인의 정황과 심정에 놀라지 않을 수 없다. 따라서 이 작품이 지닌 유연하면서도 강직하고 엄숙함의 다성악(多聲樂)이 읽는 이의 가슴을 치고 있는 것이다. 「창」도 잊기 어려운 작품이고, 「반노인」이라는 시 역시 좋았다. 번역시가 아니라, 작자 자신의 일본어 시이다."라고 평하고 있음을 볼 수 있어요.

윤: 근래 우리 시가 해외에서 많이 번역, 출판되고 있는데 선생님의 이번 시집 출판을 계기로 번역시의 문제점이랄까 혹은 성과의 면, 나아가 보다 높은 성과를 얻으려면 어떻게 하는 것이 좋겠다 하는 등의 선생님 의견을 듣고 싶습니다.

김: 최근 들어 우리시의 번역 사업이 활발하게 이루어지고 있는 듯합니다. 국내에서 뿐만 아니라, 해외에서도 손을 대고 있음을 볼 수 있어요. 진작 그랬어야 할 일이지만 말입니다.

얼마 전까지만 해도 정책으로 당국에 의해 해외 선전용의 일환으로 문학작품도 들먹거려졌지만, 진정 우리시의 세계화를 위해서는 현지 출판이 아쉽기만 합니다. 노벨 문학상을 탄 오에(大江健三郞)의 경우만 해도 그의 작품이 현지 스웨덴에서 일본 교포 2세들에 의해 번역 출판되어 책방마다 그의 책이 예사롭게 꽂혀 있었다는 것이지요. 그러니 그것이 그곳 독자들의 친근감과 공감대 형성에 적극 이바지했을 것은 너무나도 뻔한 사실 아닙니까?

그리고 작품 선정에도 문제가 있습니다. 지금까지 우리는 국내에서의 평가에만 의존해 온 듯합니다. 일전 재미교포 시인 한 분이 내 작품 몇 편을 번역해 보겠다고 작품 선정 의뢰를 해온 적이 있어요. 내 딴에는 소위 대표작이라는 것을 골라보느라고 했는데 그 사람은 현지에서의 공감대에 기준을 두고 있는 듯했습니다. 국내에서 애송되고 평가받는 작품이 반드시 다른 나라에서 그런 평가를 받는다고 보장할 수는 없는 일입니다. 더욱이 감정이입에 치중한 전통적 서정시일 경우 생활권이나 사고방식이 다른 외국에서는 자칫 현대성이 없는 고루한 것으로 여겨지기 십상이지요. 인식의 공감대가 형성되지 않기 때문입니다. 국제 감각의 결여가 우리의 소위 걸작(?)을 딴전으로 돌려놓게 만드는 수가 있습니다. 한편 우리가 무심코 지나치고 있는 것이 다른 나라에서는 굉장한 관심의 대상이 되는 수도 있습니다. 예컨대 '분단'이나 '이산'의 아픔 같은 것을 우리는 절실하다 못해 이제는 만성이 되어 거의 방치하다시피 하고 있는데, 일본에서는 이를 예사롭지 않게 여기고 있는 걸 최근에야 알았습니다. 일본의 월간시지인 《시와 사상》 95년 5월호에서 '인권'문제를 특집으로 다루면서 나의 시 「이산가족」을 권두에 취급하고 있다든가, 근래 상재한 나의 일문 시집에 수록된 졸시 「반도의 아픔」이 평자들의 평판에 자주 오르고 있는 걸로 봐도 그것을 알 수 있습니다. 요컨대 그런 주제가 어떻게 형상화되었는가에 달렸겠지만 말입니다.

이쯤에서 우리는 번역 작품 선정에 있어 현지에서 공감대를 형성할 수 있는 것이 어떤 것인지를 우선적으로 고려해야 할 것 같습니다.

4. 앞으로의 시적 과제, 기타

윤: 정년 퇴임도 이제 이번 학기밖에 남지 않았고, 또 만년을 준비하시기 위해 산간벽지에 새로 집도 마련하신 걸로 아는데, 앞으로 어떤 시와 삶을 전개해 나가실 예정이신지요?

김: 지금 나는 아주 공기가 좋은 곳에서 살고 있어요. 이제부터는 덤으로 사는 인생이라고 생각합니다. 나의 시「덤」에서도 이야기하고 있지만 시에서와 같이, 이제 예순이 넘었으니 이보다 덜 살면 요절이고, 더 살면 덤으로 사는 것이지요. 그래서 내가 시에서 해학적으로 표현해 놓은 것과 같이 "누군가 들이키다 만/하다못해 맹물이라도 마시며/이제부터 나는 덤으로 산다"는 그런 자세로 살지도 모르지요. 내가 죽으면 묻힐 곳도 이미 마련해 놓았어요. 지금 사는 곳에서 몇 발짝 걸어가면 될 그런 거리지요. 물론 통일이 되면 고향에 가 묻히겠지만 말입니다. 그래서 이제 이곳에서 살면서 지금까지의 시를 보다 심화시키는 작업을 하려고 해요. 보다 깊은 관조의 세계로 들어가고자 합니다.

윤: '덤'과 '관조', 왠지 어울리는 말 같기도 하고, 또 언밸런스를 이루고 있는 것 같기도 하고. 선생님의 진지한 말씀에도 아이러니가 있는 듯합니다. 최근의 작품에 관하여 말씀을 해 주시지요 바로 최근의 작업이 곧 선생님의 앞으로의 작업과 깊이 연관되어 있을 듯해서 말입니다.

김: 내 시는 요즘 일본의 지면에 더 많이 발표되고 있는 듯해요. 또 우리 시단보다도 일본 시단에서 더 평가를 해주는 것 같기도 하고……. 이런 나에 대한 여러 현상을 가만히 분석해 보니, 나의 시가 우리나라 평론가들의 사정권 밖에 있기 때문이 아닌가 생각되기도 합니다. 하기야 최근 ≪문예중앙≫에서 해방 후 작품 사화집 50인 속에 평론가 몇 사람이 나를 뽑아준 걸 보면 모두 그런 것만은 아니지만, 대체도 평론가들이 의도적인 평론을 하고 있다는 생각이 듭니다. 자기 나름대로 일정한 틀을 만들어 놓고, 그 틀에 들어오는 작품만을 대상으로 삼고 있는 것이 아닌가 생각돼요. 따라

서 새롭게 시도되는 작품은 어느 의미에서 늘 논외가 되고 있습니다. 특히 평론가들이 만드는 틀이라는 것은 서구의 변모되는 이즘에 의하여 만들어진 틀이 대부분이라고 해도 지나친 말이 아니지요. 그러니 이 서구적인 변모에 발을 맞추지 않고, 나름대로의 경지를 창조해 나가면 평가의 대상조차 되지 못하는 것이 아니겠어요? 시예술의 창조가 어떤 유행과 같이 흐르는 틀이나 이즘에 꼭 발을 맞추어야 하는 것은 아니라고 봐요. 이러저러한 사정으로 볼 때, 결국 나의 시는 요즘 우리 평론가들의 사정권 밖에 있다는 생각이 듭니다.

언젠가 어느 시 전문지에서 청탁이 와서 시를 준 적이 있어요. 내가 준 작품의 제목이 「나사와 결혼」이었는데, 이것을 엉뚱하게 「나사의 결혼」이라고 바꾸어 버렸어요. 물론 오식이지요. 그러나 '나사와 결혼'과 '나사의 결혼'은 전혀 다른 것이 돼요. 비록 '와'라는 간단한 조사를 '의'라는 조사로 바꾼 사실밖에 없지만 말입니다. '나사와 결혼'이라고 하면, 이중적인 의미를 담게 되지요. 즉, '나사'와 '결혼'이라는 것이 각기 별개의 의미를 지니게 되어, '나사라는 것과 결혼이라는 것'의 의미가 될 수 있고, '나사와의 결혼'이라는 의미로 해석될 수도 있지요. 그런데 「나사의 결혼」이라고 했으니 이것은 하나의 의미로밖에 해석되지를 않습니다. 이러한 작은 데서 볼 수 있듯이 조사 하나, 시어 하나도 그 시적 의미를 구현하는 데 매우 중요한 것이 됨은 사실입니다. 이러한 면을 고려하면서 시를 심화시켜 나갈 생각입니다.

또한 삶과 문학에 대하여 지난날보다는 여유를 보다 많이 갖고자 노력하고 있어요. 물론 이러한 점은 나이가 들었다는 증거이기도 하지만 내가 추구하는 시적 세계와도 직접적으로 관련되는 일이기도 합니다. 즉, 오랫동안 추구해 왔던 아이러니의 세계를 보다 심화, 확대시키고자 하는 것의 일환이라 하겠습니다.

윤: 선생님께서 지금까지 생애를 살아오시면서 많은 직업을 가졌다고 앞에서 말씀하셨는데요. 생활을 위하여 이 직업 저 직업을 가졌습니다만, 40여 년간 변하지 않고 꾸준히 해오신 것은 시 쓰는 일이 아니겠습니까? 그래서 그런지 '공무원 김광림', '은행원 김광림', '교수 김광림' 하는 것보다는, '시인 김광림' 하는 것이 가장 자연스럽고 어울리는 것 같습니다. 또 사람들의 인식 속에도 그렇게 되어 있고 말입니다. 어떤 지칭보다도 '시인'이라는 지칭을 선생님의 이름 앞에 두는 것이 가장 자연스럽다는 말입니다. 그럼에도 불구하고 선생님께서는 가끔 "과연 내가 진정 시인인가?"라고 생각하신다고 하는데…….

김: 지난번에 연작시 「반노인」을 끝냈어요. 이제 더 이상은 「반노인」을 쓰지 않을 겁니다. 이렇듯 시의 일정한 작업에서도 '반노인'이 끝났지만, 얼마 전에 경로 우대증이 나왔으니까 이제 '반노인'이 아니라 실제로 '온노인'이 된 셈이지요. 이제 명실상부한 백발의 세계에 접어들었지요. 최근 어느 시 애호가라기보다 '반시인'이라고 할 수 있는 여성이 나의 백발을 두고 쓴 시를 표구까지 해서 보내왔는데 그런대로 괜찮게 본 듯 싶어 소개합니다. "도승은 면벽의 고행으로/뼛속의 사리를 남긴다는데/시인은/텅빈/침묵의 시공에서/그 무엇을 찾고 있는 것일까/한줄 시를 위해/번득이는 눈빛!/기어코/서리가 되어/수북히 쌓였구나/하이얀 천상의 꽃!"이라고…… '백발'을 '하이얀 꽃'에 비유하고 있더군요.

윤: 그것 참 그럴싸한 찬사가 아닌가 싶습니다.

김: 그건 그렇다 치고 나는 지금까지 살아오면서 정치를 제외하고는 모든 일을 해봤어요. 정치에도 관여할 수 있는 찬스는 있었지만, 나는 정치가보다 시인이 좋아 거들떠보지 않았지요. 사람들은 흔히 좋지 않은 일이나 인식을 드러내서 말할 때 '정치적'이라고 해요 반면에 좋은 것에는 '시적'이라는 말을 붙입니다. 피아노의 천재 쇼팽을 들어 흔히 사람들이 '피아노의

시인'이라고 하지 않습니까? 그래서 나는 시인으로 불리는 것이 가장 행복합니다. 그러나 내가 '시인'임을 자처하기보다는 남들이 그렇게 불러주거나 자신은 '평생 시를 붙잡고 있었다'고 자부하고 싶어요. 그래서 과연 내가 시인인가 하는 생각이 들기도 하는 것입니다. 그러나 내가 후손들에게 '시집'을 물려줄 수 있는 이것으로 진정한 보람을 느낀답니다.

윤: 시를 평생 써 오신 원로 시인으로서 요사이 우리 시단이나 시의 풍토, 또 시에 관하여 포괄적으로 말씀해 주시면 감사하겠습니다.

김: 요즘 시단의 풍토에서 가장 우려되는 것은, 시나치게 추천이 남발되고 있다는 사실입니다. 마치 운전면허를 따듯이 추천을 받아내고 있어요. 그러고는 시를 쓰는 것보다는 행세를 먼저 하려고 하지요. 그래서 그런지 그 추천작으로 시인의 생활을 마감하는 사람도 꽤 많아요. 물론 과거에도 추천을 받고 몇 작품 쓰지 못한 시인들도 많이 있었지요. 그러나 지금은 그 추천작조차도 누구 하나 읽지 않는 작품이 되어버렸어요. 이러한 현상이 바로 신인 추천의 남발에서 오는 현상이라고 생각됩니다. 이런 생각은 나만의 생각은 아닐 겁니다. 대부분의 사람들이 우려하는 부분일 겁니다.

또 많은 사람들, 특히 언론의 경우 시라는 작품에 대한 관심보다는 시적인 상황이나 시 주변에서 일어나는 현상에 더 많은 관심을 두고 있다는 생각이 듭니다. 이는 곧 진지한 예술의 세계보다는 순간적인 센세이션에 보다 많은 사람들이 민감해져 있다는 시대적 현상의 반영이기도 할 것입니다. 그런가 하면, 오늘의 시대는 시보다는 산문적인 내용 전개에 더욱 흥미를 갖는 시대, 혹은 흥미를 좇는 시대적 성향을 가지고 있다고 생각됩니다. 그러므로 상대적으로 시라는 예술이 위기를 맞은 시대인지도 모릅니다. 이러한 시대이기 때문에 사실 시에 대한 절박함이 더욱 요구되는 때라고 생각됩니다.

윤: 긴 시간 좋은 말씀 많이 들었습니다. 감사합니다. 더욱 건강하시고, 후진

들을 위하여 좋은 시 많이 보여주시기 바랍니다. 가까운 시일 내에 파주 법원리 근교 단풍이 아름답게 물들었을 산자락에 비스듬히 지은 그림 같은 새집에 한 번 쳐들어가 막걸리라도 내놓으라고 떼를 쓰겠습니다. 다시 한번 건강하시기를 빕니다. 대담 감사합니다.

(1995년 10월 15일, 찻집 草堂에서)

김광림 시인을 찾아서

고 명 수

1

유월이 되면 우리는 농염한 장마를 배경으로 활짝 웃고 서 있는 눈부신 웨딩드레스의 신부를 떠올리기보다 그해 1950년 6월, 숨막히는 지열의 황토 위를 포복하던 청춘들의 핏빛 영혼을 떠올리게 된다. 여기 권총을 차고 볼셰비키를 강의하는 북쪽의 갑갑한 분위기를 견디지 못해 남하한 자유인이 있다. 방황하는 한 월남청년의 정신사가, 끔찍한 내상(內傷)을 겪은 1950년대적 청춘의 내면 기록이 『상심하는 접목』이란 시집으로 묶여져 있다. 부러진 나뭇가지들을 다시금 이어보려는 눈물겨운 노력이 있다. 한 평론가의 언급처럼, 한국전쟁은 '1950년대 문학의 절대조건이었지. 탐구의 대상은 아니'었는지도 모른다. 그 엄청난 하중에 눌리어 창조적 에스프리를 상실한 시인정신의 상투성에 직면하여 이를 극복해보고자 노력한 한 시인의 시도를 검토해보는 일은 자못 의미 있는 일이 아닌가 한다.

김광림 시인 댁을 방문하는 것은 이번이 두 번째다. 작년 이맘때쯤 전후시사에서 중요한 위치를 점하는 전봉건·김종삼·김광림 시인의 3인 연대시집

『전쟁과 음악과 희망과』를 재수록하는 자리(≪문학과 창작≫ 1996년 6월호)에서 그 유일한 생존자인 월롱 선생 댁을 탐방한 적이 있다. 4월 하순의 산과 들에는 온통 봄꽃들로 축제가 한창이다. 개나리와 진달래 그리고 이따금 목련꽃들이 나와 전장을 생각게 하는 황량한 들판, 낯선 길을 표지판만 보며 마냥 달렸다. 그러다 가까스로 선생 댁 근처에 있는 군인아파트를 발견하고 방향감각을 회복했다. 노시인은 시간을 어지간히도 안 지키는 한 후배시인을 무료하게 기다리고 있었다. 집안으로 들어서니 지난 연말에 일본의 최대 동인지인 ≪地球≫(대표:秋谷 豊)로부터 외국인으로는 처음으로 받은 지큐상의 상장이 눈에 들어온다. 뒤늦게나마 축하드린다고 했더니, 노시인은 못내 자랑스러운 듯 시상식 후 있었던 추하 피로연에 쓰인, 굵은 붓으로 쓰인 식순표와 여러 일본 시인들의 사인이 들어있는 액자를 보여준다. 동경에서 발행되는 ≪통일일보≫를 보니 '일본 현대시의 한국어로 번역하여 소개한 공적으로' 이 상을 받았다는 기사가 사진과 함께 실려 있다. 사실 한국시와 일본시의 교류에 있어 김소운 이래로 김광림 시인이 차지하는 비중은 막중한 바가 있다. 그것은 국내에서 발간되고 있는 웬만한 시 전문지의 일본시 특집에는 어김없이 김광림 시인의 이름으로 오르고 있는 것만 보아도 알 수 있다. 이제 노시인은 곧 일본으로 건너가 1년간 머물면서 그곳의 문인들과 한일 현대시를 공동 연구할 계획이라고 한다.

 1948년 혈혈단신으로 월남하여 중학동창의 소개로 '청포도' 동인이 있던 안양에서 그곳에 거주하던 박두진을 처음 만나고,「문풍지」란 습작을 보여주었으며, 고향 원산에서부터 시집『응향』사건 등으로 익히 알고 있던 구상 시인에 의해 연합신문 민중문화란에 활자화되기도 했으나, 김광림의 시단 활동은 1954년 ≪군사다이제스트≫에 실렸던 「장마」,「내력」 등의 시가 『전시한국문학선』에 실림으로써 이때부터 기성대우를 받은 것으로 확인되고 있다.(「나의 문학, 나의 시작법」,≪현대문학≫, 1984년 1월호).

문학이란 '써먹을 데가 없다'고 어느 평론가가 말했지만, 김광림 시인에게서 우리는 써먹을 데가 있는 문학의 힘을 느끼게 하는 한 대목을 듣게 된다. 그가 종군하고 있을 때 「진달래」란 시를 군사잡지인 《국방》지에 발표한 적이 있는데, 그 작품이 『시산(屍山)을 넘고 혈해(血海)를 건너』의 시인 조영암의 눈에 뜨임으로써 그는 전격 전출령을 받아 문학애호가 연대장 옆에서 군생활을 하게 되었고, 후에 조영암을 따라 전후 문인들의 아지트의 하나였던 서린다방에도 입문하게 되었으며, 또 거기서 일생의 반려도 얻게 되었다 하니 이 정도면 문학이 사람의 운명을 바꾸어 놓기도 한 경우가 아니겠는가? 전선에서 출장이나 휴가를 나오면 으레 들렀던 무교동의 서린다방에는 훗날 처남매부지간이 된 평론가 임긍재, 소설가 박연희 등이 레지스탕스와 앙가주망의 기치를 들고 진을 치고 있었으며, 거기서 전봉건·김종삼도 만났다 한다. 당시 이미 두 시인은 신진으로 활약하고 있었는데 비해, 김광림은 전장을 오가며 그의 표현에 의하면 '군대 바보'가 되어 가까스로 시적 에스프리를 이어가고 있었다 한다. 이들이 1957년에 낸 3인 연대시집 『전쟁과 음악과 희망과』는 전후시의 한 성과로 기록되고 있다.

2

김광림의 첫 시집의 중심 이미지는 '전쟁'과 '꽃'으로 대표되는 자연('노을', '산', '나무', '바다' 등)이다. 그에게 있어 '전쟁'이란 무엇이었고, '꽃'의 의미는 무엇이었던가? 성찬경은 '전쟁'은 현실의 단면을, '꽃'은 미의 모습을 떠맡고 있는 것으로 파악하고 있다.(「현실의 음영과 심상의 밝음」) 먼저 전쟁이란 그에게 어떻게 다가왔고 또 무엇을 남겼는지 살펴보자.

기다려 달라던 어긋난 위치와
시간은 틀림없이
1950년의 변두리에서

하마 눈 먼
계절. 나비의 화분을 묻힌
손목은 꺾이어 갔다

장미의 눈시울이
가시를 배앝은 가장
참혹했던 달

유월은

포탄의 자세들로 터져 간
내 또래 젊음들은
바리케이트로 넘어져 갔다

포복처럼 느릿한 155마일
휴전선의 겨드랑 쑥밭 길

지금

꽃과 과실과 새의 털, 그리고
노래를 장만하며 있을 너와 나와의
사랑 찬 계절을 짓밟고

1950년

전차가 밀리던 해의
가슴팍
무너진 유월은 캐터필라의 두 줄기 자욱만 남기고 갔다

— 「다릿목」 전문

1950년 6월은 이 땅의 젊은이들에게 '장미의 눈시울이/가시를 배앝은 가장/참혹했던 달'이었다. 이미 자유의 맛을 안 이들의 '손목'을 꺾고, 젊음들을 '바리케이트'처럼 넘어져가게 한 '눈먼 계절'이었다. 전쟁은 '꽃과 과실과 새의 털과 노래'를 꿈꾸던 '사랑찬 계절'을 짓밟고 지나갔다. 그것은 '고장난 하늘에/총구멍이 뚫리는 달'(「육월이 있게 된 이유의 달 사월은」)이었으며, 그리하여 그래 6월은 '전차가 밀리던 해의/가슴팍'에다 '캐터필라의 두줄기 자욱만 남기고' 간 무너진 달이다. 모든 희망과 자유와 진실이 짓밟힌 달이었다. 이런 참혹한 체험을 거친 전후 지식인의 자의식의 빛깔은 노을의 빛, 즉 핏빛 혹은 '빈 가슴 채우는' 포도즙의 빛으로 나타난다.

    이미 한점 찢어진 기폭처럼 표백한 나의 목숨 한자락을 걸어놓은
하늘 바탕에 또하나의 살육처럼 번져 나가는 피빛 저녁 노을—.
—「노을」 첫 부분

위의 시에는 전란의 상처와 그것을 안고 살아가는 지식인의 고통스런 번민이 그려지고 있다. 요행히도 전장에서 살아남은 '찢기운 가슴의/어느 모퉁이가 허물어'진 사람에게는 '사랑도 목을 졸래대는/미안한 기별'(「상심하는 접목」)일 뿐이다. 불임의 계절, 그것은 '꽃이 열매의 협주를 잃어버린 계절'이다.

    노을진 거리.
    거리는 부서져 있었다.
    부서진 거리는
    남은 빠알간 벽돌을 끼고
    나는 수인(囚人)같았다.

    깨어진 창구멍이

커서
산다는 것이 숨에 놓인다.

전쟁은
나비가 날던 머리위 바로
밑까지 스쳐 갔는데

포복은 무시로 비굴을
떠나서 나는
무릎팍이 헤어져 있다.

— 「못은 막혔는데」 부분

전쟁으로 지친 시대에 갇힌 '수인(囚人)'에게는 깨어진 창구멍이 통풍구로 느껴질 정도로 절박한 것이다.

인력(引力)에의 항거가 이루어지는
감청(紺靑)의 하늘은 찢어져 가고

뜰에 뱉는 헛기침 같은
너의 형상이어

목을 꺾으며 지는
꽃이든가

아니면
자폭의 의지로 남을까—나.

— 「아드바룬이 떠 있는 풍경」 일부

위의 시에는 '나날이 부족되어가는 생활의 궁지' 위에서 자폭하고 싶어지기까지 하는 풀리지 않는 삶의 절망적 생활과 허무로 고통스러워하는 전후

세대의 자화상이 있다. 그리하여 시인은 이제 약간의 달관의 포즈와 함께 삶을 추스려본다.

>   ……고쳐 갈 수 없는
>   나의 하루, 나의 생활, 나의 모든 것은
>   막바지에서 내려 달래고 싶다.
>   ―「노고산·종점」 부분

그러므로 이제 그에게 실길은 부러진 나뭇가지들이나마 그것들을 접목하는 행위, 바로 상심하는 접목 행위일지라도 그것만은 김광림에게는 살길이며, 구원이며, 그것이 그에게는 시작 행위였는지도 모른다. 그는 이렇게 다짐한다.

>   어떻게 모양할 수만 있다면
>   나는 꿈꾸지 아니할 것을
>
>   이
>   거센
>   망각의 파도를 일깨워
>   다시금
>   나를 있게 할 것을
>
>   지금은 그냥 범벅인채
>   살아얄
>   때, 어데 쯤에서
>   드리운 자락을 짚어 댈까.
>   ―「바다의 역설」 부분

모든 것을 잃은 허무의식과 터전을 잡지 못하고, '그냥 범벅인 채 살아'가야 할 전후의 혼돈과 방향을 위의 시는 보여준다. 지친 영혼은 이제 '어떻게 가눌 수만 있다면/나는 거역치 아니할 것을'하고 자포자기적인 심정을 토로하기도 한다.

3

시집의 제1부에 집중적으로 드러나는 꽃의 이미지란 무엇을 표상하는가 살펴보자.

> 인간의 손목이면 꺾이는
> 꽃가진데도
> 간(肝)을 씹는 전쟁의
> 하루 아침.
>
> 죽음들
> 뒤안길에 피어서
> 신(神)의 뜻대로
> 있는 듯.
>
> 꽃―.
> 시공을 넘어서는
> 우렁찬 음악.
>
> 관념의 울 안에서
> 밖을
> 밝히는
> 훤히 꺼진 눈시울.
>
> ―「꽃의 서시」 부분

일반적으로 아름다움과 순결, 새로움을 표상하는 꽃은, 특히 중심의 이미지로서 영혼의 원형을 상징한다.(이승훈 편, 『문학상징사전』) 그러기에 그것은 '희망과 절망에 얽히며/피어나는 것'(「꽃과 잃어버린 신」)이다. 위의 시에서 보듯이 '꽃'은 '시공을 넘어서는 우렁찬 음악'이며, 죽음을 넘어 '신의 뜻대로' 있는 존재이다. '처음, 인간에게 들킨 아름다움처럼/경악하는/눈'이 있으며, '애초엔 빛깔/보다도, 내음보다도/안 속으로부터 참아 나오는 울음'이었다. '수액을 보듬어 잉태하는 생성의/아픔' 혹은 '아픈/개념'(「꽃의 문화사 抄 I」)이었다. 그러나 이제 그러한 꽃은 인간에 의해 꺾이고 만다. '잃어버린 신'의 시간 속에 있기 때문이다. 그것은 '인간들이 저지르는/과오의 아름다운/역정. 역정에 겨워 굳어버린'(「꽃의 문화사 抄 II」) 꽃이다. 그러나 '진실로 미움을/아는 사람에겐, 꽃은/총뿌리 앞에서도, 정작 웃는 낯으로 대해 준다'(「꽃의 문화사 抄 III」) '관념의 울 안에서/밖을/밝히는/훤히 꺼진 눈시울'로 변한다. 그리하여 그것은 '일찌기/결단'나버린 시인의 영혼이며 '갈증난 세월을 불사르듯이' 타고 있는 시인의 목숨이기도 하다. 그러므로 꽃은 '충격된 가슴'이며, '죽음보다도 크게 못박혀 오는 생리'(「꽃의 문화사 抄 IV」)이다. 그러나 또한 '꽃'은 '죽고 사는 일을 버리고'나서 '아무렇게나 피어버릴/목숨'들의 '어쩌다가/처음이자/끝장만 지켜보게'된 '산'(「山의 IMAGE」)처럼, 인간의 세계와 대립된 곳에 위치하여 인간 군상들의 모습을 물끄러미 지켜보는 '자연'의 일부이기도 하다.

    까닭모를 죽음을
    지켜서, 증언할
    천만 되풀이 되는 부활(復活)의
    꺼지지 않는 형상 앞에서
    군화를 밟는
    자욱, 자욱은
    꽃이었다

                 —「꽃의 문화사 抄 III」 부분

위의 시에서 보듯이 그것은 증언자로서 혹은 부활의 형상으로서 존재한다. '눈속에 떨구어 둔 몇 방울의 고운 핏빛이 피어 올리는 꽃'(「부활(復活)의 장(章)」)인 것이다. 그러면 '꽃'과 '전쟁'의 관계는 어떠한가? 말할 것도 없이 그것은 '꽃을 태워버리는 전쟁'에서 보듯, '전쟁'은 '꽃'으로 표상되는 모든 아름답고 순결하고 새로운 것들이 다 파괴하고 마는 불이었던 것이다.

4

김광림의 시학은 한 마디로 이미지즘과 '주지적 서정'으로 요약된다. 특히 초기부터의 지론인 '주지적 서정'은 재래의 서정시와 모더니즘을 비판적으로 인식하면서 형성된 것으로 보인다. 그에 의하면 토속적인 관념과 모럴을 리드미컬하게 표현하는 재래의 서정시는 리듬에 있어서는 우리의 정서를 환기하기 때문에 동감하지만, 그 진부한 관념이나 모럴은 거부한다. '운율에 구애되어 자유로운 발상을 못한다든가, 참신한 감각이 자아내는 아름다움보다도 인간론적인 의미를 강조하기 위해서 감상적으로 철학이니 사상이니 하는 것을 상정하는 작시 태도엔 노골적으로' 불만을 표출한다. 이러한 미의식으로 볼 때, 그는 일단 모더니스트의 범주에 든다고 할 수 있다. '충격적이거나 경이감을 자아내는 것'에서 '미를 발견하고 있'다는 점에서 초현실주의 계통의 경이의 미학에 다소 경사되어 있는 듯하다. 그러나 그는 30년대의 모더니즘과 50년대의 모더니즘에 대해서 부정적으로 평가한다. '전달성이 희박해지자 말초감각을 자극시키는 언어의 연금(鍊金)에 사로잡힌 점'을 들어 전자를, '시대감각에 민감하던 나머지 사상성에 치중한 점'을 들어 후자를 비판한다. 결국 그가 대안으로 내세우는 것은 새로운 리리시즘과 새로운 지성의 세계로서, 이승훈의 지적에 의하면, '30년대의 모더니즘이 상실한 리리시즘에 대한 새로운 발전과 50년대 모더니즘이 상실한 지적 태도의 종합'(『한국현대시론사』)이라고 할 수 있는데, 이것이 이른바 '주지적 서정'이다. '리리시즘의 여건인 이모션과 모더니즘이 지니고 있는 언어의 조형을 통해 부조되는 선명한 이미지를 하모니시켜 보는 것'이 그것이다. 지성과 정서의 융합을 노리는 이러한 방법론은 결국 T.E.흄이나 에즈라 파운드의 이미지즘과 부합된다. 즉 '이미지란 지적인 것과 정서적인 것의 복합체를 순간적으로 나타낸 것'이라는 생각과 일치하는 것이다. 결국 그가 추구하는 주지적 서정이란 '주지적 표현형태에다 서정을 내용으로 삼으려는 의도의 시' '지성에 의해 지탱된 서정'을 의미한다. 그러나 첫 시집에서는 그러한 의도가 관념성의 과다와 이미지의 불투명성 때문에 충분히 실현된 것 같지는 않다. 성찬경의 지적처럼, 미의 표상과 메시지의 완전한 결합이 이루어지지 못하고 이원적으로 작용하는 데서 오는 결과일 것이다.(「현실의 음영과 심상의 밝음」)

내용적 측면에서 김광림의 시는 전쟁의 짙은 비극성이 미와 결합된 진정한 반전시의 모델이 된다. 전쟁의 비참을 드러내되, 그 자체에 함몰되지는 않는 빛나는 시정신, 3인 연대시집 후기에서 언급하고 있는 바와 같이, '전쟁' 그 자체만이 아니라 그것과 아울러 '음악'과 '희망'과를 동시에 지니고 있는 시, 또한 그러한 사실을 자각할 수 있는 능력을 가질 때만이 참된 시인이라는 김광림의 인식은 다음과 같은 그의 전후시관과도 맥이 닿아 있다.

> 이 전후시라는 말은 전후에 씌어진 시라는 뜻보다 전쟁의 악과 비참과 죽음을 증언한 시라는 의미를 더 지닌다. 그리고 보면 우리의 경우 전후시란 어휘를 굳이 붙이려면 6·25전란의 정전 후 즉 50년대 중반부터 60년대 전반에 걸친 시기에 몸소 전쟁체험을 한 세대에 의한 시를 전후시로 보아야 할 것 같다. 분명 우리에게도 전쟁시는 있었다. 즉 일본제국주의의 침략행위에 협력한 전쟁시를 비롯해서 동족상잔의 비극적 소용돌이 속에서 전의 고취의 전쟁시도 있었고 W.H.오든의 말을 빌면 전쟁에서의 '필요한 살인'을 애통해 한 실의의 전쟁시도

있었다. 이렇듯 전쟁협력과 전쟁증오의 이 두 가지 전쟁시의 개념 속에서 전후시는 후자의 바톤을 이어받은 것이라 할 수 있다. 싸움터에서 적을 쏘아 죽인 기쁨밖에 느끼지 않는 사람으로부터는 군가밖에 기대할 수 없지만 '필요한 살인'을 강요하는 전쟁을 아픔과 비애로 받아들인 사람만이 진정한 시를 쓸 수 있는 것이 아닐까. 진격의 노래나 전승만을 한껏 구가(謳歌)하던 시인들은 모두 사라지고 초토 위에서 인간성의 회복을 절규하던 시인만이 시인으로 새출발하여 지금껏 시인의 명맥을 이어오고 있는 실정이다.

이 점에서 일본의 어떤 평론가가 김광림의 시를 두고 '김광림 시에는 아이러니와 풍자스런 유머가 있지만, 그 저변에는 깊은 비애감이 있다'(森田 進)고 한 것은 그의 시 밑바닥에 깊숙이 침전돼 있는 전쟁의 상처와 그 비극 인식을 정확히 지적한 것이라 할 수 있다. 현실의 비극성과 고통이 크면 클수록 시의 심상이 더욱 맑아지는 것은 건강한 시정신에서 우러나오는 김광림의 역설적인 시의 방법이라 할 수 있다. 성찬경의 지적처럼, 김광림이 추구하는 미의 본질은 도리어 현실적 존재의 극적인 양상에 그 뿌리를 박고 있다.

김광림의 시는 이후 사물의 회화적 이미지와 공간적 조형에 주력한 『심상의 밝은 그림자』 이래로, 산문적·관념적 감정 노출이 배제되는 순수 미의식의 결정을 추구하는 등 세련된 언어감각을 바탕으로 하여 이미지의 투명성이나 간명성을 특징으로 하는 이미지즘의 시를 집요하게 추구한다. 이는 그가 지향했던 바, 우리의 풍토와 정서에 맞는, 즉 한국적 정서를 모더나이즈하고자 하는 모더니즘의 토착화에 기여하게 되고, 또 어느 정도 성취를 이룩한 것으로 판단된다. 이러한 이미지즘의 단계를 거쳐서 김광림의 시는 보다 더 현실인식에 기반을 둔 풍자와 해학의 세계에 이르기까지, 그의 지론인 이른바 주지적 서정시의 새로운 장을 열어간다.

대강 이야기를 마치자 지난번과 마찬가지로 월롱 선생은 막국수를 잘 한다는 법원읍의 음식점으로 안내하신다. 저렴한 값에 푸짐한 밑반찬이 나오는 그 집은 오늘이 주말이라 온통 사람들로 북적거린다. 시원한 막국수를 한 그릇씩하고 조각가인 그의 둘째 아들이 짓고 있는 예술인마을로 가 보았다. 그 동안 공사가 많이 진척되어 이미 분양이 진행되고 있는 집들을 둘러보았다. 집들이 곧 하나의 조각작품이라는 생각이 들었다. 이를 두고 예술의 사회화라고 할 수 있을까? 아무튼 예술가의 작업장으로는 안성맞춤인 것 같다. 김용범 시인도 곧 입주할 예성이란다. 오늘도 입주 문의진화가 걸려온다. '어지간히 주기(酒氣)가 오를 때는 도색(桃色)의 얼굴과 백발이 매력적'이라는 일본 평론가의 말처럼, 일본으로 떠나시기 전에 나도 그 매력적인 모습을 보기 위해 주석을 마련하고 싶다.

또·김광림 시인을 찾아서

고 명 수

또 다시 유월이다. 녹음이 짙어 가는 유월이 오면 우리는 늘 그 날을 떠올리게 된다. '젊음들이 바리케이트로 넘어져 가'던 '꽃과 잃어버린 신의 계절'을. '젊은이들의 무릎팍이 헤여지도록 포복하고', '연분홍 잠옷 속에 있'었던 소녀의 '이마 위에서 총살된' 푸른 유월을 상기하게 되는 것이다. 그 참혹한 전쟁을 직접 체험한 시인에게 있어 유월은 언제나 '울밑에 사살된 풀잎과 꽃잎과 함께' 기억되고 '아침을 잃어버린 산맥에' 혹은 '도로와 해안'에도 끊임없이 피어오르는 악몽의 시간인지 모른다.

이러한 때를 맞이하여 우리가 50년대 전후(戰後) 시사에서 매우 중요한 비중을 차지하는 세 시인의 연대시집, 『전쟁과 음악과 희망과』를 다시 읽어보는 것은 뜻깊은 일이 될 것이다. 전봉건, 김종삼 이 두 시인은 이미 이 세상에 없다. 그래서 필자는 마지막 남은 한 분 월롱(月籠) 선생 댁을 찾기로 했다. 전에 사시던 경기도 파주군 월롱면 위전리 댁에는 가 본 적이 있으나 새로 이사한 곳은 초행길이라 옆자리에 여류시인 한 명을 조수 겸 대동하고 갔다. 통일로 쪽으로 가지 않고 오랜만에 고속으로 달리고 싶어 자유로를 탔다. 문산을 돌아 적성 방향으로 접어들면서부터 군부대가 자주 눈에 띄어 비로소 남북 대치상황이 실감으로 느껴진다. 산꼭대기에 있다는 공군 레이더 기지를 찾으며, 백마고지 전투를 몸소 겪은 시인이 왜 더 북쪽으로 이사했을까 하고 생각하다가 길을 잘못 든 것 같아, 비닐하우스에서 나오는 농부에게 물어보고 차를 돌렸다. 적성 면사무소 앞에서 전화를 했더니 직접 마중을 나오시겠단다. 마침내 웅담3리 앞길에서 백발의 노시인과 해후했다. 길다랗게 새로 지어놓은 집은 부대 막사 같은데, 안에 들어가 보니 아주 실용적이다. 특히 창고를 개조해 만든 서재가 인상적인데, 페치카까지 놓여 있어 운치를 더한다. 햇살이 잘 드는 뜨락에는 조각가인 둘째아들의 작품들이 드문드문 놓여 있다. 그 집도 조각과 건축을 결합시키는 사업을 한다는 둘째아들이 지어드린 거라 한다. 방이 여러 개여서 한 삼십 명이 와도 잘 수 있을 거라고 한다.

권총을 차고 볼셰비키공산당사를 강의하는 경직된 집단사회로부터 자유를 찾아 남하한 파란만장한 청춘시절, '소모품 인간'으로 급조되어 전쟁의 비참 속으로 투입된 한 시인의 얘기는 한편의 드라마 그 자체였다. 먼저 세 사람이 만난 경위가 궁금했다.

전선에서 출장이나 휴가를 나오면 으레 무교동에 있는 서린다방에 들렀다 한다. 거기엔 훗날 처남매부지간이 된 평론가 임긍재, 소설가 박연희 등이 레지스탕스와 앙가주망의 기치를 들고 진을 치고 있었고, 거기서 전봉건·김종삼도 만났다 한다. 당시 이미 두 시인은 신진으로 활약하고 있었는데 비해, 김광림은 전장을 오가며 가까스로 시적 에스프리를 이어가고 있는 처지였다. 1948년 혈혈단신으로 월남하여 중학동창의 소개로 '청포도' 동인이 있던 안양에서 그곳에 거주하던 박두진을 처음 만나고, 「문풍지」란 습작을 보여 주었으며, 고향 원산에서부터 시집 『응향』 사건 등으로 익히 알고 있던 구상 시인에 의해 연합신문 민중문화란에 활자화되기도 했으나, 전쟁으로 문학적 공백기를 강요당했던 셈이다. 3인 연대시집은 당시 정치시사지였던

≪자유세계≫를 발간하던 임긍재의 주선으로 1957년 5월 10일 자유세계사에서 500부 한정판으로 나왔는데, 이로부터 본격적인 시단활동은 시작되는 셈이다. 또 이 해에는 또한 50년대 모더니즘 시사에서 중요한 위치에 놓이는 DIAL그룹의 『현대의 온도』(2월)와 김춘수·김수영·김경린·김규동 등이 참여하는 『평화에의 증언』(12월)과 같은 문학사적으로 중요한 사화집이 나오기도 했다.

『전쟁과 음악과 희망과』에는 한 사람이 각각 10편씩의 작품을 싣고 있는데, 이 사화집 속에는 조금씩 다르긴 하지만 포연 냄새와 함께 전쟁의 상흔이 진하게 배어나온다.

어느 날 서린다방에 나오던 전봉건과 김광림을 한 친구가 갑작스레 찍었다는 빛바랜 스냅사진을 사진첩에서 꺼내준다. 김종삼은 사진 찍기를 싫어해서 셋이 같이 찍은 사진은 유감스럽게도 없다고 한다. 얼마 후 필자는 월롱 선생과 함께 시인 박건수 씨가 경영하는 인사동의 '툇마루'에서 된장비빔밥으로 점심을 한 적이 있는데, 마침 거기에는 조그마한 김종삼의 흉상이 있었다. 뭔가 좀 못마땅한 표정이었던 걸로 기억된다.

김광림은 최근 어느 계간지에 기고한 글에서 전후시의 개념을 새롭게 규정하고 있는데, 좀 길지만 잠시 인용해 보면 다음과 같다.

> 이 전후시라는 말은 전후에 씌어진 시라는 뜻보다 전쟁의 악과 비참과 죽음을 증언한 시라는 의미를 더 지닌다. 그리고 보면 우리의 경우 전후시란 어휘를 굳이 붙이려면 6·25전란의 정전 후 즉 50년대 중반부터 60년대 전반에 걸친 시기에 몸소 전쟁체험을 한 세대에 의한 시를 전후시로 보아야 할 것 같다. 분명 우리에게도 전쟁시는 있었다. 즉 일본제국주의의 침략행위에 협력한 전쟁시를 비롯해서 동족상잔의 비극적 소용돌이 속에서 전의 고취의 전쟁시도 있었고 W.H.오든의 말을 빌면 전쟁에서의 '필요한 살인'을 애통해 한 실의의 전쟁시도 있었다. 이렇듯 전쟁협력과 전쟁증오의 이 두 가지 전쟁시의 개념 속에서 전후시는 후자의 바톤을 이어받은 것이라 할 수 있다. 싸움터에

서 적을 쏘아 죽인 기쁨밖에 느끼지 않는 사람으로부터는 군가밖에 기대할 수 없지만 '필요한 살인'을 강요하는 전쟁을 아픔과 비애로 받아들인 사람만이 진정한 시를 쓸 수 있는 것이 아닐까.

이러한 견해는 연대시집 후기에서 언급하고 있는 바와 같이 '전쟁' 그 자체만이 아니라, 그것과 아울러 '음악'과 '희망'과를 동시에 지니고 또한 그러한 사실을 자각할 수 있는 능력을 가질 때만이 참된 시인이라는 이들의 인식과도 일치한다.

그러면 이제 이들의 시를 몇 편 읽어보기로 한다. 먼저 '전쟁과'란 소제목에 배당되어 있는 김광림의 시를 보자.

> 기다려 달라던 어긋난 위치와
> 시간은 틀림없이
> 1950년의 변두리에서
> 하마 눈먼 계절
> 나비의 화분을 묻힌
> 손목은 꺾이어 갔다.
> 장미의 눈시울이
> 가시를 배앝은
> 가장 참혹했던 달
> 유월은
> 포탄의 자세들로 터져 간
> 내 또래 젊음들은
> 바리케이트로 넘어져 갔다.
>
> 포복처럼 느릿한 155마일
> 휴전선의
> 겨드랑 쑥밭 길
> 지금
> 꽃과 과실과 새의 털 그리고
> 노래를 장만하며 있을 너와 나와의

사랑 찬 계절을 짓밟고
1950년
전차가 밀리던 해의
가슴팍
무너진 유월은
캐터필라의 두 줄기 자욱만 남기고 갔다
— 「다릿목」 전문

위의 시에는 전란의 상처와 그것을 안고 살아가는 고통스런 지식인의 번민이 그려지고 있다. '꽃과 과실과 새의 털과 노래'의 평화로운 시간이 모조리 파괴되어 버린 참혹했던 그 날을 증언하고 있다. 여기 실린 대부분의 그의 작품들은 다소 추상적이고 관념적인 언어들로 파악된 전쟁에 대한 인식을 보여준다. 절망과 체념이라든가 반전의식 같은 것을 배면에 깔고 있다. 전쟁은 그에게 꽃의 꺾임이라는 이미지로 파악된다.

아름다움은 버얼써 우리의 것이
아니다

(……)

그것은 진작 아름다워야 하는
내일과
또 없는 내일에
꽃을 가꾸는 사실 앞에서
눈이 먼
인간들에 의하여
— 「꽃과 잃어버린 신」 부분

「꽃의 서정」에서 그는 '꽃'을 '시공을 넘어서는 우렁찬 음악' 혹은 '달라져 가는 미의식 앞에 선 응향'이며 '신의 뜻대로' 있는 존재로 규정한다. 그러나 이제 그러한 꽃은 인간에 의해 꺾이고 만다. '잃어버린 신'의 시간 속에 있다. 김광림의 시는 이후 사물의 회화적 이미지와 공간적 조형에 주력한 『심상의 밝은 그림자』이래로, 산문적·관념적 감정 노출이 배제되는 순수미의식의 결정을 추구하는 등 세련된 언어감각을 바탕으로 이미지의 투명성이나 간명성을 특징으로 하는 이미지즘 단계를 거쳐 현실인식에 기반을 둔 풍자와 해학의 세계에 이르기까지 이른바 주지적 서정시의 새로운 장을 열어간다.

진봉건 역시 직접적인 선생 체험을 바탕으로 하여 민족적 고통과 비극의 실체를 가장 지속적으로 탐구해 온 민족수난사의 한 증인이라 할 시인이다. 김광림이 "이 땅에선 진봉건의 죽음을 두고 '전후시의 흐름이 끝났다'고 말할 수 있지 않을까"하고 추량할 정도로 그는 전후시의 한 모델을 보여 준다.

>유월은
>연분홍
>잠옷 속에 있는 소녀의
>이마 위에서 푸른
>유월은
>총살되고.
>
>새까만 나무 다음에 새까만 나무가지는
>이어지고.
>또 그렇게
>이어지는 새까만 가지
>마다
>떨어져 갔건만.
>
>(……)
>
>새 집이

무수한
새 알이
　　　―「개미를 소재로 한 하나의 시가 쓰여지는 이유」 부분

　'희망과'란 항목에 배치된 그의 시에서는 「암흑 지탱하는」과 같은 시에서처럼 피의 냄새가 난다. 그는 "내 30년 여기저기에는 핏방울이 튕겨 있고 핏자욱이 번지어 있다. 내가 총을 들고 말려들었던 6·25의 그 핏방울이요, 핏자국이며 이것이 부르는 또 어떤 핏방울과 핏자국들이다."라고 말한 바 있다. 그러나 살육과 파괴의 와중에서도 그의 시에는 언제든지 희망과 사랑이 노래되고 있는데, 이는 "이를테면 목숨의 뿌리가 그러한 것처럼 밝음이요, 맑음이요 또한 질긴 바람이다. 스스로의 소견에도 그러한 것이 내 30년을 짜 내려온 것으로 여겨진다."라는 진술에서 확인되듯이 보편적인 휴머니즘에 기초한다.

나무와
나무가지마다 서리인 전사자(戰死者)의
아직도 검은 외마디 소리들을 위하여
수액은 푸른 상승을 시작하고
무인지대의
155마일의 철조망 속에서도
새들의 노래와 꽃송이의 중심이
바라는 하늘과
푸름은 변함이 없었다
하늘과 푸름은

잃어진 것은 없었다
　　　　　　―「강물 흐르는 너의 곁에서」

　무참히 부서지고 타버린 생명의 암흑과 비참한 절망 속에서도 순진무구

하게 꿈꾸는 맑고 밝은 소망의 세계에 대한 동경과 푸른 생명에 대한 사랑과 평화에 끈질긴 희망과 의지는 전봉건 시의 본질을 이룬다. 「장미의 의미」에서 보듯, 그의 시에서 '꽃'의 이미지는 '탄흔에 이슬이 아롱진' 장미니, '무수한 군화자욱을 헤치며' 흙이 키워낸 '녹색의 사랑', '녹색의 희망'으로 전쟁의 상처를 의미하는 피의 이미지와 결합되어 있지만 그 속에서도 결코 바래지지 않는 생명의 빛으로 표상된다. 그것은 '사살(射殺)된 비둘기의 폐허/무지개의 폐허에' 피어있는 그 꽃은 '1950년/6월의 어느 날/동틀 때 날아온 총알 맞아 죽은/한 어린 아기의/썩은 살/썩은 피/먹고/핀/꽃'(「고전적인 속삭임 속의 꽃」)이다. 그리고 '은하'는 시적 자아의 '눈시울의 무수한 탄흔을 씻'어주는 위안의 의미를 갖는다. 그의 시는 언어에 대한 실험정신과 장인의식을 바탕으로 기교적인 측면에서 활달한 테크닉을 구사하여 우리시의 현대성에 크게 기여했다. 이미지의 공간적이며 대위법적인 제시나 쉬르의 기능적 활용에 있어 그는 분명 새로운 스타일리스트라 칭할 만큼 다양한 실험을 보여준다. 특히 그는 장시와 연작시에의 본격적인 가능성을 열어놓기도 했다.

음악광이었으며 실제로 동아방송에서 음악효과를 맡아보기도 했던 김종삼은 시어가 울리는 음향효과를 살려 씀으로써 고도의 비약에 의한 어구의 연결과 함께 청각이 주는 환상의 힘을 통해 이국적 정취와 함께 미학적 순도가 매우 높은 시를 보여준다. 이제 환상의 세계와 현실의 세계를 방황하다 간 고독한 순례자이자, 순수시의 한 극단을 보여준 미학주의자로 지칭되는 김종삼의 시를 몇 편 보기로 하자.

물
닿은 곳

신고(神羔)의

구름밑

그늘이 앉고
묘연한
옛
G·마이나

— 「G·마이나」 전문

그는 위와 같은 추억의 선율이나 대상이 없는 아름다움의 세계, 혹은 이국적인 동경의 세계나 유년기적인 꿈의 세계를 주로 그린다. 대체로 그가 초기에 보여주는 풍경들은 소멸해 가는 것들의 애잔함에 기반을 둔다. 특히 부모없는 불행한 아이들의 모습이라든가 인간부재의식, 혹은 실낙원의식 등은 비극적 세계인식에 기반을 두고 있다.

오늘은
이만치 하면 좋으리만치
리봉을 단 아이들이 놀고 있음을
봅니다

그리고는
얕은
파아란
페인트 울타리가 보입니다.

그런데
한 아이는
처마 밑에서 한 걸음도
나오지 않고
리봉이 너무 길다랗다고
짜징을 내고 있는데,

그 아이는
얼마 못가서 죽을 아이라고

푸름을 지나 언덕가에로
떠오르던 음성이 조곰 전에 이야길 하였습니다.

그리운
안니 로 리라고 이야길
하였습니다.

—「그리운 안니.로.리」부분

따라서 그가 보여주고 있는 서구적 감성에 의한 환상적 풍경들은 대개 뼈저린 좌절과 함께 '해가 남아 있는 동안만이라도 가야겠다'는 절박한 마음과 고독의 소산이어서 남다른 진정성을 지니고 있다. 그것은 황폐한 현실에 대한 하나의 오아시스로서, 환상으로 삭막한 현실을 견디어보려는 한 의지의 소산이라 할 것이다.

광막한지대이다기울기

시작했다잠시꺼밋했다

十字型의칼이바로꼽혔

다견고하고자그마했다

흰옷포기가포겨놓였다

돌담이무너졌다다시쌓

았다쌓았다쌓았다돌각

담이쌓이고바람이자고

틈을타(隙)돕이잦아들었

다포겨놓이던세번째가

비었다

— 「돌각담」 전문

  차가운 광물질의 감각이 지배하고 있는 이 시의 풍경은 황량하고 허망하다. 초현실주의의 영향이 짙은 전위(轉位)의 기법에 의하고 있어 의미의 단절이 심한 이 시는 결국 '자신의 폐쇄적 자아와 고독에서 오는 내적 독백'으로 보든 '해체된 형상들을 형태상의 완벽성으로 다시 구축해보려는 의지'의 표현으로 보든 그 바탕엔 예술가는 제작하는 인간이라는 지적인 절제의 정신에 입각한 투철한 장인의식이 깔려 있다. 이러한 그의 태도는 후기시에까지도 그대로 이어지고 있다. 즉, 그는 후에 제2회 현대시학 작품상을 수상케 한 「민간인」과 같은 뛰어난 시에서도 치열한 장인의식에 입각하여 극도로 압축된 형상 속에서 민족비극의 원질을 그리고 있다. 대체로 김종삼의 시는 절제의 미덕에 의해 뒷받침된 과거체의 정경묘사를 통해 매우 단단한 구체성과 설화성을 지니고 있어 주지적 모더니즘 시의 새로운 차원을 열어 보인다.

  이상에서 보았듯이 이들 세 시인의 연대시집은 전쟁세대의 의식을 공유하면서 각기 독특한 방법론을 통해 김광림이 언급한 바 있기도 하듯이 '한국적 정서를 모더나이즈'하여 모더니즘의 토착화에 어느 정도 성공하고 있다 하겠다.

  대강 이야기를 마치고 월롱 선생은 막국수를 잘 한다는 근처의 음식점으로 안내하신다. 저렴한 값에 푸짐한 밑반찬이 나오는 그 집은 주말이면 만원이란다. 시원한 막국수를 한 그릇씩 하고 나오니 뒤에는 낚시터가 있다.

> 북에서 남으로 온 사내는 어찌하고 있는지?
> 나의 서울의 형이여
> 상냥하고 사려깊게 노여움도 드러내지 않고
> 마음 속에 아픔의 지옥을 간직하고 있는 것
> (…중략…)
> 그의 더할 나위없는 상냥함이 너무나 가혹한
> 운명의 괴로움에서 온다니
> 나는 부른다 흰 나라의 형제를

 월롱 선생과 각별한 친분이 있는 일본의 국제적인 여성 시인 시라이시 가즈코는 일본의 여성 시지 ≪현대시 라.멜≫에 실린 그의 시에서 김광림을 이렇게 그리고 있다. 여기 그려지고 있는 김광림의 모습에는 다른 두 시인의 모습도 엇비슷하게 오버랩되어 비쳐 나온다.

혼(魂)을 팔아온 언어의 신(神)

송 명 호

　원로시인을 젊은 시인이 찾아간다.
　시심도 시혼도 가물거리는데. 만약 이것이 장사라면 이 세상에서 가장 수지타산이 안 맞는 시(詩)팔기에 지친 어깨를 끌고 간 젊은 시인이, 가장 열심히 허망(?)을 팔아 온 원로시인을 찾아갔다. 되돌아 온 책상 위에서 젊은 시인은 깨닫게 되었다.
　'언어의 신(神)이 시인이다. 그러나 김광림 시인이 팔아온 것은 시가 아니라 신의 혼(魂)이었다.'
　그날은 5·16, 5·17, 5·18의 한가운데 미군의 노란 생머리와 러닝셔츠, 용산이 보이는 삼각지 전철역. 그리고 월간 ≪현대시≫에서 시인보다 먼저 맞아 준 것은 책상 위에 놓인 워드·프로세서였다.
　필자의 얼굴을 흑청색으로 쳐다보는 스크린에다 이른바 김광림의 시론「주지적 서정」이 바로 이것입니까 라고 두드려 넣고 싶었다. 필자는 시인을 기다리면서 하나 둘 묻고 싶었던 사항들에 대한 정리를 했다. 그리고 스크린에다 물어보았다. 한국 최근대사의 축소판 같은 시인의 약력은 무엇인가. 시간 속으로 시간 속으로 걸어갈 수 있는 길이 너의 스크린 속에 놓여 있는가.

"이념보다 피가 진해야 되겠지요……. 통일은 당장에 기대하기가 힘들겠지요……. 북에서 먼저 개방이 되야 하는데……. 누가 먼저 죽고 난 후에야 이루어진다는 동화식 발상만으로는…….”

무얼까.

술기운까지 불쾌하신 시인에게서 단 한마디의 낙관적 기대도, 낭만적 성급함도 보이지 않는 단정함은. 모더니즘이 빚어내는 감정절제의 시작태도에서 비롯된 것일까? 젊은 시인은 겁도 없이 비시적(非詩的)인 대화에 한번 더 매달렸다.

"선생님께 있어서의 망향의 아픔이 어떠한 그리움으로 다가오고 그것이 시적인 형상을 이루게 됩니까. 즉 세계와의 거부할 수 없는 단절(=망향)에서 찾고 싶어지는 통시적 자기동일성입니까, 아니면 세계와의 끊임없는 교섭을 통한 행위의 언어 추구, 즉 랑케가 말하는 역사주의적 관점에서 역사의 신을 믿으며 세계의 변모를 추구함으로써, 그 바꿈에 기여하고자 하는 변증법적 그리움입니까?”

"어쨌건 개인적 넋두리에 빠진 서정시들은 거들떠보지도 않네. 제1시집 『상심하는 접목』에서는 전쟁을 노골적으로 고발하는 시만 쓰다가, 그 이후 이미지로써 존재성을 추구하는 시를 써 왔다고 볼 수 있겠지. 그러나 진술이 주가 된 요즈음의 민중시들은 질색이거든. 난 이렇게 생각하지. 시적 현실은 존재론적 현실이다.”

시인의 어조는 고르고 분명했다. 그러나 모처럼 주어진 시인과의 시론 대화는 이어질 수 없었다. 무엇보다 시간이 부족했으며, 첫 대면이 가져다주는 생소함이 문학용어를 구사할 때의 '신경쓰임'까지 신경써야 하는 번거로움 탓이리라. 요즈음의 민중시의 비문학적 요소에 넌더리를 내는 듯했으나 모더니즘 원래의 보편적 성향-현실비판, 문명비판-에 대해서는 정치성이 배제된 서정시보다는 훨씬 더 호의적이었다. 단지 그 어느 쪽이건 문학적 형상화를 몇 번이나 강조하였다. 너무나 당연한 이러한 견해가 왜 오늘날 절실하게 요구되는가 필자는 무척 씁쓸해졌다.

    교수(絞首)의 순간에 짚어보는 공허를 틀에 끼워놓은 것이 창이다 그래서 창은 피차의 갈증을 넘보는 버릇이 있다 유리를 닦으면 노골적으로 묻어나는 생각 정직하게 먼지가 쌓여 세월이 눈에 보인다

    좀처럼 창을 벗어나지 못하는 구름이 있다 제자리에 머물러 각혈하거나 끝내는 자신의 존재를 찢어발긴다 이 조용한 붕괴를 무관하게 지켜볼 때 비로소 창이 내부로 열린다

    창을 가로질러 한 쌍의 새가 엇갈려 날고 있다 어린 시절의 그물을 맞들었다-막 동해에서 생선 같은 아침해를 건져낸다 금시 비늘투성이의 창이 된다

                                         ― 「창(窓)」 전문

    그의 시 「창」은 그의 시론인 주지적 서정의 한 전범(典範)을 보여주는 대표작이라 할 만하다.
    창은 구체적 사물이다. 그러나 그의 창은 지성의 탈을 쓰고 스며든다. 교수의 순간, 즉 생과 사의 갈림길이다. 또 피차간(彼此間) 즉 차안과 피안의 목마름이다. 이쪽과 저쪽 세계를 투명하게 보여주고 교호(交互)할 수 있는 그러한 창인 것이다. 그러므로 그의 창에는 교수의 순간이 연상시키는 회한이나 절망 같은 감정과잉이 전혀 보이지 않고 엉뚱한 병치가 새로운 긴장관계를 불러들이고 투명한 의식을 일깨운다.
    그러나 많이 생각해 달라는 주문을 독자에게 한다. 좀 유식하게 말하면 유위법과 무위법의 가파른 경계선, 즉 The karma wareheuse(팔식(八識))에서 Nirvana로 건너뛸 때의 너무도 투명하여 팽팽해지는 그런 긴장관계인 것이다. 이것은 초사물적 초언어적 상태(狀態)를 지향하여 이미 필자가 진술하고자 하는

언어에 대해서 적대적일런지도, 때로는 시인에게마저 이빨을 내보이며 으르렁거릴런지도 모른다.

시인은 다시 요구한다. 이러한 깨달음의 근저로 가는 길에는 생각의 먼지를 닦으라고, 그곳에 눈에 보이는 구체화된 시간(=세월)이 존재한다고 넌지시 타일러 준다. 동시에 지성의 반추가 환기되지 않는 무위(無爲)를 거부하는 것이다. 투명성 즉 모든 것을 비움에는 부스러기로서 생각의 먼지를 떨굼으로써 시인의 의도는 조금씩 자명(自明)해지기 때문이다.

좀저림 창을 벗어나지 못하는 구름의 존재는 무엇인가. 말할 것도 없이 구름의 창(窓)의 포충망에서 벗어날 수 없다. 기막힌 Irony 아닌가. 기껏해야 한두 평 넓이의 창에 무한 창공이 사로잡히고 만다는 것은. 이 경우 창을 가로막는 건물, 나무 등의 방해물을 설정하는 것은 무의미하므로 무시하는 것이 좋을 것이다.

다시 출발하자. 창을 벗어날 수 있는 구름은 존재하지 않는 것이다. 그렇다면 구름은 무엇인가. 서정적 자아 즉 시인이라고 상정하자. 이번에는 엉뚱한 상황이 전개된다. 지금 persona는 구름을 바라보는 존재에서 바라보이는 존재로 변신하거나, 아니면 구름이 되어 창을 물끄러미 바라보고 있는 것이다.

그리고 그 구름은 제자리에 머물러 각혈한다. 이것은 노을에 물든 구름의 구체적 모습일 수 있으나 이것은 가장 나쁜 방법으로서의 '시 읽기'의 하나이다. 구름은 창을 벗어날 수 없는 존재라는 것을 자각할 줄 아는 '의식이 있는 구름'이다. 그러므로 그는 실존적 선택을 한다. 스스로의 의식의 고랑을 파고 붉은 피를 뒤집어쓰거나 찢어발길 때만이 스스로가 스스로에게 보내는 존재의 발견, 자각, 거부 등을 할 수 있는 능동적 주체임을 확인하는 것이다.

그러나 시인은 다시 능청을 떤다. 주지적인 너무나도 반주정적(反主情的)인 것이다. 즉, 이 조용한 붕괴를 무관하게 지켜볼 때 비로소 창이 내부로 열린다. 그렇다. 이 긴 서술에 짜증이 나서 와락 창을 열어젖히지 마라. 김광림의 창은 그러한 방법으로 열 수 있는 창이 아닌 것이다. 여기에는 제2의 열림, 즉 내부로의 열림 그 자체(The opening in itself)를 지향할 때 가능할 것이다. 다시 정리하자. an sich에서 für sich로 그리고 다시 an und für sich로의 단계 여기서는 제3연과 결합할 때, 존재-본질-개념으로의 '열림의 창'이 되어 구체적으로 떠오르는 것이다.

그래서 구체성에서 관념성으로 접근한 창은 그의 본질을 획득한 순간에 다시 일상의 창으로 대환원을 이룩한다. 그것을 주리적이다가 다시 주기적으로 그리하여 이기일원론을 획득한 것이라고 볼 수도 있겠는가.

창을 가로질러 한 쌍의 새가 난다. 구체적이고 사실적인 창을 가로지르는 새는 이제 彼↔此의 위치와 시점에 대한 규정이 없으므로 우리는 더욱 자유롭고 편리하다. 물론 새는 이상이라도 좋고 아니라도 좋다. 그러므로 다시 此에서 彼로의 이동까지 자유롭다. 분명한 것은 새와 아이들의 대립항이 싱싱한 나래짓을 예상하는데 아무런 어려움이 없다. 뿐만 아니라 이상과 현실 사이의 끝없는 변증법적 모순이 동적인 엇갈림으로 솟구친다고 보면, 그것은 합의 상태가 포착되는 듯이 눈으로 가슴으로 들어와 안긴다. 그리고 아이들의 그물에 포착된다. 드디어 개념 일반의 창으로서 환한 웃음을 짓는데 아무런 지장이 없다. 보라. 금빛 찬란한 햇살이 창에 부딪히고 그것은 얼마나 아름다운 서정의 창인가.

그러므로 이 시는 김광림의 주지적 서정을 완벽하게 포착한 창 그 자체(the window in itself)가 되어 영원의 피 속으로 흘러 갈 것이다.

김광림

필자는 다시 그의 백발을 바라보았다. 너무나 무성하고 너무나 깨끗하다. 서천으로 가던 죽지랑(竹旨郎)이 시인의 머리숲을 보았다면 다복숲에 잠들지 않고 저리도 은성스러운 은발에 지친 육신을 내맡기고 황천으로 떠나는 전날 밤에 마지막으로 시인의 말씀을 들었을 법도 하다는 생각이 들었다. 그렇지 않겠는가, 득오(得烏)여. 계면쩍게도 필자는 대머리이다. 하루에도 몇 번씩이나 느끼는 신체적 열등감이 오늘은 더욱 자주 찾아온다. 10분 간격보다 빨리ㅡ. 그러나 내 자신의 대머리 때문만은 아닌 것 같다.

김광림 연보

원산에서 출생. 개성 송도 중학교, 유명한 오지호 화백이 미술교사였음. 뚜뚜뚜뚜……. 평론가 김우종 중학교 동기. 이호철, 최인훈의 1년 선배. 김규동, 이활을 평양종합대학에서 알게 됨. 뚜뚜뚜……. 구상, 이중섭과의 만남은 평생 시인의 길을 걷게 되는 결정타였음. 중학교 교사. 6·25. 사관학교 입교. 김상옥, 이영도 통영에서 만남. 에에이 그 때 여사(女史)에게서 청마(靑馬)에 관해서 좀 들으셨어야죠. 이번 잡음은 컴퓨터 고장이었음……. 52년 임관. 55년 임은교와 결혼. 전봉건, 김종삼과 함께 시집 만듦. 1961년 행정고시 합격. …KBS문화계장. 72년 고은, 이호철, 최인호 등과 주월 한국군사령관 초청으로 베트남 시찰. 1980년부터 한국시의 국제화에 지대한 노력을 함. 한·중·일 삼인시집 펴냄. ……현재 시전문지 《현대시》를 월간으로 270페이지의 두꺼운 분량으로 펴냄으로써 시전문지의 위상을 격상시켰음.

필자는 시인의 약력을 내려가다 숨이 탁탁 차올랐다.ㅡ실례를 무릅쓰고 필자의 상상력이 은발 위에 보금자리를 튼다. 만약에 그가 떠벌리기 좋아하는 범부(凡夫)이었다면, 그리고 장광설을 시작한다면 그의 이마에는 별이 몇 개나 번쩍거리는 XX군인으로 손색이 없었을 것이고, 행정고시에 당당히 합격한 두뇌로 미루어 보면 장관 자리 하나쯤 꿰차는데는 아무런 어려움이 없었을 것이다.

그런데 시인인 것이다.

굵고 험난했을 긴 역정 속에서 3년 걸려 단 한 번도 빠뜨리지 않고 시집을 펴낸 시인인 것이다. 그 시집이 앞에도 언급했듯이 Image의 세공(細工)에 혼을 살라야 하는 주지적 서정이고 보면 10년에 한 권도 어려운데 3년에 한 권씩 펴낸, 바꾸어 말하면 한 번도 곁눈질하지 않은 또 시인인 것이다.

아아, 얼마나 아름다운 이름인가. 그런데 덤인생이란다.

> 나이 예순이면
> 살 만큼은 살았다 아니다
> 살아야 할 만큼은 살았다
> 이보다 덜 살면 요절이고
> 더 살면 덤이 된다.
> 이제부터 나는 덤으로 산다 그래
> 종삼은 덤을 좀만 누리다 떠나갔지만
> 피카소가 가로챈 많은 덤 때문에
> 중섭은 진작 가 버렸다
> 가래 끓는 소리로
> 버티던 지훈도
> 쉰의 고개턱에 걸려 그만 주저앉았다
> 덤을 역산(逆算)한 천재들의 밥상에는
> 빵 부스러기 생선 찌꺼기 초친 것 등
> 지친 것이 많다
> 그들은 일찍감치 숟갈을 놓았다
> 소월의 죽사발이나
> 이상의 심줄구이 앞에는
> 늘 아류들이 득실거린다
> 누군가 들이키다 만
> 하다못해 맹물이라도 마시며
> 이제부터 나는 덤으로 산다
>
> ―「덤」전문

막혀 있던 빗장이 풀린다. 갑자기 가슴 깊숙한 곳으로부터 솟구치는 연초록 샘물을 느낀다. 옛날 이야기를 할머니의 무릎 위에 잠들면서 듣던 이바구가 그립다. 시원(始原)의 바람소리가 그립다.

남자가 있고 여자가 있다.

수천만이고 수천만이다. 그러나 당신과 내가 있어야 이 세상의 남자와 여자가 존재한다. 당신의 숨결소리는 너무나 사실적이예요. 그래 그래 너의 맥박이 존재의 기쁨을 노래하면서 나를 막 깨물었어. 남자와 여자에게는 사랑만이 존재의 신(神)으로 강림한다. 그리고 나는 당신에게 당신은 나에게 존재의 신이 된다.

태초에 말이 있었다고 한다. —잘 모르겠다.

수십만 개의 말들이 뒹군다.

말이 있고 어법이 있다. 말씀과 이바구와 랭귀지, 빠롤과 야지77가 있다. 그 라마지77와 말들이 뒤엉킨다. 봄바람이 분다. 흐르는 물결이 말의 발바닥을 적신다. 누구인가. 생명의 피를 수혈하고 깨어나게 하는 것은. 갑자기 말들이 일어서서 울고 웃고 뛰어다니며 숨결소리가 벅차게 대지를 휩쓴다. 시다. 이제는 시인만이 말의 神인 것을 아무도 부인하지 않는다. 시인의 입술이 닿는 곳마다 말은, 어법은 그리고 남자와 여자는 그들 스스로 신이 된다. 강신(降神)의 춤을 추면서 존재의 기쁨을 노래한다.

시인 김광림은 언어의 신이다. 그는 그의 시 「창」을 통해서 스스로가 위대한 조물주임을 보여 주었다. 그러하다. 그래서 그는 존재의 신이다. 그러나 필자는 그 이상의 이야기를 들었어야 했다. 그는 몇 번이고 예술혼, 장인정신 그리고 선비정신을 필자에게 쏘아댔다.

선비정신—자주 들었었다. 필자에게서 그런 냄새가 난다고 많은 이들이 들먹였었다. 얼마나 낭패였던가. 선비정신이 나에 얽매인, 그래서 Time과 Ideology와 Structure를 모르는 깨끗한 무식쟁이. 쾌청—이상없음. 오늘도 구름한 점 없이 맑다. 저리도 맑은 하늘에 사정(射精)을 하면 행복해진다. 그래 나는 그렇게 비꼬는 소리로만 들었다.

그런데 김광림 시인에게서 듣는 선비정신-이건 느낌이 확 달라진다.

그래 석가가 말했다. 일체유생법(一切有生法)은 여몽환포영(如夢幻泡影)일지라도 마땅히 불취어상(不取於相) 여여부동(如如不動)(상(相)을 취하지 말고 한결같아서 움직이지 말라)하라고 가르치는 큰 말씀처럼 온 몸을 적시는 일깨움이 등줄기를 갈랐다. 그렇구나 이런 정신 하나가 있었기에 시 일념으로 생평(生平)을 걸 수 있었구나.

인사를 나누고 계단을 내려서면서 필자는 게송 하나를 외우고 또 외우고 있었다.

오 있는 것이 있는 것이 아니요, 없는 것이 없는 것이 아니로다(有郞非有 無郞非無). 꿈 같고 허깨비 같고 물거품이요 그림자 같을지라도(如夢幻泡影) 우리 살아있는 동안의 시간 또한 있음이 있다는 것을 부인할 수 없으니 올곧게 살아라 올곧게 정진하라. 그대의 삶은 어차피 有郞非有 無郞非無라 하지 않더냐. 그러므로 창이라 하지 않았더냐.

김광림—풍자시의 가능성

박 철 희

1

오늘날 우리는 변화하는 현실을 살고 있다. 산업사회가 몰고 온 물량화 앞에서 우리가 사는 삶의 현장은 혼돈상태에 있고, 그 안에서 우리는 분열된 존재다. 이렇듯 우리는 의식적이건 심층적이건 비인간화의 과정 속에서 물량화에 길들어가고 있는 것만은 틀림이 없다. 그만큼 우리의 하루하루의 움직임이 물질을 만들어내고 얻어내는 데 바쳐지고 있으며, 생각은 언제나 물질획득의 궁리에 골몰한다.

특히, "억울하면 돈 벌어라"라는 배금주의의 확대는 인간존재에 대한 위협적인 도전이며, 그 도전 때문에 우리는 원래 있어야 할 상태에서 분리되고 소외를 경험할 수밖에 없다. 따라서 시인은 소외의 극복, 자기동일성의 회복에 관심을 돌릴 수밖에 없었다. 시의 고독한 기능의 하나가 물량화 앞에서 소외된 인간을 본래적인 인간으로 회복할 수 있는 일이기 때문이다. 본래적인 인간으로 회복한다는 것은 그만큼 우리를 자유롭게 하는 일이 되며, 이렇듯 시가 무엇에도 구애됨이 없이 상상력의 자유로움에 봉사한다는 점에서 시 쓰는 일은 하이데거의 소위 '악의(惡意) 없는 일'이며, 꿈과도 같은 것이다.

그러한 꿈을 통하여 우리가 삶의 참모습을 기리고 가꾸는 것은 그 자체로서 우리는 보다 자유로울 수 있으며, 그 속에서 세계와 인간의 회복을 겨냥할 수 있는 일-그것은 말하자면 자설적 인식의 필연적 욕구인 것이다.

2

김광림의 「지지 지지야」와 「고적삼제(古蹟三題)」는 그러한 자설적 인식에서 나온 것이다. 그러한 한에 있어서 「지지 지지야」와 「고적삼제(古蹟三題)」는 우리가 체험하는 삶의 현장 그 자체라고 생각되며, 우리의 심층에 잠재되어 있던 비판적인 창의력의 발로라고 보여진다.

특히 「지지 지지야」는 시제 그대로 물량화의 현실에 대한 코믹한 비판이며 야유다. 한국시에서 이른바 풍자시의 또 하나의 가능성을 여기서 점칠 수 있다. 그만큼 시인은 시적 화자인 다섯 살의 '나'의 희극적이고 장난스러운 '동전'체험을 인식하면서 오늘의 현실을 정면으로 희화하고 있었다. 자칫하면 시 이전으로 떨어지기 쉬운 주제를 다루면서 조금도 저항감이 느껴지지 않은 것은 그것이 "-지지 지지야"라는 반복의 원리와 자설적 긴장을 거쳤기 때문이다. 특히, 의성(態)어를 사용한 독특한 익살인 "-지지 지지야"는 단순한 반복이기보다 발전적인 반복이다. 첫 연과 끝 연의 "-지지 지지야"는 동일한 의성(態)어이면서 그 내용은 전혀 다르기 때문이다.

첫 연의 "-지지 지지야"의 개입으로 해서 끝 연의 "-지지 지지야"가 물량화의 현실에 대거리하는 제도적인 안전장치이게 한 점이 바로 그것이다. 이 시에서 유년시절 '동전'체험은 자기확인이면서 동시에 오늘의 구체적 전제로 나타나고 있으며, 이러한 과정으로서의 현실인식은 돈 때문에 속을 태우며 앓는 인간의 권위나 관습을 뒤집고 비하시키는 데 기능적으로 공헌한다. 말하자면 공격적인 의도를 지닌 야유가 되어진 셈이다. 이렇듯 시인은 실감나는 왜곡을 통하여 해학과 입심의 솜씨를 마음껏 발휘하고 있다.

시인의 눈은 어린이의 현상학적 시선과 닮았다고 할 수 있다. 어린이의 눈에 비친 어른의 세계가 실상보다 더 희극적인 모습으로 드러나듯이, 「지지 지지야」의 세계는 매우 반어적이면서 우리는 누구나 어린이의 눈앞에 우스운 존재임을 일러주고 있는 것이다.

사실 이 시의 '동전'체험은 기발하면서 아주 기능적이다. 그만큼 현실을 드러내는 다음과 같은 산문적인 단도직입성을 아주 효과적으로 가려주고 있기 때문이다.

> 새삼 계집이라든가 정의라든가 인권같은 거 닥치는 대로 먹어치우는 세상에서 하필이면 소화를 못 시켜 똥으로나 감싸서 내깔기는 고약한 이것을 못 먹어 못 먹어서 이렇게 속을 태우며 앓고들 있으니
> ─「지지 지지야」에서

이런 뜻에서 이 시의 '동전'체험은 기지로 된 삶의 모습이기도 하다. 특히 "세상에서 하필이면 소화를 못 시켜 똥으로나 감싸서 내깔기는 고약한" 돈이라는 캐리커처적인 과정 및 욕설에는 책략이 있고, 계획된 지성의 작용이 있다. 이와 같이 「지지 지지야」는 전체가 골계와 장난으로 넘치는 것이다. 또한 이 시의 현장은 매우 반어적이다. 시 도처에 엉뚱한 도치나 전도(顚倒)가 이 시를 우습게 만들고 있다.

> 밤마다 이불 속에 들면
> 내 꼬추를 만지작거려
> 약을 올려주던 할아버지
> 내가 돈을 먹은 후론
> 동전의 향방을 찾아
> 큰 변을 볼 적마다 막대기로 휘젓고 했지

어와 같이 '할아버지'의 꼴이 독자를 웃긴다. 그러나 이 웃음이 그렇게 장난으로만 느껴지지 않는 것은 그것이 추상의 관념에서 파악되지 않고 구체의 삶 속에 파악되었기 때문이다. 특히 다음과 같은 구절은 이 시의 장점이자 위기를 이룬다.

> 위장을 벗어난 동전은
> 환속(還俗)의 열두굽이를 돌아
> 잠실(蠶室) 오물처리장에 당도했지
> 사흘만에 나는 황금의 알을 밴 거위처럼
> 새까맣게 탄 돈을 낳은 거야

「지지 지지야」의 그 주조(主調)는 비애다. 그러나 비애는 표면에 드러나지 않고 비애와 함께 웃음이 존재한다. 웃음으로써 비판적 리얼리즘을 보여준 한 예가 된다. 관습을 전도함으로써 역설이 성립되고, 역설은 슬픔의 의미를 더욱 강하게 한다. 이른바 시적 화자 '나'와 독자 사이에 감정이입을 파괴함으로써 「지지 지지야」는 객관적 현상화가 가능할 수 있었다. 그만큼 이 시는 자설안(自說眼)과 그 눈을 지향하는 의지가 공존한다. 시가 자서적일 때 우리는 새로운 깨우침의 체험을 지닐 수 있다. 이 시가 뛰어난 점은 그 자설안에 있다.

3

이런 의미에서 「고적삼제」 역시 「낙화암」, 「촉석루」, 「행주산성」에서 환기하는 너무 낯익은 경험에서 해방하고, 동시에 역사적 또는 전설적 그늘 속에 가리어진 망각지대를 새롭고도 인간적인 관점으로 노래부르고, 또한 드러내고 있다.

쫓기긴
왜
맞서지 못하고

죽음에
앞을 다툴 건
없잖아

뺨 부벼 몸 섞은들
서릿발 미움이사
녹을줄 알아
괜스레 탐내지 말어

— 「촉석루」에서

장죽은 꺾이고
니코틴보다 쓴 세상을
한 소절의 필터로 빨아들이며
성벽의 바위를 져나른
우직한 장정들을 생각는다

— 「행주산성」에서

    이와 같이 노래하고 부름으로써 시인은 '낙화암', '촉석루', '행주산성'을 재편성하고, '낙화암', '촉석루', '행주산성'은 그 자체로 존재하면서 시인은 내재적이고 잠재적인 세계까지 드러낸다. 관습적인 시선의 안개에 가려져 있던 세계, 전설의 그늘 속에 닫혀있던 사연이 이제 시인의 정서에 의해서 우리의 눈앞에 그 모습을 드러낸 것이다. 시인의 상상력은 그만큼 열려있고, 전설적인 시선에서 자유롭다. 낙화암에서 산화한 삼천 궁녀와 왜장을 껴안고 남강에 떨어져 죽었다는 논개로 하여금 "무력하긴/참/꽃잎같군", "복상사(腹上死)에 버금가는 죽음을 베풀었으니/대접에 소홀은 없으렸다"라고 각각 부를 수 있었던 것은 그러한 상상력의 열림, 자유로움에서 온 것이다. 시를 부르는 시정신 자체가 하나의 인간 존재양식으로 개별화하고 육화(肉化)되어진 셈이다.

　낙화암에서 죽은 삼천 궁녀 얘기나, 왜장을 껴안고 남강에 떨어져 죽었다는 논개는 우리의 상상력 속에서 너무 친숙한 얘기와 인물로 되어 있다. 사실 전설적인 경험은 관습적으로 고정되어 있는 공적인 반응이다. 공적인 반응 앞에 자아의식과 현실의식은 마비되고 개인적 경험은 불가능할 수밖에 없다. 그러나 시인은 그러한 공적 반응에 의해 망각되어 온 '궁녀', '논개', '장정'으로 하여금 시인 자신의 삶에 대한 인간적 인식을 불어넣음으로써 그들의 삶을 인간으로 승화시켜 놓았다. 그러기에 「촉석루」 속에 울리는 목소리는 기녀이기 전에 한 사람의 적나라한 아녀자의 목소리인 동시에, 논개의 드라마를 빌린 인간적인 너무나 인간적인 시인의 깨어있는 의식이자 독백이기도 하다.

　이런 의미에서 「고적삼제」는 선례의 관습에 의한 근시안이 된 우리 시선이 꿰뚫고 들어갈 수 없었던 역사의 뒤안길을 헤아린 좋은 보기가 된다. 시적 화자는 그러므로 과거를 보면서 현재를 노래할 수 있는 것이다. 그 역도 진(眞)이다. 과거와 현재를 병존적으로 대치한 「행주산성」의 경우와 같이 '행주치마'를 보면서 '청바지'를 들여다보고 '성벽의 바위'를 보면서 문명이라는 이름으로 옹호되어온 현재를 새롭고 도전적인 관점으로 비판하고 있다. 그리고 그것은 '조약돌'의 비유에 암시적인 여운으로 함축되어 있다.

4

　「고적삼제」는 이렇듯 역사적 전설이 과거로서 일정한 거리를 가지고 시인 앞에 있는 것은 아니다. 역사적 전설과 시인 사이에 자기동일화가 이루어지고 있다. 시간의 과거가 없고 그 현장성이 있을 뿐이다. 따라서 「낙화암」, 「촉석루」,「행주산성」은 어떤 메시지를 위한 전설적 경험이나 알레고리가 아니라, 그 자체가 리얼리티를 위한 이미지가 되고 있다. 그만큼 자설적이다. 순수하고 자유롭다.「낙화암」 끝 연과 같은 것이 바로 그것의 좋은 예다.

> 벼랑에서
> 아이들은 개구리를 내동댕이쳤다.
> 그리고
> 손을 털었다.

역전의 눈이 읊은 노래, 그것이 다름 아닌「고적삼제(古蹟三題)」다. 역전의 눈, 그것은 그 자체도 독특하다고 평가되지만 물론 작품으로서 성패는 다른 문제가 된다. 그러나 위 시구와 같은 역전의 눈은 시인이 근자 줄곧 추구해 온 풍자적 시선의 연장으로 파악된다. 어쨌든「고적삼제」는 전설적인 경험 속에 잊혀져온 자아의 발견 및 그 강조의 한 반영이라고 보아지는 것이다.

이와 같이 김광림의 시는 이렇듯 역전의 눈으로 되어있다. 물구나무서는 눈, 거꾸로 되짚는 시선에 비친 세계와 나의 모습은 우스꽝스럽고, 하나의 경이일 수밖에 없다.

(박철희 시론집『서정과 인식』에서, 1982년 이우(二友)출판사刊)

역전(逆轉)과 풍자
― 김광림 시의 경우

박 철 희

1

  시란 이름 없는 것을 부르는 일, 말없는 것을 노래하는 일, 바로 그것이다. 시란 그러므로 이름 없는 것, 말없는 것을 인식하면서 이름 없는 사물에 이름을 부여하고 말없는 것을 노래하는 행위이다. 부른다는 것, 노래한다는 것은 말하자면 여태 있어 본 적이 없는 그 무엇인가를 새롭게 꾸미고 또한 드러내는 일이다. 드러내어진 그 무엇이 다름 아닌 형상이다. 시를 인식하면서 이루어지는 형상이라고 한 것은 이 때문이다.
  이런 의미에서 김광림의「고적삼제(古蹟三題)」는「낙화암」,「촉석루」,「행주산성」에서 환기하는 너무 낯익은 경험에서 해방하고 동시에 역사적 또는 전설적 그늘 속에 가리어질 망각지대를 새롭고도 인간적인 관점에서 노래 부르고 또한 드러내고 있다.

    쫓기긴
    왜
    맞서지 못하고

죽음에
앞을 다툴 건
없잖아

뺨 부벼 몸 섞은들
서릿발 마음이사
녹을줄 알아
괜스레 탐내지 말어

— 「촉석루」에서

장죽은 꺾이고
니코틴보다 쓴 세상을
한 소절의 필터로 빨아들이며
성벽의 바위를 져나른
우직한 장정들을 생각는다

— 「행주산성」에서

이와 같이 노래하고 부름으로써 시인은 '낙화암', '촉석루', '행주산성'을 재편성하고, '낙화암', '촉석루', '행주산성'은 그 자체로 존재하면서 시인은 내재적이고 잠재적인 세계까지 드러낸다. 관습적인 시선의 안개에 가려져 있던 세계, 전설의 그늘 속에 닫혀있던 사연이 이제 시인의 정서에 의해서 우리의 눈앞에 그 모습을 드러낸 것이다. 시인의 상상력은 그만큼 열려있고, 전설적인 시선에서 자유롭다. 낙화암에서 산화한 삼천 궁녀와 왜장을 껴안고 남강에 떨어져 죽었다는 논개로 하여금 "무력하긴/참/꽃잎같군", "복상사(腹上死)에 버금가는 죽음을 베풀었으니/대접에 소홀은 없으렷다"라고 각각 부를 수 있었던 것은 그러한 상상력의 열림, 자유로움에서 온 것이다. 시를 부르는 시정신 자체가 하나의 인간 존재양식으로 개별화하고 육화되어진 셈이다.

낙화암에서 죽은 삼천 궁녀 얘기나, 왜장을 껴안고 남강에 떨어져 죽었다는 논개는 우리의 상상력 속에서 너무 친숙한 얘기와 인물로 되어 있다. 사실 전설적인 경험은 관습적으로 고정되어 있는 공적인 반응이다. 공적인 반응 앞에 자아의식과 현실의식은 마비되고 개인적 경험은 불가능할 수밖에 없다. 그러나 시인은 그러한 공적 반응에 의해 망각되어 온 '궁녀', '논개', '장정'으로 하여금 시인 자신의 삶에 대한 인간적 인식을 불어넣음으로써 그들의 삶을 인간으로 승화시켜 놓았다. 그러기에 「촉석루」 속에 울리는 목소리는 기녀이기 전에 한 사람의 적나라한 아녀자의 목소리인 동시에, 논개의 드라마를 빌린 인간적인 너무나 인간적인 시인의 깨어있는 의식이자 독백이기도 하다.

 이런 의미에서 「고적삼제」는 선례의 관습에 의한 근시안이 된 우리 시선이 꿰뚫고 들어갈 수 없었던 역사의 뒤안길을 헤아린 좋은 보기가 된다. 시적 화자는 그러므로 과거를 보면서 현재를 노래할 수 있는 것이다. 그 역도 진이다. 과거와 현재를 병존적으로 대치한 「행주산성」의 경우와 같이 '행주치마'를 보면서 '청바지'를 들여다보고 '성벽의 바위'를 보면서 문명이라는 이름으로 옹호되어온 현재를 새롭고 도전적인 관점으로 비판하고 있다. 그리고 그것은 '조약돌'의 비유에 암시적인 여운으로 함축되어 있다. 「고적삼제」는 이렇듯 역사적 전설이 과거로서 일정한 거리를 가지고 시인 앞에 있는 것은 아니다. 역사적 전설과 시인 사이에 자기동일화가 이루어지고 있다. 시간의 과거가 없고 그 현장성이 있을 뿐이다. 따라서 「낙화암」, 「촉석루」, 「행주산성」은 어떤 메시지를 위한 전설적 경험이나 알레고리가 아니라, 그 자체가 리얼리티를 위한 이미지가 되고 있다. 그만큼 자설적이다. 순수하고 자유롭다. 「낙화암」 끝 연과 같은 것이 바로 그것의 좋은 예다.

> 벼랑에서
> 아이들은 개구리를 내동댕이쳤다.
> 그리고
> 손을 털었다.

역전의 눈이 읊은 노래, 그것이 다름 아닌 「고적삼제」다. 역전의 눈, 그것은 그 자체도 독특하다고 평가되지만 물론 작품으로서 성패는 다른 문제가 된다. 그러나 위 시구와 같은 역전의 눈은 시인이 근자 줄곧 추구해온 풍자석 시선의 연장으로 파악된다. 어쨌든 「고적삼제」는 전설적인 경험 속에 잊혀져온 자아의 발견 및 그 강조의 한 반영이라고 보아지는 것이다.

이와 같은 김광림의 시는 이렇듯 역전의 눈으로 되어있다. 물구나무서는 눈, 거꾸로 되짚는 시선에 비친 세계와 나의 모습은 우스꽝스럽고, 하나의 경이일 수밖에 없다.

(≪현대문학≫, '81. 5월호에서)

2

오늘날 우리는 변화하는 현실을 살고 있다. 산업사회가 몰고 온 물량화 앞에서 우리가 사는 삶의 현장은 혼돈상태에 있고, 그 안에서 우리는 분열된 존재다. 이렇듯 우리는 의식적이건 심층적이건 비인간화의 과정 속에서 물량화에 길들어가고 있는 것만은 틀림이 없다. 그만큼 우리는 하루하루의 움직임이 물질을 만들어내고 얻어내는 데 바쳐지고, 생각은 언제나 물질획득의 궁리에 골몰한다. 특히, "억울하거든 돈을 벌어라"는 배금주의의 확대는 인간존재에 대한 위협적인 도전이며, 그 도전 때문에 우리는 원래 있어야 할 상태에서 분리되고 소외를 경험할 수밖에 없다. 따라서 소외의 극복, 자기동일성의 회복은 오늘날 시인에게 절실한 것이다. 이 시의 고독한 결단만이 물량화 앞에서 소외된 인간을 본래적인 인간으로 회복할 수 있기 때문이다. 본래적인 인간으로 회복한다는 것은 그만큼 우리를 자유롭게 한다는 것이다.

김광림의 「지지 지지야」와 「고적삼제」는 그러한 자유로움에서 나온 것이다. 언제나 시는 밖에 드러난 현실과 드러나지 않은 현실 사이의 구체의 긴장 가운데 존재하면서 밖에 드러나지 않은 현실을 부단히 보여준다. 그리하여 시적 상상의 자유로움에 기여한다. 그러한 한에 있어서 「지지 지지야」와 「고적삼제」는 우리가 체험하는 삶의 현장 그 자체라고 생각하며 우리의 심층에 잠재되어 있던 비판적인 창의력의 발로라고 보아진다.

특히 「지지 지지야」는 시제 그대로 물량화의 코믹한 비판이며 야유다. 한국시에서 이른바 풍자시의 또 하나의 가능성을 여기서 점칠 수 있다. 그만큼 시인은 시적 화자인 다섯 살인 '나'의 희극적이고 장난스러운 '동전'체험을 인식하면서 오늘의 현실을 정면으로 희화하고 있었다. 자칫하면 시 이전으로 떨어지기 쉬운 주제를 다루면서 조금도 저항감이 느껴지지 않은 것은 그것이 "−지지 지지야"라는 반복의 원리와 자설적 긴장을 거느렸기 때문이다. 특히, 의성(태)어를 사용한 독특한 익살인 "−지지 지지야"는 단순한 반복이기보다 발전적인 반복이다. 첫 연과 끝 연의 "−지지 지지야"는 동일한 의성(태)어이면서 그 내용은 전혀 다르기 때문이다.

첫 연의 "−지지 지지야"의 개입으로 해서 끝 연의 "−지지 지지야"가 물량화의 현실에 대거리하는 제도적인 안전장치이게 한 점이다. 이 시에서 유년시절 '동전'체험은 자기확인이면서 동시에 오늘의 구체적 전제로 나타나고 있으며, 이러한 과정으로서의 현실인식은 돈 때문에 속을 태우며 앓는 인간의 권위나 관습을 뒤집고 비하시키는 데 기능적으로 공헌한다. 말하자면 공격적인 의도를 지닌 야유가 되어진 셈이다. 이렇듯 시인은 실감나는 왜곡을 통하여 해학과 입심의 솜씨를 마음껏 발휘하고 있다. 그러기에 시 「지지 지지야」

의 세계가 희극적 전도라는 점에서 시인의 눈은 어린이의 현상학적 시선과 닮았다고 할 수 있다. 어린이의 눈에 비친 어른의 세계가 실상보다 더 희극적인 모습으로 드러나듯이, 「지지 지지야」의 세계는 매우 반어적이면서 우리는 누구나 어린이의 눈앞에 우스운 존재임을 일러주고 있는 것이다.

사실 이 시의 '동전' 체험은 기발하면서 아주 기능적이다. 그만큼 현실을 드러내는 다음과 같은 산문적인 단도직입성을 아주 효과적으로 가려주고 있기 때문이다.

> 새삼 계집이라든가 정의라든가 인권같은 거 닥치는 대로 먹어치우는 세상에서 하필이면 소화를 못 시켜 똥으로나 감싸서 내깔기는 고약한 이것을 못 먹어 못 먹어서 이렇게 속을 태우며 앓고들 있으니
> ―「지지 지지야」에서

이런 뜻에서 이 시의 '동전' 체험은 기지로 된 삶의 모습이기도 하다. 특히 "세상에서 하필이면 소화를 못 시켜 똥으로나 감싸서 내깔기는 고약한" 돈이라는 캐리커처적인 과정 및 욕설에는 책략이 있고, 계획된 지성의 작용이 있다. 이와 같이 「지지 지지야」는 전체가 골계와 장난으로 넘치는 것이다. 또한 이 시의 현장은 매우 반어적이다. 시 도처에 엉뚱한 도치나 전도가 이 시를 우습게 만들고 있다.

> 밤마다 이불 속에 들면
> 내 꼬추를 만지작거려
> 약을 올려주던 할아버지
> 내가 돈을 먹은 후론
> 동전의 향방을 찾아
> 큰 변을 볼 적마다 막대기로 휘젓고 했지

이와 같이 '할아버지'의 꼴이 독자를 웃긴다. 그러나 이 웃음이 그렇게 장난으로만 느껴지지 않는 것은 그것이 추상의 관념에서 파악되지 않고 구체의 삶 속에 파악되었기 때문이다. 특히 다음과 같은 구절은 이 시의 장점이자 위기를 이룬다.

> 위장을 벗어난 동전은
> 환속(還俗)의 열두굽이를 돌아
> 잠실(蠶室) 오물처리장에 당도했지
> 사흘만에 나는 황금의 알을 밴 거위처럼
> 새까맣게 탄 돈을 낳은 거야

「지지 지지야」의 그 주조(主調)는 비애다. 그러나 비애는 표면에 드러나지 않고 비애와 함께 웃음이 존재한다. 웃음으로써 비판적 리얼리즘을 보여준 한 예가 된다. 관습을 전도함으로써 역설이 성립되고, 역설은 슬픔의 의미를 더욱 강하게 한다. 이른바 시적 화자 '나'와 독자 사이에 감정이입을 파괴함으로써 「지지 지지야」는 객관적 현상화가 가능할 수 있었다. 그만큼 이 시는 자설안과 그 눈을 지향하는 의지가 공존한다. 시가 자설적일 때 우리는 새로운 깨우침의 체험을 지닐 수 있다. 이 시가 뛰어난 점은 그 자설안에 있다. 사물과 경험의 구체에 대한 성실성이 다름 아닌 자설안이다. 물론 이것은 어떠한 방법으로 얻어지느냐하는 것은 그리 간단치 않다. 그러나 그것은 이미 있어 온 경험의 추종이 아니고 '동전'체험과 같이 삶의 현실과 부딪쳐서 얻은 결과다. 그 결과는 우리가 주어진 삶을 깊이 파악하였을 때 나온 것이며 우리의 개성적인 특성에 충실하였을 때 말미암은 것이다.

(≪현대문학≫, '80년 4월호에서)

5부 시집평

『심상의 밝은 그림자』 서문

박 남 수

광림의 시집 『심상의 밝은 그림자』가 나오는 모양이다. 나더러 첫 머리에 몇 마디 붙여 달라는 이야기지만 그건 사실 군더더기에 지나지 않는 일이다. 그의 작품들이 스스로를 말할 것이니까.

광림은 이번 시집에서 적잖은 변모를 꾀하고 있다. 세상 사람들은 그를 모더니스트라고 하기도 했지만 그 스스로는 종래의 리리시즘과는 다른 각도의 서정시를 쓰고 있노라고 그의 시론에서 밝히고 있다.

그는 다시 음악에서 오는 직감적인 전달성과 회화에서 오는 이미지의 볼륨 같은 걸 맞아떨어지게 해보려는 것이라고 하면서 그런 서정시를 자기는 주지적 서정의 시라고 이름 짓고 싶노라는 말도 하고 있다.

그러니까 광림은 말하자면 욕심이 좀 많다. 일부 시인들처럼 '노래하는 시'여야 하느니, '생각하는 시'여야 하느니 다투지 않고 속심으로는 그런 요소가 다 있어야 한다고 웃고 있는 셈이다.

사실 시가 지니고 있는 요소들을 어느 하나만이 구미(口味)에 맞노라고 내세우는 것은 어리석은 일이다. 시를 언어로 만드는 것이라면 시어가 지니고 있는 음향, 음미, 형태 그 어느 것을 버릴 수 있을 것인가.

이번 작품들이 그런 생각 밑에서 쓰여졌겠지만 종래의 광림의 작품들과는 조금 다르다. 언어의 기능들을 살리려는 노력의 흔적들이 눈에 보일 정도다. 요만치 기법적인 것을 의식하면서 작품을 제작한다는 일은 그리 쉬운 일이 아닐 것이다.
　그의 새로운 출발을 나는 기뻐한다. 정체하지 않는 물은 썩지 않는 법이다. 늘 흐르고 움직이는 변형해 가는 광림을 우리는 항상 믿어도 좋을 것이다.

(1962년 4월)

〈접목〉의 끝머리에

— 시집 『상심하는 접목』 발문

전 봉 건

  부러져 떨어진 나뭇가지는 무수히 널려 있다. 그 대부분은 이미 썩어 있는지 모른다. 그러나 그 속에서 아직은 살아있는 나뭇가지를 찾는 총명한 눈동자가 있다. 아니 그 눈동자는 떨어져 널린 모든 나뭇가지가 아직은 하나도 썩어 있지 않기를 원하고 있다. 그 다음 일에 대해서 눈동자의 주인은 자기의 모든 것을 내어 걸 자신이 있다.
  눈동자의 주인이 김광림 씨다. 그는 '접목'을 하려는 것이다. 자기의 뜻이 아닌 일로 해서 떨어져 나간 나뭇가지를 도로 나무에게 해주기 위해서 아직은 땅 속에 뿌리를 박고 살아 있는 원 몸뚱이에 이어 주려는 것이다.
  자기의 뜻이 아닌 일로 해서 가장 아름다운 자기 스스로의 균형을 잃은 나무에게 떨어져 나간 나뭇가지를 도로 이어줌으로써 생래(生來)의 '아름다움'을 되찾게 해주려는 것이다.
  나무를 나무가 아니게 하는 욕된 일 속에 서서 나무를 나무이게 해 줄 뿐만 아니라 나무가 최초에 신(神)이나 자연의 뜻으로 해서 지녔던 그 비할 데 없이 균형 잡힌 아름다운 모습과 정신 그대로 살아 줄 것을 바라는 마음— 그 기원과 작업은 시인이 무상(無上)의 쾌락을 전신전령(全身全靈)으로 느끼는 무상의 행위이다.

　김광림 씨는 자기가 무엇인가를 다시 말하면 '시인'이란 무엇인가를 명확하게 알고 있는 새 세대의 시인의 한 사람이다.

　8·15 해방 후 수많은 시인이 나와서 우리의 시가 과거의 어느 때보다도 풍성해지고 그 질이 높아졌음은 사실이다. 그러나 이런 결과를 가져오게 한 것은 그 수많이 나온 신인의 양이 아니었다. 그 수많은 신인의 양에 묻혀 버리다시피 하면서도 '다이아몬드'처럼 빛나는 '오리지널리티'를 간직한 불과 열 손가락에나 꼽아질 신인의 존재로서였다.

　찬란하고 풍성한 시사(詩史)가 이룩된 마당을 보면 항상 강력한 '오리지널리티'를 지닌 신인이 등장해서 시의 역사의 한 시기 한 시기를 매듭짓는 동시에 거기서부터 새로운 큰길을 앞으로 깔고 나아갔음을 안다.

　8·15 이후에 등장한 우리의 신인들 그 몇 안 되는 자기대로의 목소리, 자기대로의 '오리지널리티'를 가졌다고 보아지는 신인들이 과연 하기 어려운 일이겠지만 그들이 우리 시단의 매력적인 촉망의 대상임은 숨길 수 없는 사실이다.

　시집 『상심하는 접목』에 흐르는 김광림 씨의 자기대로의 목소리─그 '오리지널리티'는 앞으로도 더 풍요한 과일나무로 자랄 것이다. 시집 속에 수록된 작품 「山의 IMAGE」에서는 과거의 누구에서도 들을 수 없었던 새로운 목소리를 엿들을 수 있다. 여기서 씨의 「모노로구」는 시의 개념화를 초래할 만큼 위태로울 정도로 철저한데 그러므로해서 정밀하게 선택된 언어들은 선명한 의미와 음향을 불러일으키면서 새로운 감정의 흐름을 형성하고 있다. 이 작품은 김광림 씨가 지금 어떠한 사고와 어떠한 방법으로 성숙하고 있는가를 보여주고 있다. 가장 젊은 세대의 가장 매력적인 한 시인의 첫 시집에 이렇게 몇 마디 붙여보았다. 같은 세대의 한 사람으로서.

말의 묘미・은유에의 집착

— 시집 『심상의 밝은 그림자』

전 봉 건

  이 시집은 『상심하는 접목』 이후 김광림 씨의 두 번째 시집이 된다. 박남수 씨의 서문이 있는데, 이 시집 『심상의 밝은 그림자』에 대한 적절한 말을 다하고 있다.
  서문에서도 지적된 것이지만 『상심하는 접목』과 『심상의 밝은 그림자』를 나란히 놓고 보면 이 시인의 변모를 곧 알아차릴 수가 있다.
  시인이 자신의 작품에 변모를 가져온다는 것은 결코 쉬운 일이 아니다. 이 시인 외에도 몇몇 시인들이 변모를 꾀하여 노력하고 있는데 그 결과가 아직은 시원치 않은 것을 보더라도 퍽 어려운 일임을 다시 한번 깨닫게 된다.
  변모란, 즉 생장하고 새로운 개화(開花)이기 때문일 것이다. 김광림 씨의 경우 그 변모에는 안정성이 있다. 안정성이 아마 그의 변모를 조심스럽게 성공적인 곳에까지 이끌어 갔을 것이다.
  『심상의 밝은 그림자』에서 보여준 변모를 밑받침 한 것으로 말의 묘미와 은유에의 집착을 들 수 있을 것 같다.
  이 시집의 어느 작품을 보더라도(그 중 「양지」 같은 작품은 더욱이), 이 시인의 이상하리만치 짙은 말의 묘미에 대한 집착, 그리고 은유에 대한 집착을 느낄 수 있다. 『상심하는 접목』 때에도 이런 집착이 없는 것은 아니나, 그 때 이 시인의 관심은 그만큼 또 다른 데에도 쏠려 있었다. 시가 지니는 주제, 시가 지니는 사상성 같은 것에도 관심이 쏠려 있었던 것이다. 그러나 이번 시집에는 그 이름이 말해주듯이 오직 '심상의 밝은 그림자'만이 있다.

이등분되었던 관심을 한 곬으로 몰아 넣어 말의 묘미와 은유를 추구한 끝에 이 시인의 변모가 생겨났다면— 이 시인의 관심의 방향이 달라질 때 이 시인에 대한 기대는 또 새로워질 것이다.

은유나 직유라는 기법을 의식해서 연구하고 써 온 시인이 과거에 몇이나 있었고(아마 거의 없었다), 지금 연구하고 있는 시인이 몇이나 되는지 잘 알 수 없을 정도로 과거와 현재를 통한 시단의 시의 기법에 대한 관심과 논의는 불모(不毛)의 상태다. 이런 상태에 있어 김광림 씨가 보여준 비유 중에서도 특히 은유에 대한 짙은 집착심은 값있는 일이 아닐 수 없다.

은유에 대한 짙은 관심보다 더하게 이 시인은 말의 묘미에 집착된 관심을 보여주고 있는데 이런 일이 우리말을 세련되게 하는 힘이 된다는 것을 생각할 때, 이 시인은 시집 『심상의 밝은 그림자』에서 값있는 일 또 한가지를 보여주고 있다 하겠다.

현대시의 언어와 공간
― 시집 『학의 추락』

김 시 태

　오늘의 한국 시단은 어디까지 와 있는 것일까? 지난 60년대의 시의 성과에 대하여서는 보는 사람에 따라서, 그리고 논자라 하더라도 그때그때 보는 관점의 방향에 따라서 각각 상이한 진단과 평가가 나올 수밖에는 없겠지만, 어떻든 필자는 이러한 진단과 평가를 위한 한 텍스트로서 문덕수의 시집 『선(線)·공간』과 김광림의 시집 『학의 추락』을 선택하고 그것을 잠깐 더듬어 보려고 한다. 이 두 시인을 주축으로 하는 보다 새로운 이미지의 산실(産室)은 60년대 한국시가 가졌던 몇 가지의 시도와 성과 중에서도 가장 찬란한 것 중의 하나였음을 생각할 때 일단 주목할만한 가치를 지니고 있다.

　　① 뒤뜰에서는
　　　　작은 놈이
　　　　장난감을 모조리 내놓고
　　　　끌었다간 밀고
　　　　밀었다간 끌며
　　　　결국은 부수고야 마는
　　　　놀음이 한창이다

나는/방 한가운데
　　배를 깔고 엎드려서
　　하나의 이미지를 위해
　　언어와 언어를/쌓았다간 헐고
　　헐었다간 쌓고 하는 되풀이

　　어느새
　　망가진 언어들이 한방 그득하다

　② 영원히 날아가는 의문의
　　화살일까.
　　한 가닥의
　　선(線)의 허리에
　　또 하나의 선이 와서/걸린다.
　　불꽃을 뿜고/얽히는
　　난무(亂舞).
　　불사(不死)의 짐승일까.
　　과일처럼 주렁주렁 열렸던
　　언어는 삭아서
　　떨어지고

　전자는 김광림의 시집 『학의 추락』 서두에 실려 있는 서시(序詩)의 2, 3, 4 연이고, 후자는 문덕수의 시 「선(線)에 관한 소묘 Ⅱ」의 일부다.

　우리는 이 두 시인의 작시방법상에 있어서의 서로 공통적인 일면을 발견한다. 전자의 경우, 이 작품은 김광림의 다른 많은 작품에 견주어 볼 때, 별로 다를 것이 없는 비교적 평범하고 소박한 것에 불과하다. 그러면서도 이 작품이 우리의 시선을 끄는 것은 작자 자신의 작시 방법에 있어서의 일면이 한 편의 작품 속에 그대로 여실하게 제시되어 있기 때문이다.

　장난감을 가지고 노는 '작은 놈'과 언어를 가지고 작업하고 있는 '나'(즉,

시인)의 사이에는 하나의 등식관계가 성립하고 있다. 우리는 이러한 등식을 통하여 다음과 같은 몇 가지의 사실을 읽을 수 있다. 어린이의 유일한 자산이 장난감이라면 시인의 유일한 자산은 언어다. 그리고 어린이가 장난감을 통하여 추구하는 최상의 목표가 '놀음'에 있다면, 시인이 언어를 통하여 추구하는 최상의 목표는 이미지 산출에 있다. 그리고 우리들이 여기서 간과해서는 안 될 가장 중요한 사실은 어린이가 자기 목표를 달성하기 위하여 "장난감을 모조리 내놓고/끌었다간 밀고/밀었다간 끌며/결국은 부수고야 마는" 것처럼, 시인은 "하나의 이미지를 위해 언어와 언어를/쌓았다간 헐고/헐었다간 쌓고 하는 되풀이"를 한없이 계속하고 있다는 데에 있다. 이것은 한 마디로 말해서 새로운 시의 이미지와 그 질서를 지향하는 한 시인의 부단한 노력과 추구를 가리킨다. 그리고 여기 '새롭다'는 말은 일상의 이미지(즉, 자연)가 시라는 하나의 예술적 질서 속에 환원됨으로써 비로소 거기 새 성명의 탄생을 맞이하게 되는 시적 이미지의 도래를 가리킨다. 그러고보면 이 시인에게 있어서는 일군의 이미지가 그 상호간에 형성하는 하나의 자발적인 질서—이것이 곧 시이다. 그리고 이와 같은 일련의 충격적인 이미지를 얻기 위하여 이 시인이 얼마나 많은 이미지를 희생시키고 있는가 하는 점을 우리는 "망가진 언어들이 한 방 그득하다"는 이 시 최후의 진술과 함께 다시 한 번 확인하게 된다. 이런 의미에서 김광림은 오늘의 한국시에 새로운 시의 문학공간을 구축하는 데 가담한 한 사람의 기수로서의 일익을 담당하고 있다고 보아도 결코 지나친 말은 아닐 것이다. 「서시」에서 보여 준 이상과 같은 작시태도는 그의 시집 『학의 추락』에 실려 있는 그 밖의 다른 모든 작품의 저류(底流)를 일관함으로써 그 자신의 한 독특한 작시방법으로 굳혀 가기에 이르렀다. 이를테면 그의 시 「새」의 경우,

> 새를 겨누어
> 호흡을 멈추었다
> 멈춘 호흡 사이로
> 한 마리
> 사나운 짐승이 눈을 부라렸다
> 켕긴 나뭇가지
> 시원(始原)의 나뭇가지를 두고
> 마지막 잎새가 떠나갔다
> 횡 하니 공간이 뚫렸다
> 죽음이 소용돌이를 빠져나오는
> ―순(瞬)에도
> 총 끝에서 노래하는
> 천연의 새가 있다

　이 작품 속에는 두 마리의 새가 살고 있다. 나뭇가지의 새와 총 끝의 새가 그것이다. 물론 여기서 말하는 총 끝의 새, 즉 "총끝에서 노래하는/천연의 새……"는 발포시(發砲時)에 있어서의 이음(異音)의 이미지를 작자가 극적으로 희화화한 관념의 새를 가리키는 것이지만 어떻든, 이 두 개의 이미지(새)를 중심으로 하는 이 시의 모든 이미지가 독자적인 생명을 갖고 서로 자유롭게 연쇄반응을 일으키면서 처음부터 끝까지 다이내믹한 전체적 통일성을 획득하고 있다. 다시 말하자면, 작자는 자신의 개인적인 체험 내용을 형성하고 있는 무수한 내면의 이미지로부터 그 중 한 이미지를 마찰·갈등의 긴장상태 속에 몰아넣음으로써 거기서 제3, 제4의 이미지를 탄성케 한다. 그리고 거기 다시 새로운 이미지를 부여함으로써 다시 새로운 긴장상태를……. 이때, 이 이미지들은 이미 작자의 손끝에서 떨어져나가 제 자신의 독자적인 세계에서 독자적인 생명을 갖고 그들 상호간의 무서운 생존경쟁 속에 뛰어들어가 있음을 말해준다. 그들은 이미 작자의 밖에 살고 있는 것이다. 그러므로 그들의 생사문제는 시인에게 달려 있는 것이 아니고, 그들 각자를 둘러싸고 있는 주변의 모든 이미지들과의 상관관계에 달려 있을 뿐이다.

　이미지의 마찰과 갈등, 분열, 조화―이러한 연쇄 이미지 군(群)의 긴장상태에 의한 작시방법은 또한 문덕수의 시집 『선·공간』와 모태가 되고 있다. "불꽃을 뿜고/얽히는/난무./불사(不死)의 짐승일까./과일처럼 주렁주렁 열렸던/언어는 삭아서/떨어지고" 우리는 여기서 한 시인이 자신의 내면 속에 난무하는 무수한 충동의 핵을 꿰뚫고 그것들을 하나의 유기적인 질서 속에 통합함으로써 거기 형성되는, 음식과 선과 형상만이 파동하는 언어공간에 직면하게 된다. 그것은 언어와 언어가 불꽃을 뿜고 투쟁하는 또 하나의 조형적인 공간이다.

　　　은빛 실낱을 뽑으며
　　　그물을 짜는
　　　한 올의 바람,
　　　이윽고
　　　유상(幼想)처럼 걸리는 조롱
　　　천사의 손도 얼씬 못하는
　　　조롱,

　　　그 속에 지구는 무한의 구석 끝을 울리는
　　　쓸쓸한 새
　　　　　　　　　　　　　―「선(線)에 관한 소묘 Ⅱ」

　"은빛 실낱"과 "그물의 바람", "조롱", "지구", "새"―이러한 일연(一連)의 이미지가 불현듯이 만나고 부딪고, 헤어지고, 다시 마찰하는 가운데서, 항상 상호간의 의미를 파괴하고 제3의 의미를 창조하고 있다. 새로운 시의 역학이다. 하나 하나의 이미지가 에너지를 가지고 다른 이미지들과 부딪고 있는 것이다. 그리고 어떤 것은 떨어져 나가고, 또 어떤 것은 서로 결합한다. 이런 가운데서 그들은 상호간에 긴밀한 영향관계를 형성한다.

필자는 위에서 '시의 삼강오륜(三綱五倫)'과 그에 대한 우리 시의 끊임없는 도전을 지적한 바 있다. 문덕수, 김광림 이 두 시인의 불꽃 튀는 언어투쟁은 그대로 우리 시가 내포하고 있는 역사적 과거에 대한 최후의 도전과 승리를 의미한다. 남자와 여자가 같이 자는 것을 '관계한다'고 한다면, 시의 언어도 언제나 서로 관계하고 있다. 적어도 앞뒤의 언어, 즉 앞뒤의 시행이나 시구 또는 연과 관계하고 있으며, 이러한 관계 속에서 때로는 그 언어의 의미가 상실되고 폭로되고 전환되기도 하고, 박탈당하기도 하며, 이러한 가운데서 결국 의미의 혼란이 야기된다. 이러한 혼란은 시를 쓰는 시인 자신이 의식적으로 일으키려고 해서 일으키는 수도 있고, 언어가 언어에 부딪쳐서 일으키는 수도 있다. 위의 문덕수와 김광림은 때에 따라 양자의 경우를 다 겸하고 있다. 그러나 이상적인 상태는 언어가 언어를 욕망하고 서로 사랑하게 되는 관계이다. 그러므로 시인은 항상 참을성 있게 언어와 의미의 혼란을 따라갈 수 있어야 한다. 이러한 언어에의 신뢰-그것은 무의식적 자연발생적인 행위가 아니고 극히 의식적인, 시를 제작하려고 하는 행위 그 자체이다. 이와 같이 언어가 시인에게 구속당하지 않고 독자적인 세계를 확립함으로써 최대의 자유를 쟁취하게 될 때, 그 때 그 시는 어떤 대상이든지 마음껏 섭취할 수 있는 자격을 얻게 된다.

이미지와 체험의 전체성
— 시집 『한겨울 산책』

김흥규

'의미'라는 어휘는 시에 관한 성찰과 논쟁 속에서 항상 문제의 불씨가 되어 왔다. 우리는 종종 듣는다. 어떤 시는 '너무 많은 의미'를 담았다고도 하고, 혹은 의미가 형상화되지 않았다거나, 의미를 극도로 배제했다는 등 각양각색의 문맥과 입장에서 시인, 비평가들은 말한다. 아마도 '의미'라는 낱말을 둘러싼 입장의 차이와 논쟁만으로도 우리는 현대시론의 주요한 면모를 개관할 수 있을 것이다.

이와 아울러 문제되는 말은 '이미지'이다. 현대의 서구시론에서 특히 각광받은 바 있는 '이미지'의 기능은 시의 근본을 이루는 것으로 간주되었다. 이에 대해서는 별로 이의를 달 수 없으리라.

문제가 되는 것은 '의미'와 '이미지'가 때로 대립적인 것으로 간주된다는 사실이다. 예컨대, 다음과 같은 진술을 들 수 있다.

> ……시의 경향은 처음부터 전통적 서정주의를 거부하고 현대성을 지향했는데 전쟁을 체험한 저항의식이 투영되어 있다. 그러나 제2시집 『심상의 밝은 그림자』(1962)에 이르러서는 언어의 의미성을 배제하고 이미지를 추구하는 방향으로 전환하여 서정의 주지적 형상화를 시도

함으로써 주지적 서정파라는 말을 듣게 되었다.
    (『한국문학대사전』, 문원각, 김광림에 관한 해설의 일부)

여기서 말하는 '언어의 의미성'이란 물론 매우 특수한 것이다. 그것은 언어가 지닌 산문적, 일상적 의미 내지는 통사적, 논리적 구조 속에서의 의미를 뜻하는 것으로 볼 수 있다. 따라서 이를 배제하고 이미지를 추구한다는 것은 일상적 경험과 언어가 드러내는 세계의 진실성을 회의하고 다른 방식으로 경험의 참된 가능성을 찾으려는 기도(企圖)로 해석된다. 이미지는 상투화된 언어의 평면성이나 논리적 세계인식의 정당성을 거부하고, 사물 사이에서 보다 새롭고 입체적인 관련을 수립하려는 노력일 수 있다. 이 노력이 철저하고 진지한 것일 경우 그것은 일종의 혁명일 수도 있다.

그러나 명료하고도 포괄적인 새 삶에의 비전이 없는 혁명이 자기 부정적인 광기와 고독한 폭력의 뒤에 해체된 삶의 파편만을 남기듯이, '의미성의 거부'와 이미지의 추구라는 현대시의 강령은 새로운 의미 종합에의 의지와 전망을 결할 때 다만 순간적이고 고립된 인상의 조각만을 만들게 된다. 그것은 완강한 일상적 질서 대신에 부서진 경험의 단편만을 대치한다는 점에서 또 하나의 무의미한 관습이 될 것이고, 타락한 기교주의로 전락할 것이다.

김광림 씨의 시집 『한겨울 산책』은 이러한 각도에서 우리 시가 당면한 문제의 일단을 다시 생각하게 한다. 전쟁의 황폐한 자취가 즐비했던 1950년대 후반에서 오늘에 이르는 약 20년의 시력(詩歷)을 통해 그가 이룬 것은 무엇인가. 그와 우리가 함께 나누는 시적 탐구의 과제는 무엇인가 그리고 우리에게 요청되는 것은 무엇인가-이러한 문제들이 손쉽게 밝혀질 수 있는 것은 아니나, 위의 책에 대한 서평의 형식을 빌어 대략이나마 살펴보고자 한다.

시집 『한겨울 산책』에 수록된 작품들을 검토해 보면, 이 시인이 밟아 온 시력(詩歷) 중에서 대략 두 가지의 구별될 만한 관심이 지속되고 있음을 본다.

그 하나는 이른바 '선적(禪的) 미학'과 관련된 정적(靜的) 이미지의 추구이고, 다른 하나는 문명비평적인 것으로서 다분히 모더니스트적인 감각의 시화(詩化)이다. 구체적인 예를 통해 접근해 보자.

      천년을 두고
      이천년을 두고
      쌓이고
      쌓인
      비둘기 똥
      비둘기 똥에서는 젖냄새가 난다
      탑신은 요지부동으로
      청동빛 날개를 펴들고 있었다
      그 아래
      차츰 화석으로 잦아드는
      독경소리
      도승은 반가부좌
      앉아 있었다.

                                    —「탑」 전문

  여기서 볼 수 있는 것은 흔히 지적하는 바와 같이, 의한 작품이다. 시인의 관심이나 소재만을 비교할 경우 이것은 앞에 논한 「탑(塔)」, 「적(寂)」 등의 세계와 확연히 구별되는 것으로 여겨진다. 유사한 것이 있다면 감정의 개입이 극도로 통제된 가운데 갖가지 사물이 순차적으로 나열되고, 그들 사이의 긴장 속에서 한 세계가 형성된다는 기법상의 친근성 정도인 듯 싶기도 하다.
  그러나 그 표면상의 차이에도 불구하고 두 계열의 시적 추구 사이에는 주목할만한 근본적 동질성이 작용해 있다고 생각된다.
  다소 난폭하게 요약한다면 그 근본적 동질성의 근거는 이들 작품에 공통된 '바라본다'는 사실의 의미에 있다고 할 수 있겠다. 이른바 선적 이미지의 추구이건 문명비평적 점묘이건 김광림 씨의 시편들은 한결같이 작중현실과 작중화자 사이의 일정한 거리를 설정하고, 그 거리 저편에서 이루어지는 상황 또는 사건을 노래한다. 작중현실에 대해 다소의 감정적 개입이 이루어지는 경우에도 그것은 어디까지나 나의 삶을 형성하는 필연적 연쇄 속의 일부가 아니라 '거기에 존재하는' 것에 대한 국외자적(局外者的) 개입이다.

이렇게 본다면 그의 시가 언어의 '의미성'을 배제하고 이미지의 견고한 축조를 지향했다는 사실은 매우 의미 깊은 전신(轉身)의 움직임으로 볼 수 있다. 즉, 그것은 삶을 살아있는 연속으로 파악하기 어렵게 된 시대, 단지 감각과 관찰의 파편만이 있을 뿐 그 전체를 결합하고 다시 그것과 나의 삶을 일체화시킬 수 없게 된 시대의 불가피함을 승인하는 것이기 때문이다. 이때, 의미성이 배제된 이미지란 삶의 전체적 조망을 잃은 부분적 인상의 진실성으로 된다. 그것을 추구하는 작업이 고통스러운 것이고, 그러한 '사물의 발견'을 통해 새로운 의미 정립의 길이 열릴 수도 있다는 점에서 이러한 방향의 추구는 그 나름의 의의를 가진다고 할 수 있다.

그러나 앞서 지적한 바이지만 일상적, 통사적 언어보다 이미지의 추구를 통해 시를 성취하려는 노력은 새로운 차원에서의 의미의 전체성이 어떻게 수립될 수 있는가에 대한 진지한 탐구를 결할 때 일종의 타성화된 풍경화(그것도 매우 무미건조하고 단조로우며 비인간적인)만을 낳을 뿐이다. 이러한 위험은 1950년대의 일부 모더니스트들에 의해 시작되어 지금까지 그 잔재를 남기고 있다. 김광림 씨의 시집에서 비슷한 점을 느끼고, 이 문제가 아직도 해결되지 않은 과제로서 그와 우리에게 걸려 있음을 보면 새로운 세계 인식을 위한 근대시의 싸움이 얼마나 어려운 것인가를 알 수 있다.

아마도 김광림 씨 스스로가 이러한 난제 때문에 고투한 시인의 한 사람이리라 생각되는데, 과연 시집에 수록된 몇몇의 시편에서 우리는 새로운 시적 추구의 모습을 볼 수 있다. 예컨대, 이 시집의 표제로 되어 있는 「한겨울 산책」이란 작품이 그것이다. 미가 극도로 배제 내지는 제한된 채 병치되어 있는 일련의 사물들이다. 이 작품에 어떤 시적 통찰이 있다면 그것은 시인의 직접적 언어를 통해서가 아니라 위의 사물들 사이에 성립되는 모종의 긴장 관계로부터 생겨나는 것이다. 그것은 언어의 통상적 기능으로 포착되기 어려운 미묘한 것으로서 사물과 사물, 이미지와 이미지의 직접적 관련을 통한 인식의 탐색이라는 점에서 다분히 선적이다.

 천 년 이천 년을 쌓인 비둘기 똥, 탑, 흔들리지 않는 청동빛 날개, 단조로운 화석화된 독경 소리, 움직이지 않고 앉아 있는 중, 이 모두를 지배하는 정물화한 공간과 정적―이것이 우리가 위의 작품에서 볼 수 있는 것의 전부이다. 나머지는 그것들 사이의 충동과 조화 속에서 이루어진다. 다음과 같은 예도 동일하다.

> 풀잎이 흔들린다
> 어느 곳의 술렁임인가
> 실구름 하나
> 조용히
> 머물고 있다
> 하늘만
> 바라다 보는 사내
>
> ―「적(寂)」일부

 위에 논의한 것이 김광림 씨가 관조하는 정물화된 세계의 모습이라 한다면 이른바 모더니스트적인 감각과 문명비평에 근접한 일련의 시편들도 있다. 이러한 대조는 보기에 따라 매우 특이한 현상으로 생각될 수도 있다.

> 쓰레기차가 음악을 싣고 온다
> 반가운

아침
쓰레기차
간밤의 오물을
솔직하게 받으러 온다
사랑을 토한
화장지
꽃바구니가 나온다
에너지를 소실한 공탄(孔炭)이며
떡잎부터 알아보지 못한 간사지 작물
밤새 뱉어놓은 오장육부가……
개뼉다귀
부러진 반골(反骨)도
들것에 실려 나온다
분 바른 마릴린 몬로의 구겨진 알몸을
이웃 개가 신나게 핥고 있다
보슬비에 젖은 그녀의 웃음
에로스를 싣고
반가운
아침
쓰레기차가 발동한다
음악이 꺼진다

—「쓰레기」전문

도시 생활의 일면을 다분히 풍자적인 구도 속에서 노래.

안강 버스정거장 대합실
톱밥난로에
갈색고오트 자락을 태우다
옥산서원 앞은
이가 시린
계곡

어느 시골 국민학교 식물채집장이란
　　팻말이 비스듬히 떨고 있다
　　여태 동몽선습(童蒙先習) 첫장도 채 넘기지 못한
　　나요
　　광림이요
　　한참 겨울 햇살이 독락당 뜨락에서 놀다 사라졌다
　　무심고 줏어 든 조약돌 하나
　　예서는 포항(浦項)도 경주도 곧장인데
　　기계(杞溪)는 장날
　　난 대구가 향교라서
　　그만 돌아갈 수 밖에 없다

　언뜻 보아 위에 언급한 것들과 내동소이하게 느껴질 수 있는 이 작품은 그러나 주목할만한 변모를 내포하고 있다. 제8행까지는 매우 견고한 구체성이 눈에 띄는 외에 두드러진 바가 없다. 이에 이어지는 '여태 채 넘기지 못한 동몽선습 첫 장도 채 넘기지 못한/나요/광림이요'라는 대목이 있음으로서 이 전체의 구체적 사물들은 그들 나름의 부피를 가지고 한겨울의 견고하고 메마른 삶의 모습으로 살아난다. 그것은 앞서 지적한 원경(遠境, '바라본' 풍경)과 달리 '나'의 내면과 외부를 구성하는 직접적 현장으로 드러난다. 마지막 4행이 이러한 긴장을 손쉽게 처리한 흠이 눈에 띄지만 전체적으로 보아 이 작품은 새로운 체험의 구체성과 전체성을 회복하려는 기도를 보인다는 점에서 주목된다. 일방적인 희망일지 모르나 이러한 탐색의 계속에서 김광림 씨의 새로운 시적 성과가 이루어지기를 기대한다.

(《심상》, '76. 11월호.)

커다란 변모
― 시집 『언어로 만든 새』

구 상

내가 그의 심상조형을 높이 평가하는 것은 이 굴절된 풍경에서도 보다시피 일반적 표현주의자들의 유희적 몰입에서 오는 공허한 미학이 아니라 그가 변환시킨 통사 속에서 근원적 실재감을 우리에게 주고 있기 때문이다. 그래서 어떤 낱말이나 어구를 꾸미는 것을 능사로 삼는 문체적 심상 또는 시각적 심상만이 아니라 스스로 내적견고한 논리를 수반하고 있다. 그래서 그의 시에서 상탄(賞嘆)만이 아닌 감동을 받게 되는 것이다.

이런 면에서 나는 또 한 사람의 '이미지스트'인 김광림의 근업인 시집 『언어로 만든 새』에서 커다란 변모를 발견한다.

　　하나님
　　어쩌자고 이런 것도
　　만드셨지요
　　야음을 타고
　　살살 파괴하고
　　잽싸게 약탈하고
　　병폐를 마구 살포하고 다니다가

이제는 기막힌 번식으로
백주에까지 설치고 다니는
웬 쥐가
이리 많습니까
사방에서
갉아대는 소리가 들립니다
연신 헐뜯고
야단치는 소란이 만발해 있습니다
남을 괴롭히는 것이
즐거운 세상을
살고 싶도록 죽고 싶어
죽고 싶도록 살고 싶어
이러다간
나도 모르는
어느 사이에
교활한 이빨과
얄미운 눈깔을 한
쥐가 되어 가겠지요
하나님
정말입니다

—「쥐」전문

　현대시가 예술의 형상성에다 그 가치를 구해서 필연적으로 도달한 상징은 그것이 비유던 심상이던 그것 자체에 몰입함으로써 시가 본래적으로 지녀야 할 표현목적, 즉 집합표상으로서의 기능을 상실하였을 때 시는 또 하나의 속성인 유희성에만 머무르게 된다. 그래서 어떤 낱말이나 시구나 기발한 심상에 매달려 그 분식에 시종함으로써 시를 일종의 완농물화(玩弄物化)하는 것이다. 물론, 나는 김광림의 시가 과거에 저렇듯 유희성위주였다는 것이 결코 아니라 우리의 '포마리스트'들이 범하는 함정을 지적할 뿐으로 이런 의미에서 50년대 이후 표현주의 기수의 하나였던 김광림의 그 인생연륜과 더불어 커다란 변모는 시의 유족성 또는 전일성에 대한 여러 가지 암시를 준다 하겠다.

즉, 그의 시집의 제목이 표시하듯 그의 시는 단순한 정서의 유로나 주지적 감각의 표출이 아니며 바로 자기 삶 자체의 표상이며 표출이라는 것이다. 그는 이제 아어(雅語)나 수사어를 배제하고 일상어를 자유롭게 구사하면서 그 인식의 심층확대로서 통사적 비유 즉, 구문전체의 상징을 획득하고 있는 것이다. 시란 저 '이미지스트'의 비조(鼻祖)인 '에즈라 파운드'노 말하다시피 "최대한의 의미를 지닌 언어"인 것이다. 단적으로 말하면 순수음이나 순수색 같은 순수언어란 존재하지 않는다 그러면 실제에 있어 최대한의 의미를 인수한 언어는 어떻게 얻어지느냐 하면 존재, 즉 사물이나 사리(事理)에 대한 인식의 높이와 깊이와 넓이가 이를 결정하는 것이다.

(『'79년도 시 개관 및 자료』에서)

현실의 이정(里程), 그 각인
— 시집 『언어로 만든 새』

이 활

1

　김광림 시집 『언어로 만든 새』의 첫 머리 작품 「내성적」을 훑어보다가 문득 나는 광림도 이제 노숙에 이르렀구나! 하는 생각이 들었다.
　톨스토이의 「이반의 바보」 등을 수록한 우화장편소설이 생각났기 때문이다. 「전쟁과 평화」, 「안나카레니나」 등 일련의 장편대작을 내어놓고, 난 그에게 마음 한 구석을 떠나지 않고 늘 맴도는 공허의 안개가 자욱했다. 이 우수의 안개가 결국 그로 하여금 눈에 띨까말까 하는 우화장편을 쓰게 했다.
　톨스토이는 방대한 장원과 이에 예속된 토지[無稅], 그리고 농노의 소유권을 고수하려는 가족사회를 뒤로 출가하고 말았지만 소설체로 어린 시절의 자기성장과 그 환경을 리얼하게 초역해서 하나의 시정으로 승화시킨 광림은 이 아픈 리얼리즘의 자서를 누구에게 주고 어디로 떠나려는 것일까?
　톨스토이의 이상주의와는 대극선상에 있는 광림. 이미지즘의 메타포어와 이데의 변형을 자유자재로 구사하여 시의 리얼리티를 비옥화하는 그는 픽션 거부의 악기를 반주로 리얼리즘의 신개지를 개간하고 있는 시적협화의 네

오·리얼리스트

그의 다음 기항지를 생각하면서 나는 그의 「내성적」의 마지막 결구를 읽고 그의 니힐리스틱한 음향의 난타에 저윽이 용기를 얻었다.

아픔과 불행과 행복의 모두가 나란히 늘어선 서술의 라인이 한꺼번에 니힐리즘 쪽으로 피신하는 것 같이 느껴졌기 때문이다.

"아버지는 줄곧 일등만 했다. 광명학교 졸업 때 탄 소위 총독이 내렸다는 상품 '언해(言海)'에는 옥쇄만한 크기의 도장이 꽝 찍혀 있었다"는 이 대목에서 나는 꽝! 하는 소리에 하마터면 귀를 막을 뻔했다. 그만큼 놀랄 뻔했다는 말이다.

도미(掉尾)의 매듭을 꽝……하는 소리로 대신했다는 것은 하나의 옵티미즘의 폭소로 통하는 의미의 통로도 곁들여 음미할 필요가 있다.

물론 광림은 살아오고 살아간 헤아릴 수 없는 세상, 아버지, 어머니, 그 모두의 품안에 모든 사람들의 그것과 다름없는 자기의 초상을 그려 하나의 보편성에 자기의 특수성을 얹어 승화시켜보고 싶었으리라.

거기엔 광림만의 기쁨, 광림만의 슬픔, 광림만의 고난이 그를 둘러싸고 있었던 것이 아니라 그 기쁨, 그 슬픔, 그 고난은 같은 시간대의 거의 모든 사람들의 공유 속으로 수감된다. 말하자면 거기에는 모든 사람들의 유년시대, 모든 사람들의 아버지의 얼굴, 어머니의 생태, 자식을 기르기 위한 몸부림, 마디진 노동의 엘리지가 연주되고 있다.

그처럼 털어놓고 들어내 그린 세계가 우리에게 절도를 배워주고 감동을 불러일으키는 힘의 원천이 바로 거기에 있다.

'백일해(百日咳)는 먼 곳의 포성처럼 쉴새없이 가슴팍을 울려댔다'라든가 '머리위에선 어디선가 북어 눈깔 빼 먹으러 날아 든 까마귀떼가 까욱 까아욱 겨울하늘에 처절한 주문을 외고 있었다'는 등등의 표현은 어느 소설에서도 찾아 볼 수 없는 감성의 각인.

살을 에이는 듯한 비유가 보이지 않는 상황의 구석을 환하게 밝혀주고 있지 않는가. 곡선의 가락이 아니라 직선의 시정이 공유의 객관으로 느닷없이 쏟아지는 체호프의 단편 첫 구절에 감탄을 아끼지 않았던 톨스토이가 그 표현의 비결을 가르쳐 달라고 체호프에게 졸라댔다는 고사(故事)대로 광림의 표현이 갖는 시정의 화살과 그 비가친(非可親)의 가시화에 놀라운 감동을 체험하지 않을 수가 없다.

거기에는 이미지즘의 세례를 받은 광림의 시정신+리얼한 현실여과+엷은 니힐리즘이 하나의 각인 속에 수감되어 있는 듯이 보인다.

2

'천근의 우수'를 먹는 그의 메뉴를 보자. 그의 요리는 어느 재벌의 식탁에서도 찾아볼 수 없는 진수성찬 아닌 니힐리즘이다.

　　새삼 어떻게 살아갈까가 문제인 나는
　　무시로
　　고통을
　　식은 죽 먹듯 하고 있다.

밥을 주식으로 하는 현실에서 그는 고통을 식은 죽 먹듯 하는 니힐리즘의 식탁을 메고 다닌다. 그것이 시가 버리지 못하는 생활이자 생활이 매달려 있는 그의 시의 짐짝이다. 그러면서도 그는 생활로부터의 망명이라던가 도피 따위와는 아예 말을 건네지도 않는다.

그는 책임에 자신을 할애하고 인간이기 때문에 그의 현실에 울타리가 없어 이탈에 성가신 정차가 필요없건만 결코 현실 밖을 소요하는 일이 없다.

그는 언제나 현실 속에 그의 논리를 지탱하는데 정력을 집중한다. 리얼리즘이 그에게 머물러 있는 소이이리라.

여기에 광림이 사슬 없는 자기현실에서 시 사이를 쉴새없이 왕래하면서 표현하는 존재의 확인이 있다. 밑바닥에 흐르는 먼 모계(母系)의 자애 위에 니힐의 감성을 피우면서 스스로의 고독의 나무를 달래주고 있는 것이다.

광림에게 얼토당토 않는 오스카 와일드의 댄디즘인 예술지상주의의 닉네임을 누가 조작해 냈는가. 그가 자신을 그린 자화상에도 예술의 구름만 쫓는 무의미한 시의 비상은 그림지도 없다.

> 나는 능구렁이의 느슨함을
> 살모사의 독을
> 차지하지 못한다.
> 점박이의 특징도 없다.
>
> 나는 또아리를 틀지만
> 쉬 풀린다.
> 낼름거리는 혓바닥인데도
> 말을 더듬는다.
>
> 미처 지혜의 열매를 따먹지 못한
> 꼬리 잘린 도마뱀처럼
> 늘 서성거리다 만다.

독이 없고 남을 해치는 살인무기 따위는 선천적으로 거부한 이성의 고향에서 그가 기른 것은 인간을 위한 문명의 싹이었다. 남을 해쳐서까지 사회목적 아닌 자기목적을 충족시키는 카인의 후예들 속에서 누구나 비선천적인 최소의 또아리를 틀지만 그 성은 언제나 사탄의 전략에서 보면 한갓 웃음거리를 벗어나지 못하니 쉬 풀릴 수밖에 없다.

양화가 퇴장되고 악화가 화폐행세를 하는 세상에서 더욱더 정신의 인플레와 그 중압을 지탱해야 하는 운명. 그러나 광림은 그의 니힐의 괘도를 덮어놓고 팽개치려는 무모에는 관심이 없다. 악마의 하수인들이 개종을 권유해도, '아무렇게나 내 갈겨두면 된다'는 그 결구가 그것을 말해주고 있다.

'나일강의 흙탕물을 들이키고도 말없는 스핑크스처럼' 그의 현실과 니힐리즘의 토양은 그의 고향처럼 그의 시의 스트럭츄어로 이어져 간다. 그러나 그는 니힐의 표적을 향하여 사격하는 니힐의 사수만은 아니다.

그를 둘러싼 현실과 그 소재에서 가장 아픈 상처와 운명을 어루만지는 부계(父系)의 체온이나 한 시민의 상정(常情) 또는 이승과 저승 사이를 흐르는 강을 사이에 두고 처절한 지각과 마주치는 너무나 인간적인 담천(曇天)에 눈시울을 적시기도 한다.

아침마다 타던 통근버스를
퇴직하고 나서
오늘은 남 몰래
옥상에서 전송하며
그래도 마음만은
초록이 움트는
창가 빈 자리에 앉는다.

한 시인의 죽음을 애도하는
지상에는 눈이 내리는데
영구차를 전송하는
이 순간

이승에 분명 남아 있는 내가
그 속에 누워있을
나의 어느날 아침을 생각한다.

떠나 보낸다는 것은
떠나 간다는 것과
다른 일이 아님을
나
오늘
비로소
알겠다 알겠다.

　여기에 영구차란—수입의 길이 끊긴 한 퇴직 시인의 마음만을 실은 통근 버스. 지금은 못 타는 통근버스의 변형된 이미지. 한 시인의 고독한 매장을 슬퍼하는 세상에는 눈발이 내리는데……는 영구차를 전송하는 마음의 공간이자 작자가 서있는 위치. 떠나 보낸다는 것과 떠나간다는 것은 나 또한 전변(轉變) 속으로 사라져 간다는 의미를 거느리고 있다.
　'알겠다 알겠다'에 이르러 우리는 죽음의 운명을 감수하는 한 사형수의 달관을 뼈저리게 느끼게 되는데 어쨌든 눈시울이 뜨거워지는 시라 하지 않을 수 없다.
　나는 이 시를 몇 번이나 되풀이해 읽었는지 모른다. 다시 사족을 붙인다면 이 시를 읽으면서 그 마음의 자리를 상상의 언덕에 다시 펼치어 하나의 사실(寫實)을 그려보라는 권고를 되풀이하고 싶다는 것이다.
　광림의 인간적 페이도스(Pathos)는 「해바라기」에서도 필름에 담겨진 화면처럼 롱샷으로 잘 나타나 있다.

막국수를 먹고 난 경춘선 열차가
늑장을 부리다 움찔하자
세상이 기우뚱 하였다.

—안녕
손을 젓던 누님은 이가 빠지기 시작한

해바라기처럼
허공에 떠 있었다.

이 시구에서 누님과 시인과의 이별의 씬을 본다. 차가 멀리 고개를 넘어 서울 쪽으로 사라질 때까지 말뚝처럼 그 자리에 얼어붙어 전송하는 동양의 마음(그 속에는 다하지 못한 아픈 사연의 뭉게 구름이 솟아오른다)과 멀어져 가는 작자의 시계(視界)에는 눈물로 얼룩진 유리창이 있다. 차는 달리고 마음과 같이 해주지 못하는 서로의 빈 아픔 위에 남매는 떠 있는 것이다.

길경(桔梗)꽃이 흔들리는
외딴 산협(山峽) 비탈길에서
시골뻐스가 멎었다.
매연을 토하며
마구 투덜대었다.
어지간히 속이 상하는 모양이었다.
동맥경화에
호흡기장해라……
이 울적을 무산시켜 놓은 것은
한 마디
<땅꾼이 독사를 놓쳐 버렸다>는
소문이었다.
부르르 차체가 떨고 있었다.

이 마지막 결구 '부르르 차체(車體)가 떨고 있었다'에서 우리는 고소를 금할 수 없는 새타이어를 느끼게 되리라. 목적지에의 도착시간을 마구 지연시키는 동맥경화의 버스 뒤에는 손님의 편의에 봉사하려는 서비스 정신이라고는 추호도 없는 업자가 떠오른다. 수명이 다한 지 오랜 차체를 부려 요금을 만복하는 업자와 조바심의 승객, 옥신각신 진땀을 흘리는 운전사.

승객의 처지에 선 시인에게는 모두가 우수의 주름이 아닐 수 없다. 투덜대는 버스, 항의소동이 요란한 승객. 이 소란은 '땅꾼이 독사를 놓쳐 버렸다'는 뉴스의 특보가 출현하지 않았더라면 쉬 진정되지 않았을 것이다. 독사에 물려 죽을까봐 모두 신경을 곤두세우는 초긴장의 본능바람에 버스 고장이고 뭐고 간데없이 독사 소탕전에 돌입했을 것이다. 무서웠는지 버스도 부르르 차체를 떨고 있었으니까.

 '부르르 차체가 떨고 있었다'던가 '길경꽃이 흔들리는' 것과 같은 메타포어를 이렇듯 능란하게 구사란 우리나라 시인은 아마 편석촌 뒤에 처음이 아닐까 싶다. 얼마나 생동(현대시의 생명인 'growing'의 상태)한 시의 공간을 구김없이 펼쳐 가고 있는가.

 늙은 차체에게 동정의 우수를 보내면서 독사의 탈영에 떠는 승객들의 긴장에서 나는 슬라브적이고도 라틴적인 민화를 보는 것 같다.

3

 「토굴」을 읽고 나는 19세기 러시아의 가장 위대한—내가 제일 좋아하는 소설가 니콜라이 고골리의 페시미즘을 읽는 것 같이 느껴져 오래간만에 어떤 갈증을 푼 것 같은 만족감을 느꼈다.

 고찰에서 벌어진 승강이로 말미암아 새벽 타종도 분규가 해결될 때까지 태업에 들어갔고 염불도 승복에 가렸던 유욕(有慾) 본능의 노출이 부끄러워 하산했는지 어쨌든 불업(佛業)이 정지되었다. 분규를 지키러 온 지팡이도 새벽마다 머리를 조아리고 앉았는데 승려 본래의 책임을 느끼는 사람이라곤 보이지 않았다. 다만 수석(壽石)에다 전각을 하다가 곧잘 손을 다치는 도승의 한 마디 "아예 토굴이라도 파고 들 생각이라 했다"는 그 말이 유일한 양심으로 슬픈 시인의 마음을 축여주었다.

비구름이 사위(四圍)를 덮은 고찰 아닌 지난날의 현실에서도 도승에 대한 추억. 그만한 양심이라도 만나기 어려운 오늘에서 시인의 시선은 곧잘 그 도승 쪽으로 내려앉는다. 역시 우수의 일지(日誌)라 하지 않을 수 없다.

다음은 「쥐」. 어디 말을 건넬 사람 하나 없는 안타까운 상황에서 저절로 부른 이름이 하나님이다. 아니 오래 전부터 그런 이름을 불러보고 싶었는지도 모르지만 그것이 새타이어의 숨결이던 알레고리의 외형이던 간에 현실과 자아와 쥐의 서식처인 이 우주에서 더 이상 지탱하기 어려운 시와 양심의 운명을 묻는 질문임엔 틀림없다.

살살 갉아먹고 잽싸게 약탈하면서 질병까지 산포하고 다니는 쥐가 이 세상에서 통행의 자유, 약탈의 자유, 번식의 자유를 누리다니 정말 이해할 수 없다. 쥐의 방임은 시인자신의 전신마저 유혹할까봐 두려운 마지막 안간힘을 다하는 세상에서 광림은 하나님께 물어보고 있는 것이다. 만천하의 쥐들은 이를 어떻게 읽을지 모르겠지만.

「해토(解土) 무렵」에는 두드러진 오프티미즘의 얼굴이 싱글벙글 햇살이 밝다. 비록 병상이라는 배경이 소재가 잠든 공간을 병풍처럼 둘러싸고 있기는 하나. 갓 일어난 햇살이 어린 형제처럼 바람과 함께 장난치고 있다던가 잡기장처럼 부산하다던가 자꾸만 엉기어 붙은 춘니(春泥)가 무슨 현실의 상징처럼 장애물이 되고 있어 봄이 기르는 꿈을 더럽히는 현실이 어른거린다.

「어떤 사내의 환상」에 나오는 '사내들의 등떼기엔 계집이' '호주머니엔 자식들이 들어찬다'는 '직격탄이 비틀거린다'에 이어지는 도입구에 이미 심상치 않은 비상이 걸려있다. 그래서 지하철입구에는 어떤 사내가 버린 계집이 미정(未定)의 기지수(旣知數)를 기다리고 있고 전동차에 자식들을 실어보낸 허한 사내가 출구에서 쓰러졌다. 이 처참한 풍경을 수술하는 외과의의 메스처럼 긴장된 서술을 보이고 있다.

광림의 시는 때로 생활의 배출구로서의 현실을 그 지층 깊숙이 꿰뚫어 간다.

이제 작품 「시인의 집」에 들려 볼 시간이다. 거기에는 너무나도 착한 가난이 시인과 더불어 살고 있었다.

넘어나는 것은 사념의 부두가 재떨이의 퇴적물 과잉뿐이었다. 현대를 초극(超克)하지 못하는 운명의 시체와도 같은 꽁초만 수북히 쌓이고 흰 문짝 사이로 이웃 아이들이 불어대는 트럼펫 소리가 부제로 들어와 인사도 없다.

난세에 사는 시인은 생활의 여울목에 서서 아무리 글을 써 보았자 호주머니가 텅텅 비어 차라리 떠놀이의 신세. 그럴 때마다 차라리 라이너가 그립지만 스스로를 스스로의 궤도에 묶는 광림의 개성은 그의 현실을 버리게 하지 않는다. 그래서 고작 시인인 그는 보따리만 또 꾸려야 하는가보다.

'아아 손 풍금을 울리며 다니는 눈먼 악사여!'

그렇다. 네가 골백번 부르는 그 노래 '진주라 천리길……'. 너와 나 같은 운명선상의 운명─나 또한 어이 왔던고! 이것이 그의 어두운 페시미즘의 독백이다.

마지막으로 「시로 쓴 시인론」과 「시로 쓴 시인메모」.

전자는 시인의 작품에 치중한 붓의 비중이 있고, 후자는 더불어 시를 쓰는 인간 우정에 역점이 쏠린 시인론이다. 이 두 계열의 작품은 우리나라에서 나온 어떠한 시론이나 시평이 따라 잡을 수 없는 그들의 세계를 붙잡아 놓고 있다. 경험에서 엮어 낸 이미저리와 메타포어의 회랑(廻廊)은 개개의 시인이 갖는 세계를 번뜩이는 비늘처럼 시원하게 그려내고도 남음이 있다.

새타이어와 패러독스가 느닷없이 넘나들면서 여러 개의 상황이 한꺼번에 펼쳐지는가 하면 느닷없는 장면전환을 위해 퐁퐁 다리아처럼 등장하는 어휘들은 그들 시인의 실체를 쿡쿡 찌르고 달아난다. 이 모두가 그가 터득한 이미지즘의 영광이라 생각하지 않을 수가 없다. 서정주를 비롯한 시세계의 척결에 이 이상으로 처절하게 그 실체를 건드려 눈에 보이게 한 시론을 나는 일찍이 보지 못했다.
 펜을 들었다 하면 곧장 결구가 한꺼번에 펼쳐져 오는 그의 독특한 레토릭은 어느 누구의 추종을 불허하는 개성 위에 세워져 있다. 그러면서도 그의 시는 우리들의 심금 위에 날아와 앉는다. 그래서 아마 '언어로 만든 새'라 명명되었는지도 모른다.

(≪심상≫, 1980. 10월호)

시의식의 확대와 시어의 개방
- 시집 『언어로 만든 새』

정 진 규

『언어로 만든 새』는 ①내성적 ②천근의 우수 ③어떤 사내의 환상 ④시로 쓴 시인론 ⑤시로 쓴 시인 메모 등 5부로 나뉘어져 있으며 59편의 작품들을 싣고 있다.

이같이 5부로 분류하고 있는 데는 그 나름대로의 이유가 없지 않아 보이지만 이 59편의 작품들이 지니고 있는 바의 성격에 따라 엄격하게 분류한다면 3부로 묶는 것이 타당하다고 생각된다. ①의 「내성적」은 그대로 독립시킬 수가 있으며 ②와 ③을 하나로, 그리고 ④와 ⑤를 또 다른 하나로 묶어서 분류할 수가 있다. 왜냐하면 형식이나 표현의 측면에서 또는 그가 추적하고 있는 세계가 그렇게 구획 지어지고 있음을 그들 작품에서 발견할 수가 있기 때문이다.

특히 ②와 ③에 수록되고 있는 작품들은 그의 최근 작업을 가장 두드러지게 나타내고 있는 것들이다. 새로운 변모를 보이고 있다.

사실 그는 출발기부터 소위 언어의 절제에 대하여 매우 엄격해 왔던 사람이다. 또한 산문적인 일상성의 세계나 사회적인 관점의 것들보다는 그것들의 시적인 변주에 더욱 관심을 두어 온 이미지 추구의 시인이었다고 할 수가 있다. 그러나 요즈음 그는 ②와 ③에 수록된 작품들과 같은 일련의 작업들에서 새로운 의식의 확대를 나타내 보이고 있다. 그가 금기하고 있었던 사회적이며 일상적인 세계들과 어떤 대목에서는 아주 정면으로 만나는 용기를 보이기도 하며 적어도 진실한 갈등의 몸부림을 나타내 보이고 있다. 그의 이러한 변모는 어디에 근거를 두고 있는 것일까. 그는 이 시집의 머리에서 다음과 같이 자신의 시정신의 일단을 밝혀두고 있다.

"시인이 '나' 속에만 들어박히면 사회와 유리된 상아탑 속의 존재가 되기 쉽다. 한편 '나'를 저버리고 사회 속에 뛰어들면 시정배와 다를 바가 없게 된다. 이럴 수도 저럴 수도 없는 모순된 존재, 다시 말하면 '나'와 '사회'와의 끊임없는 갈등과 격투 속에 놓여있는 존재가 바로 시인이 아닌가 생각한다."

이 같은 그의 피력에서 나타나 보이듯 그의 의식은 어떤 변모를 보이고 있음이 확실하다. 궁극적으로 그가 만나고 있는 것은 사회적인 관점의 것들을 어떻게 시적으로 극복하느냐의 문제이지만 적어도 그것들과의 연계성을 외면할 때, 시의 왜소성과 유약성을 면키 어려우리라는 정확한 판단에 이르고 있다. 이는 시의 사회적 공리성을 내세우는 측면의 관점이라기보다도 시의식의 확대를 위한 관심이라고 보아야 할 것이다.

   길경(桔梗)꽃이 흔들리는
   외딴 산협(山峽) 비탈길에서
   시골버스가 멎었다.
   매연을 토하며
   마구 투덜대었다.
   어지간히 속이 상하는 모양이었다.
   동맥경화에
   호흡기 장해라……
   이 울적을 무산시켜 놓은 것은
   한 마디

<땅꾼이 독사를 놓쳐 버렸다>는
소문이었다.
부르르 차체(車體)가 떨고 있었다.

　어떤 사람들은 이 같은 그의 최근의 관점을 일종의 자탄이거나 극히 일상적이며 사적인 범주에 머무는 것으로 해석하고 있는 모양이지만, 그는 위에 인용된 「소문」의 전문을 통해서 우리가 볼 수 있는 것처럼 오늘의 매우 중대한 국면을 적극적으로 수용하고 있으며 이를 시로 성공시키고 있음이 확실하다. 고장난 시골버스로 비유된 오늘의 문명적인 공간과 그 한계가 너무나도 충격적으로 묘사되어 있으며, 그 같은 공간 속에 소외된 오늘의 인간의 모습들이 또한 비극적으로 제시되어지고 있다. 여기에 '땅꾼이 독사를 놓쳐 버렸다'는 표현을 삽입하고 있음 또한 놀랍다. 그것은 절대적인 위기의식의 또 다른 표현에 다름 아니며 그 경악감이 이 시의 전체에 하나의 텐션을 효과적으로 불러일으키는 역할을 해주고 있다는데서 우리는 이 시의 가치를 발견하게 된다. 대부분의 사회적인 관점의 시, 또는 문명 비판적인 관점의 시들이 매우 공소한 산문적인 논리에 떨어지는 데 비해서 이 시는 같은 관점에 서면서도 훌륭히 시적으로 극복된 작품이라고 보아진다. 앞서 인용한 그의 피력에서 나타나고 있는 것처럼 '나'와 '사회'와의 끊임없는 갈등과 격투 끝에 이루어진 작업임에 틀림이 없다.
　1의 「내성적」은 우선 그 형식면에서 산문적인 진술의 형태를 취하고 있는 점이 특이하며 그 시간적인 배경이 소년기로 국한되고 있음이 또한 눈에 띈다. 언뜻 보기에 따라서는 다분히 자전적인 일종의 회억에 다름 아니며, 산문적인 형식을 취하고 있음에 대해서도 타당한 이유를 발견하기가 어려울지 모른다. 그러나 그 회억의 내용이 어떻게 오늘에 이어지고 있으며 그것이 한 시인의 의식 속에 어떤 잠재력으로서 작용되어지고 있는가를 발견하는 것이 독자로서의 성실한 태도라고 본다. 또한 산문적인 진술이 이 시에 어떤 효력을 발생시키고 있는가를 찾아내는 일도 매우 중요한 작업이라고 생각되지 않을 수 없다.

> 개똥밭에 ㄱ字로 지은 오두막은 비로소 마련된 우리집. 아버지가 <오리구찌>대서방에서 물러나와 단독으로 부청(府廳)대서업을 맡게 되면서부터 전세살이를 면하게 됐다. 아버지는 어릴 때, 저녁답이면 십리길 원두막에서 참외를 받아다가 학자를 꾸린 고학생(할아버지가 마부였으니까).
> 아버지는 줄곧 일등만 했다. 광명학교 졸업 때 소위 총독이 내렸다는 상품 <언해(言海)>에는 옥쇄만한 크기의 도장이 꽝 찍혀 있었다.

「내성적」의 다른 작품들에서도 그러하지만 이 시의 시간적인 배경이 되고 있는 것은 그의 소년기인 바로 일제시대이다. 한 개인의 자전적인 기록이지만 일제시대의 우리 민족의 궁핍상이 그대로 확대되어 나타나고 있다. 그 '궁핍함'에 대한 사실적인 진술은 그러나 이 시에서 하나의 배경으로 존재할 따름, 시적인 장력을 발휘하고 있는 것은 아니다. 오히려 뒷대목의 '광명학교 졸업 때 소위 총독이 내렸다는 상품 <언해(言海)>에는 옥쇄만한 크기의 도장이 꽝 찍혀 있었다'에서 우리는 특유한 정서를 환기시키고 있는 새로운 힘과 만나게 된다. 이는 오늘 속에서는 만나지지 않는 것이다. 그 시대만이 유발할 수 있는 성질의 것이다. 그런데 재미있는 것은 꽝 찍혀 있는 그 총독의 도장이 지울 수 없는 우리의 오욕의 역사로 납득되기보다도 어려운 생활 속에서 그러한 상을 탈 수가 있었던 이 시의 화자의 아버지에 대한 어떤 확신과 간절한 그리움 같은 것으로 수용되는 그 이유는 어디에 있는 것일까. 또는 그러한 상황을 극복하려는 자의 어떤 의지로 해석되기도 하는 데에 이 시의 놀라움이 있다. 어쨌든 이 시는 한낱 사실의 진술이 아니다. 명료하게 제시하고 있지는 않으나 여러 각도의 상상을 가능케 하는 상징의 진폭을 암암리에 배려해놓고 있다고 보아진다. 「내성적」의 다른 작품들도 대체로 같은 등식의 것으로 짜여지고 있다. 이 점이 바로 이 시가 산문의 형태를 취하고 있으면서도 시적인 장력을 파급시키는 요인이 되어지기도 하는 것이다. 이같이 표현방법을 산문적인 진술의 것으로 택하고 있음에 대해서는 이 시가 선택하고 있는 시어의 운용 그 자체가 압축적이며 암시적인 것이 아니라 일상성 속에서의 어떤 경이에 그 거점을 두고 있는 것으로 볼 때 필연적이라고 보아진다. 쉽게 말해서 담담한 회화체 속에서 놀라운 진실을 도출해 내려는 작자의 의도와 맞아떨어지는 형식이라고 보아진다. 이를테면 시어를 확대 개방하여 읽는 독자로부터 부담감을 크게 덜어내 주고있는 효력을 발생시키는 한편, 시로서의 놀라움의 발견을 또한 아울러 얻어내고 있다.

4와 5는 그 표제에 들어나 있는 것처럼 시로 쓴 시인론이다. 그러나 소위 '론(論)'이 범접할 수 없는 미묘한 감각과 예리한 분별이 나타나 있음을 우리는 만나게 된다. 나아가서는 대상으로 삼고 있는 시인 그 자체에 대한 풀이나 예찬이 아니라 이것 자체가 하나의 시로서의 색다른 맛을 지니도록 하고 있다. 다시 말하면 대상이 되고 있는 시인들이 중요한 것이 아니라 그들은 한낱 소재일 따름 하나의 시로서의 승화가 훌륭하게 이루어지고 있다는 이야기이다.

> 부두가 목로
> 속을 비운 술통들이 차례로 넘어지고
> 취기를 넘어선 의지만이
> 우두커니 앉아 있다
>
> ― 「유치환」에서

가령 이 같은 작품 한 대목을 떼어놓고 보더라도 우리는 한 인물에 대한 묘사 그 자체보다도 훌륭히 승화된 하나의 시적 공간 속으로 우리를 예인(曳引)하는 힘과 만나게 된다. 윗대목에서 만나지는 초월적인 세계가 바로 그것이다. 현실이 지니고 있는 일체의 소음이 말끔히 제거된 자리에 드디어 그 모습을 나타낸 순수한 존재의 세계가 윗대목에서는 강렬하게 묘사되어지고 있다고 할 수 있다.

이상에서 살펴본 바와 같이 김광림 시인은 이 번의 시집 『언어로 만든 새』를 통하여 분명히 새로운 작업을 전개해 보이고 있다. 대부분의 50년대 시인들이 도식적인 형편에 머물거나 놀라움이 없는 시의 미망 속에 갇혀 있음에도 불구하고 이 시인은 끝없는 추적과 발견 속에서 싸움을 계속하고 있다는 사실이 무엇보다 중요하지 않을 수 없다. 위에서 지적한 바와 같이 그는 자신의 시의식을 '나'라는 개인의 범주로부터 벗어나 사회라는 것과의 처절한 만남에 이르기까지 확대하고 있으며 이에 따라 시어 또한 크게 개방하고 있다. 뿐만 아니라 근간 산문형식을 도입함으로써 표현 방법에서도 새로운 변화를 보이고 있다. 그는 분명히 고여 있는 시인이 아니라 움직이는 시인이다.

시인정신의 지적도(地籍圖)
- 시집 『언어로 만든 새』

조 남 현

　총 5부로 구성되어 있는 이 시집에서 가장 특이한 인상을 주는 부분은 제4부「시로 쓴 시인론」이다. 한두 시인을 대상으로 한「시로 쓴 시인론」이 기왕에 없는 것은 아니지만 이렇듯 많은 시인을 집중적으로 또 체계적으로 다룬 경우는 거의 볼 수 없었기 때문이다. 김광림은 이 부분에서 1930년대 이후 지금까지 한국시의 골격을 이루어 온 19명의 주요 시인을 대상으로 하여 주로 그 시인들의 시풍(詩風)과 주제의식을 다분히 긍정적인 각도에서 압축시켜 표현해 보고 있다. 각 시인들이 가장 애용하는 시어(詩語)를 추출해 봄으로써 그 시인의 특질을 짚어내는가 하면 또 어떤 경우에는 그 시인의 대표작이 가져다주는 느낌을 비유의 용기(容器)에 담아 처리해 보기도 하며 혹 가다가는 그 시인의 풍모 같은 것을 그려 보이기도 한다. 그런가 하면 김광림은 해당 시인이 추구하던 혹은 지금까지 추구해 가고 있는 정신세계의 좌표를 날카롭게 떠보려 하고 있다. 물론 김광림이 대상으로 취한 19명의 시인들이 한국시 문자 그대로 객관적인 반열(班列)이냐 하는 데에는 의문을 표시하는 사람이 적지 않을 것으로 보인다. 그러나 누가 어떠한 각도에서 선택하든지 간에 '절대적인' 시인의 반열이란 기대할 수 없는 것이다.

그럼에도 이 부분(제4부)은 결과적으로 1930년대 이후 지금까지의 한국시사(韓國詩史)를 시의 형식을 통해서 서술하여 본 듯한 느낌을 충분히 주고 있다. 또한 이 19편의 시를 읽어봄으로써 우리는 각 시인의 개체적 특질을 실감할 수 있게 될 뿐만 아니라 한 걸음 더 나아가 한국시의 전체적인 흐름과 높이를 점칠 수 있게 된다.

> 동목(冬木)에 남아 있는 연시(軟柿) 같다
> 주인은 부재중
> 십여 년 전
> 신나(新羅)와 소통하러 나간 채
> 쉬 돌아온다는 기별뿐
> 시 속에 먼저 떨어져
> 주술을 익히고
> 점괘도 보고
> 마당귀신과 술자리도 같이 하다가
> 시 속에 떨어져 오는 시인을
> 사로잡기도 하는
> 썩 잘 짜여진 삼베 끈
> ― 「서정주」에서

> 부두가 목로
> 속을 비운 술통들이 차례로 넘어지고
> 취기를 넘어선 의지만이
> 우두커니 앉아 있다
> ― 「유치환」에서

> 되도록이면
> 헐거롭게 맞춰 신은 신발이다
> 뒤꿈치가 끌려 다니는
> 생활의 여운

난동(暖冬)에도 꽃을 피우는
어수룩한 나무이다

— 「박목월」에서

언어로 만든 새가
나뭇가지에서 황금의 깃을 치고 있다
부리에 닿은 열매가
주석 방울이 되어 흔들리고
마른 잎을 날리는
존재의 가상 부신 음향

— 「김춘수」에서

선량해 보일수록
더욱 쓸쓸해지는
큼직한 눈
한번 적의(敵意)를 타면
불 속도 풀밭같이 내달았다

— 「김수영」에서

음계마다
생선이 튀어나오게
건반을 두들기는 사람
....
그는
1950年의 정적(靜寂)
전쟁이 박아놓은 말뚝을 뽑아내고 있다

— 「전봉건」에서

너를 만나면
창경원 숲속에 들어서는 느낌이다
송진내가 난다
때까치 소리도 들린다

> 문명의 한가운데
> 어쩌다 피어난 송이버섯이다
>
> ―「박재삼」에서

한 마디로 이러한 방법의 시는 한 시인, 한 작품 또는 한국시 전체에 대한 이해가 없이는 불가능한 것이다. 이러한 객관적이며 포괄적인 이해를 바탕으로 하지 않은 「시로 쓴 시인론」은 결국 사사로운 정분(情分)과 이해(利害)로 얽혀진 단순한 '개인예찬(個人禮讚)'으로 낙착되기 쉬운 것이다. 또한 김광림은 이러한 시방법을 통해서 개념어와 논리로만 시를 설명하려는 태도에 한계가 있음을 반대증명해 보이고 있으면서 때로는 비유적인 표관과 직관을 통한 시의 해명이 보다 큰 실감을 안겨 주게 됨을 실증해 보이고 있다. 이 19편의 시는 한결같이 1연체로 이루어져 있어 다소 작위적인 느낌을 주고 있기는 하지만 한 구절 한 구절이 더 보탤 것도 뺄 것도 없는 완벽성을 겨누고 있음으로 해서 외형의 일관성으로부터 오는 불편함이 무난히 해소되고 있다. 다른 말로 해서 김광림은 시를 이루고 있는 여러 디테일을 성실하게 처리하여 냄으로써 「시로 쓴 시인론」 혹은 「시인예찬론」이 빚어낼 수 있는 마이너스 반응을 쉽게 넘어서고 있는 것이다.

제5부 「시로 쓴 시인메모」는 제4부 「시로 쓴 시인론」과 유사한 발상법으로 출발하고 있으면서도 실제 양식화 과정에서는 보다 큰 탄력성을 보여 주고 있다. 제4부가 한국의 고전적인 시인들에 대한 김광림의 객관적인 파악에 근거를 둔 것이라면 제5부는 이동주・박용래・구자운・천상병 등의 시인(외국 시인 둘 포함)에 대한 김광림의 각별한 애정과 관심에서 비롯된 것이라 할 수 있다. 그러나 김광림의 비평적 안목을 통해 걸러지고 있기 때문에 센티멘털로 엮어진 예찬론 그 이상의 의미를 지니게 된다. 그는 평소에 시를 쓰면서도 틈틈이 시에 대한 비평작업과 시에 대한 원론적인 접근을 꾀하여 왔던 터이다. 그의 왕성한 월평작업과 또 그러한 글들을 묶어 본 시론집 『존재에

의 향수』(1975)와 『오늘의 시학』(1978)이 바로 이에 대한 좋은 증거가 되고 있다.

그는 시 「행려」를 통해서 이 세상에 대한 건강한 부정의식을 키워 나가고 있는 천상병의 시인 정신을 지적해 보려 한다.

> 그는 부신 것이 싫다
> 그래서 햇빛을 피한다
> 게슴츠레 눈을 뜬다
> 그에게는 여자도 부신 것이 된다
> ……………………………………
> 그는 이 세상에서
> 가장 높이 날 수 있는 새가 되어
> 사악한 눈을 파먹는 부리와
> 병든 영혼을 피나게 할퀴는
> 오만한 발톱이고 싶어한다
>
> ― 「행려(行旅)」에서

그런가 하면 김광림의 시 「시인의 죽음」을 통해서 구자운의 시세계를 직접 논하기보다는 그의 삶의 방법에 대한 연민의 정을 한껏 표현해 보고 있다. 이상 제4부와 5부를 통해 그는 23명의 시인들을 객관적으로 파악하거나 또는 연민의 시선으로 바라보고 있는데 이제 김광림이 시인으로서의 자아영상을 어떻게 그려 나가고 있는가 하는 문제가 논의되어야 할 것 같다. 시 「시인의 집」에서 그는 이러한 문제에 관한 간명한 대답을 들려주고 있다. 이 시는 A·B·C 세 토막으로 짜여져 있는데 이 세 토막을 관류하고 있는 것은 물질적인 궁핍에 대한 자탄이다. 궁핍에 대한 탄식을 기본음으로 취하면서 김광림은 그 궁핍을 완전 초월하지 못하면서 동시에 예술에도 전념하지 못하는 스스로의 무능을 고백하는 것은 변조음으로 삼게 된다.

> B
> 난세의 시인은
> 생활의 여울목에 서서
> 한 여성의 지아비와
> 자식들의 어버이가 되기를 포기한
> 위대한 떠돌이
> 라이너를 생각한다
> 오늘 그가 남겨 놓은
> 한 다발의 장미꽃과
> 고독의 그림자를 넘보며
> 생활에 철저히 실패하지 못하여
> 나는 또 보따리를 싼다
>
> ―「시인의 집」에서

'한다발의 장미꽃', '고독의 그림자'가 암시하는 순수 세계와 '여성의 지아비', '자식들의 어버이', '생활'이란 낱말들이 드러내주는 현실세계의 사이에서 그를 포함한 많은 시인들은 끊임없이 어정거리고 있다는 진술이 이 시 속에 담겨 있는 것이다.

김광림에 오면 '가난'을 일종의 득도의 경지로 보아주던 옛 시인들의 태도는 더 이상 통할 수 없게 된다. 그에 의하면 '가난'은 현실적인 모든 고통의 대표치가 되는 것이다. 그는 시인은 구도로서의 시방법을 갖추기 이전에 먼저 일상의식에 충실해야 한다는 소신을 갖고 있는 것처럼 보인다. 특히 근자에 발표된 그의 시를 보면 산다는 것이 얼마나 힘에 겹고 곤욕스러운 것인가 하는 그 나름의 심정고백이 심심치않게 눈에 띄게 된다. 종래의 시에서는 이러한 심정고백이나 탄식이 하나의 금기사항으로 여겨져 왔거니와 오늘날 많은 사람들의 삶이 세속화·일상화·획일화의 유혹을 물리치기가 어렵게 되면서 현대시가 다루어야 할 제재의 폭은 더 한층 커지게 된 것이다. 김광림말고도 다른 많은 시인들의 작품을 통해서 알 수 있는 바와 같이 오늘날 이른바 일상의식은 시인의식의 공간을 점점 더 넓게 파먹어 들어가고 있는 것이다. 먹고, 마시고, 쉬고, 일하면서 순간순간 채취한 사념들이 곧 시인의 상상력에 다름 아님을 이제 많은 시인들은 자신도 모르는 새에 긍정적으로 받아들이게 된 것이다.

> 사내들의 등때기에는 계집들이 업힌다
> 낄낄대거나 훌쩍거리거나
> 그래서 사내들은 비틀거린다
> 호주머니에는 자식들이 들어찬다
> 동동 발을 구르거나 조잘대거나
> 그래서 사내들은 비틀거린다
>
> ―「어떤 사내의 환상」에서

> 염색으로 안면을 지탱해야 하는
> 쉰 살이 되어
> 새삼 어떻게 살아갈까가 문제인 나는
> 무시로 고통을
> 식은 죽 먹듯 하고 있다
>
> ―「식사」에서

이러한 종류의 시를 염두해 두고 볼 때 김광림은 다른 사람의 삶을 위해 시를 쓴다는 그런 대의명분쯤은 접어두고 있는 것처럼 보인다. 그러나 김광림은 끝내 소승적(小乘的)인 시인의식에 만족해하지 않는다. 그의 시는 이따금 섬뜩하리만큼 날카로운 비판정신을 보여주기도 한다. 그는 이미 여러 편의 시를 통해서 개인의 삶을 비인간의 늪으로 몰아가려는 그런 불투명한 폭력(Opake)에 대해서 예리한 반응을 보여주고 있는 것이다. 시「풍경·Z」와「곤충기」가 그 좋은 예라고 볼 수 있다. 그는 쥐의 행태를 인간의 그것으로 환산해 보면서 현대인들의 새디스트적인 생활방식을 비판하고 있다.

>   사방에서
>   갉아대는 소리가 들립니다
>   연신 힐뜯고
>   야단치는 소란이 만발해 있습니다
>   남을 괴롭히는 것이
>   즐거운 세상을
>   살고 싶도록 죽고 싶어
>   죽고 싶도록 살고 싶어
>
>   ―「쥐」에서

 연작시「내성적」은 가장 최근에 이미 여러 문예지를 통해 발표된 것으로 총 10편의 시로 구성되어 있다. 이 시편들에서 우리는 김광림의 어렸을 때의 삶의 모습을 읽을 수 있게 된다. 결코 화려하지도 풍요롭지도 못하였던 그의 소시적의 삶은 곧 지난 날 우리 민족의 어두운 삶, 그것으로 확대하여 볼 수 있다. 바로 김광림은 연작시「내성적」을 통해서 우리 모두의 체험 내용을 겨누고 있는 나만의 체험 내용을 성실하게 답사해보고 있는 것이다. 김광림을 포함한 우리 모두는 가난하고 찌들린 과거를 재생시키면서 그것을 부끄러워하기보다는 오히려 그리워하게 되는 것이다. 아무리 과거가 초라하고 비참하다 하더라도 일단 그것이 내 것인 이상에는 사랑하고 그리워할 수밖에 없다는 심정, 바로 이러한 심정이 시심(詩心)의 원천이 되는 것이다.
 이 연작시의 소재는 대략 다음과 같이 정리될 수 있겠다.
 ①구슬놀이 ②잔치 ③백일해와 민간요법 ④소녀 ⑤민간신앙 ⑥누나들 ⑦나의 부상 ⑧부모님의 고생 ⑨학교 선생님 ⑩아버지.
 이 중에서도 특히 제⑧번의 시는 일상 아래의 우리 민족의 궁핍상을 단적으로 일러주고 있다. 그가 이러한 10가지의 소재를 일정한 의도아래 취택하였는지는 현재로서도 알 길은 없으나 어쨌든 이런 소재만으로도 그의 어렸을 때의 삶의 범위는 대략 커버될 수 있으리라 본다. 또한 이 10편의 시들은

한결같이 산문적인 진술구조를 택하고 있어 과거를 돌이켜 보는 현재의 느낌보다는 과거 그 자체의 재생에 힘을 기울인 듯한 인상을 주게된다. 만일 이러한 10편의 시들이 좀 더 스케일이 큰 제재를, 그것도 보다 큰 볼륨으로 다루었더라면 서사시적 자력이 생각보다 쉽게 획득되었을지도 모른다.

제⑤번의 시는 과학과 문명의 혜택을 받지 못한 과거 우리 민족의 삶은 결국 고통과 어둠의 구조를 지닐 수밖에 없음을 지적해 보이고 있다.

집안 일이 꼬이거나 딥딥할 때 이미니는 곧질 무딩을 찾아 나섰다. 나를 들쳐업거나 혹은 손목을 끌고서. 냇가를 따라 몇 군데 다리를 건너잖고 내쳐 가기만 했다. 마지막 철교가 보이는 공터는 건어장. 장화 신은 인부들이 다발로 통태를 냇물에다 헹구고 있었다. 머리 위에선 어디선가 북어 눈깔 빼먹으러 날아든 까마귀떼가 까욱 까아욱 겨울 하늘에 처절한 주문을 외고 있었다.

그런데 이러한 그의 산문적 진술구조는 어디까지나 서정성을 축으로 하고 있기 때문에 이 시에서 나타난 행위 하나하나는 사실성보다 상징성을 겨냥하게 되는 결과를 낳기에 이른다.

이렇듯 김광림은 ①산문적 진술구조의 채택 ②과거 시형태론의 수정 ③시어의 개방 ④일상의식의 확대 등을 통해서 일단 전통으로부터의 변격을 시도하게 된다. 이 중에서도 ③번과 ④번은 최근의 그의 시풍을 한마디로 설명해 주는 항목이 되고 있다. 그의 시에 나타난 시어들은 시를 쓴다는 의식아래서 특별히 선택된 것들이 아니다. 그의 시어는 어디서든지 들을 수 있고 볼 수 있는 그런 일상어의 질량을 그대로 유지해 보이고 있다.

(문학예술 현대시인선11 『언어로 만든 새』(1979) 해설문)

장치와 수사 또는 거부와 초월
― 시집 『천상의 꽃』

오 탁 번

　김광림과 박희진이 그 동안 걸어온 시의 역정에 대해서는 이미 잘 알려졌고 또 웬만큼 정리, 평가되어서 새삼스럽게 이들의 시세계를 전반적으로 조감해 보는 일은 그다지 필요하지 않다. 그러나 한 가지 말해야 할 것은 이들이 해방 후 우리시의 전개와 형성에 끼친 독자적인 헌신에 대하여는 아무리 강조해도 나쁠 것이 없다는 점이다. 김광림은 언어의 그물로서 우리시의 방향을 큰 수역으로 밀어가는 데 헌신하였고 또 한번도 시를 버린 적이 없었다. 시를 버리는 시인, 시를 버린 줄도 모르면서 계속 시를 쓰는 이른바 한국적 시인들이 많은 판국에 이들의 고독한 시적 궤적은 매우 값지다.

　이런 종류의 시집 시평은 흔히 우리가 보아온 것처럼 별다른 의미나 효과가 없는 책, 선전문 또는 겉치레 인사로 시종되기는 했지만 앞으로는 좀더 가치평가의 면이 강조되어 글쓰는 사람의 의견이 솔직하게 제시되고 또 그것이 토의되는 그런 계기의 하나가 되었으면 한다. 이러한 소박한 생각으로 나는 이들 시인의 작품 가운데서 가장 탁월한 작품 한두 개를 뽑아서 독자들과 함께 읽어 나가는 방법으로 글을 쓰려고 한다. 시집 한 권에 수십 편의 시가 수록되고 얼마 동안의 시기가 지나면 또 그만큼의 시가 다시 묶여지게 마련이지만 앞으로 나올 우리 현대시의 역사에는 어차피 그 많은 시가 모두 다루어질 수는 없을 테니까, 후일 현대시사를 쓸 숨어있는 시평가를 위하여 나는 조그만 자료를 제시해 놓는 일에 자족하려고 한다. 그리고 시집 전반에 관하여 상당히 비관적인 이야기도 함께 하려는 것은 내가 간추린 한두 편의 시의 선정 이유를 간접적으로 밝히는 것이 된다는 판단에서이다. 시집을 정독하지 않은 이들에게는 이해가 어려운 구석도 있을테니까 이런 이들은 내가 가려 뽑은 시와 거기에 대한 나의 생각을 곡해할지도 모른다.

독자들은 특히 이들의 이번 시집을 읽을 때 시인의 언명이나 잠언에 기가 꺾이지 말고 시집 속에 숨은 시를 자기 힘으로 찾아 읽어야 될 것이다. 50이 넘은 시인들은 때때로 시집 속에 시 아닌 것들을 슬쩍 숨겨놓고 독자들이 그 덫에 걸려서 넘어지거나 어쩌나를 책 뒤에 숨어서 엿보기도 하니까 더욱 그렇다.

김광림은 그의 아홉 번째 시집 『천상의 꽃』「시인의 말」에서 다음과 같이 재미난 이야기를 하고 있다.

> 50대에 접어들면서 과거를 현재에 되살리는 일에 손을 대고 있다.
> 이를테면 유년과 소년시절의 하찮은 일을 다룬 연작시 「내성적(內省的)」을 비롯하여 아득한 옛일을 되살려 본 「지귀담(志鬼譚)」이나 담시 「수로부인(水路夫人)」이나 그리고 그리스도의 사랑을 주제로 한 작품 등이 바로 그것이라 할 수 있다.

시인 스스로 말하고 있는 최근의 정황에 대한 이러한 고백이 담고 있는 솔직성은 시인의 시세계를 독자에게 미리 알려주는 좋은 길잡이가 되기도 하지만 때로는 잘못 세워진 이정표처럼 오히려 시인의 시세계의 한복판에 이르는 길을 찾는 데 방해가 될 수도 있다.

김광림은 해방 후 한국의 서정시의 틀을 이루고 지켜가는 데 있어서 지속적인 작업을 한 시인으로 주목되어 왔는데 그가 과거의 일을 현재에 되살리는 작업을 '신바람나게' 하고 있다는 사실은 그의 근간의 시세계를 규정해 주는 중요한 단서가 될 수도 있다고 본다. 결론부터 말하면, 그가 이렇듯 의도적으로 신명나게 하고 있는 작업을 눈여겨본 느낌은 매우 회의적이다. 지방대학에서 일하는 김은자 시인한테 그가 준 시집 『천상의 꽃』을 빌려서 나는 우선 시인 스스로 중요하게 말하고 있는 바의 시들을 꼼꼼히 읽어보았다. 가장 편하게 또 가장 올바른 방법으로 김광림의 최근 상태를 말하고 싶어서였다. 그런데 나는 해방 후 한국 서정시의 중요한 틀을 이룬 시인의 이와 같은 작업은 결과가 그가 지금까지 쌓아 올린 언어의 탑을 흔드는 일이 될지도 모른다는 우려를 감출 수가 없었다.

「내성적」의 연작시 30여 편에 흐르는 전반적인 방법과 내용은 지극히 개인적인 과거의 진술로서 차마 우리에게 익숙해진 시라고 이름하기가 어려운, 시의 위쪽이거나 옆쪽에 자리잡는 작품들이라고 생각된다. 시적인 분위기가 어느 정도 있고 또 소설양식이 본격적으로 지니는 서사적인 분위기를 배제했다고 하여 그것이 곧 시라고 하면 안 된다. 정지용의 「백록담」 시편이나 서정주의 「질마재」 시편이 지닌 시적인 역동성과 김광림의 이러한 시를 비교해 보면 이와 같은 나의 지적은 빗나가지 않는다. 나는 물론 지금 시적 장치의 과잉만을 강조하는 것이 아니다. 참으로 이상한 일이기는 해도 시는 어떤 때는 시적 장치를 버림으로써 시가 되기도 하지만 또 어떤 때는 그것 때문에 시가 되지 않기도 한다. 하긴 시 양식만 이런 것은 아니다. 모든 장르가 가지고 있는 비의와도 같은 이러한 숨김과 드러냄의 장치는 정말 묘하다.

김광림이 지닌 시적 비의는 서술적인 장치에서보다는 심상적 장치에서 더욱 신비롭게 감지된다. 그래서 나는 이번 시집에서 「사랑」과 「빛은 어디에」를 소중하게 읽었다. 아마도 시인 자신은 시적 장치를 고의로 깨뜨리고 이야기를 담고 싶어하는지 모르나 시인의 의도와는 상관없이 시적 고도의 돌올함이 나타나는 공간은 시적 장치가 존재하는 곳이다.

김광림의 시적 진실이 가장 첨예하게 나타난 작품으로 「운정역(雲井驛)에서」를 꼽고 싶다. 이 시를 읽는 것이 『천상의 꽃』을 말하는 오늘의 내 기쁨이라고 할 수 있다. 이 시 한 편에 김광림이 그동안 이룩하고 또 스스로 흔들어 댔던 시적 구조의 묘미가 모두 담겨 있다고 생각한다. 비상한 심상의 조직도 아니면서, 또 그의 연작시 「내성적」이나 「수로부인」이 지닌 해이한 서사구조도 아니면서, 이 작품은 그 양쪽의 핵심이 서로 만나서 이루어진 참으로 훌륭한 아름다움을 형성하고 있다.

> 운정(雲井)에 눈 내리다
> 삼월의 한역(寒驛)은 차라리 진흙탕
> 동행한 작곡가 B씨는
> 빼쩨르브르그의 겨울날
> 옷차림이다
> 우리는
> 막걸리 한 사발로
> 목을 축이며
> 시장기를 달래고
> 눈발 속에서
> 신의 열차를 기다렸다
>
> 상행은 십사시 팔분
> 하행은 십사시 십구분
>
> 취기가 도는
> 오십팔세의 그와
> 오십오세의 나는
> 십일분의 간격으로 엇갈린다
> 우리는 어차피 세 치의 거리를 두고
> 헤어질 수밖엔 없다
>
> 나는 담배 한 대 더 피우고 떠날 것이다

이와 같이 아무 것도 아닌 평범한 일상에 관한 이야기가 흡사 흩날리는 눈발처럼 별다른 규칙도 없이 나열되어 있음에도 불구하고 이 작품이 가지고 있는 힘은 강렬하다.

우리가 흔히 경험할 수 있는 시골 기차역의 풍경이 한 치의 가식없이 다루어지면서 두 인물의 만남과 헤어짐의 시간이 그 안에 표상되어 있다. 한 사발의 막걸리로 목을 축여서 시장기를 달래고 기차를 기다리는 일이 어째서 시의 드높은 진실로 와서 닿은 것일까. 나는 그 까닭을 '신의 열차를 기다렸다'라는 심상에서 찾고자 한다. 이와 같은 동시적인 발상이 이 작품을 지탱하는 가장 큰 힘이 되는 것은 이 시가 담고 있는 이야기의 요소를 상징의 틀로 만드는 변용의 핵심이라고 할 만하다. 이러한 요소들은 그리스도의 사랑을 다룬 「사랑」 연작시에서도 보이는 것으로 그가 헌신해 왔던 언어조직의 미세화가 지녔던 몰이해의 약점을 우리의 전통적인 거리로 극복하는 열쇠가 된다고 본다. 시적 장치의 지나친 개인화나 미세화는 자칫하면 자기 폐쇄적인 독단에 흐르기도 하지만 그것을 알맞은 거리로 끌어내릴 때 이러한 작품이 스스로 태어나는 것이라고 할 수 있다.

그의 유년시절을 다룬 전기체의 「내성적」 30여 편이나 그가 스스로 담시라고 이름하는 「수로부인」이 지니고 있는 단순한 이야기 형식은 잘못하면 시의 장르에서 빗나가는 위험의 한 신호일 수도 있겠지만, 「운정역에서」와 같은 작품은 박목월의 서정시가 이룩한 경지와 흡사한 우리 서정시의 한 성과라고 하겠다.

이번 김광림의 시집은 그의 다른 시집들에 비하여, 시인의 변모과정에서는 중요시될 수 있으나, 거두어진 성과라는 측면에서는 회의적이라는 생각을 지울 수 없으면서도 이러한 시적 진실을 찾아볼 수 있다는 데서 더 없는 기쁨을 느낀다. 「황혼」이라는 짤막한 시에 나오는 '엠마오로 가는 길은/먼지가 일었다/누군가 뒤따르며/자꾸 말을 건네온다/―무슨 일이 있었나요' 등의 구절이 지니는 신비한 실상의 파장을 경험하는 기쁨도 크다. 다만 한 가지 지적해야 할 것은 이러한 종교적인 사랑의 작품도 그것이 궁극적으로는 언어의 사랑이어야지 종교적인 외경심을 표현하는 데 그치면 위험하다는 것이다. 우리의 현대시사가 담고 있는 수많은 종교시들이 '종교'라는 말을 떼어냈을 때 남는 처참한 형상을 떠올려 보면, 우리의 서정시가 고향으로 살아야 될 공간은 '연시(軟柿)를 문/만삭 여인의 입술에/따가운 햇살이 묻어 있다'(「가을날」)는 그 공간이며 시인이 소년시절의 이야기를 쓴 바로 그곳 그 시간이다. 즉, '싸리나무 회초리를 든 어머니'가 있는 고향이며 '개똥빝에 ㄱ자로 지은 오두막'이며 '연주창을 앓는 누이'이며 또한 '개복숭아나무 너댓 그루가 있는 방이산골 고모네 집'인 것이다. 시간적으로 공간적으로 너무 아득하고 멀면 시적 긴장이 해이해질 수도 있다. 시는 언제나 오늘의 이야기이며 시인이 생활하고 꿈꾸는 오늘의 슬픔이며 기쁨이다. 그 오늘이 신라시대를 다룰 때 그것은 오늘 우리가 고뇌하는 현재의 신라이지 천년 전 과거의 신라는 아니다. 시는 잘 다듬어진 역사책을 복사하는 일이 아니라 오류가 많은 역사책을 복사하는 일이 아니라, 오류가 많은 역사책을 스스로 제작하는 고독한 자존심의 발로이기 때문이다.

(『현대시의 이해』, 청하, 1990. 3. 25 발행.)

시대적 격랑(激浪)의 실증(實証)
- 시집 『천상의 꽃』

박 동 규

시적 진로를 새롭게 개척

 김광림 시집 『천상의 꽃』이 새로 출판되었다. 그의 아홉 번째 시집이 되는 『천상의 꽃』을 대하면서 한 시인이 시집을 아홉 번이나 엮을 수 있었다는 사실에 새삼 감탄하지 않을 수 없다.
 이 감탄은 해방과 6·25의 역사변동을 가져오는 동안 그 격랑의 삶에서 시작(詩作)생활을 버리지 않고 버텨온 시에 대한 의지와 정열에 대해서 느껴지는 감정에서 생겨나는 것이다.
 그리고 오늘 김광림 시인의 세대들이 지니고 있는 한국시단에서의 위치를 생각할 때, 50대인 이 그룹들이 한국시의 새로운 진로를 개척하는 책임있는 위치에 있다는 사실로 해서 그들에 대한 엄정한 검증이 필요하다는 것을 잊고 있는 것이나 아닌지를 고려해보아야 할 것이다.
 실제로 김광림 시인과 동년대에 속한다고 할 수 있는 시인들, 즉 박성용, 박재삼, 이형기, 성찬경, 최원규, 김규동, 조영서, 박희진, 조병철, 성춘복, 윤금초, 허유 등의 시인들이 그들 특유의 개성적 시세계를 지니고 활동하고 있다는 점이다.

이들의 활동은 50대의 시인군들이 김광림 시인과 마찬가지로 자신의 생애 한가운데 시를 품고 살아가고 있는 시인군이라는 사실을 증명하는 것이다. 그러나 이들 시인에 대한 오늘의 관심은 월평이나 시집에 담겨진 시인론의 범위를 벗어나 한 시인의 전체적 조감적 비평이 보여지지 않고 있고 또 이들 50대의 시인에 대한 특이한 성격적 분석이 이루어지지 않고 있는 것은 50대의 시인에 대한 우리의 관심을 말해주는 것이 되고 있는 실정이다.

김광림은 그의 『천상의 꽃』 서문에서 이렇게 말하고 있다.

> 나는 진작 나의 시작과정을 크게 3기로 나눠서 생각한 바가 있다.
> 즉 20대의 초기에는 주로 동족상잔의 비극적인 소용돌이 속에서 절망과 체념을 절규하다시피 하였고, 30대와 40대 전반기에는 이미지에 대한 자각에서 언어의 새로운 존재를 만나려는 시도를 보였다.
> 40대 후반에는 무릇 현실의식과 국제감각을 표방하고 나섰지만 50대에 접어들면서 과거를 현재에 되살리는 일에 손을 대고 있다.

그의 시작과정에 대한 고백에서 볼 수 있는 것은 ①6·25와 비극적 상황인식 ②이미지에 대한 자각과 언어에 대한 관심 ③현실의식과 국제감각 ④과거의 현재적 재생으로 나누어진 네 단계의 발전과정이다.

공통의 관심영역을 노래

시인의 이러한 고백은 6·25 이후 우리시의 관심에 대한 하나의 개인적 체험에서 우러나온 시작과정의 반응이라고 할 수 있는 것이다.

이러한 관점에서 볼 때, 50대의 시인군들은 이 고백이 지니는 중심적 문제에 공동적 관심영역을 가진 것으로 볼 수 있는 것이다. 따라서 이 공동의 관심영역에 대한 깊이 있는 접근은 새로운 우리시의 진로를 점검하는 하나의 방법론이 될 수도 있는 것이다.

그리고 김광림 시인은 『천상의 꽃』에 대한 시인의 제작동기를 다음과 같이 밝히고 있다.

> 사소한 것으로부터 세상에 너무나 흔하게 알려진 사건에 이르기까지 시적 오브제로 환기시키는 일을 시도해본 셈인데 이것들을 새삼 존재로서 인식하려는 대상파악에 역점을 둔……

그의 이러한 변신의 의지는 새로운 시에 대한 개인적 탐색을 의미하고 있는 것이다. 그것은 연령이 가지는 자신의 삶에 대한 인식을 바탕으로 해서 새로운 변신을 보여주고자 하는 것이면서도 그의 변신에 대한 의지가 단순히 그만의 것이 되지 않고 있는 것은 50대 시인들이 한국시에서 차지하는 무게의 탓이라고 볼 수도 있는 것이다.

> 하루에도 몇 차례
> 땅바닥에다 내동댕이친다.
> 붕어 낚시에 걸린 장어모양
> 담배 꽁초를 구둣발로 짓이기고
> 테 하고 돌아선다
> 하지만 손은 어느 새
> 얽힌 줄을 다시 고르고 있다
> 하늘 한 번 쳐다보고
> 또 시작한다
>
> ―「직업」

직업을 버리지 못하고 살아가야 하는 인간, 그것은 이 시의 표시적 내용이다. 그러나 이 시의 내면에 담겨진 살아가고 있는 인간이 어쩔 수 없는 숙명으로 안고 있는 자아존재에 대한 확인양식은 삶에 대한 새로운 의미를 보여 주는 것이다.

> 눈이 몹시 내린 1·4 후퇴 때
> 광복동 골목어귀던가
> 어느 모퉁이던가
> 나는 훔쳤다.
> 우동 사리 하나를
> 유난히 속을 끓이는
> 간드레 불이 놓인 포장마차
> 좌판 위에
> 또아리를 튼
> 그것을
>
> ―「고백」

이 시는 1·4후퇴 때의 삶을 회상하고 있다. 이 회상은 하나의 우동 사리를 훔쳐야 살아갈 수 있었던 과거에 대한 회상이며, 포장마차 좌판에 앉아 카바이드 등불을 바라보며 우연히 자신의 삶에 담겨진 저 먼 것에 대한 영감적 실체를 확인하는 것이기도 하다. 이는 오늘의 포장마차 안에서 자아라는 존재가 무엇에 반사돼서 다시 그의 삶의 양식과 연결되고 이 연결된 통로를 거쳐서 진실한 존재로서의 인간을 드러내 보여주고 있는 것이다.

삶의 실체 깊이 있게 탐색

위의 두 시편에서 볼 수 있듯이 그의 시는 삶의 궤적이 빚어내는 돌이킬 수 없는 일회적 선(線)을 서로 시작과 끝을 대비시킴으로써 우리에게 삶의 본체를 알려주고 있다.

김광림 시인이 겪고 있는 이러한 시적 탐색은 동년대의 시인들이 어떻게 시를 그의 생명 한가운데에 두고 시대의 격랑을 겪어나오며 있는가를 실증하는 것이 될 것이다.

『천상의 꽃』 시집은 김광림 시인의 특유한 새로운 존재에 대한 탐색을 보여주는 것이기도 하면서 50대의 우리 시인들에 대한 본격적인 관심을 불러 일으키는 촉매가 되는 것이기도 하다.

그리고 이들을 통해 한국시의 새로운 진로에 대한 우리의 기대를 점검해 볼 수 있으리란 가능성을 가지게 하는 것이기도 하다.

포용의 미학과 이순(耳順)에의 기대
― 시집 『말의 사막에서』

박 상 천

갑년(甲年)을 맞이한 김광림 시인의 시집 『말의 사막에서』는 40여 년의 시작생활에서 10번째의 시집이 된다. 김광림 시인은 시집의 서문에서 시집의 제목을 『말의 사막에서』라고 붙인 이유를 '말의 막막함을 나타내 보려고 한 것'이며 '말이 아닌 말(표현)'에 대한 매혹 때문이라고 생각을 피력하고 있다. 이러한 진술은 여러 가지로 시사하는 바가 많다. 40여 년의 시작생활을 해온 시인의 진술을 통해 언어로 창조되는 시의 길의 지난함을 다시 한번 깨닫게 되며 김광림 시인의 끊임없는 언어에의 탐구정신―예술의식―을 보며 자못 시에 대한 경건함을 생각하게 된다. 최근 많은 젊은 시인들이 보여온 언어의 방기현상(放棄現象)을 보며 김광림 시인의 고백을 소중하게 받아들이게 되는 것이다.

물론 40여 년을 시작생활을 해오는 동안 언어에 대한 관심이 한 방향으로 고정되어 있을 수는 없다. 거기에는 당연히 변화가 수반되게 마련이다. 그러므로 그 변화의 모습은 곧 시인의 시적 방법론의 변화를 의미하게 된다.

『말의 사막에서』는 김광림 시인의 최근의 시들만이 아니라 초기 혹은 중기의 시들도 몇 편 실려 있어 그 변화의 모습을 비교해 보는 데에 좋은 자료가 된다. 「주워 남기는 것」이라고 소제목을 붙인 제5부에 수록된 시들은 1948년부터 1975년까지 발표된 작품들로서 그동안 발간된 시집에 수록되지 않았던 것이다.

먼저 두 편의 시를 보기로 하자.

 i) 낡은 문풍지에서
  서낭당 기와 냄새가 풍기다

  보고
  또 보고

  이윽히 들여다 보면
  아슬아슬 옛 이야기가 생각나다

  해묵은 풍지 위에
  비 자욱이 서려
  천 년 묵은
  벽화 맛이 돋아오르다

         ― 「문풍지」 전문

 ii) 그레이하운드 고속버스 안내양의 눈썹 밑
  사마귀에 빗물이 묻었다
  호우 집중지대를 빠져 나가는 쾌속으로
  나는 자꾸 시장기가 든다
  내장을 훑어 내리는 창유리
  창유리에 부딪쳐 떨어진
  제비의 형상이 지워지지 않는다
  허전한
  일모(日暮)
  시간에 잠식되어 가는 나를

		빗물을 튕기며 추적한다
		공허한 질주가 계속되는 동안

											─「시장기」전문

 i)의 시는 1948년, ii)의 시는 1970년 소작으로 되어 있다. i)의 시는 위에서 보는 바와 같이 언어의 절제미를 보여주고 있고 그를 통한 담백한 이미지를 조형해 내고 있다. 그러니까 김광림 시인의 출발기 시에서의 언어에 대한 관심은 절제를 통한 이미지의 조형 쪽에 놓여져 있음을 알 수 있다. 이러한 관심의 방향을 필자가 다른 평문에서도 지적한 바 있지만, 1965년에 발간된 『오전의 투망』까지 이어지면서 김광림 시의 주조적 경향이 되고 있다. 이러한 시의 방법론은 자연히 '사물에 대한 관심'으로 드러나게 되어 언어에 대한 사물의 새로운 해석 또는 새로운 이미지의 조형을 보여준다.

 이러한 '사물에 대한 관심'이 '나 또는 존재에 대한 성찰'로 바뀌어지는 것은 아마도 60년대 말부터 시작하여 70년대인 것으로 생각된다. 위에 인용한 ii)의 시는 그 변화의 모습을 보여준다. 시인은 언어를 통해 인간의 내면세계를 형상화하는 작업에 많은 관심을 기울이게 된 것이다. 물론 이 경우에도 김광림 시인은 대체적으로 드라이한 이미지로 그것을 형상화하였다. 그것은 김광림 시인이 그의 시작인 출발기로부터 견지해 온 시인식─언어인식─에서 비롯된 결과라 할 수 있다. 시는 관념의 진술이 아니라 형상화라는 철저한 인식이 바탕이 되어 있었기 때문에 가장 추상적이고 관념적이 되기 쉬운 인간내면의 세계를 언어를 통해 형상화할 수 있었던 것이다.

 이러한 변모의 과정을 거친 김광림 신인의 시는 지천명(知天命)의 나이에 이른 70년대 말부터 또다른 변모를 보여준다. '사물'과 '자아 또는 존재'에 대한 관심에서 그 폭을 넓힌 '전체적 삶'에 대한 관심의 모습을 보여주는 것이다. 인간 삶의 부분적 요소들을 깊이 있게 통찰하고 형상화해 온 시인이 도달한 '통합(포용)의 세계'는 바로 '지천명의 미학'이라고 할 만하다. 앞서 시세계는 따지고 보면 고뇌와 갈등의 세계라 할 만하다. 그것은 언어에 대한, 자아와 존재에 대한 끊임없는 고뇌와 갈등의 연속이었을 것이다. 이러한 과정을 거쳐 시인은 새로운 세계에 도달하게 된 것이다. 그러므로 이제 인간의 '전체적 삶'을 바라보는 시인의 눈에는 그 어떤 것도 시적 대상으로 승화될 수 있고 그를 통해 시인은 읽는 이에게 담담한 삶의 지혜를 준다. 이제 김광림 시인에게는 아무리 하찮은 일상사라도 시적 대상이 되고, 또 그것이 사유의 세계로 또는 부정적 현실에 대한 비판의 모습으로 그의 시에 나타나는 것을 보게 된다. 김광림 시인이 도달한 시의 세계는 시적 대상과 방법론과 시적 사유까지도 폭넓게 개방한 '포용의 세계'가 되었다.

> i) 이 세상에서 처음보는 네가
> 왜 낯설지 않지
> (중략)
> 내 자식의 그 자식이라는데
> 그런 징표가 어디 있지
> 이 세상에 온 네가
> 마냥 신기하고 안쓰러워
> 차마 네 곁을 떠날 수 없게 만드는
> 이게 뭐지
> 눈에 뵈지도
> 손에 잡히지도 않는
> 그러면서도
> 눈물나게 우릴 얽어놓는
> 이게 뭐지
>
> ―「넌 누구지」 일부

> ii) 해바라기가
> 늘 맞서는 태양은
> 너무 눈부시어

눈 뜨고 차마
쳐다볼 수가 없지만

밤낮으로
멍청히 서서
골똘히 바라는 것이
그 무엇인지
도무지 헤어릴 수 없지만

하염없이
시공을 향해 흔들어대는
긍정도 아니요 부정도 아닌
큰 손짓을
나는 볼 수 있다

얼굴 그득히
웃음으로 견디는 아픈 씨앗을
하나도 내뱉지 않고
꽉 문 의지를
뭐라 말할 수는 없지만
그저 알 것 같다

—「해바라기 환상」전문

 i)의 시는 새로 태어난 손자를 바라보는 생활 감정을 표현하고 있다. 초기나 중기의 시에서는 찾기 어려운 세계를 보여주고 있다. 언어의 절제미나 드라이한 이미지의 조형을 위해 끊임없이 언어에 대하여 고뇌하고 절망했던 세계, 자아의 본질을 찾기 위해 또한 끊임없이 갈등했던 세계에서 벗어나 이제 '삶의 전체'를 바라보는 시인의 '포용적 세계'를 보여준다. 손자를 바라보는 한 생활인의 일상을 보여주면서도 그것이 단순한 일상의 감정의 세계에 머물지 않고 일상을 넘어선 세계—'손에 잡히지도 않는/그러면서도/눈물나게

우릴 얽어놓는' 세계를 보는 시인의 눈을 통해 독자들은 김광림 시인이 도달한 포용적 삶의 세계를 보는 것이다. 김광림 시인은 어느덧, 구태여 시어를 선택하지 않아도 또 그것을 구태여 다듬지 않아도 대상을 표현해 낼 수 있는 '말이 아닌 말'의 세계에 도달하게 된 것은 아닐까?

그러한 시의 세계는 그 어떤 것을 배제하지 않고 또 그 무엇도 거부하지 않는 포용의 세계라 할 만하다. 물론 이러한 변화의 모습은 따지고 보면 김광림 시인의 언어에 대한 새로운 인식일 테고, 또한 새로운 방법론의 자리잡음이라 할 수 있을 것이고 '지천명'의 자연스러움이 돋보이는 시세계라고 할 수 있을 것이다. 이러한 '지천명'의 세계는 ii)에서도 보는 바와 같이 '긍정도 아니요 부정도 아닌/큰 손짓을/나는 볼 수 있다'거나 '뭐라 말할 수는 없지만/그저 알 것 같다'는 시구들을 통해 더욱 극명하게 드러나게 된다. 방법론에서 뿐 아니라 시적 사유에서까지도 그러한 포용의 자세, 그리고 나아가 '지천명'의 자세를 볼 수 있게 되는 셈이다. 이제 50대의 시기에서 확립된 이러한 시세계가 이순의 시기에 또한 어떤 변모를 보여줄지 그에 거는 기대가 크다.

김광림의 『대낮의 등불』

윤재웅

　김광림의 시편들은 그의 풍모에서 느낄 수 있는 것처럼 편안하고 소탈하다. 최근에 상재한 열두 번째 시집 『대낮의 등불』(고려원)은 이런 느낌을 더욱 짙게 한다. 남북분단이라는 한국 현대사의 모순의 시대를 뼈저리게 견뎌내고 있는 월남한 원로시인으로서, 어쩌면 인생의 한 종착점일 지도 모르는 정년이라는 사회적 통과제의의 연대기를 지나온 대학교수로서, 그가 보여주는 이상하리만치 평이하고 범상한 면모는 속된 것들 속에서의 탈속이라는 희귀한 미덕을 보여준다.
　편안과 소탈도 나름대로의 미학이 있다는 것을 김광림만큼 보여주는 시인도 흔치 않을 것이다. 사상이나 관념, 민족이나 이데올로기와 같은 크고 무거운 담론들은 그의 시편들에서 노골적으로 드러나지 않는다. 대신에 이 시대에 보통사람들이라면 누구나 손쉽게 이해할 수 있는 섬세하고 자질구레한 일상의 경험들이 평이한 진술 속에 모습을 나타낸다. 그의 삶을 구성해온 지난날의 모든 것들, 이를테면 예술적 열정과 학문과 독서와 온갖 추억이며 감회 등은 일상의 체험 속에서 따뜻하고 부드럽게 녹아버린다. 부드러움. 진솔함 혹은 거슬리지 않음. 그럼에도 불구하고 단단하고 진중함. 험한 세상의 한복판에서의 탈속이란 그래서 역설적인 것인지도 모른다.

또한 이순(耳順)이란, 순응과 체념만을 의미하는 것이 아니라 포괄하고 포섭하는 것이며 조화롭게 빛나는 지혜의 다른 이름이란 걸 시인의 목소리는 나지막하게 말한다. 일상이라는 대사전 속에는 얼마나 놀랍고 소중한 언어들이 빛나고 있는가. 사소하고 소박한 것들 속에는 자칫하면 놓치기 쉬운 인생의 숨겨진 비밀들이 얼마나 많이 이마를 번쩍이고 있는가. 말하자면 시인 김광림의 미덕은 이런 곳에서 찾아지는 것이다.

흐뭇한 시선, 따뜻한 성찰, 나직하고 잔잔한 가을 호수와도 같은 목소리. 그러나 이러한 부드러움 속에는 이상하게도 단단한 결정체가 살아서 숨을 쉬고 있다. 마치 노을지는 시냇가의 푸른 모래톱 위에 앉아 있는 둥근 조약돌처럼, 김광림이라는 돌멩이는 매끄럽고 윤이 난다. 세월의 물살들, 수많은 별의 눈빛들, 변덕스러운 구름의 손들이 다 스치고 지나간 뒤에도 무르거나 스러지지 않는 푸르고 딴딴한 돌멩이. 이것이 부드럽게 녹아 흐르는 시인의 역사 속에서 발견할 수 있는 역설적인 이미지이다.

부드러움 속의 단단함, 속화된 것들 속에서의 탈속은 그래서 일종의 경지라 말해도 좋을 듯 싶은데, 이것들은 풍자, 유머, 위트, 알레고리 등과 같은 다양한 방식으로 나타남으로써 편안함과 소탈의 미학이 단순한 지시적 의미에 머물지 않게 한다.

> 돌잔치를 앞둔 외손녀는
> 두려운 게 없다
> 발을 곧장 내디딜 순 없어도
> 일어서면 야단나
> 닥치는 대로 내동댕이친다
> 예수가 예루살렘 성전에서
> 장사하는 행위를 물리쳤듯이
> 손에 잡히는 쪽쪽

일단 입에 가져가
크고 작은 게 문제가 아니다
달고 쓴 것도
심지언
진짜 가짜도 문제가 안된다
칼도 권총도 핥아
죄다 맛을 봐야 해
쇠붙이 금붙이 할 것 없이
꺼져라 부서져라
땅바닥에 내동댕이친다
용가리 잔다크가
따로 있는 게 아니었어
지금껏 애써 찾아다닌
절대 무소유
절대 평화주의가
바로/에/있었군

—「파랑새」전문

  인용시는 외손녀의 재롱을 바라보는 할아버지의 시선을 느낄 수 있는 작품인데, 할아버지의 마스크를 쓰고 있는 그의 다른 많은 시편들에 비해서 풍자성이 두드러지고 있는 경우이다. 제재 자체는 평이하다. 시인은 돌도 채 안 된, 아직 응석이라는 것도 부릴 줄 모르는 유아의 행동 특성을 통하여 누구나 다 수긍할 수 있는 정황을 자연스럽게 이끌어 내온다. 잠시만 한눈을 팔아도 위험에 처하는 경우는 모든 유아에게 공통적으로 나타난다. 외손녀는 본능에 따라 위험천만하게 움직이지만, 그래도 할아버지에게는 더없이 사랑스러운 존재이다.

  '눈에 넣어도 아프지 않는 내 새끼'라는 한국어의 관용구는 대개가 어미 아비가 제 자식에게 하는 표현이기보다는 할아버지나 할머니가 손자 손녀를 두고 하는 표현에 가깝다. 손자 손녀에게는 자식 이상의 혈연적 연대감을 느끼는 것이 보편적인 한국인들의 정성이고 관습일 터이다. 인용시 속의 외손녀는 다른 시편들을 통해서 짐작해보면, 외동딸의 딸이므로 유일한 외혈손이다. 하나밖에 없는 딸의 하나밖에 없는 딸을 바라보는 외할아버지의 마음은 인자하고 따사롭게 마련이다.

외할아버지 시인은 마치 보통의 할아버지들이 그러는 것처럼 자상하고 사랑스러운 시선으로 그의 외손녀를 바라본다. 외손녀의 손에 잡히는 것은 무엇이든지 입으로 가져가거나 집어던지곤 한다. 이는 유아의 행동 발달 단계로 보면 자연스러운 현상이며 제재로서도 지극히 평범한 것이다. 그런데 이 시가 정작 말하고자 하는 것은 외손녀에 대한 혈연적 애정만이 아니다. 시인은 말하자면, '눈에 넣어도 아프지 않은 내 새끼'를 이야기하는 것이 아니라 이제서야 발견한 자신의 꿈을 토로한다. 험난한 세상에 두려움 없이 나서는 것, 소유하지 않는 것, 전쟁의 위협과 참화로부터 벗어나는 것. 그러므로 한 마리 파랑새로 상징되는 어린 외손녀에게서 시인이 "지금껏 애써 찾아다닌" 그 찬란한 꿈을 발견하는 것은, 평범한 일상의 표면을 스치고 지나가는 이미지에서 삶의 진중한 의미를 찾아내는 것과 같다. 더구나 시인은 시 속의 자신의 외손녀의 행위를 통하여 문명과 역사와 세태를 통렬하게 풍자한다. 그러므로써 삶을 살아가는 진정한 용기가 무엇인지를 넌지시 암시하는 것이다.

그의 시편들에는 유난히 손자 손녀들의 이야기가 자주 등장하는데, 대개가 비슷한 맥락 속에 있다. 할아버지는 천진무구한 아이들을 마주하면서 어른들의 언어, 심지어 시인의 언어로도 쉽게 다가설 수 없는 삶의 따스한 정황들을 발견한다.「동심 1」,「동심 2」,「작품」,「고뿔」,「딸꾹질」등에서 볼 수 있는 시인의 얼굴은 청춘의 불타오르던 횃불이 다 스러져버린, 열정도 치열한 대결의식도 소진해버린 허허로운 노인의 주책없는 손자 사랑의 표정을 나타내는 것이 아니라 인간 삶의 애환을 부드럽게 드러내주는 것이다. 개중에는 예술의 의미가 무엇인지를 심각하게 반성하게 하는 경우도 있다.

예컨대 「작품」은 동네 꼬마들과 소꿉놀이를 하는 손녀의 이야기다. 손녀는 그 놀이에 싫증을 내는데 동기는 가족관계에 대한 불만 때문이다. 행간에는 감추어져 있지만 아마도 아빠 역할에 대한 모종의 불만이었던 듯 싶다. 손녀는 자신의 실제 아빠가 최고라는 걸 놀이를 함께 한 동료들에게 뽐내며 자랑한다. 아이가 조각가인 아빠의 작품을 쓸어안으며 "-이거 우리 아빠 작품"이라고 자랑하자 작품이라는 말의 의미를 모르는 한 아이가 "-작품이 뭔데?"라며 묻는다. 그러자 손녀는 그 아이에게 바보라고 통박을 주며 이를 지켜보는 할아버지에게 작품이 무엇인시를 묻는다. 그때 할아비지는 이이들의 수준에 맞게 설명해줄 수도 있었을 것이다. 그러나 그는 갑자기 "날벼락 한 자락"을 맞고 설명을 못하고 만다. 그러자 손녀는 의기양양하게 할아버지도 바보라고 외치며 시는 끝맺어진다. 말하자면 할아버지인 시인은 작품의 의미도 모르는 '바보'이며, 심한 감기에 걸려 주사를 맞고도 손자에게는 '말 안들어 주사맞는'(「고뿔」) 아이와 다름없는 것이다.

동심이 곧 시심이라는 말이 있듯이, 위의 경우는 아이들의 일상적인 언어 감각이 결코 예사로운 것이 아님을 유머러스하게 나타내고 있다. 노시인은 왜 작품의 뜻을 모르는가. 백발이 성성한 호랑이 할아버지는 왜 말을 안 들어서 주사를 맞고 있는가.

그의 시편들 속에는 이처럼 풍자와 유머와 알레고리가 묘하게 스며들어 있어서 읽는 사람들이 자신도 모르게 입가에 웃음을 머금게 되는 것이다. 그러나 그 웃음은 단순한 익살이나 능청만을 의미하지는 않는다. 웃음의 이면에는 칠십을 바라보는 한 시인의 준열한 정신이 숨겨져 있거나 부드럽게 녹아 있다. 그것은 너무나 부드럽기 때문에 좀처럼 자신의 정체를 노출하지 않는다. 그것은 더구나 일상의 평이한 이야기들 속에 감싸여 있다. 빠르게 읽어 나가면 기력이 쇠진해버린 노인의 평이한 일상담으로 보여지기 십상이다. 그래서 김광림의 시들은 천천히, 곱씹어가면서, 인간의 연륜을 상상해 가면서 음미할 필요가 있다. 그의 많은 시편들에서 볼 수 있는 풍자, 익살, 능청, 알레고리와 같은 기법들은 그래서 주의 깊게 살펴야 한다.

> 나는 필방(筆房) 앞에서 머뭇거리는 게 좋다
> 깨알만한 글씨의 작은 붓으로부터
> 한 획으로 단숨에 쫙
> 내 몸통을 먹칠해 버릴 수 있는
> 큰 붓에 이르기까지
> 이것저것 눈여겨보는 사이
>
> 이게 웬일이지
> 백발이 성성한 나의 동족들
> 아니 내 친구들이다
> 아니 거꾸로 매달린
> 나의 부시시한 머리통이다
> 그만 한 대
> 쥐어박고 싶어진다
>
> ―「인사동에서」에서

　인용시는 갯가의 산낙지와 새우구이 요리를 먹으며 삶의 의미를 새롭게 일깨우는 「갯벌 주막에서」와 마찬가지로, 자신의 삶을 붓이라는 오브제를 통하여 알레고리화 하고 있는 경우이다.

　시인은 인사동 거리를 거닐다가 필방 앞에 서서 줄줄이 매달린 붓들을 바라보며 자신의 정황을 연상한다. '거꾸로 매달린 부시시한 머리통'은 백발이 성성한 노인이 되었음에도 불구하고 무언가 제대로 살고 있지 못하다는 처연한 자조의 분위기를 만들어낸다. 그러나 뒤이어지는 두 행은 거꾸로 매달린 인생에 대한 시인의 태도를 익살과 능청의 자리로 슬며시 이동시킨다. 심각하고 처연해지려는 듯한 순간, 장난기어린 유쾌한 목소리가 피날레를 장식하는 것이다.

「환상통」과 같은 시는 인생에 대한 성찰이 돋보이는 작품이다. 풍자와 유머와 알레고리의 기법에 따르는 여타의 시편들에 비해 문학적 기교에 익숙하지 않은 사람들도 쉽게 이해할 수 있는, 그러면서도 삶의 의미를 훨씬 밀도있게 호소하고 있는 경우이다. 이미 사라져 없어져버린 모든 것들 또한 여전히 존재하고 있다는 각성을 이 시는 보여준다. 시인은 아픔이라는 관념을 구체적인 이미지를 통하여 제시하면서 적절한 거리를 유지한다. 아픔에 몰입하는 것이 아니라 아픔을 객관화한다. 마지막 연의 "어렵쇼"라는 시구는 예기치 못한 사태에 내한 감탄사이지만, 풍자적 색채기 가미되어서 아픔을 바라보는 시인의 시선과 방법을 이해하는 데 도움을 준다. 다시 말해, 시인은 팔이 잘린 한 사내가 있지도 않은 아픈 손가락의 환상통증을 호소하는 것을 보면서 없는 것과 있는 것의 차이를 인식하는 기존의 사고에 경종을 울리고 있는 것이다. 그것은 "어렵쇼"라는 다소 희극화된 어법을 통하여 진술의 성격을 일순간에 전환시키는 특징을 보여준다. "어렵쇼"는 "아픔"과 "기막힌 아픔" 사이에서 마치 삐에로처럼 줄타기를 하고 있다. "아야"라는 진부한 감탄사에 비한다면 아픔의 의미를 더욱 증폭시키는 이상한 힘을 느끼게 한다. 삐에로의 웃음 뒤에 숨겨져 있는 슬픔의 심연을 연상해보면 짐작이 가리라.

아픈 것도
아픈 곳 나름이지만
아픈 데가 없는데
아픈 것이
기막힌 아픔이라

우리는 늘
아픔을 재며 사는가
가시에 찔린 아픔은
무릎이 까진 아픔을 따르지 못해

어느 날
피댓줄에 감겨
쇠바퀴에 으스러진
뼈

끝내
팔을 잘라내고서야
목숨을 건진 사내가
느닷없이
손가락이 아프다고 보채는데

어렵쇼
없는 것이
있는 것마냥 아픈 것이
더 기막힌 아픔이라

—「환상통」 전문

　김광림의 시편들은 일상에서 주된 소재를 차용해 온다. 그가 자주 만나는 사람들, 그의 발길이 닿는 곳, 누구든 어디든 시의 소재가 된다. 그래서 그의 시에 일상시라는 이름을 붙여도 괜찮을 듯싶다. 일상이 예술의 원천임을 김광림은 이번 시집을 통하여 확실하게 보여주고 있는 듯하다. 그러나 그가 분단의 시대에 월남한 이른바 실향민이라는 불행한 역사의 산증인이라는 사실은 좀처럼 드러나지 않는다. 가슴 아픈 이름표는 이미 일상에서 저만큼 벗어나버린 것일까. 비무장지대에 대한 묘사를 통하여 통한의 역사를 노래하는 「완충지대」와 같은 작품이 없는 것은 아니다. 그러나 「외기러기」를 대하게 되면 일상의 자질구레한 것들 사이에 감추어져 있는, 시인이 바라보는 현실과 역사와 존재에 대한 의미가 결코 범속 가운데에서의 탈속만을 지향하는 것이 아니라는 점을 느낄 수 있게 된다.
　시인은 손자나 며느리, 정년퇴직한 동료며 자신의 발바닥에 박힌 티눈에 대해서도 말할 수 있을만큼 일상에서의 가장 가까운 것들을 시로써 형상화하는 데 주력한다. 해외여행 중의 체험담이라든가 심지어 지하철을 타고 교정을 보며, 이리저리 기웃거리며 바라보는 사소한 풍경들에 대해서까지도 단아하고 부드러운 시선으로 접근하고 있다. 그래서 그의 시에는 범속성과 소탈한 면모가 자연스럽게 표출되고 있으며, 독자들로 하여금 마치 이 세상이 이제 큰 걱정없이 살아갈 수 있는 무대인 것처럼 여겨지게도 한다. 아마도 연륜과 경륜의 힘 때문이겠지만, 그러나 이런 넉넉한 현실주의에 이르기까지 시인이라는 뼝을 만들어 온 질료와 시간들은 결코 평이하거나 사사로운 것들만은 아니다. 「외기러기」는 이런 맥락에서 의미심장하게 다가오는 작품이다.

이 시가 보여주는 하늘과 땅, 새와 사람, 집단과 개체의 대비는 단순한 차원을 넘어서 있다. 기러기 떼로 상징되는 거대한 무리는 온갖 형상을 만들며 이합집산을 한다. 이 과정이 한민족의 불행한 현대사를 알레고리화하고 있다는 징후는 뒤이어지는 시구에 의해 점점 분명해진다. 여러 가지의 형상을 만들던 기러기들은 "삽시간에 두 패로 갈라진다". 마치 광복을 맞은 한민족이 어처구니없이 급작스럽게 남북으로 갈리고 말 듯이, 기러기들이 보여주는 시간성(삽시간에)과 방향성(두 패로 갈라짐)은 동물들의 단순한 행태가 아닌 것이다. 동일한 맥락에서, "한 패는 멀리 북쪽을 향하고/다른 한 패는 슬쩍 서남으로 변신한다"는 구절은 분단과 한국전쟁의 체험 그리고 수십 년 동안을 극한적으로 대치해온 한민족의 통한의 역사를 모르는 이들에게 진정한 의미습득이 쉽지 않을 것이다. 시인은 "아침마다 뚝길을 달리는 사내"의 눈을 통하여 한민족의 가슴아픈 현대사를 어느 틈엔가 끌어내오는 것이다.

그것은 감춘 듯하면서 보여주는 방식이다. 웅성대는 민중, 사분오열하는 여론, 편갈라 헤어져버린 겨레들, 이 모든 것들이 기러기의 행태를 통하여 통렬하게 묘사되고 있다. 그러나 그 통렬함은 표면상 점잖게 위장되어 있다.

시인은 매우 담담하게 사태를 관찰하고 중얼거리고 만다. 그러나 그 중얼거림이 분단과 이산의 아픔을 노골적으로 외쳐대는 목소리보다 훨씬 깊고 둔중하게 다가오는 것은 이 시가 가지고 있는 미덕 중에서 단연 으뜸이다.

시인은 결국 혼자 남는다. 그는 끊어진 뚝길에서 쓸쓸한 아침의 빈 하늘을 올려다보며 비로소 자신의 초상을 발견한다. 외기러기. 이 외기러기야말로 우리들 저마다의 다른 이름이라는 것을, 그리하여 이 시대의 진정한 과제가 민족 통합의 염원을 강력하게 꿈꾸어야만 한다는 것을 시인은 암시하고 있는 것이다. 그의 일상 속에는 이렇듯 예사롭지 않은 시인으로서의 소명과 지혜가 녹아있다. 천천히, 다시 한번 읽어본다.

> 아침마다 뚝길을 달리는 사내가 있다
> 어쩌다 하늘에는 기러기 떼게 ㄱ자로 날고
> (보기에 따라서는 ㄴ자도 되겠지만)
> 갓입소한 훈련병들의 대열 같은
> 웅성대기도 마찬가지
> 이내 ㄷ자형으로 바뀌는가 싶더니
> 금방 S자가 되려다가
> 이내 E자로 흩어모여
> 삽시간에 두 패로 갈라진다
> 한 패는 멀리 북쪽을 향하고
> 다른 한 패는 슬쩍 서남으로 변신한다
> 뚝이 끊겨
> 더 갈 곳이 없게 된 사내만이
> 덩그마니 남아
> 매양 빈 하늘만 올려다보며 웅어리기를
> ― 외기러기가 따로 있는 게 아니었어
> 한다
>
> ―「외기러기」전문
>
> (『현대시』가 읽은 이달의 시집 1』에서)

인생에 대한 따뜻한 성찰
— 시집 『대낮의 등불』

오 세 영

1

　귀국해서 며칠 되지 않아 아직 신변이 정리되지 않은 어느 날, 출판사 고려원으로부터 전화가 걸려왔다. 김광림 선생의 시집을 간행할 예정인데 해설을 써 줄 수 없느냐는 것이었다. 그 동안 직장과 생활의 밀린 일들이 겹쳐 있었던 탓이기도 했지만 내심 이제 지천명도 중반에 든 작금부터는 남의 시집 해설이나 월평 같은 것은 쓰지 않기로 결심했던 까닭에 나는 처음 정중히 고사(固辭)하였다. 그러나 다음에 이어지는 말들이 '이번 한번'만이라는 자기 변명과 함께 붓을 들도록 만들었다. 즉 올해 대학의 정년을 맞아 퇴임하신 선생이 기념으로 시집을 내게 되었는데 특별히 내게 해설을 부탁해 오셨다는 것이다. 그리하여 경황없이 이를 승낙한 나는 그 후 귀국 후유증으로 쉽사리 글을 쓰지 못하다가 이처럼 기일을 넘기게 되니 미안하기 그지없는 심정이다.
　사적인 관계를 가진 적은 없으나 내가 김광림 선생과 인연을 맺게 된 것은 어언 30여 년을 거슬러 올라간다. 그 무렵—추천을 받은 것이 65년 봄이니까 아마도 64년 가을쯤 – 대학 4년생이었던 나는 ≪현대문학≫지의 추천을 받기 위하여 지금은 돌아가신 박목월 선생 댁을 가끔 찾아가곤 하였다. 그런 어느 날 원효로의 목월 선생 댁에서 선생과 대좌하고 있는 신사 한 분을 만나 뵙게 되었다. 단정하면서도 날카로운 인상을 주는 분이었다. 여느 때와 마찬가지로 나는 그간에 쓴 시 원고들을 가져 와 목월 선생께 드렸는데 선생은 옆에 누가 있는 것도 아랑곳하지 않고 한참이나 말없이 읽어 내리시다가 그것을 불쑥 곁의 손님에게 보여주며 논평을 구하시는 것이었다. 그분이 바로 김광림 선생이었다. 김광림 선생이 그때 무엇이라고 말했는지 지금은 기억에 없으나 목월 선생은 내게 한마디로 "그만 되었다" 하시더니 지금은 작고하신 박남수 선생께 이 작품들을 다시 한번 뵈어 드리고 오라고 하셨다. 그렇게 해서 ≪현대문학≫지에 추천을 받은 나의 작품이 「새벽」이었다.

이러한 계기로 교분을 맺게 되었다면 김광림 선생은 비록 나와 '특별한 관계'에 있었던 것은 아니라 하더라도 '특별한 인연'을 가진 분이라고 말할 수는 있을 것이다. 그후 오늘에 이르기까지 가끔 – 주로 시인협회의 행사를 통해서 뵙고 또 좋은 만남을 유지해 왔으니 이 또한 인생에서 아름다운 일이라 하지 않을 수 없다. 그런 선생이 이순을 맞았다는 소식을 들은 것이 엊그제 같은데 벌써 정년이 되었다고 한다. 믿기지 않는다. 내가 용두의 사미로 이 졸문을 초해 부치는 것은 이와 같은 인연의 특별한 감회가 있는 까닭이다.

2

문학 수업 시절 내가 초기의 김광림의 시에 신선한 자극을 받고 또 그의 작품을 좋아했던 것은 그의 간결하면서도 참신한 이미지의 언어였다고 기억된다. 그는 가능한 언어를 절제하면서 그것을 감각적으로 조탁하는데 탁월한 재능을 지니고 있었다. 사물에 대한 그의 태도 역시 즉물적이고 또 인식론적이었다. 그리하여 그의 시는 자신의 주관을 표출하거나 메시지를 전달하기에 앞서 대상 혹은 사물의 의미를 순간적으로 포착하여 그것을 이미지의 언어로 해석해내었다. 말하자면 이미지스트의 시에 가까웠던 것이다.

> 건반 위를 달리는 손가락
>
> 울리는 상아해안의 해소
>
> 때로는 꽃밭에 든 향내 나는 말굽이다가
>
> 알프스 정상의 눈사태.
>   *
> 안개 낀 발코니에서
> 유리 컵을 부딪는
> 포말이다가
>
> 진폭의 소용돌이를 빠져 나오는
>
> 나긋한 휘나레
> 그 화음을
>
> ―「음악」에서

인용시는 그와 같은 특징들을 잘 드러낸 초기의 대표작들 가운데 하나이다. 비록 시적 대상이 시각적인 것이 아니고 청각적인 사물, 즉 '음악의 멜로디'이긴 하지만 김광림은 이 시에서 사물의 의미를 순간적으로 포착하여 그것을 시각적인 언어로 아름답게 해석해 내었다. 이러한 시작 태도에 있어서는 사물의 즉물적 상태와 그것의 존재론적 상황을 인식하고 묘사해 내는 것이 무엇보다 중요하다. 그리하여 초기의 김광림의 시에는 비록 상상력에 의

하여 데포르마시옹되었다 하더라도 기본적으로 사물과 그 사물이 놓인 상황의 감각적인 묘사가 핵심을 이룬다고 말할 수 있다.
 그러나 요즈음 그의 시는 초기의 시적 세계로부터 크게 변화되었음을 보여 준다. 그 중에서도 쉽게 지적될 수 있는 것은 시에 이야기가 있다는 점이다.

>건망증은 흔히 몸에 지닌 걸
>흘리고 다닌다
>한참만에 이리저리 허둥대며
>찾아나선다
>그 과정이 하도 어눌하고 멍청하여
>차라리 웃음을 자아내기도
>끝내는
>지금까지의 행적을 샅샅이 뒤지다 보니
>
>— 저의 업소는요
>손님 물건 꼭 챙겼다
>내드려요
>
>상냥한 아가씨의 응대에
>그만 넋이 나가
>허튼수작 한 마디 곁들이길
>
>— 그럼 '나'를 놓고 가도 챙겨 주실래요
>
>— ?
>
>— 「유실물」에서

 임의적으로 한 편을 인용해 보인 것이지만 이 시집에 수록된 거의 모든 시들은 매편 나름대로의 이야기를 담고 있다. 대개 그가 일상생활에서 실제

오세영 • 인생에 대한 따뜻한 성찰 561

체험한 것들이다. 손자에 관한 이야기, 이사하면서 느낀 단상, 친구의 병문안을 다녀온 소감, 여행담, 친구에 대한 에피소드, 은행에서 겪은 일화, 술집에서 당한 일, 시정한담 등이 그것이다. 이와 같은 생활의 소재들은 문학의 양식상 어쩌면 짤막한 콩트나 수필과 같은 형식에 담는 것이 더 적절한 것일지도 모른다. 그럼에도 불구하고 이를 서정시형에 성공적으로 담은 것은 그의 시인으로서의 재능을 입증해주는 것이지만 이와 같은 그의 이야기체 시들은 교과서적인 서정 단시형으로부터는 일탈된 것이다. 문학에 시, 소설, 드라마가 있는 것처럼 시에서도 시적인 시, 소실직인 시, 드라마적인 시, 수필적인 시가 있을 수 있다고 할 때 아마도 이 시집에 수록된 김광림의 시들은 초기의 시적인 시의 틀을 벗어나 수필적인 시의 한 영역을 구축한 것이 아닌가 하는 것이 나의 생각이다. 물론 나는 여기서 어떤 특정한 시형이 보다 훌륭하다는 따위의 가치평가를 내리고 싶지는 않다. 시의 훌륭하고 훌륭하지 않음은 시에 담겨져 있는 세계관과 그것을 이루어 내는 형상력이 결정한다고 믿는 까닭이다. 나는 다만 이 시집에서 김광림의 시가 보여주는 특성을 그의 초기시와 대조하여 지적하고 있을 뿐이다.

인용시는 시인이 노년의 한 특성이라 할 수 있는 '건망증'을 실제 생활의 에피소드에서 구하여 작품으로 형상화시키고 있다. 시인은 이 시에서 아마도 집에다 놓고 나온 어떤 물건을 방금 들른 찻집에 두고 온 것으로 착각해서 저지른 실수를 시로 쓴 것 같다. 그리하여 시인은 찻집으로 되돌아가 종업원에게 혹시 자신이 놓고 나온 물건이 없느냐고 묻는다. 그리고 그런 일이 없다는 종업원의 대답을 들으면서 머쓱해져 되돌아 나온다. 대부분 이와 같은 식의 이야기를 담고 있는 이 시집의 시들은 그러한 까닭에 그의 초기시들과는 그 시작 태도가 담겨지는 내용이나 기법에서 아주 상이한 특성을 드러내고 있다. 우선 초기의 즉물적이고 인식론적이던 시작 태도가 주관 표출적이고 메시지 전달적이다. 초기의 압축되고 감각적인 언어는 풀어져 사변적이 되었다. 시의 소재 역시 예전에는 사물이나 자연에 관한 것이었으나 지금은 인생이나 생활에 관한 것이 된다. 종래 사물 그 자체의 의미를 탐구하던 것과는 달리 이제는 시인 자신의 인생관을 피력하고자 한다.

이와 같은 시작의 변모는 시인의 연륜과 무관할 수 없으리라 생각한다. 이순을 넘어 종심소욕을 바라보는—그것도 한낱 범부가 아니라 인생과 세계를 통찰하는 시인일진대—한 인간에게 있어서 언어는 단순히 감각적이거나 미학적인 차원에 머무는 것일 수만은 없을 것이다. 어느덧 그는 삶에 대한 달관의 경지에 이르렀으며 나름대로 인생에 대한 성찰과 어떤 깨달음도 얻었을 것이다. 시인으로서는 그것을 이야기하고 싶었고 그럴 때 초기의 완결된 시의 틀로는 어떤 한계를 느꼈으리라. 왜냐하면 그가 초기에 지향하던 이미지즘적인 시형은 철학보다는 미학을 지향하는 이른바 닫힌 시형이었던 까닭이다.

그러나 그럼에도 불구하고 김광림이 이 시집에서 보여주는 이상의 시의 특성들이 기본적으로 산문화를 지향한다는 것은 부정할 수 없는 사실이다. 말하자면 그의 초기시에 비하여 언어는 사변적이며 감각성은 사라지고 동시에 정서적 긴장도 풀어져 있다. 그리하여 시인은 이러한 산문적 특성들을 시적 구조로 환원시키는 몇 가지 방법을 즐겨 구사한다. 반전(reverse), 아이러니, 풍자와 같은 것들이다. 가령 인용시「유실물」에서도 앞서 필자가 해석한 부분—시인이 머쓱해져서 찻집을 나오는—까지는 아직 시적 차원에 다다르지 못했다고 말할 수가 있다. 그러므로 정작 소재로서의 생활의 에피소드가 시적 차원에 다다른 것은 말미의 시행들이 이루어 놓은 다음과 같은 반전에 의해서이다.

  — 그럼 '나'를 놓고 가도 챙겨 주실래요

  — ?

손님들이 놓고 간 물건들은 꼭 챙겼다가 돌려드린다는 업소 종업원의 말을 듣고 돌아서 찻집을 나오며 시인이 종업원에게 던진 유머다. 그러나 이는 단지 유머 수준에 머물러 있는 것은 아니다. 인생에 대한 시인의 존재론적 통찰이 날카롭게 번뜩이고 있다. 거기에는 생에 대한 허무주의와 세속적 삶을 초월코자 하는 어떤 달관이 암식적으로 표현되어 있는 까닭이다. 「환상통」 같은 작품의 경우도 그렇다. 시의 전체 내용은 손가락의 통증을 묘사하는 것으로 되어 있다. 독자들 역시 이 평범한 사실적인 이야기들을 처음엔 마치 수필을 대하듯 읽을 것이며 여기까지는 물론 산문적인 영역이다. 그런데 이 시의 말미에는 다음과 같은 반전이 나온다. 즉 '어렵쇼/없는 것이/있는 것마냥 아픈 것이/더 기막힌 아픔이라'. 사실 이 시의 화자는 없는 손가락의 아픔을 느끼고 있는 것이다. 옛날 어떤 사고로 자신의 손가락은 이미 잘려 없어진 까닭이다. 이와 같은 시적 반전을 통해서 시인은 존재의 덧없음과 삶의 아이러니를 여실히 고발한다.

한편 「패면 영그는 은행(銀杏)」, 「개구멍」, 「시인」, 「확대경」 등은 풍자의 기법을 효과적으로 원용한 작품들이다. 「패면 영그는 은행」에서는 열매를 맺지 못하는 은행은 몽둥이로 기둥을 패야만 수확을 더 거둘 수 있다는 속설을 통해, 「개구멍」은 개구멍을 막아도 항상 다른 개구멍을 만들어 울타리를 넘나드는 개의 생리를 통해 사회의 부조리와 부정을 고발한 작품들이며, 「시인」은 시인이 사라진 사회의 태평성대를, 「확대경」은 특별하게 그것이 은행에서 일어난 사건이라는 점에서 물신적 가치관이 팽배한 세속적 삶을 역설적으로 폭로한 작품이라 할 수 있다.

이와는 조금 다르지만 「모험을 하지 않더라도」, 「나사와 결혼」 등은 소위 극적인 아이러니의 기법을 통해 존재의 무의미성을 이야기한다. 「나사와 결혼」에서 시인은 어느 친지의 결혼을 축하할 식장을 가다가 동행하던 시우(詩友) 성찬경이 문득 허리를 굽혀 길거리에 떨어져 있는 나사 한 개를 줍는 것을 목도한다.(성찬경 시인이 수집벽으로 나사를 모으는 습관을 가지고 있으며 또 나사에 관한 연작시들을 발표해서 문단의 주목을 받았다는 것은 널리 알려진 사실이다.−필자 주) 그리고 암나사와 숫나사의 결합은 결혼을 상징하는 것인데 자신들이 지금 바로 그 결혼식에 참석하러 간다는 우연을 깨닫고 실소를 금치 못한다. 이는 마치 사르트르의 「벽」에서 주인공 파블로가 우연에 의해서 체포된 자신의 동료 게릴라들을 보고 웃는 웃음 즉 존재의 아이러니와 크게 다를 바 없는 것이다.

그 외에도 하와이의 진주만을 여행하면서 넥타이핀의 진주를 잃어버린 에피소드에 대하여 쓴 「잃어버린 진주」, 지축행 지하철을 타고 가면서 지구의 지축(地軸)과 관련해 죽음을 명상한 「지축행」, 시인 소동파(蘇東坡)와 겨울 수도의 동파(凍破)를 대비시켜 언어와 존재의 미로를 파헤친 「말장난」 등은 단어의 패러디를 통해 독특하게 시적 형상화를 이룬 작품들이라고 말할 수 있다.

3

나는 앞장에서 이 시집에 수록된 김광림의 시들이 그의 초기시와 달리 일종의 수필적인 시형으로 쓰인 것임을 지적한 바 있다. 그러므로 이 시들에 시인의 일상생활이 진솔하게 반영되어 있다는 것은 조금도 이상스러운 일은 아니다. 우리는 이 시집의 시를 읽는 동안 한 인간으로서 김광림이 어떤 사람인가를 대충 짐작하게 된다. 그가 월남하여(「이사」) 한국전쟁에 참여했고(「오미자」, 「휴전」) 대학의 교수로 정년을 맞은(「아직 몰라」) 반백의 신사(「주책」, 「반노인 Ⅸ」, 「반노인 끝」)라는 것, 이미 며느리를 보아 귀여운 손자를 거느리고 있으며(「퇴물」, 「동심 1」, 「동심 2」, 「파랑새」, 「딸꾹질」) 아들 가운데 한 분은 아마도 조각가이리라(「작품」)는 것, 집은 서울에서 벗어난 서북쪽의 교외에 있는데 교통수단은 주로 지하철을 이용하고(「지축행」) 한가한 전원생활을 즐기고 있다(「셈」, 「완행」)는 것, 시 이외의 다른 예술분야에 대해서도 특별한 감수성을 지녔을 뿐만 아니라 특히 미술에 관심을 가졌다(「인사동에서」, 「부동의 일렁임」)는 것, 나이와 걸맞지 않는 백발의 모습에 동안이며(「별명Ⅰ」, 「별명Ⅱ」) 유독 원시가 심하다(「확대경」)는 것, 기독교인(「말」, 「파랑새」)이라는 것, 여행을 좋아하고 특히 일본의 시인들과 교분이 두텁다(「부끄러운 손」, 「잃어버린 진주」 등과 제5부의 일본에 관한 많은 여행시들)는 것, 가까운 시인들로는 박남수, 정한모, 선봉선, 식용원, 이형기, 성찬경 등(「이산가족」, 「웃긴 청문회」, 「운명직전」, 「재활원에서」, 「나사와 결혼식」)이 있다는 것 등은 시를 통해 쉽게 드러나는 그의 편모들이다. 아마 이처럼 시가 시인을 직접적으로 묘사해 보여 줄 수 있는 예는 수필적인 시형이 아니고서는 불가능할 것이다.

그러나 김광림이 생활을 소재로 하여 자전적인 이야기들을 시로 쓴 것은 단지 자신의 삶을 기록하기 위해서만은 아니다. 생활을 소재로 한 시들은 그만큼 독자들에게 친근감을 유발시키기도 하겠지만 그에 앞서 그가 노리는 것은 일종의 생활철학의 탐구라 할 수 있는 까닭이다. 그는 예사롭고 사소한 생활의 편린들 속에서 인생과 사회에 대한 통찰을 드러낸다. 그리고 그것은 소재가 보다 사말적이고 범상한 까닭에 독자로 하여금 더 신선한 느낌을 자아내는 효과를 지니고 있음도 물론이다.

그가 이 시집에서 관심을 표명한 문제들은 존재론적인 것에서부터 사회적인 것에 걸쳐 다양한데 그 가운데에서도 중요한 몇 가지를 열거해 보면 다음과 같다. 남북분단, 사회적 모순, 삶의 달관, 생명에의 외경 등이다.

> 토막 낸 산낙지가 제각기 꿈틀댄다
> 입술이며 혓바닥 입아귀 할 것 없이
> 마구 늘어붙어
> 한사코 하강을 거부한다.

깡소주를 들이켜
간신히 식도로 처 넣는다.
　　　　　—「하오(下午)의 구미(口味)를 당기며」에서

탄(炭)불로 연행된 왕새우가
온몸으로 오므렸다 늘렸다
끝내는 지구 밖으로 튀쳐 나가려 한다.
어거지로 짓누르고 있는
젓가락 끝에 와 닿는
전율 한자락

— 모가지를 비트세요.
　　　　　—「갯벌 주막에서」에서

　생명의 외경에 대하여 생각게 하는 작품이다.—만일 이 시의 내용이 단지 갯가 주막거리의 풍경을 묘사한 것 이상으로 이해되지 않는 독자들이 있다면 이 시집의 다른 시들 즉 생명의 부활을 예찬한「소생」이나 생명의 소중함을 일깨운「재활원에서」와 같은 작품을 참조해서 읽어보기 바란다.—이 시가 단순한 주막 풍경의 사생이 아니라는 것은 이 시의 '주막'이 텍스트적인 의미로 현실적인 주막이 아니라 우리들의 삶, 나아가 현실 사회의 알레고리라는 데서 설명이 가능하다. 즉 여기서 '갯벌의 주막'은 우리들이 삶을 영위하고 있는 사회 바로 그 자체이다. 따라서 산 채로 취객의 입안에 삼켜지는 낙지나 왕새우 등속은 바로 우리들 자신이라 할 수 있다. 이렇듯 시인은 우리들의 삶의 조건을 사회적인 것으로서나 존재론적인 것에서나 생명이 억압되고 압살되는 비극으로 인식한다. 그러므로 이 시의 마지막 행에서 '모가지를 비트세요'라는 자조적 반항은 인간다운 삶, 생명이 외경되는 삶을 실현코자 하는 시인의 처절한 절규라고 해석해야 할 것이다.
　지면 관계상 나는 그의 시의 다른 주제들에 대하여 언급할 여유가 없다.

그러나 남북분단에 관한 것이든, 사회적 모순에 관한 것이든, 인생론적 통찰에 관한 것이든, 이 시인의 내면에 관류하고 있는 사상은 본질적으로 인간에 대한 따뜻한 사랑, 생명에 대한 경외심이라고 나는 생각한다.

김광림의 최근 시집들

박 상 천

1

  근대 우리 시단의 작품들을 대하며 나는 몇 가지 면에서 불만을 가지고 있다. 불만의 원인은 물론 나의 시적 편견에서 나온 것일 수도 있으나 그보다는 시를 너무 안이하게 생각하고 있는 측이나 시의 방향을 호도하고 있는 측에도 그 책임이 있다는 생각을 하고 있다.
  내가 불만스럽게 생각하는 시들은 첫째 자신들의 좁은 경험을 토대로 '현실'을 '설명'하려고 하는 작품들이며 둘째는 실험이니 시적 자유니 하는 명목으로 '말장난'의 수준에 머물고 있는 작품들이며 셋째는 사물을 바라보는 시각 자체가 '진부'하기 짝이 없는 작품들이다. 나는 여기서 내가 불만을 가지고 있는 시의 세 가지 부류를 지적한 셈이다. 그러므로 말을 바꾸면, 내가 바람직하게 생각하는 시는 이 세 가지를 극복한 것이 될 것이다. 바람직한 시는 어떠한 것인가?
  첫째, 시는 현실을 설명하는 것이어선 안 된다. 시가 현실을 설명해서는 안 되는 이유는 두 가지 면에서 살펴 볼 수 있다. 하나는 설명이 궁극적으로 지향하는 일반화의 함정이다. 세계의 존재 양상은 쉽게 그리고 관념적으로 일반화되지 않는다. 근래 '민중문학'을 표방하고 있는 일군의 시인들이 쉽게 빠져들어 간 함정이 그것이다. 모든 것을 정치나 경제의 측면에서 조명을 하게 되고 눌린 자와 누르는 자, 가진 자와 가지지 못한 자의 대립 개념에서 파악하고자 함으로써 삶의 다양함과 개별성은 무시되고 말았다. 또 한 가지 시가 설명이 되어서는 안 되는 이유는 시어가 가지는 특성에서 찾을 수 있다. 시어는 물론 우리의 일상어가 그대로 사용된다. 즉 시어로서 적당한 다른 언어가 존재하지 않는다는 뜻이다. 그러니 일상의 언어가 일단 시의 구조 속에 들어가면 의사 소통 때의 그것과 똑같은 지시성을 갖는 것이 아니라는 점이다. 일상어가 지시적이라면 시어는 함축적이다. 그러므로 함축적이어야 할 시어가 일상어와 같이 지시적인 노릇을 하며 사물(현실)을 설명하려 들면 실패할 수밖에 없다는 사실을 기억해야 한다.

둘째, 시가 실험이라는 명분을 내세워 말장난이 되어서는 안 된다. 이것은 실험의 중요성을 무시하는 것이 아니라 그 중요성을 강조하는 것이다. 실험은 내적 필연성을 갖추어야 함은 물론이며 그것은 일회성이어야 한다. 그럼에도 불구하고 작금의 몇몇 젊은 시인들은 내적 필연성도 갖추지 못한 실험을 되풀이함으로써 그것이 마치 자신의 시의 개성인양 내세우고 또 그것을 모방한 시들이 속출하고 있어 실험의 진정한 의미를 상실케 하고 있다.

셋째는 시가 진부해서는 안 된다는 점이다. 사물을 바라보는 진부한 눈은 결국 표현의 진부를 낳을 수밖에 없다. 이 점은 오랜 시작 경력을 지닌 시인들이 빠질 수 있는 함정이기도 하다. 10년 전의 시각이나 오늘의 시각이, 그리고 이 시인과 저 시인의 시각이 똑같다면 진정한 예술로서의 문학은 이미 실패한 것이나 다름없다. 시가 예술로서 의미를 갖는 것은 참신한 시각에서 비롯된 참신한 표현, 참신한 표현에서 비롯된 사물의 새로운 해석이 바로 시가 가지고 있는 창조성 - 예술성 - 이기 때문이다. 시는 결국 무엇을 말하느냐의 문제이기보다는 어떻게 새롭게 해석하느냐의 문제이다.

2

한 시인의 시집에 대한 서평을 쓰는 자리에서 서두가 장황해진 감이 있다. 그러나 장황하게까지라도 내가 생각하는 바람직한 시와 바람직하지 않은 시를 분명히 함으로써 앞으로 논급하고자 하는 작품들에 대한 논지를 더욱 명확하게 할 수 있으리라는 생각 때문이었다.

올해 들어 김광림 시인은 두 권의 시집을 상재하였다. 하나는 30여 년의 그의 시세계를 정리한 시선집 『소용돌이』이며 또 하나는 근래 쓰여진 작품들과 이미 발간된 시집에 일부가 수록되었던 어린 시절의 경험을 작품화한 「내성적」그리고 『민족문학계』에 수록되었던 「수로부인」을 함께 묶어 놓았다.

시선집 『소용돌이』는 책의 제목이 암시하듯 자신의 30여 년의 '소용돌이' 속의 시작(詩作)을 전체적으로 조망할 수 있게 해준다. 이미 발간된 8권의 시집에서 가려 뽑은 130편의 시는 그의 평탄하지만은 않은 시세계의 변모를 보여주고 있는 것이다.

> 타래지는 마음의 끝간데
> 모른다 소용돌이 속
> 깊다 들어설수록 동구 밖은
> 고빗길 돌아가는 비탈진
> 생각 하늘 밖이다
> 소라 속 그만큼 비었다
>
> ―「소용돌이」 전문

살아갈수록 해명되지 않는 우리의 삶, 살아갈수록 결코 편하지 않는 우리의 인생은 바로 '소용돌이' 그것이다. 이러한 '소용돌이'의 인생 속에서 왜 우리는 좀 더 편안하게 살길을 모색하지 않고 자신의 삶을 더욱 가혹하게 채찍질해야만 하는 시를 쓰고 있는가? 왜 한 시인이 현실적으로 밥이 되지 않는 시를 위해 30여 년의 세월을 보내게 되었는가하는 문제는 작금의 시를 시되게 하지 못하고 있는 많은 시인들에게 반성을 요구하고 있다.

나는 이러한 전제 아래서 그의 시집 『천상의 꽃』에 수록된 최근의 시에 초점을 맞추고 서두에서 논의한 바람직한 시의 양태를 해명해보고자 한다.

> 엠마오로 가는 길은
> 먼지가 일었다
> 누군가 뒤따르며
> 자꾸 말을 건네온다
> ―무슨 일이 있었나요
> 유카리 나무 잎새 하나
> 힘없이 떨어지고
> 해질 녘
> 예루살렘을 등진
> 나귀의 눈망울이 젖어 있다
>
> ―「황혼」 전문

먼저 그의 시는 설명을 하지 않는다. '황혼'은 인생의 황혼이어도 좋고 세계의 황혼이어도 좋다. 다만 우리는 여기에서 먼저 가는 자의 뒤를 따르며 "무슨 일이 있었나요"라며 불안한 질문을 할 수밖에 없는 삶의 존재 양상을 본다. 우리의 이러한 삶은 산문적인 언어로 모두 설명되지 않는다. 그러므로 설명되어지지 않는 우리의 삶을 그는 설명하려 들지 않는다. 그러나 시는 설명되지 않는 세계를 더욱 강하게 표출할 수 있다. '예루살렘을 등진/나귀의 눈망울이 젖어 있다'는 표현을 통해 시인은 예루살렘의 아픈 기억을 잊고 우리가 가야만 하는 엠마오의 길을 젖은 눈으로 걸어갈 수밖에 없는 우리의 삶을 강하게 드러내 보여주고 있는 것이다. 더 이상의 설명은 필요하지 않다. 우리는 여기에서 바로 나의 삶을 확인하고 있는 셈이다.

성경 속의 한가지 이야기를 우리의 삶과 연관지을 수 있는 시인의 눈은 참신하다. 나이와 상관없이 시인이 지향해야 할 안목인 것이다. 참신하다는 말을 말초적 표현기교에 능한 것이라고 생각하고 있는 많은 시인들은 참신함의 참된 의미를 '사물―기존해 있는 일상―의 새로운 해석을 통한 인생의 발견'이라는 측면에서 재고해야 할 필요가 있는 것이다. 다음의 시를 보자.

> 나는 하루에 한 번
> 꼭 태엽을 감아 준다
> 살아있는 증거를
> 팽팽히 잡아당겨 보는 것이다
>
> ―「회중시계」 일부

'하루에 한 번/꼭 태엽을 감아'주는 평범한 일상을 '살아있는 증거'의 확인으로 해석해내고 의미를 붙일 수 있는 시각은 창조성에 기인한다. 나는 앞서 참신한 시각은 말초적 표현기교가 아니라고 하였다. 그것은 인생의 새로운 발견이라고 하였다. 그러므로 이미 주어져 있는 우리의 일상을 우리의 인생과 관련하여 새롭게 해석해내는 것은 바로 예술의 창조성과 관련될 수 있다. 이 점은 시가 결국은 우리의 인생과 깊은 관련을 맺고 그것을 노래할 수밖에 없음을 보여주는 것이며 따라서 그러한 우리의 일상―현실―을 있는 그대로 묘사하는 것이 아니고 새롭게 해석해야 한다는 점을 강조하지 않을 수 없다. 이러한 노력이 결여되었을 때 시는 말장난에 그치거나 채 소화되지도 않은 이념을 섣부르게 타인에게 전달하려는 도구로 전락하고 말 것이다.

성경의 전도서는 '해 아래는 새 것이 없나니 무엇을 가리켜 보라 이것이 새 것이라 할 것이 있으랴'하고 말하고 있다. 해 아래 새 것은 없다. 그러나 참된 예술만은 새 것을 창조해 낼 수 있다. 진정한 예술은 우리의 일상을 새롭게 해석함으로써 우리에게 주어진 세계가 아닌 획득되어지는 만들어지는 세계를 제공해준다. 시인은 그러한 세계 속에서 자신의 존재를 새롭게 확인하고 독자는 또한 각자의 존재를 확인하는 것이다. 그러므로 예술이 문학이 이러한 세계를 외면하게 되면 그것은 문학이 아니며 예술이 아니다.

> 우리는
> 막걸리 한 사발로
> 목을 축이며
> 시장기를 달래고
> 눈발 속에서
> 신의 열차를 기다렸다
>
> 상행은 14시 8분
> 하행은 14시 19분
>
> 취기가 도는
> 58세의 그와
> 55세의 나는
> 11분의 간격으로 엇갈린다
> 우리는 어차피
> 세 치의 거리를 두고
> 헤어질 수밖엔 없다
>
> 나는 담배 한 대 더 피우고 떠날 것이다
> ― 「운정역에서」 일부

두 사람이 헤어지는 기차 여행에서 그는 우리의 존재를 확인한다. 시를 읽는 우리도 각각의 인생을 발견할 수 있다. '58세의 그'나 '55세의 나'는 바로 나이며 너인 것이다. 시를 통해 섣부르게 교훈을 주려고 하거나 이념을 전달하려 하지 않아도 이러한 시를 읽는 독자는 인생을 진지하게 생각하지 않을 수 없고 진지한 인생에 사색과 반성은 우리의 삶의 폭과 깊이를 더해 주는 것이다. 이것이 예술이 지닌 참된 기능이다.

이제 우리는 더 이상 시가 말장난으로 그치게 버려두지 말자. 시가 이념 투쟁의 도구로 사용되어야 한다고 강변하지 말자.

왜 우리는 밥이 되지 않는 시를, 명예가 되지 않는 시를, 이념 투쟁의 도구가 되지 못하는 무능력한(?) 시를 쓸 수밖에 없는가? 거기 바로 나의 인생 나의 존재가 새롭게 탄생되기 때문이다.

경이(驚異)와 사랑의 시학(詩學)
— 김광림 시선집 『멍청한 사내』

권 택 명

1

 새로 나온 시집을 읽는 것이 일차적으로 그 시인이 보여줄 새로운 변모에 대한 기대감에서 오는 즐거움을 주는 것이라면, 시선집을 읽는 것은 그 시인의 시적 변모를 한 눈에 들여다보는 조감도적 효용과, 시간을 좇아 변화해 가는 통사적인 시세계의 흐름을 간파할 수 있다는 즐거움을 주는 것이다. 따라서 시선집은 그 작자의 시적 성취를 전체적으로 살펴보는 데 더할 수 없이 좋은 텍스트이며, 개별적인 작품의 상호비교에도 좋은 자료가 되는 것이다.
 김광림의 시선집으로는 이태전에 130여 편이 수록된 『소용돌이』가 발간된 바 있으며, 이번의 『멍청한 사내』는 두 번째 시선집에 해당된다. 1985년에 발간된 제9시집 『천상의 꽃』까지를 포함하면 김광림의 시는 시집에 수록된 것만 해도 400편을 훨씬 넘기고 있는데, 그 중에서 시인 자신이 가려 뽑은 54편만 싣고 있다는 사실 하나만으로도 우선 이 시선집이 주는 농축성과 단단함을 넉넉히 짐작할 수 있으리라 생각된다. 더욱이 누구보다도 감정과 말의 경제를 고집스럽게 지켜온 김광림 시작의 특색을 이미 알고 있는 독자라면 불과 54편에 지나지 않는 김광림 시가 주는 촌철(寸鐵)살인적 시학의 견고한 무게를 한 짐 든든히 감지하게 될 터이고, 그런 만큼 맺힌 데를 바늘로 따고 난 다음에 느끼는, 그 무어라 형용할 수 없는 속시원함 같은 뚫림과 통쾌함(즐거움과 경이가 뒤섞인)을 동시에 누리게 될 터이다.

2

널리 알려져 있는 바대로 김광림은 40년이 넘는 시작 생활에서 한결같이 이미지 조형에 중점을 둔 주지적 시를 써왔다. '한결같이'라는 말이 김광림의 시가 드러내주는 시세계나 또는 시작상의 방법론을 어느 한 부분으로만 국한시키든가 아니면 편벽되고 고집스러운 일면만을 부각시킬 위험이 있긴 하지만, 대체로 보아 방법상의 여러 시도를 감안하더라도 김광림 시의 궁극적 지향점은 이미지를 중시하는 주지주의적 시라고 할 수 있을 것이다.

그러나 전기(前記)한 시선집 『소용돌이』에서 성찬경이 지적한대로(성찬경의 해설은 필자의 생각으로는 지금까지 발표된 본격적 김광림론으로써 가장 탁월한 분석이라고 생각된다. 김광림 시에 관심이 있는 독자라면 누구나 한번 읽어야 할 좋은 자료라고 믿는다.) 김광림은 끊임없이 시에 대한 실험을 하고 있는 시인이며, 그 시도는 그때그때 나름대로의 타당성과 발전적 성과를 거둔 것으로 평가되고 있다. 이와 같은 지속적이고 다양한 시적 변용의 모색은 그 자신이 실상 만만찮은 시이론가이기도 하다는 점과 철두철미 현대시의 내용과 방법에 대해 진지한 프로의식을 지니고 있음에서 비롯되는 것이라고 할 수 있다.

상식적인 이야기지만 훌륭한 현대시란 현대성(modernity)과 포에지가 동시에 만족될 때라야만 비로소 탄생되는 것이다. 그런 의미에서 볼 때 김광림만큼 이 '현대성'이라는 말과 시를 시되게 하는 '포에지'라는 말에 강력하고도 진솔하게 부딪쳐가는 시인도 그리 많지 않을 것으로 생각된다. 김광림의 시 속에 드러나는 이 현대성은 대체로 우리 현대시사에서 김광림의 시적 계보를 말할 때 함께 거론되는 주지적 서정시 계열로써의 박남수나 김춘수로부터 김광림의 시를 구분하는 개성적 위상을 제공해주는 것이기도 하다. 성찬경의 글에서 지적된 바대로 에즈라 파운드나 테드 휴즈적 체취를 풍기는 깊이와 현대적 감각을 함께 드러내준다고 생각되며, 이런 현대성에 대한 자각이 김광림의 정치(精緻)한 시적 틀 안에서 자리를 잡을 때 그의 시는 일면 한국적이면서 코스모폴리탄한 모습으로 세계성을 지니게 되는 것으로 생각된다. 따라서 이런 사정을 감안한다면 김광림이 일본이나 대만 같은 해외에서도 가장 주목받는 현대시인의 한 사람으로 평가받고 있는 것은 어쩌면 당연하다고 할 수 있으리라.

3

이번 시선집은 제목부터가 김광림 시의 특질과 그의 시적 지향점을 잘 암시해 주고 있다고 보여진다. 이 제목은 함께 실려있는 시제이기도 한데, 좀 길지만 전문을 인용해보기로 한다.

> 눈길 가는 곳
> 멍청히 바라보고 있노라면
> ―무슨 일이 있나요
> 생판 모르는 사람이 다가와
> 말을 건네온다
> 그리고 호기어린 눈빛으로
> 내 시선이 머무는 곳을 뒤지기 시작한다
> ―무슨 일인데요

두번째 사내가
어깨 너머로 발돋움하며
첫번째 사내와 내 얼굴을 번갈아 쳐다보며
뭔가를 찾아내려 안달이 난다
이쯤 되면
세번째 사내가 곧 다그치게 마련
—무슨 일이요
우르르 사람들이 몰려들어
나와 같은 쪽을 향해 웅성대기 시작한다
뒤가 무겁다는 여편네도 한몫 낀다
뉘의 사주를 받은 것도 아닌데
안 뵈는 것을 보려 한다
안 뵈는 것을 느끼려 한다
안 뵈는 것을 가지려 한다
그제서야
멍청한 사내가 천천히 고개를 돌린다
그리고 내심 한심하다는 듯이
중얼댄다
—무슨 일은 무슨 일

—「멍청한 사내」 전문

 마지막 시적 화자인 '멍청한 사내'의 독백에 오면 앞에서 독자를 팽팽하게 끌고 왔던(잘 계산된대로 긴장이 클라이막스를 향해 점증(漸增)되고 있다) 고무줄이 끊어진 것 같은 낭패감과 허탈감을 느끼는 동시에 카타르시스에 가까운 통쾌감을 맛보게 된다. 김광림 특유의 시치미떼기이다. 군중심리에 약하고 주견(主見)없이 방황하는 현대인의 모습이 회화적으로 보기 좋게 꼬집히고 있다. 사실 김광림의 시는 다양한 테크닉 면에서 볼 때도 시집 전체가 훌륭한 시 창작법 텍스트로써의 역할을 하고 있는데, 이와 같은 통쾌함을 주는 그의 시는 주로 아이러니나 알레고리를 동원하고 있음을 볼 수 있다. 그리고 이 경우의 주된 주제는 문명비평적 내용을 담고 있는 것으로 생각되며, 이 시선집에 실린 것으로는 「쥐」, 「갈등」, 「지지 지지야」 등이 이 범주에 드는 것으로 보여진다.

또 하나 제목 시에서 우리가 느끼게 되는 것은 김광림 시의 '사내적' 감각이다. 이것은 시를 철저히 노래로부터 분리시키려는 그의 시관에서 비롯되는 것으로도 생각할 수 있는데, 여러 작품에서 '사내' 또는 '사내적 이미지'를 띠는 용어나 구문이 발견된다. 가령 이 시선집에 수록된 것들만 보더라도 「행방 B」에 나오는 '짐닢에 추락해버린 사내' 같은 것이나, 「적(寂)」에서의 '하늘만 바라다보는 사내', 「전근대적 사내」에서의 '장대 같은 키에/부리부리한 눈/골격이 실한 사내였다'와 같은 구절에서 직접적으로 '사내'를 말하고 있으며, '사내적' 또는 '남성적' 이미지를 주는 낱말로써, '전차', '캐터필러', '크레인', '캐시어스 클레이', '안소니퀸', '철권', '타이거 중전차', '사슬', '기중기', '철추', '톱니바퀴', '핀셋', '쇠망치', '포대', '군화', '총칼' 같은 것들이 등장하고 있다.

물론 그의 초기시에서 우리가 만나는 것은 '꽃'이나 '햇살', '과일' 등과 같은 투명하고 상쾌한 언어들이지만 실상은 그 배경에 전쟁(6·25)을 깔고 있기 때문에 결코 그 자체로써 가벼운 것이라고 보기가 어려운 것도 사실이다. 그러나 후기로 오면서는 그 동안 배경으로 있었던 것들이 전면으로 부상되었다고나 할까, 식물적 이미지군이 광물성적 남성의 이미지로 바뀌어가는 것을 볼 수 있는 것이다.(물론 이것은 꼭 시간의 흐름에 따라 완전히 구별되는 것으로 볼 수는 없겠으나, 심상의 이미지에 주로 경도되었던 초기시와 구분되는 것이라는 점을 강조하기 위해 이렇게 표현해 본 것이다.)

이와 같은 드라이하고 딱딱한 경성적(硬性的) 이미지는 소월 이래의 전통적 서정시에 익숙한 대다수의 독자들에게는 쉽사리 받아들이기 어려운 일면도 있을 수 있다. 그러나 여성적이고 소프트한 시가 주류를 이루는(이런 시는 또 그 나름대로 훌륭한 시적 성취를 보여주고 있지만) 우리 현대시가 보다 세계성을 획득하고 지적인 명증성(明澄性)과 깊이를 얻으려면 이와 같이 골격이 실하고 든든한 주지적인 시의 구조를 구축해나가는 작업도 더욱 확산되어야 할 것으로 믿어진다.

4

김광림의 시가 주는 느낌의 하나로써 필자는 '통쾌하다'는 카타르시스적 용어를 사용하는데, 이것은 또한 '재미있다'는 말과도 통하는 것이다. 김광림의 시는 낱말 하나에서 행 구분 하나 하나까지가 철저히 계산되고 통제된 견고한 유기체로써 존재한다. 이것은 그의 시에서는 끈질긴 승부의식에서 연유하는 것으로 볼 수 있는데, 가령 위에 언급한 광물성적인 낱말이나 이미지가 동원되는 시에서는 수식어나 술어동사도 반드시 그에 어울리는 시어를 구사함으로써, 개개의 구절 뿐만 아니라 총체적 의미(total meaning)로써의 시적 효과를 상승시켜주고 있음을 발견할 수 있다.

이 '재미있다'라는 느낌은 항상 새로운 눈으로 사물과 사물, 존재와 존재 사이의 신선한 의미체계와 연관관계를 찾는 시인의 깊은 관찰과 직관에서 오는 것이기도 하다. 가령 「0」이라는 작품을 보자.

예금을 모두 꺼내고 나서
사람들은 말한다
빈 통장이라고
무심코 저버린다
그래도 남아 있는
0이라는 수치
(중략)

> 분명 모두 꺼냈는데도
> 아직 남아 있는 수치가 있다
> 버려도 버려지지 않는
> 세계가 있다
>
> ─「0」에서

 시인이 새롭게 발견한 0의 의미가 신선하게 다가옴은 물론 끝에 가서는 깊은 철학성까지 획득하고 있음을 알 수 있다. 이렇게 될 때 우리는 '재미'를 넘어서서 시를 읽는 가장 큰 즐거움이자 효용 중의 하나인 '충격'과 '경이'를 체험할 수 있게 된다. 이미지와 이미지의 엉뚱한 부딪침을 통해 우리에게 '경이의 미학'을 일깨우는 작품들은 김광림 시의 가장 특징적인 일면이기도 한데, 이 시선집에서는 「창」, 「안개」, 「회중시계」 등이 거론될 수 있을 것이다.

 이외에도 필자가 느끼는 감정을 위주로 분류를 해본다면, 위에 언급한 통쾌함(재미)이나 놀라움[驚異]을 주는 것 이외에, 「청과」, 「금붕어」, 「음악」 등 투명한 이미지가 고기비늘처럼 번득이는 초기시는 잘 익은 사과의 속살을 베어 물때와 같은 청량감 내지는 상쾌함을 전달해주며, 평범한 진술(평범한 진술이라고는 했지만 실상 이것 또한 김광림 시의 좋은 특질 중 하나이다. 요즈음 유행하는 소위 베스트셀러 식의 감상을 쏟아놓는 '쉬운 시'가 아니라, 수없이 정제의 과정을 거쳐 속이 꽉 차서 나오는 '어렵게 쓴 쉬운 시'의 한 전형을 보여주고 있기 때문이다) 속에 담겨진 우리 삶과 사물의 진실(시적 리얼리티이기도 하다)을 드러내는 작품들인 「직업」, 「어느날 아침」, 「운정역에서」, 「죽음 이후」, 「광대에게」, 「이중섭 생각」 연작 등을 통해서는 엄숙하고도 숙연한 인생의 진실에 마주서게 하고 있기도 하다. 이와 같은 감동이 근본적으로는 시인 자신의 삶의 고단함을 포함, 일체의 사상(事象)들을 시라는 틀 속으로 수렴하여 오직 시를 통해서만 말하려고 하는 작자의 준엄한 시인적 자세에서 비롯되는 것임은 재언할 필요가 없을 것이다.

5

    갈릴리에서 인 바람은
    나무 잎새 하나 떨구지 않았지만
    지금도 이승의 벽은
    무너지고 있다
    비 한 방울 거느리지 않고
    이천년의 마른 가슴을
    적셔주고 있다

    골고다에서 진 바람은
    아무런 기적도 나타내지 않았지만
    진실은
    찢기고 바래인 누더기임을
    피 흘려 쓰러지며
    무력해서 강한 것임을
    일러주었다

    남에게 마냥 베풀 수는 있어도
    자신에겐 끝내 베풀지 못한
    사랑은
    바보스런 힘

    그토록 무량한 것은
    이 세상에
    따로
    또
    없었다

                            —「사랑 · 2」 전문

이 시선집에서 우리가 대할 수 있는 비교적 최근의 김광림 시의 방향을 보여주는 작품 중 하나이다. 이 시의 구조적 완벽성에 대하여는 이미 오세영이 상세히 언급한 바 있지만(《동아일보》 시평, 1983년), 앞에서 살펴본 광물성적이고 드라이한 이미지 대신 '사랑'이 나타나고 약간은 습기가 배어나는 조사(措辭)들이 들어있다. 같은 계열로 생각되는 「황혼」에서는 김광림이 좀처럼 쓰지 않던 '젖어 있다'는 술어도 보인다. 필자의 개인적 취향으로는 좋아 보이지만, 그러나 예수 그리스도를 부각시키고 있는 이 다소는 감상적일 수 있는 소재에서도 견고한 시적 이미지와 구성을 떠받치는 김광림 시의 특질은 유감없이 발휘되고 있다.

그러나 기실 조금 더 깊이 들여다보면 이 '사랑'이라는 것은 바로 김광림 시학의 가장 깊은 저류를 형성하고 있는 것임을 알 수 있다. 이것은 문명비평적이면서도 그 저변에 한없는 애정을 깔고 있는 김광림의 휴머니스트적인 진면목인 것이다.(이처럼 애정을 바탕으로 한 비평일 때 그 비평이 더욱 의미를 가진다고도 할 수 있으리라.) 이러한 그의 모습은 「지금 우리의 마음은 열리고 있다」라는 시에서 '지금 우리에게/가장 절실한 것은 무엇인가/시인 위스턴 휴 오든이 말했다/우리 모두 사랑하지 않으면 안 된다/아니면 죽음이다'라는 구절 같은 데서보다 직접적으로 드러나 있기도 한데, 단단하고 여문 시적 방법론으로 감싸고 있는 김광림 시의 속살은 바로 이 우주와 세계와 인간에 대한 무한한 사랑임을 알아차릴 수가 있는 것이다.

따라서 우리가 여기서 느낄 수 있는 것은 시적 변모는 물론이려니와, 「직업」이라는 시를 평하는 자리에서 정한모가 이미 지적한 바 있듯(《심상》, '77년 3월 월평), 시의 소재를 고르고 한편의 시를 완성시켜 나가는 데 있어서의 김광림의 성숙을 나타내주는 것으로 받아들여도 좋을 것으로 생각된다. 방법론상으로 그가 여전히 이미지 중시의 주지적인 태도를 견지하면서도, 어떠한 소재라도 그의 손에 닿으면 시적 완성도가 높은 작품으로 탈바꿈할 가능성을 여실히 보여주고 있다 할 것이다. 한편 지고한 사랑을 주제로 하는 「황혼」,「사랑」 1, 2, 3, 4 같은 작품들은 그 내적인 따뜻함과 외적인 견고성으로 볼 때 바람직한 종교시의 한 모범을 보여주고 있다고 해도 좋을 듯하다.

6

 이상 주마간산격으로 필자의 독후소견(讀後所見)을 늘어놓았다. 40여 년의 시력을 가진 한 시인의 세계를 짧고 비논리적인 글 안에서 제대로 소화하기란 벅찬 일이다. 그러나 항상 나이를 잊은 도전의식과 탐구심에 충만하여, 현대성과 그 현대성을 가장 적절히 드러내는 언어미학과 시적 방법론에 대한 추구를 계속함으로써, 앞으로도 김광림의 시작은 한국시의 가능성을 높이 드러냄은 물론, 우리 시의 지평을 크게 넓혀가리라 기대해도 좋을 것으로 확신한다.
 지면관계로 김광림이 추구해온 시적인 순례와 방법론적인 탐색의 한 정점을 보여주는 작품들로써 김광림 시미학의 특질을 가장 잘 드러내주는 작품들로 생각되는 「천근의 우수」, 「행방 B」, 「안데스嶺의 푸름」, 「풍경 A, B」, 「석쇠」 등을 언급하지 못하고 붓을 놓게 되었으나 이 부분은 독자들의 몫으로 남겨놓은 것도 무익하지는 않을 것으로 생각된다.

(《현대시학》, 1988년 3월호.)

한 마디 말의 깊은 의미
- 시집 『이 한 마디』

권 택 명

　가을은 시를 읽기에 좋은 계절이다. 아름다운 서정시는 말할 것도 없고, 인생의 의미를 깊이 생각하게 하는 조금 난해한 시도, 어쩐지 가을에는 쉽게 이해가 될 것 같은 생각이 들기도 한다.

　시를 읽기 좋은 이 가을에, 김광림 시인의 15번째 신작 시집을 읽는다. 일찍이 주지주의(主知主義) 시를 표방하며 시에서 지적인 이미지의 요소를 중시해온 김광림의 시는 주로 머리로 읽어야 한다. 그러나 이번의 시집은 머리와 가슴의 균형을 잡아 읽을 필요가 있을 듯하다.

　단일 시집이지만 초기 시에서부터 최근작까지 걸쳐 있는 수록 작품의 구성상으로 보아 그렇고 그 동안 김광림 시의 근간을 이루어온 전쟁과 남북분단과 이산가족과 코스모폴리탄한 그의 시적 세계를 비롯하여 익살과 아이러니와 풍자 등의 기법으로 무장한 그의 문명비평적이고 휴머니즘적인 시관을 잘 드러내주는 작품들이 함께 섞여 있다는 점에서 그렇다고 할 수 있다.

　　　남에게서/꾸중을 듣거나 핀잔을 당해도/발끈 달아오르면서//하찮은 빈정거림에도/약이 올라/낯을 붉히는 주제에//'천하의 불효막심'이란 말에는/꼼짝달싹 않고/눈물만 글썽거려//하긴 그래/실컷 따귀라도/얻어맞

앉으면 싶은//아아 죽도록/내쳐버릴 수 없는/이 한 마디.
― 「이 한 마디」 전문①

새하얀 머리칼이 두려워서인지/아니면/탁한 목소리가 고약해서인지/
속 빈 제스처까지 써 가며/환심을 사려해도/막무가내//끝내/울음보를 터
뜨리고 만/두 살배기 막내 손녀가//오랜만에 찾아든/이국 땅/미려도*에
서/진이 다 빠진 모습으로/감전된 듯 다가서는 나에게/어럽쇼/비로소
웃으며 안겨들다니.

* 美麗島: 대만   ― 「포옹」 전문②

작품 ①은 이 시집의 타이틀로 사용된 작품으로 그 동안 김광림이 보여온 이산가족을 모티브로 한 개인적 아픔과 남북분단 현실을 상기시키는 작품이고, 작품 ②는 자의에 의해 대만으로 가서 이산가족이 된 손녀와의 만남을 쓴 작품이다. 이산가족의 개념과 만남이라는 주제를 재미있는 변용과 대비를 통해 보여주고 있다.

특히 작품 ②에서 나타내고 있는 것은 일상적인 모든 것에서 시적 모티브를 찾아내고 일견 평범한 언어를 통해 폭과 깊이를 획득해내며 아울러 아이러니를 주조로 시적 묘미를 전달하는 김광림적 시작의 좋은 사례라고도 하겠다.

그런가 하면 가슴으로 읽어야 하는 아래와 같은 작품도 보인다.

눈이 오는 소리 듣는 사람은/장독에 익는/장맛을 아는 사람//눈이 오
는 소리 듣는 사람은/하늘나라 말씀/귀담아 듣는 사람//눈이 오는 소리
듣는 사람은/내 마음 그대에게/살짝이 전하는 사람.
― 「눈 오는 소리」 전문

잘 알려진 바와 같이 김광림은 시에서 노래 또는 정서유로적인 요소를 극력 배제해온 시인이지만 일본 시인들과의 연시(連詩)를 하면서 다듬어 놓은

몇 편의 단시(短詩)들과 더불어 아름다운 서정시의 모습으로 다가오는 그의 작품을 읽는 또 다른 즐거움을 주고 있다.

이 외에도 이 시집에는 김종길·김남조·문덕수·홍윤숙·황금찬·전영경·허만하·고은·구상 등 대표적인 시인들을 제목으로 하여 쓴「시로 쓴 시인론」이 수록되어 있어 또 다른 쾌감과 놀라움을 주고 있다. 각 시인들의 특징을 독특한 감수성으로 포착하여 이를 적절한 언어로 그려내고 있는 작품들이다.

'솜처럼/희로애락을 드러내시 않는/천지현황만을 지탱하고 있는 듯한/그런 산세'라고 묘사한 김종길 시인을 비롯하여, '소리내지 않고/뻗어나는 가지'로 표현되어 있는 김남조 시인 등에 이르면 무릎을 치게 한다. 나이와 더불어 오히려 더욱 예민해져 가는 시인의 감수성과 언어조탁의 탁월함을 엿보게 하는 부분들이다.

끝으로「구(舊)시첩에서」란 타이틀로 묶어놓은 작품들 속에도「거목」,「비둘기가 알리는 꽃의 시간」,「헤어지는 연습」등 김광림 시의 특질을 잘 드러내주는 구작(舊作)들을 만나는 것 또한 적지 않은 기쁨이다.

이번 시집에 실린 구작, '뒹구는 도토리 소리에/가을은/맑은 공기 속에 스며들어/언덕 위에/하늘 푸르르다'라고 한「가을」에서처럼, 또 한 해의 가을이 사방에서 밀려온다. 오동잎 하나가 천하의 가을을 알리듯, 김광림은 이 시집의 '한 마디' 말에 분단과 이산의 아픔과 가족, 그리고 고향으로 대변되는 인간의 원초적인 감정의 애잔하고 묵직한 밑바닥을, 김광림답게 오히려 가벼운 무게로 들어올리고 있다.

(《문학의 집·서울》, 2005. 10월호)

반어의 순도와 심도
- 시집 『대낮의 등불』

성 찬 경

시의 문체 자체가 인생이나 사물이나 시대나 문명에 대한 비평의 구실을 하게 된다면, 그러한 시가 지향하는 이상적인 수준에 오른 경우에 해당할 것이라고 나는 평소에 생각하고 있다. 이러한 경우 그 시는 한 예술작품으로서의 시가 안게되는 문제와 어쩔 수 없이 시가 담아야 하는 현실적인 뜻의 문제를 동시에 해결해서 융합 결정시키고 있다고 볼 수 있기 때문이다. 이 말은 언뜻 듣기에 좀 까다로운 논리를 휘두르고 있는 것처럼 느껴질는지 모르나 실은 그렇지도 않다. 시인이 지향하는 사상성과 시의 형식이 혼연일체가 돼 있다는 뜻과 다를 바가 없는 것이다.

김광림의 새로 나온 시집(아마 제12시집이 될 것이라고 나는 기억하고 있다) 『대낮의 등불』을 읽으면서 무슨 화두처럼 나의 머리에 떠오른 것은 우선 이러한 생각이었다.

그러나 이 일은 말이 그렇지 실제로는 그리 쉬운 일이 아니다. 아마 시작에 어느 정도 경험이 있는 사람이라면 누구나가 실감하게 되리라 생각하지만 오히려 극히 어려운 일에 속한다. 머리에서 그려보는 어떤 상념의 상(像)과 글로써 자리잡는 형식 또는 틀 사이에는 아무리 잘 해봐도 어떤 틈서리가 있게 마련이며, 이 틈서리를 줄여나가는 일은 마치 해발 몇 천 미터의 고산에서 한 걸음 한 걸음 발을 내딛는 것만큼이나 힘이 드는 일일 것이라고 여겨진다. 마침내 마음 안의 상(像)과 그 상(像)을 담는 그릇(글의 형식)이 꼭 맞게 일치한다면 그것은 아마 평생의 숙원이 일단 이루어지는 경우라 해도 과언이 아니다. 거기에는 그만큼 긴 수련이 따를 수밖에 없는 일이라고 해야 할 것이다.

김광림의 이번 시집에서도 그가 지금까지 추구해온 시적 특징을 변함없이 보여주고 있는 것은 선명하고 견고한 시의 심상이라 할 수 있을 것이다.

    달착지근하면서도
    씁쓸하다
    향긋하면서도
    톡 쏜다
    토라져서 더 당기는
    그 가시네
    6·25 전란 때
    숫총각 신세 다 바쳐
    사먹던
    화류계 맛 같다

                             —「오미자」전문

여기에서 이 시의 심상이 담고 있는 '오미자'의 맛의 특징이 시를 읽는 이의 미각(오미자에 대한)에 꼭 맞는지 아닌지의 여부는 문제가 되지 않는다. 중요한 것은 '오미자'의 어떤 맛이 마치 유리알처럼 선명하게 심상으로 결정돼 있다는 그 점이다. 그리고 이 점만은 김광림이 그 동안 시도해온 여러 시적 추구 중에서 축과 같은 구실을 하고 있는 것으로 생각된다.

심상의 선명도와 연관이 되면서 눈에 띄는 것이 가끔씩 나오는 은유의 그 세련된 솜씨. 심상과 은유는 개념상 분명히 구별이 되면서도, 또 서로 불가분의 밀접한 관계를 맺고 있기도 하다. 어느 편이냐 하면 심상이 은유적 방법에 의존하는 경우가 많다. 심상의 형성에서 은유는 말하자면 분자적 단위에 해당한다고 말할 수도 있다.

    접붙이는 것도
    남의 것을 내게 붙이는 경우와
    내 것을 남에게 붙이는 경우가
    좀 다르긴 해도
    꽃이 예쁘긴 마찬가지
    열매가 탐스럽긴 마찬가지

    출가한 외동딸이 첫딸을 낳아
    딸에게 미처 베풀지 못한 정을
    외손녀에게 한껏 쏟아부으면
    백일이 지나
    돌 되기 전
    반 년 남짓이
    기중 귀여워

                                             — 「딸꾹질」 일부

물론 이 시구들은 엄밀히 은유라 하기보다는 넓은 의미에서 비유적 방법에 의한 것이라고 해야 하겠지만, 그렇더라도 가위 절묘한 비유라 해야 할 것이다. '접붙이는' 경우를 빌어 친손녀와 외손녀에 대한 감정에 그야말로 미묘한 차이가 있음을 암시하고 있다. 그러면서도 생명의 싹이 예쁘고 신비로움은 어디에서나 매일반이라는 점을 동시에 부각시키고 있다. 김광림의 은유적 솜씨의 세련도를 말해주는 보기를 하나 더 들어보겠다.

    알 세 개를 까놓은 개미새끼들이
    줄줄이 온라인을 타고

> 막 꿈틀대고 난 다음이다
> 개미 세 마리는
> 쉬 두 마리로 줄긴 해도
> 좀처럼 네 마리로 늘진 않는다
>
> ―「확대경」 일부

여기에서 '개미'는 숫자의 '0'을 뜻할 것이다. 이 '0'이란 숫자는 일반적으로 살아서 자꾸 도망치려는 본능은 강한데 집에 돌아오려는 귀소본능은 보잘 것 없다. '개미'와 '꿈틀대는 숫사'의 연결 사체가 매우 재미있시만, 이 재미있는 등식은 동시에 벌어도 벌어도 형세가 펴지지 않는 삶의 숙명에 대한 한숨을 품고 있다. 눈물이 재미있게 스며 있는 것이다. 여기에서 은유는 동시에 반어요, 반어인 동시에 해학이다.

은유의 솜씨가 한 시인의 자질의 척도가 될 수 있다는 아리스토텔레스의 말을 전폭적으로 지지할 수는 없다손 치더라도 어느 정도 수긍이 가지 않는 것은 아니다. 은유를 'A는 B다'의 등식으로 말할 수도 있지만 이 때 A와 B 사이에는 반드시 범주적인 틈서리가 벌어져 있어야 한다. 개념상 소속의 범주가 완전히 일치하는 두 항목을 연결한다면 그것은 은유가 아니라 동어반복이 돼버리고 만다.

A와 B 사이에는 불연속이 있고 동시에 연속이 있다. 따라서 은유는 시인의 입장에서는 시인의, 사물의 입장에서는 사물의 내부에 고여 있는 비밀의 노출이요 전개요, 경우에 따라서는 탈주다. 따라서 은유는 한 시인의 사상의 구조를 그대로 드러내는 것이 된다. 이런 점에서 은유는 사상성을 지닌다. 역으로 표현해보자면 사상성을 지니지 못하는 은유는 대수로운 은유가 될 수 없는 것이다. 그러나 이 때 유의해야 할 점은 이 사상성은 어디까지나 심상화된 사상성이라는 점이다. 다시 말해서 예술의 구조로 환원된 사상성이다.

은유에서 A항과 B항의 뜻과 뜻의 괴리 내지는 거리의 정도에 따라서, 또한 그 뜻과 뜻의 어긋남의 방향이나 각도에 다라서 그것은 때로 반어가 되기도 하고 해학이 되기도 한다.

그러나 이것 역시 확연히 구분할 수 있는 것은 아니다. 세련된 은유일수록 그리고 깊이가 있는 은유일수록 뜻의 노출과 반어와 풍자와 해학의 모든 것들이 표 안 나게 하나로 통합이 돼 있을 수 있다. 때로 맑게 엉긴 심상 속에 심각한 비극이 깃들일 수가 있다.

>   세찬 눈보라 속
>   숨결이 얼어붙은 채
>   한 발 앞을
>   간신히 내딛는
>   집념을 생각한다
>
>   아찔한
>   실족의 순간
>   이 세상 가장 높은 곳에서
>   뛰어내린 영혼
>   눈구덩이에
>   물구나무 서서
>   영원에 맞닿아 있는
>   알피니스트를 생각한다
>   —「무더울 때는」 중에서

제목과 관련시켜서 이 시를 보면, 이 시 역시 반어적 발상이지만 거기에는 동시에 심각한 비극이 상감되어 있는 것이다.

지금까지 보기로 들어 온 모든 시구가 그러하듯 김광림 시의 방법적인 핵심은 역시 반어(아이러니)라 할 것이다. 다 아는 바와 같이 반어란 글의 한 단

위 안에, 동시에 의미의 이중구조를 갖도록 하는 기법을 말한다. 말하자면 의미의 야누스적인 표출이다. 반어에서 모순된 두 실상이 하나로 통합되는 것이다. 주(主)와 타(他)가, 안과 밖이 동시에 드러나는 것이다. 따라서 반어를 반어답게 하기 위해서는 자기 안에서 자기를 바라보는 또 하나의 눈이, 세상 안에 있으면서도 세상을 세상 밖에서 보듯하는 또 하나의 관점이 설정되어야 하며, 또 이렇게 하기 위해서는 삶에 대한 열중(熱中) 안에서 삶에 대한 달관(達觀)과 맑은 체념이 동시에 마련되어야 한다. 따라서 반어가 정말 반어답게 될 때, 그것은 거의 예외없이 일종의 명인기(名人技)가 될 수밖에 없으며 김광림의 시에서도 우리는 그러한 명인기를 음미해볼 수가 있는 것이다. 세태와 문명의 꼬락서니를 고발할 때에도 그는 장황한 논리를 휘두르지 않는다.

> 오늘 이 땅에서 벌어진
> 젊은 시인의 피살 소식을 들으며
> ……(중략)……
> 시인이 맞아 죽는 사회를
> 게오르규여
> 대체 뭐라 표현하면 좋겠는가
>
> ―「시인」중에서

세태에 대한 그리고 윤리를 잃어가는 문명에 대한 이보다 더 큰 치명타는 있을 수 없다. '돌잔치를 앞둔 외손녀'를 두고 '진짜 가짜도 문제가 안 된다/칼도 권총도 핥아/죄다 맛을 봐야 해/……절대 무소유/절대 평화주의가/바로/예/있었군' 하는 「파랑새」에서도 역시 그의 그러한 솜씨를 보게 된다.

시집 『대낮의 등불』을 읽으면서 느낄 수 있는 것은 김광림은 이제 어깨의 힘을 완전히 빼고 시를 쓸 수 있다는 사실이다. 이 일 역시 그의 시의 경지를 말하는 것이다.

오랜만에 아주 곤혹스러움 없이 시를 읽는 재미와 기쁨을 만끽할 수 있는 시집을 대한다는 느낌이 든다. 그러나 이렇게 부담없이 읽어나가면서도 이 시들이 지니고 있는 그 맑고 견고한 시로서의 결정도를 간과해서는 안될 것이다. 김광림은 이제 이러한 시의 경지에서 얼마동안 머물러 있을 것이라는 예상이 가능하다. 또한 이러한 시의 고원(高原)에 이르기까지에는 역시 길고 험한 길을 피할 수 없었을 것이라는 점도 간과해서는 안될 것이다.

6부
시론집평

방법론의 탐구의 한 예(例)

오 규 원

『존재에의 鄕愁』의 경우

　시인이 시를 이론적으로 추적하는 작업이란 자기 시에 대한 정당성을 논리적으로 구명해 보고자 하는 일로 궁극적으로는 귀착된다는 점을 간과할 수는 없겠지만, 시인의 시론 또한 전문적인 시론가(詩論家)와 마찬가지로 시의 참다운 가치와 정체를 밝히고 그 시를 있게 하는 정신세계를 명료히 하는 데 있다. 그러므로 시론을 쓰는 시인이라고 해서 시론가들과 별다른 차원에 놓이는 것은 아니다. 문제가 되는 점이 있다면 그러한 노력이 시와 시인에게 무엇을 줄 수 있느냐 없느냐에 있을 뿐이다.
　우리나라처럼 시론의 축적이 많지 않은 실정을 아는 사람들은 김광림의 노력을 결코 아무렇게나 얘기하지는 않을 것이다. 더욱 일정한 방법론에 깊은 관심을 가지고(약간은 문제점을 지니고 있음에도 불구하고) 있으므로 해서, 우리는 일단 저자에게 많은 관심을 베풀어야 하리라 본다. 이러한 사정으로 보다 깊은 주의와 관찰이 김광림이 얻어낸 결과에 주어져야 하리라 느껴지며, 이 글 또한 그 관심의 하나로 이루어진다.

김광림의 시론집 『존재에의 향수』는 이미지·시도·실험·존재 등등의 어휘가 자주 얼굴을 내밀면서 우리에게 무엇인가 말하고 있는 바와 같이, 존재를 드러내는 언어의 예술로서의 시와 그 방법론적 접근에 관한 이론적 탐구의 집적(集積)이다. 시도·실험 등의 어휘는 시어(詩語)와 시행(詩行)의 구문(構文)에 관한 형태적 관찰의 관심을 극적으로 증거하는 것들인데, 이것들은 그의 구문 속에 번번이 끼어드는 박목월·박남수·김춘수 등등과 이와 유사점이 있는 시인과 시들의 인용으로 재확인된다.

이상하게 보이는 점이기도 하지만 필자로서는 당연히 이 시론집의 서두에 한번쯤 해보고 싶은, '시(詩)란 무엇인가?', '시인(詩人)이란 무엇인가?'라는 질문은 보이지 않고, 바로 현대시의 개념이 등장한다. 이것은 필자가 나중에 깨달은 점이지만 그의 관점, 즉 자기 시에 대한 관심으로부터 출발하여 자신의 시적 현실과 직결되어 있는 현대시의 양태에 깊이 경도된 족적(足跡)으로 얻어진 것이며, 그 결과로 「현대시의 개념」, 「한국 현대시의 새로운 가능」, 「이미지는 언어의 새로운 존재」 등등의 현재 위상(位相)에서 본 현대시의 개념과 가능성과 그 존재로부터 역으로 '시란 무엇인가?'에 대한 해답을 얻고 있음을 볼 수 있다.

결론부터 말하자면, 그가 찾아낸 시의 정체는 '이미지'이다. 그러므로 그의 시론은 '이미지'를 둘러싼 방법론적 관찰과 개괄이다. 우선 그 '이미지'의 실체는 「이미지에 관한 각서(覺書)」에 그대로 나타나 있는데, 그것을 구체적으로 적는다면 '이미지는 현실의 재현이 아니다. 지각세계의 재현도 아니다. 그리고 지식의 원형에 형식을 부여한 것은 더욱 아니다. 이미지는 언어의 새로운 존재이다. 이미지는 그 이미지가 표현하는 것에 우리들을 바꾸고 바꾼 것에 의해 우리들을 표현한다. 이를테면 이미지는 표현의 생성이자 우리들의 존재의 생성인 것'이다. 이 '우리들의 존재의 생성'이라는 이미지에 대한 믿음은 곧 그의 방법론적 관찰의 척도를 결정 짓는다.

이미지를 시의 핵으로 놓을 때, 필연적으로 우리에게 다가오는 것은 언어이다. 왜냐하면 이미지란 의식의 심도와 향방에 따라 선택된 언어의 섬세한 충돌과 조화로써 언어의 상호관계 속에 놓여 있기 때문이다. 이로 인해, 이미지 뒤에 숨어 있는 한 시인의 상상력의 무한한 에너지의 향방과 기저보다는, 이미 언어로 정착되어 있는 이미지 자체에 보다 많은 관심과 가치를 부가하게 된다. 언어=사물이라는 싸르트르의 시어관의 확대가 주지적(主知的) 시인들과 행복한 조우를 할 수 있었고, 또 김광림의 경우, '이미지는 언어의 새로운 존재'라는 표현과 쉽사리 만날 수 있었던 것도 이 언어, 즉 시어에서 용이하게 시를 명료할 수 있는, 그래서 산문에서와는 다른 차원을 줄 수 있는, 그래서 현대시에 그 존재 가치의 타당성을 명확히 할 수 있는 길을 발견했던 까닭이다. 그러나 이러한 이론적 경도는, 한 시인이나 시가 거느리고 있는 어떤 정신적 높이나 깊이보다는 개개 작품의 언어와 직조의 특성 그리고 그것의 시적 가치와 효과에 시계(視界)를 집중하게 된다.

> ―작품활동이 가장 꾸준하기는 申瞳集이다. 아직은 이렇다 할 停滯나 기복을 보이지 않은 채 작품 양산에 주력하는 듯하다. 관념과 추상에서 구상과 서술에 많이 옮아와 있으나 자신의 시작법이나 試圖에 대해 별로 개진하려 들지 않고 시만 쓰는 시인으로 알려져 있다. 자신의 시론을 개진하면서 시작을 영위하는 金春洙와는 퍽 대조적이다.

「정체(停滯)와 정진(精進)」이라는 이 월평의 글은 이 시론집의 방법론적 관심과 개괄의 각도가 명료히 드러나는 부분의 하나인데, 관념과 추상에서 구상과 서술로의 이동이라는 지적이라든지 시작법이나 시도라는 등의 표현은 그것을 날카롭게 명시하고 있다. 우리가 위의 글 속에서 알 수 있는 것은, 신동집(申瞳集)이라는 한 시인의 시와 시정신이 아니라, 단지 그가 관념과 추상에서 구상과 서술적인 기법으로 옮아와 있다는 사실뿐이다.

이와 같은 방법적 경사는 그의 우수한 시론인「시의 원형적인 것」,「이미지에 관한 각서」와는 달리, 어떤 형태적 변모에 과도하게 민감한 반응을 보이게 하고, 그로 인해 시론에서 그러한 변모와 유형을 개괄하는 데 중점을 두는 위험부담을 배제하지는 못하고 있다. 즉 시를 한 인간의 비전에 이르는 정신적 축적물이라는, 다시 말하면 대자현실(對自現實)에서의 자기 구제를 통한 비전의 획득이라는 것에서, 시의 의미 혹은 세계를 기교적으로 단순화시키는 데 기여할 우려를 발견하게 되는 것이다. 그러한 우려의 하나로 다음과 같은 구절을 들 수도 있다.

-다만 보다 '心情'的이던 것이 시에서의 현대성이 高潮되면서 '머리'쪽에 관심하게 되고 '노래'하는 요소보다 '생각'하는 요소를 더 가지게 되고 지역적이며 특수적이기보다 보편적 세계성을 띠게 되고 순간적이기보다 영원한 것을, 말초적인 감각보다 감동적인 예지를, 흥분보다 경악을, 요설보다 함축을, 파괴적 전달보다 창조적 질서를 더 존중하고 또 지향하게 되리라 보아진다. 그리고 지금까지 한국시가 주로 '무엇'을 쓸 것인가에 골몰해 왔었지만 '어떻게' 쓸 것인가에 대한 방법론적인 모색이 있어야 할 것 같다.

이상은「한국시의 새로운 가능」의 마지막 부분인데, 여기에서 우리가 주목해야 할 것은 '머리쪽'과 '생각하는 요소', '어떻게 쓸 것인가' 그리고 '보편적인 세계성'이라는 점들이다. 이상의 말을 간략하게 그리고 좀 당돌하게 표현하면 한국의 현대시는 지적 또는 조형적 세계를 지향해야 한다로 줄여 볼 수 있다. '지적(知的) 정적(靜的) 복합을 거쳐야 비로소 현대시는 이룩되는' 것이라고 위의 인용의 바로 앞부분에서 이야기하고 있지만, 지적 정적 복합이라는 표현에도 불구하고 복합이라는 그것 자체가 극히 의식적 조정을 요구하는 뜻으로 차용되고 있는 한, 그리고 그 조정이 개괄적 방법만을 부상시키고 있는 한, 결론은 하나의 개괄에 머물고 만다. 때문에『존재에의 향수』

는 대가비평(大家批評)의 좋은 본보기인 서정주(徐廷柱)와는 달리, 시의 갖가지 형태에 대해서는 다각도의 관찰이 이루어지고 있으면서도, 그 시를 떠받치고 있는 한 시인의 정신세계를 논리적으로 밝히고 이론화하는 데는 많은 노력이 제거되어 있는 것이다.

  만약 우리가 이러한 방법론적 개괄이나 형태적 면, 또는 섬세한 언어와 그 구조의 변모에 관심을 기울여 탐구할 때를 예상한다면 상대적인 결과로 시인이 시의 밖에 위치하게 되고 그 때문에 시인은 오히려 단순한 제작자의 면모를 띠게 되며, 어째서 시인이 이렇게밖에 시를 쓸 수 없었던가 하는 궁극적인 문제나 그것의 가치가 단순화되어 시인이란 사물을 새롭게 조명하는 존재, 혹은 재미있게 조명하는 존재라는 기술자화되는 논리적 귀결에 이를 위험부담으로 갖게 된다. 이것은 상상력 그 자체를 밝힘으로써 시인에게 또는 시에 있어서의 상상력의 중요성이라든지 또는 상상력의 무궁한 힘의 근거를 예증해 보이는 바슐라르 등의 이론과는 무관한 것에 주의해야 한다. 즉, 시와 상상력의 깊은 역학 관계와 시는 곧 상상력이라는 문제와는 서로 상이한 논점에서 출발하여 다른 결론을 유발하는 것임을 우리는 알고 있기 때문이다. 그러므로 『존재에의 향수』는 방법론적 관찰이라는 저자의 일정한 시론의 집적임에도 불구하고 그 방법론적 관찰이 개괄과 비교로만 이어질 가능을 지니고 있음을 우리는 두려워해야 한다.

(1975)

김광림 시론

김 영 태

『존재에의 향수』

김광림 씨의 시론집『존재에의 향수(鄕愁)』가 출간되었다. 1964년부터 1974년 만추(晩秋)까지 10여 년간 월간 문학지, 시지(詩誌), 조선, 중앙 등, 일간지 등에 발표되었던 평론, 시론, 시평 및 시인론이 이 저서에 총망라된다. 편의상 4부로 장(章)을 달리한 이 시인의 본격적 평필은 평론가의 객관적 위치보다 시를 직접 다루는 저자의 내적 체험을 바탕으로, 그리고 그런 내적 체험의 상관관계가 냉철한 지성(知性)으로 일관되어 있어 흔히 부딪치는 일반평론가와 독자와의 괴리(乖離)를 반감시키고 있다. 김광림 씨의 평론은 명석한 분석과 적절한 예문에서도 이미 정평이 나있지만 이번 시론집의 또 하나의 특징은 짧고 간결한 문체이다. 특히 4부「사론(私論)·기타(其他)」는 조지훈(趙芝薰) 씨와의 왕복서간문(往復書簡文)을 위시해서「시네 포엠에 대하여」,「北川冬彦氏와의 한 시간과 그 이후」,「나의 시적 편력(編曆)」등 한 시인의 주변사를 서술하는데 보다 높은 격조를 잃지 않고 있다.

'시는 마음의 빛과 그림자를 재창조하기 위해 이미지를 사용한다. 시는 사상(事象)을 처음 본 때부터 새삼스레 보이기 위해 이미지를 사용한다. 이미지는 언어의 새로운 관계를 통해 생겨나며 사상(事象)을 재창조한다. (후략)'

『이미지에 관한 각서』의 서두이다. 김소월의 「산유화」, W.H.오든의 「예에츠 추도(追悼)」, T.E.흄의 「가을」이 비유되는가 하면 가스통·바슐라르의 광활한 이미지 전개가 해설 인용된다.

유치환, 서정주, 박목월, 박두진, 박남수, 구상, 김춘수, 김수영, 김종삼, 박재삼을 대상으로 쓰여진 「시로 써 본 시인론」은 한 시인의 개성, 시적 주관, 문화사적 위치, 그리고 광의의 시풍이 몇 행으로 축소시킨 소묘(素描)의 묘(妙)에 일가견을 보여주고 있다. 평론가의 시인론은 있어도 시인의 시인론(그것도 시로 쓴)은 새로운 착상이고 따라서 비평적 안목이 그 시에 튼튼한 밑받침을 부여하고 있다.

   言語로 만든 새가
   나뭇가지에서 황금의 깃을 치고 있다
   무리에 닿은 열매가
   주석 방울이 되어 흔들리고
   마른 잎을 날리는
   存在의 가장 눈부신 音響
   뜨락에 가득하다
   릴케여
   (후략)

   한번도 招待되지 않은 손님
   우제느 민코후스키의 노크 소리

「김춘수」는 이렇게 끝을 맺는다. 김춘수의 자화상(自畵像)이 아니라 타화상(他畵像)이다. 그런대로 김춘수의 호흡, 프로포션, 배경, 암전, 빛, 언어의 맥락 등이 충분히 이 시 한 편 속에 용해되어 마력을 지니고 있다.

아이러니 같지만 저자는 권투선수이며 옥스퍼드대학의 시학(詩學)교수 초빙설이 나돌던 무하메트 알리를 대비시키면서 시인들이 대담을 가진 TV화면의 속성과 지껄이면 시가 되던 시대를 힐난(詰難)한다. 시인이 독자를 시인하느냐 안 하느냐가 문제되는 것이 아니라 얼마나 자아 발견에 충실해 있느냐는 테제를 던진다. 그래서 시인은 '고독한 제작자(製作者)'로 귀결되고 있다.

다시 말해서 시인은 '고독한 말의 연금술사(鍊金術師)'이다. 그 예증이 『파카소의 낙서』(김종삼)의 경우이다.

> 뿔과 뿔 사이에 처량한 박치기다. 서로 몇군데 명중되었다. 명중될 때마다 산속에서 아름드리 나무 밑둥에 박히는 도끼의 소리다.
> 도끼의 소리가 날 때마다 구경꾼들이 하나씩 나자빠졌다. 연거푸 나무 밑둥에 박히는 도끼소리.

소위 '파카소'의 송가(頌歌), '독자와의 거리'는 그래서 틈이 벌이지기 마련인데, 그러나 김광림 씨는 자아탐구로 못을 박고 있다. 유연한 표현, 습윤한 정서보다 씹을수록 맛이 나는 감초(甘草)에 이 짧은 전문(全文)은 비유된다.

일본 팬클럽 대표 北川冬彦氏와의 대화는 지상(紙上)의 대담을 방불케 한다.

"선생의 시와 시론을 읽어왔습니다. 평소 네오 리얼리즘에 대해서 관심을 갖고 있는 한 사람입니다만, 현실을 이미지에 의해서 시적(詩的) 현실화(現實化)하는 작업 같더군요."

"그렇지요. 네오 리얼리즘을 한마디로 요약해서 말씀드리면 음악주의(音樂主義)의 서정시를 부정하고 지적 유희(遊戱)의 시, 혹은 현실노출의 시를 거부하고 현실을 딛고 현실과 대결, 혹은 현실에 잠입해서 현실을 끌어 들여 현실 속에 새로운 시적 현실을 창조하려는 것이지요."

진지하다. 일본의 현역 대가와 한국의 40대 시인의 토론을 엿볼 수 있다.

그리고 이런 사석에서도 탐구적인 자세가 말하자면 이번 시론집의 근간을 이룬다.
 『존재에의 향수』는 시학의 초보자, 평론의 견습생에게는 좋은 텍스트가 될 것 같다.

(≪KEB통신≫, 1974년 11월 15일.)

시, 그것은 애정이다
— 김광림 著 『오늘의 시학』을 읽고

김 규 동

　시를 논한 책이나 시에 대한 해설지는 헤아릴 수 없게 많아도 진실로 시를 사랑하는 초심자들조차 재미있게 읽을 수 있는 그런 친절한 책은 그리 흔한 것은 아니다.
　김광림 시인의 『오늘의 시학』은 시의 원리를 형이상학적으로 설명하거나 시를 어떤 유형의 함정에 몰아넣고 무슨 특별한 분석을 시도하려는 뜻을 가진 책이 아니라 다만 오늘날 시는 과연 어떻게 존재하고 있느냐하는 가장 궁금한 것들을 파헤치는 소중한 내용을 지니고 있다. 시는 어떻게 존재하고 있는가—는 다시 말해서 시의 생리를 좀더 가까이 다가서서 살펴보고 또 비평해 보는 일몫이 된다.
　저자는 이러한 작업의 그 모든 과정에서 결코 냉철한 비평정신을 잊어버리는 일이 없이 시의 오늘과 내일을 진단하고 있다. 이러한 확고부동한 자세는 우선 이 책을 펼쳐든 독자들에게 어떤 신뢰를 안겨주며 아울러 기쁨과 만족을 함께 나눠주는 근원이 되고 있다.
　김 시인의 시세계가 우리 시단에서는 특별히 투명하고 또 그 이미지가 선명하면서도 풍부하다는 것은 널리 알려진 사실이지만 이번 이 책을 통하여 씨의 산문에서 받은 인상 역시 투명한 이미지와 세련된 리듬이라는 것인데, 이것은 시와 비평의 궁극적인 조화에 의해서 얻어진 귀한 소산이 아닌가 싶다.

씨만큼 시를 사랑하는 시인도 드물다고 생각한다. 씨는 20대 시절 대개의 우리시의 걸작들을 술술 외우고 다녔다. 미당과 영랑을, 혹은 김광균과 석정의 30년대의 시들을 거의 암송하다시피하고 그 결점, 단점을 예리하게 설파하던 것이었다. 이래 30년을 씨는 시작과 비평에 시종일관 투신하여 왔고, 좋은 시를 발굴하고 키우는 일에 열성을 다해 왔던 것이다. 말하자면 『오늘의 시학』은 이러한 씨의 변함없는 시에의 동경과 애정을 하나의 체계와 질서를 향하여 집약한 씨의 시론의 또다른 국면의 제시로서 받아들여진다.

훌륭한 시론을 가지면서도 초심자의 이해를 도울 수 있는 평이한 말로 쓴다는 것은 그다지 용이한 일이 아니다. 논문에 지친 독자의 머리를 식혀주고 공감과 감동이 따르기 어려운 시의 횡행에 그만 막혀버린 순백의 독자들을 위하여 우선 이 책은 우리 주변의 공해를 떨어버리는 애교있는 교양을 가르쳐 줄 것이다. 이러한 지향과 비판정신을 근저로 하면서도 씨는 어디까지나 겸손하게 시에 대해서만, 오직 시 그것에 대해서만 말하고 있다.

'시는 생각을 숨기는 것', '음미할수록 더하는 맛', '언어에 깃든 영성(靈性) -소리와 빛깔의 시, 향기와 무드의 시, 혹은 '이미지는 언어의 그림', '내가 생각하는 시'와 같은 장에서 씨의 독특한 시관을 독특한 경우를 예로 들어서 독자와 함께 해명하고 연구해 나가고 있다.

필자는 씨의 해박한 시의 지식이나 문학일반에 대한 이해력에 감동하기보다는 차라리 씨의 집요한 그 사랑의 정신에 공감하고 있다. 우리는 그 무엇에 대하여 쓰고 비평하든간에 그에 앞서 대상에 대한 깊은 이해와 애정이 없어서는 안 된다. 애정이 없고서는 그 아무 것도 진지하게 다룰 자격이 없는 것이다.

씨는 뜨거운 애정을 가지고 시의 주제에서부터 그 형식과 그 꿈에 이르기까지 국내외 우수한 좋은 작품과 시인들을 예로 들어가면서 친절하고도 명쾌하게 시의 생리와 희망을 이야기하고 있다.

> 클레오파트라의 코를 가지고 <만약에>라는 가설을 붙인 사람은 의외에도 점잖은 명상가 파스칼이었습니다.
> 만약에 클레오파트라의 코가 좀더 높았거나 낮았더라면 세계 역사나 지도의 색깔이 달라졌으리라고 그는 생각했던 것입니다.
> 어쩌면 실없는 생각 같기도 하고 어처구니없는 망상 같기도 하지만, 이 <만약에>라는 가설적인 명제가 주는 놀라움이나 재미는 추리가 엉뚱하면 할수록 더욱 크게 작용됨을 알 수 있습니다.
> 이를 재빨리 착안한 예술가가 근대 예술의 개척자로 알려진 쉬르레알리스트입니다. 그리고 보면 근대의 예술이나 시는 가설의 산물인지도 모릅니다…….
> ―『엉뚱한 심상의 그림자』에서

이러한 서술이 보여주는 바와 같이 씨에게 있어서 유머의 정신은 하나의 산문정신에 있어서의 표징으로 나타나고 있다.

유머는 근대문학 이래의 훌륭한 미덕이었다.

모더니즘이 이 유머의 정신을 소중히 그 유산으로 간직하였던 것은 새삼스럽게 재론할 것도 없는 일이지만 씨는 근래 그 시작품 세계에까지도 이 유머의 정신을 대담하게 도입하고 있는 것은 주목되는 일인 것이다.

어쨌든 『오늘의 시학』의 특색은 시에 관하여 아니 더 구체적으로 말하면 시를 쓰는데 있어서 우선 무엇과 무엇에 힘을 쏟을 것이며 어떤 태도와 생각을 키워가고 다져갈 것인가의 문제를 여러 기술적인 문제와 결부지어서 해박하면서도 질서와 체계를 벗어나지 않고 서술하고 있다는 점이라 하겠다.

그래서 『오늘의 시학』은 시를 쓰려는 새로운 이들을 위하여 참다운 벗으로 우리 옆에 오래도록 남을 수 있으리라는 확신을 보내며 이 책을 널리 추천하고 싶은 것이다.

시의 조명, 명석(明晳)과 여운
― 김광림 시론집 『오늘의 시학』

성 찬 경

　체험이 따르지 않는 시의 이론이 한낱 생경(生硬)하고 앙상한 논리의 구조물이기가 쉽고, 시론 없는 시작(詩作)이 위태위태한 매너리즘과 이웃하고 있는 경우를 우리는 흔히 볼 수 있다. 보드레르 이후 오늘날에 이르는 소위 현대시의 계보(系譜)에는 그 나름의 시사(詩史)의 배경과 시의 자율적인 논리가 있음은 물론이며, 이러한 현대시의 내력과 '생리(生理)'의 기본을 익히지 않고서는 시인으로서 시사적 의의가 있는 출발을 하기가 어렵다는 것은 또한 재언할 필요가 없을 것이다.
　이번에 나온 김광림 씨의 『오늘의 시학』은 우선 시를 사랑하고 시의 정신과 그 본질을 이해하려고 하는 이를 위한 안내서, 다시 말해 시의 입문서라 하겠는데 이런 경우에는 시작의 경험과 그 경험을 밑받침하는 시론이 마치 두 날개처럼 상호보완하며, 균형을 이루고 있는 저자를 만나는 것이 이상적이라고 말할 수 있을 것이다. 김광림 씨의 『오늘의 시학』이 바로 그런 경우임을 지적할 수가 있다.
　개성있는 시인의 경우에는 그 시인의 시의 특징을 어느 정도 명확하게 드러내서 설명할 수도 있고, 또 그 시인 스스로도 자기의 시의 영역을 그렇게 한정시킬 수가 있다. 우리는 어떤 시인은 전통적인 정서와 주제를 다루는 전통파 시인으로, 어떤 시인은 감성과 언어의 변혁을 시도하는 실험파 시인으로, 또 어떤 시인은 이 양자의 장점의 조화를 뜻하는 중도파(中道派) 시인으로 분류할 수가 있다. 그러나 그 이상의 보다 정밀한 분류는 때로 그 시인이 풍기는 모호성 때문에 또는 시인 스스로가 무의식중에 발설하는 모순되는 사상성 때문에 그리 쉽지 않은 경우가 많다. 시인이 다소 전투적인 선명한 기치(旗幟)를 내거는 경우를 제외하고서는 자기자신의 좌표(座標) 및 사상성에 대해서 명확히고 철저한 경계선을 그을 수 있는 경우가 그리 흔히 않은 것이다.

『오늘의 시학』의 '오늘'이란 말이 가리키는 김광림 씨는 시의 출발점을 어디까지나 시적 사상과 기교의 시사적 전개에 있어서 참으로 오늘날에 의의가 있는 체질에 두고 있다. 그래서 그는 '확실히 우리들의 감각은 전통이나 인습(因習)에 얽매이고 무디어서 어쩌면 동면(冬眠)을 하고 있는지도 모릅니다. 우리는 이 동면하는 감각을 깨우치기 위해 시를 쓰고 예술행위를 합니다. 그러나 워낙 전통과 인습에 깊이 잠들어 있는 감각은 웬만한 자극을 가해서는 일깨울 수가 없습니다.' 이렇게 전제하고 나서, 이어 '시나 예술은 일종의 파괴 행위가 아닐 수 없습니다. 현실을 재미나게 꾸미기 위한 파괴입니다.'라고 말하고 더 나아가서, '오늘날 인생의 서글픔이나 사랑의 허점을 노래한 시는 참으로 따분하고 속됩니다. 현대인의 감각을 신선하게 자극시킬 만한 놀라움이 없기 때문입니다'라고 못박고 있다. 그러나 이러한 규정은 자칫 잘못하면 오해를 받을 여지가 있는지도 모른다. 그 점은 씨 자신이 잘 알고 있다. 따라서 '……이러한 인식상의 과오를 범하지 않기 위하여 우선 시와 현대시에 대한 개념을 따로 가져서는 안됩니다. 다만 시사적인 관점에서 과거의 시와 오늘의 시가 식별되고 있을 뿐입니다. 이 식별은 <무엇을> 쓸 것인가에서 <어떻게> 쓸 것인가 하는 시의 기법상의 변혁(變革)으로 따져질 문제로서, 과거의 시가 주로 개인적인 심정을 유로한 데 비해, 오늘의 시는 사회적인 상황에도 눈을 돌려 스스로의 내부와 외부를 조정해가는 작업에 나서고 있습니다. 과거의 시는 느낌[感動]만으로 족했지만 오늘의 시는 생각[認識]의 공감없이는 현대시로서의 면모를 갖출 수 없게 되었습니다.'라고 부연하는 것이다. 다시 이어서 氏는 '오늘의 한국시만 하더라도 현대 속의 고대를 사는 시인이 있는가 하면, 시의 본질과는 상관없이 개인적 감정이나 울분의 배설기로서 시를 생각하는 시인도 있고, 서구시가 이미 겪고 간 심볼리즘이나 쉬르 레알리즘의 영역을 맴돌고 있는 시가 있는가 하면, 모더니즘의 영향을 받아 우리나라 현대시를 발전시키는데 착실히 이바지하고 있는 시인도 있습니다.'라고 맺고 있는데, 씨 자신이 이 중의 어느 범주(範疇)에 스스로 속해 있는 것으로 자처하고 있는가 하는 것에 대해서는 구구한 설명이 필요 없는 것이다. 그리하여 오늘날 국민 누구나가 애송하는 것으로 돼 있는 소월의 시도(그 시의 진가(眞價)는 그대로 인정하면서도) 그 감성의 질은 이미 과거의 것으로 또는 거의 시인의 우상이 돼 있다시피한 미당(未堂)의 근래의 시도 우리에게는 현실감이 희박한 다소 황당무계한 것으로 단정하는데 씨는 주저하지 않고 있다. 씨의 이러한 분명한 자기입장의 표정은 읽는 이에게 상쾌한 느낌을 준다.

  김광림 씨는 어느 편이냐 하면 그의 시 및 시론에 있어서 주지적인 경향(傾向)을 짙게 풍긴다. 그러나 시를 풀이하는 이 책에 있어서 씨는 시에 논리적인 분석을 가하기에 앞서, 시의 보편적인 본질의 이해를 소개하는 것을 소홀히 하고 있지 않다. 이를테면 이 책의 한 '장'의 표제인 「언어에 깃든 영성(靈性)」이란 항목에서 영성이 깃들여 있는 언어와 시의 관계를 평이하면서도 깊이 있게 풀이하고 있다.

  씨는 「시적 현실」을 '그러니까 시적 현실은 우리가 일상생활에서 흔히 말하는 현실, 이를테면 자연적 또는 사회적 정치적 현실과는 다릅니다. 다만 그러한 현실들이 시인의 강렬한 에스프리[詩精神]에 조명되어 고도한 이미지로 형상될 때 시적 현실이 되는 것입니다.' 이렇게 말하고 있다. 그래서 '이미지'를 현대시의 핵심적인 구성요소로서 정의하고, 음악성 회화성(繪畵性) 등 우리의 오관(五官)을 중심적인 위치에서 통괄하는 기능을 갖는 이미지의 풀이에 저자는 최대의 역점을 두고 있다. 이미지의 풀이는 또 필연적으로 언어의 비유법의 고찰로 전개되고, 비유법은 또 세부적으로 '직유(直喩)', '은유(隱喩)', '우의(寓意)', '상징(象徵)'의 항목으로 이어져 풀이된다.

『오늘의 시학』은 전체적으로 이를테면 세 부분으로 나누어져 있다. 제1부는 「시에의 접근(接近)」이란 표제로서 시의 본질이며, 제2부는 「이해와 기법」으로서 시의 기교 및 방법론이고, 제3부는 「작시(作詩) 및 지도」로서 저자의 자작시 해설을 포함해서 시작의 실제적인 지도의 예를 보여주고 있다. 그러나 이러한 항목의 구분이 교과서적인, 다분히 형식적인 구분과는 전연 다르다. 이를테면 제1부의 「시에의 접근」은 그것이 그대로 시의 기법을 암시하고 있으며, 제2부의 「이해와 기법」은 또 시의 본질을 뒤집어본 것이 돼 있는 것이다. 제3부는 또 앞에 있는 부문을 보완해서 마치 영혼에 대하는 '肉體'의 관계라 할 수가 있을 것이다. 이렇게 해서 저자 전체가 마치 유기적의 기관 및 세포처럼 서로 관련을 갖고 숨쉬고 있다. 이것은 바로 이론 뒤에 숨어있는 저자의 체질을 말해주는 것이며, 이 체험은 저자자신이 30연에 걸쳐서 시작(詩作)에 골몰해 온 시인이라는 점을 생각하면 납득이 갈 것이다.

책 전체에 걸쳐서 그 문체는 간결, 명료하면서도 여운이 있는 미문(美文)이라 할 것이다. 글이 대개의 경우 잠언풍(箴言風)의 함축을 지닌다. 예를 들어보자. '흔히 모순은 유한(有限)의 세계의 현상입니다. 하지만 포에지라고 하는 초자연 초현실의 세계에서는 그 모순은 모순이 아닌 것이 됩니다. 역(逆)도 또한 진(眞)이 듯이 모순 또한 진(眞)이 됩니다. 그런 의미에서 포에지는 아이러니의 소산이라 할 수 있습니다.' 또는 '그리하여 시작 과정은 정신의 분신

(焚身)이랄까, 살을 저미고 뼈를 깎는 아픔이며 피를 삭이는 목숨의 형극(荊棘) 과정이라 하겠습니다.' 또는 '사실 현대시는 감동을 잃어버리고 있습니다. 관객이 없는 무대에서 박수도 없이 리허설만 일삼고 있는지도 모릅니다.'

결국 『오늘의 시학』은 김광림 시인의 시작(詩作)의 외연적(外延的) 작업으로 봐도 무방할 것이다. 명해설(名解說)을 곁들여 인용되고 있는 시들 또한 우리 시사에 귀중한 위치를 차지하고 있는 주옥편(珠玉篇)들이며, 서구시(西歐詩)의 경우 역시 그러하다. 이렇게 해서 이 저자가 시의 본질적 이해 및 현대시에의 접근을 뜻하는 이에게는 그 입문서로서 드물게 보는 양서임은 의심할 여지가 없고, 이미 시를 터득한 이에게도 시의 이해를 다시 한번 정리하는 데에 틀림없이 즐거움이 깃든 큰 도움을 줄 것이다.

(≪심상≫, 1979년 4월호.)

시의 등불을 켜들고
― 김광림의 『사람을 그린다』와 『아이러니의 시학』

이 활

아침마다 타던 통근버스를
퇴직하고 나서
오늘은 남몰래
옥상에서 전송하며
그래도 마음만은
초록이 움트는
창가 빈자리에 앉는다

한 시인의 죽음을 애도하는
지상에는 눈이 내리는데
영구차를 전송하는
이 순간
이승에 분명 남아있는 내가
그 속에 누워있을
나의 어느날 아침을 생각는다

떠나보낸다는 것은
떠나가는 것과
다른 일이 아님을

나
오늘
비로소
알겠다 알겠다

— 「어느날 아침」

오락가락한 '이승과 저승 사이'

　퇴직한 다음 날 아침 어제까지 타고 출근하던 통근버스를 아무도 몰래 옥상에 올라가서 바라다보는(전송하는) 심정은 겪어보지 않은 사람은 잘 모를 것이다. 그 아픔이 얼마나 깊고, 등골에 스며드는 황혼이 얼마나 서늘한가를. 더군다나 자신의 두 어깨를 내리덮친 운명의 부채를 짊어진 아버지일 경우 그 고통을 무엇으로 형용하겠는가. 그렇지만 이 시는 삶의 불길이 아주 스러져버리지 않았음을 알려준다. '마음 한구석에 초록이 움트는 창가 빈자리에 앉는다'로 실러블이 이어지니 말이다.
　어두운 밤을 밝히는 마음의 아궁이엔 타다가 남은 불기가 다 꺼지진 않아서 삶의 맥박이 멈춰버린 상태는 아니니까 우리들은 얼마간 마음을 놓을 수 있는 것. 그러나 '한 시인의 죽음을 애도하는/지상에는 눈이 내리는데/영구차를 전송하는 이 순간'에 이르러 독자들은 다시 한 번 긴장할 것이다. 저승과 이승이 눈앞에 오락가락하니 말이다. 적어도 지은이가 생사의 갈림길을 배회하는 흔적을 감지케 되기 때문. 통근버스가 영구차로 느닷없이 전위(轉位 transposition)되어 온 현실로 미루어 볼 때, 지은이의 시야에는 이승과 저승의 혼재가 안개처럼 자욱하다. '한 시인의 죽음을 애도하는/지상에는 눈이 내리는데'라는 대목의 현실설정을 앞에 놓는 서브라인은 이미지와 상상력에서 뛰어난 광림 특유의 시적 조사임을 우리는 읽을 수가 있다.
　영구차의 출현은 이 서브라인을 업고 뒤따라 나온다는 경이에 포에지의 맛이 무엇인가를 우리가 체험할 수가 있는 것. '이승에 분명 남아있는 내가/그 속에 누워있을/나의 어느날 아침을 생각는다'의 독백은 이미 이승과 저승의 경계선이 지워진지 오래된 식물성의 체온이 그 실러블에 따뜻하게 묻어 있다.

영구차가 나가는 시간을 통근버스가 오던 시간과 일치시킨 것도 경이의 대목이다. '떠나보낸다는 것은/떠나간다는 것과/다른 일이 아님을/나/오늘/비로소/알겠다 알겠다'로 이중의 긍정을 준 것은 운명을 앞둔 입원환자가 문병 온 친구들에게 건네는 마지막 말(유언적 오성(悟性)) 같아서 마음이 뭉클해지는 비극적 장면을 눈앞에 떠올리게 한다. 포에틱스의 현실처리가 두드러지는 대목이다. 통근버스, 퇴직, 옥상, 전송, 창가 빈자리라는 언어의 교각을 타고 강판(鋼板)이 없으면서 압축된 이미지가 포개지는 실러블에 故 최정희(崔貞熙) 여사는 자기도 모르게 눈시울을 적셨다지만 목석이 아닌 어느 독자라 한들 그 아픈 이미지의 내면률에 감동의 눈물을 머금지 않은 사람이 있었겠는가.

통근버스가 어찌하여 '영구차'로 변환(image transfer)되어 나오는가, 그 이미지의 화학적 변화를 대수롭지 않게 찍어내는 포에틱스의 리트머스 시험지는 시인이라 해서 아무나 형상해 낼 수 있는 권리는 아니다. 천부의 자질이 뒤따라야 그 경지를 시라는 그릇에 담아 올릴 수 있지 않을까. 나는 그 점을 일깨우고 싶은 것이다. '이승에 분명 남아있는 내가/그 속에 누워있을/나의 어느날 아침을 생각는다'라는 처절한 자아의 응시. 그것은 일상적으로 죽음의 벼랑에 거꾸로 서있는 당사자만이 토할 수 있는 시적 독백이니, 아무리 사족을 붙여보았자 그 자체의 영역에 도달할 수 없음이 안타까울 뿐이다.

하나의 비교시학적 소묘(素描)

이렇듯 김광림의 시는 언제나 현존재로 살아온 운명적 체험과 시와 자기

확인의 미학적 통일 위에 천의무봉의 언어를 입고 펼쳐진다.
 그가 언어에 입힌 이미지의 화학적 변모에는 못자욱이나 실러블을 이어나가다 아귀가 안 맞아 연결의 무리가 억지를 부린 불합리가 뼈대의 그림자를 드러내 보이는 일이 없다. 제1시집『상심(傷心)하는 접목(接木)』에서 제11시집『곧이 곧대로』에 이르기까지 섣부른 추종을 불허하는 시인적 특질을 일관되게 향유하고 있음이 그것을 증명해준다. 못자국은커녕 대패질 자국, 모서리 이음새에 그림자를 지운 흔적조차 없다.
 우리시에 아직도 그 투영과 숨결을 머금게 하고 있는 장인(匠人) 지용(芝溶)의 작품을 보면 때로 언어의 조탁자리가 그 그늘에 희미하게 남아있는 수가 있다. 그것은 너무나 정교하게 갈고 닦으려는 석공의 집념이 양음(陽陰)의 조절에 빛의 수용농도를 어겼기 때문이리라.
 물론 그것은 언어의 장인 지용이 다듬어낸 목색(木色)의 자연통달에 옥의 티로서 천려일실의 실수라 하겠으나 이와는 달리 광림은 언어의 조탁보다도 실러블 속에 언어를 어떻게 놓느냐 하는 신택스에 시의 유기체적 생명을 발견한 시인이므로 그같은 변모가 나타날지도 모른다.
 바꾸어 말하면 언어의 연금술보다는 언어의 신택스화를 통해 이미지네이션을 조화롭게 실현하는데 포에틱스의 생명을 둔 시인이라는 말이 된다. 더군다나 지용에게는 '통근버스'가 '영구차'로 이미지의 변모를 서두를만한 생활이 없었고, '시인의 죽음을 애도하는 지상에는 눈이 내리는' 그런 현실과 자아의 연관체험을 겪은 일이 없다.
 지용은 행복을 기르면서 고려청자를 서재에 놓고 아침마다 장인의 슬기를 읽는 시간을 최고의 시간으로 익히면서 산 이상적 선비이다.
 이에 반하여 광림은 절망의 연속에서 연속적 출발하는 존재의 궤적을 삶의 캠퍼스에 그리는 시업(詩業)을 통해서 자기를 파악하는 존재론적 시인이다. 지용은 존재와 시간의 양상에 대한 자기처리에 있어 그 독립성보다도 만

물제동의 섭리를 따르는 시인이었다. 그래서 얼마간 전통적이고 얼마간 근대적이고 사물의 귀추에 얼마간 귀가 밝은 시인이었다.

지용은 그의 작품 「구성동(九城洞)에서」를 통해서 그랬던 것처럼 무위자연, 허무자연을 찾아 시의 공간을 채우면서 파적(破寂)에서 허무를 재확인하는 작업에 안주, 그 공백이야말로 자기 시세계로 획정, 거기 정착한 시인이었다. 결국 지용에게는 허무라는 정신의 옷을 입은 형자(形姿)가 언제나 정신을 이끄는 동양에의 귀의가 있었고 광림은 현실에 찢기면서 자기존재로 하여금 시간의 거품을 닦고 공간에 시를 새겨놓는다. 그래시 삶의 형식에 차이가 있었다.

광림은 자기 존재를 달래고 치유하는 인간현장의 삶을 밝히는 빛으로서의 리포트를 쓴다. 그래서 그런지 광림에게는 포에틱스와 더불어 레토릭의 두 팔이 두 겨드랑이를 타고 뻗어나와 있는 것처럼 따로따로 갈리어 각각 자기 몫을 한다.

지용은 이에 반해 포에틱스나 레토릭이 그의 시의 세계관 속에 불거져 나와있지 않고 허무라는 무형의 형자(形姿) 속에 있으면서 언제 한번 바깥으로 출장 나오는 일이 없다. 언제나 명제로 요약되어 있어서 거의 체계적인 진술을 거부한다. 이를테면 체험의 집적을 통한 합법칙성의 체험을 밟고 눈을 뜨는 합리주의의 소산보다도 불립문자의 비의(秘儀)가 용해된 산문성에서 시의 이삭을 보는 선비의 입장에 가깝다는 말이다. 여기에서 우리는 지용이 시론을 따로 제시한 일은 없어도 그에게는 카리스마가 있었다는 사실을 기억할 필요가 있다. 말하자면 지용에게는 귀납적이기보다는 명제적인 동양에의 귀의가 삶의 주조에 깔려 있었다는 사실을 우리는 그의 시나 산문에서 얼마든지 발견할 수가 있다.

광림은 처음부터 인간을 떠나서 시를 생각한 일이 없었던 것 같다. 자연을 인간을 담는 그릇으로 시세계의 저변에 깔고 출발하였다기 보다는 시간과 공간, 사회와 인간 사이에서 살아온 삶의 빛, 이것이 이미지네이션이나 인간 치유의 오성(悟性, understanding)을 기조로 자기형성을 재촉한 시인이 아니었나 싶다. 지용이 동양풍의 연역적 내츄럴리스트였다면 광림은 서구경사의 귀납적 휴머니스트였다는 표현이 두 시인을 나누는 기준이 되리라. 그 증거로 광림은 자기가 숨쉰 현장의 시를 썼고 지용은 백록담이나 구성동을 찾아 허무가 숨쉬는 자연과 그 의미의 세계를 시의 영토로 잡았다.

『사람을 그린다』의 시간상황

유형의 레토릭을 구사하여 자신의 시세계와 평론의 세계를 이끌어 낸 광림은 시론집 『존재에의 향수』를 필두로 『오늘의 시학』, 에세이 『사람을 그린다』에 이어 『아이러니의 시학』을 엮어냄으로써 오늘의 한국시가 열고 나가야할 새벽의 과제에 이바지하고 있다.

그만큼 그 평문들은 날카로우면서도 재기에 넘쳐있고 정곡을 찔러 내면서도 대상의 노기를 슬며시 억누르는 제스트에 차 있다.

광림이 파헤치는 '그림자의 부분'이 백일하에 공개되어도 그 누구 하나 핏대를 세울 수 없는 운치로 신택스는 넘쳐 있다.

에세이 『사람을 그린다』에서 「정신적 수채화가 박목월」, 「시로 쓴 시인론, 시인소묘」 조지훈, 박남수, 구상, 유치환, 서정주, 김현승, 김춘수, 김종삼은 그대로 하나의 '시의 청자(靑磁)'로 우리의 책상머리에 비치할만한 비망록적 고전이라는 생각이 든다.

그 중에서 「갈매기는 왜 날아갔는가」와 「갈매기의 행방」은 날려보낸 사람으로서는 그 어떤 '우정의 결핍'을 자성해볼 일이지만 살아가는 우리의 마을마다 흔해빠진 그런 돈뿌리가 하루빨리 흙 속에 풍화되자면 얼마나 더 문화의 퇴적이 우리의 정신자리에 쌓여야 할까.

묘역의 가슴을 입혀줄 묘비명(墓碑銘)

갈매기의 당사자인 박남수 선배가 그 글을 읽었을 때, 자기를 속속들이 아는 후배의 진정어린 에세이에 얼마나 눈시울을 적셨을까 짐작이 가고도 남음이 있다. 이 글을 읽고 간 박남수 선배는 그 흔한 한 자리의 교수직보다 몇 십 갑절이나 소중한 묘비명으로 이 글을 고이 간직할지도 모른다. 이 글이 그의 묘역을 지키면서 영원한 말벗이 되어주지 않겠는가 싶다.

또「시로 쓴 시인론, 시인소묘」는 일찍이 당대시인들이 엄두도 내보지 못했던 기획으로서 우리의 시사에 하나의 선편(先鞭)이 될 것은 물론이거니와 그 표현된 세계는 간결하고도 함축성에 넘쳐 있다. 때로는 구수한 숭늉의 맛이 우리들의 미각을 일깨워주기도 하고 어찌보면 이조의 목조건축이 못 하나 박는 일없이 홈을 파서 축으로 삼고 서로 얽혀 구조를 이루면서 기둥에 떠받치어 하늘 아래 자기의 분수에 알맞은 공간을 점유하는 슬기로운 풍아(風雅)를 창출하는 것처럼 광림은 우리시단 원로들의 시인론을 비평을 수단으로 하지 않고 그의 포에틱스로 표현하는데 뛰어난 성과를 거두었다.

광림이 지닌 포에틱스의 도마 위에 오른 시인들은 박남수, 구상, 조지훈, 박목월, 유치환, 서정주, 김현승, 김춘수, 김종삼, 김수영 등의 시인인데 이들 시인들의 시세계와 시인으로서의 인간편린이 광림이 쓴 고작 10행 남짓의 포트레이트형 시 속에 번득이고 있다.

여기서 광림의 붓은 그들 시인들의 코밑 수염을 건드리면서 그 무게를 재어보기도 하고, 또 그들 시인들이 지닌 시세계의 조명을 손쉬운 메타포를 구사하여 조사(照射)하지만 모델이 된 이들 시인들 중 어느 누구도 인격에 상처를 입었거나 광림이 지닌 포에틱스의 메스에 통증을 호소하거나 항의의 비명을 지르는 시인은 없었다.

표현의 그늘을 굽이치는 메타포의 효과를 통해서 그 시인의 진수를 찍어낸 작품도 있었고, 아이러니의 옷을 입혀 희화함으로써 독자들에게 해당시인의 세계를 조심스럽게 드러내 보여주기도 했는데 무엇보다도 그 운필(運筆)의 빠른 전위가 거기서 구사된 언어의 운치는 읽은 뒤에도 길게 여운을 그어주는 기념비적 작품들로 들어차 있다.

우리시의 판테온을 우러르며

그러나 광림은 「시로 쓴 시인론」에 아무래도 한 바퀴가 빠진 수레의 공허를 느꼈던지 뒤따라 평론을 통해서 그려낸 또 하나의 시인론을 썼다. 이번 새로 상재한 『아이러니의 시학』 시인론 (1) 「雪原의 발자국」에 수록된 작품들과 시인론 (2) 「반딧불의 촉광(燭光)」에 빛나는 작품들이 그것이다. 더 말할 것도 없이 에세이 『사람을 그린다』에서 다룬 시인의 세계는 분명히 그가 지닌 포에틱스의 창에서 내다본 하나의 바이오래피라고 한다면, 『아이러니의 시학』 시인론 (2)의 「반딧불의 촉광」에 등장시킨 시인들은 시를 통해서 그들의 세계가 표현된 것이 아니라 산문을 통해서 그들의 시세계가 해체되어 내접원(內接圓)의 원점을 향해 언어가 수레바퀴의 살처럼 모여 비평의 형식을 이루어 놓았다는 의미에서 이 시인론은 광림이 지닌 레토릭의 비범한 기동력을 다시 한번 증명해 주기도 한다.

모름지기 오늘의 시인은 자신의 시가 독창적일수록 그만큼 시인적인 상태에 머무르지 않고 시론적인 영역을 열어제껴 진술하는 풍속이 정착한 것도 이미 엘리엇 이래의 현상이라면 광림이 확립한 레토릭을 증명하는 이 글은 고도의 완성도를 우리에게 보여주고 있다. 그것은 에세이 『사람을 그린다』의 「자살, 그 변덕스러운 행위」에서 「파울 첼란」에 이르는 늠름한 전개에서도 그의 산문정신이 어두운 시의 하늘을 잘 밝혀주고 있지만 『아이러니의 시학』의 「설원(雪原)의 발자국」과 「반딧불의 촉광(燭光)」은 우리들이 겪은 경험에 다시 한번 불을 켜준 잃어버린 미학의 재창조였다는 의미가 두드러져 있다. 더구나 여기 다루어진 모델 아닌 모델들은 구상을 빼고는 그 거개가 저승으로 간 시인들이다.

「언어의 존재」, 「돌아온 갈매기의 시학」에서는 또박또박 오비어낸 시어의 구조해부에서 산문정신의 비평적 레토릭으로 우리들의 사고의 터널을 밝혀주면서도 가슴이 뭉클해지는, 형용하기 힘든 휴먼 터치의 발자국이 특이했고, 「박목월의 시세계」에서는 민요에의 향수에 체중이 기우뚱한 「산도화」와 이미지의 조형에 눈을 돌리는 자기탈피의 발자취를 묘파하였다. 「곧바로 서서 간 시인 조지훈」에서는 운율과 율동과 그 복고적인 탐미의 심오를 우리에게 펼쳐 보였고 그의 고고를 곁들여 제자리에 앉혀준 작업을 치러내면서 이마의 땀을 닦은 느낌이 있다.

또 「신심(信心)과 구도의 시」에서 구상이 현실을 갈아 이랑을 일으키며, 노심초사한 월남 50여 년을 지탱한 신심의 세계에 시작을 환원시켜 그를 재조명함으로써 진정한 인간 구상과 시인 구상의 합일점을 파헤쳐 주었고 더구나 「절규(絶叫)의 언어」는 그의 시적 진실의 소재를 다시없이 잘 그려내서 우리의 눈앞에 투영해주고 있다. 이상의 시인들의 시인론은 이 분 시인들이 대부분 생존해 있을 때 쓴 작품이므로 자기에 대해서 쓴 이 광림의 시인론은 그들 모두가 읽고 가슴에 간직한 채 고인이 되었다는 우정어린 인간애가 깔려있다.

이와는 반대로 시인론 2부에 속한 「반딧불 촉광」에서 다루어진 시인들은 거의 모두가 작고시인들이다. 그 중에서도 김종한(金鍾漢)과 장서언(張瑞彦)은 필자 개인적으로도 잊을 수 없는 시인이다.

그 첫째 이유는 그들이 시에 등장시키는 언어들이 한번 실러블에 끼었다 하면 아연 광채를 내뿜는 그들의 참신한 작시술의 세계가 좋아서 그렇고 둘째로는 그들의 표현이 옆에서 옆으로 옮겨가는 묘사진행형이 아니라 위에서

뚝뚝 떨어져오는 낙하종지형의 구성인데다가 그들이 구사하는 직유나 암유가 가시성을 두드러지게 작품 속에 드러내 보인다는 점 때문이다.

광림은 T.E.흄이나 파운드의 이미지즘의 발견과 더불어 김종한 시의 내력을 들추어주고 있는데 이는 우리들 시인들에게 이미지즘의 역할이 무엇이었던가를 작품 해설 속에서 넓은 공감대를 불러일으키게끔 잘 깔아주었다. 가령 「낡은 우물이 있는 풍경」에서 '두레박이 푸른 하늘을 길어올린다든가, 전설을 길어올린다든가' 혹은 '물동이에 푸른 하늘이 넘쳐 흐른다'라는 발상을 광림은 높이 평가했다.

해방 후 김종한의 작품은 그가 친일분자였다는 이유로 거의 매장되다시피 어느 누구의 붓에도 오르내리지 못했는데 오직 김광림만이 그를 다루어 주었다는 사실은 우리의 시의 영양과 시의 젖줄인 토지의 비옥한 자양을 위해서 얼마나 유익한 일인가.

에즈라 파운드는 2차대전 중 무쏠리니의 요청을 받아들여 로마방송국의 마이크를 잡고 아메리카의 비난을 퍼부었건만 그는 1950년대 말에 아메리카 국민의 용서를 업고 조용히 후메의 별장으로 되돌아가지 않았던가. 2차대전 이후 그토록 승전의 영광에 흔희작약(欣喜雀躍)할 때 그 마음의 한 구석에는 에즈라 파운드를 어떻게 구제하느냐가 노상 아메리카의 마음에 걸렸다. 그러나 법률은 그가 저지른 행위를 아메리카에 대한 배임죄로 규정하고 한치도 물러서려 들지 않았다. 그를 단죄하려는 법적노기의 서슬이 좀처럼 사그러지지 않았다는 말이다.

하지만 아메리카의 양식은 그렇듯 훌륭한 20세기의 시인이 무쏠리니의 파시즘에 협력하였다면 그의 머리가 잠시 돌아버려서 그랬던 것으로밖에 달리 진단할 수 없는 문제로 끌고 갔다.

이를테면 '머리가 돈 광인도 처벌하는 법을 인류가 용서할 수 있는가. 그건 인간과 이성의 파기'라면서 10년간이나 경직된 법률과 투쟁한 끝에 1956

년에 파운드의 석방을 이끌어냈다.

물론 김종한은 에즈라 파운드에 비견할만한 시인이 못될는지 모른다. 하지만 그의 시적 재능은 우리의 사랑을 받고도 남음이 있는 시인임을 부정하는 사람은 없을 것이다. 그렇다면 해방 50년에 이르기까지 우리가 그를 쓰레기통에 내버려둔 채 지내왔다면 도대체 시를 사랑한다는 우리의 체면이 어디 말이나 되느냐? 우리는 우리 스스로에게 자문자답해야 할 것이다.

광림은 『아이러니의 시학』에서 이 자문자답에 누구보다도 앞서서 대수롭지 않게 「반딧불의 촉광」 속에 수록해 줌으로써 '김종한 50년 매몰(埋沒)'에 종지부를 찍어주었다.

포에틱스와 레토릭의 합중주

『아이러니의 시학』은 광림의 포에틱스가 지닌 비범한 완숙을 우리들의 눈앞에 이토록 잘 펼쳐 보이고 있다.

이미지에서 메타포, 아이러니, 그리고 시의 내일이 어떻게 되리라는 여진(予診)에 이르기까지 빠짐없이 맞붙어 그 전망을 우리에게 알려주고 있다.

시를 쓰는 입장이 허수룩하고, 고작 감정의 누더기 속에서 이른바 인스피레이션에 누룩을 넣고 양조하듯이 시를 써서 시의 가청적(可聽的) 시대에 살려는 고집이 시의 전진을 가로막고 있는 우리의 현황 저편에 광림은 『아이러니의 시학』에서 오브제(objet)가 다스리는 시의 질서를 무엇보다도 먼저 제기하고 있다. 일찍이 「이미지의 기능과 역할」이나 「이미지의 종류」, 또는 「이미지를 위한 각서」를 발표하면서 시와 이미지, 이를테면 시의 로맨티시즘이나 감정의 실체만 표현하려드는 리얼리즘의 유산이나 감정의 유로에 매달린 시의 시대에서 표현대상을 자신의 이미지에서 발견하려는 시의 가시성을 오래도록 파헤쳐 독특한 포에틱스를 완성한 광림으로서는 오브제의 제기가 당연한 작업이었을 것이다.

둘째로 광림은 『아이러니의 시학』의 권두시론에서 '기성의 한 맥락을 절단하고 거기에서 도약하는 눈부신 높이에서 인지될 수 있는, 이를테면 좀 어리숙하고 논리적으로 딱 맞아떨어지지도, 쪼개지지도 않지만 아이러니의 묘미가 생동하는 그런 뉘앙스의 시가 아쉽기만 하다'고 술회하고 있다.

광림의 이 같은 진술은 뉴·크리티시즘의 리더였던 존 클로우 랜섬(John Crowe Ransom 1888~1974 아메리카 시인)의 이른바 '텍스츄어(texture)에의 관심에서 시가 스트럭츄어(structure)에의 관심으로 옮겨갔다'는 사실을 승인한 그 진취성이 평가되어야 하리라 믿는다.

이에 앞서 광림은 우리시의 자성(自省) 대목을 아래와 같이 지적하고 있다. '지금까지 우리시는 대체로 목청을 가다듬거나 말을 잘 다듬는 일에 많이 몰두해 있었던 것 같다. 그 성과는 너무도 시적인 시에서 찾아볼 수 있을 것이다. 이런 조탁도 매우 소중한 일이긴 하지만 새로운 사상을 지어내려면 좀 더 대담한 시도가 있어야 할 것이다. 다듬기보다는 차라리 찍어내는 작업도 그런 시도의 하나일 것이다'라고.

이는 바로 시의 산문지향에서 오는 묘사의 이지고잉을 뛰어넘어 새로운 사상에 이미지를 입혀내거나 시인이 지닌 사고의 어떤 구속을 채우기 위한 아이러니의 표상을 중시하자는 말로 해석해도 될 것 같다.

또 르네넬리의 「알려진 시, 닫혀진 시」(1947)가 의미하는 세계가 읽히는 시와 잘 읽히지 않는 시로 속단하고 있는 아전인수(我田引水)식 해석에 대해서도 적절한 지적을 잊지 않고 있어 『아이러니의 시학』이 그의 후진들에게 남겨주고 교훈이 한두 가지가 아님을 헤아리게 한다.

김광림은 「뛰어난 상상력 아이러니」에서 '아이러니는 수사학적으로는 <야유>라는 거리의 말로 통용되지만 논리학적으로는 <모순>에 관계가 되고, 근대시학에서는 두 개의 상반되는 것의 대립관계를 뜻하는 것이 된다.

두 개의 상반되는 것 사이에 애널러지[類推性]가 발견되어 대립하는 것이 조화를 이루면 메타포가 되지만 대립하는 것 사이에 애널러지가 발견되지 않아 조화를 이루지 못하면, 즉 부조화의 상태로 있으면 아이러니가 발생한다'고 분석하고 있다.

이렇듯 광림은 메타포와 아이러니의 발생학적 근거를 명확하게 분석하여 우리가 경험으로 막연하게 목격했던 그것들을 논리적으로 해부해 줌으로써 포에틱스에 대한 우리 시인들의 자각을 다시 한번 일깨워주고 있다.

어쨌든 이번에 상제한 광림의 시론집 『아이러니의 시학』을 통해서 우리는 그가 시작경험을 토대로 자신의 시학을 얼마나 갈고 닦아왔는가, 그 각고의 발자취를 한눈에 볼 수 있게 했다. 그가 쓴 시작마다 압축된 긴장 속에서 포개져 나오는 알차고도 탄력적인 언어의 영역적 공간창조는 기실 이와 같이 갈고 닦아서 도달한 포에틱스의 필연적인 소산임을 새삼 통감케 한다.

『아이러니의 시학』 첫 파트에 수록된 17편의 논고가 이를 설명하는 산 증인이 되고 있다. 그렇지만 광림은 포에틱스의 세계에서만 우리시의 미개척지대를 갈아 일으키고 있는데 멈춰서지 않고 있다. 그는 레토릭의 세계에서도 발군의 수확을 거두고 있다. 그가 쓴 산문이나 에세이들이 아무리 난해한 국면표현에 부닥치는 경우라 해도 논리의 계단을 타고 심연에 내려가서 목적물을 잡아올려 눈에 보이게끔 구체적이고 가시화하고 만다.

『아이러니의 시학』 파트 Ⅰ에서 Ⅴ에 이르는 전구간을 읽어 내려가면 우리시의 초상화적 범주를 이론적으로 경험할 수 있을 뿐만 아니라 자신에게 체험화시킬 수도 있으리라 믿는다. 더구나 시인론 파트를 통해서는 우리시의 전체체중에 접할 수 있겠고 Ⅳ와 Ⅴ를 통해서는 우리시단 60, 70년대를 직접 가보지 않은 사람이라 해도 앉아서 경험케 하고 확인케 해주는 데가 있다.

팝송과 섹스와 PD의 오락프로가 문화의 한복판에 엎치락뒤치락하는 백치의 문명 속에서 싱싱한 시의 숨결을 건강하게 내쉬는 『아이러니의 시학』의 출현은 계속 사유(思惟)하면서 계속 시의 밭을 갈아일으키는 작업에 지속적 확신을 안겨주는 등불이라 믿는다.

현실 속에 담긴 진실의 총정리

마지막으로 내가 그렇게 생각하는 까닭을 아래에 예증해 보기로 하자. 장서언(張瑞彦)이라는 시인에 대해 김광림은 「반딧불의 촉광」에서 「감각과 상징의 묘」를 논술하고 있다. 장서언의 시 「고화병(古花甁)」에 대해서 광림은 이렇게 해설한다.

"장서언의 대표작으로 알려져 있는 「고화병」은 감각과 기교면에서 특출한 솜씨를 보여주고 있다. 항아리를 의인화하여 손잡이가 없는 것을 '구부러진 어깨에 두 팔이 없다'라든가 '늙은 간호부처럼 고적하다'든가, 투박한 아가리를 '우둔한 입술'로 표현했다고 밝혀준다. 뿐더러 항아리에 화초가 잔뜩 담겨있는 상태를 '풀을 담뿍 물고'로, 항아리에 담겨있는 '오합(五合) 남는 물이 푸른 산골'을 꿈꾸는 것으로 무생물의 생물화를 시도한다. 그리고 '황혼의 그림자가 窓넘어 터덜터덜 물러갈 때' 역시 무기물의 유기물화를 볼 수 있다"고

한편 "고자기(청자인듯)의 바래지 않은 색깔을 '파랗게 얼었다'로 표현했다든가, 항아리에 담긴 화초에서 풍기는 향기를 새삼 '다시 한번 내뿜는 담담(淡淡)한 향기'로 표현한 데서 섬세한 감각을 만나게 된다"고 작품분석을 했다.

또 하나 이 『아이러니의 시학』이 갖는 의의는 무엇보다도 '포스트 모더니즘의 유영(幽靈)'이 함부로 설칠 스페이스를 주지 않았다는 진실에의 충실을 우리는 평가해야 하겠다. 왜냐하면 포스트 모더니즘은 새로운 문학이나 예

술상의 표현유파가 아니라 그 표현유파를 통틀어 부른 일종의 집합명사에 불과한 저널리즘의 속칭에 지나지 않기 때문이다.

　오늘날 포스트 모더니즘 속에 저널리즘이 일괄해서 부르는 시나 표현예술이라면 기실은 콘크리트 포엠과 그 그룹들이 제작에 손을 대고 있는 이른바 컴퓨터 서정시를 비롯, 희화의 해프닝(claes oldenburg 주도), 컨세프튜얼 아트(conceptual Art, Richard long 주재), 아트 앤드 랭귀지(Art and language) 등 헤아릴 수 없이 많다. 그런데 이들 모든 유파의 발상이 어느 하나도 동일하지 않다. 그런데도 포스트 모더니즘의 유령을 앞세워 운운하는 것은 그야말로 난센스라는 것이다. 이들 유파의 세계를 덮어버릴 뿐이니까.

　유령이 어떻게 말하겠는가.

　컴퓨터 서정시만 해도 우리들의 이른바 포스트 모더니즘들은 제작할 수가 없다. 그런데도 포스트 모더니즘의 상표만 매각하고 있다는 느낌만 주고 있다.

　제품이 없는데 어떻게 장사를 할 수 있느냐 그 말이다.『아이러니의 시학』은 그러한 장사를 노리지 않고 있기 때문에 나는 더욱 건강한 시학이라는 것이다.

근원적 물음으로서의 의식개안(開眼)

서 벌

한국시사에 있어서의 현대시조는 무슨 면으로 따져 보든지 뒤늦게 일구어진 것이 틀림없다. 자유시 수십 년의 변화상과 그 시도 작업 과정이 성취하여 딛고 있는 것에다 비교하여 보면 이 문제는 여러 모로 차이를 내고 있으며, 그 차이 나고 있는 거리를 면밀히 따져보면 다름 아닌 '현대' 문제, 즉 '현대시의 특성' 문제가 다분히 결여되어 있음을 알 수 있다.

시란, 이를테면 시가 말하고 있는 내부 문제와 그 내부 문제를 짜 놓고 있는 상태를 가름하거나 종합해 볼 때 그 시가 지닌 특성, 혹은 전체적 면모가 어떠하다든지 아니면 무엇 정도라고 논해지게 된다. 평가 작업의 기준은 일정한 것은 아니고 논자에 따라 그 견해는 그들이 따로 의도한 만치 늘 다르다.

유별난 산문시, 혹은 대장편 서사시 등의 경우를 떠난다면 대체로 시의 부피를 피부로 느낄 수 있고, 시의 부피의 상태를 느낄 수 있다. 시란 다른 장르에 비해 가급적이면 말을 아껴 다루면서 더 많은 결과를 노리려는 문학이고 그만큼 말의 경제성이 고려되어 있는 문학이다. 때문에 시는 보다 다스림으로서의 문학이며 그 다스림의 묘리가 곧잘 리듬과 묘한 관계가 되고 있다.

문덕수는 '현대시의 특성'을 논하는 자리에서 다음과 같은 옛시조를 먼저 들고 왔다.

　　마음이 어린 후이니 하는 일이 다 어리다.
　　만중운산(萬重雲山)에 어느 임이 오랴마는
　　지는 잎 부는 바람에 행여 귄가 하노라.

조선조는 중종(中宗) 대의 서경덕(徐敬德)의 시조다. 이 시조를 놓고 문덕수는 "설명서술이 마음에 걸리기는 하나, 중장의 지성작용(知性作用)과 종장의 감성작용의 상극이 있다. 이런 모순과 갈등은 현대성이라고 할 수 있다."고 하면서 "어느 시대를 불문하고 이질적(異質的)인 시를, 특히 그 시대의 특성을 띤 시와 그 시대성과는 동떨어진 작품이 공존(共存)하기 마련"이라고 전제하고 있다. 여기에 관련하여 이 논자는 현대시의 한 특성으로 '모순성 내지 갈등성'을 들고 있다. 특히 이 논자는 여기서 "사물의 인식에 있어서 모순 또는 갈등면이 특히 현저한 것은 현대시의 한 특징"이라고 하면서 그것은 현대인의 '심리특성의 반영'이며, 아울러 "사물을 일원적으로만 보지 않고, 이치(二值) 또는 다치면(多值面)으로 인식하는 데서 일어나는 것"이라고 하고 있다. 그래서 그 근원은 "인간의 존재와 세계의 부조리에 있다"하고 있다.

　　예금을 모두 꺼내고 나서
　　사람들은 말한다
　　빈 통장이라고
　　무심코 저버린다
　　그래도 남아 있는
　　0이라는 수치(數值)

김광림의 「0」이라는 시의 제1연이다. 한 연은 앞의 서경덕(徐敬德)의 평시조 한 수에 비견하여 그 부피, 그 상태와 별로 차이가 나지 않을 것이다. '대구(對句)' 방식까지가 시조의 구조 그것에서 벗어나지 못하고 있다. 굳이 또 따져서 앞의 서(徐)의 시조는 끝에다 '하노라'라는 빈말 내지 투어 정도를 더 달고 있다는 것 뿐, 뒤의 김(金)의 현대시와 일종의 '설명서술(說明敍述)'이기는 마찬가지이다. 이렇게 볼 때, 어떤 시이든 '설명서술'을 전연 배제하고는 성립될 수 없다는 점도 간파하게 되리라.

그렇다면 문덕수는 왜 이 작품에만은 '설명서술'이라는 단서를 놓지 않고 다음과 같이 말하고 있는가.

> …첫 聯에서 우리의 주의를 끄는 대목은 '그래도 남아있는 0이라는 數値'이다. 預金殘高의 全無라는 日常的 認識에서 0이라는 數値의 존재, 다시 말하면 있었던 數値를 다 소비해버리고 없어진 그 狀態의 實在를 形而上學的으로 認識하고 있다. 처음부터 '없는 것과 있었다가 없어진 것'과는 그 실재가 판이하게 다르다. 처음부터 없었던 것은 '無'이지만, '있었다가 없어진 그 狀態'는 그 자체 '有'이기 때문이다. 이 시의 '첫 聯의 日常的 無'와 '形而上學的 有'의 대립은 분명히 矛盾과 葛藤이다.

시 한 연의 상태를 놓고 이만한 해석을 가하기란 그리 쉬운 노릇이 아니다. '설명서술'인 시의 한 상태를 놓고 그것을 '설명서술' 쪽이 아닌 차원의 것으로 해석할 수 있는 힘은 다름 아닌 '현대시론의 그 눈의 힘'이라 할 것이다. 앞서 말한 바 있는 황진이 시조에 대한 가람의 예술성의 발견도 이러한 통찰력과 해석력과도 결코 무관하다할 수 없으리라.

예컨대, 김광림의 「0」을 놓고 문덕수(文德守)는 "'긍정과 부정'의 병치(竝置)로 심리적(心理的), 철학적(哲學的) 갈등의 기복(起伏)"을 찾아내고 거기서 다시 "그 어느 것도 아니라는 변증법적(辨證法的) 총합(總合)"의 경지와 그 인식의 패턴까지를 찾아내면서 김광림이 또 달리 보유하여 왔던 주지적 서정 등에서도 현대성을 발견할 수 있다고 한다. 이를 통해 문덕수는 '사물을 새롭게 보는 눈' 등을 높이 사고 있다.

    고쳐
    바른
    단청빛
    하늘이다

    경내는
    쓰는대로
    보제수(菩提樹) 잎사귀
    한창이다.

    잎 줄기에서
    맺혀나온
    염주알
    후두둑 떨어진다

    벼랑 위에
    나붓이 앉으신
    참 당신
    보인다.

작품 「0」과 같은 지면(≪시문학≫, 1972년 2월호)에 발표되었던, 역시 김광림의 「가을」전문이다. 이 작품의 조직과 배열 상태는 1연 4행씩 4연 16행이다. 좀더 형식에 관심하고 보면 한국 시가의 재래의 리듬을 모름지기 느끼게 한다. 이를테면 3·4율조의 운동감이 적절하게 배치되어, 그 리듬감이 이미지와 이미지와의 상충작용을 딱딱 끊어가면서도 시 전체를 교묘히 접합시켜 주고 있다. 일찍이 엇시조가 참으로 능력 있는 자에 의해 개발 진전되었더라면 이 정도는 넘어섰을 것이다. 이 시는 엄밀히 따져 김영랑(金永郎), 강우식(姜禹植)이 이룬 4행 시의 한 묶음의 분량이며, 그만한 분량으로써의 새로운 배치라고 할 수 있다. 시조가 이러한 배치에 간혹 눈 뜬 것은 『曺雲時調集』에서의 일이고, 그 다음 1950년대의 신인, 1960년대의 신인군에 의해 의도적으로 전개되었음을 상기하게 된다. 그 이전의 시조란 3행 아니면 겨우 6행 전례에만 맴도는, 육당(六堂) 신시조(新時調)의 답보였던 것이다.

존재론적 현상학

김 동 수

　존재에 대한 형이상학적 본질 탐구는 철학자들뿐만이 아니라 시인들 세계에서도 즐겨 다루어 왔던 삶의 화두요, 과제이기도 하다. 그래서인지 존재의 의미와 가치 탐구에 대한 철학적 사유의 세계가 '2001 한국시'에서도 진지하게 다루어지고 있었다.

　　　예금을 모두 꺼내고 나서/사람들은 말한다/빈 통장이라고/무심코 저
　　　버린다/그래도 남아 있는/0이라는 수치//긍정하는 듯/부정하는 듯/그 어
　　　느 것도 아닌/남아 있는 비어 있는 세계/살아 있는 것도 아니요/죽어
　　　있는 것도 아닌/그것들마저 홀가분히 벗어버린/이 조용한 허탈//그래도
　　　0을 꺼내려고/은행창구를 찾아들지만/추심할 곳이 없는 현세/끝내 무결
　　　할 수 없는/이 통장//분명 모두 꺼냈는데도/아직 남아 있는 수치가 있
　　　다/버려도 버려지지 않는/세계가 있다
　　　　　　　　　　　　　　　　　　　　　　　　　　　　—「0」

　'0'이라는 존재 탐구는 삶의 목적과 의의를 새롭고 깊이 있게 꿰뚫어 보려는 실존지향과 무관치 않다. 인간이 자신의 존재나 세계에 대한 불안감을 떨치지 못하는 한 존재 자체의 의미나 비밀에의 관심은 오히려 자연스런 인간

의 모습, 곧 본래적인 존재성이 아니겠는가?

　김광림의 '0'이라는 수치에 대한 진지한 접근도 인상적이다. 그가 얻은 해답은 이렇다. 사람들은 '빈 통장이라고/무심코 저버린다/그래도 남아 있는/0이라는 수치'가 있다는 것이다. 그처럼 우리네 인생에도 '버려도 버려지지 않는 세계'가 있음을 '0'이라는 수치를 통해 암시적으로 그리고 있다. 따라서 이 시에서의 '0'은 단순한 시적 대상물이 아니라 내 자신의 존재성을 드러내 주는 객관적 상징물이 된 셈이다. 무심히 지나쳐 버린 것들에 대한 새로운 인식. 이제 모든 것들 '홀가분히 벗어버려−조용한 허탈', '분명 모두 꺼냈는데도/아직 (무언가) 남아 있다는' 생에 대한 사려 깊은 성찰과 연민이 우리네 삶의 자세를 다시 한 번 가다듬게 한다.

　　　(「2001 한국시의 흐름」, 『2001년을 대표하는 문제 시·시조』.)

7부
개별적 작품평

한국시에 나타난 한국동란
- 시 「풍경」

구 상

······(전략) 이상 시에 나타난 한국전쟁을 살펴보면서 우리가 쉽게 간파(看破)할 수 있는 것은 일반적으로 이해하는 한국전쟁의 특성, 즉 '이데올로기'의 무력적 대결 속에서 한 국민이 치른 정신적 모순과 갈등과 고민의 실체는 아직도 충분히 밝혀지지 않고 있다는 사실이요, 한 걸음 나아가 그 동란을 통해서 한 국민의 참된 삶의 요구와 거부가 하나도 이루어지지 못하고 있다는 사실을 알 수 있으리라고 믿는다.

이렇게 말하면 어떤 이는 나에게, 아니 우리에게 왜 고민의 당사자가 자기의 고민을 쏟아놓을 수 없으며 또 당사자가 그 실존적 삶의 요구와 거부를 선택하고 결단하지 못하느냐고 의문을 가질 것이다. 흔히들 이즈음 선량한 외국 친구들이 '미국과 중공이 악수하는 이 해빙(解氷)시기에 그대들 남북한은 동족끼리인데 그 대립과 증오를 왜 풀지 못하느냐'는 물음과 똑같은 말이다. 나는 이에 대하여 근래에 읽은 김광림의 시를 제시하려고 한다. 이 시인은 은행원으로 일하며 시를 쓰는 40대 시인인데 그는 '유니크'한 '이미지'조형(造型)으로 일가(一家)를 이루고 있다.

起重機는
망가진 캐시어스 클레이의 철권 수만 개를
들어 올린다
흔들린다

헛기침도 않고
건달 같은 자세로
시장한 벽에
부딪친다
壓倒해 오는 타이거 重戰車에
거뜬히 肉彈한다

나를 매달아 놓았던 內臟의 사슬이
끊어진다

起重機를 벗어난 鐵推는
現實 밖으로 뛰쳐나간다
한 마리의 새가
抛物로 날아간다

—「풍경 A」

　이 시는 물론 일반적 문명(文明) 비평이요, 우리의 역사적 상황을 직접으로 표현한 것이라고는 보지 않는다. 그러나 오늘까지의 역사적 현실이나 그 상황은 기중기(起重機) 같은 강자 혹은 강대국(強大國)의 의지로 인위적으로 형성되고 있는 것이 사실이다. 그리고 그 강대국의 의지는 마치 건달 같은 자세로 돌아가는 것이다. 이 속에 모든 약자의 비극은 수없이 되풀이되고 있는 것이다.
　그렇다고 나는 한국의 시인들이 오늘에 와서 한국동란이나 그로 말미암아 빚어진 오늘의 한국 현실을 강대국에게 한몫 책임을 돌리려 든다는 말은 아니다.

  또한 강대국이라 하여도 소련이나 중공 등 공산주의 국가의 우리에게 행한 악의적인 의지나 힘과 미국을 비롯한 민주주의 세계의 선의적인 의지나 힘을 도매금으로 동일시하려 들지도 않는다. 그렇지만 우리의 삶을 근본적으로 파괴하려 드는 공산주의 폭력은 물론이려니와 민주주의의 의지나 힘도 우리의 비극을 해소하거나 해결하지 못하고, 아니 해소하거나 해결하려 들지 않고 오히려 공산주의 폭력과 손을 맞잡고 우리의 삶을 더욱 더 부조리 속에 몰아 넣고 있다는 사실을 한국 시인들은 묵과(默過)할 수 없는 것이다. 이것을 본질적으로 규명하면 민주주의의 힘도 결국 소유가 존재를 선행하기 때문이라 할까. 민주주의의 힘인 자본주의도 공산주의와 함께 유물론적 세계관에 귀착되기 때문이라고나 할까?

  그래서 세계가 추구하는 공동선이 그 가치 자체가 목적이 아니고 전략적 가치만으로 강대국들이 시종(始終)할 때 그들의 세계주의는 공념불인 것이다.

  이렇듯 인류의 역사를 자기들의 힘, 즉 소유에다 매달리는 그 강대국의 지배자들에게 한국 시인들은 자기들의 비극적 체험과 부조리한 삶을 통하여 항의하고 도전하는 것이다. 그리고 민주주의의 근저(根底)가 되는 기독교적인 존재관과 소유관에서 모든 세계의 소유가 모든 인류에게 정녕 공동으로 향유(享有)되기를 요구하는 것이다.

비시(非詩) 속에서의 시
― 시 「직업」

정 한 모

　김광림은 요즘 매우 흥미있는 작품들을 꾸준하게 보여주고 있다. 몇 년 전 시협상(詩協賞) 수상작품이었던 「갈등」과 그 무렵의 작품인 「시로 쓴 시인론」에서 이미 그의 만만치 않은 진면목은 드러나고 있었지만 그 후 계속해서 발표되고 있는 작품들을 보면 광림은 든든한 자기 자리를 마련하고 있는 시인으로 보인다. 그는 이제 한 작품을 쓰기 위해서 특별한 대상(素材)을 찾아 헤매거나 소름 돋는 감동의 순간을 언제까지나 기다리지 않아도 되게끔 된 모양이다. 특별한 대상과 맞서 안간힘을 쓰며, 맞씨름하듯 쓰는 시는 나이든 시라고 할 수 없다. 소름 돋는 감동을 놓치지 않고 포착하여 거기에다 좀더 보탠 감격으로 쓰여진 시도 역시 연조있는 시는 아니다.
　김광림은 자기의 생활 주변 어디에서든 시의 대상(소재)를 찾을 수 있을 만한 눈을 갖게 되었다. 소름 돋는 감동의 순간이 아닌 일상적인 감정을 시의 정감으로 바꾸어 놓을 줄 아는 가슴을 지니게 되었다. 이러한 광림을 최근의 그의 시집 『한겨울 산책』 속에서도 자주 만나게 된다.
　쓰는 사람 자신이 땀을 뻘뻘 흘리고 있는 시, 아니면 턱이 닿게 숨이 가쁜 시는 읽는 사람을 피곤하게 하거나 괴롭힐 뿐이다. 감동에다 아무리 감격을 더한다 하더라도 그럴수록 그런 시는 헛김만 새고 녹슨 기계가 힘겹게 돌아가는 것처럼 안쓰러워 보인다. 이러한 시들일수록 다변(多辯)해지거나 덕지덕지 군더더기가 눈에 띈다. 아니면 별 알맹이도 없이 읽는 사람만 괴롭히는 경우가 많다.

언뜻 시가 될 아무런 언턱거리도 없는 듯한 곳에서 시를 찾아내는 눈, 말라버린 짚 덤불 속에서 싱싱한 한 송이 풀꽃을 마련할 줄 아는 가슴과 솜씨, 이러한 보배로운 칼을 지니게 될 때 비로소 시인은 일가(一家)를 이룬다. 여기에 이르러 시인은 여유를 지니게 된다. 눈에든 가슴에든 여유를 가진 시인은 대상과 표현에서 그만큼 자유로울 수 있다. 따라서 그의 시는 난삽할 필요가 없다. 때문에 그의 시는 독자들에게 부담을 주지 않는다. 부담을 주지 않을 뿐 아니라 독자들은 자신의 인생, 자기의 생활 속에서도 시를 공감하며 시를 즐길 수 있는 기쁨과 만나게 된다. 이러한 시를 김광림은 요즘 계속해서 우리에게 보여주고 있는 것이다.

>하루에도 몇 차례
>땅바닥에다 내동댕이친다.
>붕어 낚시에 걸린 장어모양
>담배 꽁초를 구둣발로 짓이기고
>테! 하고 돌아선다
>하지만 손은 어느 새
>얽힌 줄을 다시 고르고 있다
>하늘 한 번 쳐다보고
>또 시작한다
>
>— 「직업」

직업을 가져보지 못한 사람이라면 몰라도 어떠한 직업에든 종사해 본 사람, 지금도 종사하고 있는 사람이라면 누구든 이 작품을 읽고 자기자신의 푸넘처럼 공감할 것이다. 그만큼 이 시는 설명이 필요 없이 전달되는 작품이다. 굳이 설명이 필요하다면 바로 그 평이한 전달성이 문제가 될 뿐이다.

  하루에도 몇 차례씩 내동댕이치고 싶은 충동을 이기지 못하는 지긋지긋한 '직업(職業)' 그 혐오스럽기 짝이 없는 감정을 서술로서가 아니라 이미지를 통하여 비유적으로 표현하고 있는 데서 그 전달성은 더욱 선명하고 평이한 것이 되고 있다. 특히 '붕어 낚시에 걸린 장어'의 이미지는 직감적 혐오의 감정을 충분히 살리고 있다. 또한 이 한 행은 앞의 행과는 도치법으로 연결되어 있을 뿐 아니라 다음다음 행인 '테! 하고 돌아선다'와도 무관하지 않아 5행까지의 긴밀한 연결성에 크게 기여하고 있다. 뿐만 아니라 혐오감을 폭발적으로 표현하는 데 적절한 행동적 이미지들이 간결한 대로 더욱 효과 있게 동원되고 있다. 제5행까지의 역동적 이미지와 대조적으로 제6행 이하의 의미의 대응, 이미지의 대응, 나아가 리듬의 대응들이 이 작품을 성공시키고 있는 요인이라 할 수 있을 것이다. 그 중에서도 '손은 어느새 얽힌 줄을 다시 고르고 있다'는 행이 앞의 '붕어 낚시에 걸린 장어모양'과 연결되어 작품의 통일성에도 크게 이바지하고 있다. 끝 2행은 없어도 무방한 그러나 끝마무리를 위해 필요하기도 한 첨가라 할 수 있다.

  필자는 작품을 평가하는 데 실질 이상으로 너무 거창하게 늘어놓기를 좋아하지 않는다. 하물며 모두가 다같이 설명없이 공감할 수 있는 작품인 바에야 무슨 말이 더 필요하랴.

(≪심상≫, 1977년 3월호.)

김광림 「窓」

정 한 모

언어가 지니고 있는 관념을 애써 제거하여 언어의 순수질(純粹質)로써 새로운 공간미학을 이루고자 지향하면서 그 지향의 길을 꾸준히 걸어온 시인이 김광림이다.

신작특집으로 발표된 이번 작품들 「窓」,「말뚝」,「빈터」,「건널목」,「시장끼」에서도 이러한 지향은 계속되고 있다.

이러한 작업을 오랜 동안 계속해온 이 시인의 이번 작품에서는 이제 서서히 필연적인 변모과정에 들어선 느낌을 준다. 관념을 배제하려 애써 오는 과정에서 이루어 놓은 시적 공간 안에서 이제는 나이든 경지에서 우러나오는 그림자 같은 내면적인 것이 뒷받침하고 있다. 안으로 더욱 익어가는 느낌이다. (《현대문학》, 1970. 12.)

    絞首의 순간에 짚어보는 공허를 틀에 끼워놓은 것이 창이다 그래서 창은 피차의 갈증을 넘보는 버릇이 있다 유리를 닦으면 노골적으로 묻어나는 생각 正直하게 먼지가 쌓여 세월이 눈에 보인다

    좀처럼 窓을 벗어나지 못하는 구름이 있다 제자리에 머물러 喀血하

거나 끝내는 자신의 존재를 찢어 발긴다 이 조용한 崩壞를 無關하게 지켜볼 때 비로소 窓이 내부로 열린다

　窓을 가로질러 한 쌍의 새가 엇갈려 날고 있다 어린 시절의 그물을 맞들었다—막 동해에서 生鮮같은 아침해를 건져낸다 금시 비늘 투성이의 창이 된다

—「창」

판유리에 밀어닥치는 파도
지상은 폭풍주의보
고장난 윈도우 브러쉬가
앞을 가로 막았다
遮斷機처럼
건널목에 멈춰선
비오는 날의 생각

—「건널목」

起重機는
망가진 캐시어스클레이의 鐵拳 수만 개를
들어 올린다
흔들린다
헛기침도 않고
건달 같은 자세로
시장한 壁에
부딪친다
壓倒해 오는 타이거 重戰車에
거뜬히 肉彈한다
나를 매달아 놓았던 內臟의 사슬이
끊어진다
起重機를 벗어난 鐵推는
현실 밖으로 뛰쳐나간다

한 마리의 새가
　　抛物로 날아간다

　　　　　　　　　　　　　　　　　　―「풍경 A」

　역시 《현대시학》에 나와 있는 김광림의 작품이다. 수 년 이래 대상을 자기의 내부에서 사물 그 자체로서 재구성하는 일관된 작업을 계속하고 있는 이 시인의 작품인「풍경 A」는 앞의 두 시에 비해 대상에 대한 집중이 더욱 적극적이고 정공법을 쓰고 있다. 곧, 객관의 대상을 주관 속에 끌어들여 이를 재구성하여 다시 객관화하는 방법을 채택하고 있는 것이다. 주관 안에서의 작업이지만 감정으로 해석하는 것이 아니라 지성에 의해 변형하고 확대하고 있다.

　이러한 주지적인 시적 작업이 사물에 대한 새로운 인식의 차원을 높여주고 있는 것이며, 그러기 위해 기성의 논리와 관념의 대상과의 관계에서 배제한다. 이러한 시가 지니고 있는 결벽성(潔癖性)은 바로 이 점에서 찾아볼 수 있고 현대시는 이와 같은 결벽성으로 말미암아 언어 이외의 모든 거주권을 어쩔 수 없이 벗어나고 있는 것이 하나의 추세라 할 수 있으며 나아가서 이러한 지향점을 가진 시가 코스모폴리틱한 시라 할 수 있다.

　그러나 현대시에서 밖으로의 지향이 내실(內實)과 필연성을 결여(缺如)할 때 모더니즘에서처럼 이에 대한 반동으로 안으로의 회귀가 나타난 역사적 사실에 비추어 한국시의 코스모폴리티즘이 진정한 현대시의 궤도 위에서 필연적인 전진이 되기를 바라마지 않으며, 또 이러한 희망은 충분히 이루어지리라 믿고 있다.

　　　　　　　　　　　　　　　　　(『한국현대시의 현장』)

휴머니즘과 잠언
― 시 「사랑」

김 재 홍

김광림의 시편들은 설화 지귀(志鬼)의 낭만적 사랑을 테마로 하여 현대인들의 도식적이고도 각박한 삶에 원시적 사랑의 향수를 불러일으켜 준다는 의미를 지닌다.

    갈릴리 호수가
    다문다문 피어 있는 黃菊
    코로넬리아 꽃잎이
    가볍게 흔들린다
    먼 곳
    새 소리
    湖面 그득한 햇살
    고달프고
    지친
    마음을
    어루만지듯
    바람이
    아아 예서 그는 사랑을 배웠구나

                           ― 「사랑 Ⅳ」 전문

이 시에는 호수·새소리·햇살·바람 등의 원형적 전원심상(田園心象)과 황국·꽃잎 등의 식물적 이미지로 가득차 있다. 이러한 것들은 온갖 시멘트와 철근, 그리고 오일과 플라스틱의 광물적 이미지와 그에 상응하는 비정한 상업주의와 물질주의가 휩쓰는 현대의 풍속도와는 어울리지 않는 것으로 보인다. 또한 이 시에서 '사랑'이라는 테마 자체가 진부한 것으로 생각될 수도 있다. 그러나 전원심상과 식물적 이미지를 '사랑'의 테마와 호응시킨 것은 적절한 배려인 것으로 판단된다. 왜냐하면 '아아 예서 그는 사랑을 배웠구나'라는 결구 속에는 이 '사랑'이 하늘과 땅 그리고 인간을 결합하고 교감시키는 절대자 혹은 예수 그리스도의 초월적 인간애를 상징하고 있는 것으로 보이기 때문이다. 이 점에서 '사랑'은 대자연의 아름다운 질서와 이에 어울리려는 휴머니즘의 몸짓인 것을 알 수 있다. 이러한 자연애·인간애의 호응과 상호교감은 연작시 「지귀담」에서 낭만적 사랑으로 구체화되어 나타난다.

①미친놈 지랄한다고/걷어채고/엉망진창으로 녹초가 돼도/그래도 마음만은 신바람나게 흐뭇해/여왕님 곁이라면/죽어도 그만 좋아라
— 「죽어도 그만 좋아라」에서

②하지만 전 알아요/여왕님 생각에/가슴에 피멍이 들고/머리가 휙 돌아버린 것을
— 「가슴에 피멍이 들어」에서

③참으로 용기있는/바보 사내/눈멀고/미치다가/황홀하게 불타 버리는/사랑을
— 「황홀하게 불타 버리는」에서

④그 땐 점화된 육신이여/활활 타오르것다/폭삭 꺼지는 영혼이여/재가 되것다
— 「단 한 번의 눈길을」에서

이 시편들에는 직정적(直情的)인 사랑의 애소와 그 열망의 몸부림이 담겨져 있다. 이룰 수 없는 사랑의 한을 품고 죽어간 지귀의 슬픈 사랑이 애절하게 묘사된 것이다. ①에는 죽음을 넘어선 맹목의 사랑이, ②에는 목숨을 건 사랑의 치열함이, ③에는 사랑의 황홀한 광기가, ④에는 생명의 연소로서의 영원한 사랑이 각각 드러나 있다.

　이러한 지귀의 눈먼 사랑, 목숨을 걸고 또 목숨을 넘어선 사랑의 모습은 마치 컴퓨터처럼 정확하게 저울질되고 조건지어지는 현대인의 사랑의 풍속으로 비춰 볼 때는 환상적인 옛이야기이거나 아니면 유치한 센티멘털리즘의 반영으로 보일는지도 모른다.

　그러나 지귀의 슬픈 사랑 이야기 속에는 메마른 기계문명화 경향과 통속화 풍조에 거세되어 가는 인간성과 안간애의 따뜻한 체온을 회복하고 그것을 영원히 간직해 가려는 아름다운 휴머니즘의 열망이 담겨져 있는 것으로 보인다.

　닳고 닳은 흔한 사랑타령이 아니라 고전 속의 소재를 새롭게 발굴하여 지속적으로 천착해 가는 것은 현대시의 매너리즘을 극복하는 데도 일조(一助)를 할 것이 분명하다는 점에서 이러한 노력은 바람직한 작업으로 판단된다.

(《현대문학》, 1983년 11월호에서.)

삶의 처절한 몸짓
— 시 「寓居 Ⅱ」

박 동 규

신동아에 게재된 김광림의 「寓居 Ⅱ」는 우리에게 삶의 처절한 몸짓이나 혹은 한숨 같은 자탄이 섞인 그림을 보는 듯한 느낌을 준다.

　마을은
　망가지기 쉬운 바구니속에 있다

　한밤중
　서까래가
　뚝
　무너지는 소리

　소스라쳐
　깨어보면
　삼동에
　찬 달이 걸렸다
　　　*
　천장이며
　벽이며

빗물이 얼룩져

전쟁이 마구 짓밟고 간
꽃밭보다 정교하다

날이 들면
새 추상화를
또
보겠지

　그것은 「寓居 Ⅱ」의 첫 연에 제시된 '망가지기 쉬운 바구니속'이 주는 인상 때문이다. 퍼석퍼석 부서져 내릴 것 같은 바구니 속에 인간은 모여서 산다는 전제는 살아가노라면 느끼는 삶의 고통이 아니라 살아있음의 존재로서 확인하는 자세이다. 그것은 김광림 시인이 현실이나 사물을 역사적 시각에서 파악하기보다는 현상 그 자체의 의미를 깊이 꿰뚫고자 하는 시정신 때문이라고 할 수 있을 것이다.
　이 「寓居 Ⅱ」는 이러한 그의 의지를 무너지는 소리, 찬 달, 빗물, 추상화 등의 상태를 교묘히 배합시켜서 우리에게 살아가고 있는 집이 아닌 살아있음의 집이 주는 내면공간으로 보여주고 있는 것이다.
　이 시가 풍기는 느낌의 사설적 의미는 오히려 사실적일 수도 있다. 그것은 이미지가 선명하게 드러나 있는 탓이다.
　한밤중 낡은 집이라서 서까래가 뚝하며 부러지는 소리를 듣는 공포와 그 공포의 저 편에 가난하게 살아가는 사람의 굵은 손마디가 부러지는 듯한 아픔의 소리를 듣게 되는 것이다. 또 자다가 추위에 눈을 뜨면 깨어진 창문으로 하늘에 달이 걸려 있고 방안의 차가움으로 해서 하늘에 걸린 달은 얼어 있는 것이다. 천장과 벽이 빗물이 새어 들어와 얼룩을 만들고 그 얼룩은 전쟁이라는 어쩔 수 없는 불가항력의 힘에 의해 빚어진 얼룩보다 더욱 참혹하게 느껴지는 것이다.

이상의 「寓居 Ⅱ」에서 느낄 수 있는 감각들은 이 시가 말하고자 하는 핵심, 즉 살아있음과 그것을 보여주는 현실과의 사이를 우리에게 알게 해 주는 것이다.

바람이 불면 무너질 듯한 집 하나 사서 살기가 얼마나 어려운 일인가. 빗물을 막고 살아가기란 얼마나 힘든 일인가. 엄동설한에 따뜻한 아랫목에 누워있기가 얼마나 고달픈 일인가 하고 생각할 때 우리가 바라보는 현실 그것은 오히려 알 수 없는 추상화일 수도 있는 것이다.

김광림의 「寓居 Ⅱ」는 현실과 살아있는 인간이 함께 거처하는 빈약하고 가난한 집이면서도 그것이 비극화되지 않고 있다는 점에서 이 시인 특유의 시적 기법을 찾을 수 있는 것이다. 즉 현실에서 당면하는 고통이나 좌절을 현상의 저편으로 끌어내어 던지는 기교, 예를 들면 '찬 달'이나 '추상화'라는 것들로 해서 시적 긴장은 팽팽하게 이루어지는 것이다.

그의 시에는 외치는 소리가 들리지 않는다. 담담히 절약된 짧은 언어로 형상화된 사물의 내면을 들여다 볼 수 있게 조직되어 있다. 그러기에 투명한 눈빛으로 상상의 충격이 주는 파장을 보아야 할 것이다.

(《동아일보》, 1984년 3월 21일.)

아이러니
- 시 「유카리나무」

윤 강 원

　김광림의 「유카리나무」(시문학)에서 우리는 혹 무심코 간과해 버릴 수도 있는, 그러나 잠깐 멈추어 다시 생각해 보면 매우 흥미로울 법도 한 하나의 아이러니와 만나게 된다. 모두 4연 23행으로 짜여진 이 길지 않은 시는 일견 무슨 형식이나 수사의 방법, 이미지의 내용 등에 관해 특별히 거론해 볼 것도 없을 만큼 기승전결(起承轉結)의 명료하고 안정된 형태를 취하고 있다. 그런데 굳이 필자가 유의하고자 하는 점은 이 시 속에서 움직이고 있는 시인의 상상력의 연계 혹은 전개 양태인 셈인데 그것이 다분히 우리 시단의 매우 많은 분량의 상상력의 운용 형태와 유관한 것이 아닐까 하는 생각에서이다.
　「유카리나무」의 제1연에서 시인은 '전주 송광사 뜰 앞에서 한 그루의 거목'을 만난다. 제2연에서는 그 줄기도 가지고 얽혀 바늘 같은 잎새에 뒤덮혀 있는 거목을 '손발을 묶은 수난을 견디는 모습'으로 인식한다. 그러면서 동시에 이 한 그루의 자연물 거목은 시인의 상상력 속에서 전광석화와 같이 어떤 특수한 정황의 인사(人事)와 결합되어 버린다. 이 시의 3연, 4연의 모습은 다음과 같다.

예수의 처형 소식을 듣고
　　뿔뿔이 흩어져
　　도망치듯 낙향하는
　　제자들속에
　　엠마오로 향하는
　　두 나그네

　　먼지나는 길가에
　　멍청히 서서
　　이들의 맥빠진 대화에
　　가만히 귀 기울이던
　　아
　　바로
　　그 나무

　　제3연에 제시된 것은 예수 수난 당시의 성경적 사건이다. 예수의 체포, 처형 그리고 매장을 목도하였으며, 마지막으로 그의 시신이 무덤에서 사라진 사실을 발견한 여인네들의 소동과 확인을 위한 법석까지도 경험한 뒤, 낙향 길에 오른 제자 두 사람의 이야기이다(누가복음서 24장). 종교적 신념이 정립되기 이전의 혼란, 즉 두려움과 낙담 그리고 스승의 부활이 참인지 아닌지 당혹스런 상태에서 글로바와 그의 동행인은 '모든 되어진 일'들에 관해 토론하고 혹은 논쟁하며 걷는다. 이제 예수(부활한)가 다가와 그들의 대화에 귀기울이며 한동안 동행해 갔으나 제자들은 알아보지 못했다. 이윽고 예수는 탄식한다. '아둔한 자들, 믿기를 더디 하는 자들이여'.

　　제4연 결구 '아/바로/그 나무'의 나무는 시의 문맥상 말없이 듣고 있던 예수의 이미지와 결부된다. 상상의 진폭과 방향을 요약하면 이렇다. ①송광사 뜰 앞의 유카리나무=②확신 없는 제자들을 주시하는 부활한 예수라는 병치(倂置)의 도식이 그것이다.

그런데 필자의 감성에 앙금처럼 내려앉는 것이 있다. 그것은 '전주 송광사 뜨락'까지 이미 도달해 있었던 불문(佛門)의 영역에 서서 하필이면 그 상상력의 체질이 수난의 예수를 건져 올렸겠느냐 하는 아이러니를 앞에 했기 때문이다. 사람이야 어떤 연고에서였든 이미 그의 발길이 경내(境內)에 다달았음은 불문(佛門)에서 보면 지극한 불연(佛緣)이었을 터임에도 말이다. 풍상을 이겨 느긋이 서 있는 거목 혹은 고목은 체포, 투옥, 재판, 처형, 매장, 부활 등 일련의 숨 가쁜, 드라마틱한 동적 양태의 예수보다는 면벽십년(面壁十年) 혹은 정좌칠년(靜坐七年) 등의 인고(忍苦)를 통해 각(覺)에 이르는 선적(禪的) 이미지에 더욱 더 걸맞은 것이 아니었을까.

이른바 동양적 전통적 심상의 영역을 뛰어 넘어 지구의 절반 가량을 상상력이 신속히 달려가야 할 필요성은 어디에 있었던 것일까. 그 나무의 토착적 이름이 무엇인지 필자는 확인치 못했지만, 유카리나무(eucalyptus)의 발음이 우연히도 기독교에서 성체(聖體) 혹은 성찬식(聖餐式)을 의미하는 유카리스트(eucharist)와 매우 흡사하기 때문에 발상의 빌미가 된 것일까. 그러나 이 우연한 음사성(音似性)만으론 불탑(佛塔) 앞에서 십자성호(十字聖號)를 긋는 것과 같은 돌올한 아이러니에 필연성을 승인할 수는 없을 터이다.

요는 시인 자신의 종교적 신념 혹은 명상의 문제에 귀착한 것이다. 부처님 앞에 떼지어 몰려왔다 몰려가는 어리석은 중생들을 지켜보는 고목의 모습과 확신 없이 낙담하여 도피적 귀향길에 흩어지는 자들을 지켜보는 예수의 모습을 대비시켜 고금동서(古今東西)를 뛰어넘는 진리의 귀일 같은 걸 암시하는 것일까.

(《시문학》, 1984년 10월호.)

소외된 삶의 미학
― 시 「內省的」

이 건 청

　시적 오브제로 환기되는 대상은 일상적 의미로서가 아니라 존재로서의 실체로 시인과 만난다. 그리하여 이상한 구속력을 갖는다. 아무리 사소하고 보잘 것 없는 대상이라도 그러하다. 그러나 아무리 실제적 가치나 파장이 큰 사건이라 할지라도 시적 오브제로 환기되지 않은 대상은 전혀 시적 에너지나 특별한 구속력을 지니지 못하는 경우가 있다. 즉 시인에게 있어서 대상 그 자체보다는 대상을 파악하는 시인의 인식이 문제인 것이다.
　김광림은 사소한 유년체험이나 기행(紀行)체험들을 통하여 자아의 현재적 위상을 인식하며 도식화된 문명현상들을 깨우친다. 이 깨우침의 어조(tone)는 역설과 아이러니 등에 의하여 비판적인 것이 되어 있다.
　김광림의 최근의 작품들, 가령 「내성적(內省的)」 연작들은 씨 자신의 체험들, 특히 유년시절의 체험들이 중심 모티브가 되어 있다. 그리고 그 체험이 특별히 의미 있는 사건이나 충격적 전환을 내면의식 속에 던질 만큼 커다란 파장을 준 것들도 아닌 듯 싶다. 일테면 사소한 기억들이다. 어머니 옆에서 칭얼대다 혼이 난 기억이거나 가랭이에서 튕겨져 나온 뻥땅친 거스름 돈 때문에 싸리나무 회초리로 맞았던 기억, 소학교 시절 생물표본실에서 본 박제된 짐승들 때문에 무서워 울던 기억, 이런 사소한 일상 체험들이 노래된다.
　사소한 일상 체험들을 다루고 있는 표현형식 자체도 언어의 탄력성이나 이미지를 통한 표출의 형식보다는 산문적 진술이 위주가 되어 있다. 그러니까 대상을 객체로 바라보는 예각적 시인의식보다는 대상과 자아를 동일공간에 합일시키는 방법이 위주가 된다.
　이 문제에 대한 김광림 자신의 견해에 귀를 기울일 필요가 있을 것이다. 그는 「시작 노우트」에서 다음과 같이 밝히고 있다.

> 나는 차라리 포에지가 없는 운문보다 포에지가 있는 산문 쪽을 택한다. 전자는 다분히 언어의 분식에 머무르지만 후자는 창조적 리얼리티를 갖기 때문이다. 시의 이상 같아서는 포에지가 있는 운문이 소망스럽지만 운이나 율격에 집착하다 보면 포에지를 놓치기 쉽다. 무릇 현대시에서는 시의 생명을 포에지에 두고 있는 것 같다. 형태나 내용에 구애됨이 없이 포에지, 즉 예술하는 정신이랄까, 예술적 창조성이랄까, 아무튼 그런 것이 있느냐 없느냐에 따라 시냐 아니냐를 식별하는 것 같다.

　이상의 진술에서 김광림이 말하고 있는 논지의 핵심은 포에지에 있다. 따라서 시가 산문적 진술로 하나의 구조를 이루고 있다 하더라도 그것이 포에지를 지니고 있을 때 시가 된다는 것이다. 마찬가지 이유로 비록 운문의 형태를 지니고 있더라도 포에지를 지니지 못한다면 언어의 분식에 머무를 뿐이다. 운이나 율격에 집착하다가 포에지를 놓치기보다는 창조적 리얼리티를 갖는 산문형식을 갖겠다는 것이다. 그리고 포에지를 담겠다는 것이다.
　미국의 심리학자 윌리엄 제임스는 사람의 정신 속에서 생각과 의식이 단절되는 것이 아니라 일관성을 가지고 연속된다는 견해를 표명하였다. 다만 그것이 항상 일관성을 지니고 체계화되어 있는 것이 아니라 비논리적이고 단편적인 형태로 뒤섞여 있다는 것이다.

기호이론(theory of signs, semiotic)과 의미론(semantic)은 실증주의적 논리체계가 아니라 인간이 지닌 상징적 기능의 중요성을 역설한다. 문학은 자연과학 및 철학의 명제적 진술과는 달리 그 나름의 독특한 의미체계를 상징적 언어구조를 통하여 이룩한다는 것이다. 따라서 김광림이 유년의 사소한 체험을 기술하고 있다면 그것은 현재와 단절된 잊혀진 과거가 아니라 현재와 독특한 의미체계를 연관짓고 있는 살아있는 사실로서의 과거이다. 그리고 그것은 상징적 언어구조 속에서 시간적 간격을 초월한다.

> 어머니의 회초리는 싸리나무였다. 망가진 빗자루에서 뽑아낸 것이다. 내가 까불고 말 안 듣고 공부 안 할 때 내리쳤다. 어머니가 회초리를 들면 나는 엄살을 부리며 울상이 되었다. <어찌된 애가 맞을 때뿐이니>…… 하긴 그랬다. 요즘의 경범죄처럼 걸릴 데가 많다 보면 맞아도 그 때뿐이다. 한 번은 五전짜리 동전 한 닢이 발가벗긴 바지가랭이에서 튕겨져 나와 뼁땅 친 거스름 돈이 탄로났다. 나는 부엌에 세워져 세찬 회초리를 맞았다. 이런 아픈 매는 처음이었다. 나는 에누리 없이 엉엉 울었고 어머니는 연거퍼 매질하며 넋두리하며 돈 벌러 타관으로 떠난 아버지 타령하며 그만 나를 쓸어안고 통곡하였다. 소매 깃으로 콧물을 문질러대던 시절 외아들인 나를 데불고 외할먼네 집에 더부살이 할 때의 일이었다. 다리에는 몇 갈래 퍼런 멍이 들어 있었다.
> ―「내성적 6」전문

이 시를 통해서 이 시의 시적 화자의 몇 가지 기억들을 상기할 수 있다. ①외아들인 나의 아버지는 돈 벌러 타관에 떠났으며 외할먼네 집에 더부살이를 하고 있었다. ②거스름돈 5전을 바지가랭이에 감추었다가 탄로가 났다. ③부엌에 세워져 회초리를 맞았는데 그것은 언제나와 같은 싸리나무 회초리였다.

이상 세 가지의 기억들은 물론 '콧물을 문질러대던 시절'의 것들이다. 그러나 이 유년의 가난의 굴레와 5전짜리 동전의 체험은 이 시의 퍼스나의 의식 속에서 동시적 의미로 화해된다.

즉 '요즘의 경범죄처럼'이라는 진술을 통하여 유년의 체험이 현재적 의미로 환치되게 되는 것이다. 그리하여 앞의 세 개의 유년 체험들이 '어머니는 연거퍼 매질하며 넋두리하며 돈 벌러 타관으로 떠난 아버지타령하며 그만 나를 쓸어안고 통곡하였다'는 진술을 통하여 슬픔의 정서로 맺어진다. 그리고 이 슬픔의 정서는 현재의 시점에 서 있는 이 시인의 것으로 다가온다.

즉 과거의 사소한 체험들은 과거의 자리에 사소하게 남아 있는 것이 아니라 의식 속에 현재적 의미로 환치되면서 커다란 공감의 폭을 확보하게 되는 것이다.

(≪심상≫, 1983년.)

산, 그 침묵의 혓바닥
― 시「산 Ⅲ」

박 청 융

> 구름 밖에 섰는 山
> 老氣를 잊은지 오래다
> 風琴 소리가 멎은
> 천년의 한낮이다
> 鶴의 가벼운 墜落이 있은지
> 그 몇 번째의 寂寞이 다시 쌓인다
> 水深이 닿지 않는
> 빤질한 어둠 속에도
> 산은 있다
> 活鮮魚의 주검이
> 소리없이 묻힌다는 海溝
> 눈도 비도 오지 않아
> 산은 공허를 포개 놓은 항아리를 닮아 진다.
>
> ―「산・Ⅲ」

 김 시인의 『학의 추락』에 수록된 대개의 작품은 이미지 중심으로 짜여져 있다. 감정의 유로는 억제되고 지성에 의해 구축되고 있다. 열 편의 작품으로 엮어진 연작시「산」도 같은 이미지 계열에 속한다. 김 시인의 이미지는 소위 무의미 시에서 말하는 순수 이미지와는 그 성격이 다르다. 말하자면 관념을 거느리고 있다고 보아진다. 그러나 그 관념은 작품 전체에서 제시하는 이데아의 한 부분품에 지나지 않을 뿐 목적시나 관념시에서 즐겨 쓰는 이미지와는 그 성격이 다르다.

「산·Ⅲ」은 잘 알려져 있는 「산·Ⅳ」과 흡사한 데가 있다. 흡사하다는 내용의 요점은 적막한 분위기다. 이미지를 중심으로 하는 작품이 대개가 그 분위기를 그려감에 있어 공통점이라면 부위기의 성격에 따라 그 내용도 달라질 수밖에 없다고 보아진다. 현대시는 주제가 없다는 명제도 이러한 근거에서 나온 이론이 되겠다. 의미를 다지는 시가 아니라 느끼고 깨닫는 시라면 그 감상의 주무기는 감성일 수밖에 없다. 이런 점에서 현대 회화, 특히 추상화의 제작 내지는 감상법과도 유사한 힘을 발견할 수 있다. '구름 밖에 섰는 산'은 '노기(老氣)를 잊은지 오래'일 뿐만 아니라 '풍금소리가 멎은/천년의 한낮이다'하여 적막한 분위기를 보이고 있다. 다시 '학의 가벼운 추락이 있은지/그 몇 번째의 적막이 다시 쌓인다'하여 거듭 그 적막한 분위기를 넓게 확산시키고 있다. 넓고 큰 날개로 서서히 추락하는 학의 이미지로 인해 그 하늘은 더욱 깊고 넓어 적막한 분위기 역시 무겁게 만들고 있다. '水深이 닿지 않는/빤질한 어둠 속'이나 '活鮮魚의 주검이/소리없이 묻히는 해구(海溝)' 역시 '風琴소리가 멎은/千年의 한낮'과 같은 고요의 세계다. 결국 마지막 '공허를 포개 놓은 항아리를 닮아' 가는 산은 그 적막한 분위기를 대변하는 대명사가 된다.

고통의 객관화
— 시 「식사」

김 준 오

　인간의 모든 체험을 고통(苦痛, suffering)으로 보는 것은 종교의 일반적 발상이다. 기독교가 그렇고 불교가 그렇다. 고통은 이제 인간 체험의 중요한 질적 양상이 되어 있다. 이런 발상법에 따른다면 한 편의 시작품도 '고통의 객관화'로 정의할 수 있겠다.
　물론 시에 있어서 고통의 문제는 새삼스러운 것도 아니며 시작과정이 언제나 고통으로 지배되는 것도 아니다. 그러나 고통의 선택(인식)은 오늘날 두드러지게 시적 사고의 생리처럼 되어 있다. 그래서 필자는 이 달의 시에서 고통이 어떻게 시적으로 처리되는가, 그리고 시인의 창조행위가 고통에 대해서 어떤 의의를 띠는가에 주로 관심을 기울였다.
　시인의 삶은 끊임없는 자기해체와 재생의 연속이라고 볼 수 있다. 그는 세계와의 관계 속에서 '살아있는' 여러 가지 자아의 모습들을 보여 준다. 그것은 자기실현의, '자기의 삶'을 영위하려는 고통스러운 모습들이다. 고통은 고통을 통해서 자아와 세계를 인식할 뿐 시인에게 자아와 세계를 인식하는 단초일 뿐 아니라, 시적 발상을 촉발하는 진원이기도 하다. 그래서 적어도 시인에게는 고통이 역설적 의미를 띤다.

상처받은 인간만이 치유자가 될 수 있다는 말처럼 시인은 또한 자신의 고통을 통해서 자기 시대와 사회의 깊은 상처를 체험하기 때문에 자신과 공동체의 그 아픔을 치유할 수 있는 하나의 생성력을 자기 내부 깊숙이 언제나 지니고 있다. 이 치유의 생성력이 바로 시적 창조과정으로 구체화된다. 고통의 선택과 그 극복이 창조과정에 등가(等價)된다면 시의 무게는 고통의 무게에 또 등가된다.

이런 관점에서 보면 김광림의 「식사」(《심상》 2월호)는 '식사'라는 평범한 상관물을 가지고도 오히려 그 고통의 무게를 효과적으로 공감케 하고 있다.

> 사람의 고민 가운데는/무엇을 먹을까가 문제인 족속도 있다/먹이에는 흔히 파리떼가 끼어든다/쥐떼가 부산하게 어둠을 경영한다/비대한 인간의 식성은/행진곡처럼 왕성하지만/신경질적으로 꺾어지는 젓가락엔/집히는 것이 없다/염색으로 안면을 지탱해야 하는/쉰 살이 되어/새삼 어떻게 살아갈까가 문제인 나는/무시로 고통을/식은 죽 먹듯 하고 있다.

시의 압축성은 다양한 해석을 낳게 할 가능성, 곧 모호성을 지니기 마련이다. 그러나 이 작품의 경우 13행의 단연(單聯) 속에 소재를 압축한 것은 시적 처리에 있어서 시인의 지적 태도일 뿐 다양한 해석의 부담을 우리에게 주지 않는다. 우선 이 작품은 두 개의 요소가 대립된 구성을 보여준다. '무엇을 먹을까가 문제인 족속'과 '새삼 어떻게 살아갈까가 문제인 나'를 양축으로 하여 전반부의 시니컬한 톤과 후반부의 진지하고 고백적 톤이 기본 골격을 형성하고 있다. 이 대립적 구조 속에 시인은 고통의 문제를 압축적으로 제시한다.

시적 화자는 지금 '식욕부진'의 고통 속에 빠져 있다. 이 증세의 원인은 '먹이'에 있다. '먹이'에는 인간적 이미지가 부재한다. 그것은 어디까지나 비인간적이다. 시인의 연상작용은 여기에 '파리떼'와 '쥐떼'를 연결시키면서 그의 고통의 의미가 무엇인가를 암시한다.

'먹이'가 환기하는 것은 동물적 본능뿐만 아니라 프롬의 용어를 빌리면 생존의 소유양식이다. 현대의 문명생활은 주로 물질의 소유와 소비의 패턴으로 영위된다. 여기에서 자아와 세계와의 관계는 물질의 관계로 환원된다. 이것은 자아와 세계가 정신적으로 일체감을 이루고 영적으로 풍성하게 생존하려는 존재양식과 대립된다. 시적 화자의 식욕부진이라는 고통은 이 두 생존양식의 갈등에 비롯된 것임을 알 수 있다. 이 갈등은 '비대(肥大)한 인간의 食性은/行進曲처럼 왕성하지만/神經質的으로 꺾어지는 젓가락엔/집히는 것이 없다'는 역접(逆接)으로 한층 리얼하게 부각된다.

그러나 정작 이 시적 화자가 겪는 고통의 심각성은 오히려 자신과의 갈등에 잠재한다. 이것이 '염색(染色)으로 안면(顔面)을 지탱해야 하는/쉰 살이 되어'의 시적 의미다. 식욕부진이라는 세계와의 갈등 의식이 그의 아이덴티티(정체)이면서도 그는 식욕이 왕성한 체하는 페르소나(탈)로써 이 아이덴티티를 감추고 있다. 이런 탈이 삶의 방법이 되어 왔다는 바로 여기에 그의 진정한 고통이 있는 것이다. 따라서 '쉰 살'이 되어서도 '어떻게 살아갈까가 문제인' 그의 고통은 '사육(飼育)당하지' 않겠다는, '자기의 삶을 살겠다는' 아픔으로 우리를 압박해 온다.

고통의 시적 처리가 다소 경직스럽다든가 이미저리가 알레고리화하여 오히려 직설적 언어의 인상을 준다는 점 이외에 이 작품이 고통의 테마를 식사에서 착상한 것은 여간 흥미롭지 않다.

시인의 물음과 독자의 반응
— 시「말」

김 현 자

　독자가 한 편의 시를 읽고 일으키는 모든 반응은 여러 경험의 통합체라고 할 수 있다. 그것은 반응을 일으키는 독자의 여러 가지 능력이 하나의 자극 즉 시의 소재에 집중되어 있다는 것을 뜻하는데, 이 자극은 독자에게 영향을 주게되고 그들을 인식적인 특정 방향을 움직이게 하는 것이다. 작품의 뜻과 구조는 독자가 찾아내고, 느끼고 또 감각과 추측으로써 깨닫게 되는 이런 모든 것이 독자의 경험이라는 개념에 크게 의존하면서 상호연관된다. 독자의 경험이나 반응은 독서와 관련된 모든 정신적 활동이나 심리적 증상의 영역에 있으며 의미를 생산해내는 강렬한 가능성 내지 신선한 충격을 야기시키는 것이 시의 뚜렷한 목표 가운데 하나라고 할 수 있다.
　독자들의 발전적 반응을 얻기 위해서 시인은 가능한한 모든 시적 의장(意匠)을 동원하는데, 예컨대 그것은 강조와 반복, 대조, 과장, 생략 등과 같은 수사적인 방법의 기술적인 구사에 의한 방법을 동원하는 것이다. 시의 해석과 비평은 그 본질적 요소인 이미지, 비유, 상징, 아이러니 패러독스 등과의 독특한 결합에 연관지어서 시를 보았을 때 그 효과를 어떻게 달성하고 있는가를 가늠해보아야 한다. 시는 전체적인 효과를 위해 장르적 특성을 이루는 여러 가지 요소를 통합 혹은 압축한 결합체이기 때문이다. 시는 오직 응축과 암시로써 독자를 긴장시키고 확대되는 힘을 지니게 된다.

존재에 대한 근원적 의문과 탐색은 김광림의 「말」(《한국문학》 7월호)에서는 보다 담담한 토로와 원숙함에 의해 또 다른 방법으로 개진되고 있다. 그는 죽음에 의해 단절된다고 해온 것들을 어떻게 연속시킬 수 있을 것인가를 생각한다. '태(胎)'와 '묘(墓)' 같은 말의 맥락이 문득 자신에게로 다가와서 '눈에 안 보이는 것과 맥락을 이어'줌으로써 자연의 무한성에 의해 그는 죽음을 달관한 태도로 인지한다. '묘소를 장만한 사람의 느긋함'이 주는 모순의 미는 이 시에 서정적인 긴장을 부여하는 원동력이 되고 있으며 죽음이 주는 쓸쓸함과 느긋함의 대조는 마음 편함의 새로운 깨달음으로 그 의미가 바뀌게 되는 것이다.

> 지금까지 아무렇게나 지껄여 온 말
> 귓전으로 흘려버린 말이
> 새삼 나를 압도한다.
> 이를테면 '胎'라든가 '亂'이라든가 '墓'같은 거
> 이것들이 내게와서
> 눈에 안 보이는 것과 맥락을 이어준다.
> 과거 속에 숨어들어 미래를 되살린다.
> 너와 나와의 한 평생을
> 세 마디의 외자로 잡아가둔다.

우리들 사람의 한 생(生)을 요약해 주는 태와 묘 같은 외자의 이어짐은 시작과 종말의 완결감과 함께 압도하다, 잡아 가둔다는 서술어들에 의해 적막감을 부여한다. 그와 같은 의미의 고리들은 전체적인 맥락을 이어주며 동시에 '과거 속에 숨어들어 미래를 되살리는' 시간의 연계성을 형성하고 있다. 이 시는 삶의 과정에서 죽음으로부터의 도피가 불가능하다는 뚜렷한 깨우침을 전제로 하고 있으므로, 묘소를 장만한 사람은 느긋하고 마음 편한 상태로 서술한다. 그러나 한편으로 화자는 죽음의 근원적이고 치유 불가능한 모호성에 대해 똑같이 그 자신의 요구를 대립시키고 있다. 즉, 그는 마지막 시행을 마음 편한가라는 어조의 울림과 의문문을 사용함으로써 우리 모두에게 근원적으로 비극적인 물음을 던지고 있다.

> 墓所를 장만한 사람을 보면
> 어딘지 모르게 느긋하다.
> 그래서 쓸쓸한가
> 언제든 '그만 안녕'할 수 있어 마음 편한가

행과 행 사이를 자연스럽게 연결하는 종결어미들은 이 시의 주제가 지니고 있는 중압적 무게를 감소시키는 데 효과적이다. 이 무심함을 가장한 듯한 어조는 죽음을 상징하는 묘소와 연결되어 '느긋하다', '쓸쓸하다', '마음 편하다'를 확실하게 해주고 있다.

쓸쓸함은 '죽음'의 한계를 인식한 인간이 어쩔 수 없이 지니는 절실한 감정이다. 이 거부할 수 없는 문제에의 개인적 적응은 세계에 대한 한계와 본래의 자신의 한계들에 대한 의식을 획득하는 것이다. 존재와 무, 현존과 부재라는 극단적 사이에서의 영속적인 물음을 이 시는 제기하고 있는 것이다.

그러나 구체적 사물의 시적 형상화를 통하지 않은 관념이나 서술성 같은 의미의 다른 말에 불과한 '누울 자리인지/묻힐 곳인지/잠자는 데인지'의 되풀이는 시어의 강도란 점에서 주의해야 할 점이라고 생각된다.

(≪한국문학≫ 중에서)

공시적(共詩的) 현장의 시
- 시 「巨人」

윤 강 노

　개인은 사회집단을 주도하는 집단의식의 주체이면서 동시에 사회집단의 한 분자라는 양면성을 갖는다. 개인이 없는 사회집단이 성립될 수 없다는 논리면에서는 그렇게 된다. 그러나 현대의 복잡한 사회구조에서 개인이 개인을 내세웠을 때 개인의 존재적 질량은 한 분자로서의 수치(數値)를 갖지 못하는 사실적 모순을 안게 된다.
　한 시인이 시를 통해 개인의 발성을 실현했을 때, 그 소리의 '무엇'이 '어떻게' 사회집단 속에서 작용되는가는 시의 힘을 가늠하는 이유있는 척도가 될 것이다.
　그러나 시인들은 개인은 지워져도 개인을 떠난 시는 집단적 성격의 질량으로 상승될 수 있다는 가설을 설정하고 자신이 쓴 시의 에너지에 신뢰를 보내고 싶어한다. 그리하여 한 분자로서의 공시적(共時的) 현장을 제각기 점거하고 자신이 처한 사회집단의 절실한 문제에 끈끈한 시각을 밀착시킨다.
　이에 해당하는 시 몇 편을 통해 시와 사회적 시각의 면모를 파악해 보는 것은 의미있는 일일 것이다. 사회집단과 개인이 상호의존관계에 있음을 인식하는 것은 삶의 절대적 조건에 대한 문제에 접하는 것이 되기도 하기 때문이다.

우선 김광림의 「巨人」(≪월간문학≫)을 살펴보게 된다. 이 시는 단편적 생활 단상(斷想)을 엮은 듯하지만, 기실 그 이면에 노리는 것은 '의식의 이야기화'이다. 요란하고 진부하게 '우리의 것'을 고양하자는 투의 직설적 진술과는 다른 차원에서 하나의 사실전개가 시적 의미의 포괄성을 지니면서 불특정 이질문화 내지 풍조 등에 대한 의식을 깊이 음미하게 한다.

> (전략)
> 혹은 미국 중서부
> 옥수수밭 농부같은
> 불타는 얼굴
> 지금은 휴전선 가까운 파주에서
> 죄그만 한국여자와 살고 있다.
> 그는 병사처럼 수통을 차고 다니며
> 깡소주를 마신다.
> 어쩌다 마주친 우연한 시내버스 속
> 나는 그의 털난 손을
> 너무 커서 잡지 않았지만
> 중도에서 그가 하차하자
> 그 혼자 차지했던 자리를
> 우리나라 장정 둘이 거뜬하게 메우는 것을
> 나는 보았다.

이 시는 내용과 형식면에서 안이하게 쓰인 것 같지만 '평범한 진술이 던져주는 긴장'의 극대화가 이루어져 있다. 이방인, 불타는 얼굴, 죄그만 한국여자, 털난 손, 우리나라 장정 둘…… 등이 지니는 상징적 의도의 시어가 촘촘하고 긴박하게 배열되어 상호융합하는 긴장미가 완화된 구석을 허용치 않는다.

자의든 타의든 간에 공존해야 하는 '우리의 것'과 '외래의 이질성'의 숙명적 관계 앞에서 '우리의 것'의 총체적 반응을 자신의 의식으로써 제시하고 있다.

'죄그만 한국 여자와 살고 있다, 나는 그의 털난 손을/너무 커서 잡지 않았지만, 우리나라 장정 둘이 거뜬히 메우는 것을/나는 보았다'는 이러한 반응에 대한 사실적 매개상황으로 설정된 시구들이다. 이에서 표면내용은 개인에 의하지만 그것들이 안고 있는 상징의 미는 전체 경험적으로 확대될 수 있는 의식이기도 하다. 국수주의자는 아니지만 한국인으로서 他와 맹목의 타협을 제어하는 내면의 거부의식이 배타적이기보다는 지성적 냉철한 어조로 대치하고 있다. 어느 정도의 시적 정감에 곁들여서.

사실과 현실에 대한 직접적인 노출은 시의 표출기교로서 가장 졸렬하다. 그리고 창조성이 담길 여지가 없어진다. 「巨人」은 사실성에 충실하면서도 창조된 시세계를 제시하는 교묘함을 보이고 있다.

인식 · 표현의 지적 승화
— 시 「황혼」

이 승 훈

　시에 있어서 지적 경향이 두드러진다는 것은 크게 두 가지 의미를 거느린다. 하나는 감정의 절제, 다른 하나는 비판의식이다. 감정의 절제는 현대시가 요구하는 기본원리이며 비판의식은 현대사회가 요구하는 기본적인 시인의식이라고 할 수 있다. 한국시의 이러한 경향은 물론 1930년대의 몇몇 시인들에 의하여 시적인 결실을 보았다. 그러나 많은 분들이 지적했듯이 이 무렵의 시편들은 생각하기에 따라서는 서구시론에 대한 맹목적인 추종이나 모방의 영역을 크게 벗어날 수 없었다. 그런 점에서 한국시에 처음 얼굴을 드러낸 지적 양상은 충분히 육화된 것은 아니었다고 할 수 있다.
　그 후 1950년대의 실험, 1960년대의 의욕적인 모험을 거치면서 이러한 생경한 양상은 많이 가시게 되었다. 특히 1980년대에 접어들면서 굳이 지적이라는 관형사를 붙일 필요가 없을 정도로 이 땅 시인들의 지성은 매우 무르익은 것 같다. 이러한 사정은 이 땅의 현대시가 이제는 말 그대로 현대를 살아가는 인간들의 삶의 복합성을 매우 지적으로 노래할 수 있게 되었음을 반증한다. 기쁜 일이 아닐 수 없다. 감정을 절제할 수 있다는 것은 그만큼 대상을 지적으로 인식할 수 있다는 사실을 암시하며, 그것은 바로 시인의 비판의식을 전제로 한다.

　김광림의 「黃昏」(≪문학사상≫ 6) 역시 길을 모티브로 하고 있으며 감정의 절제가 단연 돋보이는 작품이다. 그러나 이 시는 예수의 역설을 노래한 것으로서 수사학적(修辭學的)으로 인유(引喩)의 효과를 노리고 있다. 예수의 처형과 황혼이라는 시간이 오늘 이 시대의 삶과 은밀히 맺는 상관성을 염두에 두고 있는 것 같다. 비탄이나 낙향하는 마음이 '해질 녘/예루살렘을 등진/나귀의 눈망울이 젖어 있다'에서 지적으로 승화된다. 너스레가 거의 없고 안에서 끓고 있는 감정의 소용돌이가 하나의 삽화(揷話)를 통하여 객관적 상관물을 획득한 셈이다.

　한국시의 지적 경향은 어쩌면 김광림 같은 시인들의 지속적인 작업에 의하여 이제는 거의 토착화된 것이 아닌가 싶다. 이 분들의 시에는 이제 어떤 서구적인 생소성이나 분위기 같은 것도 드러나지 않기 때문이다.

　　　　　　　　　　　　(≪서울신문≫, 1983년 6월 28일자.)

순수 상상
― 시 「석쇠」

문 덕 수

　시인의 사물인식은 상상력(imagination)을 통해서 가능하다. 상상력은 시를 만드는 근원적인 힘이다. 상상력이 무엇이냐에 대한 학설은 구구하나, 여기서는 그 학설 소개를 보류하고, 실제의 작품을 통해서 그 기능을 살펴보기로 하자.

　　1
　　도마 위에서
　　번득이는 비늘을 털고
　　몇 토막의 斷罪가 있은 다음
　　숯불에 누워
　　香을 사르는 물고기
　　고기는 젓가락 끝에선
　　맛나는 分身이지만
　　地圖 위에서는
　　자욱한 硝煙 속
　　총칼에 찝히는 領土가 된다.

2
날마다 태양은
투강을 한다.
은어떼는
快晴이고
비린내는
曇天과 같다.

— 「석쇠」 전문

여기서도 순수상상(純粹想像)의 기능을 볼 수 있다. 도마 위에서 번득이는 비늘을 털고 몇 토막으로 끊긴 고기를 '단죄(斷罪)'라고 하였다. 이것은 종교적 처벌이나 법적 처형과는 아무 관계가 없다. 종교적, 사회적 의미가 거세되고 있다. '맛나는 분신'은 젓가락 끝에 집히는 고기 토막이며, '지도 위에서는 자욱한 초연 속 총칼에 찝히는 영토(領土)가 된다'에서의 '지도'는 '석쇠'이며, '자욱한 초연(硝煙)'은 숯불의 연기이며, '총칼'은 젓가락의 회화적 표현이며, '영토'는 역시 고기토막이다. '지도 위에서는……'의 이하는 상상이라기보다 환상적이라는 느낌이 든다. 왜냐하면 '지도', '자욱한 초연', '총칼에 찝히는 영토' 등은 유희적(遊戱的) 표현이기 때문이다. '날마다 태양은 투망(投網)을 한다'는 대목은 비치는 청명(晴明)한 햇빛의 형상이지만, 인생론적 문명적 관념의 표현이 아니라, 이미지의 유희, 또는 '상상의 쾌적(快適)한 유희'를 볼 수 있을 뿐이다. 은어떼를 쾌청이라고 하고 비린내를 담천(曇天)과 같다고 한 표현에서도 마찬가지다. 몇 토막으로 단죄(斷罪)된 고기, 맛나는 분신, 지도, 자욱한 초연, 총칼에 찝히는 영토 등은 어떤 관념의 실재화도 아니요, 사물을 관념화한 것도 아니다. 이런 관념 작용이 배제된 곳에 이 시는 성립되어 있고, 또 이 시인의 사물인식의 한계성과 그 특징을 볼 수 있다.

모순적 인식방법
- 시 「0」

문 덕 수

　사물의 인식에 있어서 모순 또는 갈등면이 특히 현저한 것은 현대시의 특징인데, 이것은 현대인의 심리특성의 반영이요, 또 사물을 일원적으로만 보지 않고, 이치(二値), 또는 다치면(多値面)으로 인식하는 데서 일어나는 것이다. 그 근원은 인간존재와 세계의 부조리에 있다.

　　　　예금을 모두 꺼내고 나서
　　　　사람들은 말한다
　　　　빈 통장이라고
　　　　무심코 저버린다
　　　　그래도 남아 있는
　　　　0이라는 수치

　　　　긍정하는 듯
　　　　부정하는 듯
　　　　그 어느 것도 아닌
　　　　남아 있는 비어 있는 세계
　　　　　　　　　　　　　　— 「0」(《시문학》, 1972.2.)

김광림의 「0」이라는 작품의 첫머리 2연이다. 첫 연에서 우리의 주의를 끄는 대목은 '그래도 남아있는 0이라는 수치'이다. 예금잔고의 전무(全無)라는 일상적 인식에서 0이라는 수치의 존재, 다시 말하면 있었던 수치를 다 소비해버리고 없어진 그 장태(狀態)의 실재를 형이상학적으로 인식하고 있다. 처음부터 '없는 것'과 '있었다가 없어진 것'과는 그 실재가 판이하게 다르다. 처음부터 없었던 것은 '無'이지만, '있었다가 없어진 그 상태'는 그 자체 '有'이기 때문이다.

이 시의 '첫 연의 일상적 無'와 '형이상학적 有'의 대립은 분명히 모순(矛盾)과 갈등이다. 제2연에서는 '긍정과 부정'의 병치(竝置)로 심리적, 철학적 갈등의 기복을 보이고, 다시 그 어느 것도 아니라는 변증법적(辨證法的) 총합(總合)으로 나아간다. 그리하여 2연 마지막 행의 '남아 있는 비어 있는 세계'에서 '無와 존재를 포괄한 총합의 경지(境地)를 보게 된다. 제2연은 변증법적 총합이라는 인식의 한 패턴을 보여준다.

> 분명히 모두 꺼냈는데도
> 아직 남아있는 數値가 있다.
> 버려도 버려지지 않는
> 세계가 있다.

「0」이라는 작품의 마지막 연인데, 여기서 다시 일상적 無와 형이상학적 有의 대립을 보게 된다. 요컨대 이 작품의 구조는 모순과 갈등으로 이루어져 있다. 김광림의 시는 이러한 특성 외에도 그의 수법, 주지적 서정 등에서도 현대성을 발견할 수 있다. 그는 화석화(化石化)한 인식의 획일주의를 거부하고, 사물을 새롭게 보는 자신의 눈을 가지고 있다. 다각적인 면에서 그의 인식방법이 고찰되어야 하겠지만 여기서는 모순적 인식방법만을 지적해 두기로 한다.

그리스도의 사랑 고백
- 시 「사랑 Ⅱ」

오 세 영

　김광림 씨는 이 달 ≪현대문학≫지에 사랑을 주제로 한 두 편의 시를 발표하고 있다. 이 중에서도 나는 「사랑 Ⅱ」를 택한다.
　두 작품 모두 성공하고 있지만 「사랑 Ⅱ」가 보다 구조적인 완결성을 이루었다고 생각된다.

　　　　갈릴리에서 인 바람은
　　　　나무 잎새 하나 떨구지 않았지만
　　　　지금도 이승의 벽은
　　　　무너지고 있다
　　　　비 한 방울 거느리지 않고
　　　　이천 년의 마른 가슴을
　　　　적셔 주고 있다
　　　　골고다에서 진 바람은
　　　　아무런 기적도 나타내지 않았지만
　　　　진실은
　　　　찢기고 바래인 누더기임을
　　　　피 흘려 쓰러지며
　　　　무력해서 강한 것임을

일러 주었다

　　남에게 마냥 베풀 수는 있어도
　　자신에겐 끝내 베풀지 못한
　　사랑은
　　바보스런 힘
　　그토록 무량한 것은
　　이 세상에
　　따로
　　또
　　없었다

　이 시를 읽은 독자들은 이미 첫 눈에 「사랑 Ⅱ」이라는 이 시의 주제가 그리스도의 사랑 내지는 그리스도 그 자신을 은유화시킨 것임을 눈치챌 것이다. 따라서 「사랑 Ⅱ」은 로빈 스켈튼의 이미지 구분법에 따를 때 소위 추상 이미지에 해당하며 이를 영문으로 표기한다면 두문(頭文) 대문자로서의 사랑(Love)이다. 그것은 부처라는 말 대신에 '자비(慈悲)'라는 추상어를, 장자(莊子)라는 말 대신에 '道'라는 추상어를 사용하는 것과 같다.

　시인은 이 작품에서 그리스도의 사랑이 지닌 비의(秘意)를 탐색하여 자신이 체득한 그것의 의미를 고백하고 있다. 이에 관해서는 뒤에 언급하겠지만 전제해 둘 것은 그리스도의 사랑에 대한 그의 깨달음이 설령 기독교신학의 일반적 태도에서 벗어난다 하더라도 문학작품의 형상화에 있어서는 큰 문제가 되지 않는다는 점이다.

　이 시는 우선 구조적으로 잘 짜여 있다. 우리는 외형상 3연으로 된 이 시를 그 이미지 전개에 따라 다시 몇 단계로 나누어 볼 수 있을 것이다. 가령 1연은 총 7행으로 되어 있으나 1, 2행과 3, 4행 그리고 나머지 5, 6, 7행의 이미지 지향은 각기 다르다. 1, 2행에서는 '바람'으로 상징된 이 시의 어떤 이념이 우리들의 세속적 삶에 끼치는 영향에 대하여 언급하고 있음에 비하여 3, 4행에서는 우리의 정신적 삶에 미치는 영향을 언급하고 있다.

즉 '갈릴리에서 인 바람'은 우리들의 물질적 세속적 삶에는 아무런 변화를 주지 않는다(나무 잎새 하나 떨구지 않았지만). 그러나 보다 본질적인 우리들의 정신 속에서는 닫혀진 벽과 벽을 허물어 우리의 존재를 자유롭게 한다. 그런데 5, 6, 7행에 와서 시인은 그 앞에서 제시된 바람의 본질이 무엇인지를 해명해 주고 있다. 바람은 '비 한 방울'의 물기도 없이 마른 가슴을 적셔주는 신통력을 지녔다는 점이다. 이렇게 보면 1연은 세속적인 삶(A) 정신적인 삶(B) 삶의 원동력(C)의 세 가지 의미를 언급한 것이라 할 수 있다.

제2연에서도 똑같은 이미지의 발전이 반복된다. 즉 1, 2행에서는 (A)의 의미를 '골고다에서 진 바람은/아무런 기적도 나타내지 않았지만' 3, 4행에서는 (B)의 의미를 진술하고 있음에 비하여 5, 6, 7행에서는 (C)의 의미 '피 흘려 쓰러지며/무력해서 강한'에 대하여 진술하고 있는 것이다.

한편 마지막 3연의 내용은 이제 1, 2연에서 반복된 (C)의 의미를 보다 구체적이고 확실하게 한 번 더 정리, 매듭짓고 있다.

1연에서 '비 한 방울 거느리지 않고 마른 가슴을 적셔 주는' 바람은 2연에서 '무력해서 오히려 강한' 존재임이 드러나고 3연에서 그것은 '남에게 마냥 베풀 수는 있어도/자신에겐 끝내 베풀지 못한' 지고지순의 가치로 정의된다. 따라서 우리는 이 시에서 1, 2연이 각각 7행으로 구성되어 있음과 동시에 그 이미지 발전 역시 (A)(B)(C)를 되풀이하고 마지막 3연에서는 (C)가 한번 더 거듭되는 (A)(B)(C), (A)(B)(C), (C)의 구성원리를 지니고 있음을 발견할 수 있다.

이는 무엇을 뜻하는 것일까. 우리는 먼저 (A)와 (B)가 서로 모순의 관계에 있음을 주목해야 한다. 전자가 세속적 물질적 삶에 관한 이야기라면 후자는 초월적 정신적 삶에 관한 이야기인 까닭이다. 그런데 (C)는 세속적 삶이 정신적 삶으로 초월될 수 있는 가능성을 가르쳐 준다는 점에서 (A)(B)의 종합지향에 해당된다. 따라서 (A)(B)(C)는 정반의 모순 갈등과 그 변증법적 지양이라는 상상력의 발전을 보여주는 것이다. 즉 이 시가 구조적으로 성공할 수 있었던 것은 두 개의 모순된 의미 지향이 하나로 통합되는 데 있다.

이제 우리는 이 시의 핵심 이미지인 '바람'에 대하여 살펴봄으로써 이 글을 끝맺도록 하자. 바람은 '갈릴리'에서 일고 '골고다'에서 진 것으로 되어 있다. '갈릴리'는 그리스도가 가르침을 가장 확실하게 설파한 장소(베드로를 깨우친)이며 '골고다'는 만인을 대신해 십자가를 진 장소다. 따라서 이 곳에서 이는 바람은 그리스도의 이념, 즉 그의 사랑의 정신을 상징시킨 이미지라 할 수 있다. 이것을 보다 분명히 해주는 것이 3연인데 여기서 시인은 이제 '바람'이라는 상징어 대신에 '사랑'(사랑은/바보스런 힘)이라는 말을 직접 구사하고 있다.

그가 그리스도의 가르침에서 발견한 것은 무엇일까? 그것은 사랑이 지닌 역설적 의미다. 시인은 그리스도의 사랑이 무력한 까닭에 오히려 강한 것이며 남에겐 베풀어도 자신에겐 베풀지 못한 자기 희생의 정신임을 깨달았던 것이다. 그것은 결국 지는 자가 이기고 원수를 위해서 자신의 뺨을 돌려대는 기독교적 역설의 이야기라 할 수 있다.

(《동아일보》, 1983.)

김광림의 「소문」

오 세 영

소문

桔梗꽃이 흔들리는
외딴 山峽 비탈길에서
시골버스가 멎었다
煤煙을 토하며
마구 투덜대었다
어지간히 속이 상하는 모양이었다
동맥경화에
호흡기 장해라……
이 울적을 霧散시켜 놓은 것은
한 마디
<땅꾼이 독사를 놓쳐 버렸다>는
소문이었다
부르르 車體가 떨고 있었다

 김광림의 「소문」은 시에 있어서 소위 '모순되는 가치들의 조화(調和)'가 잘 표상되어 있다. 현대시의 기본 입장이 상호 적대하는 제 관념·정서들을 이미지에 의해서 화해시키는 데 있다면, 김광림의 「소문」은 이러한 의미에서 성공한 작품의 하나임이 틀림없다. 김광림이 그의 시에서 보여준 이미지 조형의 참신성은 그가 일찍이 유능한 이미지스트로 시단에 데뷔했던 것을 비견할 때 하나도 이상스럽지 않다.

시 「소문」에서 모순되는 가치들의 조화는 각각 ①자연과 문명, ②생명과 물질, ③건강과 질병을 암시하는 몇 쌍의 이미지 축으로 나타나 있다. 그리고 이들 이미지들은 이 작품의 서두에서 시인이 등장시킨 '길경꽃 핀 산협 비탈길'과 '매연(煤煙)을 토하는 버스'에 의하여 표상되는데(길경꽃이 흔들리는/외딴 산협 비탈길에서/시골버스가 멎었다./매연을 토하며/마구 투덜대었다), 여기서 그는 자신의 시적 의도를 어렴풋이 드러낸다. 즉 그는 길경꽃이 피어 있는 산협의 이미지를 통해 건강하고 생명이 충실한 자연의 삶을, 매연을 토하는 버스의 이미지를 통해 병든 문명과 허위로 가득찬 현실을 제시하려는 것이다.

그러나 매연버스는 산협(山峽)의 비탈길을 아직 오르지 못한 채 엔진이 정지되어 버리며, 자신의 능력으로서는 더 이상 움직일 수 없는 상황(동맥경화증)에 놓인다. 시인은 인간이 만든 문명 및 현실적 규범이 한낱 죽음을 앞에 둔 파멸과 허위의 질서임을 알고 있다. 그렇다면 왜 일상적 삶 혹은 문명의 질서는 파멸에 직면하는 것일까.

시인은 그것이 '땅꾼이 독사를 놓쳐 버렸다'는 소문 때문이라고 말한다. 환언하여 독사(毒蛇)가 감금되어 있기만 한다면 우리들의 현실을 자연의 삶이 지닌 그 원초적 생명력에 귀일할 수 있다는 것이다. 가령 기독교 신화에 의해서 잘 알려진 바처럼, 뱀은 인간을 동물적 차원으로 타락하게 만든 원죄의 상징인데, 비록 김광림이 기독교 이미저리의 차용을 의식하지 않았다 하더라도 그의 시에서 현실적 삶의 파멸과 허위를 표상하기 위해 독사를 등장시켰던 것은 자연스럽다. 시인은 일상적 삶에 있어서 인간의 생명력 상실은 바로 우리들 자신의 태만과 불성실에서 기인하는 것이라고 믿는다. 현대인들은 자신이 지키고, 두려워하고, 또 소외시켜야 할 판도라의 상자[毒蛇]를 개인주의의 행복과 이상을 위해 스스로 열었다. 따라서 결론적으로 시인은 인간이 불행한 문명의 굴레에서 벗어나 자연의 건강한 삶으로 되돌아가는 길은 개인주의의 이상을 버리고 공동체적 삶에 충실하는 데 있다고 역설한다.

(『현대시와 실천비평』, 이우출판사, 1983.)

김광림 시인의 시「0」

심 상 운

0

예금을 모두 꺼내고 나서
사람들은 말한다
빈 통장이라고
무심코 저버린다
그래도 남아 있는
0이라는 수치

긍정하는 듯
부정하는 듯
그 어느 것도 아닌
남아 있는 비어 있는 세계
살아 있는 것도 아니요
죽어 있는 것도 아닌
그것들마저 홀가분히 벗어버린
이 조용한 허탈

그래도 0을 꺼내려고

은행창구를 찾아들지만
추심할 곳 없는 현세
끝내 무결할 수 없는
이 통장

분명 모두 꺼냈는데도
아직 남아 있는 수치가 있다
버려도 버려지지 않는
세계가 있다

― 「0」 전문

  1960년대 『한국 전후 문제 시집』에 수록된 김광림 시인의 시편 중 「산(山)의 IMAGE」, 「양지(陽地)」 등의 시편들은 수채화같이 밝고 경쾌한 이미지가 매우 인상적이었다.
  전후(戰後)의 우울하고 무거운 분위기의 시편들이 주류를 이루고 있는 사화집(詞華集)에서 김광림의 시편들은 좀 가벼운 느낌을 주었지만 시대의 그늘이나 관념에서 벗어난 순수한 시의 맛을 느끼게 해주었다. 그리고 밝고 건강하고 따뜻한 이미지가 주는 언어의 아름다움이 금싸라기처럼 반짝이는 것을 실감(實感)하게 해주었다.
  그래서 시는 어떤 의미 속에만 존재하는 것이 아니라 순수한 이미지 속에서도 존재한다는 것을 감지할 수 있었다. 「0」은 그와 같은 언어의 이미지에서 벗어나 논리적인 사유를 통해서 또 다른 시의 세계를 보여주고 있는 시다.
  시인은 인생을 달관하는 자세와 시선으로 아주 냉정하게 자신의 사유를 풀어가고 형이상(形而上)의 사유 속으로 독자들을 끌어들이고 있다. 그리고 '살아 있는 것도 아니요/죽어 있는 것도 아닌/그것들마저 홀가분하게 벗어버린/이 조용한 허탈'이라고 시인 자신의 탈속의 감성을 소탈하게 드러내면서 시의 향기를 풍기고 있다.

실제에는 보이지 않지만 엄연히 존재하는 또 하나의 세계. 죽음도 삶도 아닌 그 세계는 불교에서 말하는 공(空)의 세계와 같지 않느냐고 쉽게 말할 수도 있지만 그것을 자신의 빈 예금 통장에서 발견하고 논리적인 사유의 정신적 체험을 통해서 객관적인 단단한 한 편의 시로 만들어낸 김광림 시인의 날카로운 이성의 눈과 시적 감각이 돋보인다.

그래서 「0」은 김광림 시인의 대표작으로서 뉴턴의 사과와 같은 시라고도 말할 수 있다.

(『나를 감동시킨 오늘의 시 100편』에서.)

삶의 자세
— 시「전근대적 사내」

신 동 욱

사람마다 자기의 방식을 가지고 세상을 살아가고 있거나 남들의 좋은 방법을 모범으로 삼고 살아가기도 한다. 이렇게 본다면 삶의 내적 충실을 기하는 것도 자세의 바름과 그렇지 못함에 있는 것일지도 모른다.

콩이 열려서 열매를 맺는 과정을 보면, 분명히 콩깍지가 먼저이고 콩알맹이는 다음에 따른다. 그런데 알고 보면 콩깍지와 알맹이는 선후가 있는 것이 아니라 동시적 질의 성장관계에 놓여있음을 알 수 있다. 이 때 형식이니 모습이니 자제니 하는 것이 내용과 매우 밀접한 의미를 지니게 된다고 하겠다. 우리의 삶과 내용도 이러한 자세와 깊은 연관이 있을 것 같다.

김광림 씨의「전근대적 사내」는 매우 전달이 쉬운 작품이었지만, 그 뜻하는 내용은 여러 모로 생각을 요하는 점이 있었다. 한 마을의 축구팀의 주장을 주요 내용으로 다루고 있는데, 시인이 말하려는 취지는 건강성과 시원시원한 명약관화한 행동성에 그 초점이 있는 것 같이 보였다. 말하자면 공격에 몰려서 위기에 처했을 때, 문지기를 돕는 풀백의 기능을 어김없이 잘 해냈다는 어렸을 때의 회고적 시선이 선연하게 담겨 있었다.

> 그는 늘 문전 풀백이었다
> 위기가 닥치면 仁王같이 우뚝 선 채
> 공을 앞으로
> 彼我도 가리지 않고
> 펑펑 내질렀다

　'仁王같이 우뚝 선' 그 주인공의 형상을 통해 엄숙성이나 기개찬 용맹성이 우리 삶에 깊숙이 스며들어 불교적 전통성과 맥락을 같이 한 착안은 기발한 것이었다. '펑펑 내질렀다'의 통쾌감은 갑갑하게 막혀있는 상황으로부터의 시원스런 출구를 음향시학으로 적절히 표현한 것으로 보였다. 이러한 작품에서 독자들은 우리 시대의 세계적인 운동 과열현상을 누구나 한번쯤 생각해 볼 만한 계기가 되기는 하나, 실은 상황적 질곡을 꿰뚫고 있는 작자의 예리한 시선을, 그리고 그 자세를 읽을 수 있는 뜻있는 작품이었다고 생각된다.

　더구나 작품에 설정된 풀백을 인왕(仁王)이라는 종교적 의미와 융합되게 함으로써 운동경기라는 상황을 부담하고 있는 인물로서의 사명감이 매우 수준 높은 의미를 시사하도록 조작되어 있다는 점을 빠뜨려서는 안 되게 된 것으로 판단된다. 작품은 매우 소박하고 일상적인 평범성을 그 소재로 하고 있으나, 그 이면적 주제는 위기나 정체를 해결해야 하는 삶의 내재적 불합리나 상황적 어긋남을 은연중에 암시하고 있는 것 같이 이해되기도 한다.

　만약 이러한 이면적인 의미의 조직을 이 작품에서 제거한다면 한 편의 물리적 현상을 노래한 문자 그대로 소박하고 범속한 시로 전락하고 말 내용이었다. 그러나 그러한 범용성을 극복한 데 이 시인은 형이상학적 지향이 돋보이게 된다고 하겠다. 군더더기의 말을 한 마디 첨가한다면, 작품의 의미의 조직을 해치는 불필요한 해설적 어사들은 되도록 사양하는 것도 시의 격조를 높이는 데 기여하는 한 방법이 될 것이라고 생각해 보았다.

(≪심상≫, 1982년 7월호)

실험으로 찾는 시적 쾌락
— 시「행방」

장 백 일

시는 실험관의 약물(藥物)인가. 하나의 약물에 또 다른 약물을 혼합하면 아주 성질이 다른 새로운 물질이 생겨나듯, 김광림의 시는 그렇게 해서 태어난다. 거기에는 그 나름대로의 이론물리학(詩論)의 근거를 갖는다. 그 이론 위에 이루어지는 시적 실험이다. 그런 의미에서 그는 시의 실험가이다. 물리학자가 실험과의 약물을 그 재료로 삼는다면 김광림은 언어를 재료로 삼는다. 그만큼 그의 시는 언어적 실험을 빚는다. 언어의 실험적 재미요 결과이다. 그 실험으로부터 생겨난 시적 쾌락을 그는 즐긴다. 그의 시가 언어와 언어의 결합적 실험을 통한 쾌락물이라면, 그는 바로 그로부터 재미를 보는 지능범적(?)인 쾌락자(快樂者)라 할 것이다. 좀더 구체적으로 살피면 서정과 지성을 결합하는 실험가이기도 하다. 그 실험적 결과를 언어로 제시한다. 그러므로 그의 시어는 모두 시적 실험을 거친 것으로 보아야 한다. 그가 고안한 시적 플라스코에서 창조된 시의 이즘은 주지적(主知的) 서정이라 할 수 있다. 언어적 실험을 통해 이른바 주지적 서정시를 꾀한다. 주지와 서정의 결합을 언어로 실험하고 그 결과를 즐기는 시인이라 할 것이다. 이 실험의 성과를 낳기까지 그는 실로 몇 단계의 실험을 거쳤다. 이른바 시적 편력을 거친 것이다.

처음, 김종삼·전봉건·김광림 등이 펴낸 3인 시집 『전쟁과 음악과 희망과』를 비롯하여 첫 시집 『傷心하는 접목』의 시세계는 시제가 암시한 바 전란(戰亂)의 현실 속에서 얻어진 상흔(傷痕)이었다. 6·25의 전흔(戰痕)을 응시하고 전쟁으로 인해 생래(生來)의 것들을 상실해 버린 일체의 것들에게 그 생래의 것을 다시 접목시키려는 의도에 시적 이상을 두고, 그것에의 의미부여를 시화했다.

이를 시로 형상화시킴에 있어 그 소재를 꽃으로 택했다. 그에게 있어 꽃은 두 가지 개념적 의미를 갖는다. 하나는 자연적 생래(生來)의 꽃이요, 또 하나는 전흔(戰痕)으로 상처받은 꽃이다. 이는 전지(戰地)에서 상처받은 젊은이(꽃)로 상징된다. 즉, 꽃과 젊은이다.

전쟁으로 꺾인 꽃에게 그 본래적 생래의 아름다움을 접목(接木)시켜 보겠다는 것이 그의 시적 의도로서의 욕심이었다. 그는 그것을 접목적 시도로서 상처 입은 일체의 것들에게 본래의 아름다운 꽃의 의미를 접목시킴을 그 치유에의 도(道)로 여겼다.

그 도에의 방법적 실험으로써 일체의 사물, 그것들이 스스로 가져야할 본래의 의미(戰亂으로 生來적인 의미를 상실 당했음)를 부여하여 줌으로써 재생(蘇生)의 쾌락을 얻고자 했다. 그것에의 의미부흥(意味賦興), 이것이 바로 그가 노린 첫 시집까지의 시세계였다. 이 세계를 시화(詩化)시켜감에 있어 그는 과거의 시가 반취하던 감정유로(感情流露)의 리리시즘에서 탈피, 지성으로 승화시켜 보려는 새로운 주지적 서정시의 형상화로 꾀해 보았다. 그것이 그의 시에의 실험적 방법이었다 할 것이다.

그러나 이러한 실험은 제2시집 『심상의 밝은 그림자』 이후에 이르면서는 다시 얼굴을 달리하기 시작한다. 시를 추구하는 시적 실험이 달라진 것이다. 전쟁의 현실 의식보다는 사물의 회화적 이미지와 공간적 조형에 주력하게 되었다. 즉 사물의 의미부여를 배제하고 순수 이미지의 추구로, 시에서 관련성이 거의 배제된 상태를 보였고, 이미지와 유추의 배후에서 의미를 거론하는 순수 미의식의 결정을 보였다.

시론적인 표현을 빌린다면, 폴 바레리의 말대로 "사념(思念)은 시구(詩句) 중에 있어서 과실 중의 영양가처럼 숨겨져 있지 않으면 안 된다. 한 개의 과실(果實)은 영양가이긴 하지만 다시 미미(美味)한 것으로밖에 안 보인다. 사람들은 쾌락만을 그것에서 느끼지만 실상 사람들이 받아들이는 것은 그 양분이다. 쾌미감(快美感)이 눈에 보이지 않는 영양가를 감싸고 이를 지도하고 있는 것이다"고 하듯, 그리고 T.S.엘리엇이 '사상의 정서적 등가물(等價物)'(emotional etquivalent of thought)이라는 말을 하듯, 바로 그러한 시적 실험으로서 시의 쾌락을 추구한다.

    渴求의 제비 새끼들/노오란 코오러스/소년 聖歌隊는/발돋움 하는/감람나무 잎사귀

이는 그의 시 「주일」의 첫 연이다. 요약해서 여기에는 세 개의 이미지가 있다. 제비 새끼들, 소년 성가대, 그리고 감람나무이다. 좀더 구체적으로 살펴보면 '노오란 코오러스'와도 같은 '제비 새끼들'의 이미지는 다시 '소년 성가대'의 이미지와 결합, 감람나무라는 새로운 이미지를 색출한다. 여기에서 말하는 감람나무란 곧 평화를 상징한다. 즉, 이질적인 두 개의 이미지, 곧 제비새끼와 성가대의 이미지를 결합시켜 평화(감람나무)라는 새로운 제3의 이미지로 맞아 떨어트린다. 이처럼 맞아떨어진 이미지로부터는 새로운 시적 쾌감이 색출된다. 바로 여기에서 그는 시적 쾌감을 느낀 것이다. 이 쾌감을 얻기까지 그는 시적 실험을 거치되, 그것을 새로운 서정과 지성으로 융합한다. 여기에 그가 실험하는 주지적 서정시의 열쇠가 있다. 이 시적 쾌락을 위해 그는 의미를 제거하고, 오직 이미지로 융해시켜 버린다. 그의 시적 사상은 과실 속의 자양분(滋養分)처럼 또는 정서적 등가물로서의 이미지로 융해되어

나타난다. 거기에는 하나로 융해되어버린 이미지의 쾌락이 있을 뿐이다. 다시 이러한 시적 쾌락을 위해 그의 시적 실험은 다각적으로 시도되고 있음을 본다. 때로는 불교적 선미(禪味)를 도입하기도 했고, 때로는 슈리얼리즘적 실험을 꾀하기도 한다. 말 그대로 순수 이미지의 추구, 순수 미의식의 결정적 쾌락을 맛보기 위해서이고, 그런 시를 진정한 시로 염원한 데서 연유된 것이다. 그런 의미에서 그는 철두철미 예술지상주의라 할 것이다. 다음의 시는 초현실주의로 그의 시적 쾌락을 추구한 것으로 보여진다.

　　처음 象牙에 刻刀를 댄 것은 언제쯤일까 파헤친 洞穴과 짐승들의 亂舞는 잉카王國의 쇠소리나는 흙의 遺物과도 같이 숱한 事緣의 흔적으로 얽혀있다 이것들은 한갓 외양뿐이고 희미한 것은 球體속에 차례로 들어 앉았는 球體들이다. 거기에도 洞穴이 있고 짐승이 있고 그리고 또 洞穴속에 洞穴이 뚫리고 짐승안에 짐승이 있어 끝내 이 천착은 한 點 微細한 行方을 쫓아가고 있었다

　　1975년 現代史에서 자취를 감춘 나라의 彫塑는 이제 지지가가湖에 잠겨버린 잉카문명처럼 서서히 바래지며 먼지속에 埋沒되어가고 있다

이 시는 「행방」의 전문(全文)이다. 종전의 시에 비해 이채적(異彩的)이다. 여기에서 엿볼 수 있는 것은 실험의 변모이다. 종전의 시는 시적 발상의 단순화를 통한 이미지 결합만으로의 쾌락의 색출이었으나, 시 「行方」에 이르면 이미지의 심상작용으로서의 복잡화가 엿보인다. 하나의 상아(象牙)를 통해 거기에 새겨졌을 역사의 흐름을 이미지로 좇는다. 여기에서 말하는 역사란 난무했을 동물 세계의 추적이다. 다시 그 추구는 인간 사회로까지 이어지고 있다. 난무하는 동물 사회의 이미지는 다시 난무하는 인간 문명 사회로 이어지면서 생명의 행방을 찾는다. 그것의 시화이되, 슈시적 수법으로 추구하고 있음을 본다. 그러나 이 시에서는 이미지의 맞아떨어짐이 희박하다. 쾌락을 제

시하려는 이미지 색출이 뚜렷하지 않다. 더러는 이처럼 이미지가 맞아떨어지지 않을 만큼 시가 싱겁게(?) 되어버린 경우도 없진 않다. 바로 이 점이 시적 실험과정에서 안고 있는 위험부담률이라고나 할까.

여하간 김광림은 시의 실험가이다. 실험가인 이상 그 실험에는 때로 기대 밖의 것이 나올 수도 있는 법이다. 그러나 그만큼 시를 끈질기게 추구하는 시인도 드물다. 그가 주장하는 시론과 시를 일치시키면서 다각도로 시의 쾌락을 추구한다. 이 작업을 계속한 그의 시(詩)는 언제나 새로운 생명력을 보여줄 것이다.

(≪월간문학≫, 1975년 8월호.)

김광림의 「안개」

김 종 해

　좋은 시를 찾아 읽는 즐거움과 좋은 시에서 느끼게 되는 시의 재미는 오늘의 우리시에서 제기되는 효용가치면의 비판적 회의를 불식시켜 갈만한 근거를 마련해 준다. 좋은 시에서 얻게되는 시의 즐거움과 재미란 대체로 어떤 것인가. 김광림의 「안개」를 구체적으로 분석 감상해 보자.
　이 작품의 주제로 되어 있는 안개는 자연의 온도 변화에 따라 지면 위에 생기는 기증 현상이지만, 농도가 짙을 때는 시계(視界)를 가려서 움직이는 생물과 사물의 운행을 부자유스럽게 한다. 안개가 시계를 가려서 사람과 사물의 운행이 부자유스러워지고 제한을 받게 된 것을 김광림은 시 「안개」의 첫 행에서 '이 부드러운 차단(遮斷) 앞에서는 아무도 맥을 못춘다'고 개진해 놓고 있다.
　안개를 곧 '이 부드러운 차단'으로 비유·대칭하여 쓰고 있는 것은 시가 갖는 매력이며, 시가 갖는 새로운 언어 의미의 창조적 생기이다. '이 부드러운 차단'이라는 언어 의미에서 엿볼 수 있는 것은 경직 경화에 의한 직선적인 구속감이 아니라 연화(軟化)되고 곡선적인 미몽(迷夢)의 장벽을 떠올릴 수 있게 되며, 그것은 또 '아무도 맥을 못춘다 열두번 바보가 된다'라는 경직·

경화(硬化)에 의한 구속감 이상의 절대적인 위력을 갖고 있다.

'칠흑을 밝히는 불빛이 바랜 물감으로 풀린다 얼룩진 주황빛이다'라는 안개의 시각적인 묘사는 감각적인 수채화를 보는 듯한 심미감을 추구해 보인 듯 하지만 안개의 절대적인 위력을 떠올려 놓은 것에 지나지 않는다. 불빛은 어둠을 그보다 더욱 캄캄한 칠흑마저도 제압하여 밝힐 수 있는 것이지만 안개 속에서는 그 불빛마저도 바래어져 주황빛으로 변색된다. 뿐만 아니라 '쌍심지를 돋구어 본들 소용이 없는 소방차 아스팔트 문명 위를 가제가 긴다'. 그것은 인간이 쌓아올린 오늘의 과학 문명의 극치로서도 해소 제거할 수 없는 것이며 따라서 안개 앞에서는 가제가 옆으로 설설 기어가듯이 인간, 사물의 진행 기능은 마비되지 않으면 안 된다.

'안개'라는 가공할 상황 앞에서 무력해지고 무기력해지는 인간과 사물들, '안개'라고 하는 이 외부적 상황을 김광림은 시에 있어서 점차 내면으로 심화시켜 가면서 정신·의식 세계에 또 다른 주요한 의미와 연결시켜 가고 있음이 보인다. 그것은 이 시에서 암시로 그쳐 표면화되지 않고 있지만 이 시의 가장 중요한 중핵적 의미를 이루고 있다.

자연 현상으로서의 '안개'가 아니라 김광림의 의식 정신 세계를 지배하는 도덕적 상황으로서의 안개의 의미, '안개'로 불려지는 형이상학적 현상의 알레고리이다. 그것은 시대 의식과 역사의식의 연결로써 '안개'를 파악해 볼 수 있는 것이며, 이 시대를 살아가는 한 지식인의 미래 확보를 위한 강렬한 지성과 도덕성이 이러한 절대적 위력의 안개 속에서도 포기되지 않고 이 시의 배후에서 끈질기게 구현되고 있는 점이다.

'비로소 눈을 뜨는 고양이의 극한(極限) 나는 서서히 너에게 적응해 간다 하지만, 완전한 이해속을 걷지 못한다'라는 시행에서 엿볼 수 있는 시력의 확보를 위한 안간힘, 가공할 안개의 힘에 의하여 무력화되어 가는 자신을 극복키 위한 피지배자·약자의 본능적인 경계감이 곧 그것이다. 아무도 맥을 못 추는 이 안개 속의 상황과 환경의 판별을 위한 명민한 투시력을 갖기 위한 이 시인의 노력은 비로소 눈을 뜨는 고양이의 극한(極限)에서 조심스럽게 드러나며, 곤두서는 모든 감각과 명민한 투시력으로서 이 시인은 서서히 안개 속에 '적응(適應)해 간다'. 안개 속에서 적응해 간다는 표현은 안개 속에서 왜소화하고 맥을 못 추는 상태를 진술하는 것이 아니라 안개 속에서 어느 정도 시력을 갖출 수 있는 예지, 안개 속의 운행도 가능한 상태를 말한다.

그러나 그러한 시인의 예지에 의한 적응-안개 속의 보행도 온전한 것은 못된다. '완전한 이해 속을 걷지 못한다'는 이 시인의 진술은 당연한 진술이며, 또한 그 진술은 우리에게 큰 공감과 이해를 불러일으켜 주고 있다.

'등골엔 숨을 죽인 강물이 흐르고'에서는 안개 현상 속에서 기를 펴지 못하는 주눅이 들린 한 소시민의 의식 단면이 펼쳐져 보인다. 아무도 맥을 못 추고 열두 번 바보가 되는 이 짙은 미몽의 농무(濃霧) 속에서 길을 잃지 않고 방향을 더듬어 찾아 나아가는 한 소시민의 부단한 보행을 우리는 이 시를 통하여 가치 있게 지켜보지 않을 수 없다.

위축되고 왜소화해진 이 보행자의 의식은 긴장되어 있고, 날카롭게 번득이는 주의력마저 '숨을 죽인 강물이 흐르고'에서 드러나 보인다.

이 작품의 결구는 상상력과 환기력을 시에 도입·자극시켜줌으로써 이 작품이 지닌 비극성을 더욱 고조시켜 주는 무대적 효과마저 거두고 있다. 이 작품의 결구에 해당하는 '어디선가 항로를 놓친 여객선 한 척이 승냥이 모양 울부짖고 앉았다'라는 표현은 마치 짙은 안개 속에 가려진 무대의 배후에서 항로를 잃은 여객선의 무적(霧笛)이 간헐적으로 처절히 울려오는 듯한 느낌을 주며 그것은 객석에 가슴 졸이고 앉아있는 관객들에게 주제로 집중하는 강렬한 비극의 암시를 심어 주는 상상적 요소가 되고 있다.

'항로를 놓친 여객선'은 곧 이 시인의 의식 현상을 나타내 주는 한 극점일 수 있으며 또한 이 시인만의 개인적 상황이 아닌 공동 개념으로서의 비극적 좌절을 간접 수법으로 환기시켜 주고 있다.

　전체적으로 김광림의 시 「안개」를 살펴본다면 '안개'라는 한 사물을 시인의 의식 내면으로 심화, 그것을 '안개'로 비유 파악되는 비극적 좌절로 대상화하고, 또한 그것을 극복해 가려는 한 소시민의 부단한 보행을 시로 보여주고 있다.

시적 긴장에 대하여
― 시 「반노인 2」

김 시 태

　이 달의 작품 가운데서는 김광림의 「반노인(半老人) 2」(≪소설문학≫ 1월)와 정두리의 「떡갈나무(동)」에 대해 주목하고 싶다. 이해를 돕기 위해, 「반노인 2」의 일부를 옮겨보면,

　　　나는 하루에 버스와 전철과 그리고 걷기도 하며
　　　백리쯤 갔다 왔다 한다
　　　여섯 시간의 강의도 한다
　　　때로는 끼니를 한 끼 더 하기도 하는데
　　　어이된 일인가
　　　사람을 알아보지 못함을
　　　얼핏 떠오른 좋은 생각이
　　　돌아서면 잊어버리게 됨을
　　　낯선 사람도 반갑게 대해 오면
　　　어디서 만난 일이 있는 것만 같아
　　　이내 친숙해졌다가 당하기도 했음을

　이 시의 화자인 시인 자신이라고 보아도 좋을 것이다. 겉으로 볼 때, 그는

건강한 생활을 영위하고 있다. 그는 버스와 전철을 갈아타며 하루에 백 리쯤 나들이를 한다. 여섯 시간이나 되는 많은 강의를 맡는다. 그리고 남보다 한 끼를 더할 만큼 왕성한 식욕도 지니고 있다. 이런 몇 가지 사실들만 놓고 보더라도, 그는 살아가는 데 조금도 불편을 느낄 줄 모르는 정상적인 인간이다.

그러나 이 시의 화자가 고백하는 바에 따르면, 사정이 전혀 달라진다. 겉으로 보면 퍽 건강하게 살고 있는 것처럼 보이지만, 나이가 든 탓인지 건망증이 늘고 판단력이 흐려지고 있다는 것이다. 화자는 자기가 그때그때 겪는 여러 가지 실수들을 열거하면서 '이게 모두 노망기의 시초 증세'일 거라고 보고 있다. 액면 그대로 받아들인다면 이 시는 제목이 암시하는 바와 같이 노년기에 접어들게 된 한 시인이 늙음에 대해 느끼는 안타까운 심정을 노래한 것으로 이해될 수 있다.

이러한 탄로시(嘆老詩) 작품들은 예로부터 많이 씌어져 왔기 때문에 그저 그런 것이거나 하고 읽어내려 간다면 그만이겠지만, 이렇게 되면 이 시의 묘미를 놓칠 우려가 있다.

화자는 자기가 저지르는 모든 실수들을 나이 탓으로 돌리면서 그러니 제발 이해해 달라는 투로 말하고 있다. 어찌 보면 그럴듯한 변명으로 돌리기도 한다. 그렇지만 이 작품을 좀더 깊게 음미해 보면 그 이상의 심오한 뜻이 담겨 있다. 겉으로 보면 멀쩡한 사람처럼 생활하고 있지만 실제로는 뭐가 뭔지 분간할 능력을 잃고 무의미한 삶을 지속하는 텅빈 인간들처럼 오늘날 현대인들은 방황하고 있다.

그렇다면 나이를 돌아볼 겨를도 없이 하루에 백 리나 되는 먼길을 왕래하며 많은 강의 시간을 맡는다든지, 남보다 한 끼를 더한다든지 하는 게 더욱 어색한 일이며, 무슨 생각이든 금세 잊어버린다든지 다른 사람의 얼굴이나 이름을 제대로 기억하지 못한다든지 하는 것은 조금도 이상스러운 일이 아니다.

　그럼에도 불구하고, 이 시의 화자는 일상 생활을 통해서 겪는 이런 자질구레한 실수들을 곰곰이 돌이켜 보면서 그런 모든 것들을 자기의 나이 탓으로 돌리고 있다. 그리고 겸허한 자세로 제 자신의 삶을 들여다보고 있다.

　이 시를 읽는 독자들은 그러므로 이 작품 속에 담긴 고전적 사유의 힘에 이끌려 현대인의 복잡한 정신 상황을 발견하게 되며, 이렇듯 복잡한 정신 상황을 어떻게 극복하는 것이 옳은 길인가를 더듬게 된다. 이런 점에서 볼 때, 이 시는 단순한 의미에서 쓰인 탄로시가 아니고, 그러한 고전적 사유 방식에 입각하여 우리 시대의 문명 상태를 되비쳐본 것이라 하겠다. 여기에 이 시의 역설적 의미가 담겨 있다.

　'익히 써 온 한자 획이/하나 더 하거나 모자라거나/이상하게만 여겨져/새삼 자전을 뒤지는 어수룩함을' 깨닫는다든지, 또는 '주화나 동전은 혼돈이 잘 돼/둘레를 엄지손톱으로 긁어봐야 식별이 됨을' 자각하는 삶이야말로 그러한 모든 혼란을 아는 듯 모르는 듯 엄벙덤벙 살아가는 것보다 오히려 더 건전하고 바람직한 것이 아닌가. 우리는 이 시작품을 통해 이제 초로의 나이에 접어든 한 시인의 정신적 원숙도를 엿볼 수 있다.

　기법상으로 보면, 이 시에도 결함이 없는 것이 아니다. 이를테면 그날 그날의 실수를 여섯 가지나 예로 들고 있는데, 그것들은 하나의 초점으로 일관성있게 결합되지 못하고 있다. 이렇게 되면 그것들은 어떤 고정관념을 예시하거나 고증하기 위해 고의적으로 동원된 이미지들에 불과하다. 만일 그 가운데서 몇몇 이미지들을 생략해 버린다고 해도 이 시의 구조는 별다른 변화를 입지 않을 것이다. 이만큼 이 시는 해이한 인상을 자아낸다. 이러한 부분적 결함에도 불구하고, 이 시는 전체적으로 볼 때 독자를 사로잡는 강력한 힘을 발휘하고 있다. 그것은 이 시가 생경한 관념의 전달에 머물지 않고 경험의 총체를 형성하려는 시인의 의지에 힘입고 있기 때문이다.

이 '경험의 총체'란 말은 종합적 상상력에 값한다. A.테이트의 말을 빌면, 그것은 외연과 내포에서 유래하는 일체의 의미가 통일된 시, 즉 텐슌이 완벽하게 조직된 시를 가리킨다. 이런 시가 좋은 시임은 말할 필요도 없다. 앞에서 살핀 시 「반노인 2」는 적어도 이러한 시적 긴장을 지향하고 있다는 점에서 유의할 가치가 있다.

(≪소설문학≫에서)

시와 그림의 만남
― 시 「李仲燮 생각」

정 효 구

　이중섭에 관한 회고의 정과 이중섭이 취한 인상깊은 행동 및 미술에 대한 남다른 예술가적 열정을 반추하면서 쓴 김광림의 작품들은 인간의 생과 사, 그리고 예술가란 무엇인가 하는 점에 대하여 우리로 하여금 의미심장한 명상을 하도록 충격한다. 이중섭이 보여준 생과 사의 아이러니는 바로 우리들의 그것에 다름아니라는 확대해석을 가능케 하거니와 그가 보여준 예술가적 열정 또한 저마다 하나의 예술작품을 창조하며 살아가는 것이라고도 볼 수 있는 우리들의 삶이 과연 어떠한 모습을 드러내고 있는 것인가 하는 점에 대하여 고심케 하는 대목인 것이다. 6편으로 되어 있는 김광림의 「이중섭 생각」 연작 가운데 「이중섭 생각 3」과 「이중섭 생각 4」는 특히 그 시적 수준이 돋보이는 것인데 여기에서 우리는 두 가지의 시적인 텍스트가 중첩되어 있는 것과 같은 느낌을 받게 된다. 말하자면 이중섭이 현실에서 취한 것으로 보이는 행동이나 사유의 과정이 지극히 시적인 양상으로 작품 속에 내재해 있으며 또한 시인 김광림이 짜낸 언어조직이 인상적인 시적 텍스트로 어우러져 있는 것이다.

팔삭둥이 첫 아들이 죽었을 때
그는 곤드레만드레가 되어
죽은 애 또래의 살아 있는 애들을
그리고 있었다.

저승동무 길동무로

— 「이중섭 생각 3」에서

왜
그는
자신의 그림을
가짜라고 우겼을까

그가 진정
진짜로 그리고 싶었던 것은
무엇이었을까

— 「이중섭 생각 4」에서

 인용시 ①은 아들의 죽음을 맞이하여 창작했다고 전해지는 정지용의 빼어난 작품 「유리창」을 연상케 하며 동시에 삶과 죽음과 예술의 의미가 무엇인지를 되짚어 보게 만든다. 그리고 인용시 ②는 무한한 인간의 능력으로 세계의 본질을 파헤치고자 노력하는 인간들의 뼈아픈 자기 성찰과 회의의 과정을 곱씹어보게 한다.

(『시집 이중섭』에서.)

시와 평화의 상관성
― 시「전쟁과 꿀벌」

조 병 무

　전쟁은 인간의 감정을 억제시키지 못한다. 전쟁은 비극이고 꿈과 낭만을 빼앗아 간다. 우리의 6·25는 더욱 그러하였다. 그래서 시인은 전쟁의 아픔을 억세게 되씹지 않으면 안되었던 것이 평화라는 사실을 잊은 채 말이다. 그래서 평화에의 희구보다 전쟁 자체의 참상에서 일말의 비극을 노래하지 않으면 안 되었던 것이다. 그러나 그 비극 속에서 새로운 의식을 찾을 수 있었다.

　　　전쟁은 말이 아니다.
　　　그리고
　　　꿀이 아니다.

　　　그것은 부러진 꽃가지 끝에
　　　망울진
　　　꽃봉우리와 더부러
　　　터지며

　　　그것은 총성에 쓰러진

꿀벌과

또
저렇게도
입술이 타서
꿀을 치던 그날의 이야기랑 더부러

심한 몸살 끝에
독이 빠져
죽어가는 경우다.

그것은 — 수다한 꽃의
향기로운 눈시울이 꺼져 간
어느 소녀의 쥐어진 손바닥에서
따스하게 느껴진 것이다.

아직은 티이지 못한 숨결이
싸움의
언저리를 감돌며……

그것은 오늘.

아무렇게나 지아비가 된
나의 전쟁에 대해서

피어 나는
잎의
경우와

부러진 꽃가지 마다
꽃이 묻는
계절에

차차로 독이 빠진
　　꿀벌과
　　또
　　꿀을 치던
　　마지막의 이야기다.

　이 작품은 1957년에 간행된 『전쟁과 음악과 희망과』라는 시집에서 김광림의 「전쟁과 꿀벌」의 전부다.
　전쟁이라는 실상을 '꿀벌'에 비유하여 생존에 대한 최후적인 암울한 현상을 노래하고 있다. 1945년 해방 이후 청록파 시인에 의해 자연에 대한 아름다운 평화를 노래하던 시인들에게 6·25란 전쟁은 죽음과 파괴와 처절의 극이였던 것이다. '전쟁은 말이 아니다/그리고 꿀이 아니다' 이러한 직서적인 방법은 그대로 사회와 인간 존재의 실상을 말하고 있다. 평온과 화목이 무너져 버린 인간 사회는 그대로 죽음의 본성을 비추어 주고 있을 뿐이었다. 6월의 화창한 전원에 피어 있는 꽃가지들, 그것은 평화 그것을 이야기해 주는 갈망의 대상이다.
　그러나 '부러진 꽃가지 끝에/망울진/꽃봉우리와 더부러/터지며' 죽어가는 생명의 쓰라림이 있는 것이다. '망울진/꽃봉우리와 더부러/터지는' 평화의 터전은 이미 <부러진 꽃가지>가 되어 버린 것이다. 꽃봉우리에 메어 꿀을 빨고 있던 꿀벌은 <총성에 쓰러진> 꿀벌의 위기에 빠지지 않을 수 없었다. '심한 몸살 끝에/독이 빠져/죽어가는 경우'가 되어 버린 것이다. 전쟁의 위기에서 상실된 자신의 의식마저 느낄 수 없는 비문명의 상황이 되어 버린 것이다.
　그러나 과거 평화에의 환상을 잊을 수는 없다. '피어나는/잎의/경우와/부러진 꽃가지 마다/꽃이 묻는/계절에' 이율적인 상황에서 평화와 전쟁의 환영에서 몸부림치는 인간 현실을 발견하게 된다. 평화를 잊어 가는 인간 본성은 마지막 그의 환상에서 벗어나지 못한다.

　죽음을 대등한 위치에 놓고 그것을 바라보는 인간의 실상은 무엇을 어떻게 느끼고 어떠한 상태의 심리적 갈등에 빠져들 것인가? 죽어가는 상태의 현실적인 사회, 전쟁의 와중에서 죽어가는 도시와 도시들의 틈 사이에서, '차차로 독이 빠진/꿀벌과/또/꿀을 치던/마지막의 이야기'를 나누는 참담한 현실을 보게 된다.

　그러나 이 작품에서 우리는 전쟁보다는 평화를 더 환영(幻影)하게 되는 까닭은 어디에 있는가? 그것은 마지막 연에서 주어진다. 다섯 행의 무한한 희망이다. 그러한 전쟁, 그리고 죽음이 밀어닥치는 그곳에서 '마지막 이야기'를 나누는 순간은 평화의 것이며 '꿀을 치던' 그것을 회상하는 것은 아름다운 평온과 안온의 상태에 침몰되어 있는 실제의 모습이다. 독이 빠진 꿀벌의 절망적인 상황에서 전쟁의 고통과 저주와 원한보다는 '꿀을 치던 마지막 이야기'를 나눌 수 있는 평화가 여기에 있는 것이다.

　말하자면 전쟁에서 얻어진 인간상실에서 오는 고독의 내면을 말해 주고 있다. 인간은 최대의 고독과 고독의 속에 침전될 때 진정한 인간 정신을 느낄 수 있는 것이다. 전쟁이 몰고 온 사회와 문명, 그리고 도시와 인간의 고독은 그것을 외형적으로 말해 버릴 수 없는 또 다른 고독이 스며있게 마련이다. 전쟁의 외로움과 쓰라림을 노래한 이 작품에서도 지나간 회상과 함께 새로운 평화에의 모색을 탐색하고 있다고 하겠다.

　말하자면 전쟁의 참상에서 평화에의 희구를 간헐적으로 묘사함으로써 인간의 의식을 새로운 존재의식으로 노래하고 있는 것이다.

꽃의 문화사

이 승 훈

꽃의 문화사

처음, 인간에게 들킨 아름다움처럼
경악하는
눈. 눈은, 그만
꽃이었다.

애초엔 빛깔
보다도, 내음보다도
안, 속으로부터 참아 나오는 울음
소릴 지른 것이
분명했다.

지구를 꽃으로 변용시킬
신의 의도가
좌절되기에
앞서—

수액을 보듬어 잉태하는 생성의

아픔. 아픈
　　개념이 꽃이었다.

　김광림은 함남 원산에서 태어났으며, 1948년에 월남했다. 그는 1957년 전봉건, 김종삼과 함께 3인 시집『전쟁과 음악과 희망과』를 펴내면서 시단활동을 시작한다. 시집으로는『상심하는 접목』(1959),『심상의 밝은 그림자』(1961),『오전의 투망』(1964), 시선집『소용돌이』(1985) 등이 있다.

　그는 초기에는 6·25 체험을 관념적으로 노래하지만, 그 후 이미지의 세계를 집중적으로 탐구하고, 후기에는 이른바 신사실주의적 경향을 보여준다. 그가 탐구한 이미지의 세계는 언어의 의미를 배제한다는 점에서 김춘수와 비슷한 경향을 보여주고 있지만, 이른바 존재성을 탐구한다는 점에서 차이를 나타낸다. 김춘수의 무의미시, 혹은 묘사시는 일체의 관념, 말하자면 존재라는 관념마저 배제하고 있기 때문이다.

　「꽃의 문화사 1」은 첫 시집『상심하는 접목』에 실린 것으로 그의 초기시가 지향하던 관념, 이를테면 새롭게 태어나려는 인간의 의지가 상처와 결합되는 특수한 상상력의 세계를 보여준다. 전체시는 모두 네 연으로 되어 있으며, 1연에서는 눈과 꽃의 관계, 2연에서는 꽃이 피는 내적 과정, 3연에서는 지구와 꽃의 관계, 4연에서는 수액과 꽃의 관계가 노래된다. 이 시는 꽃의 표면과 내면이 대립하는 구조적 특성을 보여준다.

　「꽃의 문화사」라는 표제도 특이하다. 문화는 문명과 대비되는 개념이다. 문명이 삶의 외적 현실을 의미한다면 문화는 이와는 달리 삶의 내적 현실, 말하자면 정신활동을 의미하기 때문이다. 그렇다면「꽃의 문화사」란 꽃의 정신작용을 노래한다는 뜻이 되고, 문화사라는 점에서 그 역사를 살핀다는, 노래한다는 뜻이 된다. 꽃에게 무슨 정신이 있겠는가? 그러나 시인은 꽃을 보면서 그 정신적 역사에 관심을 둔다. 물론 이 역사는 상상력의 세계로 나타나고, 그런 점에서 시가 된다. 시인은 문화사가 아니라 어디까지나 시인이기 때문이다. 김광림이 보는 꽃의 문화는 과연 어떤 것일까?

꽃이 인간에게 들키다

　1연에서 화자는 꽃을 인간에게 들킨 눈, 경악하는 눈으로 인식한다. '처음, 인간에게 들킨 아름다움처럼/경악하는/눈. 눈은, 그만/꽃이었다'에서 알 수 있듯이 처음 꽃은 꽃이 아니라 눈이었다. 무슨 말인가? 꽃이 눈이었다니? 그것도 경악하는 눈이었다니?
　인간이 꽃의 아름다움을 보고 놀라는 게 아니라 여기서는 거꾸로 꽃이 인간에게 들켜 놀란다. 놀랄 뿐만 아니라, 너무나 놀라 눈을 크게 뜬다. 그리고 이렇게 경악한 눈이 바로 꽃으로 인식된다. 시인의 상상력도 이 정도는 되어야 하리라. 그렇지 않은가? 마악 피어나는 한 송이 꽃은 꽃이라기보다는, 그 앞에 인간이라도 서 있는 경우, 조심스럽게 눈을 뜨다가 앞에 인간이 있다는 사실에 너무 놀라 눈을 활짝 뜨는 것 같지 않던가?
　상상력을 연구한 프랑스 이론가 리샤르는 어디선가 바위는 바위가 아니라 하나의 얼굴이며, 바위에 금이 간 것은 바위가 눈을 감은 것, 그것도 세계를 극복하기 위한 바위의 강한 의지를 표상한다고 말한 적이 있다. 김광림은 바위가 아니라 꽃에서 놀란 인간의 눈을 연상한다.
　2연에서는 꽃의 외면에 속하는 빛깔, 냄새와 내면에 속하는 울음이 노래된다. 꽃이 아름다운 것은 향기와 고운 빛깔 때문이다. 많은 사람들을 유혹하는 것도 이런 꽃의 속성이다. 그러나 화자는 '애초엔 빛깔/보다도, 내음보다도/안, 속으로부터 참아 나오는 울음/소릴 지른 것이/분명했다'고 말한다. 여기서 꽃은 처음 빛깔을 지니거나 향기를 지니기에 앞서 속에서 터져 나오는, 그것도 참다못해 터져 나오는 울음소릴 지른다.
　속에서 참다 터져 나오는 울음소리가 과연 들리는 것일까? 우리들의 귀에는 들리지 않는다. 그러나 화자는 아니 시인은 꽃이 피는 것을 보면서 그 소리를 듣는다. 그 소리는 울음소리이다. 꽃이나 인간이나 모두 처음 태어날 때는 울음소리를 지른다.

3연에서는 시의 의도가 노래되는바, '지구를 꽃으로 변용시킴/신의 의도가/좌절되기에/앞서-'에서 알 수 있듯이 신의 의도는 좌절된다. 지구가 한 송이 꽃으로 변한다면 얼마나 아름다울 것인가? 이런 일은 신만이 할 수 있을 것이다. 그러나 신도 이런 일을 할 수는 없다. 아니 신의 의도가 좌절되기 전에 무슨 일이 발생한다. 무슨 일이 발생한 것일까?

꽃이 피기까지의 과정

4연에서 노래되는 것은 신의 아름다운 의도가 좌절되기에 앞서 발생한 일이다. 화자는 그것을 '수액을 보듬어 잉태하는 생성의/아픔. 아픈/개념이 꽃이었다'고 말한다. 화자가 보는 것은 꽃이 피기까지의 과정이다. 꽃은 나무에서 피어나지만, 그 과정은 '수액'을 보듬어 잉태하고 다시 다른 사물로 변화시키는 생성의 과정으로 드러난다.

꽃을 아이에 비유한다면 여기서 잉태는 수액을 보듬는 행위, 곧 수액을 안는 행위에서 시작된다. 그리고 이런 잉태는 마침내 '생성의/아픔'을 느낀다. 쉽게 말하면 잉태한 다음 꽃이라는 아이를 태어나게 하는 데에는 아픔이 따른다. 어디 꽃뿐이겠는가? 세상에 존재하는 모든 사물들이 태어나는 데에는 아픔이 따른다. 그 아픔은 '생성의/아픔'이다. 수액에서 꽃이 생성되는 고통. 그렇다면 꽃은 식물이 아니라 물로 되어 있단 말인가? 그렇다. 고운 꽃은 식물이라기보다는 그 자체가 물이라는 생각이 들 때가 있다. 한 송이의 꽃은 부드러운 물을 연상시키고, 이런 연상이 여성의 아름다움과 중첩된다.

결국 화자는 이런 '생성의/아픔'이 아픈 개념이며, 그 개념이 바로 꽃이라고 말한다. 지구를 꽃으로 변용시키려던 신의 의도가 좌절하기 전에 꽃은 생성의 아픔을 체험한다. 그리고 이런 아픔은 하나의 개념으로 정의된다. 꽃에 대한 이런 인식은 꽃이 단지 아름다운 사물이 아니라 그 아름다움 속에는 이른바 '생성의/아픔'이 존재한다는 명제를 성립시킨다.

이 시는 꽃의 표면과 내면, 그리고 생성과정을 특이한 상상력으로 노래한 것으로 일종의 관념시에 해당되지만 그 관념을 감각과 결합시킨다는 점이 아름답다.

(『한국현대시 새롭게 읽기』, 세계사, 1996.)

꽃의 문화사

송 희 목

꽃의 문화사

처음, 인간에게 들킨 아름다움처럼
경악하는
눈. 눈은, 그만
꽃이었다.

애초엔 빛깔
보다도, 내음보다도
안, 속으로부터 참아 나오는 울음
소릴 지른 것이
분명했다.

지구를 꽃으로 변용시킬
신의 의도가
좌절되기에
앞서 —

수액을 보듬어 잉태하는 생성의
　　아픔. 아픈
　　개념이 꽃이었다.

　경이로운 상상력의 소산이다. 꽃을 인간에게 들켜서 놀라는 눈으로 비유하고 있다. 눈을 뜨는 것은 작게는 정신적 개안(開眼), 크게는 우주의 탄생을 의미한다. 내면으로부터 참아 나오는 꽃의 울음은 꽃눈이 싹트는 소리이다. 그 소리는 마음으로 듣지 않으면 들리지 않는다. 꽃의 개념은 잉태하는 생성의 아픔이다. 그 아픔은 지구 자체를 꽃으로 변용시키려는 신(神)의 의도가 좌절되기 직전에 느끼게 하는 것이다. 여기에서 꽃은 단순한 자연의 일부가 아니라, 문명에 대한 정신의 권화(權化)로 꽤 관념적인 의미를 지니고 있다.

　김광림은 1957년 전봉건·김종삼과 더불어 연대시집『전쟁과 음악과 희망과』를 펴냈고, 개인적으로 첫 시집인『상심하는 접목』을 상재했다. 전쟁이 남긴 참혹한 현실에서 출발했던 김광림의 시는 초기시에서 추상적인 꽃의 이미지를 잠언투로 읊조렸으며, 한편으로는 전쟁이 남긴 난세(亂世)의 상황을 노래했다.

　스스로 자신의 시를 주지적 서정시라고 말한 바 있듯이, 소녀 취향적인 감상주의와 자연관조적인 리리시즘을 변혁하여 음악적 직감의 전달성과 회화적 이미지의 양감을 결합했다.

　그의 시에서 가장 중요한 모티프의 줏대가 되는 꽃은,「상심하는 접목」에서는 새털의 악보(樂譜)를 타고 하야라니 나리는 눈보라, 꽃보라이며,「꽃의 서시」에서는 시공을 넘어선 우렁찬 음악이며,「부활의 장(章)」에서는 상심의 갈빗대에 찍힌 꽃심지이며,「꽃의 반항」에서는 금시 향기로워 오는 목숨이다.

　여기 인용한「꽃의 문화사」는 4편 연작시 중에 첫 번째에 해당하는 시편이다. 세 번째 시에 이르러서는 꽃을 군화로 밟은 자국, 혹은 전쟁의 참혹함을 극복하는 구원의 대상으로 여겼다. 한마디로 말해, 그는 전쟁의 폐허에서 느끼는 마음의 상처를 꽃으로써 아름답고 지적으로 노래했다.

(『한국서정시의 이해』, 예하 출판, 1993.)

김광림의 창(窓)·기타

오 규 원

20년대 한국의 시단에서 시인으로서 성공할 수 있었던 유일한 사람인 만해 한용운 선생의 유작이 새로 발견되어, 시를 공부하는 사람들에게 적지않은 흥미를 불러일으키고 있다. 새로 발견된 만해 선생의 유작과 시집을 다시 읽고 있노라니, 한 사람의 시인이 극복해야 할 문제가 얼마나 단순하지 못한가 하는, 약간 비관적인 느낌마저 새삼스럽게 전신을 감돈다.

그와 함께 생각나는 이 달의 작품은 《현대시학》 12월호에 발표된 김광림 씨의 신작 5편 중의 「窓」이다. 물론 내 얘기는 김광림 씨가 만해 선생과 동일한 세계에서 동일한 발성을 하고 있다거나, 또는 작품 「窓」에서 만해 선생의 시 냄새가 짙게 풍겨나든지 하는 그런 것은 아니다.

김광림 씨는 '시의 원형적인 것'을 찾는 것이 씨의 작품의 중심과제이고, 만해 선생은 '무아(無我)와 보편적 자아'의 경지를 통해 좁은 의미의 자기 극복의 세계를 이룩하고 있다.

만해 선생에 대한 우리의 관심은 첫째, 일반적으로 긍정되고 있는 20년대의 개인적 비탄의 발성에서 혼자 먼 거리에 설 수 있게 한 그의 사상적, 종교적인 배경의 힘과 둘째, '자기표출의 도구로서 자유시를 선택한' 다른 20

년대와는 달리 '긍정적 자기표출의 한 방법으로써 자유시를 택한 것(김현)'과의 차이점과 셋째, 만해 선생의 의식에 깃든 종교적 혹은 사상적인 관조(觀照)가 낳은 시적 효과 등이겠지만, 김광림 씨에 대한 우리의 관심은 아직까지는 이미지와 동양적인 직관에 머물러야 한다는 데 서로 상당한 거리를 두고 있는 것이다. 그렇다고는 하나, 실상은 만해 선생에 대한 세 번째의 관심과는 매우 관련성이 많다는 것에는 따로 부정할 필요는 없으리라.

> 교수(絞首)의 순간에 짚어보는 공허를 틀에 끼워놓은 것이 창이다
> 그래서 창은 피차의 갈증을 넘보는 버릇이 있다 유리를 닦으면 노골
> 적으로 묻어나는 생각·정직하게 먼지가 쌓여 세월이 눈에 보인다
> ―「창」의 첫 째 부분

위에 인용한 작품은「창」의 일부인데, 언뜻 보면 산문체로 풀어놓은 대단찮은 산문시 같지만, 실은 대단히 잘 만져진, 그만큼 독특한 빛을 내는 시이다. 김광림 씨의 근작 중에서도 가장 뛰어난 작품이다.

김광림 씨가 이런 식의 관조를 시작한 것은 내가 보기로는「산」이라는 동일제목 하에 행해진 연작형식에서부터인 것으로 알고 있는데, 여기서 '이런 식의 관조'라고 말하는 것은 물론 대상을 바라보는 방법에 있어서의 씨의 변화를 지적한 것이다. 즉, '갈구의 제비 새끼들/노오란 코오러스/소년 성가대는/발돋움하는/감람나무 잎사귀'(「주일」)가「석쇠」를 거쳐 '구름 밖에 섰는 산,/노기(老氣)를 잃은지 오래다'(「山 1」)까지 온 결과가 바로 그것이다.

순수한(이 말에는 다분히 '단순한'이란 의미가 짙다는 것도 사실이다) 이미지에 대한 탐구로부터 이러한 방향전환은 선(禪)에 대한 일련의 글에서나 또는 ≪현대시학≫의「문제작, 문제점」이라는 형식의 30매짜리 글에서나 찾아 볼 수 있는데, 예를 들면 '동양적인 것과 서양적인 것' 같은 것이 바로 그 좋은 예이다.

이런 글들은 다른 측면에서 본다면, 씨의 관심의 주축인 '시와 원형적인 것'의 심화 확대에 대한 씨 나름의 노력의 결과란 점도 분명한 것이다. 즉, 씨에 있어서의 시란 '마음의 빛과 그림자를 재창조하기 위한' 것이기 때문이다. '마음의 빛과 그림자'를 '사물'로 바꾸어 놓으면 씨의 시는 곧 '사물의 본질을 새로이 밝힘'에 있다는, 씨의 관심의 핵이 분명하게 드러난다.

씨에게 가장 필요한 것은 결국 사물의 본질을 새롭게 밝힐 이미지(시의 원형적인 것)인 것이다. 씨는 씨 개인이 직면한 대상에서 표출할 수 있는 최초요, 최후요, 최적의 이미지를 만들기 위해 한 방법으로서의 '동양적인 것[思考]'을 수용하기 시작한 것이다. 만해 선생이 자기극복을 위해 시를 필요로 했듯이, 김광림 씨도 사물[詩]을 극복하기 위해 동양적인 관조(이미지)가 필요했던 것이다.

사물의 본질은 외부에 있지 않고 내부에 있다는 점에서 노·장자를 중심으로 이룩된 도가의 '道(心)' 사상은 그 타당성을 얻을 수 있고, 시가 직관에 의존하는 강도가 짙다는 점에서 서구적인 분석적 사고보다 동양적인 사고가 또한 그 장점을 취할 수 있다는 견지에서 보면, 동양적인 사고방식에 대한 김광림 씨의 탐구는 상당한 성과를 거둘 수 있는 소지를 얼마든지 간직하고 있다.

도의 핵심이 무위자연의 '心'이라면 이 때의 '心'은 곧 '物'이요, '生'이요, '死'라고 할 수 있다. 이것은 씨의 표현을 빌린다면 '마음의 빛과 그림자'이다. 또한 '心'에서 모든 것이 비롯되므로 '心'은 사물의 본질이요, 근원이다. 그리고 그 '사물의 근원'에서 직관적인 '正音若反'의 '信言不美, 美言不信'의 이미지는 시가 원하는 가장 함축성 있는 바로 그 한 구절일 수 있으리라. 아마 이런 견지에서 발레리도 중국인의 직관력을 찬양했으리라.

작품「窓」이 주는 흥미는 세 가지 각도에서 관찰할 수 있다.

그 첫째가 이미지의 계층적 확대가 넓혀주는 쾌감이다.

갈매기의 얼어붙은 뼈들이
허이연 해안을 휩쓸고
개울음 소리는 내 안에서 들린다.
내 안에서 한 아이가 죽는다.

이 작품은 같은 호의 ≪현대시학≫에 발표된 이승훈의 신작 5편 중의 「감옥Ⅰ」의 일부이다. '감옥'은 전체가 하나의 공간을 이룩하면서 개인의 내부의식을 혹은 불안한 사회의 일면을 상징적으로 보여주지만 '갈매기의 얼어붙은 뼈', '허이연 해안', '개울음 소리' 등의 이미지들이 풍경적 요소로 위치하는 동시에 동일한 자격으로 독립해 있다.

그러나 '창'은 각 행이 '독립'한 것이 아니라 '예속'되어 전체가 제일 첫 행에서 벗어날 수 없는 형태다. 씨의 주장대로 표현한다면 '통합적 이미지'가 될 것이고, 다른 말로 표현한다면 직관에 의해 얻어진 첫 행에 작자 자신의 조형적인 의미확대가 성공한 것으로 될 것이다.

작품을 들어서 말한다면 '교수(絞首)의 순간에 짚어 보는 공허'이라는 창의 '마음의 빛과 그림자'에, 그 약간 파리한 허공에다 제2상상력을 발휘하여 과거의 경험 속에 숨어있던 '갈증을 넘보는 버릇'을 부가한다. 그리고 유리를 닦으면 밝아지고 조망과 밝아지는 심상의 유사점에서 '유리를 닦으면 노골적으로 묻어나는 생각'을 얻어, 결국 '생각'과 연결되는 망각을 첨부한 '정직하게 먼지가 쌓여 세월이 보인다'는 4개의 이미지를 계층적으로 쌓아 놓았는데 그것이 매우 자연스러워 거의 조형적인 냄새가 나지 않는다는 것이다.

두 번째의 흥미는 첫 번째의 계층적 조형의 성공으로 전체가 하나의 이미지처럼 느껴진다는 것이다. 물론 이것은 '허공'과 '갈증을 넘보는 버릇'과 '생각'과 '먼지에 쌓인 세월'의 4개의 어휘가 갖는 연관성, 즉 언어선택의 성공과 이미지의 예속성이 풍기는 통일감 때문이다.

> 목이 마려운
> 파이프 올갠
> 빛이 부신 音階를 밟아내리면
> 그늘진 寺院
>
> ―「主日」의 일절

 종전의 이와 같은 단절될 수 있는 이미지들이 아니라, 단절될 수 없는 이미지들이 어울려 상당히 깊은 맛을 풍겨 준다는 점을 숨길 수 없다.
 세 번째의 홍미는 이 산문체가 이 시에는 퍽 어울린다는 점이다. 이것을 만약에

> 絞首의 순간에 짚어보는 空虛를
> 틀에 끼워 놓은 것이 窓이다.
> 그래서 창은 彼此의 渴症을
> 넘보는 버릇이 있다.
> 유리를 닦으면
> 노골적으로 묻어나는 생각,
> 正直하게 먼지가 쌓여
> 歲月이 눈에 보인다.

따위 식으로 분리시켜 놓았다고 생각해 보면, 이 시가 주는 통일감이나 혹은 동양적인(사실은 동서양 반반의 느낌이지만) 향기는 거의 없어지고 말았을 것이 아닌가.

> 좀처럼 窓을 벗어나지 못하는 구름이 있다 제자리에 머물러 각혈하거나 끝내는 자신의 존재를 찢어발긴다 이 조용한 崩壞를 無關하게 지켜볼 때 비로소 窓이 내부로 열린다
>
> ―「창」둘째 부분

이 부분을 마지막의 '이 조용한 붕괴를 무관하게 지켜볼 때 비로소 창이 내부로 열린다'는 것을 밝히기 위해 앞의 2행이 동원되고 있다. 둘째 부분의 '창'은 첫째 부분의 '갈증'의 상태를 넘어서는 과정, 즉 '무아(無我)'의 경지 또는 무위자연(無爲自然)의 상태에 도달하는 순간의 '心'의 거울로 나타나 있다.

첫째 부분의 다부진 이미지의 조립에 비하면 어딘가 허술한 것 같으면서도 마지막 한 구절이 갖는 급격한 의미 부여로 첫째 부분과는 다른 방법으로 감동을 불러일으킨다.

> 창을 가로질러 한쌍의 새가 엇갈려 날고 있다 어린 시절의 그물을 맞들었다—막 동해에서 생선같은 아침해를 건져낸다 금시 비늘 투성이의 창이 된다
>
> —「창」셋째 부분

셋째 부분에 오면 '창'은 앞의 두 부분의 '창'과는 달리 독자를 당황하게 한다. 당황하게 하는 이유는 '엇갈려 나는 한쌍의 새'와 '냇물을 뛰어 넘던 어린 시절의 그물' 때문이다. 특히 후자의 '냇물을 뛰어 넘던'과 '그물'과의 관계 때문이다.

만약에 엇갈려 나는 한 쌍의 새 사이에 걸린 푸른 하늘의(순수의) 그물이라는 해석이 용납된다면, 셋째 부분의 '창'은 이미 '무아' 혹은 '막 동해에서 생선같은 아침 해'로 상징되어 있는 희열의 '비늘 투성이'를 '心'이 지니는 것이 된다.

어쨌든 '창'의 세 부분을 통해서 씨는 경험할 수 있었던, 혹은 경험할 수 있으리라 예상되는 어떤 위치까지 스스로의 의식을 승화시키는 데 성공하고 있다.

또한 이 「창」을 읽고 나면, 종전의 작품과는 달리 순수한 이미지의 집합체로서의 김광림 씨의 시가 아닌, 하나의 물상(物相)에 통일된 하나의 심상, 혹

은 '통일된 하나의 저의가 깃들어 있음'을 본다. '말뚝'이나 '빈터'나 '건널목'이나 '시장기'나 모두가 무엇인가 저변에 하나의 그림자가 도사리고 있다.
 이것은 무엇을 말함일까? 특히 '말뚝'이나 '빈터' 등은 표면에 아무 것도 내세운 이미지는 없는데도 그 한행 한행이 연결되면서 전체의 무드가 순수한 상태가 아니다. 그렇다고 만해 선생처럼

> 주검이란 한 방울의 찬 이슬이라면 이별은 일천줄기의 꽃비다.
> 주검이 밝은 별이라면 이별은 거룩한 태양이다. (「이별」)

 이렇게 자기를 노출시켜주지도 않는다. 있다면 겨우 상당히 관념적인 냄새가 풍기는, 또한 상징적인 '에펠탑을 보고 화를 버럭 내었던 말라르메의 기침 소리가 들렸다'(「말뚝」)나 '이웃간의 지경(地境)처럼 망측한 것은 또 없었다'하는 '終日號而不口'(「老子」)와 같은 관념적인 진술뿐이다. 이것은 이미지를 잃을 때, 동양적인 직관은 관념의 노출로 떨어지고 만다는 것이 아닐까? 「窓」과 기타의 작품의 차이는 이런 것에서 생기는 것이 아닐까? 좀 더 두고 볼 문제 같다.
 어쨌든 「窓」은 근래 내가 읽은 시들 가운데 가장 인상 깊은 작품이었다.

시적 체험의 즐거움

권 두 환

 어느 시인이 한 편의 시를 발표한다. 그 시 가운데는 시인이 자기의 작품 속에 체현(體現)하려고 한 의도, 또는 오랜 기간에 걸친 창작 중의 의식적 무의식적 체험이 담겨 있다. 이러한 시인의 의도 또는 체험은 시라는 그릇 속에 고여 있기도 하고 때로는 넘쳐흐르기도 한다. 대부분의 경우 시인의 의도는 합리화의 경향을 띠게 되는 것이지만, 그것은 계획과 이상을 표명한 것에 불과할 지도 모르며 완성된 한 편의 시가 그 의도보다는 훨씬 그 수준이 낮거나 또는 엄청나게 어긋나 있을 수도 있다.
 예컨대 어느 시인이 그가 쓴 한 편의 시를 오랜 시간이 흐른 인생의 어떤 시기에 다시 읽게 되는 경우에 그 시인은 분명히 자기의 시를 읽는 한 사람의 독자가 되게 마련이다. 그리고 그는 다른 독자들과 거의 같은 정도로 자기자신의 작품을 오해하기 쉬운 것이다. 시인이 자기가 쓴 작품을 이해하지 못하거나 또 이해하고 있다고 하더라도 그 작품이 애초에 지녔던 의도나 목표 등에 지배되어 잘못 이해하고 있는 실례는 얼마든지 수집할 수 있는 것이다.
 이러한 예는 독자의 경우에 있어서도 마찬가지다. 시라고 하는 것은 독자들의 정신과정을 떠나서는 존재하지 않는 것이라고 할 수 있다. 그러나 시가 독자의 개인적 체험을 통해서만 이해될 수 있다고 하는 말은 옳은 것이지만, 시가 이러한 개인의 체험과 반드시 일치하는 것은 아니다. 한 편의 시에 관한 독자들의 체험은 어떤 특이한 것, 어떤 순수하게 개인적인 것을 내포하고 있는 것이다. 그것은 우리들의 기분과 개인적인 마음을 준비 여하에 따라 여러 가지로 윤색되기 마련인 것이다.

한 편의 시가 같은 독자에 의해서 각기 다른 때에 여러 차례 읽혀지는 경우를 예상해 본다면, 그 시는 그 독자의 정신적 성숙 여하에 따라서 또는 심신의 건강 상태 여하에 따라서 상당히 달라질 수 있는 것이다. 그러므로 한 편의 시에 관한 모든 체험은 어떤 본질적인 것을 버리거나 또는 어떤 비본질적인 것을 첨가하거나 하는 것 중의 하나라고 할 수 있다.

따라서 시인은 일시적인 영예를 위한 의도의 오류를 범하는 일이 없어야 할 것이며, 독자들은 순간적인 환상에 의하여 시를 평가하는 일이 없도록 노력해야 할 것이다. 그런 의미에서 시인이나 독자나 건강한 심신의 안정상태를 유지하는 일이 시를 위하여 바람직한 일이라 할 수 있다.

김광림이 ≪심상≫에 발표한 「식사」와 「내성적」은 이런 점에서 소중하게 다루어져야 할 작품이다. 「식사」가 현재의 확인에 기조를 둔 작품이라면, 「내성적」은 과거의 회상에 기조를 둔 작품이다. 이 두 편의 시는 '먹는 일'이라고 하는 일상적인 모티브를 '어떻게 살아갈까'하는 문제로 형상화하고 있다. 말하자면, 형이하의 차원에서 형이상의 차원을 관조하고 있다는 것이다.

    사람의 고민 가운데는
    무엇을 먹을까가 문제인 족속도 있다
    먹이에는 흔히 파리떼가 끼어든다
    쥐떼가 부산하게 어둠을 경영한다

> 비대한 인간의 식성은
> 행진곡처럼 왕성하지만
> 신경질적으로 꺾어지는 젓가락엔
> 집히는 것이 없다
> 염색으로 안면을 지탱해야 하는
> 쉰 살이 되어
> 새삼 어떻게 살아갈까가 문제인 나는
> 무시로 고통을
> 식은 죽 먹듯 하고 있다
>
> ―「식사」 전문

  1행과 2행은 '사람들 가운데는/무엇을 먹을까가 고민인 족속도 있다' 또는 몇 개의 변형된 문장이 가능한 것 같은데 주어의 혼란이 독자들의 눈에 거슬리는 부분이다. 그리고 '행진곡처럼 왕성하지만' 또는 '염색으로 안면을 지탱해야 하는'과 같은 비유적 표현은 시적 관습에 너무 충실한 나머지 이 시가 지닌 내면적 리듬을 파괴하고 있는 듯한 느낌을 준다.

  그러나 이 시가 지니고 있는 강렬한 힘은 남성적 토운에 있다고 하겠기에 이런 것은 그리 큰 결함처럼 생각되지 않는다. 정직하게 시를 쓰지 않는 시인이란 있을 수 없는 일이겠지만 이 시는 정직하고도 굵은 목소리로 한 편의 시를 완성하고 있다. 현재형 어미들이 지니고 있는 단호하고 명쾌한 논리에 의거하고 있으면서 이 시는 세상과 사람들과 나의 문제 또는 먹는 일과 먹히는 일의 어둠과 고통을 예리하게 보여주고 있는 것이다.

시에 나타난 시간성

김 종 철

　김광림의 「고적삼제(古蹟三題)」(《현대문학》 4월호)는 역사적으로 경험되어졌던 시간을 통해 이를 재구성하고 역설적 어구로 시도된 작품이다.

　　쫓기긴
　　왜
　　맞서지 못하고

　　죽음에
　　앞을 다툴 건
　　없잖아

　　무력하긴
　　참
　　꽃잎같군

　　벼랑에서
　　아이들은 개구리를 내동댕이쳤다
　　그리고
　　손을 털었다

「落花巖」에서는 널리 알려진 역사적 실재를 통해 그는 피동적인 관찰자로 한 시대의 성찰을 담고 있다.

그는 이 시에서 종래의 시작행위와는 달리 특이하게도 언어의 표현력을 극소화함과 동시에 소재의 폭을 확대하고 있으며, 시적 긴장을 잃지 않고 시인의 비판안목을 통해 상황과 이미지가 긴밀한 모형을 이루고 있다.

'벼랑에서/아이들은 개구리를 내동댕이쳤다'라는 절제된 비유는 「낙화암」이라는 새로운 시적 리얼리티를 보여주고 있다.

시인의 주관성과 한 고적의 객관적인 기준에 얽힌 시간이 뚜렷이 대조를 이루고 있는 작품으로서는 역시 「古蹟三題」의 하나인 「幸州山城」에서도 잘 나타나 있다.

> 돌맹이를 나르던
> 행주치마는 찢기고
> 靑바지만 서성거린다
> 長竹은 꺾이고
> 니코틴보다 쓴 세상을
> 한 小節의 필터로 빨아들이며
> 城壁의 바위를 져나른
> 우직한 壯丁들을 생각는다
> 오늘 문명의 改修돌이
> 조약돌만 같다

'행주치마'와 '靑바지', '長竹'과 '필터'의 대비는 한 시대와 한 시대의 단절적인 문명을 상징 내지 암시하고 있다. 이러한 비유의 설득성을 통해 이 작품에 있어서도 그는 감정의 유로를 보이지 않는다. '니코틴보다 쓴 세상'은 이 시의 기본적 어조로써 자신의 관점을 잘 표현하고 있다.

과거와 현재라는 관련구조를 놓고 시간적 연속성을 통해 '오늘의 문명의 개수돌이/조약돌만 같다'라는 시인의 비판적 비전에 우리는 유의해야 한다.

「矗石樓」에서도 그는 논개의 정절을 잠언적 진술을 통해 상황의 현재성을 제시하고 있는데, 그는 아무튼 이 「고적삼제」를 통해서 고난과 역사적 사연을 상기시켜 해학과 풍자와 비극적인 삶을 새로운 언어구조와 시형으로 전개함으로써 괄목할 성과를 이루고 있다.

익은 시·쉬운 시에 대하여

김 종 해

김광림의 「침의 내력」도 이순(耳順)을 넘어선 나이에 보이는 시인의 깨달음이 시로 표현되고 있다. 김광림의 화법은 홍윤숙의 그것에 비해 대사회적 대현실적 아이러니가 포함된다. 시인 자신의 육신에서 드러나는 병리현상을 사회적 병리현상에 맞물려서 침으로 다스려야 함을 깨닫게 된다. 작품 「침의 윤리」도 그같은 맥락 위에서 이해되는 시다. '아/통증을 내야/비로소/피/피가/통하는/침의 윤리를/아프게/아프게/맞아들인다' 그렇다. 통증 없이는 아무 것도 치유 쪽으로 나아갈 수 없다. 이 같은 평범한 깨달음을 김광림은 평범한 깨달음 그대로 두지 않는다. 그것은 대사회적 병리현상에 대한 연결이다. 현실의 삶을 살아가는 김광림의 '나'와 '사회'의 연결고리는 그의 시에 일관된 관심으로 표현되고 있다.

「침의 내력」도 그 같은 맥락 위에서 보면 된다. 일상의 삶 속에서 보채는 손자를 '침 놓겠다'고 을러대는 할아버지의 관계는 흔한 일상사에 속한다. 그러나 김광림은 그 흔한 일상성을 '침'이란 사물을 통해서 시적 긴장장치와 구조를 더함으로써 평이하지 않게 만든다.

耳順을 넘어
얼러도 안 되고 달래도 안 듣는 아이에게
<침 놓겠다>고
곧잘 을러대지만
침이 동이 날 지경으로
다스려야 할 곳이 으리으리하게 많은
요즈음
나도 별수 없다
팔다리가 쑤신다
죽지도 천근으로 뻐근하고
담이 우주 쓰레기마냥 떠도는 판국이다
아뿔사
그 무서웠던 침을
이제사
순순히 맞아들여야 할 처지에 놓이다니
나도 참

— 「침의 來歷」에서

정작 침을 놓아야 할 곳은 온갖 병리현상이 득시글거리는 우리의 현실이며 사회다. '침이 동이 날 지경으로' 다스려야 할 곳이 많다. 시인의 노쇠한 병리현상에서 받아들이는 침에 의한 치유를 그는 대사회적 병리현상의 치유와 같은 선상에서 받아들인다. 일상적인 작은 체험을 일상적인 것으로 두지 않고 그것을 대사회 대현실적 관심으로 증폭시켜가는 것에 김광림 시의 비범함이 있다.

우리의 가슴을 뜨겁게 하는 한 편의 사부곡

이 승 하

血壓 때문에 술을 끊어야겠다고 결심한 중학 동창은
마지막 對酌을 위해 일부러 나를 찾았단다
반세기가 넘어도 상기 '야', '자'로 통하는 사이가
마냥 즐겁기만 하다
한때는 혀가 굳어져 제대로 말을 못했다며
다시 굳어지기 전에 꼭 해야겠다고
느닷없이 들고 나온 한 마디
―야, 너 집 떠날 때 아버지한테 얘기 했니?
국회 청문회인들 이보다 더 가슴에 맺힐까
간신히 기어드는 소리로
―아니
라고 대꾸하긴 했지만
금방 가슴 속의 응어리가 터질 것만 같다.
―이 자슥아! 너 아버지가 누이동생을 앞세워 우리 집에 찾아오셨
  단 말야
  너 아디 갔느냐고 물으시길래 나도 놀랐지 무슨 말씀이냐고 되물
  었지만……
  '제 에미도 동생들도 다 모른다니 이놈이 대체 어디로 사라졌단
  말야'

걱정이 태산 같으시더라
하긴 그래
어머니는 자식이 잘 되는 일이라면
무슨 짓인들 말렸을까
남행열차를 탄 내게 마냥 손을 흔들어 쌌던
누이의 모습이 지금도 삼삼한데
아버지의 노여움에
모두가 모른다고 잡아뗀 모양이다
―야 이 자슥아 정신차려
   올해 부모님 춘추 어떻게 되시니
기세가 등등해진 녀석은
취기까지 가세하여 사뭇 심문조다.
―그래 아버지가 나를 스물하나에 어머니가 열아홉에 두셨으니까
   여든여덟에 여든여섯이 되셨을 거야.
그만 울먹이는 소리가 돼버렸는지
'야' '자' 하던 친구가
―내가 괜한 소리 했나보다
―아냐 잘했어
   내 따귀 실컷 갈겨주지 않을래
이승에선 다시 못 뵈올 부모님 생각에
기어이 울음보를 터뜨리고 싶어
상기된 얼굴을 들이대자
이번엔 '야' '자'가
잘못 눈물단지 건드렸나 싶었던지
시무룩한 목소리로
―아무래도 내가 괜한 소리 했나보다
혼잣말처럼 중얼거리고 있는 것을
어쩌랴.

              ―「괜한 소리」(《열린시》, 1996년 4월호)

《문학예술》 1996년 봄호에는 「일문판 김광림 시집 현지반응」이라는 특

집이 마련되어 있다. 시라이시 가즈코라는 사람이 편하고 일역한 『김광림 시집』(書肆 靑樹社)에 대한 다섯 명 일본인의 짧은 서평이 실려 있으며, 김광림의 시집을 읽은 아홉 명의 일본인이 김광림 시인에게 보낸 사신의 일부도 번역되어 있다. 모든 글이 김광림의 시를 읽고 크게 감동했다는 내용이고, 시인의 사람됨에 대해서도 칭송을 아끼지 않고 있었다. 이 땅의 노시인 중 한 분이 우리와는 미묘한 관계에 있는 일본에서, 그것도 독도 문제로 더욱 미묘한 관계가 된 시기에 이렇게 크게 인정받고 있다는 것은 기분 좋은 일이 아닐 수 없다. 그런데 시집 번역자가 쓴 해설문에 눈에 확 뜨이는 대목이 있었다.

> (……) 나는 "양친은 안녕하신가요?"하고 묻고 말았다. "시라이시 씨, 그것만은 묻지 말아주세요. 마음이 아프니까요." 그 말 한마디로 나는 편지는 고사하고 양친의 소식을 전혀 한 줄도 알지 못하는 잔혹한 운명을, 김광림 씨는 남쪽으로 온 그날 이후 견디고 있는 사실을 알았다.

김광림 시인은 이 땅의 많고 많은 이산가족 중 한 사람이었던 것이다. 양친과 헤어진 지 50년이 다 되어가는 오늘날까지 양친의 생사여부도 알지 못하는 그 긴 50년 세월동안 노시인의 가슴에 얼마나 많은 그리움의 물이랑이 출렁여왔는지, 얼마나 자주 복받치는 통곡을 참으며 밤의 바닷가를 헤매었는지를 눈치채게끔 해주는 시가 한 편 발표되었다. 제목 「괜한 소리」는 혈압 때문에 술을 끊어야겠다고 결심하고 마지막 대작을 위해 찾아온 중학 동창의 입에서 나온 두 가지 질문인 동시에, 자신의 질문을 '괜한 소리'로 규정한 자탄의 소리이기도 하다.

노인은 마지막 대작이겠다 술을 마신 김에 평소에 물어보고 싶었던 것이 있어 두 가지 질문을 던진다. 그러자 늙은 시인 친구는 울먹이는 소리로 대답하고 급기야 울음보를 터뜨릴 듯 상기된 얼굴이 되고, 그래서 노인은 '아무래도 내가 괜한 소리 했나보다'라고 시무룩한 목소리로 한 소리, 공연히 한 소리. 도대체 어떤 질문이기에?

 두 가지 질문은 읽으면 읽을수록 가슴을 치고, 쓰리게 하고, 결국은 뜨겁게 달아오르게 해 눈시울까지 뜨거워진다. 수백만 이산가족의 아픔이 응축되어 있기 때문일 게다. 첫 번째 물음은 '야, 너 집 떠날 때 아버지한테 얘기했니?'이다. 청년 김광림은 아버지한테 탈향의 이유를, 이향(離鄕)의 전말을 말씀드리지도 않고서 남행열차에 몸을 실었던 것이다. '내게 마냥 손을 흔들어 쌌던/누이의 모습이 지금도 삼삼한데/아버지의 노여움에/모두가 모른다고 잡아뗀 모양이다' 그래서 아버지는 아무 말 없이 홀연히 종적을 감춘 아들의 소식을 알아보고자 딸을 앞세워 아들 친구의 집을 찾아다닌다.

> ─이 자슥아! 너 아버지가 누이동생을 앞세워 우리 집에 찾아오셨단 말야
> 너 아디 갔느냐고 물으시길래 나도 놀랐지 무슨 말씀이냐고 되물었지만……
> '제 에미도 동생들도 다 모른다니 이놈이 대체 어디로 사라졌단 말야'
> 걱정이 태산 같으시더라.

 그리 멀지 않은 어느 날 귀향할 수 있으리라고 생각했기에 말씀드리지 않았지, 그것이 영원한 생이별의 순간임을 알았던들 작별의 인사도 고하지 않고 떠나왔을 것인가. '걱정이 태산 같으시더라' 이 한 행 속에는 아버지의 정이 소롯이 담겨 있지 않고 흘러 넘치고 있다. 흘러 넘치는 그 정이 독자의 가슴을 사뭇 아프게 한다. 이 아픔은 이산가족 당사자의 아픔과는 차원이 다른 것임을 안다.
 두 번째 물음은 '야 이 자슥아 정신차려/올해 부모님 춘추 어떻게 되시니'이다. 마지막 대작을 위해 찾아온 친구는 일신의 안전을 위해(혹은 시를 쓰겠다

고?) 아버지한테 말씀도 안 드리고 고향을 떠난 시인 친구를 공박하며 살아 계시면 올해 연세가 어떻게 되시냐고 묻는다. 시인은 '그래 아버지가 나를 스물하나에 어머니가 열아홉에 두셨으니까 여든여덟에 여든여섯이 되셨을 거야'라고 대답한다. 이 대답 속에는 살아 계실 확률보다는 돌아가셨을 확률이 훨씬 더 높다는 암시가 들어 있다. 그래서 앞쪽에서 '국회 청문회인들 이보다 더 가슴에 맺힐까'라고 자탄했던 것이 아니겠는가. 그래서 뒤쪽에서 '내 따귀 실컷 갈겨주지 않을래'라고 자학하게 된 것이 아니겠는가.

김광림 시인은 일본인들도 이구동성으로 말하고 있듯이 풍자와 유머의 구사가 뛰어난, 시의 해학성을 중시하는 시인이다. 이 시도 바탕에는 회한의 세월과 비극의 역사가 깔려 있지만 겉으로는 일흔을 앞 둔 두 친구가 술자리에서 나누는 허물없는 대화로 진행되고 있다. 제목도 유머러스하게 「괜한 소리」, 즉 술 마시면서 친구 사이에 나누는 객쩍은 소리라고 붙여놓았지만, 두 가지 괜하지 않은 질문에 접한 시인의 심사야 오죽했으랴. 그 심사가 「시인의 산문」에서는 다음과 같이 담담히 술회된다.

> 요즘 나의 머리 속에는 <불효막심>이라는 생각이 차 있다. 이건 한반도가 빚은 비극의 어쩔 수 없는 결과이기도 하지만 나 딴엔 그 비극의 주인공 같아 더욱 그러하다. (……) 이 땅의 비극이 언제쯤 끝나려나.

어제 전군에는 워치콘 3이라는 비상경계령이 강도가 더욱 높은 워치콘 2라는 것으로 발령되었다고 한다. 오늘도 눈을 감지 못한 채 숨거두는 이산가족 할아버지와 할머니들이 군사분계선 이남과 이북에는 있을 것이다. 그 누군가를 한 번 보고만 죽어도 소원이 풀릴 사람들 앞에, 그 누구의 소식만 들어도 눈을 감을 수 있는 사람들 앞에, 「괜한 소리」앞에, 나의 모든 말이 쑥스러워진다.

혼돈의 시대와 표류하는 존재의식

이 상 호

1

지난 겨울 그토록 어둡고 무겁던 풍경들을 생각하면, 오월의 신록들이 꾸며낸 신선한 초록의 산천들은 우리의 무거운 마음을 한결 가볍고 희망에 부풀게 하는 듯하다. 그 겨울 동안 저 많은 초록의 물감을 그 어디에 갈무리해 두었다가 저렇게 힘차게 산천에다 쏟아 붓는지 알 수가 없다. 참으로 신기하고 놀랍기만 하다.

그러나 거기서 잠시 눈을 돌려 도시사회로 들어오면 어찌 또 그렇게 대조적인지. 여전히 어둡고 칙칙하고 숨막힐 듯 보기 흉한 풍경들이 앞을 가로막는다. 겉만 그런 것이 아니라 그 속은 더욱 썩어빠지고 있으니 그 꼴을 과연 어떻게 치유할 수 있을지 그저 난감하기만 하다.

이러한 세태를 시인들은 어떻게 읽고 있을까? 혼돈의 시대를 읽고 해석하며, 그것을 시적으로 드러내는 방법은 다양하겠지만 이 달에는 혼돈의 시대에 자기 정체성마저 회의하게 하는, 표류하는 존재의식을 표현한 작품들에 관심을 가져 보기로 한다.

> 사람아
> 위선을 부정하면서도
> 여전히
> 은근슬쩍
> 위선에 빠져 있는
> 비참함이여
>
> 모르긴 해도
> 위선자가 되려고
> 위선을 하는
> 활달하고 자재로운
> 그게 바로
> 취할 점이 아닐는지
>
> —「僞善論」전문

　김광림 시인은 최근에 '위선'에 대한 관심에 젖어 있는 듯하다. 위선이란 무엇인가. 실제로는 악하면서도 선한 척하는 것, 이를테면 선을 가장하여 악행을 저지르는 것이다. 그러니까 겉으로 보면 선행 같지만 기실 그 속셈은 남을 속여 자기 이익만을 구하는 사기 행각이 바로 위선이다. 정상적이라면 이것은 분명 우리(사회)가 멀리하고 부정해야 할 요소이다.
　김광림 시인은 그러한 위선에서 긍정적인 측면을 찾으려 하는가 하면, 어느 때에는 '사기꾼이나 위선자가 차라리 위대해 보일는지도'(「앓는 사내 Ⅸ」) 모른다는 인식을 보여 주고 있어 우리를 어안이 벙벙하게 만든다. 이러한 표현 자체만 놓고 보면 이는 사회통념상 수긍할 수 없는 것이라 할 수 있다. 사기꾼이나 위선자가 위대해 보이는 사회라니, 그것은 아마 누구도 인정하려 들지 않을 것이다. 그럼에도 불구하고 김광림 시인은 어느 때는 그런 사람들이 위대해 보일는지도 모른다는 인식을 「앓는 사내 Ⅸ」에서 보여 주고 있다.

그렇다면 시인은 왜 사회의 통념에 배치되는 그런 발상에 이르게 되었을까. 아마도 이 점에 대해서는 좀더 깊은 통찰을 해야 할 것이라 생각된다. 짧게 말한다면 '위선'에 대한 관심을 보인 작품들은 풍자와 반어적 어법과 밀접한 관련이 있는 것으로 보인다. 다시 말해서 위선이 판을 치는 사회에 대한 비판이요, 그리하여 선(善)이 사회의 중심에 자리잡는 사회가 되어야 한다는 지향의식을 드러내는 것이다.

 이렇듯 정상적으로 보면 우리가 부정하고 물리쳐야 할 것에 대하여 돌연 그와는 반대되는 인식을 갖거나 오히려 그것을 선택하려 하는 것을 두고 심리학에서는 '부정적 자기 동일성'이라고 한다. 이는 진정한 가치를 추구하다가 그것이 도저히 불가능하다는 판단에 이를 때 극단적 반전을 통하여 좌절감에서 오는 억압과 고통으로부터 해방되려고 하는 일종의 심리적 기제(機制)에 해당한다. 이와 같은 내적 의미에 입각할 때 위의 시에서 시인이 말하고자 하는 진정한 의미가 무엇인지 짐작할 수 있다.

 위의 시에서 보면 먼저 1연에서 시인은 사람들의 속성에 대한 성찰과 비판을 하고 있다. 즉 겉으로는 위선을 부정하는 척하면서도 기실은 '은근슬쩍 위선에 빠져 있는' 것이다. 그래서 시인은 그러한 사람에 대하여 비참함을 느끼고 있다. 그런 다음 2연에서는 위선자로부터 취할 점이 무엇인가를 찾아내고 있다. 즉 위선자가 위선을 하기 위하여 '활달하고 자재로'이 도모하는 점만은 취할 만하다는 것이다. 다시 말해서 어떤 목표를 성취하기 위해 성실하게 뛰는 점만은 가치 있는 것이라 보고 있다.

 여기에도 우리가 깊이 사유해야 할 상징이 깔려 있다. 우선 상식적인 선에서 생각해 보면, 위선자에게 있어서는 위선을 저지르기 위해서 최선을 다하지 않는 것이 오히려 사회를 위해서는 이롭다. 그럼에도 불구하고 실제로는 위선자일수록 위선을 위해 최선을 다하기 십상이라는 의미가 내포되어 있다. 그렇다면 그 이면에는 오늘날 우리 사회에서 선을 행하기 위해 최선을 다하려는 사람을 찾기가 매우 드물다는 인식이 자리잡고 있음을 말한다. 오죽하면 최선을 다하는 모습을 위선자로부터 취하고 싶어할까. 이렇게 볼 때 결국 시인은 가치가 전도된 사회 풍조를 꼬집고 있음을 알 수 있다.
  가치가 전도된 시대, 이와 같은 시대에 사는 우리들은 많은 혼돈과 갈등에 빠질 수밖에 없다. 장님들의 세상에서는 애꾸가 왕이라는 속언이 있듯이 온 세상이 거꾸로 돌아가고 있을 때 과연 그 흙탕물로부터 자유로울 수 있는 사람이 얼마나 될까. 다음 시에서는 흔들리는 존재인식을 엿볼 수 있다.

2

  이러한 생각을 하다 보니 어느 틈에 나의 마음속에는 근원에 대한 향수가 어려든다. 근원, 누구든 근원으로 돌아가면 더없이 깨끗하고 더없이 아름다웠을 것이라는 생각이 든다. 그러던 것이 시간에 떠밀려 몸집이 커지고 인식이 복잡하게 얽혀지면서 잊어버리지 않아야 할 것들을 하나씩 잊어버리고 그 자리에 버려야 할 것들을 하나씩 채워가기 시작한다. 이른바 세속적으로는 성장하면서 이상적으로는 거꾸로 퇴화하는 기형인이 되어가고 마는 것이다. 직설적으로 말해서 근본을 망각하고 한없는 속물이 되어가고 있는 것이다.
  속물, 이 시대가 인간들에게 한사코 속물이 되기를 요구하기에 인간들은 어쩔 수 없이 속물이 되어 갈 수밖에 없다. 현실이라는 거대한 톱니바퀴에서 튕겨나가지 않기 위해서는 누구나 조금씩은 속물이 되어가야 한다. 그러면서도 또 한편에서는 편하지 않은 마음이 고개를 들기도 한다. 적어도 일말의 양심을 가진 이라면. 여기에 현대인들이 겪어야 할 고통의 요인이 있는 것이다.

예금통장 자동정리기가
찍— ㄱ 찍—ㄱ
지폐 찢는 소리를 그어대더니
기어이
INT 예금결산이자
1월을 붙여놓고야 말았다
째째하달 수도
엄청나달 수도 있겠지만
아무렇게나 내쳐버릴 수 없는
진정 애물 같은
1이란 수치

아무튼
알갱이가 달려서 속상한 나는
이러지도 저러지도 못한 채
1이란 분명한 기초세계
첫 단위 위에서
마냥 허우적대며 뭉개고만 있으니

— 「입금1원也」 부분

   이 시를 읽으면 현대인들의 정신상을 환히 들여다볼 수 있다. '1이란 수치'를 놓고 '마냥 허우적대며' 마음의 갈등을 앓아야 하는 것이 지금 우리가 처한 상황이 아니고 무엇이겠는가.
   1이라는 수치, 그것은 오늘날의 개념으로 보면 하잘 것 없는 것이다. 질적인 것보다는 양적인 것이 우선하고 사용가치보다는 교환가치가 횡행하는 자본주의 사회에서 1이라는 것은 관심의 대상이 될 수 없다. 오늘날 화폐의 실제 거래 단위가 최하 10원으로 되어 있듯이 그것은 수치로만 있는 것이지 현실적으로는 이미 통용의 대상에서 사라진 지 오래이다. 그러니까 그것은 거의 무의미한 수치인 것이다.

그러나 그것을 단순히 무시해 버려도 좋은가라는 물음 앞에 서면 다시 우리는 머뭇거릴 수밖에 없다. 그 어떤 단위도 그것을 뛰어넘고는 존재할 수 없는 것이기 때문이다. 말하자면 그것은 모든 수치의 '첫 단위'이기 때문에 그로부터 출발하지 않을 수 없다. 그렇게 보면 1이란 수치는 다시 매우 소중한 것이 되고 만다. 아무리 큰 단위도 결국엔 1로부터 시작하여 된 것이지 않는가.

1이라는 수치는 이와 같은 두 가지 속성을 동시에 거느리고 있다. 시인이 그것을 두고 '째째하달 수도/엄청나달 수도 있겠지만'이라고, 이율배반적인 속성을 지닌 것이라고 노래한 이유가 바로 여기에 있다. 물질적, 양적인 것을 선호하는 현대인의 속성으로 보면 아무 것도 아닌 것이 되어 버리지만, 그 반대로 '기초 세계', '첫 단위'로서 근원의 의미를 생각하면 엄청난 것이 되는 것이다. 그러니 이러지도 저러지도 못하고 마냥 허우적댈 수밖에 없다.

시인이 1이라는 수치 앞에서 이와 같은 양가치의 혼란을 겪고 있는 것은 무엇을 의미하는가. 그것은 바로 현실과 이상, 또는 세속적인 것과 순수한 것 사이에서 갈등을 겪는 현대인들의 정신상을 나타내는 것이라 할 수 있다. 바꾸어 말하면 그것은 생활인과 시인이라는 두 개의 자아 사이에 겪는 갈등이기도 하다. 마치 물질을 따르자니 정신이 울고 또 정신을 따르자니 남루한 생활이 고통스러운 것처럼 이는 곧 고뇌하는 현대인들의 초상을 그리고 있는 것이다.

그런데 사실 우리는 지금 그러한 고뇌하는 모습을 보는 것만으로도 위안을 받을 수 있을 정도로 무잡한 시대에 살고 있다. 많은 사람들이 일말의 고뇌나 회의도 없이 세속주의에 물들어 가고 있는 것이 요즘의 세태가 아닌가. 그저 크고 많은 것이면 무조건 좋다는 물량주의가 판을 치고 있기 때문에 작고 소박한 것은 끼어들 틈이 없다. 그러니까 모두가 근원을 잊어버리고 허상에 사로잡혀 있는 것이다.

그렇다고 그것이 과연 어떤 결과를 낳게 될까. 우리는 그것을 알기 위해 상상력을 동원할 필요가 없다. 요즘 많은 사람들이 우려하고 있듯이 그 결과가 도처에 나타나고 있기 때문이다. 가령, 물질에 가려서 인간 생명을 경시하는 풍조라든가 자연의 파괴로 인한 환경의 오염과 공해 문제 등 일일이 손으로 꼽을 수 없을 정도로 많다. 그것은 이제 도를 지나쳐 인간의 삶 자체를 위협하는 요소가 되고 있다.

'노래하는 시'의 문체 —에서
– 작품 「王子」 분석

이 우 영

1. 서언(序言)

시에 대한 종래의 우리의 태도는 경험적 증거를 합리화하려는 경향이 짙었다. 이것은 시를 단순히 철학이나 미학, 그리고 해석학적으로 설명하려는 데서 온 편의주의의 비평 태도에 기인한 것이기도 하다. 시를 보다 언어과학 가까이에 두고 새롭게 해체해 보려는 노력은 결코 만능한 방법일 수는 없지만, 일단은 한번 시도해 봄직한 일임에는 틀림없다.

본고는 문체언어학적 입장에서 소위 '노래하는 시'의 특성을 규명해 보려는 의욕을 가지고 출발하는 것이다. 과연 '노래하는 시'가 '생각하는 시'와 어떤 음운·음성학적 차이가 있는가. 혹은 형태적·통사적 차이가 있는가를 밝힐 수만 있다면 이것은 뜻하는 작업의 하나가 될 것이다.

본고에서는 이러한 작업의 일환으로 '노래하는 시'의 대표적 작품이라 할 수 있는 고려가요 「청산별곡」, 「가시리」, 민요 「아리랑」, 소월의 애송시인 「진달래꽃」, 영랑의 「모란이 피기까지는」, 박목월의 「나그네」 중에서 「청산별곡」을 주대상으로 삼고 언어학적 설명을 가해 보려 한다.

한편, 객관적 결과의 유도를 위해 비교자료로 이 시와는 근본적으로 발성법이나 구조가 다른 김광림의 「壬子」라는 작품을 택하였다. 현대시의 성격이나 내용을 잘 대변해 주고 있는 시일 수 있다는 생각에서다.

2. 작품 「壬子」의 분석

L1   우리 집 천정에는
L2   GOGO족들이 살고 있다
L3   벽을 헐거나
L4   방바닥을 뚫는
L5   심술궂은 발톱마다
L6   생활을 갉아
L7   기둥을 분지르는
L8   능란한 잇발이다
L9   간혹 천상을 물어뜯어
L10 하계(下界)를 내려다보는
L11 둔갑한 천사의 얼굴이다
L12 죽어도 감겨지지 않을
L13 저 눈초리
L14 나는 괴로와하며
L15 살아갈 만하다

L16 지금
L17 우리 집 천정에서는
L18 난세를 건너가는 발자국 소리가
L19 요란하다
L20 늘 생활 때문에 말썽이 붙는
L21 우리 부부는
L22 초저녁에 꺼낸 화근을 놓고
L23 질근질근 되씹다가

L24	결국은 삼키고야 만다
L25	체증처럼
L26	오늘의 막차가
L27	철교를 구르면서
L28	허둥지둥 달려든다
L29	다락에서는
L30	심심한 GOGO족들이
L31	무슨 독본인지를
L32	열심히 찢어 발기고 있다

― 「壬子」

1) 소노리티

각 음절에 실현되는 소노리티를 합친 것이다. 역시 설명의 편의를 위해서일 뿐 나름대로의 의미는 없는 것이다. 앞의 예문과의 대비를 위해서 필요하다.

L1	6 11 8 / 13 14 7 14 /
L2	8 8 10 10 6 / 13 9 7 9 /
L3	8 10 / 13 10 12 /
L4	12 10 11 10 / 11 14 /
L5	11 11 9 10 / 14 9 6 10 /
L6	12 8 10 / 10 8 /
L7	7 12 11 / 11 8 11 14 /
L8	14 17 12 / 7 13 6 10 /
L9	13 8 / 13 13 11 / 14 8 8 8 /
L10	8 8 15 / 12 10 10 8 14 /
L11	11 11 12 / 13 9 6 / 12 12 6 10 /
L12	8 8 9 / 13 8 8 8 / 12 10 /
L13	9 14 8 11 /
L14	12 14 / 8 12 8 8 10 /

L15   13 8 14 / 16 8 10 /
L16   7 12 /
L17   6 11 8 / 13 12 10 14 /
L18   14 8 15 / 13 12 10 14 / 13 10 7 / 8 11 10 /
L19   7 17 8 10 /
L20   14 / 13 12 9 14 7 / 16 13 6 / 8 14 /
L21   6 11 / 7 7 14 /
L22   8 10 13 7 / 9 16 / 8 11 10 / 12 8 /
L23   11 12 11 12 / 8 8 9 10 /
L24   2 9 10 / 13 7 9 8 / 16 10 /
L25   8 11 9 17 /
L26   7 14 6 / 13 9 10 /
L27   13 9 17 / 7 11 14 9 /
L28   8 12 8 12 / 13 11 11 10 /
L29   9 14 7 9 14 /
L30   11 11 12 / 8 8 10 10 6 /
L31   10 11 / 9 12 10 8 17 /
L32   11 6 / 8 8 14 8 9 / 7 9 /

평균치 — 10.3

2) 음수율과 모음의 음질

음수율을 찾아내기에는 힘든 산문율로 되어 있다. 모음의 음질을 검토해 보고 대비의 자료로 삼고자 한다.

L1   — | | / — — — — /
L2   + + + — | / + + / | + /
L3   — — / — — + /
L4   + + + — / — — /
L5 | — — — / + + | + /

이우영 · '노래하는 시'의 문체 —에서

L6   + + - / + + /
L7 | - - / - | - -/
L8   - + + / | + | + /
L9   + + / + + - / - - - - /
L10 - - - / + - + + - /
L11 - + + / - + - / - - | + /
L12 - - - / + - | | / + - /
L13 - - + | /
L14 + - / + + + + - /
L15 + + + / + + +/

L16 | - /
L17 - - | / - - - - - /
L18 + - - / - - + - / + + - / + | + /
L19 + + + + /
L20 - / + + + - -/ + - | / - - /
L21 - | / - - - /
L22 + - - - / - + / + - - / + + /
L23 | - | - / + | + +/
L24 - - - / + | + + / + + /
L25 - - - - /
L26 + - - / + + + /
L27 - + -/ - - -- /
L28 - - | - / + - + - /
L29 + + - - - /
L30 | | + / + + + - | /
L31 - - / + + | | - /
L32 - | | / | - + | + / | + /

양성이 38%, 음성이 47%, 중성이 15%로 나타난다. 음성이 현저하게 많다.

3) 개구도(開口度)

L1	4 4 0 / 2 2 5 2 /
L2	5 5 0 3 4 / 3 5 / 1 7 /
L3	0 3 / 3 6 7 /
L4	2 7 0 3 / 3 2 /
L5	2 3 0 2 / 3 0 4 7 /
L6	2 3 3 / 3 7 /
L7	4 2 3 / 2 4 4 2 /
L8	2 2 2 / 1 3 4 7 /
L9	2 0 / 2 2 3 / 3 6 0 6 /
L10	7 6 3 / 6 6 7 5 2 /
L11	2 0 2 / 2 7 4 / 3 3 4 7 /
L12	0 6 5 / 2 6 4 4 / 2 3 /
L13	6 / 2 5 4 /
L14	7 2 / 5 5 6 7 6 /
L15	3 7 3 / 2 7 7 /
L16	4 2 /
L17	4 4 0 / 2 2 5 6 2 /
L18	2 5 3 / 2 6 7 2 / 3 7 0 / 5 4 7 /
L19	5 2 7 7 /
L20	3 / 2 3 6 2 5 / 3 2 4 / 0 2 /
L21	4 4 / 4 4 2 /
L22	5 6 0 5 / 6 2 / 6 2 3 / 1 5 /
L23	3 2 3 2 / 5 0 7 7 /
L24	6 0 2 / 2 4 5 7 / 7 7 /
L25	5 2 6 2 /
L26	5 3 4 / 0 7 7 /
L27	3 5 3 / 5 4 2 6 /
L28	6 2 4 2 / 3 6 2 7 /
L29	7 0 5 6 2 /

L30   2 2 2 / 5 5 0 3 4 /
L31   5 2 / 0 2 2 4 3 /
L32   3 2 4 / 0 6 3 4 5 / 1 7 /

「청산별곡」과 같은 방법을 택한 것이다. 평균 3.6을 기록하고 있다. 음성 모음이 많은 점을 고려하면 수긍이 가는 수치이다.

4) 음보 끝음절 끝음소

음수율을 설정할 수 있을 만큼 규칙성을 띠고 있지 못하며, 행과 연의 구별도 큰 의미가 없다. 단지 산문율이나 의미율을 가정하고 이에 접근시키는 방법이 가능할 수 있다. 지금까지 산문율에 관여하는 많은 이야기가 있어 왔으나 의미율에 관여하는 방향 설정도 하지 못하였다. 의미율은 의미의 결인 것이다. 의미의 반복이나 점층적 심화를 통해 내적 구조를 이루고 있는 질서이다. 그것은 대립의 관계에서도 가능하고 병치의 관계에서도 가능하다. 본고에서 언급할 문제는 아니지만 오늘날의 시가 산문과 다를 수 있는 것은 의미의 긴장이나 이완, 그리고 탄력성에 의존하는 바 크다.

5) 음소의 출현 빈도

초성에서는 'ㄱ' 'ㄷ' 'ㄴ' 'ㅈ' 'ㅅ' 의 순이며(물론 모음으로 시작하는 음절어가 약 19%나 되지만), 종성에서는 약 48%의 모음과 'ㄴ' 'ㄹ' 'ㅇ'의 순이다. 초성에는 운율적 요소가 별로 작용하고 있지 않지만 종성에는 약간 향음이 많은 것으로 나타난다. 아무리 산문성이 짙은 시라 하더라도 일반적인 산문과 이 정도의 차이는 나는 것이라 여겨진다.

6) 반복

L1과 L17의 격리적 반복, L5와 L8과 L11의 서술어의 변형 반복, L2, L5, L8, L11, L15, L19, L24, L28, L32의 '다'형태소 반복을 들 수 있다. 그러나 「청산별곡」과는 비교가 되지 않을 정도로 반복의 정도가 미미하다.

	초 성		종 성		기타
	빈도	백분율	빈도	백분율	
ㄱ	35	15%	12	5.2%	
ㄴ	22	9.4%	38	16.3%	
ㄷ	26	11.2%	1	0.4%	
ㄹ	16	6.8%	36	15.5%	
ㅁ	9	3.9%	8	3.4%	
ㅂ	13	5.5%	5	2.1%	
ㅅ	18	7.7%	1	0.4%	
ㅇ			12	5.2%	
ㅈ	19	8.1%	2	0.8%	
ㅊ	10	4.3%			
ㅋ	1	0.4%			
ㅌ	1	0.4%	1	0.4%	
ㅍ					
ㅎ	13	5.6%	1	0.4%	
ㄲ	1	0.4%			
ㅆ	2	0.8%	2	0.8%	
ㄸ	3	1.3%			
ㅉ	1	0.4%	1	0.4%	
ㄶ			1	0.4%	
ㄻ			1	0.4%	
ㅀ					
모음	43	18.5%	111	47.6%	
총계	233		233		

이우영·'노래하는 시'의 문체 –에서

3. 결어(結語)

'노래하는 시'의 대표적 작품이라 할 수 있는 「청산별곡」은 다음과 같은 특징을 가지고 있다. 물론 이 특징이 '노래하는 시' 전체에 그대로 통용되는 것은 아니라 할지라도 거의 유사한 형실의 언어적 특성을 발견하게 된다.

①소노리티가 크다. 한국어의 음절 평균 10.5보다 0.6이 많고 작품 「임자」에 비하면 0.8이나 상회하는 11.1로 나타난다. 「청산별곡」이 받침이 없는 개음절어가 대부분임을 생각하면 초성에 소노리티가 큰 자음들이 많이 나타남을 암시받을 수 있다.

②모음 출현 빈도는 양성이 61%, 중성이 18%, 음성이 21%로 양성이 압도적으로 많이 나타난다. 무작위로 표집한 소설의 평균치 52%에 비하여 무려 9%나 많으며 작품 「임자」에 나타난 38%에 비하면 23% 상회하는 수치이다.

③음수율은 3·3·2조를 기본으로 하고 있으며 고려가요 중 「가시리」와 쌍을 이룬다.

④개구도(開口度)가 크다. 평균 4·5로 작품 「임자」에 비하여 0.9%가 많다. 양성모음이 개구도가 큰 것을 고려하면 이것은 당연한 결과이다. 그리고 'ㄹ' 'ㄴ' 'ㅇ'음이 많이 출현하는 초성까지를 고려에 넣으면 「청산별곡」은 간극이 넓은 소음(素音)들의 배열로 음절구조를 이루고 있음을 알 수 있다.

⑤끝 음보의 끝 음절어들은 거의가 개음이거나 자음도 가청도가 큰 향음 'ㄴ' 'ㄹ' 'ㅇ' 뿐이다. 모음은 전설고모음 'i'와 중설저모음 'a'가 주종을 이루고 있다.

⑥음소 출현 빈도를 보면, 모음이 시작되는 음절이 22%에 불과한데 비해 초성에 'ㄹ'음이 31%나 나타나며, 종성에서는 개음(開音)이 67%, 'ㄹ'음이 17%나 나타난다. 이것은 초성에 장애음이 많이 나타나는 작품 「임자」와 크게 구별되는 점이다.

⑦형태소 반복을 통해 문형적 균형을, 단어 반복을 통해 의미의 점증적 심화를, 구문의 반복을 통해 음성·의미의 선형적(線型的) 연쇄를 보여주고 있다.

　이에 비하여 작품「임자」는 주로 의미율에 의존하고 있을 뿐 음성·음운학적 미적 질감이나 형태·통사적 특징을 발견할 수 없다. 이것은 현대시들이 내적 질서를 추구하고 있는 점과 관련하여 해명되어야 할 과제이다.

　이상에서 본 특징들을 재정리해 본다면,「청산별곡」은 음수율 이외에 음수율이 크게 음악적 요소로 작용하고 있음을 발견하게 된다. 지금까지 우리 시에 음성률이 없거나 미미한 것으로 평가한 것은 잘못된 것이다. 자음이나 모음의 음질을 연구하고 음절의 음성학적 의미를 새롭게 부여함으로 해서 소위 '노래하는 시'의 해체가 새로울 수 있을 것이다.

(《현대시학》, 1985년 8월호.)

김광림 연보

1929. 9.21(음) 함경남도 원산시 중리에서 父 김창웅(본관 전주), 母 김윤복(본관 경주)의 2남4녀 중 장남으로 출생(본명 忠男).

1936. 4. 원산용동공립보통학교 입학. 牛車에 치여 左脚골절상을 입고 1개월간 입원, 치료받음.

1943. 4. 개성 송도중학교 입학. 오지호 화백이 미술교사로 있었음. 급성맹장염으로 수술받음. 김우종과 동기임을 후에 알았음. 3학년 때 학도 근로 동원을 피해 귀향. 부친의 감화로 신조사간(新潮社刊) 세계문학전집을 독파.

1945. 9. 해방 후 원산공립중학교(후에 한길중학교로 개명됨)에 편입. 아래 학년에 이호철, 최인훈 등이 있었음.

1947. 9. 평양종합대학 역사문학부 외국문학과에 입학, 김규동, 이활 등을 알게 됨. 여름 방학에 귀향하여 복교치 않음. 그 해 12월 원산 문학가동맹이 엮어낸 해방기념시집 『응향』이 북조선문예총에 강제수거되고 단죄되는 사건이 있었음. 이 무렵 이 시집의 주동시인 구상을 알게 되고 표지화를 그린 이중섭을 사귐. 한때 원산인민일보사 교정부 기자로 있다가 그만두고 이모부가 경영하는 선만가구점 일을 돌보다가 1948년 12월 4일 연천을 거쳐 살얼음판의 한탄강을 넘어 단신 월남.

1948. 12. 안양에서 '청포도'동인과 어울리다가 박두진을 만남. 그의 권유로 먼저 월남한 구상(연합신문 문화부장)을 찾아감. 민중문화란에 시「문풍지」가 처음 활자화됨. 이후「벽」,「석등」등을 발표. 민중문화란 동인 모임에서 임긍재, 공중인 등을 알게 됨.

1949. 12. 경기도 여주군 북내면에 있는 북내국민학교 준교사로 부임. 습작에

		몰두하던 중 6·25 동란 발발.
1950.	9.	9·28 서울 수복 후 이틀 걸려 도보로 상경했다가 다시 부산으로 피난 중 제2국민병으로 차출되어 온양에 있는 방위사관학교에 입교. 1·4 후퇴로 동래 범어사까지 행군. 통영 101사단 배속. 김상옥, 이영도를 만남.
1951.	7.	경주 예비사관학교 입교.
	10.	동래 육군보병학교 입교.
1952.	4.	임관과 동시에 9사단 29연대에 배속되어 백마고지, 저격능선 전투에 참가. ≪국방≫지에 「진달래」가 조영암에 의해 천거.
1953.	9.	은성화랑무공훈장 수여
1954.	6.	『전시문학선』에 (국방부 정훈국편)에 시 「장마」, 「내력」이 수록.
1955.	10.	임긍재의 妹 임은교(본관 평택, 상명여고 졸)와 조병옥 박사 주례로 결혼.
1956.	4.	월간 ≪자유세계≫ 편집장, 장남 상수 출생.
	5.	군 제대.
1957.	5.	전봉건, 김종삼 등과 연대시집 『전쟁과 음악과 희망과』(자유세계사) 상재. 월간 ≪주부생활≫ 편집장.
1958.	1.	차남 상일 출생. ≪문학예술≫ (박남수 주재)에 「상심하는 접목」 발표.
1959.	10.	첫 시집 『상심하는 접목』 (백자사) 상재.
1960.	9.	교통부 총무과 소속. 三男 상진 출생. 황달병으로 60일만에 사망.
1961.	5.	국가고등전형(三級乙) 합격, 행정사무관.
	8.	四男 상호 출생.
	9.	문화공보부 출판과, KBS 문예계장 등 역임.
1962.	5.	제2시집 『심상의 밝은 그림자』(중앙문화사) 상재.
1963.	6.	KBS라디오의 『계절의 향기』를 단행본으로 엮음 (청운출판사).
1964.	2.	장녀 상미 출생.
	6.	일본 현대시지 ≪시학≫ 6월호에 교포시인 이기동에 의해 <한국현대시> 9편 특집에 「어제와 오늘」이 일역되어 수록.
1965.	5.	제3시집 『오전의 투망』(모음사) 상재. 동인시집 『모음』 발행. 이후 주지적 서정을 주창함.
1966.	7.	시지 ≪현대시학≫ 발행.
1967.	1.	현대한국문학전집 『52시인집』(신구문화사)에 시 14편 수록.
	8.	한국외환은행 조사부 입행.

1968.	11.	新詩 60주년을 맞아 김종삼, 문덕수와 합동시집 『본적지』 상재.
1970.		서울의 국제펜대회 때 草野心平의 시 「북한산」을 동아일보에 역재한 것이 인연이 되어 그를 만나러 갔다가 北川冬彦와 첫 상봉.
1971.	3.	제4시집 『학의 추락』(원문각) 상재.
	5.	동인지 ≪時間≫ 5월호에 이기동譯으로 시 7편 수록.
1972.	1.	주월한국군사령관 초청으로 고은, 이호철, 최인훈, 최인호 등과 베트남 방문.
	3.	한국시인협회 사무국장.
	11.	北川冬彦編 『現代詩のアンソロジ-1972년 下』에 「사막」이 수록.
1973.	4.	「갈등」외 작품으로 제5회 한국시인협회상 수상. 제5시집 『갈등』(원문각) 상재.
	9.	월간시지 ≪심상≫창간에 참여.
1974.	2.	세계전후문학전집⑧ 『한국전후문제시집』(신구문화사)에 「심상의 밝은 그림자」외 15편 수록.
	4.	≪時間≫ 4월호에 北川冬彦의 「김광림소개」 게재.
	11.	시론집 『존재에의 향수』(조광출판사) 상재.
1975.	12.	『민족문학대계⑥』(동화출판공사)에 서사 시 「수로부인」수록.
1976.	8.	제6시집 『한겨울 산책』(천문출판사) 상재.
1976.	11.	김소운 일역판 『현대한국문학선집⑤시집』(동수사)에 시 5편 수록.
1979.	1.	시론집 『오늘의 시학』(새문사) 상재.
	3.	『현대한국문학전집 54 선시집』(삼성출판사)에 「상심하는 접목」외 10편 수록.
	10.	제4회 세계시인회의 서울대회 개최. 프랑스 시인 기우빅과 대담.
	12.	제7시집 『언어로 만든 새』(문학예술사) 상재.
1980.	10.	일역시집 『千斤의 憂愁』(문예원) 발간. 시지 ≪風≫에 이기동 譯 「어제와 오늘」등 7편과 그의 「김광림 소개」 특집.
	11.	국제시인회의(도쿄) 참가. 『아시아 현대시집』 한국측 편집위원
1981.	1.	한국시인협회 상임위원장.
	5.	『현대한국문학전집⑫선시집』(태극출판사)에 시 10편 수록.
	11.	연수차 인도, 요르단, 그리스, 프랑스 등지 여행.
1982.	1.	대만에서 개최된 한·중·일 현대시인회의에 한국대표단장으로 참가 시 「쥐」가 변훈에 의해 작곡됨.
1983.	3.	장안전문대학 조교수, 한양대학교 강사.

	9.	遠藤周作의 『예수의 생애』 (홍성사)및 唐十郎의 『무도회의 수첩』 (문학세계사) 한역판 상재.
	10.	『신한국문학전집 37 선시집Ⅲ』(어문각)에 시 9편 수록.
1984. 7.		遠藤周作의 『그리스도의 탄생』(홍성사) 한역판 상재.
	11.	제1회 아시아시인회의 도쿄대회 참가.
1985. 4.		선시집 『소용돌이』 (고려원) 상재. 열음세계시인선④ 田村隆一 시집 『四千의 날과 밤』 (열음사) 한역판 상재.
	5.	제9시집 『천상의 꽃』 (영언문화사) 상재.
	10.	대한민국문학상 수상.
1986. 3.		아시아시인회의 서울대회 집행부 부위원장. The Anthology of Modern Korean Poetry에 시 「The Begger」외 3편 수록. 『우리시대의 한국문학 23』(계몽사)에 「사막」, 「갈등」 등 수록.
	12.	『정통한국문학대계 36 선시집Ⅱ』 (어문각)에 시 5편 수록.
1987. 3.		장안전문대학 부교수.
	4.	한국시인협회 심의위원. 강정중 일역판 세계현대시문고⑪ 『한국현대시집』(토요미술사)에 시 3편 수록.
1988. 1.		아시아 시인회의 대만 타이중회의 참가. 「아시아 현대시의 발전양상」 발표. 제1회 아시아 시인공로패 수상. 선시집 『명청한 사내』 상재.
	11.	陳千武(대만), 高橋喜久晴(일본) 등과 3인시집 『동방의 하늘에 무지개를』(지성문화사) 발행. 지구시제(일본)에 참가하여 <한국시의 현재> 강연. 일본현대시인회 이사회 주최 만찬회 참석. 白石 가즈코 시선 『사랑의 낙인』 (지성문화사) 한역판 출간.
	12.	장손자 준석 출생.
1989. 5.		上本正夫編 『일본시집』(癸時書財團刊)에 「죽음이후」 수록.
	8.	3인시집 『東方的彩虹』(중문판) 대만에서 발행. 제10시집 『말의 사막에서』 (문학아카데미) 상재.
	9.	3인시집 『東アジアの空に虹を』 (일문판) 일본에서 발행.
	10.	수상집 『빛은 아직 어디에』 (인의출판사) 상재.
	11.	회갑문집으로 123인의 신작시집 『사막의 축제』 (문학아카데미) 상재.
1990. 1.		上本正夫編 『일본시집』(癸時書財團刊)에 「담배」 수록. 월간시지 ≪현대시≫ 창간, 주간으로 취임. 『우리의 명시』(동아출판사)에 「담배」 수록. 齋藤#의 역시집 『청진의 아이들도 벌써 늙었겠지요』(문학아카데미) 상재.

	8.	세계시인회의 서울대회 분과 모임에서「시에서의 동·서양적인 것과 그 만남」발표.『우리시대의 한국문학 28』(계몽사)에「사막」,「갈등」수록.
	12.	재미교포시인 박신애 초청으로 2주 동안 캘리포니아 여행. 교포 문인들과 어울려 현지 방송과 신문에 인터뷰.
1991. 12.		세계시인회의 서울대회 분과 모임에서 강연.
1992. 4.		한국시인협회 제28대 회장 취임. 장안전문대학 정교수. 한국시인협회 세미나에 일본의 小海永二, 대만의 陳千武를 특별연사로 초청
	5.	강상구 譯『韓國の現代文學⑥ 시집』(柏書房)에 일역시 5편 수록.
	11.	일본의 민주 제1세대 대표시인 谷川俊太郎와 對酌歡談 '92지구시제에서 <시에 나타난 한민족의 아픔과 평화의 의식>을 주제로 강연. 강연 요지를 ≪통일일보≫에서 전재.
1993. 2.		한국현대시인선⑬으로 제11시집『곧이곧대로』(문학세계사) 상재. 제1회 경기문학대상 수상.
	3.	현대세계시인선③ 白石 가즈코 시집『등줄기가 아름다운 남자』(고려원) 한역판 상재.
	6.	일본 현대 시가문학관에서 개최한 세계시인시리즈 첫 번째 <한국 시인은 말한다>에서 구상과 더불어 小海永二 사회로 좌담.
	8.	아시아 시인대회 서울대회 집행위원장.『아시아현대시집』6집 및『아시아 시인들』2집 상재. 村田正夫 編『현대식물시집』(조류출판사)에「꽃씨」수록.
	11.	白石 가즈코의 안내로 鎌倉의 田村隆一을 방문, 對酌歡談.
1994. 4.		에세이집『사람을 그린다』(문학예술사) 상재. 일본 현대시 연구자 국제네트워크 編『昭和詩人論』에「村野四郎論」집필.
	6.	臺中에서 개최된 대만문학회의 및 ≪笠≫ 창간 30주년에 초청되어 강연.
	7.	우리시대의 시인선『추락을 꿈꾸며』(眞音)에 시 5편 수록.
	8.	권영민 編『한국현대문학대계②』(민음사)에 시 6편 수록.
	9.	일본 월간시지 ≪現代詩手帖≫에서 <구상·김광림 한국 현대시의 역사와 현재>인터뷰.
	11.	'94지구시제에서 <일본 현대시에 대한 사적 감상> 발표.
1995. 2.		시론집『아이러니의 시학』상재.
	6.	파주시 월롱면 위전리에서 법원읍 웅담리로 이사.
	8.	세계시인총서⑤ 白石 가즈코 編『キム·クヮンリム(김광림) 시집』(靑

김광림 연보 761

		樹社) 상재. 大江健三郎의 『상처를 딛고 사랑을 되찾은 나의 가족』 (고려원) 번역. '95아시아 시인회의 대만대회에서 <뛰어난 상상력 아이러니> 강연. 村田正夫 編 『전후 50년 시선』(조류출판사)에 「관광대사」 수록.
	10. 고향의 향수를 달래줄 <시인의 밤> 행사를 하와이, LA에서 개최, 「쥐」 낭독.
	11. 일역시집 출판기념회 도쿄 新宿 소재 <모노리스>에서 개최되어 일본 시인 80여 명과 한국 시인 10여명 참석.
	12. 『한국대표시인선 50』(중앙일보사)에 시 9편 수록.
1996. 1. 아시아 현대 시인선 秋谷豊의 『램프를 든 여인』(서문당) 한역판 상재. 일본 靜岡 쿠울회관에서 <한국의 문학사정>을 강연.
	2. 장안전문대학 교수직 정년퇴임. 최동호 편저 『한국의 명시 下』(한길사)에 「주일」외 7편 수록.
	5. '동아시아 문화교류의 모임'(일본)에서 <한국현대시>에 대해 강연.
	6. 제12시집 『대낮의 등불』(고려원) 상재.
	8. 일본에서 개최된 제16회 세계시인회의에 초청되어 <한국 전통 시가에 대하여>를 강연.
	11. '96지구시제에서 외국인으로는 최초로 '地球賞'(번역부문) 수상.
1997. 1. 澁澤龍彦의 『쾌락주의 철학』(동화출판사) 번역 상재.
	3. 제1회 한·대·일 시서전을 예술의 전당 미술관에서 개최.
	4. 《한국문화》(한국문화원 발행)에 秋谷豊의 <한국문화인 프로필 16 김광림> 발표.
	6. 일본 文敎대학의 石原武 교수와의 한·일 현대시 공동연구차 동대학 언어문화연구소 객원연구원으로 도일. 알렌 킹즈버그 추도회에 초청받아 추도사 낭독.
	8. 일본의 《시와 사상 시인집 1997》에 「おしあっい時は」,「合乘」수록.
	9. 제1회 한일 시가 세미나를 한양대 도서관에서 개최.
	11. 地球시제에 초청되어 전후시 52년을 회고하는 심포지움에 참석. 丸地守의 안내로 伊豆半島 下田 여행. 陳千武, 高橋喜久晴과 회동, 연시 작성.
1998. 1. 일본의 《시와 사상》 1,2 합병호 '97 베스트 콜랙션 100에 「환상통」 수록.
	2. 세계현대시문고 25 (일본 토요미술사 출판판매)로 『한국3인시집 구

상·김남조·김광림』 발간.
3. 도쿄신문의 요청으로「한국의 시, 일본의 시」를 5회에 걸쳐 연재.
4. 우리나라 고대 사적을 탐방하는 일본 시인들과의 축제를 위해 귀국.
5. 출판문화회관에서 '동아시아 시의 축제' 개최.
7. 제2회 한·대·일 시서전(일본 현대시가문학관 개최)에 참가.
9. 7일 喪配, 사인은 심근경색. 제23회 '지구상' 심사위원으로 위촉되어 도일. 尾花仙朔과 柴田三吉을 선정.《시와 사상 시인집 1998》에「0」수록.
11. 고희를 맞아 제13시집『앓는 사내』(한누리미디어) 출간. '98지구시제에 참가하여 일본 고급문화 수용에 대한 견해 강연.

1999. 1. 일본의 《시와 사상》 1,2 합병호 '98 베스트 콜랙션 100에「0」수록.
5. 중흥문예특별공헌상 (대만) 수상.
8. 22~23일 몽고 울란바토르에서 열린 아시아 시인회의 참가 강연.
9. 일본의 《시와 사상 시인집 1999》에「昆蟲記」수록.
10. 대한민국 문화훈장(보관) 수상.
11. 국제 펜클럽발행 詩誌 Volume 49 No. International에 시「0」수록.
12. 시론집『현대시의 이해와 작법』(을파소) 상재.

2000. 1. 石川逸子 시집『흔들리는 무궁화』(을파소) 번역 상재.《시와 사상》1, 2 합병호 '99 베스트 콜랙션 100에「행방」수록. 제3회 한·대·일 시서전 대만 대중문화중심에서 개최.
6. 망향 에세이『어서 열어다오 고향가는 길』(모아드림).
8. 《도쿄신문》 서울지국장 청탁으로 이산가족 상봉에 관한「기다림에 지친 가족 아직 山만큼이나」를 발표.
9. '문화의 날' 포상자 심사위원장.
10. 일본의 《시와 사상 시인집 2000》에「10秒間」수록. 세계시인제 2000 도쿄(지구사 개최)에 참가하여 바잉갈포엠으로 일역, 영역되어 수록.
11. 세계시인제 2000 도쿄(地球 開催)에 참가하여 공동 테마인「20세기 속의 나」발표. 동아시아호 연시『뗏목을 타고』한·중·일어판) 陳千武/高橋喜久晴/김광림/丸地守 공저(靑樹社) 발간.

2001. 3. 제14시집『놓친 굴렁쇠』(풀잎문학) 출간.
5. 제4회 한·대·일 시서전 대학로 전철역 전시장에서 개최.
10. '국가유공자증서' 수여. 일본의 《시와 사상 시인집 2001》에 시「握

		手」수록.
	11.	시선집 『김광림 시 99선』(선출판사) 출간.
	12.	평론집 『일본현대시인론』(국학자료원) 출간.
2002.	1.	『김광림 시 99선』으로 제2회 박남수 문학상 수상(뉴욕).
	6.	제5회 아시아 시서전 북해도문학관 특별전시실에서 개최. <한국시의 현상> 강연.
	8.	세계시인총서⑩ 『續・キム・クヮンリム(김광림)시집』(靑樹社) 상재.
	10.	『續・キムクヮンリム(김광림)시집』 도쿄에서 출판기념회.
	11.	일본의 ≪시와 사상 시인집 2002≫에 시 「行方」수록.
2003.	5.	『일본현대시산책』(푸른사상사) 출간.
	8.	영문시집 『Pain of the Peninsula』(한국문연) 상재.
	10.	시론집 『시를 위한 에세이』(푸른사상사) 발행. 일본에서 『韓國のユリシーズ金光林へ』 출간되어 神樂坂 에밀에서의 출판기념회참가.
	12.	일본의 ≪시와 사상 시인집 2003≫에 시 「蜘蛛の巢」수록.
2004.	6.	제15시집 『이 한마디』(푸른사상사) 출간.
	7.	일본 <東京詩話會>(아루카디아)에서 외국 시인으로는 최초로 90분간 강연. ≪笠≫ 40주년 행사에서 <한국시의 발자취> 강연.
	11.	제7회 한・대・일 시서전 안산 한양대학에서 개최.
	12.	일본의 ≪시와 사상 시인집 2004≫에 시 「詩人論」수록.
2005.	3.	『시로 쓴 시인론』(푸른사상사) 발행. 『한국의 율리시즈 김광림에의 詩人論・作品論』(書肆 靑樹社) 발행.
	4.	新宿의 「모노리스」에서 집필자들의 헌정 모임. 대만의 고웅에서 세계시가절에서 시 낭독. 미국 여류시인 Ruth Schuler가 「Kim Kwang-rim」이라는 헌시 송부.
	8.	제6회 일・한 문화교류 기금상 수상.
	10.	제8회 일・한・대 시서전 成田공항 인근의 호텔에서 개최
	11.	일본의 ≪시와 사상 시인집 2005≫에 시 「干し明太を嚙みしめながら」수록.

• 김광림 시세계

2006년 2월 10일 1판 1쇄 인쇄
2006년 2월 15일 1판 1쇄 발행

지은이 • 김 광 림
펴낸이 • 한 봉 숙
펴낸곳 • 푸른사상사

등록 제2-2876호
서울시 중구 을지로3가 296-10 장양B/D 701호
대표전화 02) 2268-8706(7) 팩시밀리 02) 2268-8708
메일 prun21c@yahoo.co.kr / prun21c@hanmail.net
홈페이지 //www.prun21c.com
ⓒ 2006, 김광림
ISBN 89-5640-427-5-03810

값 47,000원

*저자와의 합의에 의해 인지 생략함.
*잘못된 책은 구입처나 본사에서 바꾸어 드립니다.